管理运筹学

——模型与应用

庞庆华　编著

中国财经出版传媒集团
中国财政经济出版社

图书在版编目（CIP）数据

管理运筹学：模型与应用/庞庆华编著. -- 北京：中国财政经济出版社，2023.6
ISBN 978-7-5223-2165-3

Ⅰ.①管… Ⅱ.①庞… Ⅲ.①管理学－运筹学 Ⅳ.①C931.1

中国国家版本馆 CIP 数据核字（2023）第 070407 号

责任编辑：彭　波　　　　　　　责任印制：史大鹏
封面设计：卜建辰　　　　　　　责任校对：胡永立

中国财政经济出版社 出版

URL：http://www.cfeph.cn
E-mail：cfeph@cfeph.cn
（版权所有　翻印必究）
社址：北京市海淀区阜成路甲 28 号　邮政编码：100142
营销中心电话：010-88191522
天猫网店：中国财政经济出版社旗舰店
网址：https://zgczjjcbs.tmall.com
北京富生印刷厂印刷　各地新华书店经销
成品尺寸：185mm×260mm　16 开　31 印张　581 000 字
2023 年 6 月第 1 版　2023 年 6 月北京第 1 次印刷
定价：62.00 元
ISBN 978-7-5223-2165-3
（图书出现印装问题，本社负责调换，电话：010-88190548）
本社质量投诉电话：010-88190744
打击盗版举报热线：010-88191661　　QQ：2242791300

前言

管理运筹学主要用于解决经济和管理活动中能用数量关系描述的管理系统优化问题。其学科特点是以定量分析为主来研究管理问题，对管理决策问题进行量化分析，为其提供定量的解决方法，为管理决策的选择与优化提供方法技术层面的支持，为决策者提供决策依据。其目的是在一定的内外部环境限制下，实现资源效用的最优化配置。因此，管理运筹学是各经济管理专业及部分工科专业的一门重要必修课程。通过管理运筹学的学习，学生不仅能学到一整套严密的科学决策方法，提高自身的创造性思维能力，而且能够提高针对实际问题建立管理优化模型的能力以及对模型解的分析与应用能力。

本书是作者在多年的教学过程中将有关课程讲义进行归纳总结而成的一本教材，重点介绍一些在解决经济管理问题中应用最为广泛的管理运筹学分析方法。本书紧密结合经管类专业的特点，能够满足各经管类专业的本科生、研究生教学要求。它同样适合其他有关专业的本科生、研究生、工程技术人员、科技人员、企事业管理人员学习科学管理方法及优化技术之用。

本书在编写时力求做到以下四点：

（1）从学习者的视角进行编写。学生反映自主学习运筹学有较大难度，这在很大程度上是由于教材是从教师视角或者学科视角进行编写的，而未能从学生自主学习的视角进行编写，这两者之间存在较大的差异，无形之间增加了学生学习的难度，也失去了学习运筹学的兴趣。本书则从学习者的视角出发，逐步深入，方便学生自主学习，这也是作者多年教学以来的经验总结。

（2）采用富有启发性的例子来说明如何从实际问题中建立各类运筹学模型，重点突出问题的建模方法，从而能够有效训练学生对问题分析的优化思想与科学思维。通过大量各具特色的例题和习题来加强对学生建立运筹学模型能力的训练，并通过实例来引导学生培养发现问题、分析问题和解决问题的能力，进而提高他们运用运筹学解决实际经济管理问题的能力。

（3）尽量避免较深的数学论证，着重讨论基本概念、方法，以及其在经济管理中的意义。一方面，较全面介绍了运筹学各分支的模型和方法，另一方面又突出这些模型和方法在实际经济管理中的应用。由于实际问题总是在计算机上解决的，复杂烦琐的计算可以用相关软件来完成，学生应该更多地掌握建模技巧以及这些模型和方法如何在现实中应用，对现实经济管理问题的建模求解交给计算机软件即可。

（4）突出了应用性。随着大数据时代的到来及科学技术的发展，企业所面临的决策环境愈加复杂多变，管理决策问题也日趋复杂，如何保证管理决策质量就至关重要。管理运筹学能够对现实中的这些问题进行量化分析与处理，为决策者提供理论与方法支持，从而有效提高决策质量。因此，在本书的撰写过程中，也强调突出应用性，在有些章节中有专门讨论模型方法的应用，有些章节是融合到具体模型方法的阐述中。

全书分十四章，是按照绪论、规划理论、图与网络分析、决策理论、对策理论、随机运筹这个顺序进行编写的。在本书写作过程中，作者参考了国内外大量文献资料，并从中吸取了一些符合本书特色的内容，书末列出的参考文献仅是其中的一部分。在此谨向这些文献的作者致以崇高的敬意和衷心的感谢！

由于作者水平有限，书中难免存在不足和疏忽之处，敬请各位专家学者与读者给予谅解和指正，不吝赐教，以便使本书进一步完善和提高。

作　者
2023 年 3 月

目录

第1章 绪论   1
    1.1   运筹学的产生与发展   1
    1.2   运筹学的特点与研究步骤   3
    1.3   运筹学的主要分支及应用   6
    1.4   运筹学的常用软件   8

第2章 线性规划及单纯形法   12
    2.1   线性规划问题及其数学模型   12
    2.2   线性规划的图解法   17
    2.3   线性规划解的基本概念与基本定理   21
    2.4   单纯形法   24
    2.5   单纯形法的进一步讨论   32
    2.6   线性规划应用   41
    习题   46

第3章 线性规划的对偶理论及灵敏度分析   51
    3.1   线性规划的对偶问题   51
    3.2   对偶问题的基本性质   57
    3.3   影子价格   63
    3.4   对偶单纯形法   64
    3.5   灵敏度分析   68
    习题   78

第4章 运输问题   82
    4.1   运输问题及其数学模型   82
    4.2   表上作业法   85

4.3　运输问题的进一步讨论　　97
　　4.4　运输问题应用　　105
　　习题　　111

第5章　目标规划　　115

　　5.1　目标规划问题及其数学模型　　115
　　5.2　目标规划的图解法　　119
　　5.3　目标规划的单纯形法　　122
　　5.4　目标规划的灵敏度分析　　125
　　5.5　目标规划应用　　134
　　习题　　139

第6章　整数规划　　143

　　6.1　整数规划问题及其数学模型　　143
　　6.2　整数规划的解法　　146
　　6.3　0~1型整数线性规划　　157
　　6.4　指派问题　　163
　　6.5　整数规划应用　　171
　　习题　　176

第7章　非线性规划　　180

　　7.1　非线性规划的模型与基本概念　　180
　　7.2　一维搜索方法　　192
　　7.3　无约束极值问题　　198
　　7.4　约束极值问题　　206
　　7.5　分式规划与二次规划　　210
　　习题　　214

第8章　动态规划　　216

　　8.1　动态规划的基本概念及原理　　216
　　8.2　动态规划的模型构建与求解　　225
　　8.3　动态规划应用　　230
　　习题　　253

第 9 章　图与网络分析　　257

   9.1　图与网络的基本概念　　258
   9.2　最小树问题　　263
   9.3　最短路问题　　268
   9.4　最大流问题　　276
   9.5　最小费用流问题　　283
   9.6　中国邮递员问题　　286
   9.7　图与网络应用　　289
   习题　　293

第 10 章　网络计划　　296

   10.1　网络计划图　　297
   10.2　时间参数的计算　　303
   10.3　网络计划的优化　　313
   习题　　321

第 11 章　存储论　　325

   11.1　存储问题的基本概念　　325
   11.2　确定型存储模型　　329
   11.3　随机型存储模型　　342
   11.4　其他类型存储问题　　352
   习题　　356

第 12 章　决策分析　　359

   12.1　决策分析的基本问题　　359
   12.2　不确定型决策方法　　365
   12.3　风险型决策方法　　371
   12.4　效用理论　　378
   12.5　层次分析法　　384
   习题　　390

第 13 章　对策论　　394

   13.1　对策论的基本概念　　394

13.2　矩阵对策的基本理论　　　　　　　　　　400
　　13.3　矩阵对策的解法　　　　　　　　　　　　412
　　13.4　其他类型对策　　　　　　　　　　　　　419
　　习题　　　　　　　　　　　　　　　　　　　　433

第14章　排队论　　　　　　　　　　　　　　　436

　　14.1　排队论的基本概念　　　　　　　　　　　436
　　14.2　生灭过程与常用分布　　　　　　　　　　444
　　14.3　单服务台模型　　　　　　　　　　　　　450
　　14.4　多服务台模型　　　　　　　　　　　　　460
　　14.5　其他排队模型　　　　　　　　　　　　　469
　　14.6　排队系统的优化　　　　　　　　　　　　477
　　习题　　　　　　　　　　　　　　　　　　　　482

参考文献　　　　　　　　　　　　　　　　　　　486

第 1 章
绪　　论

1.1　运筹学的产生与发展

运筹学强调在决策时为管理人员提供科学依据，是实现有效管理、正确决策和科学管理的重要方法之一。运筹学英文（Operational Research 或 Operations Research, OR）意思是"运作研究"，强调的是战术上的应用；而我国学者在翻译时引用《史记》中"夫运筹于帷幄之中，决胜于千里之外"一句中的"运筹"一词，作为这门学科的名称，其强调的是决策上的战略性意义。

随着人们对运筹学的认识不断深化，其定义也不断被完善。《辞海》这样阐释：运筹学"主要研究经济活动与军事活动中能用数量来表达有关运用、筹划与管理方面的问题，它根据问题的要求，通过数学的分析与运算，做出综合性的合理安排，以达到较经济较有效地使用人力物力"；《中国大百科全书》解释为：运筹学是"用数学方法研究经济、民政和国防等部门在内外环境的约束条件下合理分配人力、物力、财力等资源，使实际系统有效运行的技术科学，它可以用来预测发展趋势，制订行动规划或优选可行方案"；《中国企业管理百科全书》阐释为运筹学是"应用分析、试验、量化的方法，对经济管理系统中人、财、物等有限资源进行统筹安排，为决策者提供有依据的最优方案，以实现最有效的管理"。从上述可以看出，这些定义并不完全相同，但都强调应用现有的科学技术知识和数学方法，解决实际中提出的专门问题，为决策者选择最优决策提供科学依据。

运筹学思想在我国早有不少文献记载，如田忌赛马、丁渭修城等故事。世界文化遗产、中国古代著名水利工程——都江堰水利工程就是运筹学思想的典型应用。它通过"鱼嘴"岷江分水工程将岷江水有控制地引入内江；通过"飞沙堰"分洪排沙工程将泥沙排入外江,通过"宝瓶口"引水工程将除沙后的江水引入水网干道。它们巧妙结合,完整而严密,相得益彰。两千多年来,这项工程一直发挥着巨大的效益,是我国最成功的水利工程,充分反映了我国古代人民的智慧。当然在国外也有很多这方面研究成果的记载,如著名的哥尼斯堡七桥问题、经济订货批量公式等。由于当时科技生产力水平低下,这些思想方法只是停留在自发地和零星地应用于个别问题中,还没有形成一种系统的科学方法。

一般认为,运筹学起源于第二次世界大战初期。当时,德国空军对英伦三岛狂轰滥炸,为对付敌人的空袭,英国人使用了雷达,但没有科学的布局,防空系统的效率并不很高,因此英国军事部门迫切需要研究如何将非常有限的物资以及人力和物力,分配与使用到各种军事活动的运行中,以达到最好的作战效果。为解决这个问题,英国军方于1939年9月从全国各地调来一批科学家,共11人,组成了以诺贝尔奖获得者布莱克特为核心的世界上第一个运筹学小组,他们的任务就是应用系统论的观点、统筹规划的方法来研究作战问题。这个运筹学小组在作战中发挥了卓越的作用,受到英国政府极大的重视。美国参战以后,也仿效英国在军队中成立了运筹学小组。这些小组在确定扩建舰队规模、开展反潜艇战的侦察和组织有效对敌轰炸等方面作了大量的研究,取得了大量的研究成果,为取得反法西斯战争的胜利做出了贡献。

运筹学在军事上的显著成功,引起了人们的广泛关注,许多人开始将运筹学的思想运用到工业生产、产品运输、组织管理等问题中,促进了运筹学在经济管理领域的发展。例如,在1939年苏联学者康托洛维奇在解决工业生产组织和计划问题时,就已提出了类似线性规划的模型,给出了"解乘数法"的求解方法,并出版了线性规划的第一部著作《生产组织与计划中的数学计算问题》。1947年,美国数学家丹捷格在研究美国空军资源配置问题时,提出了求解线性规划的单纯形法,较好地解决了康托洛维奇提出的线性规划模型。从此以后,线性规划方法在生产管理中得到了广泛的应用。但是由于科技发展的局限性和人们观念的狭隘性,这些研究成果在当时并没有引起人们的重视,直到1960年康托洛维奇发表了《最佳资源利用的经济计算》一书后,它们才受到国内外的一致重视,为此康托洛维奇在1975年获得了诺贝尔经济学奖。20世纪60年代后,运筹学得到了广泛的应用并在世界各国开始普及,且随着计算机的广泛应用,运筹学的方法已深入社会的各个领域。

我国运筹学的研究始于20世纪50年代中期,由钱学森、许国志等学者开始全面介绍运筹学。以华罗庚教授为首的一大批科学家结合我国企事业的具体情况积极普及和推广运筹学方法的应用,不但在交通运输、工业、农业、水利建设、邮电等行业中取得了良好的社会经济效益,而且在理论和方法研究上也迅速达到了当时的国际水平。例如,粮食部门为解决粮食的合理调运问题,提出了"图上作业法",

我国的运筹学工作者从理论上证明了它的科学性；在解决邮递员合理投递路线时，管梅谷教授提出了"中国邮路问题"的解法。在组织结构方面，我国第一个运筹学小组于1956年在中国科学院力学研究所成立，1958年建立了运筹学研究室，1960年在山东济南召开全国应用运筹学的经验交流和推广会议，1980年4月在山东济南正式成立了"中国数学会运筹学会"，1984年在上海召开了"中国数学会运筹学会第二届代表大会暨学术交流会"，并将学会改名为"中国运筹学会"。国内刊登运筹学研究成果的学术期刊主要有《运筹学学报》《系统工程学报》《系统工程理论与实践》《中国管理科学》《运筹与管理》等。近年来，国内运筹学已趋向于研究和解决规模更大、更复杂的问题，在企业管理、工程设计、资源配置、物质存贮、交通运输、公共服务、财政金融、航天技术等社会各个领域，都有运筹学成果的应用。

1.2 运筹学的特点与研究步骤

1.2.1 运筹学的特点

运筹学是通过运用科学的数理方法，对人力、物力、财力等资源进行合理筹划和配置，帮助管理决策者寻找最优化解决方案以实现最有效管理的一门应用性学科。当然，这个"最"是过分理想化，在实际生活中往往用次优、满意等概念代替最优。因此，运筹学有一个定义是：运筹学是一种给出问题坏的答案的艺术，否则的话问题的结果会更坏。

运筹学研究的对象是运营管理、经济、军事等活动中能用数量关系来描述的有关运用、筹划与协调等方面的问题，它的应用不受行业、部门的限制。当然这里着重是以经济管理活动方面，尤其是生产经营活动的问题以及解决这些问题的原理和方法作为研究对象的。运筹学既对各种经营进行创造性的科学研究，又涉及组织的实际管理问题，它具有很强的实践性，能向决策者提供建设性意见，并能收到实效；它以整体最优为目标，从系统的观点出发，力图以整个系统最佳的方式来解决该系统各部门之间的利害冲突。对所研究的问题求出最优解，寻求最佳的行动方案，所以它也可看成一门优化技术，提供解决各类问题的优化方法。

运筹学从不同学科的研究方法中寻找解决复杂问题的新方法和新途径，其研究方法是各种学科研究方法的集成，如数学方法、统计方法、逻辑方法和模拟方法等，而构造数学模型的方法是运筹学中最重要的方法。因而，运筹学在解决实际问题的过程中，其核心问题是建立数学模型。

运筹学是基于系统的整体观念，利用系统的观点来分析一个系统（或组织），它着眼于整个系统，通过协调各组成部分之间的关系和利害冲突，以整体优化为目标，使整个系统达到最满意状态。

运筹学通过数学、管理学、经济学、系统科学、工程物理科学等多学科的交叉融合，运用定量化、模型化的方法，把一个已确定研究范围的实际问题描述为数学模型，在求解过程中，还需与相关人员有机结合，分析解的可行性与灵敏性，辅助领导者科学决策。

运筹学以实际问题为分析对象，通过鉴别问题的性质、系统的目标以及系统内主要变量之间的关系，利用科学方法达到对系统进行优化。更为重要的是，用运筹学分析获得的结果应经得起实践检验，并被用来指导实际工作。

因此有学者把运筹学的特征总结为：系统的整体观念、多学科的综合及模型方法的应用。

1.2.2　运筹学的研究步骤

应用运筹学的方法来研究问题时，首先要求用系统观点来分析问题，即不仅要提出需要解决的问题和希望达到的目标，而且还要弄清楚问题所处的环境和约束条件，从而建立相应的运筹学模型，以寻找问题的最优解，为决策提供定量依据。运筹学的研究步骤主要分为以下几步。

（1）提出与分析问题。

运筹学分析的第一步是提出与分析问题，它是从对现有系统的详细分析开始的。首先要明确决策的目标是什么，如何有效度量决策的有效性，包括在对方案比较时这些度量的权衡；其次要分析出哪些是影响决策的关键因素，在选取这些关键因素时存在哪些资源或环境的限制。此外，还需要同有关人员、特别是决策的关键人员进行深入讨论，明确有关决策问题的过去与未来问题的边界及所处环境等。通过对问题的深入分析，明确主要目标、主要变量和参数以及它们的变化范围，弄清它们之间的相互关系，在此基础上可以列出表述问题的基本要素。同时，还要针对解决所提出问题的困难程度、可能花费的时间与成本以及获得成功的可能，从技术、经济和操作的可行性等方面进行分析，做到心中有数，目的更明确。另外，必须收集和掌握与问题有关的数据信息资料，对其进行科学的分析和加工，以获得建模所需要的各种参数。

（2）构建模型。

用数学语言描述问题，即选用适当的数学方法建立相应的数学模型。运筹学在解决问题时，按研究对象不同可构造各种不同的模型，构建模型是运筹学研究的关键步骤。由于构建的数学模型代表着所研究实际问题中最本质、最关键和最重要的基本状态，是对现实情况的一种抽象，不可能完全准确无误地反映实际问题。因此，在建立模型时，往往要根据一些理论假设或设立一些前提条件对模型进行必要的抽象和简化，不能把与问题有关的因素都考虑进去，否则，模型将会过于复杂而不便于分析和计算；同时，模型的建立不是一个一次性的过程，一个好的模型往往要经过多次修改才可能符合实际情况。综合来说，构建的运筹学模型一方面要能够较好完整地描述所研究的问题，另一方面要尽可能简单。

（3）求解与检验。

用数学方法或者软件工具对所构建的运筹学模型进行求解计算，其结果是解决问题的一个初步方案。由于模型和现实之间存在差异，由模型求解出来的最优解有可能不是真实系统中问题的最优解，它可能只是一个满意解。如果不能接受，就要考虑模型的结构和逻辑关系的合理性、采用数据的完整性和科学性，并对模型进行修改或更改；当发现有较大误差时，要将实际问题同模型重新对比，检查实际问题中重要因素在模型中是否已考虑，检查模型中各公式的表达是否前后一致。只有经过反复修改验证的模型，才能最终给管理决策者提供一项既有科学依据，又符合实际的可行方案。因此，运筹学模型求解的结果只能是给管理决策者做出最终决策时提供参考依据。

（4）结果分析与实施。

对于求解出的结果，需要进行进一步的分析。现实问题是极为复杂的，而模型是对现实问题的一种简化，因而从数学模型中求出的解往往不是问题的最终答案。对结果进行分析，要让管理人员和建模人员共同参与，要让他们了解求解的方法步骤，对结果赋予经济含义，并从中获取求解过程中提供的多种宝贵的经济信息，使双方对结果取得共识。对结果的实施，关系到被研究系统总体效益能否有较理想的提高，这也是运筹学研究的最终目的。因此，在实施过程中，不仅要加强系统内部的科学管理，保证按支持结果的管理理论和方法进行，而且要求管理人员密切关注系统外部的市场需求、价格波动、资源供给和系统内部的变化情况，以便及时调整系统的目标、模型中的参数等。

上述步骤往往需要反复交叉进行，才能得到解决实际问题的圆满答案。

为了有效运用运筹学来解决实际问题，前英国运筹学学会会长托姆林森提出了六条原则：

（1）合伙原则。是指运筹学工作者要和各方面人员，尤其是同实际部门的工作者要进行合作。

（2）催化原则。在多学科共同解决某问题时，要引导人们改变一些常规的看法。

（3）互相渗透原则。要求多部门彼此渗透地考虑问题，而不是只局限于本部门。

（4）独立原则。在研究问题时，不应受特殊政策所左右，应独立从事工作。

（5）宽容原则。解决问题的思路要宽，方法要多，而不是局限于某种特定的方法。

（6）平衡原则。要考虑各种矛盾的平衡，关系的平衡。

1.3 运筹学的主要分支及应用

随着科学技术和生产力的发展，运筹学已广泛应用于社会生活的各个领域。按照运筹学所解决问题性质的差别以及所建模型的不同，主要分为下面几大分支。

（1）规划理论。

在经营管理中经常面临如何将有限的人力、物力、财力等资源来完成更多任务，或者任务一定时如何用最少的人力、物力、财力等资源去实现目标。解决这类问题通常采用规划理论，它是运筹学的一个重要分支，包括线性规划、运输问题、目标规划、整数规划、非线性规划、动态规划等。规划理论是在满足给定约束要求下，按一个或多个目标来寻找最优方案的数学方法。它的适用领域十分广泛，在工业、农业、商业、交通运输业、军事、经济规划和管理决策中都可以发挥作用，如线性规划可解决物资调运、配送和人员分派等问题；整数规划可以求解完成工作所需的人数、机器设备台数和厂、库的选址等问题；动态规划可用来解决诸如最优路径、资源分配、生产调度、库存控制、设备更新等问题。

（2）图论与网络分析。

图是由若干给定的点及连接两点的线所构成的图形，我们可以用这种图形来描述某些事物之间的某种特定关系，用点代表事物，用连接两点的线表示相应两个事物间具有这种关系。因此，图比数学模型更容易为人们所理解。图论是从构成图的基本要素出发，研究图在结构上的基本特征，并对由"图论"要素组成的网络进行优化计算。由于求解网络模型已有成熟的特殊解法，它在解决交通网、管道网、通讯网等优化问题上具有优势，如最典型的应用是运输问题、物流网点间的物资调运、车辆调度时运输路线的选择、配送中心的送货、逆向物流中产品的回收等，运用了图论中的最小生成树、最短路、最大流、最小费用等知识，求得运输所需时间最少、路线最短或费用最省的路线。另外，工厂、仓库、配送中心等物流设施的选址问题,物流网点内部工种、任务、人员的指派问题,设备更新问题,也可运用图论的知识辅助决策者进行最优的安排,而工程的进度计划控制问题、工程的资源优化配置问题均可用网络计划的方法去解决。目前图论与网络分析应用领域也在不断扩大。

(3) 存储论。

对生产企业来说,如果原料存储不足会影响生产,甚至出现停工待料现象,而原料存储过多,既积压资金,还要支付一笔存贮保管费用;对销售企业来说,若存储商品数量不足,会发生缺货现象,从而失去销售机会而减少利润,若存储过多也会造成损失。因此,人们在生产与需求之间加入存储这一环节,就能起到缓解两者之间的不协调。关于这类问题的研究称为存储论,又称为库存论,是研究如何保证系统有效运转的物资储备量、进货量、进货时间点等问题,即系统需要在什么时间、以什么数量和供应来源补充这些储备,使保持库存和补充采购的总费用最小。在工厂、港口、配送中心、物流中心、仓库、零售店等都或多或少地保有库存,为了实现物流活动总成本最小或利益最大化,人们大多运用了存储理论的相关知识,在各种情况下都能灵活套用相应的模型求解,以辅助决策。存储论在提高系统工作效率、降低库存费用、降低产品成本等方面有着重要作用。

(4) 排队论。

生活中大量存在的拥挤和排队现象,如顾客到商店购买商品、到银行存取款、到车站购票常常要排队。物流领域中也较多见,如工厂生产线上的产品等待加工,在制品、产成品排队等待出入库作业,运输场站车辆进出站的排队,服务中心顾客电话排队等待服务等。对这类问题,如果增添服务设备,就要增加投资或发生空闲浪费;如果服务设备太少,排队现象严重,就会对顾客造成较大损失。研究这两者之间协调的方法,就是排队论。排队论是一种用来研究公共服务系统工作过程和运行效率的数学理论和方法。在这种系统中,服务对象的到达过程和服务过程一般都是随机性的,是一种随机聚散过程。它通过对随机服务对象的统计研究,找出反映这些随机现象平均特性的规律,从而提高服务系统的工作能力和工作效率。

(5) 对策论。

对策论也称博弈论,是研究在竞争环境下决策者行为的一种方法。在经济管理等与人类有关的系统中,经常碰到具有竞争或对抗性质的问题。在这类问题中,参与竞争或对抗的各方各自具有不同的目标和利益。为了达到各自的目标和利益,各方必须考虑对手的各种可能的行动方案,并力图选取对自己最为有利或最为合理的方案。对策论通过对实际问题的简化与模拟,把复杂的博弈问题分解为若干要素,通过建构模型把现实中具有利害冲突现象的本质问题抽象出来,然后利用有关的理论和方法进行分析和求解。对策论不仅是一种数学工具，而且由于它在经济学上取得了广泛而成功的应用，已经成为经济学的一个重要分支。对策论有着广泛的应用，如在经济活动中，各企业之间的各种经济谈判、为争夺市场而进行的价格战和贸易战等；在政治方面，各种政治力量之间的斗争，各国际集团之间的斗争以及军事上各种作战战术的研究，均大量利用了对策论方法。

(6) 决策论。

决策论是为了科学地解决带有不确定性和风险性决策问题所发展的一套系统分析方法，其目的是提高科学决策水平，减少决策失误的风险，其广泛应用于经营管理工作的中高层决策中。它根据系统的状态信息、可能选取的策略以及采取这些策略对系统状态所产生的后果进行研究，以便按照某种衡量准则选择一组最优策略。决策过程就是从若干备选的行动方案中选择最优的行动方案。决策过程一般包括：形成决策问题（包括提出方案、确定目标）；拟订不同的方案；确定不同的方案可能出现的结局；综合评价、决定最优方案。

1.4 运筹学的常用软件

由于运筹学主要是用于解决复杂大系统的各种最优化问题，涉及的变量非常多，约束条件非常复杂，因而实际的运筹学模型往往非常庞大，必须借助于计算机才能够完成问题的求解。可以说，计算机是运筹学研究与应用发展的技术动力，因此必须注重运筹学常用软件的学习。目前，常用的运筹学软件主要有 LINDO、LINGO、WinQSB、MATLAB 等，下面对其进行简单介绍。

(1) LINDO。

LINDO（Linear Interactive and Discrete Optimization）由 Linus Schrage 于 1986 年开发，可用于求解线性规划、整数规划和二次规划模型等。由于 LINDO 执行速度很快，易于方便输入、求解和分析数学规划问题，因此在教育、科研和工业等行业中得到了广泛的应用。

LINDO 的输入十分类似于模型的书写格式。以线性规划为例，目标函数分别为 max 或 min，紧接着一行为 st（即 subject to，约束于）；每个约束单列一行，除 = 号外，≤号输入<，≥号输入>，每个约束中变量一定列于等式或不等式左端，常数项列于右端；变量自动假设为≥0，不需单独输入，对变量≤0 的情况，需先行处理。模型最后一行为 end。对变量取值无约束的，在 end 语句下面加上 Free 和变量名，如 Free x1 等。

(2) LINGO。

LINGO（Linear Interactive and General Optimizer）的基本含义是交互式的线性和通用优化求解器，较 LINDO 具有更强大功能，可应用于求解线性规划、非线性规划、整数规划、图与网络模型及存储、排队、对策等模型。由于 LINGO 已具有 LINDO 的全部功能，因而 LINDO 在 6.1 版本后已不再发行。

LINGO 直接输入模式与 LINDO 类似，但也存在一些区别。从 LINDO 到 LINGO 的转变包括：第一，将目标函数的表达式从 MAX 变成了 MAX =；第二，ST 在 LINGO 中不再需要；第三，在每个系数与变量之间增加了运算符 *；第四，每行（目标、约束和说明语句）后面增加了一个分号；第五，约束的名字被放到了一对方括号[ ]中，而不是放在右半括号之前；第六，LINGO 中模型以"MODEL："开始，以"END"结束，对简单的模型，这两个语句也可以省略。

(3) WinQSB。

QSB（Quantitative Systems for Business）早期的版本是在 DOS 操作系统下运行的，后来发展成为在 Windows 操作系统下运行的 WinQSB 软件。WinQSB 是一种教学软件，对于非大型的问题一般都能计算，较小的问题还能演示中间的计算过程。该软件可用于管理科学、决策科学及生产运作管理等领域的求解问题，包括抽样分析、聚类分析、决策分析、动态规划、能力规划、预测、目标规划、库存理论和系统、作业调度、线性规划和整数规划、马尔科夫过程分析、物料需求计划、网络建模、非线性规划、项目评审和关键路线法、质量控制、排队网络等。

安装 WinQSB 软件后，在系统程序中会自动生成 WinQSB 应用程序，用户根据不同的问题选择子程序。进入某个子序后，第一项工作就是建立新问题或打开已有的数据文件，观察数据输入格式，系统能够解决哪些问题，结果的输出格式等内容。

(4) MATLAB。

MATLAB 是 Matrix Laboratory 的缩写，其数据计算能力特别是在数据的可视化方面比较突出。MATLAB 有大量事先定义的数学函数，还有很强的用户自定义函数的能力以及强大的绘制二维图和三维图的功能。MATLAB 还嵌有多个成熟的由各行各业专家编写的用于解决各种应用领域的工具箱，如优化工具箱、金融工具箱等。用户可直接利用这些工具箱，按相关命令的输入要求即可得到相应结果。

当利用 MATLAB 求解比较简单问题时，可以通过指令窗直接输入一组指令求解。但当要解决的问题所需的指令较复杂时，需要引进脚本编写进行。由于 MATLAB 是一种功能强大的计算应用软件，应用时需要熟悉 MATLAB 的有关基础。

(5) SPSS。

SPSS 是 Statisticl Package for Social Science 的缩写，即，社会科学统计分析软件

包,它是当今世界上公认和流行的综合统计分析软件包。SPSS 的应用面广阔,它在经济学、生物学、心理学、医疗卫生、体育、农业、林业、商业、金融等各领域均有广泛的应用。SPSS 提供了一种很友好的用户界面,需要什么统计功能,直接单击菜单即可。通过简单的菜单式操作,就可以方便地规范和融合搜集到的原始数据,并能实施从简单的描述性统计分析到复杂的时序分析等多种方法,对数据进行建模,返回有意义的分析结果,如客户特征的分类、发展趋势和预测等。把这些结果对应于实际,可以帮助使用者在发掘潜在客户、制订长远规划等工作上作出更加准确的判断。

SPSS 的基本统计分析功能有:频数分析、描述统计量分析、相关分析、回归分析、因子分析、聚类分析、判别分析、各种统计图形等。

(6) SAS。

SAS 是 Statistics Analysis System 的缩写,即,统计分析系统,是世界上最著名的统计分析系统之一,具有完备的数据访问、管理、分析和呈现功能,被誉为国际标准统计分析系统,尤其备受统计专业人员的推崇。功能上 SAS 覆盖了包括医药、金融等各行各业数据管理和数据分析的各个应用领域,用户可以根据自己的数据分析任务选择性地安装部分模块以构成自己的 SAS 系统。

SAS 由数十个专用模块构成,功能包括数据访问、数据储存及管理、应用开发、图形处理、数据分析、报告编制、运筹学方法、计量经济学与预测等。SAS 使用简便,操作灵活,其编程语句简洁、短小,通常只需很小的几句语句即可完成一些复杂的运算,得到满意的结果。结果输出以简明的英文给出提示,统计术语规范易懂,使用者只须具有初步英语和统计基础即可。使用者只要告诉 SAS "做什么",而不必告诉其"怎么做"。

(7) Mathematica。

Mathematica 是一款科学计算软件,它是数字和符号计算引擎、图形系统、编程语言、文本系统以及与其他应用程序的高级连接的良好组合,是应用最广泛的数学软件之一。Mathematica 可用于解决各领域内涉及复杂的符号计算和数值计算的问题,例如,多项式的各种计算,包括运算、展开和分解等;也可以求各种方程的精确解和近似解,求函数的极限、导数、积分和幂级数展开等。使用 Mathematica 可以做任意位的整数的精确计算、分子分母为任意位数的有理数的精确计算,以及任意位精确度的数值计算;在图形方面,Mathematica 不仅可以绘制各种二维图形(包括等值线图等),而且能绘制很精美的三维图形,帮助用户进行直观分析;Mathematica 本身提供了一批能完成各种功能的软件包,而且还有一套类似于高级程序设计语言的记法,用户可以利用这个语言来编写具有专门用途的程序或者软件包。

Mathematica 的语法规则简单、语句精练，其语法规则和表示方式更接近数学运算的思维和表达方式，用 Mathematica 编程，用较少的语句就可以完成复杂的运算和公式推导等任务。Mathematica 命令易学易记，运行也非常方便。用户既可以和 Mathematica 进行交互式的"对话"，逐个执行命令，也可以进行"批处理"，将多个命令组成的程序，一次性地交给 Mathematica，完成指定的任务。

除上述一些软件外，还有一些其他的软件可用于运筹学问题的求解中，如一些用于仿真的软件 AutoMod、ProModel、eM – Power、AnyLogic、Flexsim 等。以 AutoMod 为例，它是目前市面上比较成熟的三维离散性事件仿真软件之一，被广泛地应用于制造系统、仓储系统、物流处理、企业内部物流、港口、车站、配送中心，以及控制系统等的仿真分析、评价和优化设计等。还有一些用于决策分析的软件 TreeAge、Risk、Sensit、TreePlan、PrecisionTree、DecisionAnalysis 等。以 TreeAge 为例，这是一个决策分析工具，用于复杂环境和不确定环境下的决策问题，采用的分析手段有敏感性分析、蒙特卡洛仿真、贝叶斯决策等。此外，还有一些其他常用软件，如 Dash、SolverTable、Solver 等。

第 2 章
线性规划及单纯形法

线性规划（Linear Programming, LP）是运筹学的一个重要分支，目前被广泛应用于运营管理、经济分析、工程技术等方面。它是辅助人们进行科学管理的一种数学方法，为合理地利用有限的人力、物力、财力等资源做出最优决策提供科学的依据。

现实中的生产经营管理等工作往往面临两种类型的优化问题：如何运用现有的资源（如人力、机器、原材料等）安排生产，使产值最大或利润最高；或者，对于给定的任务，如何统筹安排以便消耗最少的资源。线性规划是用来解决这类问题常见的方法，对此我们首先需要建立起相应的线性规划数学模型。

2.1 线性规划问题及其数学模型

2.1.1 问题的提出

【例 2-1】某公司在生产周期内准备安排Ⅰ、Ⅱ、Ⅲ三种产品的生产。已知各生产一件产品所需的 A、B 两种原材料的数量如表 2-1 所示，同时表 2-1 也给出了生产周期内 A、B 两种资源的限制，及售出Ⅰ、Ⅱ、Ⅲ产品各一件时所获利润。问该公司应如何安排生产才能获得最大的利润。

表 2-1

	Ⅰ	Ⅱ	Ⅲ	资源限制
原料 A	1	3	2	400 千克
原料 B	3	2	2	350 千克
单位产品获利	50 元	100 元	80 元	

对于该问题，我们可以首先假设 x_1，x_2，x_3 分别为计划周期内生产 Ⅰ、Ⅱ、Ⅲ 的产品数量，则该公司获取的利润可表示为 ($50x_1 + 100x_2 + 80x_3$)。为方便表达，令 z 为该公司可获取的利润，即 $z = 50x_1 + 100x_2 + 80x_3$，又因为该公司希望能够获取最大的利润，故需要最大化 z，即 $\max z$。而生产产品必然会受到资源供应的约束，因此我们需要分别对 A、B 两种原材料的供应进行约束，对于 A 原材料有：$x_1 + 3x_2 + 2x_3 \leq 400$，对于 B 原材料有：$3x_1 + 2x_2 + 2x_3 \leq 350$。同时考虑到 x_1，x_2，x_3 为生产产品的数量，应该有 $x_1 \geq 0$，$x_2 \geq 0$，$x_3 \geq 0$。

综上所述，我们可以把例 2-1 的实际问题用如下数学模型进行描述：

目标函数：$\max z = 50x_1 + 100x_2 + 80x_3$。

约束条件：s.t. $\begin{cases} x_1 + 3x_2 + 2x_3 \leq 400 \\ 3x_1 + 2x_2 + 2x_3 \leq 350 \\ x_1 \geq 0, x_2 \geq 0, x_3 \geq 0 \end{cases}$

上式中 s.t.（subject to 的缩写）表示"约束于"，有时为了简单起见，可以忽略不写。可以看出这一模型中的目标函数和约束条件均为线性函数关系，所以我们将这一模型称为"线性规划模型"。

【例 2-2】某厂生产三种药物，这些药物可以从四种不同的原料中提取，表 2-2 给出了单位原料可提取的药物量。该厂考虑到市场需求，要求生产 A 种药物至少 160 单位，生产 B 种药物恰好 200 单位，生产 C 种药物不超过 180 单位。问该厂应该如何安排生产，既能满足市场需要又原料总成本最少。

表 2-2

原料	药物 A	B	C	单位成本（元/吨）
甲	1	2	3	5
乙	2	0	1	6
丙	1	4	1	7
丁	1	2	2	8

对于此问题，需要生产的产品数量给定，即生产任务一定，要求如何安排生产才能使成本最低。故我们可以首先假设 x_1，x_2，x_3，x_4 分别为四种原材料的使用数量，则该厂总原料成本可表示为 ($5x_1 + 6x_2 + 7x_3 + 8x_4$)。同样为方便表达，令 z 为总成本，因此有 $z = 5x_1 + 6x_2 + 7x_3 + 8x_4$，又因为该厂希望总原料成本最少，故需要最小化 z，即 $\min z$。在考虑到总原材料成本最小的同时，我们需要考虑到市场对 A、B、C 三种药物的生产要求，因此对于 A 药物有：$1x_1 + 2x_2 + x_3 + x_4 \geq 160$，对于 B 药物有：$2x_1 + 0x_2 + 4x_3 + 2x_4 = 200$，对于 C 药物有：$3x_1 + x_2 + x_3 + 2x_4 \leq 180$。同时考

虑到 x_1，x_2，x_3，x_4 为原材料使用数量，应该有 $x_1 \geq 0$，$x_2 \geq 0$，$x_3 \geq 0$，$x_4 \geq 0$。

综上所述，我们可以把例 2-2 的实际问题用如下数学模型进行描述：

目标函数：$\min z = 5x_1 + 6x_2 + 7x_3 + 8x_4$。

约束条件：$\begin{cases} 1x_2 + 2x_2 + x_3 + x_4 \geq 160 \\ 2x_1 + 0x_2 + 4x_3 + 2x_4 = 200 \\ 3x_1 + x_2 + x_3 + 2x_4 \leq 180 \\ x_1 \geq 0, x_2 \geq 0, x_3 \geq 0, x_4 \geq 0 \end{cases}$

同样可以看出这一模型中的目标函数和约束条件均为线性函数关系，所以这一模型也为"线性规划模型"。

2.1.2 线性规划问题的数学模型

通过上述两个例子可以看出，线性规划的数学模型一般可描述为：

$\max(\min) z = c_1 x_1 + c_2 x_2 + \cdots\cdots + c_n x_n$

$$\begin{cases} a_{11}x_1 + a_{12}x_2 + \cdots\cdots + a_{1n}x_n \leq (=, \geq) b_1 \\ a_{21}x_1 + a_{22}x_2 + \cdots\cdots + a_{2n}x_n \leq (=, \geq) b_2 \\ \quad\quad\quad\quad\quad\quad \vdots \\ a_{m1}x_1 + a_{m2}x_2 + \cdots\cdots + a_{nm}x_n \leq (=, \geq) b_m \\ x_1, x_2, \cdots\cdots, x_n \geq 0 \end{cases} \quad (2-1)$$

其中，$x_j(j=1, \cdots, n)$ 表示决策变量；c_j 通常称为价值系数；$b_i(i=1, \cdots, m)$ 表示第 i 种资源数量，通常称为资源系数或者右端常数；a_{ij} 通常称为技术系数，表示决策变量 x_j 取值为 1 个单位时所消耗或者含有第 i 种资源的数量。

同时式（2-1）也表明，线性规划问题的数学模型包括三个要素：

（1）决策变量。有时简称变量，是生产经营管理等问题中要确定的未知量，它用以表明规划中的可用数量表示的方案、措施，由决策者决定和控制。

（2）目标函数。即生产经营管理等问题希望达到的目标，按照按优化目标分别在这个函数前加上 max 或 min，表示利润（收入等）取得最大化或者成本（费用等）最小化。

（3）约束条件。即决策变量取值时受到的各种资源条件的限制，通常表达为含有决策变量的线性等式或线性不等式。

因此，线性规划问题都可以用一组决策变量 $X = (x_1, x_2, \cdots, x_n)^T$ 来表示某一方案；有一个要达到的目标，并且目标要求可以表示成决策变量的线性函数；有一组约束条件，这些约束条件可以用决策变量的线性等式或线性不等式来表示。

有时候为了方便表示，式（2-1）可以简写为式（2-2）。

$$\max(\min)z = \sum_{j=1}^{n} c_j x_j$$

$$\begin{cases} \sum_{j=1}^{n} a_{ij}x_j \leqslant (=, \geqslant) b_1 & (i=1,2,\cdots,m) \\ x_j \geqslant 0 & (j=1,2,\cdots,n) \end{cases} \quad (2-2)$$

若用向量或矩阵来描述线性规划问题，则式（2-1）又可简写为式（2-3）或式（2-4）。

$$\max(\min)z = CX$$

$$\begin{cases} \sum_{j=1}^{n} P_j x_j \leqslant (=, \geqslant) b \\ X \geqslant 0 \end{cases} \quad (2-3)$$

$$\max(\min)z = CX$$

$$\begin{cases} AX \leqslant (=, \geqslant) b \\ X \geqslant 0 \end{cases} \quad (2-4)$$

其中，$C = (c_1, c_2, \cdots, c_n)$；$X = \begin{bmatrix} x_1 \\ \vdots \\ x_n \end{bmatrix}$；$P_j = \begin{bmatrix} a_{1j} \\ \vdots \\ a_{mj} \end{bmatrix}$；$b = \begin{bmatrix} b_1 \\ \vdots \\ b_m \end{bmatrix}$；$A = \begin{bmatrix} a_{11} & \cdots & a_{1n} \\ \vdots & \vdots & \vdots \\ a_{m1} & \cdots & a_{mn} \end{bmatrix}$。

2.1.3 线性规划问题的标准形式

由于线性规划模型的目标函数和约束条件内容及形式上存在差别，使得线性规划问题的数学模型具有多种形式。考虑到后续要利用单纯形法来求解线性规划问题，故需要对线性规划问题的数学模型进行标准化处理。这里给出线性规划模型的标准形式，如式（2-5）所示。

$$\max z = c_1 x_1 + c_2 x_2 + \cdots\cdots + c_n x_n$$

$$\begin{cases} a_{11}x_1 + a_{12}x_2 + \cdots\cdots + a_{1n}x_n = b_1 \\ a_{21}x_1 + a_{22}x_2 + \cdots\cdots + a_{2n}x_n = b_2 \\ \quad\quad\quad\quad\quad \vdots \\ a_{m1}x_1 + a_{m2}x_2 + \cdots\cdots + a_{nm}x_n = b_m \\ x_1, x_2, \cdots\cdots, x_n \geqslant 0 \end{cases} \quad (2-5)$$

线性规划问题的标准形式（2-5）需要满足下面四个条件：（1）目标函数为max形式；（2）约束条件为等式；（3）约束条件右端的 $b_i(i=1,\cdots,m)$ 取值为非负，即 $b_i \geqslant 0$；（4）决策变量 $x_j(j=1,\cdots,n)$ 取值为非负，即 $x_j \geqslant 0$。

如果一个线性规划模型不能同时满足上述四个条件，则是非标准形式的线性规划模型。对于非标准形式的线性规划模型，可以通过如下方法转换为标准形式。

（1）目标函数为求极小值 $\min z = \sum_{j=1}^{n} c_j x_j$。因为 $\min z = \max(-z)$，所以可令 $z' = -z$，从而目标函数可转为 $\max z' = -\sum_{j=1}^{n} c_j x_j$。

（2）约束条件为不等式。此时包含两种情况，"≤"或"≥"：当约束条件 $\sum_{j=1}^{n} a_{ij} x_j \leq b_i$ 时，可通过在其左边加入一个非负的松弛变量 x_{n+1} 将不等式转化为等式，即 $\sum_{j=1}^{n} a_{ij} x_j + x_{n+1} = b_i$，此时 $x_{n+1} = b_i - \sum_{j=1}^{n} a_{ij} x_j$；当约束条件 $\sum_{j=1}^{n} a_{ij} x_j \geq b_i$ 时，则在其左边减去一个非负的剩余变量 x_{n+1}，将不等式变成等式，即 $\sum_{j=1}^{n} a_{ij} x_j - x_{n+1} = b_i$，此时 $x_{n+1} = \sum_{j=1}^{n} a_{ij} x_j - b_i$。现实问题中，加进的松弛变量表示未被充分利用的资源，减去的剩余变量表示处于闲置的资源，它们均不能带来价值或利润，故它们在目标函数里的系数定为零。

（3）约束条件右端的常数项 $b_i < 0$。此时可以将约束条件两边同乘以（-1），从而将右端常数项变为正数。

（4）存在决策变量 $x_i \leq 0$ 或无约束。当 $x_i \leq 0$ 时，则可令 $x_i' = -x_i$，从而用 x_i' 取代 x_i，且满足 $x_i' \geq 0$；若某决策变量 x_i 为无约束变量，即变量 x_i 取值不限，为了满足标准形式对决策变量的非负要求，可令 $x_i = x_i' - x_i''$，其中 $x_i' \geq 0$，$x_i'' \geq 0$，将其代入模型即可。

【例2-3】将下述线性规划问题转换为标准形式。

$\min z = -2x_1 + x_2 + 3x_3$。

$$\begin{cases} 5x_1 + x_2 + x_3 \leq 7 \\ x_1 - x_2 - 4x_3 \geq 2 \\ -3x_1 + x_2 + 2x_3 = -5 \\ x_1 \leq 0, x_2 \geq 0, x_3 \text{ 无约束} \end{cases}$$

解：令 $z' = -z$，$x_1' = -x_1$，$x_3 = x_3' - x_3''$，其中 $x_3' \geq 0$，$x_3'' \geq 0$。根据上述转化方法，则该线性规划问题的标准形式为：

$\max z' = 2x_1' - x_2 - 3x_3' + 3x_3''$。

$$\begin{cases} -5x_1' + x_2 + x_3' - x_3'' + x_4 = 7 \\ -x_1' - x_2 - 4x_3' + 4x_3'' - x_5 = 2 \\ -3x_1' - x_2 - 2x_3' + 2x_3'' = -5 \\ x_1', x_2, x_3', x_3'', x_4, x_5 \geq 0 \end{cases}$$

2.2 线性规划的图解法

顾名思义，图解法即为用作图的方法来求解问题。当一个线性规划问题只含有两个变量时，此时可以通过画图的方法来进行求解。这种方法较为简单，直观性强，计算方便，但不适合对含有多个变量的线性规划问题进行求解。

2.2.1 图解法的步骤

图解法的步骤可以概括为：

（1）建立起平面直角坐标系。在坐标系中画出所有的约束条件，并找出所有约束条件的公共部分（即可行域），若无公共部分则线性规划问题无解。

（2）标出目标函数值增加或者减小的方向。若求最大值，则令目标函数等值线沿目标函数值增加的方向平行移动；若是求最小值，则令目标函数等值线沿目标函数值减小的方向平行移动。通过平移，找到与可行域最后相交的点，该点就是最优解。

（3）将最优解代入目标函数，求出最优值。

下面通过例2-4来说明线性规划问题的图解法步骤。

【例2-4】 用图解法求解如下线性规划问题。

$\max z = 2x_1 + 3x_2$。

$$\begin{cases} 2x_1 + 2x_2 \leq 12 & (1) \\ x_1 + 2x_2 \leq 8 & (2) \\ 4x_1 \leq 16 & (3) \\ 4x_2 \leq 12 & (4) \\ x_1 \geq 0, x_2 \geq 0 & (5) \end{cases}$$

解：

其一，以变量x_1为横坐标轴，x_2为纵坐标轴作平面直角坐标系，并适当选取单位坐标长度。由约束条件（5）可知，决策变量只能在第一象限内取值。

其二，画出所有的约束条件，找出可行域。根据约束条件（1）：$2x_1 + 2x_2 \leq 12$，其表示以直线$2x_1 + 2x_2 = 12$为边界的左下方平面；同理可分析约束条件（2）、约束条件（3）、约束条件（4），并考虑到约束条件（5）在第一象限，则满足所有约束条件的区域（可行域）为多边形 $OQ_1Q_2Q_3Q_4$，如图 2-1 所示，可行域用阴影表示。

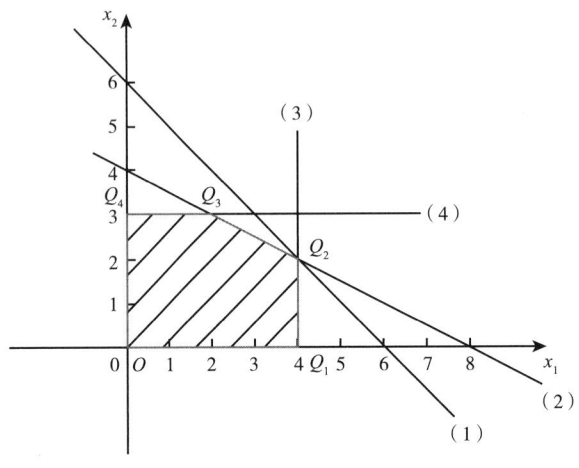

图 2-1

其三，标出目标函数值增加或者减小的方向。目标函数 $z = 2x_1 + 3x_2$ 中，z 是待定的值，随 z 的变化，$z = 2x_1 + 3x_2$ 是以 z 为参数、斜率为 $-2/3$ 的一族平行线，当直线 $z = 2x_1 + 3x_2$ 沿其法线方向右上方移动时，z 值由小变大，即离 O 点越远的直线，z 值越大。

其四，确定最优解。当移动到目标函数直线与约束条件包围成的凸多边形相切时为止，切点就是最优解的点。本例中因为可行域为多边形 $OQ_1Q_2Q_3Q_4$，故目标函数直线与凸多边形的切点是 Q_2，该点坐标为（4，2），此时 $z = 2 \times 4 + 3 \times 2 = 14$，即此时目标函数取得最大值 14，最优解为 $x_1 = 4$，$x_2 = 2$。如图 2-2 所示。

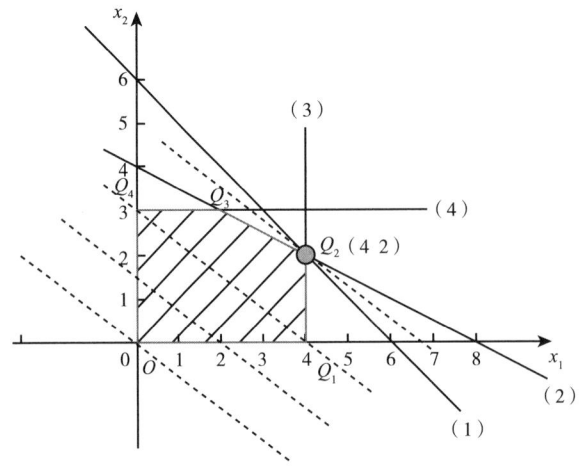

图 2-2

2.2.2 线性规划问题求解的几种可能结果

用图解法来求解线性规划问题,有四种情况:唯一最优解、无穷多最优解、无界解和无可行解(无解)。事实上,所有线性规划问题的解的情况也只有这四种情况,下面分别进行讨论。

(1) 唯一最优解。

例 2-4 用图解法得到了唯一的最优解,即 $x_1 = 4$,$x_2 = 2$,此时最优值为 $z^* = 14$。

(2) 无穷多最优解。

【例 2-5】考虑如下的线性规划问题:

$\min z = 4x_1 - 2x_2$。

$$\begin{cases} 2x_1 - x_2 \geq -2 \\ x_1 - 2x_2 \leq 2 \\ x_1 + x_2 \leq 5 \\ x_1 \geq 0, x_2 \geq 0 \end{cases}$$

利用图解法得到其可行域如图 2-3 所示。此时目标函数的直线族恰好与第一个约束条件 $2x_1 - x_2 \geq -2$ 的边界平行,当目标函数向优化方向移动时,与可行域相切的不是在一个点上,而是相切在线段 A_1A_2 上。此时线段 A_1A_2 上的任意点都使 z 取得相同的最小值,即 $z^* = -4$,此线性规划问题具有无穷多最优解,即线段 A_1A_2 上的任意点都是该问题的最优解。

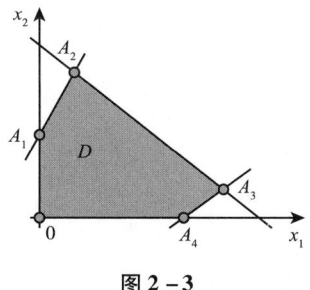

图 2-3

(3) 无界解。

【例 2-6】考虑如下的线性规划问题:

$\min z = -2x_1 + x_2$。

$$\text{s. t.} \begin{cases} x_1 + x_2 \geq 1 \\ x_1 - 3x_2 \geq -3 \\ x_1 \geq 0, x_2 \geq 0 \end{cases}$$

利用图解法得到其可行域如图 2-4 所示，可以发现其可行域为非封闭的无穷区域。当目标函数向右平移时，目标函数值可以减小至无穷小，此时该线性规划问题的目标函数值无界，此时的解称为无界解。产生无界解的原因是在建立实际问题的数学模型时，可能遗漏了某些必要的资源约束条件。

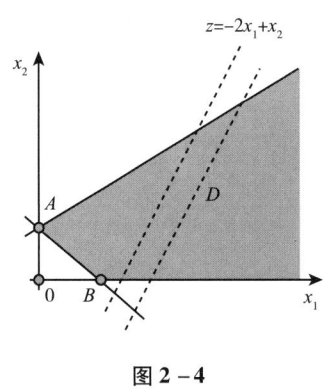

图 2-4

（4）无可行解。

【例 2-7】考虑如下的线性规划问题：

$\min z = 3x_1 - 2x_2$。

$$\begin{cases} x_1 + x_2 \leq 1 \\ 2x_1 + 3x_2 \geq 6 \\ x_1,\ x_2 \geq 0 \end{cases}$$

利用图解法求解，发现不存在满足所有约束的公共区域（可行域），见图 2-5，在这种情况下，我们称线性规划问题无可行解。产生无可行解的原因是模型中存在相互之间矛盾的约束条件。

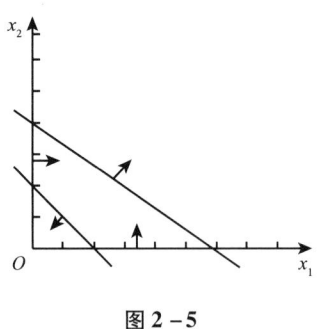

图 2-5

根据以上例题，进一步分析讨论可知，线性规划的可行域和最优解有以下几种可能的情况：当可行域为封闭的有界区域，可能有唯一的最优解或有无穷多个最优解；当可行域为封闭的无界区域时，可能有唯一的最优解或者有无穷多个最优解或者有无界解；当可行域为空集时，无可行解。

通过上述讨论可以得出：

(1) 在求解线性规划问题时，解的情况有：唯一最优解、无穷多最优解、无界解、无可行解四种情况；

(2) 如果线性规划问题存在可行解，则其可行域一定是一个凸多边形；

(3) 如果线性规划问题取得唯一最优解，则其最优解一定在可行域的某顶点得到；

(4) 如果线性规划问题存在无穷多最优解，则有两个顶点及其连线上的一切点均为最优解。

2.3 线性规划解的基本概念与基本定理

2.3.1 线性规划解的基本概念

在利用单纯形法求解线性规划问题之前，需要首先给出一些线性规划问题解的概念。设一般线性规划问题的标准形式为：

$$\max z = CX \tag{2-6}$$

$$\begin{cases} AX = b \\ X \geq 0 \end{cases} \tag{2-7}$$
$$\tag{2-8}$$

其中，A 为 $m \times n$ 阶矩阵，且 $m \leq n$；矩阵 A 的秩 $r(A) = m$。

可行解：满足约束条件式 (2-7) 和式 (2-8) 的所有解 $X = (x_1, x_2, \cdots, x_n)^T$，称为线性规划问题的可行解。由全部可行解组成的集合称为可行域。

最优解：使目标函数式 (2-6) 取得最优值的可行解称为最优解。

基：若 B 为矩阵 A 的一个 $m \times m$ 的满秩子矩阵（$|B| \neq 0$），称 B 为线性规划问题的一个基。

不失一般性，假设 B 可以描述为：$B = \begin{bmatrix} a_{11} & \cdots & a_{1m} \\ \vdots & \vdots & \vdots \\ a_{m1} & \cdots & a_{mm} \end{bmatrix} = (P_1, P_2, \cdots, P_m)$，

则称为向量 $P_j (j = 1, 2, \cdots, m)$ 为基向量，与基向量 P_j 对应的变量 $x_j (j = 1, 2, \cdots, m)$ 称为基变量。除此之外的其余向量 $P_j (j = m+1, m+2, \cdots, n)$ 为非基向量，与非基向量对应的变量 $x_j (j = m+1, m+2, \cdots, n)$ 称为非基变量。

基解：对于某个确定的基 $B = (P_1, P_2, \cdots, P_m)$，令所有的非基变量为零，即

$x_{m+1} = x_{m+2} = \cdots = x_n = 0$,根据 $AX = b$,且 $|B| \neq 0$,因此可以得到唯一的解 $X_B = (x_1, x_2, \cdots, x_m)^T$。将这个解加上非基变量取值为零,从而得到线性规划问题的解 $X = (x_1, x_2, \cdots, x_m, 0, 0, \cdots, 0)^T$ 为基解。由于在线性规划问题中,最多有 C_n^m 个基,因此线性规划问题最多有 C_n^m 个基解。

基可行解:满足变量非负约束条件式(2-8)的基解称为基可行解,即既是基解又是可行解的解称为基可行解。

可行基:与基可行解对应的基称为可行基。

我们可以通过图 2-6 来描述这些解之间的关系。

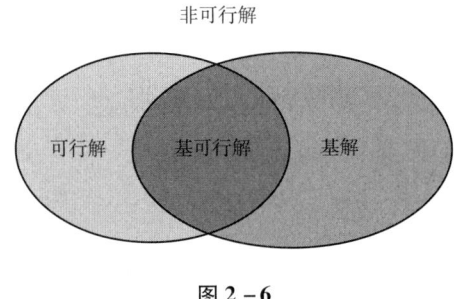

图 2-6

下面通过例题来让读者加深对上述概念的进一步理解。

【例 2-8】 找出下述线性规划问题的全部基解,找出其中的基可行解并确定最优解。

$\max z = 2x_1 + 3x_2$。

$$\begin{cases} x_1 + 2x_2 + x_3 = 4 \\ 4x_1 + x_4 = 8 \\ 4x_2 + x_5 = 6 \\ x_i \geq 0, \ i = 1, 2, 3, 4, 5 \end{cases}$$

解:该线性规划问题的系数矩阵 A 可以写为:

$$A = \begin{bmatrix} 1 & 2 & 1 & 0 & 0 \\ 4 & 0 & 0 & 1 & 0 \\ 0 & 4 & 0 & 0 & 1 \end{bmatrix} = [P_1, P_2, P_3, P_4, P_5]$$。

因此该线性规划问题最多具有 $C_5^3 = 10$ 个基。通过计算发现,当 $B_1 = \begin{bmatrix} 1 & 2 & 1 \\ 4 & 0 & 0 \\ 0 & 4 & 0 \end{bmatrix} = [P_1, P_2, P_3]$,此时 $|B_1| = 16 \neq 0$,故 B_1 是该线性规划问题的一个基,此时基向量为 P_1, P_2, P_3,对应的基变量为 x_1, x_2, x_3;非基向量为 P_4, P_5,对应的非基变量

为 x_4,x_5。因此,令 $x_4 = x_5 = 0$,可以求得 $x_1 = 2$,$x_2 = \frac{3}{2}$,$x_3 = -1$,故基解为 $X_1 = \left(2, \frac{3}{2}, -1, 0, 0\right)^T$。由于 $x_3 = -1 < 0$,不满足非负约束,故 X_1 不是基可行解,B_1 也不是可行基。

类似地,可以求出其他各种情况。表 2-3 给出了所有基解情况,标注"√"的为基可行解,标注"*"的为最优解。可以看出,$X^* = (2, 1, 0, 0, 2)^T$,$z^* = 7$。

表 2-3

序号	x_1	x_2	x_3	x_4	x_5	是否基可行解	基	z
1	2	3/2	-1	0	0	×	$[P_1, P_2, P_3]$	17/2
2	1	3/2	0	4	0	√	$[P_1, P_2, P_4]$	13/2
3	2	1	0	0	2	√	$[P_1, P_2, P_5]$	7*
4	2	0	2	0	6	√	$[P_1, P_3, P_5]$	4
5	4	0	0	-8	6	×	$[P_1, P_4, P_5]$	8
6	0	3/2	1	8	0	√	$[P_2, P_3, P_4]$	9/2
7	0	2	0	8	-2	×	$[P_2, P_4, P_5]$	4
8	0	0	4	8	6	√	$[P_3, P_4, P_5]$	0

2.3.2 凸集及其顶点

凸集:设 K 为 n 维欧式空间的一个点集,若对于 K 中的任意两点 $X_1 \in K$ 和 $X_2 \in K$,具有 $X = \alpha X_1 + (1 - \alpha) X_2$,$0 \leq \alpha \leq 1$,则称点集 K 为凸集。凸集的几何意义在于:集合 K 中任意两点连线上的所有点均在 K 中,即凸集上没有凹陷部分,内部没有空洞。

顶点:设 K 为凸集,$X \in K$,若 X 不能用 K 中任意两点 $X_1 \in K$ 和 $X_2 \in K(X_1 \neq X_2)$ 的线性组合表示为 $X = \alpha X_1 + (1 - \alpha) X_2$,$0 \leq \alpha \leq 1$,则称 X 为凸集 K 的一个顶点。这个定义说明凸集中的顶点不是凸集中任意两点所连直线内的点。

在图 2-7 中,(a) 和 (b) 为凸集,(c) 和 (d) 不是凸集。

2.3.3 线性规划的一些基本定理

【定理 2-1】若线性规划问题存在可行解,则其可行域为凸集。

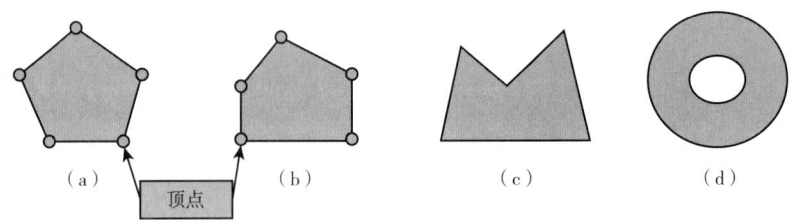

图 2-7

【定理 2-2】线性规划的基可行解对应线性规划问题可行域（凸集）的顶点。

【定理 2-3】若线性规划问题有最优解，一定存在某个基可行解是最优解。

定理 2-1 可以通过凸集的定义来证明解决，定理 2-2 可以通过反证法来证明解决，定理 2-3 可以通过定理 2-2 及最优解的定义来证明解决，有兴趣的读者可以尝试证明。

上述三个定理表明：

（1）线性规划问题所有可行解组成的集合为凸集。其可行域可能是封闭的边界区域，也可以是无界区域。

（2）线性规划的每一个基可行解对应凸集的一个顶点。

（3）若可行域无界区域，则线性规划问题可能无解，也可能有最优解；若线性规划问题具有无界解，则可行域一定为无界区域。

2.4 单纯形法

2.4.1 单纯形法的迭代原理

根据定理 2-3 可知，如果线性规划问题有最优解，一定有某个基可行解是最优解，而最优解又是在可行域的某个顶点上取得，因此可以通过寻找其可行域上的顶点来进行分析判断，事实上就是线性规划的单纯形法。单纯形法是线性规划问题求解的通用算法，其基本思路为：将线性规划问题的一般形式变成标准形式，再根据标准形式，从可行域中找一个基本可行解，并判断是否是最优。如果是，获得最优解；如果不是，转换到另一个基本可行解，当目标函数值达到最优时，则得到最优解。这个迭代过程可以用图 2-8 来描述。

不失一般性，设线性规划问题如式（2-9）所示。

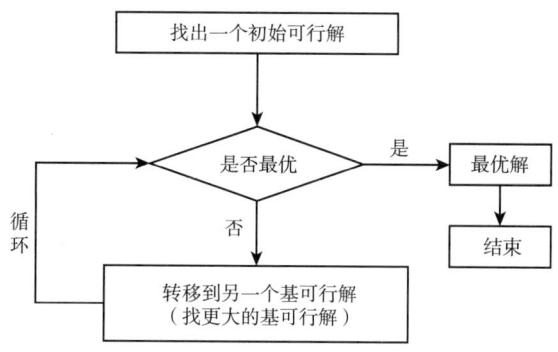

图 2-8

$$\max z = c_1 x_1 + c_2 x_2 + \cdots\cdots + c_n x_n$$

$$\begin{cases} a_{11}x_1 + a_{12}x_2 + \cdots\cdots + a_{1n}x_n = b_1 \\ a_{21}x_1 + a_{22}x_2 + \cdots\cdots + a_{2n}x_n = b_2 \\ \qquad\qquad\vdots \\ a_{m1}x_1 + a_{m2}x_2 + \cdots\cdots + a_{nm}x_n = b_m \\ x_1,\ x_2,\ \cdots\cdots,\ x_n \geqslant 0 \end{cases} \tag{2-9}$$

(1) 确定初始基可行解。

对于该线性规划问题，在其系数矩阵 A 中，总会存在一个单位矩阵 B，该单位矩阵 B 即为初始可行基。

$$B = (P_1,\ P_2,\ \cdots,\ P_m) = \begin{bmatrix} 1 & 0 & \cdots & 0 \\ 0 & 1 & \cdots & 0 \\ \vdots & \vdots & \vdots & \vdots \\ 0 & 0 & \cdots & 1 \end{bmatrix}。$$

用非基变量来表示基变量可以得到：

$$\begin{cases} x_1 = b_1 - a_{1,m+1}x_{m+1} - a_{1,m+2}x_{m+2} - \cdots - a_{1n}x_n \\ x_2 = b_2 - a_{2,m+1}x_{m+1} - a_{2,m+2}x_{m+2} - \cdots - a_{2n}x_n \\ \qquad\qquad\vdots \\ x_{n+m} = b_m - a_{m,m+1}x_{m+1} - a_{m,m+2}x_{m+2} - \cdots - a_{mn}x_n。\end{cases}$$

即 $x_i = b_i - a_{i,m+1}x_{m+1} - a_{i,m+2}x_{m+2} - \cdots - a_{in}x_n = b_i - \sum_{j=m+1}^{n} a_{ij}x_j$。

令所有的非基变量为零，则可以得到对于基 B 的初始基可行解为：

$$X^{(0)} = (x_1, x_2, \cdots, x_m, x_{m+1}, \cdots, x_n)^T = (b_1, b_2, \cdots, b_m, 0, \cdots, 0)^T \tag{2-10}$$

(2) 最优解检验。

将初始基可行解 $X^{(0)}$ 代入目标函数中去，可以得到：

$$z = \sum_{j=1}^{n} c_j x_j = \sum_{i=1}^{m} c_i x_i + \sum_{j=m+1}^{n} c_j x_j = \sum_{i=1}^{m} c_i \left(b_i - \sum_{j=m+1}^{n} a_{ij} x_j \right) + \sum_{j=m+1}^{n} c_j x_j$$

$$= \sum_{i=1}^{m} c_i b_i + \sum_{j=m+1}^{n} \left(c_j - \sum_{i=1}^{m} c_i a_{ij} \right) x_j \, 。$$

令 $z_0 = \sum_{i=1}^{m} c_i b_i, \sigma_j = c_j - \sum_{i=1}^{m} c_i a_{ij}$,则有:

$$z = z_0 + \sum_{j=m+1}^{n} \sigma_j x_j \qquad (2-11)$$

根据式(2-11),对于标准化的线性规划问题,可以通过如下方式来判断线性规划问题是否已经得到最优解。

①当 $X^{(k)} = (b_1', b_2', \cdots, b_m', 0, \cdots, 0)^T$ 为对应基 B 的一个基可行解,且对于一切 $x_j(j = m+1, \cdots, n)$ 均有 $\sigma_j \leq 0$,则 $X^{(k)}$ 为线性规划问题的最优解。

②当 $X^{(k)} = (b_1', b_2', \cdots, b_m', 0, \cdots, 0)^T$ 为对应基 B 的一个基可行解,且对于一切 $x_j(j = m+1, \cdots, n)$ 均有 $\sigma_j < 0$,则 $X^{(k)}$ 为线性规划问题的唯一最优解;若当 $X^{(k)} = (b_1', b_2', \cdots, b_m', 0, \cdots, 0)^T$ 为对应基 B 的一个基可行解,且对于一切 $x_j(j = m+1, \cdots, n)$ 均有 $\sigma_j \leq 0$,且存在某个(或者多个)非基变量的检验数 $\sigma_s = 0$,则该线性规划问题具有无穷多最优解。

③当 $X^{(k)} = (b_1', b_2', \cdots, b_m', 0, \cdots, 0)^T$ 为对应基 B 的一个基可行解,存在某个(或者多个)非基变量的检验数 $\sigma_s > 0$,且有 $a_{is} \leq 0 (i = 1, \cdots, m)$,则该线性规划问题具有无界解。

(3)寻找新的基可行解。

若存在某个非基变量的检验数 $\sigma_s > 0$,且存在 $a_{is} > 0 (i = 1, \cdots, m)$,则线性规划问题还未能取到最优解,需要寻找新的基可行解。

第1步,确定换入变量。

可以按照如下规则来确定换入变量,令:

$$\sigma_s = \max\{\sigma_j \mid \sigma_j > 0, j = m+1, \cdots, n\} \qquad (2-12)$$

则对应的变量 x_s 为换入变量。

第2步,确定换出变量。

可以按照如下规则来确定换出基变量,令:

$$\theta = \min\left\{ \frac{b_i}{a_{is}} \,\middle|\, a_{is} > 0, i = 1, \cdots, m \right\} = \frac{b_h}{a_{hs}} \qquad (2-13)$$

则对应的变量 x_h 为换出变量。

第3步,迭代计算。

对于列向量 P_s,以 a_{hs} 为主元素,将 a_{hs} 变为1,其余 $a_{is}(i \neq h)$ 变为0,即将向量 P_s 变为单位向量。

重复第 2 步和第 3 步,直至所有的检验数都小于等于零,则问题得到最优解。下面通过一个例子来说明其迭代原理。

【例 2-9】 用单纯形法求解如下线性规划问题。

$\max Z = 2x_1 + 3x_2$。

$$\begin{cases} 2x_1 + 2x_2 \leqslant 12 \\ x_1 + 2x_2 \leqslant 8 \\ 4x_1 \leqslant 16 \\ 4x_2 \leqslant 12 \\ x_1, x_2 \geqslant 0 \end{cases}$$

解:将该线性规划问题转化为标准形式:

$\max Z = 2x_1 + 3x_2$

$$\begin{cases} 2x_1 + 2x_2 + x_3 = 12 \\ x_1 + 2x_2 + x_4 = 8 \\ 4x_1 + x_5 = 16 \\ 4x_2 + x_6 = 12 \\ x_1, x_2, x_3, x_4, x_5, x_6 \geqslant 0 \end{cases} \quad (2-14)$$

(1) 首先确定初始基可行解。根据标准化模型,可以得到系数矩阵 A 为:

$$A = \begin{bmatrix} 2 & 2 & 1 & 0 & 0 & 0 \\ 1 & 2 & 0 & 1 & 0 & 0 \\ 4 & 0 & 0 & 0 & 1 & 0 \\ 0 & 4 & 0 & 0 & 0 & 1 \end{bmatrix} = \begin{bmatrix} p_1 & p_2 & p_3 & p_4 & p_5 & p_6 \end{bmatrix},$$

$$B = \begin{bmatrix} p_3 & p_4 & p_5 & p_6 \end{bmatrix} = \begin{bmatrix} 1 & 0 & 0 & 0 \\ 0 & 1 & 0 & 0 \\ 0 & 0 & 1 & 0 \\ 0 & 0 & 0 & 1 \end{bmatrix} = I,则 B 为该线性规划问题的一个基,$$

x_3, x_4, x_5, x_6 为基变量,x_1, x_2 为非基变量。用非基变量来表示基变量,可以得到:

$$\begin{cases} x_3 = 12 - 2x_1 - 2x_2 \\ x_4 = 8 - x_1 - 2x_2 \\ x_5 = 16 - 4x_1 \\ x_6 = 12 - 4x_2 \end{cases} \quad (2-15)$$

令 $x_1 = x_2 = 0$,则 $x_3 = 12$,$x_4 = 8$,$x_5 = 16$,$x_6 = 12$,此时得到初始基可行解为:
$X^{(0)} = (0, 0, 12, 8, 16, 12)^T$。

（2）进行最优解检验。将 $X^{(0)}$ 代入目标函数中去可得到：
$z^{(0)} = 0 + 2x_1 + 3x_2$。

我们发现，两个非基变量 x_1，x_2 前的系数分别为 2 和 3，均大于零，这表明，如果我们将 x_1 或 x_2 由非基变量变换为基变量，即将 x_1 或 x_2 的值由零变成某一正数，那么，目标函数的值即有增大的可能，从而可以断定 $X^{(0)}$ 并不是最优解。

（3）寻找新的基可行解。

为了改进基可行解，我们要将非基变量与基变量进行对换。因为 $\sigma_1 = 2$，$\sigma_2 = 3$，根据式（2-12），选择在目标函数中正系数最大的变量作为换入变量。故在本例中，应该选择 x_2 作为换入变量。

在确定 x_2 作为换入变量后，需要从 x_3，x_4，x_5，x_6 中换出一个，并保证其余的均为非负。由于 x_1 仍然为非基变量，令 $x_1 = 0$，则线性规划问题的约束条件可以改写为：

$$\begin{cases} x_3 = 12 - 2x_2 \geq 0 \\ x_4 = 8 - 12x_2 \geq 0 \\ x_5 = 16 \geq 0 \\ x_6 = 12 - 4x_2 \geq 0 \end{cases} \quad (2-16)$$

显然，只有当 x_2 的取值不超过 $\min\left(\dfrac{12}{2}, \dfrac{8}{2}, -, \dfrac{12}{4}\right) = 3$ 时，才能满足所有的非负条件。当 $x_2 = 3$ 时，$x_3 > 0$，$x_4 > 0$，$x_5 > 0$，$x_6 = 0$，这就决定用 x_2 去替代 x_6。即根据式（2-13），可以得出 x_6 为换出变量。

经过上述变换后，新的基变量为 x_3，x_4，x_5，x_2 为基变量，x_1，x_6 为非基变量。在式（2-15）中，将 x_6 与 x_2 互换位置后，可以得到：

$$\begin{cases} x_3 \quad\quad + 2x_2 = 12 - 2x_1 \\ \quad\quad x_4 \quad + 2x_2 = 8 - x_1 \\ \quad\quad\quad\quad x_5 \quad\quad = 16 - 4x_1 \\ \quad\quad\quad\quad\quad 4x_2 = 12 - x_6 \end{cases} \quad (2-17)$$

将 x_2 的系数列向量转化为单位列向量，即通过等式之间的初等行变换，则式（2-17）可以转为：

$$\begin{cases} x_3 \quad\quad\quad = 6 - 2x_1 + \dfrac{1}{2}x_6 \\ \quad x_4 \quad\quad = 2 - x_1 + \dfrac{1}{2}x_6 \\ \quad\quad x_5 \quad = 16 - 4x_1 \\ \quad\quad\quad x_2 = 3 - \dfrac{1}{4}x_6 \end{cases} \quad (2-18)$$

令 $x_1 = x_6 = 0$，则 $x_3 = 6$，$x_4 = 2$，$x_5 = 16$，$x_2 = 3$，此时得到另一个基可行解为：
$X^{(1)} = (0, 3, 6, 2, 16, 0)^T$

将式（2-18）代入目标函数中去，可以得到：

$$z = 2x_1 + 9 - \frac{3}{4}x_6 = 9 + 2x_1 - \frac{3}{4}x_6 \tag{2-19}$$

从式（2-19）可以看出，由于 x_1 前的系数为 $2 > 0$，因此 $X^{(1)}$ 仍不是最优解。需要继续进行迭代计算得到另一个基可行解。如此循环进行下去，直到找到最优解为止。

在本例中，最后可以计算出最优解为 $X^* = (4, 2, 0, 0, 0, 4)^T$，此时 $z = 14 - \frac{3}{2}x_4 - \frac{1}{8}x_5$，即 $\max z = 14$。

2.4.2 单纯形法的计算步骤

根据上述单纯形法的迭代原理，可将单纯形法的计算步骤归纳如下：
第1步，列出初始单纯形表，找出初始基可行解。

对于非标准形式的线性规划问题首先需要进行标准化处理。根据前面对式（2-9）的讨论可知，前 m 个决策变量的系数均为单位向量，由此确定前 m 个决策变量为基变量，后 $n-m$ 个变量为非基变量，其对应的单纯形表如表 2-4 所示。

表 2-4

	c_j		c_1	$\cdots$	c_m	c_{m+1}	$\cdots$	c_n	
C_B	X_B	b	x_1	$\cdots$	x_m	x_{m+1}	$\cdots$	x_n	θ_i
c_1	x_1	b_1	1	$\cdots$	0	$a_{1,m+1}$	$\cdots$	a_{1n}	θ_1
c_2	x_2	b_2	0	$\cdots$	0	$a_{2,m+1}$	$\cdots$	a_{2n}	θ_2
$\vdots$	$\vdots$	$\vdots$	$\vdots$	$\vdots$	$\vdots$	$\vdots$	$\vdots$	$\vdots$	$\vdots$
c_m	x_m	b_m	0	$\cdots$	1	$a_{m,m+1}$	$\cdots$	a_{mn}	θ_n
	σ_j		0	$\cdots$	0	$c_{m+1} - \sum_{i=1}^{m} c_i a_{i,m+1}$	$\cdots$	$c_n - \sum_{i=1}^{m} c_i a_{i,m+1}$	

表 2-4 中的有关行与列的含义如下：
c_j 行为所有决策变量的价值系数，这里填入为 c_1，c_2，$\cdots$，c_n；
X_B 列为基变量，这里填入为 x_1，x_2，$\cdots$，x_m；
C_B 列为基变量的价值系数，这里填入为 c_1，c_2，$\cdots$，c_m；
b 列为约束方程组右端的常数，这里填入的为 b_1，b_2，$\cdots$，b_m；
θ_i 列的数值表示在确定换入变量后，按照式（2-13）计算的数值；

σ_j 行为所有决策变量的检验数,其中基变量的检验数均为 0,非基变量的检验数为 $c_j - \sum_{i=1}^{m} c_i a_{ij}$。

令所有的非基变量等于零,则可以得到初始基可行解为:$X^{(0)} = (b_1, b_2, \cdots, b_m, 0, \cdots, 0)^T$。

第 2 步,最优性检验。

若所有检验数 $\sigma_j \leq 0$,且基变量中不含有人工变量时,则表 2-4 中的基可行解即为最优解,至此计算结束(人工变量将在下一节中进行讨论);若存在 $\sigma_j > 0$,但此时对应的 $P_j \leq 0$,则该线性规划问题具有无界解,至此计算结束;若不是上述两种情况,转入下一步。

第 3 步,列出新的单纯形表,找出新的基可行解。

(1) 确定换入变量。当存在某个检验数 $\sigma_j > 0$ 时,其对应的变量 x_j 就作为换入变量;若存在多个检验数 $\sigma_j > 0$ 时,一般从中找一个最大的检验数 σ_s,即 $\sigma_s = \max_j \{\sigma_j | \sigma_j > 0\}$,其对应的变量 x_s 就作为换入变量。

(2) 确定换出变量。根据前面式(2-13)$\theta = \min\left\{\dfrac{b_i}{a_{is}} \middle| a_{is} > 0, i = 1, \cdots, m\right\} = \dfrac{b_h}{a_{hs}}$,可以计算得到 θ,确定对应的变量 x_h 为换出变量。元素 a_{hs} 决定了从一个基可行解到相邻基可行解的转移去向,称为主元素。

(3) 迭代计算。用换入变量 x_s 替代换出变量 x_h,在此过程中需要保持向量 P_s 变为单位向量。从而得到一个新的基,对应这个新的基则可以找出一个新的基可行解。

第 4 步,迭代运算。

重复第 2、第 3 两步,直至所有的检验数 $\sigma_j \leq 0$,则问题得到最优解。

下面通过一个例子来说明其计算步骤。

【例 2-10】用单纯形法来求解例 2-9。

解:首先对例 2-9 进行标准化处理。根据前面的讨论,例 2-9 的标准化形式为:

$\max Z = 2x_1 + 3x_2$。

$$\begin{cases} 2x_1 + 2x_2 + x_3 & = 12 \\ x_1 + 2x_2 + x_4 & = 8 \\ 4x_1 + x_5 & = 16 \\ 4x_2 + x_6 & = 12 \\ x_1, x_2, x_3, x_4, x_5, x_6 \geq 0。 \end{cases}$$

(1) 根据例 2-9 的标准化形式,可以看出其系数矩阵的后四列是单位矩阵,构成了该问题的一个基，对应的基变量为 x_3，x_4，x_5，x_6。据此可以列出初始单纯形表，如表 2-5 所示。

表 2-5

c_j			2	3	0	0	0	0	θ_i
C_B	X_B	b	x_1	x_2	x_3	x_4	x_5	x_6	
0	x_3	12	2	2	1	0	0	0	12/2
0	x_4	8	1	2	0	1	0	0	8/2
0	x_5	16	4	0	0	0	1	0	0
0	x_6	12	0	[4]	0	0	0	1	12/4
	σ_j		2	3	0	0	0	0	

可以计算出此时非基变量 x_1，x_2 的检验数分别为：

$\sigma_1 = c_1 - z_1 = 2 - (0 \times 2 + 0 \times 1 + 0 \times 4 + 0 \times 0) = 2$；

$\sigma_2 = c_2 - z_2 = 3 - (0 \times 2 + 0 \times 2 + 0 \times 0 + 0 \times 4) = 3$。

（2）因为 $\sigma_1 = 2 > 0$，$\sigma_2 = 3 > 0$，且对应的 P_1，P_2 都有正的分量存在，故此时的基可行解不是最优解，需要转入下一步。

（3）因为 $\sigma_2 > \sigma_1 > 0$，故确定 x_2 为换入变量；用 b 列除以 P_2 列同行数字可以得到：

$$\theta = \min\left\{\frac{12}{2}, \frac{8}{2}, -, \frac{12}{4}\right\} = 3。$$

则 x_6 为换出变量。从而可以确定主元素为 6，作为标志，对其加上方括号 [ ]，表示其为主元素。保持 P_2 列为单位向量，则可以得到表 2-6。

表 2-6

c_j			2	3	0	0	0	0	θ_i
C_B	X_B	b	x_1	x_2	x_3	x_4	x_5	x_6	
0	x_3	6	2	0	1	0	0	-1/2	6/2
0	x_4	2	[1]	0	0	1	0	-1/2	2/1
0	x_5	16	4	0	0	0	1	0	16/4
3	x_2	3	0	1	0	0	0	1/4	—
	σ_j		2	0	0	0	0	-3/4	

（4）检查表 2-6 中，发现 $\sigma_1 = 2 > 0$，故确定 x_1 为换入变量；用 b 列除以 P_1 列同行数字可以得到：

$$\theta = \min\left\{\frac{6}{2}, \frac{2}{1}, \frac{16}{4}, -\right\} = 3，$$

则 x_4 为换出变量。可以确定主元素为 1，对其加上方括号。保持 P_1 列为单位向量，则可以得到表2-7。

表2-7

c_j			2	3	0	0	0	0	θ_i
C_B	X_B	b	x_1	x_2	x_3	x_4	x_5	x_6	
0	x_3	2	0	0	1	-2	0	[1/2]	4
2	x_1	2	1	0	0	1	0	-1/2	—
0	x_5	8	0	0	0	-4	1	2	4
3	x_2	3	0	1	0	0	0	1/4	12
	σ_j		0	0	0	-2	0	1/4	

（5）重复上述过程，可以得到表2-8。

表2-8

c_j			2	3	0	0	0	0	θ_i
C_B	X_B	b	x_1	x_2	x_3	x_4	x_5	x_6	
0	x_6	4	0	0	2	-4	0	1	
2	x_1	4	1	0	1	-1	0	0	
0	x_5	0	0	0	-4	4	1	0	
3	x_2	2	0	1	-1/2	1	0	0	
	σ_j		0	0	-1/2	-1	0	0	

在表2-8中，发现所有的检验数 $\sigma_j \leq 0$，且基变量中不含有人工变量，故表2-8中的基可行解即为最优解 $X^* = (4, 2, 0, 0, 0, 4)^T$，此时 $z^* = 14$。

上述求解过程是为了方便读者理解单纯形法的计算过程而进行的有关解释说明。在后续单纯形法计算过程中，则不需要再一一进行解释说明，直接利用表格进行迭代计算即可。

2.5　单纯形法的进一步讨论

通过2.4节讨论可以发现，利用单纯形法对线性规划问题进行求解时，首先需要确定初始基可行解即确定初始可行基。尽管有多种方法来确定初始可行基，但如果能够在线性规划问题的标准形式中找到一个单位矩阵，以此单位矩阵为基，则容易找到初始基可行解。然而在有些线性规划问题中，经过标准化转化后，并不存在单位矩阵，此时确定初始可行基就变得有些困难，如例2-11。

【例2-11】用单纯形法求解如下线性规划问题。

$\max z = 3x_1 - x_2 - x_3$。

$$\begin{cases} x_1 - 2x_2 + x_3 \leqslant 11 \\ -4x_1 + x_2 + 2x_3 \geqslant 3 \\ -2x_1 + x_3 = 1 \\ x_1,\ x_2,\ x_3 \geqslant 0 \end{cases}$$

解：将其转换为标准形式后可以得到：

$\max z = 3x_1 - x_2 - x_3$。

$$\begin{cases} x_1 - 2x_2 + x_3 + x_4 = 11 \\ -4x_1 + x_2 + 2x_3 - x_5 = 3 \\ -2x_1 + x_3 = 1 \\ x_1,\ x_2,\ \cdots,\ x_7 \geqslant 0 \end{cases}$$

可以看出上述标准化模型中不存在单位矩阵，因此在确定初始基可行解时存在一定的困难。为了解决这个问题，我们可以通过添加人工变量的方法来人为构造一个单位矩阵，因此这种方法称为人工变量法，一般包括大 M 法和两阶段法。

2.5.1 大 M 法

大 M 法又称为惩罚法。其基本思想是：在有关的约束条件中加入人工变量后找到相应的单位矩阵，例如在例 2-11 中，可以分别在第 2 个和第 3 个约束条件中加入人工变量 x_6 和 x_7，从而两个约束条件分别变为：$-4x_1 + x_2 + 2x_3 - x_5 + x_6 = 3$ 和 $-2x_1 + x_3 + x_7 = 1$。这样容易在系数矩阵中发现 x_4，x_6，x_7 对应的列组成的矩阵为单位矩阵。

但由于 x_6 和 x_7 是人为加到等式一侧的，因此为了使目标函数值取值不受影响，需要设定它们在目标函数的系数为 $-M$ 或 M（极大化问题中系数为 $-M$，极小化问题中系数为 M），以此作为对基变量中存在人工变量的惩罚，从而使人工变量从基变量中置换出来，否则目标函数不能取得最优值。这里 M 为任意大的正数，则 $-M$ 为任意小的负数。在利用单纯形法计算时，把 M 看作一个代数符号参与运算，故称为大 M 法。

根据大 M 法的基本思想，可以在例 2-11 中的第 2 个与第 3 个约束条件中分别加入人工变量 x_6 与 x_7，同时在目标函数中增加两个惩罚项 $-Mx_6$ 和 $-Mx_7$，则例 2-11 就可以变为：

$\max z = 3x_1 - x_2 - x_3 + 0x_4 + 0x_5 - Mx_6 - Mx_7$。

$$\begin{cases} x_1 - 2x_2 + x_3 + x_4 = 11 \\ -4x_1 + x_2 + 2x_3 - x_5 + x_6 = 3 \\ -2x_1 + x_3 + x_7 = 1 \\ x_1,\ x_2,\ \cdots,\ x_7 \geqslant 0 \end{cases}$$

可以发现 P_4, P_6, P_7 组成了单位矩阵，因此可以以 P_4, P_6, P_7 为基向量，其对应的变量 x_4, x_6, x_7 为基变量，令非基变量 x_1, x_2, x_3, x_5 为 0，即可得到初始基可行解 $X^{(0)} = (0, 0, 0, 11, 0, 3, 1)^T$，就此可以列出单纯形表进行计算，如表 2 – 9 所示。

表 2 – 9

C_B	X_B	c_j	3	-1	-1	0	0	-M	-M	θ_i
		b	x_1	x_2	x_3	x_4	x_5	x_6	x_7	
0	x_4	11	1	-2	1	1	0	0	0	11/1
-M	x_6	3	-4	1	2	0	-1	1	0	3/2
-M	x_7	1	-2	0	[1]	0	0	0	1	1/1
	σ_j		-6M+3	M-1	3M-1	0	-M	0	0	
0	x_4	10	3	-2	0	1	0	0	-1	
-M	x_6	1	0	[1]	0	0	-1	1	-2	1/1
-1	x_3	1	-2	0	1	0	0	0	1	—
	σ_j		1	M-1	0	0	-M	0	-3M+1	
0	x_4	12	[3]	0	0	1	-2	2	-5	12/3
-1	x_2	1	0	1	0	0	-1	1	-2	—
-1	x_3	1	-2	0	1	0	0	0	1	—
	σ_j		1	0	0	0	-1	-M+1	-M-1	
3	x_1	4	1	0	0	1/3	-2/3	2/3	-5/3	
-1	x_2	1	0	1	0	0	-1	1	-2	
-1	x_3	9	0	0	1	2/3	-4/3	4/3	-7/3	
	σ_j		0	0	0	-1/3	-1/3	-M+1/3	-M+2/3	

从表 2 – 9 的最后一张表中可以看出，此时所有的 $\sigma_j \leq 0$，且人工变量 x_6 与 x_7 为非基变量，取值为零，故得到最优解为 $X^* = (4, 1, 9, 0, 0, 0, 0)^T$，$z^* = 2$。

2.5.2 两阶段法

大 M 法的求解思想较为直观，用人工计算时不会遇到麻烦。但用计算软件来求解线性规划问题时就会碰到 M 的取值问题，往往只能赋予其一个计算机最大字长的数值；另外，如果 M 的取值与线性规划问题中的 a_{ij}, b_i, c_i 等数值比较接近时或者差距非常大时，由于计算机计算时取值上的误差，则可能会发生错误。为了克服上述问题，可以对添加人工变量后的线性规划问题分两个阶段来进行计算，简称两阶段法。利用两阶段法，可以避免 M 的取值问题。

第一阶段：同大 M 法一样，在约束条件中加入人工变量，但新的目标函数只包括人工变量，且为极小化形式。本阶段的线性规划模型可以写为：

$$\min \omega = x_{n+1} + \cdots + x_{n+m} + 0x_1 + \cdots + 0x_n$$

$$\begin{cases} a_{11}x_1 + \cdots + a_{1n}x_n + x_{n+1} = b_1 \\ \vdots \qquad \vdots \qquad \ddots \\ a_{m1}x_1 + \cdots + a_{mn}x_n + x_{n+m} = b_m \\ x_1, x_2, \cdots, x_{n+m} \geq 0 \end{cases} \qquad (2-20)$$

其中，x_{n+1}，x_{n+2}，$\cdots$，x_{n+m} 为添加的人工变量。如果在本阶段中求解结果的目标函数值不为 0，即最优解的基变量中含有不为 0 的人工变量，此时表明原线性规划问题无解；若求解结果的目标函数值为 0，则进入第二个阶段。

第二阶段：在第一阶段的最终单纯形表中，删除人工变量所在的列，并将 c_j 行的数字换为原目标函数中的价值系数，继续迭代计算。

下面用两阶段法来求解例 2-11。

在第一阶段中，线性规划问题可以写为：

$\min \omega = x_6 + x_7$。

$$\begin{cases} x_1 - 2x_2 + x_3 + x_4 = 11 \\ -4x_1 + x_2 + 2x_3 - x_5 + x_6 = 3 \\ -2x_1 + x_3 + x_7 = 1 \\ x_1, x_2, \cdots, x_7 \geq 0 \end{cases}$$

下面利用单纯形表来进行迭代运算。需要注意的是，在运算之前需要将上述问题进行标准化处理，即目标函数需要转为求极大值情形，具体计算过程见表 2-10。

表 2-10

C_B	X_B	c_j	0	0	0	0	0	-1	-1	θ_i
		b	x_1	x_2	x_3	x_4	x_5	x_6	x_7	
0	x_4	11	1	-2	1	1	0	0	0	11/1
-1	x_6	3	-4	1	2	0	-1	1	0	3/2
-1	x_7	1	-2	0	[1]	0	0	0	1	1/1
	σ_j		-6	1	3	0	-1	0	0	
0	x_4	10	3	-2	0	1	0	0	-1	—
-1	x_6	1	0	[1]	0	0	-1	1	-2	1/1
0	x_3	1	-2	0	1	0	0	0	1	—
	σ_j		0	1	0	0	-1	0	-3	

续表

C_B	X_B	c_j	0	0	0	0	0	-1	-1	θ_i
		b	x_1	x_2	x_3	x_4	x_5	x_6	x_7	
0	x_4	12	3	0	0	1	-2	2	-5	
0	x_2	1	0	1	0	0	-1	1	-2	
0	x_3	1	-2	0	1	0	0	0	0	
	σ_j		0	0	0	0	0	-1	-1	

可以看出，第一个阶段最优解为 $X^* = (0, 1, 1, 12, 0, 0, 0)^T$，基变量中不含有人工变量，$z^* = 0$，说明原线性规划问题存在基可行解，现进入第二个阶段。

在第二个阶段中，首先需要将表 2-10 中的人工变量 x_6，x_7 及其所在列删除，并将目标函数改为：

$\max z = 3x_1 - x_2 - x_3 + 0x_4 + 0x_5$。

将该目标函数的系数代入最终单纯形表中（表 2-10 的最后一张表），再从最终单纯形表出发，继续用单纯形法进行计算，求解过程如表 2-11 所示。

表 2-11

C_B	X_B	c_j	3	-1	-1	0	0	θ_i
		b	x_1	x_2	x_3	x_4	x_5	
0	x_4	12	[3]	0	0	1	-2	12/4
-1	x_2	1	0	1	0	0	-1	—
-1	x_3	1	-2	0	1	0	0	—
	σ_j		1	0	0	0	-1	
3	x_1	4	1	0	0	1/3	-2/3	
-1	x_2	1	0	1	0	0	-4/3	
-1	x_3	9	0	0	1	2/3	0	
	σ_j		0	0	0	-1/3	-1/3	

从表 2-11 的最后一张表中可以看出，此时所有的 $\sigma_j \leq 0$，故得到最优解为 $X^* = (4, 1, 9, 0, 0)^T$，$z^* = 2$，这与大 M 法计算得到的结果是一致的。

2.5.3 单纯形法计算中的几种情况

（1）退化与循环问题。

在单纯形法计算过程中，按照最小比值来确定换出变量时，有时存在两个及以上的相同最小比值，从而使在下一次迭代中就会出现一个或者多个基变量为 0 的情形,此时就出现了所谓的退化解。当存在退化解时,就有可能会出现迭代计算的循环,尽管这种可能性微乎其微。为避免这种情形发生,1976 年勃兰特提出了一个简便有效的规则:第一,当存在多个 $\sigma_j > 0$ 且相等时,始终选取 $\sigma_j > 0$ 中下标值最小的变量作为换入变量;第二,当计算 θ 值出现两个及以上的相同最小比值时,始终选取下标值最小的变量作为换出变量。

(2) 有唯一最优解。

对于某线性规划问题,若此时存在一个基可行解 $X^{(k)}$,且对于非基变量的检验数均有 $\sigma_j < 0$(目标函数为极小化时 $\sigma_j > 0$),则 $X^{(k)}$ 为该线性规划问题的唯一最优解,具体可参见例 2-10。

(3) 有无穷多最优解。

对于某线性规划问题,若此时存在一个基可行解 $X^{(k)}$,且对于非基变量的检验数均有 $\sigma_j \leq 0$(目标函数为极小化时 $\sigma_j \geq 0$),且存在某个(或者多个)非基变量的检验数 $\sigma_s = 0$,则线性规划问题具有无穷多最优解。

【例 2-12】用单纯形法求解如下线性规划问题:

$\max z = 50x_1 + 50x_2$。

$$\begin{cases} x_1 + x_2 \leq 300 \\ 2x_1 + x_2 \leq 400 \\ x_2 \leq 250 \\ x_1, x_2 \geq 0 \end{cases}$$

解:将例 2-12 进行标准化处理后可以得到:

$\max z = 50x_1 + 50x_2$。

$$\begin{cases} x_1 + x_2 + x_3 = 300 \\ 2x_1 + x_2 + x_4 = 400 \\ x_2 + x_5 = 250 \\ x_1, x_2, x_3, x_4, x_5 \geq 0 \end{cases}$$

从而可以列出单纯形表进行计算,如表 2-12 所示。

表 2-12

C_B	X_B	c_j	50	50	0	0	0	θ_i
		b	x_1	x_2	x_3	x_4	x_5	
0	x_3	300	1	1	1	0	0	300/1
0	x_4	400	[2]	1	0	1	0	400/2
0	x_5	250	0	1	0	0	1	—

续表

c_j			50	50	0	0	0	θ_i
C_B	X_B	b	x_1	x_2	x_3	x_4	x_5	
	σ_j		50	50	0	0	0	
0	x_3	100	0	[1/2]	1	−1/2	0	200
50	x_1	200	1	1/2	0	1/2	0	400
0	x_5	250	0	1	0	0	1	250
	σ_j		0	25	0	−25	0	
50	x_2	200	0	1	2	−1	0	
50	x_1	100	1	0	−1	1	0	
0	x_5	50	0	0	−2	1	1	
	σ_j		0	0	−50	0	0	

从表 2 – 12 中可以看出，此时存在一个基可行解 $X^{(1)} = (100, 200, 0, 0, 50)^T$，且对于非基变量 x_3，x_4 的检验数均有 $\sigma \leq 0$，且 x_4 检验数 $\sigma_4 = 0$，故此线性规划问题具有无穷多最优解。

以 x_4 作为换入变量，则可以进一步进行迭代运算，得到另一个最优解，如表 2 – 13 所示。

表 2 – 13

c_j			50	50	0	0	0	θ_i
C_B	X_B	b	x_1	x_2	x_3	x_4	x_5	
50	x_2	200	0	1	2	−1	0	—
50	x_1	100	1	0	−1	1	0	100/1
0	x_5	50	0	0	−2	[1]	1	50/1
	σ_j		0	0	−50	0	0	
50	x_2	250	0	1	0	0	1	
50	x_1	50	1	0	1	0	−1	
0	x_4	50	0	0	−2	1	1	
	σ_j		0	0	−50	0	0	

表 2 – 13 可以得到另一个最优解 $X^{(2)} = (50, 250, 0, 50, 0)^T$。

由于线性规划问题的可行域为凸集，根据凸集的定义，则该线性规划问题的无穷多最优解可以表示为：

$$X = \alpha X^{(1)} + (1-\alpha)X^{(2)} = \alpha(100,200,0,0,50)^T + (1-\alpha)(50,250,0,50,0)^T。$$

其中，$0 \leq \alpha \leq 1$。

（4）有无界解。

对于某线性规划问题，若此时存在一个基可行解 $X^{(k)}$，存在非基变量的检验数 $\sigma_j > 0$，但其对应的列向量 $P_j \leq 0$，则该线性规划问题具有无界解。

【例 2-13】用单纯形法求解如下线性规划问题：

$\max z = x_1 + x_2$。

$$\begin{cases} x_1 - x_2 \leq 1 \\ -3x_1 + 2x_2 \leq 6 \\ x_1, x_2 \geq 0 \end{cases}$$

解：将例 2-13 进行标准化处理后可以得到：

$\max z = x_1 + x_2$。

$$\begin{cases} x_1 - x_2 + x_3 = 1 \\ -3x_1 + 2x_2 + x_4 = 6 \\ x_1, x_2, x_3, x_4 \geq 0 \end{cases}$$

就此可以列出单纯形表进行计算，如表 2-14 所示。

表 2-14

	c_j		1	1	0	0	θ_i
C_B	X_B	b	x_1	x_2	x_3	x_4	
0	x_3	1	[1]	-1	1	0	1/1
0	x_4	6	-3	2	0	1	—
	σ_j		1	1	0	0	
1	x_1	1	1	-1	1	0	
0	x_4	9	0	-1	3	1	
	σ_j		0	2	-1	0	

从表 2-14 可以看出，此时存在一个基可行解 $X = (1, 0, 0, 9)^T$，非基变量 x_2 的检验数 $\sigma_2 = 2 > 0$，但其所在的列向量 $P_2 \leq 0$，故例 2-13 具有无界解。

（5）无可行解。

对于某线性规划问题，对于非基变量的检验数均有 $\sigma_j \leq 0$，但基变量中仍然含有非零的人工变量，则该线性规划问题无解。

【例 2-14】用单纯形法求解如下线性规划问题：

$\max z = 20x_1 + 30x_2$。

$$\begin{cases} 3x_1 + 10x_2 \leq 150 \\ x_1 \leq 30 \\ x_1 + x_2 \geq 40 \\ x_1, x_2 \geq 0 \end{cases}$$

解：将例 2-14 进行标准化处理并加入人工变量后可以得到：

$\max z = 20x_1 + 30x_2 - Mx_6$。

$$\begin{cases} 3x_1 + 10x_2 + x_3 = 150 \\ x_1 + x_4 = 30 \\ x_1 + x_2 - x_5 + x_6 = 40 \\ x_1, x_2, x_3, x_4, x_5, x_6 \geq 0 \end{cases}$$

从而可以列出单纯形表进行计算，如表 2-15 所示。

表 2-15

	c_j		20	30	0	0	0	$-M$	θ_i
C_B	X_B	b	x_1	x_2	x_3	x_4	x_5	x_6	
0	x_3	150	3	[10]	1	0	0	0	15
0	x_4	30	1	0	0	1	0	0	—
$-M$	x_6	40	1	1	0	0	-1	1	40
	σ_j		$M+20$	$M+30$	0	0	$-M$	0	
30	x_2	15	3/10	1	1/10	0	0	0	50
0	x_4	30	[1]	0	0	1	0	0	30
$-M$	x_6	25	7/10	0	$-1/10$	0	-1	1	250/7
	σ_j		$7/10M+11$	0	$-M/10-3$	0	$-M$	0	
30	x_2	6	0	1	1/10	$-3/10$	0	0	
20	x_1	30	1	0	0	1	0	0	
$-M$	x_6	4	0	0	$-1/10$	$-7/10$	-1	1	
	σ_j		0	0	$-M/10-3$	$-7/10M-11$	$-M$	0	

从表 2-15 可以看出，此时对于非基变量 x_3，x_4，x_5 的检验数均有 $\sigma_j \leq 0$，但基变量中仍然含有非零的人工变量 $x_6 = 4$，故此该线性规划问题无解。

（6）目标函数为极小化情形时最优解的判别。

若把目标函数为极小化情形作为线性规划问题的标准形式，此时只需要通过所有检验数 $\sigma_j \geq 0$ 来判别单纯形表中的解是否为最优。

综上所述,线性规划问题的求解过程可以用图2-9来表示。

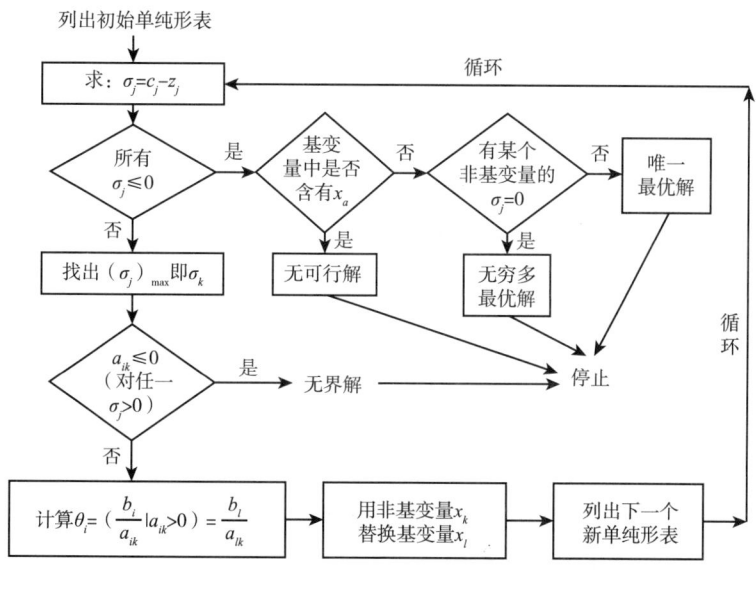

图2-9

2.6 线性规划应用

线性规划在经济管理中应用非常广泛,也取得了显著的社会经济效益。在实际应用中,非常关键的工作是根据现实问题来建立线性规划模型,一般而言,需要满足如下条件才能建立起相应的线性规划模型:(1)要求解问题的目标函数能用数值指标来反映,且为线性函数;(2)存在多种方案;(3)要求达到的目标是在一定条件下实现的,这些约束可用线性等式或不等式描述。

常见的应用问题包括生产计划安排、配料问题、合理下料问题、人力资源安排、投资问题、运输问题等。下面通过一些具体例子来进行说明。

【例2-15】生产计划安排问题。

某公司计划生产Ⅰ、Ⅱ、Ⅲ三种产品,均要经过A、B两道工序加工。设有两种规格的设备 A_1、A_2 能完成 A 工序;有三种规格的设备 B_1、B_2、B_3 能完成 B 工序。Ⅰ可在 A、B 的任何规格的设备上加工;Ⅱ可在任意规格的 A 设备上加工,但对 B 工序,只能在 B_1 设备上加工;Ⅲ只能在 A_2 与 B_2 设备上加工。数据如表2-16所示。问:为使该公司获得最大利润,应如何制订产品加工方案?

表 2-16

设备	产品单件工时			设备的有效台时	满负荷时的设备费用
	Ⅰ	Ⅱ	Ⅲ		
A_1	5	10		6 000	300
A_2	7	9	12	10 000	321
B_1	6	8		4 000	250
B_2	4		11	7 000	783
B_3	7			4 000	200
原料（元/件）	0.25	0.35	0.50		
售价（元/件）	1.25	2.00	2.80		

解： 考虑到有 3 种产品需要经过 2 道工序，且每道工序上有多种加工设备，因此不妨设 x_{ijk} 表示第 i 种产品在第 j 道工序上经过第 k 种设备加工的数量。此时产品 Ⅰ 的数量可表示为 $(x_{111}+x_{112})$ 或 $(x_{121}+x_{122}+x_{123})$；产品 Ⅱ 的数量可表示为 $(x_{211}+x_{212})$ 或 x_{221}；产品 Ⅲ 的数量可表示为 x_{312} 或 x_{322}。

目标函数为求最大化利润，而利润可以表示为：[（销售单价 − 原料单价）× 产品件数]之和 − （每台时的设备费用 × 设备实际使用的总台时数）之和，据此可以建立起如下的线性规划模型：

$$\max z = (1.25-0.25)(x_{111}+x_{112}) + (2.00-0.35)x_{221} + (2.80-0.50)x_{312}$$
$$-300/6\,000(5x_{111}+10x_{211}) - 321/10\,000(7x_{112}+9x_{212}+12x_{312})$$
$$-250/4\,000(6x_{121}+8x_{221}) - 783/7\,000(4x_{122}+11x_{322})$$
$$-200/4\,000(7x_{123})。$$

$$\begin{cases} 5x_{111}+10x_{211} \leq 6\,000 \\ 7x_{112}+9x_{212}+12x_{312} \leq 10\,000 \\ 6x_{121}+8x_{221} \leq 4\,000 \\ 4x_{122}+11x_{322} \leq 7\,000 \\ 7x_{123} \leq 4\,000 \\ x_{111}+x_{112}-x_{121}-x_{122}-x_{123}=0 \\ x_{211}+x_{212}-x_{221}=0 \\ x_{312}-x_{322}=0 \\ x_{ijk} \geq 0, i=1,2,3; j=1,2; k=1,2,3。 \end{cases}$$

后三个约束条件表示的含义为产品 Ⅰ、Ⅱ、Ⅲ 在 A、B 工序上加工的数量需要相等。

本例的最优解为 $x_{111}=1\,200$，$x_{112}=230$，$x_{212}=500$，$x_{312}=324.14$，$x_{221}=500$，

$x_{122} = 858.62$,$x_{322} = 324.14$,$x_{123} = 571.43$,其余变量为零,即应生成产品Ⅰ、产品Ⅱ、产品Ⅲ的数量分别为 1 430 件、500 件和 314.14 件,此时可以获得最大利润为 1146.51 元。

【例 2 – 16】 配料问题。

已知某工厂要用三种原料 1、原料 2、原料 3 混合调配出三种不同规格的产品甲、乙、丙,有关数据如表 2 – 17 和表 2 – 18 所示。问:该厂应如何安排生产,才能使利润收入为最大?

表 2 – 17

产品名称	规格要求	单价(元/kg)
甲	原材料 1 不少于 50%,原材料 2 不超过 25%	50
乙	原材料 1 不少于 25%,原材料 2 不超过 50%	35
丙	不限	25

表 2 – 18

原材料名称	每天最多供应量(kg)	单价(元/kg)
1	100	65
2	100	25
3	60	35

解:设 x_{ij} 表示在第 i 种产品中第 j 种原料的含量。因此甲、乙、丙三种产品的数量分别为 $(x_{11}+x_{12}+x_{13})$、$(x_{21}+x_{22}+x_{23})$ 和 $(x_{31}+x_{32}+x_{33})$,原料 1、原料 2、原料 3 的数量分别为 $(x_{11}+x_{21}+x_{31})$、$(x_{12}+x_{22}+x_{32})$ 和 $(x_{13}+x_{23}+x_{33})$。据此可以列出线性规划模型为:

$$\max z = 50(x_{11}+x_{12}+x_{13}) + 35(x_{21}+x_{22}+x_{23}) + 25(x_{31}+x_{32}+x_{33})$$
$$- 65(x_{11}+x_{21}+x_{31}) - 25(x_{12}+x_{22}+x_{32}) - 35(x_{13}+x_{23}+x_{33})。$$

$$\begin{cases} x_{11} - 0.5(x_{11}+x_{12}+x_{13}) \geq 0 \\ x_{12} - 0.25(x_{11}+x_{12}+x_{13}) \leq 0 \\ x_{21} - 0.25(x_{21}+x_{22}+x_{23}) \geq 0 \\ x_{22} - 0.5(x_{21}+x_{22}+x_{23}) \leq 0 \\ x_{11}+x_{21}+x_{31} \leq 100 \\ x_{12}+x_{22}+x_{32} \leq 100 \\ x_{13}+x_{23}+x_{33} \leq 60 \\ x_{ij} \geq 0,\ i=1,2,3;\ j=1,2,3。\end{cases}$$

解上述方程可以得到 $x_{11}=100$，$x_{12}=50$，$x_{13}=50$，其余变量为零，即只生产甲产品 200 单位，此时获得最大利润为 500 元。

【例 2-17】 合理下料问题。

某工厂要做 100 套钢架，每套用长为 2.9m、2.1m、1.5m 的圆钢各一根。已知原料每根长 7.4m，问：应如何下料，可使所用原料最省？

解：每套用的圆钢总长度为：2.9m + 2.1m + 1.5m = 7.5m，超过了原材料 7.4m 的长度。如果简单截取，则浪费较为严重，因此考虑套裁方法。经过分析，可以得到如下几种可供套裁的方案，如表 2-19 所示。

表 2-19

原材料 \ 方案	方案 1	方案 2	方案 3	方案 4	方案 5	方案 6
2.9m	1	2	0	1	0	1
2.1m	0	0	2	2	1	1
1.5m	3	1	2	0	3	1
合计	7.4	7.3	7.2	7.1	6.6	6.5
剩余料头	0	0.1	0.2	0.3	0.8	0.9

设 x_i（$i=1,2,3,4,5,6$）分别为表 2-19 中每种方案使用的原材料数量，则可以建立起如下的线性规划模型：

$\min z = x_1 + x_2 + x_3 + x_4 + x_5 + x_6$。

$$\begin{cases} x_1 + 2x_2 + x_4 + x_6 \geq 100 \\ 2x_3 + 2x_4 + x_5 + x_6 \geq 100 \\ 3x_1 + x_2 + 2x_3 + 3x_5 + x_6 \geq 100 \\ x_i \geq 0, \ i=1,2,3,4,5,6。 \end{cases}$$

可以求得 $x_1=30$，$x_2=10$，$x_4=50$，其余变量为零，此时需要原材料共为 90 根圆钢。

【例 2-18】 投资问题。

某部门现有资金 200 万元，今后 5 年内考虑给以下的项目投资。已知：

项目 A：从第 1 年到第 5 年每年年初都可投资，当年年末能收回本利 110%；

项目 B：从第 1 年到第 4 年每年年初都可投资，次年年末能收回本利 125%，但规定每年最大投资额不能超过 30 万元；

项目 C：需要在第 3 年年初投资，第 5 年年末能收回本利 140%，但规定最大投资额不能超过 80 万元；

项目 D：需要在第 2 年年初投资，第 5 年年末能收回本利 155%，但规定最大投资额不能超过 100 万元。

问该公司应如何确定这些项目的每年投资额，使第 5 年年末拥有资金的本利金额为最大？

解：设 x_{ij} 表示第 i 年初投资第 j 个项目的金额。由题意可知，对项目 A 的决策变量有：x_{11}，x_{21}，x_{31}，x_{41}，x_{51}，对项目 B 的决策变量有 x_{12}，x_{22}，x_{32}，x_{42}，对项目 C 的决策变量为 x_{33}，对项目 D 的决策变量为 x_{24}。在建立模型时，需要考虑到每年年初所拥有的投资金额，由此可以建立如下的线性规划模型：

$$\max z = 1.1x_{51} + 1.25x_{42} + 1.4x_{33} + 1.55x_{24}。$$

$$\begin{cases} x_{11} + x_{12} = 200 \\ x_{21} + x_{22} + x_{24} = 1.1x_{11} \\ x_{31} + x_{32} + x_{33} = 1.1x_{21} + 1.25x_{12} \\ x_{41} + x_{42} = 1.1x_{31} + 1.25x_{22} \\ x_{51} = 1.1x_{41} + 1.25x_{32} \\ x_{i2} \leq 30 (i = 1, 2, 3, 4) \\ x_{33} \leq 80 \\ x_{24} \leq 100 \\ x_{ij} \geq 0, \ i = 1, 2, 3, 4, 5; \ j = 1, 2, 3, 4。\end{cases}$$

在上述线性规划模型中，前五个约束条件的右侧均为每年年初所拥有的投资金额。

本问题的最优解为 $x_{11} = 170$，$x_{13} = 30$，$x_{21} = 63$，$x_{22} = 24$，$x_{24} = 100$，$x_{32} = 26.8$，$x_{33} = 80$，$x_{42} = 30$，$x_{51} = 33.5$，其余变量取值为零，此时目标函数值为 341.35。即投资计划为在第 1 年年初投资到第一个项目和第三个项目分别为 170 万元和 30 万元；在第 2 年年初投资到第一个项目、第二个项目和第四个项目分别为 63 万元、24 万元和 100 万元；第 3 年年初投资到第二个项目和第三个项目分别为 26.8 万元和 80 万元；第 4 年年初投资到第二个项目为 30 万元；第 5 年年初投资到第一个项目为 33.5 万元，这样第 5 年年底收回本利为 341.35 万元。

【例 2-19】人力资源安排问题。

一家中型的百货商场，它对售货员的需求经过统计分析如表 2-20 所示。为了保证售货人员充分休息，售货人员每周工作 5 天，休息两天，并要求休息的两天是连续的。问应该如何安排售货人员的作息，既满足工作需要，又使配备的售货人员的人数最少？

表2-20

时间	所需售货员人数
星期日	28
星期一	15
星期二	24
星期三	25
星期四	19
星期五	31
星期六	28

解：设 $x_i(i=1,2,\cdots,7)$ 表示星期一至星期日开始上班的人数，这样我们建立如下的数学模型。

$$\min z = x_1 + x_2 + x_3 + x_4 + x_5 + x_6 + x_7。$$

$$\begin{cases} x_1 + x_4 + x_5 + x_6 + x_7 \geqslant 15 \\ x_2 + x_5 + x_6 + x_7 + x_1 \geqslant 24 \\ x_3 + x_6 + x_7 + x_1 + x_2 \geqslant 25 \\ x_4 + x_7 + x_1 + x_2 + x_3 \geqslant 19 \\ x_5 + x_1 + x_2 + x_3 + x_4 \geqslant 31 \\ x_6 + x_2 + x_3 + x_4 + x_5 \geqslant 28 \\ x_7 + x_3 + x_4 + x_5 + x_6 \geqslant 28 \\ x_1, x_2, x_3, x_4, x_5, x_6, x_7 \geqslant 0。 \end{cases}$$

可以求得 $x_1 = 8$，$x_3 = 12$，$x_5 = 11$，$x_6 = 5$，其余变量为零，目标值为36，即最少需要36人才能满足工作需求，周一、周三、周五和周六分别安排8人、12人、11人和5人开始上班。

习 题

1. 将下列线性规划问题转化为标准形式。

(1) $\min z = x_1 + 2x_2 - 3x_3$
$$\begin{cases} 3x_1 + x_2 - 2x_3 \leqslant -1 \\ 5x_1 + x_2 - 4x_3 \geqslant 3 \\ 4x_1 - 2x_2 - 3x_3 = -9 \\ x_1 \geqslant 0, x_2 \leqslant 0, x_3 \text{ 无约束} \end{cases}$$

(2) $\min z = 3x_1 + x_2 - 2x_3$
$$\begin{cases} 5x_1 + 2x_2 - 2x_3 \geqslant -1 \\ 2x_1 + 6x_2 - 2x_3 \leqslant -3 \\ 4x_1 - 2x_2 - 3x_3 = -9 \\ 2 \leqslant x_1 \leqslant 4, x_2 \leqslant 0, x_3 \text{ 无约束} \end{cases}$$

2. 用图解法求解如下线性规划问题，并指出问题具有唯一最优解、无穷多最优解、无界解还是无可行解。

（1）$\max z = x_1 + 2x_2$
$$\begin{cases} x_1 + 2x_2 \leq 6 \\ 3x_1 + 2x_2 \leq 12 \\ x_2 \leq 2 \\ x_1 \geq 0, \ x_2 \geq 0 \end{cases}$$

（2）$\max z = x_1 + x_2$
$$\begin{cases} x_1 + 2x_2 \geq 2 \\ x_1 - x_2 \geq -1 \\ x_1, \ x_2 \geq 0 \end{cases}$$

（3）$\max z = 50x_1 + 100x_2$
$$\begin{cases} x_1 + x_2 \leq 300 \\ 2x_1 + x_2 \leq 400 \\ x_2 \leq 250 \\ x_1, \ x_2 \geq 0 \end{cases}$$

（4）$\max z = 3x_1 + 4x_2$
$$\begin{cases} 2x_1 + x_2 \leq 40 \\ x_1 + 1.5x_2 \leq 30 \\ x_1 + x_2 \geq 50 \\ x_1, \ x_2 \geq 0 \end{cases}$$

3. 找出如下线性规划问题的所有基解，并指出哪些是基可行解，并确定最优解。
$\max z = 2x_1 + 3x_2 + x_3$
$$\begin{cases} x_1 + x_3 = 5 \\ x_1 + 2x_2 + x_4 = 10 \\ x_2 + x_5 = 4 \\ x_i \geq 0, \ i = 1, \ 2, \ 3, \ 4, \ 5 \end{cases}$$

4. 用单纯形法求解如下线性规划问题，并指出解的类型。若有无穷多最优解，则将其最优解集合表示出来。

（1）$\max z = 2.5x_1 + x_2$
$$\begin{cases} 3x_1 + 5x_2 \leq 15 \\ 5x_1 + 2x_2 \leq 10 \\ x_1, \ x_2 \geq 0 \end{cases}$$

（2）$\max z = 10x_1 + 6x_2 + 4x_3$
$$\begin{cases} x_1 + x_2 + x_3 \leq 100 \\ 10x_1 + 4x_2 + 5x_3 \leq 600 \\ x_1 + x_2 + 3x_3 \leq 150 \\ x_1, \ x_2, \ x_3 \geq 0 \end{cases}$$

5. 分别用大 M 法和两阶段法求解如下线性规划问题。

（1）$\max z = 2x_1 + 3x_2 - 5x_3$
$$\begin{cases} x_1 + x_2 + x_3 = 7 \\ 2x_1 - 5x_2 + x_3 \geq 10 \\ x_1, \ x_2, \ x_3 \geq 0 \end{cases}$$

（2）$\max z = 10x_1 + 15x_2 + 12x_3$
$$\begin{cases} 5x_1 + 3x_2 + x_3 \leq 9 \\ -5x_1 + 6x_2 + 15x_3 \leq 150 \\ 2x_1 + x_2 + x_3 \geq 5 \\ x_1, \ x_2, \ x_3 \geq 0 \end{cases}$$

6. 某线性规划的目标函数是 $\max z$，在用标准的单纯形法求解的过程中，得到表 2－21，其中 a、k 是常数。

表 2-21

$c_j \rightarrow$			2	5	8	0	0	0
C_B	X_B	b	x_1	x_2	x_3	x_4	x_5	x_6
	x_6	20	0		3		0	
	x_2	k	a				1/2	
	x_4	8	-2		-1		1	
	$c_j - z_j$				-2			

(1) 在所有的空格中填上适当的数（其中可含参数 a、k）。

(2) 判断以下四种情况在什么时候成立，并简要说明理由。

① 此解为最优解，试写出相应的基解和目标函数值；

② 此解为最优解，且此问题又有无穷多最优解；

③ 此问题有无界解；

④ 此解不是最优解，且能用单纯形法得到下一个基可行解。

7. 在表 2-22 中给出的是某线性规划问题计算过程中的一个单纯形表。已知该线性规划的目标函数为 $\max z = 28x_4 + x_5 + 2x_6$，约束条件为 $\leq$，x_1，x_2，x_3 为松弛变量，表中解的目标函数值为 $z = 14$。

表 2-22

		x_1	x_2	x_3	x_4	x_5	x_6
x_6	a	3	0	-14/3	0	1	1
x_2	5	6	d	2	0	5/2	0
x_4	0	0	e	f	1	0	0
$c_j - z_j$		b	c	0	0	-1	g

(1) 求 $a \sim g$ 的值（需写出计算过程）；

(2) 表中给出的解是否为最优解，请说明相关理由。

8. 线性规划问题为：$\max z = CX$，$AX \leq b$，$X \geq 0$。若 X^* 为该问题的最优解，且 $\lambda > 0$ 为一常数，分别讨论下列情况下最优解的变化情况。

(1) 目标函数变为 $\max z = \lambda CX$；

(2) 目标函数变为 $\max z = (C + \lambda)X$；

(3) 目标函数变为 $\max z = \dfrac{C}{\lambda}X$，约束条件变为 $AX = \lambda b$。

9. 线性规划问题为：$\max z = CX$，$AX \leq b$，$X \geq 0$，X^0 为该问题的最优解。若在目标函数中用 C^* 代替 C 后，问题的最优解变为 X^*，求证：$(C^* - C)(X^* - X^0) \geq 0$。

10. 表 2-23 中给出某一求最大化问题的最终单纯形表。根据要求分别回答下列问题。

表 2-23

		x_1	x_2	x_3	x_4	x_5
x_3	d	4	a_1	1	0	0
x_4	2	−1	−5	0	1	0
x_5	3	a_2	−3	0	0	1
$c_j - z_j$		c_1	c_2	0	0	0

当 a_1, a_2, c_1, c_2, d 为何值以及表中变量属于哪一种类型时有：

(1) 表中解为唯一最优解；

(2) 表中解为无穷多最优解之一；

(3) 表中解为退化的可行解；

(4) 下一步迭代中将以 x_1 替换 x_5；

(5) 该线性规划具有无界解；

(6) 该线性规划无可行解。

11. 消费者购买某一时期需要的营养物（如大米、猪肉、牛奶等），希望获得其中的营养成分（如蛋白质、脂肪、维生素等）。设市面上现有这 3 种营养物（甲、乙、丙），其分别含有各种营养成分数量（A、B、C、D），以及各营养物价格和根据医生建议消费者这段时间至少需要的各种营养成分的数量（单位都略去）见表 2-24。

表 2-24

营养成分 \ 营养物	甲	乙	丙	至少需要的营养成分数量
A	4	6	20	80
B	1	1	2	65
C	1	0	3	70
D	21	7	35	450
价格	25	20	45	

问：消费者怎么购买营养物，才能既获得必要的营养成分，而花钱最少？

12. 现要做 100 套钢架，每套由长 2.8m、2.2m 和 1.8m 的圆钢各一根组成，已知原材料长 6.0m，问应如何下料，可以使原材料最省？

13. 某汽车公司有资金 600 000 元，打算用来购买 A、B、C 三种汽车。已知汽车 A 每辆为 10 000 元，汽车 B 每辆为 20 000 元，汽车 C 每辆为 23 000 元。又知汽车 A 每辆每班需要一名司机，可完成 2 100t·km；汽车 B 每辆每班需要两名司机，可完成 3 600t·km；汽车 C 每辆每班需要两名司机，可完成 3 780t·km。每辆汽车每天最多安排三班，每个司机每天最多安排一班。限制购买汽车不超过 30 辆，司机不超过 145 人。问：每种汽车应购买多少辆，可使每天的吨·公里总数最大？

14. 某公司生产甲、乙、丙三种产品，都需要经过铸造、机加工和装配三个车间。甲、乙两种产品的铸件可以外包协作，也可以自行生产，但产品丙必须本厂铸造才能保证质量。数据如表 2-25 所示。问：该公司为了获得最大利润，甲、乙、丙三种产品各生产多少件？甲、乙两种产品的铸造中，由本公司铸造和由外包协作各应多少件？

表 2-25

	甲	乙	丙	资源限制
铸造工时（小时/件）	5	10	7	8 000
机加工工时（小时/件）	6	4	8	12 000
装配工时（小时/件）	3	2	2	10 000
自产铸件成本（元/件）	3	5	4	
外协铸件成本（元/件）	5	6	—	
机加工成本（元/件）	2	1	3	
装配成本（元/件）	3	2	2	
产品售价（元/件）	23	18	16	

15. 某厂在今后四个月内需要租用仓库堆放物资。已知各月份所需仓库面积如表 2-26 所示。仓库租借费用由合同期限决定，期限越长折扣越大，具体数据见表 2-27。每月初都可办理租借合同，每次办理时，可签一份或同时签若干份期限和面积不同的合同，每份合同具体规定租用面积和期限。问如何租借仓库既能满足需要又能使总的租借费用最少？试建立上述问题的线性规划模型。

表 2-26

月份	1	2	3	4
所需仓库面积（百米^2）	15	10	20	12

表 2-27

合同租借期限	1 个月	2 个月	3 个月	4 个月
合同期内的费用（元/百米^2）	2 800	4 500	6 000	7 300

16. 某公司有一个仓库用于储存出售某种商品。由于该商品在不同季度其价格也不同，故该公司每季度初购进该商品，一部分用于本季度内出售，另一部分储存起来供以后出售。已知该公司仓库的最大存储量为 20 万 m^3，存储费用为 $(70+100t)$ 元/m^3，t 为存储时间（季度数），且已知每季度的买进卖出价格及预计的最大销售量如表 2-28 所示。由于该商品不易长期储存，所有库存商品都应于每年秋末售完。试建立这个问题的线性规划模型，使公司全年利润最大。

表 2-28

季度	买进价（万元/万 m^3）	卖出价（万元/万 m^3）	预计最大销售量买进价（万 m^3）
冬	410	425	100
春	430	440	140
夏	460	465	200
秋	450	455	160

第 3 章
线性规划的对偶理论及灵敏度分析

对偶就是对同一事物（或问题），从不同的角度（或立场）提出对立的两种不同的表述。例如，在研究平面内矩形的面积与其周长之间的关系时，我们可以从两种不同的方面进行描述：当周长一定时，面积最大的矩形是正方形；当面积一定时，周长最短的矩形是正方形。这是互为对偶关系的表述，显然这种表述有利于我们加深对事物的认识和理解。

对偶现象是许多经济管理工作在实际中存在的一种普遍现象。例如，企业怎样充分利用现有人力、物力去完成更多的任务和怎样用最少的人力、物力消耗去完成给定的任务，就是互为对偶的一对问题。对偶理论（Duality Theory）是从数量关系上研究这些对偶问题的性质、关系及其应用的理论和方法。每一个线性规划问题，都存在一个与之相联系的对偶问题。对偶问题有许多重要的特征与性质，它能提供关于原始问题最优解的许多重要信息，有助于对原始问题的求解和分析。对偶理论充分显示线性规划理论逻辑上的严谨性与结构上的对称性，是线性规划的重要成果。

3.1 线性规划的对偶问题

3.1.1 对偶问题的提出

下面通过实际例子来说明对偶问题的提出及其意义。

【例 3-1】 在例 2-1 中，某公司利用 A、B 两种原材料来生产 I、II、III 三种产品，希望能够获得最大利润，其线性规划模型为：

$$\max z = 50x_1 + 100x_2 + 80x_3。$$

(LP1) $\begin{cases} 1x_1 + 3x_2 + 2x_3 \leq 400 \\ 3x_1 + 2x_2 + 2x_3 \leq 350 \\ x_1 \geq 0, \ x_2 \geq 0, \ x_3 \geq 0。 \end{cases}$

现在从另一个角度来思考该问题。假定该公司决定将现有资源转让或者出租给其他公司，自己不再组织生产，那么它应该如何确定资源的转让价格呢？显然，如果转让价格太低，则该公司不会愿意放弃生产而转让资源；如果转让价格太高，则别的公司不会接受。因此，对于该公司而言，转让资源所获得的利润应该不能低于自己组织生产时所获得的利润；对于其他公司而言，则是希望能够用最小的代价来获得该公司的资源。

基于以上考虑，我们可以分别用 y_1，y_2 来表示每千克材料 A、B 的转让价格，则该公司转让 A、B 两种原材料所获得的收入为 $400y_1 + 350y_2$，记作 w，即 $w = 400y_1 + 350y_2$；对方则希望能够用最小的代价来获得该公司的资源，即需要支付的资金最少，即最小化 w，故有：$\min w = 400y_1 + 350y_2$。

因为该公司生产一件 I 产品时需要用到 1 千克原材料 A 和 3 千克原材料 B，获得利润为 50 元，则其出售这些数量的原材料时所获得利润不能低于 50 元，故有 $y_1 + 3y_2 \geq 50$。

同理可得，对于 II、III 两种产品时，应满足：$3y_1 + 2y_2 \geq 100$，$2y_1 + 2y_2 \geq 80$。另外，还需要考虑到转让价格不能为负值。

综上所述，我们可以得到如下的线性规划模型为：

$$\min w = 400y_1 + 350y_2。$$

(LP2) $\begin{cases} y_1 + 3y_2 \geq 50 \\ 3y_1 + 2y_2 \geq 100 \\ 2y_1 + 2y_2 \geq 800 \\ y_1, \ y_2 \geq 0。 \end{cases}$

上述 LP1 与 LP2 是对同一问题两种不同决策方式的描述，通常称 LP1 为原问题，简写记作问题 LP；LP2 为原问题的对偶问题，简称对偶问题，简写记作问题 LD。因为对偶是相互的，所以如果把 LP2 称为原问题，则 LP1 为 LP2 的对偶问题。

3.1.2 对称形式的对偶问题

令 $A = \begin{bmatrix} 1 & 3 & 2 \\ 3 & 2 & 2 \end{bmatrix}$，$b = (400, 350)^T$，$C = (50, 100, 80)$，$X = (x_1, x_2, x_3)^T$，

$Y = (y_1, y_2)^T$,则 LP1 与 LP2 可以写为:

(LP1) $\begin{cases} \max z = CX \\ AX \le b \\ X \ge 0 \end{cases}$ (3-1)

(LP2) $\begin{cases} \min w = b^T Y \\ A^T Y \ge C^T \\ Y \ge 0 \end{cases}$ (3-2)

分析 LP1 与 LP2 可以看出,两个问题的技术系数矩阵互为转置;原问题的价值系数变为对偶问题的资源系数,而其资源系数变为对偶问题的价值系数;一个问题的变量个数等于另一个问题的约束条件个数。反之亦然。就此我们可以给出对称形式的对偶问题。

满足如下条件的线性规划问题称为具有对称形式:其变量均具有非负约束;当目标函数求极大时其约束条件均取"≤"号,当目标函数求极小时均取"≥"号。需要指出的是,对偶问题的对称形式与线性规划问题的标准形式是两种不同的形式,两者不能混为一谈。

显然例 3-1 中的 LP1 为对称形式,LP2 为其对偶问题。根据这两个模型可以写出对称形式下线性规划问题原问题及其对偶问题的一般形式。

对称形式下线性规划问题原问题的一般形式可以写为:

$\max z = c_1 x_1 + c_2 x_2 + \cdots + c_n x_n$

$\begin{cases} a_{11} x_1 + a_{12} x_2 + \cdots + a_{1n} x_n \le b_1 \\ a_{21} x_1 + a_{22} x_2 + \cdots + a_{2n} x_n \le b_2 \\ \quad\quad\quad \vdots \\ a_{m1} x_1 + a_{m2} x_2 + \cdots + a_{mn} x_n \le b_m \\ x_1, x_2, \cdots\cdots, x_n \ge 0 \end{cases}$ (3-3)

用矩阵形式来表示则可以写为式(3-1)。

用 $y_i (i=1, \cdots, m)$ 表示第 i 种资源的估价,则其对偶问题的一般形式可以写为:

$\min w = b_1 y_1 + b_2 y_2 + \cdots + b_m y_m$

$\begin{cases} a_{11} y_1 + a_{21} y_2 + \cdots + a_{m1} y_m \ge c_1 \\ a_{12} y_1 + a_{22} y_2 + \cdots + a_{m2} y_m \ge c_2 \\ \quad\quad\quad \vdots \\ a_{1n} x_1 + a_{2n} y_2 + \cdots + a_{mn} x_m \ge c_n \\ y_1, y_2, \cdots, y_m \ge 0 \end{cases}$ (3-4)

用矩阵形式来表示则可以写为式（3-2）。

对比式（3-3）与式（3-4），可以列出如表3-1所示的对应关系。

表3-1

	原问题（或对偶问题）	对偶问题（或原问题）
目标函数	$\max z = CX$	$\min w = b^T Y$
约束条件	$AX \leq C$	$A^T Y \geq C^T$
决策变量	$X \geq 0$	$Y \geq 0$
A	约束条件系数矩阵	其约束条件系数矩阵的转置
b	约束条件的右端项向量	目标函数中的价格系数向量
C	目标函数中的价格系数向量	约束条件的右端项向量

因为对偶是相互的，故对偶问题的对偶问题即为原问题，因此也可以把表3-1右端的线性规划问题视为原问题，写出左端形式的对偶问题。

【例3-2】 写出如下线性规划问题的对偶问题。

$\max z = 10x_1 + 18x_2$

$$\begin{cases} 5x_1 + 2x_2 \leq 170 \\ 2x_1 + 3x_2 \leq 100 \\ x_1 + 5x_2 \leq 150 \\ x_1, x_2 \geq 0 \end{cases}$$

解：这是一个对称形式的线性规划问题，根据表3-1，可以直接写出其对偶问题：

$\min w = 170y_1 + 100y_2 + 150y_3$。

$$\begin{cases} 5y_1 + 2y_2 + y_3 \geq 10 \\ 2y_1 + 3y_2 + 5y_3 \geq 18 \\ y_1, y_2, y_3 \geq 0 \end{cases}$$

3.1.3 非对称形式的对偶问题

因为并非所有的线性规划问题都有对称形式，故需要考虑在一般情况下如何写出线性规划问题的对偶问题。下面我们通过一个例子来进行说明。

【例3-3】 写出如下线性规划问题的对偶问题。

$\max z = 4x_1 + 5x_2$。

$$\begin{cases} 3x_1 + 2x_2 \leq 20 \\ 4x_1 - 3x_2 \geq 10 \\ x_1 + x_2 = 5 \\ x_1 \geq 0, \ x_2 \text{ 无约束}_\circ \end{cases}$$

解：例 3-3 为非对称形式的线性规划问题。为写出其对偶问题，需要首先将其转为对称形式，即目标函数为求极大值、约束条件均取"≤"号、决策变量均为非负约束的形式。因此：

第 1 步，令 $x_2 = x_2' - x_2''$，其中 $x_2' \geq 0$，$x_2'' \geq 0$；

第 2 步，在第二个约束条件两端同乘以"-1"，将其转化为"≤"形式，即 $-4x_1 + 3x_2 \leq -10$；

第 3 步，将第三个约束条件转化为 $x_1 + x_2 \geq 5$ 与 $x_1 + x_2 \leq 5$，再根据第 2 步，将 $x_1 + x_2 \geq 5$ 转化为 $-x_1 - x_2 \leq -5$。

因此例 3-3 可以转化为具有对称形式的线性规划问题：

$\max z = 4x_1 + 5x_2' - 5x_2''$。

$$\begin{cases} 3x_1 + 2x_2' - 2x_2'' \leq 20 \\ -4x_1 + 3x_2' - 3x_2'' \leq -10 \\ x_1 + x_2' - x_2'' \leq 5 \\ -x_1 - x_2' + x_2'' \leq -5 \\ x_1, \ x_2', \ x_2'' \geq 0_\circ \end{cases}$$

根据表 3-1，可以写成其对偶问题为：

$\min w = 20w_1 - 10w_2 + 5w_3 - 5w_4$。

$$\begin{cases} 3w_1 - 4w_2 + w_3 - w_4 \geq 4 \\ 2w_1 + 3w_2 + w_3 - w_4 \geq 5 \\ -2w_1 - 3w_2 - w_3 + w_4 \geq -5 \\ w_1, \ w_2, \ w_3, \ w_4 \geq 0_\circ \end{cases}$$

再令 $y_1 = w_1$，$y_2 = -w_2$，$y_3 = w_3 - w_4$，进而可以得到：

$\min w = 20y_1 + 10y_2 + 5y_3$。

$$\begin{cases} 3y_1 + 4y_2 + y_3 \geq 4 \\ 2y_1 - 3y_2 + y_3 = 5 \\ y_1 \geq 0, \ y_2 \leq 0, \ y_3 \text{ 无约束}_\circ \end{cases}$$

例 3-3 表明，对于不具有对称形式的线性规划问题，我们可以将其转化为具有对称形式的线性规划问题，然后根据表 3-1 写成其对偶问题。然而我们通过例 3-3

也可以发现，对于非对称形式的线性规划问题原问题及其对偶问题的对应关系，可以统一归纳为如表 3 – 2 所示的形式。

表 3 – 2

	原问题（或对偶问题）	对偶问题（或原问题）	
	目标函数　max$z = CX$	目标函数　min$w = b^T Y$	
约束条件	m 个	m 个	变量
	$\leq$	≥ 0	
	$\geq$	≤ 0	
	$=$	无约束	
变量	n 个	n 个	约束条件
	≥ 0	$\geq$	
	≤ 0	$\leq$	
	无约束	$=$	
b	约束条件的右端项向量	目标函数中的价格系数向量	b^T
C	目标函数中的价格系数向量	约束条件的右端项向量	C^T

【例 3 – 4】 写出如下线性规划问题的对偶问题。

min$z = 2x_1 + 3x_2 - 5x_3 + x_4$。

$$\begin{cases} x_1 + x_2 - 3x_3 + x_4 \geq 5 \\ 2x_1 + 2x_3 - 4x_4 \leq 4 \\ x_2 + x_3 + x_4 = 6 \end{cases}$$

$x_1 \leq 0$，x_2、$x_3 \geq 0$、x_4 无约束。

解：原问题目标函数为求极小值，因此将表 3 – 2 右侧看作原问题。据此根据表 3 – 2，可以直接写出其对偶问题为：

max$w = 5y_1 + 4y_2 + 6y_3$。

$$\begin{cases} y_1 + 2y_2 \geq 2 \\ y_1 + y_3 \leq 3 \\ -3y_1 + 2y_2 + y_3 \leq -5 \\ y_1 - 4y_2 + y_3 = 1 \end{cases}$$

$y_1 \geq 0$，$y_2 \leq 0$，y_3 无约束。

3.2 对偶问题的基本性质

3.2.1 单纯形法计算的矩阵描述

不失一般性,我们设具有对称形式的线性规划问题为:
$\max z = CX$。
$$\begin{cases} AX \leqslant b \\ X \geqslant 0 \end{cases}$$

将该线性规划问题加入松弛变量 X_s 后,可以转换为:
$\max z = CX + 0X_s$。

$$\begin{cases} AX + IX_s = b \\ X \geqslant 0, X_s \geqslant 0 \end{cases} \tag{3-5}$$

其中,$X_s = (x_{n+1}, x_{n+2}, \cdots, x_{n+m})^T$,$I$ 为 $m \times m$ 的单位矩阵。

对于线性规划问题式(3-5),假设经过若干步迭代计算后基变量为 X_B,X 中的其他变量用 X_N 来表示。X_B、X_N 在初始单纯形表中对应的系数矩阵分别为 B 与 N,对应的价值系数分别为 C_B 和 C_N,即我们可以将 X,A,C 分别分成两个部分,其中 $X = (X_B, X_N)^T$,$A = (B, N)$,$C = (C_B, C_N)$。据此我们可以写出线性规划问题式(3-5)的初始单纯形表可以写为表3-3。

表3-3

	c_j		非基变量		基变量
			C_B	C_N	0
			X_B	X_N	X_s
0	X_s	b	B	N	I
	σ_j		C_B	C_N	0

经过若干步迭代计算后,假设此时的基变量为 X_B,则其对应系数矩阵为单位矩阵 I。通过对表3-3进行变换后,可以得到表3-4。

表3-4

	c_j		基变量	非基变量	
			C_B	C_N	0
			X_B	X_N	X_s
C_B	X_B	$B^{-1}b$	I	$B^{-1}N$	B^{-1}
	σ_j		0	$C_N - C_B B^{-1} N$	$-C_B B^{-1}$

从表3-4可以看出,若此时得到的解为最优解,则非基变量的检验数应该满足:

$$C_N - C_B B^{-1} N \leq 0 \tag{3-6}$$

$$-C_B B^{-1} \leq 0 \tag{3-7}$$

因为 X_B 的检验数可以写为:

$$C_B - C_B I = C_B - C_B B^{-1} B = 0 \tag{3-8}$$

因此式 (3-6)、式 (3-7) 及式 (3-8) 可以重新写为:

$$C - C_B B^{-1} A \leq 0 \tag{3-9}$$

$$-C_B B^{-1} \leq 0 \tag{3-10}$$

$C_B B^{-1}$ 称为单纯形乘子,我们用符号 $Y^T = C_B B^{-1}$ 来表示。下面分别对这两个条件进行讨论分析。

(1) 根据式 (3-10),可知 $Y \geq 0$。

(2) 由式 (3-9) 可得: $C - C_B B^{-1} A = C - Y^T A \leq 0$,即为 $A^T Y \geq C^T$。

(3) 令 $w = b^T Y$,由于 $Y^T = C_B B^{-1}$,故 $w = b^T Y = Y^T b = C_B B^{-1} b = z$,又因为 Y 的上界为无限大,故 w 只存在最小值。

综上所述,可以得到原线性规划问题的对偶问题为:

$\min w = b^T Y$。

$$\begin{cases} A^T Y \geq C^T \\ Y \geq 0 \end{cases}$$

通过上述分析可以发现,对于原问题的任意可行解,各松弛变量检验数的相反数恰好是其对偶问题的一个可行解,且两者具有相同的函数目标值;若原问题取得最优解,则对偶问题的解也为最优解。

下面通过例题来说明单纯形法的矩阵计算、原问题与其对偶问题的变量与解之间的关系。

【例3-5】用单纯形法求解如下线性规划问题:

$\max z = 2x_1 + x_2$。

$$(\text{LP1}) \begin{cases} 5x_2 \leq 15 \\ 6x_1 + 2x_2 \leq 24 \\ x_1 + x_2 \leq 5 \\ x_1, x_2 \geq 0 \end{cases}$$

解:在约束条件中分别加入松弛变量 x_3,x_4,x_5,对 LP1 进行标准化处理,进而经过单纯形法计算,可以求出问题的最优解。为了简便起见,这里只列出初始单纯形表与最终单纯形表,如表3-5所示。

表 3-5

C_B	X_B	c_j	2	1	0	0	0
		b	x_1	x_2	x_3	x_4	x_5
0	x_3	15	0	5	1	0	0
0	x_4	24	6	2	0	1	0
0	x_5	5	1	1	0	0	1
	σ_j		2	1	0	0	0
	⋮						
0	x_3	15/2	0	0	1	5/4	-15/2
2	x_1	7/2	1	0	0	1/4	-1/2
1	x_2	3/2	0	1	0	-1/4	3/2
	σ_j		0	0	0	-1/4	-1/2

从表 3-5 可以看出，此时 LP1 问题的最优解为：$X^* = \left(\dfrac{7}{2}, \dfrac{3}{2}, \dfrac{15}{2}, 0, 0\right)^T$。根据 $Y^T = C_B B^{-1}$ 可知，对偶问题的最优解为 $Y^* = \left(0, \dfrac{1}{4}, \dfrac{1}{2}\right)^T$，即最终表非基变量的检验系数的相反数。结合表 3-3、表 3-4 及表 3-5，我们还可以得到：

$$B = [P_3, P_1, P_2] = \begin{bmatrix} 1 & 0 & 5 \\ 0 & 6 & 2 \\ 0 & 1 & 1 \end{bmatrix}, B^{-1} = \begin{bmatrix} 1 & 5/4 & -15/2 \\ 0 & 1/4 & -1/2 \\ 0 & -1/4 & 3/2 \end{bmatrix}.$$

为了进一步描述这种关系，我们可以写出例 3-5 的对偶问题为：

$$\min w = 15y_1 + 24y_2 + 5y_3.$$

(LP2) $\begin{cases} 6y_2 + y_3 \geq 2 \\ 5y_1 + 2y_2 + y_3 \geq 1 \\ y_1, y_2, y_3 \geq 0. \end{cases}$

对 LP2 用单纯形法进行求解，最终得到的单纯形表，如表 3-6 所示。

表 3-6

C_B	X_B	c_j	2	1	0	0	0
		b	y_1	y_2	y_3	y_4	y_5
1	y_2	1/4	-4/5	1	0	-1/4	1/4
0	y_3	1/2	15/2	0	1	1/2	-3/2
	σ_j		15/2	0	0	7/2	3/2

从表 3-6 可以看出，LP2 问题的最优解为 $\overline{Y}^* = \left(0, \dfrac{1}{4}, \dfrac{1}{2}, 0, 0\right)^T$，同样可以得到 LP1 问题的最优解为 $\overline{X}^* = \left(\dfrac{7}{2}, \dfrac{3}{2}, \dfrac{15}{2}\right)^T$。需要注意的是，这里对 LP2 问题求解时是按照目标函数 $\min w$ 进行求解的。

对比表 3-5 与表 3-6，可以看出两个问题变量之间的关系。同时比较 X^* 和 $\overline{X}^*$、Y^* 和 $\overline{Y}^*$ 还可以看出，只需要求解其中一个问题，从其最终的单纯形表中可得到另一个问题的最优解。

3.2.2 对偶问题的基本性质

为方便后续讨论，假设原问题为 LP，其对偶问题为 LD：

$$(\text{LP}) \begin{cases} \max z = CX \\ AX \leq b \\ X \geq 0 \end{cases} \qquad (\text{LD}) \begin{cases} \min w = b^T Y \\ A^T Y \geq C^T \\ Y \geq 0 \end{cases}$$

（1）对称性：对偶问题的对偶问题是原问题。

证明：根据表 3-1 可知，当原问题为 $\begin{cases} \max z = CX \\ AX \leq b \\ X \geq 0 \end{cases}$ 时其对偶问题为 $\begin{cases} \min w = b^T Y \\ A^T Y \geq C^T \\ Y \geq 0 \end{cases}$。

现将 LD 进行变换，可以得到：$\begin{cases} \max(-w) = -b^T Y \\ -A^T Y \leq -C^T \\ Y \geq 0 \end{cases}$，此为对称形式，故其对偶问题为 $\begin{cases} \min(-w') = -CX \\ -AX \geq -b \\ X \geq 0 \end{cases}$。由于 $\min(-w') = -\max w'$，令 $z = w'$，则可以得到：$\begin{cases} \max z = CX \\ AX \leq b \\ X \geq 0 \end{cases}$，即为原问题。

（2）弱对偶性：若 $\overline{X}$ 和 $\overline{Y}$ 分别是原问题（LP）与对偶问题（LD）的可行解，则一定有：

$$C\overline{X} \leq b^T \overline{Y} \tag{3-11}$$

证明：因为 $\overline{X}$ 和 $\overline{Y}$ 分别是原问题（LP）与对偶问题（LD）的可行解，所以有：$A\overline{X} \leq b$，$A^T \overline{Y} \geq C^T$ 即 $\overline{Y}^T A \geq C$，其中 $\overline{X} \geq 0$，$\overline{Y} \geq 0$。

故可以得到 $\overline{Y}^T A \overline{X} \leq \overline{Y}^T b = b^T \overline{Y}$，$C\overline{X} \leq \overline{Y}^T A \overline{X}$，进而得到：$C\overline{X} \leq \overline{Y}^T A \overline{X} \leq b^T \overline{Y}$，即

$C\overline{X} \leqslant b^T\overline{Y}$。

根据弱对偶性，可以得到如下一些结论：

推论 1：原问题任一可行解的目标函数值是其对偶问题目标函数值的下界；反之，对偶问题任意可行解的目标函数值是其原问题目标函数值的上界。

推论 2：若原问题有可行解但目标函数值无界，则对偶问题无可行解；若对偶有可行解但目标函数值无界，则原问题无可行解（注意：本推论的逆不成立。当对偶问题无可行解时，原问题具有无界解或者无可行解，反之亦然）。

推论 3：若原问题有可行解而对偶问题无可行解，则原问题目标函数值无界；对偶问题有可行解而原问题无可行解，则对偶问题的目标函数值无界。

根据弱对偶性，我们可以得出原问题与对偶问题的解的对应关系，如表 3 – 7 所示。

表 3 – 7

原问题	对偶问题
有可行解，且有最优解	有可行解，且有最优解
有可行解，且为无界解	无可行解
无可行解	无可行解
无可行解	有可行解，且为无界解

【**例 3 – 6**】用对偶理论来证明下列线性规划问题具有无界解。

$\max z = x_1 + 2x_2$。

$$\begin{cases} -x_1 + x_2 + x_3 \leqslant 2 \\ -2x_1 + x_2 - x_3 \leqslant 1 \\ x_1, x_2, x_3 \geqslant 0 \end{cases}$$

证明：原问题的对偶问题为：

$\min w = 2y_1 + y_2$。

$$\begin{cases} -y_1 - 2y_2 \geqslant 1 \\ y_1 + y_2 \geqslant 2 \\ y_1 - y_2 \geqslant 0 \\ y_1, y_2 \geqslant 0 \end{cases}$$

可以看出 $\overline{X} = (0, 0, 0)^T$ 是原问题的一个可行解。在其对偶问题中，因为 $y_1, y_2 \geqslant 0$，故其第一个约束条件不能成立，对偶问题无可行解。根据推论 3，可知原问题具有无界解。

（3）最优性：若 X^* 和 Y^* 分别为原问题（LP）与对偶问题（LD）的可行解，

且 $CX^* = b^TY^*$，则 X^* 和 Y^* 分别为原问题（LP）与对偶问题（LD）的最优解。

证明：因为 X^* 和 Y^* 分别为原问题（LP）与对偶问题（LD）的可行解，根据弱对偶性，有 $CX^* \leq b^TY^*$。而现在又有 $CX^* = b^TY^*$，即对于 CX^* 来说是取到了上界，对于 b^TY^* 则是取到了下界，两者都取到了最优值。因此 X^* 和 Y^* 分别为原问题（LP）与对偶问题（LD）的最优解。

（4）强对偶性（对偶定理）：若原问题（LP）与对偶问题（LD）都有可行解，则它们都有最优解，且目标函数的最优值必相等。

证明：因为两者都具有可行解，根据弱对偶性的推论可知，原问题的目标函数值具有上界，对偶问题的目标函数值具有下界，因此两者都具有最优解。根据弱对偶性及最优性可知，此时他们的目标函数值必然相对。

推论4：若原问题或对偶问题中任意一个有最优解，则另一个也有最优解，且目标函数的最优值相等；若一个问题无最优解，则另一问题也无最优解。

（5）互补松弛性：在线性规划问题的最优解中，如果对应某一约束条件的对偶变量值为非零，则该约束条件取严格等号；反之，如果约束条件取严格不等式，则其对应的对偶变量一定为零。

证明：根据弱对偶性可知：$C\overline{X} \leq \overline{Y}^T A \overline{X} \leq b^T \overline{Y}$；根据强对偶性可知：$C\overline{X} = b^T\overline{Y}$。故可以得到：$\overline{Y}^T A \overline{X} = \overline{Y}^T b$，即 $(A\overline{X} - b)\overline{Y}^T = 0$。又因为 $A\overline{X} \leq b$，$Y^T \geq 0$，所以容易得到：当 $A\overline{X} < b$ 时 $Y = 0$；当 $A\overline{X} = b$ 时 $Y > 0$，反之亦然。

【例 3-7】 已知下述线性规划问题的最优解为 $X^* = (0, 0, 4)^T$，求其对偶问题的最优解。

$\max z = x_1 + 4x_2 + 3x_3$。

$$\begin{cases} 2x_1 + 3x_2 - 5x_3 \leq 2 \\ 3x_1 - x_2 + 6x_3 \geq 1 \\ x_1 + x_2 + x_3 = 4 \\ x_1 \geq 0, x_2 \leq 0, x_3 \text{ 无约束}。 \end{cases}$$

解：该问题对应的对偶问题为：

$\min w = 2y_1 + y_2 + 4y_3$。

$$\begin{cases} 2y_1 + 3y_2 + y_3 \geq 1 \\ 3y_1 - y_2 + y_3 \leq 4 \\ -5y_1 + 6y_2 + y_3 = 3 \\ y_1 \geq 0, y_2 \leq 0, y_3 \text{ 无约束}。 \end{cases}$$

将 $X^* = (0, 0, 4)^T$ 代入原问题中，容易发现 $2x_1 + 3x_2 - 5x_3 = -20 < 2$，$3x_1 - x_2 + 6x_3 = 24 > 1$。

根据互补松弛性条件,可知 $y_1^* = y_2^* = 0$。将 $y_1^* = y_2^* = 0$ 代入 $-5y_1 + 6y_2 + y_3 = 3$ 中,可以得到 $y_3^* = 3$,故对偶问题的最优解为 $Y^* = (0, 0, 3)^T$。

分别将 $X^* = (0, 0, 4)^T$ 和 $Y^* = (0, 0, 3)^T$ 代入目标函数中,得到:$z^* = w^* = 12$。

3.3 影子价格

根据对偶问题的基本性质可知,当原问题求得最优解 $x_j^*(j=1, \cdots, n)$ 时,其对偶问题也得到了最优解 $y_i^*(i=1, \cdots, m)$,代入各自的目标函数中去可以得到:

$$z^* = \sum_{j=1}^{n} c_j x_j^* = \sum_{i=1}^{m} b_i y_i^* = w^* \qquad (3-12)$$

其中,b_i 为原问题约束条件的右端项,表示第 i 种资源的拥有量;对偶变量 y_i^* 表示在资源最优利用情形下对第 i 种资源的估价。这种估价不同于资源的市场价格,它是根据资源在生产中所做的贡献而作的估价,其反映的是资源在企业内部的价值,是针对具体企业的具体产品而存在的一种特殊价格,为区别起见,称其为"影子价格"。

定义:在一对原问题和其对偶问题中,若原问题的某个约束条件的右端项 b_i 增加一个单位时所引起目标函数最优值 z^* 的改变量称为第 i 种资源的影子价格,其值等于对偶问题中对偶变量 y_i^*。

从上述可以看出,当社会经济处于某种最优状态时,影子价格能够反映社会劳动的消耗、资源稀缺程度和最终产品需求情况;从价格产出的效果来看,影子价格能使资源配置向优化的方向发展。

(1) 影子价格有赖于资源的利用情况。当企业生产任务、产品结构等情况发生变化时,资源的影子价格也随之变化。它是企业生产过程中资源的一种隐含的潜在价值,表明的是单位资源的贡献,与市场价格是两个不同的概念。

(2) 影子价格是一种边际价格。在式(3-12)中,对 z 求 b_i 的偏导数得到 $\partial z^* / \partial b_i = y_i^*$。这表明 y_i^* 的值相当于在资源得到最优利用的生产条件下,b_i 每增加一个单位时目标函数 z 的增加量。

例如,某线性规划问题如下:

$\max z = 2x_1 + x_2$。

$$\begin{cases} 5x_2 \leq 15 \\ 6x_1 + 2x_2 \leq 24 \\ x_1 + x_2 \leq 5 \\ x_1, x_2 \geq 0 \end{cases}$$

求解可以得到 $z^* = 8.5$,其最优解为 $X^* = (3.5, 1.5)^T$,且其对偶问题的最优

解为 $Y^* = (0, 0.25, 0.5)^T$。这说明第一种资源的增加不会引起目标值的增加，而后两种资源的增加将引起目标值的增加，即后两种资源为稀缺资源。第二种资源从 24 增加到 25，$z^* = 8.75$，其边际价格为 0.25；第三种资源从 5 增加到 6，$z^* = 9$，其边际价格为 0.5。

（3）影子价格实际上是一种机会成本。在完全市场经济条件下，当第 i 种资源影子价格高于市场价格时，表示增加第 i 种资源有利可图，企业应该购入该种资源来扩大生产规模；反之，当第 i 种资源影子价格低于市场价格时，表示增加第 i 种资源不能产生收益，企业不应增加该种资源或者可以将剩余资源卖出。随着资源的购入与卖出，影子价格也随之变化，一直到这种资源的市场价与影子价格保持在同等水平，才处于平衡状态。可见，正确理解影子价格将有利于更好地调节生产规模。

（4）影子价格的大小客观地反映了资源的稀缺程度。在互补松弛性质中，当 $\overline{AX} < b$ 时 $Y = 0$，资源供给大于需求，说明资源并没有用完，为非稀缺资源，该种资源的影子价格为零，增加该资源的供给并不能引起目标函数值的增加；当 $Y > 0$ 时 $\overline{AX} = b$，即当资源的影子价格不为零时，表明该种资源在生产中已耗尽，增加该种资源的供给会引起目标函数值的增加。值得注意的是，当出现退化的最优解时，会出现某种资源 i 刚好耗尽，而非稀缺，但其影子价格 y_i 大于零的情况发生时，此时 b_i 值的任何增加只会带来该种资源的剩余，而不会增加利润值。

（5）从影子价格的含义上再考察单纯形表的计算。在单纯形表的计算过程中，决策变量 x_j 的检验数为：

$$\sigma_j = c_j - C_B B^{-1} P_j = c_j - \sum_{i=1}^{m} a_{ij} y_i \circ$$

其中，c_j 表示第 j 种产品的价值；$\sum_{i=1}^{m} a_{ij} y_i$ 表示生产该种产品消耗各项资源的影子价格的总和，即产品的隐含成本。当产品价值大于其隐含成本时，表明生产该种产品有利，可计划安排生产，否则用这些资源来生产别的产品更为有利，就不在生产计划中安排。这就是单纯形表中各个检验数的经济意义。

（6）一般来说，对线性规划问题的求解是确定资源的最优分配方案，而对其对偶问题的求解则是确定对资源的恰当估价，这种估价将直接影响到资源的最有效利用。

3.4 对偶单纯形法

3.4.1 对偶单纯形法的基本思路

对偶单纯形法是求解线性规划的另一个基本方法。它是根据对偶原理和单纯形法原理而设计出来的,因此称为对偶单纯形法,不能简单理解为是求解对偶问题的单纯形法。

对偶单纯形法的基本思路为:首先从原问题的一个基解出发,该基解不一定为可行解,其对应着一个对偶可行解。然后检验原问题的基解是否可行,若可行,则该基解为最优解;若不可行,则进行迭代计算,求得另一组基解和对偶可行解,直至找到最优解为止。对偶单纯形法在迭代过程始终保持对偶解的可行性,使原问题的基解由不可行逐步变为可行,当同时得到对偶问题的可行解与原问题的可行解时,便得到了原问题的最优解。具体思路见图3-1。

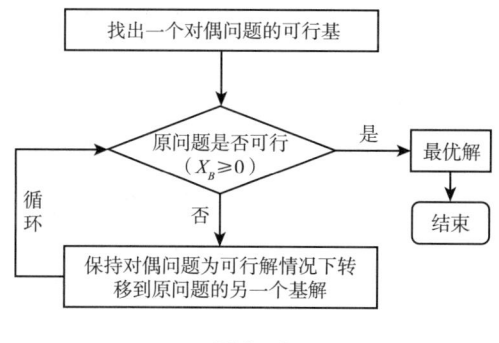

图 3-1

通过前述分析可知,使用对偶单纯形法需要满足两点:一是基解 b 列中至少有一个基变量的取值为负;二是在检验数行中,所有检验数均为非正。在使用对偶单纯形法每一迭代计算中,应将取值为负的一个基变量作为换出变量去替换某个非基变量,从而使原问题的非可行解向可行解靠近,最终成为可行解的同时,也变成最优解。

3.4.2 对偶单纯形法的计算步骤

假设某标准化的线性规划问题为:

$\max z = CX$。

$$\begin{cases} AX = b \\ X \geq 0 \end{cases}$$

若该问题存在一个对偶问题的可行基 B,不妨设 $B = (P_1, P_2, \cdots, P_m)$,列出单纯形表,如表3-8所示。

表 3-8

c_j			c_1	...	c_m	c_{m+1}	...	c_n
C_B	X_B	b	x_1	...	x_m	x_{m+1}	...	x_n
c_1	x_1	$\bar{b}_1$	1	...	0	$a_{1,m+1}$	...	a_{1n}
c_2	x_2	$\bar{b}_2$	0	...	0	$a_{2,m+1}$	...	a_{2n}
⋮	⋮	⋮	⋮	⋮	⋮	⋮	⋮	⋮
c_m	x_m	$\bar{b}_m$	0	...	1	$a_{m,m+1}$	...	a_{mn}
	σ_j		0	...	0	$c_{m+1}-\sum_{i=1}^{m}c_i a_{i,m+1}$	...	$c_{m+1}-\sum_{i=1}^{m}c_i a_{i,m+1}$

表 3-8 中，必须有 $\sigma_j = c_j - \sum_{i=1}^{m} c_i a_{ij} \leq 0 (j=1,\cdots,n)$，$\bar{b}_i (i=1,\cdots,m)$ 的值不要求为正。当对于 $i=1,\cdots,m$ 时有 $\bar{b}_i \geq 0$，则表 3-8 中原问题与对偶问题均有最优解；否则，通过变换一个基变量，找出原问题的一个目标函数值较小的相邻基解。计算步骤如下：

第 1 步，确定换出变量。

因为总存在小于 0 的 $\bar{b}_i$，令 $\bar{b}_r = \min(\bar{b}_i)$，其对应的变量 x_r 为换出变量。

第 2 步，确定换入变量。

（1）为保证下一个表中第 r 行基变量为正值，故只有对应的 $a_{rj} < 0 (j=m+1,\cdots,n)$ 的非基变量才可以考虑作为换入变量。

（2）为了使下一个表中对偶问题的解仍为可行解，令：

$$\theta = \min\left\{\frac{\sigma_j}{a_{rj}} \middle| a_{rj} < 0\right\} = \frac{\sigma_s}{a_{rs}} \tag{3-13}$$

称 a_{rs} 为主元素，x_s 为换入变量。在考虑比值时，只取主元素行的负元素。这是因为对主元素行的正元素和零而言，对应变化后的新检验数肯定保持小于零，即对偶可行性自然满足。

第 3 步，用换入变量替代换出变量，对线性方程组进行初等行变换。

将主元素变为 1，主元素所在的列化为单位向量，并相应地得到一个新的单纯形表。对新的基再检查是否所有的 $\bar{b}_i \geq 0$，若是，则找到了两者的最优解；若不是，则返回到第 1 步再循环进行。

若 $\bar{b}_r < 0$，而对所有的 $j=1,\cdots,n$ 都有 $a_{ij} \geq 0$，此时原问题无解。因为在这种情况下，若把表中第 r 行的约束方程列出有：

$x_r + a_{r,m+1}x_{m+1} + \cdots + a_{rn}x_n = b_r$。

由于 $a_{ij} \geq 0 (j=m+1,\cdots,n)$，又因为 $\bar{b}_r < 0$，故不可能存在 $x_j \geq 0 (j=1,\cdots,$

n)的解,原问题无可行解,对偶问题具有无界解。

下面通过例子来说明对偶单纯形法的计算过程。

【例 3-8】用对偶单纯形法求解下列线性规划问题。

$\min z = 9x_1 + 12x_2 + 15x_3$。

$$\begin{cases} 2x_1 + 2x_2 + x_3 \geq 10 \\ 2x_1 + 3x_2 + x_3 \geq 12 \\ x_1 + x_2 + 5x_3 \geq 14 \\ x_1, x_2, x_3 \geq 0 \end{cases}$$

解:在前三个约束条件中可以分别减去剩余变量 x_4, x_5, x_6, 但不能得到对偶问题的一个可行基。因此可以在三个约束条件两端再乘以"-1",将上述问题可以转化为:

$\max z' = -9x_1 - 12x_2 - 15x_3$。

$$\begin{cases} -2x_1 - 2x_2 - x_3 + x_4 = -10 \\ -2x_1 - 3x_2 - x_3 + x_5 = -12 \\ -x_1 - x_2 - 5x_3 + x_6 = -14 \\ x_{1-6} \geq 0 \end{cases}$$

列出单纯形表,用对偶单纯形法求解步骤进行计算,过程如表 3-9 所示。

表 3-9

| C_B | X_B | b | c_j | | | | | | θ_i |
| | | | -9 | -12 | -15 | 0 | 0 | 0 | |
			x_1	x_2	x_3	x_4	x_5	x_6	
0	x_4	-10	-2	-2	-1	1	0	0	
0	x_5	-12	-2	-3	-1	0	1	0	
0	x_6	-14	-1	-1	[-5]	0	0	1	$\min\left(\dfrac{-9}{-1}, \dfrac{-12}{-1}, \dfrac{-15}{-5}\right)$
	σ_j		-9	-12	-15	0	0	0	
0	x_4	-36/5	-9/5	-9/5	0	1	0	-1/5	
0	x_5	-46/5	-9/5	[-14/5]	0	0	1	-1/5	$\min\left(\dfrac{-30}{-9}, \dfrac{-45}{-14}, \dfrac{-15}{-1}\right)$
-15	x_3	14/5	1/5	1/5	1	0	0	-1/5	
	σ_j		-6	-9	0	0	0	-3	
0	x_4	-9/7	[-9/14]	0	0	1	-9/14	-1/14	$\min\left(\dfrac{-3}{-9}, \dfrac{-45}{-9}, \dfrac{-33}{-1}\right)$
-12	x_2	23/7	9/14	1	0	0	-5/14	1/14	
-15	x_3	15/7	1/14	0	1	0	1/14	-3/14	

续表

C_B	X_B	b	c_j						θ_i
			−9	−12	−15	0	0	0	
			x_1	x_2	x_3	x_4	x_5	x_6	
	σ_j		−3/14	0	0	0	−45/14	−33/14	
−9	x_1	2	1	0	0	−14/9	1	1/9	
−12	x_2	2	0	1	0	1	−1	0	
−15	x_3	2	0	0	1	1/9	0	−2/9	
	σ_j		0	0	0	−1/3	−3	−7/3	

从表 3-9 可以看出，此时问题的最优解 $X^* = (2, 2, 2, 0, 0, 0)^T$，$z^* = 72$；对偶问题的最优解为 $Y^* = (1/3, 3, 7/3)^T$，$w^* = 72$。

综上所述，我们在使用单纯形法时需要注意：(1) 用对偶单纯形法求解线性规划是一种求解方法，而不是去求对偶问题的最优解；(2) 初始表中一定要满足对偶问题可行，也就是说，检验数满足最优判别准则；(3) 对偶单纯形法与普通单纯形法的换基顺序不一样，普通单纯形法是先确定进基变量后确定出基变量，对偶单纯形法是先确定出基变量后确定进基变量；(4) 对偶单纯形法在确定换出变量时，若不遵循 $\bar{b}_r = \min(\bar{b}_i)$ 规则，任选一个小于零的 $\bar{b}_i$ 对应的基变量换出，不影响计算结果，只是迭代次数可能不一样。

使用对偶单纯形法来进行求解时，是存在一些优势的，如初始解可以是非可行解，不需要加入人工变量；当变量多于约束条件，用对偶单纯形法计算可减少计算工作量等。当然，在使用单纯形法时也存在一些局限性，主要表现为对大多数线性规划问题而言，很难找到对偶问题的一个初始可行基，因而对偶单纯形法一般不单独使用，而主要应用在灵敏度分析、整数规划等方面。

3.5 灵敏度分析

在第 2 章及本章前面分析中，我们都是假设 b_i，c_j，a_{ij} 这些数是已知的或者确定的，然后利用单纯形法进行计算，根据得到的解进行生产计划安排等经营管理决策。然而在现实中，由于工艺技术、资源数量、市场价格、市场需求等因素都在不断变化，因此线性规划问题中的参数及约束条件也会随之而发生变化。例如，当市场条件发生变化时，价值系数 c_j 就会发生变化；资源拥有数量及投入后产生的经济效果发生变化时，b_i 将发生改变；当生产工艺发生改变时，a_{ij} 随之变化；当企业生产面临新的环境等约束时，则意味着增加了新的约束条件；等等。在这些情形下，我们需要清楚线性规划问题的最优解是否会发生变化及会发生怎样的变化。

显然，当线性规划问题中某一个或几个系数发生变化后，原来已得结果一般会发生变化。在这种情况下当然可以用单纯形法从头开始计算，以便得到新的最优解。这样做很麻烦，而且也没有必要。我们可以进行灵敏度分析即可。

灵敏度分析是指当线性规划问题中的某一个或几个参数发生变化时，对原最优解受到影响的分析。参数发生微小变化，最优解随即变化，说明该数学模型相对于该参数来说是灵敏的；否则，是不灵敏的。因此灵敏度分析主要包括两个问题：当这些系数有一个或几个发生变化时，已求得的线性规划问题的最优解会有什么变化；这些系数在什么范围内变化时，线性规划问题的最优解或最优基不变。

我们这里用单纯形法的矩阵计算来进行说明，具体详细过程见 3.2.1 小节。

假设线性规划问题为 $\begin{cases} \max z = CX \\ AX \leq b \\ X \geq 0 \end{cases}$，$X_s$ 为加入的松弛变量。表 3-10 给出了初始的单纯形表与最终的单纯形表。

表 3-10

c_j			非基变量		基变量
			C_B	C_N	0
			X_B	X_N	X_s
0	X_s	b	B	N	I
	σ_j		C_B	C_N	0
			⋮		
C_B	X_B	$B^{-1}b$	I	$B^{-1}N$	B^{-1}
	σ_j		0	$C_N - C_B B^{-1} N$	$-C_B B^{-1}$

从表 3-10 可以看出，每次运算都与基变量的系数矩阵 B 有关，因此可以把发生变化的个别系数，经过一定计算后直接填入最终计算表中，并进行检查和分析，可按表 3-11 中的几种情况进行处理。

表 3-11

原问题	对偶问题	结论或继续计算的步骤
可行解	可行解	表中的解仍为最优解
可行解	非可行解	用单纯形法继续迭代求最优解
非可行解	可行解	对偶单纯形法继续迭代求最优解
非可行解	非可行解	引进人工变量，编制新的单纯形表，求最优解

为便于后面问题分析，这里首先给出某生产计划安排问题。

【例 3-9】某企业计划利用三种资源来生产两种产品，希望能够获得最大利润，

其构建的线性规划模型为:

$\max z = 5x_1 + 4x_2$。

$$\begin{cases} x_1 + 3x_2 \leq 90 \\ 2x_1 + x_2 \leq 80 \\ x_1 + x_2 \leq 45 \\ x_1, x_2 \geq 0 \end{cases}$$

对于此问题,加入松弛变量 x_3, x_4, x_5 后,可利用单纯形表进行计算。表3-12给出了初始单纯形表与最终单纯形表。

表3-12

	c_j		5	4	0	0	0
C_B	X_B	b	x_1	x_2	x_3	x_4	x_5
0	x_3	90	1	3	1	0	0
0	x_4	80	2	1	0	1	0
0	x_5	45	1	1	0	0	1
	σ_j		5	4	0	0	0
	⋮						
0	x_3	25	0	0	1	2	-5
5	x_1	35	1	0	0	1	-1
4	x_2	10	0	1	0	-1	2
	σ_j		0	0	0	-1	-3

从表3-12可以看出,此时问题的最优解为 $X^* = (35, 10, 25, 0, 0)^T$,即最优生产安排是生产产品1和产品2分别为35个单位、10个单位,此时能够取得最大利润为215个单位。

3.5.1 价值系数 c_j 的变化分析

由表3-10可知,当价值系数 c_j 发生变化时,其仅影响到检验数 σ_j 的变化,所以将 c_j 的变化直接反映到最终单纯形表中,只可能出现表3-11中前两种情况之一:若最终单纯形表中所有检验数均为非正,即对偶问题取得可行解,此时为表3-11的第一种情况,问题的最优解不变;当出现大于零的检验数,此时为表3-11的第二种情况,需要使用单纯形法继续迭代求得最优解。

【例3-10】在例3-9中,考虑如下变化对最优解的影响:(1)确定 x_2 的系数 c_2 的变化范围,使原最优解保持不变;(2)若 $c_2 = 6$,此时最优解是否发生变化?

若发生变化,求出此时的最优生产计划。

解:(1) 将 x_2 的系数 c_2 直接反映到最终单纯形表中,可以得到表 3-13。

表 3-13

	c_j		5	c_2	0	0	0
C_B	X_B	b	x_1	x_2	x_3	x_4	x_5
0	x_3	25	0	0	1	2	-5
5	x_1	35	1	0	0	1	-1
c_2	x_2	10	0	1	0	-1	2
	σ_j		0	0	0	c_2-5	$5-2c_2$

若使最优解保持不变,则应该满足:$\sigma_4 = c_2 - 5 \leq 0$,$\sigma_5 = 5 - 2c_2 \leq 0$,可以求得 $5/2 \leq c_2 \leq 5$。故当 $5/2 \leq c_2 \leq 5$ 时,原问题的最优解 $X^* = (35, 10, 25, 0, 0)^T$ 保持不变。

(2) 当 $c_2 = 6$ 时,显然不满足最优解保持不变的条件。同样将 $c_2 = 6$ 直接反映到最终单纯形表中,并继续迭代计算可以得到表 3-14。

表 3-14

	c_j		5	6	0	0	0
C_B	X_B	b	x_1	x_2	x_3	x_4	x_5
0	x_3	25	0	0	1	[2]	-5
5	x_1	35	1	0	0	1	-1
6	x_2	10	0	1	0	-1	2
	σ_j		0	0	0	1	-7
C_B	X_B	b	x_1	x_2	x_3	x_4	x_5
0	x_4	25/2	0	0	1/2	1	-5/2
5	x_1	45/2	1	0	-1/2	0	3/2
c_2	x_2	45/2	0	1	1/2	0	-1/2
	σ_j		0	0	-1/2	0	-9/2

从表 3-14 可以看出,此时最优的生产计划为 $X^* = (45/2, 45/2, 0, 25/2, 0)^T$。

3.5.2 资源系数 b_i 的变化分析

b_i 的变化在实际问题中意味着可用资源数量的变化。由表 3-10 可知,当资源系数 b_i 发生变化时,只会影响到 b 列数字的变化,计算 $b' = B^{-1}b$,直接反映到最终单纯形表中。此时可能出现表 3-11 中第一种或者第三种情况:出现第一种情况,问题的最优基保持不变,变化后的 b 列数值为最优解;出现第三种情况,需要使用对偶单纯形法继续迭代求得最优解。

【例 3-11】 在例 3-9 中,考虑如下情况:(1) 第三种资源 b_3 在什么范围内变化,使原最优基保持不变;(2) 当 $b_3 = 55$ 时,求出此时新的最优解。

解:通过表 3-12 可知:

$$B = [P_3, P_1, P_2] = \begin{bmatrix} 1 & 1 & 3 \\ 0 & 2 & 1 \\ 0 & 1 & 1 \end{bmatrix}, B^{-1} = \begin{bmatrix} 1 & 2 & -5 \\ 0 & 1 & -1 \\ 0 & -1 & 2 \end{bmatrix}。$$

(1) 若使最优基保持不变,在最终表中需要满足 $B^{-1}b \geq 0$,即:

$$B^{-1}b = \begin{bmatrix} 1 & 2 & -5 \\ 0 & 1 & -1 \\ 0 & -1 & 2 \end{bmatrix} \begin{bmatrix} 90 \\ 80 \\ b_3 \end{bmatrix} = \begin{bmatrix} 250 - 5b_3 \\ 80 - b_3 \\ -80 + 2b_3 \end{bmatrix} \geq 0。$$

可以求得 $40 \leq b_3 \leq 50$。即当 $40 \leq b_3 \leq 50$ 时,原最优基保持不变。此时最优解变为:

$$X^* = (80 - b_3, -80 + 2b_3, 250 - 5b_3, 0, 0)^T。$$

(2) 当 $b_3 = 55$ 时,此时 $b' = B^{-1}b = \begin{bmatrix} 250 - 5b_3 \\ 80 - b_3 \\ -80 + 2b_3 \end{bmatrix} = \begin{bmatrix} -25 \\ 25 \\ 30 \end{bmatrix}$。将 b' 反映到最终单纯形表中,继续利用对偶单纯形法进行迭代计算,如表 3-15 所示。

表 3-15

C_B	X_B	c_j	5	4	0	0	0
		b	x_1	x_2	x_3	x_4	x_5
0	x_3	-25	0	0	1	2	[-5]
5	x_1	25	1	0	0	1	-1
4	x_2	10	0	1	0	-1	2
	σ_j		0	0	0	-1	-3
C_B	X_B	b	x_1	x_2	x_3	x_4	x_5
0	x_5	5	0	0	-1/5	-2/5	1
5	x_1	30	1	0	-1/5	3/5	0
4	x_2	20	0	1	2/5	-1/5	0
	σ_j		0	0	-3/5	-11/5	0

从表 3-15 可以看出,此时新的最优解为 $X^* = (30, 20, 0, 0, 5)^T$。

3.5.3 增加新的变量 x_j 的变化分析

当增加一个新的变量时，在实际问题中往往意味着增加一种新的产品。是否需要安排新的产品进行生产，则需要考虑其在最终单纯形表中的检验数。假设 x_j 为新增加的变量，其对应的系数列向量为 P_j，价值系数为 c_j，可以按照如下步骤进行分析：

第1步，计算 $P'_j = B^{-1} P_j$。

第2步，计算 $\sigma'_j = c_j - C_B B^{-1} P'_j$。

第3步，若 $\sigma'_j \leq 0$，则原最优解不变，只需要将计算得到的 σ'_j 与 P'_j 写入最终单纯形表中即可；若 $\sigma'_j > 0$，则按照单纯形法继续迭代计算直至找到最优解。

【例3-12】在例3-9中，假设该企业准备推出新的产品，这种新的单位产品使用三种资源的数量分别为 3/2、1、1/2。试问其价值系数符合什么条件时才会安排它的生产；当其价值系数为 3 时，新的最优生产计划是什么？

解：设这种新的产品其生产数量为 x_6，其对应的价值系数为 c_6。根据题意可知 $P_6 = \begin{bmatrix} 3/2 \\ 1 \\ 1/2 \end{bmatrix}$。

$$P'_6 = B^{-1} P_6 = \begin{bmatrix} 1 & 2 & -5 \\ 0 & 1 & -1 \\ 0 & -1 & 2 \end{bmatrix} \begin{bmatrix} 3/2 \\ 1 \\ 1/2 \end{bmatrix} = \begin{bmatrix} 1 \\ 1/2 \\ 0 \end{bmatrix}。$$

$$\sigma'_6 = c_6 - C_B B^{-1} P'_6 = c_6 - (0, 5, 4) \begin{bmatrix} 1 & 2 & -5 \\ 0 & 1 & -1 \\ 0 & -1 & 2 \end{bmatrix} \begin{bmatrix} 1 \\ 1/2 \\ 0 \end{bmatrix} = c_6 - 5/2。$$

（1）若安排新的产品生产，则需要满足 $\sigma'_6 > 0$。即当 $c_6 > 5/2$ 时需要安排新的产品生产。

（2）当 $c_6 = 3$ 时，此时 $\sigma'_6 = c_6 - 5/2 = 1/2$，需要安排新的产品进行生产。将相关数值代入最终单纯形表中继续迭代计算，如表3-16所示。

表 3-16

	c_j		5	4	0	0	0	3
C_B	X_B	b	x_1	x_2	x_3	x_4	x_5	x_6
0	x_3	25	0	0	1	2	−5	[1]
5	x_1	35	1	0	0	1	−1	1/2

续表

	c_j		5	4	0	0	0	3
4	x_2	10	0	1	0	−1	2	0
	σ_j		0	0	0	−1	−3	1/2
3	x_6	25	0	0	1	2	−5	1
5	x_1	45/2	1	0	−1/2	0	3/2	0
4	x_2	10	0	1	0	−1	2	0
	σ_j		0	0	−1/2	−2	−1/2	0

从表 3-16 可以看出，此时新的最优解为 $X^* = (45/2, 10, 0, 0, 0, 25)^T$。

3.5.4 增加一个约束条件的变化分析

增加一个约束条件在实际问题中相当于增加一道工序。因此，如果原问题的最优解满足新的约束条件，说明新增的约束条件未能起到作用，原最优解保持不变；否则，将新增的约束直接反映到最终单纯形表中去做进一步的分析。

【例 3-13】 在例 3-9 中，还需要考虑一个新的资源约束，即 $4x_1 + 2x_2 \leq 150$。试分析增加新的资源约束后该企业的最优生产计划。

解：从表 3-12 可知，原问题的最优解为 $X^* = (35, 10, 25, 0, 0)^T$。将其代入新的约束条件中去，发现此时 $4x_1 + 2x_2 = 140 + 20 = 160 > 150$，即说明新增加的约束条件对原问题最优解有影响，原问题的最优解不是本例的最优解。

将新增加的约束条件中加入松弛变量 x_6 可以得到 $4x_1 + 2x_2 + x_6 = 150$。以 x_6 为基变量，将约束条件反映到最终单纯形表中去，并继续利用单纯形法求解计算，如表 3-17 所示。

表 3-17

	c_j		5	4	0	0	0	0
C_B	X_B	b	x_1	x_2	x_3	x_4	x_5	x_6
0	x_3	25	0	0	1	2	−5	0
5	x_1	35	1	0	0	1	−1	0
4	x_2	10	0	1	0	−1	2	0
0	x_6	150	4	2	0	0	0	1
	σ_j		0	0	0	−1	−3	0
0	x_3	25	0	0	1	2	−5	0
5	x_1	35	1	0	0	1	−1	0
4	x_2	10	0	1	0	−1	2	0

续表

	c_j		5	4	0	0	0	0
0	x_6	−10	0	0	0	[−2]	0	1
	σ_j		0	0	0	−1	−3	0
0	x_3	15	0	0	1	0	−5	1
5	x_1	30	1	0	0	0	−1	1/2
4	x_2	15	0	1	0	0	2	−1/2
0	x_4	5	0	0	0	1	0	−1/2
	σ_j		0	0	0	0	−3	−1/2

从表 3−17 可以看出，此时新的最优解为 $X^* = (30, 15, 15, 5, 0, 0)^T$，即该企业最优生产计划是两种产品分别安排生产 30 单位和 15 单位。

3.5.5 技术系数 a_{ij} 的变化分析

当技术系数 a_{ij} 发生变化时，其将使矩阵 A 发生变化。若变量 x_j 在最终单纯形表中为非基变量，该变化只会影响到列向量 P_j 及其检验系数 σ_j，故约束条件中系数 a_{ij} 的变化分析可以按照 3.5.3 小节进行；若变量 x_j 在最终单纯形表中为基变量，则 a_{ij} 的变化使相应的 B 与 B^{-1} 都发生了变化，但经过分析，仍然可以利用原最优单纯形表来计算新的最优解。此时我们可以把 x_j 看作新增加的变量，用 $B^{-1}P_j'$ 替代原最优单纯形表中的第 j 列，然后经过初等行变换将第 j 列变为单位列向量，并重新计算其检验数。

（1）基变量取值为非负，且检验数全为非正，则已得到最优解；

（2）基变量取值为非负，但存在某检验数为正，则可以继续用单纯形法进行迭代计算；

（3）存在取负值的基变量，但检验数全为非正，该解为对偶问题的可行解，可以用对偶单纯形法继续计算；

（4）存在取负值的基变量，且存在正的检验数，该解既不是基可行解，又不是对偶问题可行解。对于这种情况，可以将表中取负值的基变量 x_s 对应的行还原为约束条件，在其两端乘以（−1），然后再在该约束条件左端加上一个人工变量 x_{n+1}，用该方程去替代原单纯形表中的第 s 行，则表中第 s 行对应的基变量为人工变量 x_{n+1}，其价值系数为 $-M$，然后用单纯形法继续求解。

【例 3−14】在例 3−9 中，随着工艺技术的改进，现在生产单位第 1 种产品需要三种资源分别为 3/2，3/2，1/2，其价值系数保持不变。在此情形下试分析该问题的最优生产计划。

解：因为 x_1 在最终单纯形表中为基变量，则 a_{i1} 的变化使相应的 B 与 B^{-1} 都发生了变化。由题意知：$B^{-1}P'_j = \begin{bmatrix} 1 & 2 & -5 \\ 0 & 1 & -1 \\ 0 & -1 & 2 \end{bmatrix} \begin{bmatrix} 3/2 \\ 3/2 \\ 1/2 \end{bmatrix} = \begin{bmatrix} 2 \\ 1 \\ -1/2 \end{bmatrix}$，则可以用 $\begin{bmatrix} 2 \\ 1 \\ -1/2 \end{bmatrix}$ 去替代原最终单纯形表的第一列，具体过程如表 3-18 所示。

表 3-18

C_B	X_B	b	c_j				
			5	4	0	0	0
			x_1	x_2	x_3	x_4	x_5
0	x_3	25	2	0	1	2	-5
5	x_1	35	1	0	0	1	-1
4	x_2	10	-1/2	1	0	-1	2
	σ_j		0	0	0	-1	-3
0	x_3	-45	0	0	1	0	[-3]
5	x_1	35	1	0	0	1	-1
4	x_2	27.5	0	1	0	-1/2	3/2
	σ_j		0	0	0	-3	-1
0	x_5	15	0	0	-1/3	0	1
5	x_1	50	1	0	-1/3	1	0
4	x_2	5	0	1	1/2	-1/2	0
	σ_j		0	0	-1/3	-3	0

从表 3-18 可以看出，在生产工艺技术改进情况下，该企业现在的最优生产计划为生产产品 1 和产品 2 的数量分别为 50 单位和 5 单位。

3.5.6 c_j 与 b_i 同时发生变化

当 c_j 与 b_i 同时发生变化时，可以按照 3.5.1 小节与 3.5.2 小节的情况同时进行，即将 c_j 和 $\bar{b} = B^{-1}b'$ 的变化直接反映到最终单纯形表中，可以借鉴前两小节的分析思路，但此时可能存在取负值的基变量，且存在正的检验数的情况。在此情况下，该解既不是基可行解，又不是对偶问题可行解。对于这种情况，可以将表中取负值的基变量 x_s 对应的行还原为约束条件，在其两端乘以 (-1)，然后再在该约束条件左端加上一个人工变量 x_{n+1}，用该方程去替代原单纯形表中的第 s 行，则表中第 s 行对应的基变量为人工变量 x_{n+1}，其价值系数为 $-M$，然后用单纯形法继续求解。

【例 3-15】在例 3-9 中，假设 c_2 由 4 上升为 6，b_3 增加到 55，其他情况保持不变。在此情形下试分析该问题的最优生产计划。

解：由题意可知：

$$\bar{b} = B^{-1}b' = \begin{bmatrix} 1 & 2 & -5 \\ 0 & 1 & -1 \\ 0 & -1 & 2 \end{bmatrix} \begin{bmatrix} 90 \\ 80 \\ 55 \end{bmatrix} = \begin{bmatrix} -25 \\ 25 \\ 30 \end{bmatrix}。$$

将 $\bar{b}$ 直接反映到最终单纯形表中去，并将 c_2 由 4 改为 6，可以得到表 3-19。

表 3-19

C_B	X_B	c_j b	5 x_1	6 x_2	0 x_3	0 x_4	0 x_5
0	x_3	-25	0	0	1	2	-5
5	x_1	25	1	0	0	1	-1
6	x_2	30	0	1	0	-1	2
	σ_j		0	0	0	1	-7

从表 3-19 可以看出，该解既不是原问题的基可行解，又不是对偶问题可行解。因此需要将表中的第一行还原为约束条件，即：

$x_3 + 2x_4 - 5x_5 = -25$。

在其两端分别乘以（-1）可以得到：

$-x_3 - 2x_4 + 5x_5 = 25$。

再在其左侧引入人工变量 x_6，得到：

$-x_3 - 2x_4 + 5x_5 + x_6 = 25$。

以 x_6 为基变量，用该方程去替代原单纯形表中的第 1 行，利用大 M 法继续求解，计算过程如表 3-20 所示。

表 3-20

C_B	X_B	c_j b	5 x_1	6 x_2	0 x_3	0 x_4	0 x_5	$-M$ x_6
$-M$	x_6	25	0	0	-1	-2	[5]	1
5	x_1	25	1	0	0	1	-1	0
6	x_2	30	0	1	0	-1	2	0
	σ_j		0	0	$-M$	$-2M+1$	$5M-7$	0
0	x_5	5	0	0	$-1/5$	$-2/5$	1	0
5	x_1	30	1	0	$-1/5$	$3/5$	0	$1/5$
6	x_2	20	0	1	$2/5$	$-1/5$	0	$-2/5$
	σ_j		0	0	$-7/5$	$-9/5$	0	$-M+7/5$

从表 3-20 可以看出，此时新的最优生产计划为产品 1 和产品 2 分别生产 30 单位和 20 单位，此时 $z^* = 270$。

习 题

1. 写出下述线性规划问题的对偶问题：

(1) $\min z = 2x_1 + 2x_2 + 4x_3$
$$\begin{cases} 2x_1 + 3x_2 + 5x_3 \geq 2 \\ 3x_1 + x_2 + 7x_3 \leq 3 \\ x_1 + 4x_2 + 6x_3 \leq 5 \\ x_1, x_2, x_3 \geq 0 \end{cases}$$

(2) $\min z = 3x_1 + 2x_2 - 3x_3 + 4x_4$
$$\begin{cases} x_1 - 2x_2 + 3x_3 + 4x_4 \leq 3 \\ x_2 + 3x_3 + 4x_4 \geq -5 \\ 2x_1 - 3x_2 - 7x_3 - 4x_4 = 2 \\ x_1 \geq 0, x_2 \leq 0, x_3、x_4 \text{无约束} \end{cases}$$

(3) $\max z = 2x_1 + 3x_2 - 3x_3 + x_4$
$$\begin{cases} 4x_1 + x_2 - 3x_3 + 4x_4 \geq 5 \\ 3x_1 - 2x_2 + 3x_3 + 4x_4 \leq 4 \\ 2x_1 - 3x_2 - 7x_3 - 4x_4 = 6 \\ x_1 \leq 0, x_2, x_3 \geq 0, x_4 \text{无约束} \end{cases}$$

(4) $\max z = 2x_1 - 3x_2 + 4x_3$
$$\begin{cases} 2x_1 + 3x_2 - 5x_3 \geq 2 \\ 3x_1 + x_2 + 7x_3 \leq 3 \\ -x_1 + 4x_2 + 6x_3 = 5 \\ x_1 \leq , x_2 \text{无约束}, x_3 \geq 0 \end{cases}$$

2. 已知线性规划问题如下：

$\max z = x_1 + x_2 + x_3$

$$\begin{cases} x_1 + x_2 - x_3 \leq 2 \\ x_1 - x_2 + x_3 = 1 \\ 2x_1 + x_2 + x_3 \geq 2 \\ x_1 \geq 0, x_2 \leq 0, x_3 \text{无约束} \end{cases}$$

要求：（1）写出其对偶问题；（2）证明原问题目标函数值 $z \leq 1$。

3. 已知线性规划问题如下：

$\max z = x_1 + x_2$

$$\begin{cases} -x_1 + x_2 + x_3 \leq 2 \\ -2x_1 + x_2 - x_3 \leq 1 \\ x_1, x_2, x_3 \geq 0 \end{cases}$$

试用对偶理论来证明上述线性规划问题无最优解。

4. 已知线性规划问题如下：

$\max z = 3x_1 + 2x_2$

$$\begin{cases} -x_1 + 2x_2 \leq 4 \\ 3x_1 + 2x_2 \leq 14 \\ x_1 - x_2 \leq 3 \\ x_1, x_2 \geq 0 \end{cases}$$

试用对偶理论来证明该线性规划问题及其对偶问题都存在最优解。

5. 已知线性规划问题如下：

$\min z = 2x_1 - x_2 + 2x_3$

$$\begin{cases} -x_1 + x_2 + x_3 = 4 \\ -x_1 + x_2 - x_3 \leq 6 \\ x_1 \leq 0, x_2 \geq 0, x_3 \text{ 无约束} \end{cases}$$

要求：(1) 写出其对偶问题；(2) 已知原问题最优解为：$x_1 = -5$，$x_2 = 0$，$x_3 = -1$，试根据对偶理论直接求出对偶问题的最优解。

6. 用对偶单纯形法求解下列问题：

(1) $\min z = 2x_1 + 3x_2 + 4x_3$
$$\begin{cases} x_1 + 2x_2 + x_3 \geq 3 \\ 2x_1 - x_2 + 3x_3 \geq 4 \\ x_1, x_2, x_3 \geq 0 \end{cases}$$

(2) $\max z = 5x_1 - 8x_2 - x_3 + 4x_4 - 11x_5$
$$\begin{cases} 2x_1 - 9x_2 - 7x_3 + 2x_4 - 11x_5 \geq 5 \\ x_1 - 6x_2 - 6x_3 + 2x_4 - 9x_5 \leq 3 \\ x_1 - 7x_2 - 8x_3 + 8x_4 - 12x_5 \geq 4 \\ x_1, x_2, x_3, x_4, x_5 \geq 0 \end{cases}$$

7. 已知线性规划问题如下：

$\max z = 8x_1 + 4x_2 + 6x_3 + 3x_4 + 9x_5$
$$\begin{cases} x_1 + 2x_2 + 3x_3 + 3x_4 + 3x_5 \leq 180 \quad (\text{资源 1}) \\ 4x_1 + 3x_2 + 2x_3 + x_4 + x_5 \leq 270 \quad (\text{资源 2}) \\ x_1 + 3x_2 + 2x_3 + x_4 + 3x_5 \leq 180 \quad (\text{资源 3}) \\ x_1, x_2, x_3, x_4, x_5 \geq 0 \end{cases}$$

已知最优解中的基变量为 x_3，x_1，x_5，且已知：

$$\begin{bmatrix} 3 & 1 & 3 \\ 2 & 4 & 1 \\ 2 & 1 & 3 \end{bmatrix}^{-1} = \frac{1}{27} \begin{bmatrix} 11 & -3 & 1 \\ -6 & 9 & -3 \\ 2 & -3 & 10 \end{bmatrix}$$

要求：根据上述信息确定三种资源各自的影子价格。

8. 已知下面线性规划问题的最优解如表 3-21 所示。

$\max z = 2x_1 - x_2 + 4x_3$
$$\begin{cases} -3x_1 + 2x_2 + 4x_3 \leq 5 \\ x_1 + x_2 + x_3 \leq 3 \\ x_1 - x_2 + x_3 \leq 4 \\ x_1, x_2, x_3 \geq 0 \end{cases}$$

表 3-21

X_B	b	x_1	x_2	x_3	x_4	x_5	x_6
x_3	2	0	5/7	1	1/7	3/7	0
x_1	1	1	2/7	0	-1/7	4/7	0
x_6	1	0	-2	0	0	-1	1
σ_j		0	-31/7	0	-2/7	-20/7	0

(1) 写出该线性规划的对偶问题；

(2) 利用互补松弛性定理求对偶问题的最优解；

(3) 若右端常数由 $b = \begin{bmatrix} 5 \\ 3 \\ 4 \end{bmatrix}$ 变为 $b = \begin{bmatrix} 10 \\ 4 \\ 2 \end{bmatrix}$，求出变化后的最优解。

9. 已知线性规划问题为：

$\max z = 3x_1 + x_2$

$$\begin{cases} x_1 + x_2 \leq 4 \\ -x_1 + x_2 \leq 2 \\ 6x_1 + 2x_2 \leq 18 \\ x_1, x_2 \geq 0 \end{cases}$$

(1) 用单纯形法对上述规划问题求解；

(2) 利用单纯形表，求出 B，B^-；

(3) 在保持最优解不变的情况下，求解 c_2 的变化范围，且当 c_2 为何值时，此时有无穷多最优解；

(4) 若右边常数向量变为 $\bar{b} = \begin{bmatrix} 5 \\ 2 \\ 20 \end{bmatrix}$，分析此时最优解的变化。

10. 已知某线性规划问题的初始单纯形表（见表3-22）和用单纯形表迭代后得到的表（见表3-23），试确定字母 $a \sim l$ 的值。

表3-22

		x_1	x_2	x_3	x_4	x_5
x_4	6	b	c	d	1	0
x_5	1	-1	3	e	0	1
σ_j		a	-1	2	0	0

表3-23

		x_1	x_2	x_3	x_4	x_5
x_1	f	g	2	-1	1/2	0
x_5	4	h	I	1	1/2	1
σ_j		0	-7	j	k	l

11. 已知某线性规划问题用单纯形法迭代时得到的中间某两步的单纯形表（见表3-24），试在表中空白处填上适当的数字。

表3-24

			x_1	x_2	x_3	x_4	x_5	x_6
5	x_2	8/3	2/3	1	0	1/3	0	0
0	x_5	14/3	$-4/3$	0	5	$-2/3$	1	0

续表

			x_1	x_2	x_3	x_4	x_5	x_6
0	x_6	29/3	5/3	0	4	−2/3	0	1
	$c_j - z_j$		−1/3	0	4	−5/3	0	0
	⋮					⋮		
5	x_2					15/41	8/41	−10/41
4	x_3					−6/41	5/41	4/41
3	x_1					−2/41	−12/41	15/41
	$c_j - z_j$							

12. 用单纯形法求解线性规划问题 $\begin{cases} \max z = 3x_1 + x_2 \\ x_1 + x_2 \leq 4 \\ -x_1 + x_2 \leq 2 \\ 6x_1 + 2x_2 \leq 18 \\ x_1, x_2 \geq 0 \end{cases}$，并对以下情况作灵敏度分析：

（1）在保持最优解不变的情况下，求解 c_2 的变化范围；

（2）若右边常数向量变为 $\bar{b} = \begin{bmatrix} 5 \\ 2 \\ 20 \end{bmatrix}$，分析此时最优解的变化。

13. 已知线性规划问题：

$\max z = 2x_1 - x_2 + x_3$

$\begin{cases} x_1 + x_2 + x_3 \leq 6 \\ -x_1 + 2x_2 \leq 4 \\ x_1, x_2, x_3 \geq 0 \end{cases}$

先用单纯形法求出最优解，再分析在下列条件单独变化的情况下最优解的变化。

（1）目标函数变为 $\max z = 2x_1 + 3x_2 + x_3$；

（2）约束右端项 $-$ 由 $\begin{bmatrix} 6 \\ 4 \end{bmatrix}$ 变为 $\begin{bmatrix} 3 \\ 4 \end{bmatrix}$；

（3）添加一个新的约束条件 $-x_1 + 2x_3 \geq 2$；

（4）x_1 对应的系数由 $\begin{bmatrix} 1 \\ -1 \end{bmatrix}$ 变为 $\begin{bmatrix} 2 \\ -1 \end{bmatrix}$。

第4章 运输问题

在现实生活中,物资的生产、供应、需求往往不在同一区域。这些物资在国内或者全球有多个生产地,要运往不同的销售地。根据已有的交通网络,从不同的生产地运往不同的销售地单位运价是不同的,那么应该如何制订调运方案,才能使这些物资运到各销售地的总运费最小?这就是运输问题(Transportation Problem)。解决好运输问题,制订科学合理的调度方案使总的运输费用最小,对企业的经营发展有很大影响。实际生活中,如粮食从产粮区运到粮食加工厂,煤炭从煤矿运到需求地,蔬菜从生产地运到各个市场和超市等问题都是运输问题。

4.1 运输问题及其数学模型

4.1.1 运输问题的提出

【例4-1】某公司从两个生产地 A_1、A_2 将物品运往三个销地 B_1、B_2、B_3,各产地的产量、各销地的销量以及各产地运往各销地单位物品的运费如表4-1所示,问:应如何调运可使总运输费用最小?

表4-1

产地＼销地	B_1	B_2	B_3	产量
A_1	3	4	7	200
A_2	6	5	5	300
销量	120	180	200	

解：因为在本例中需要制订合适的调运方案使总运输费用最小，故可以设 x_{ij} 为从产地 A_i 运往销地 B_j 的运输量，从而我们可以得到如表 4-2 所示的运输量表。

表 4-2

产地＼销地	B_1	B_2	B_3	产量
A_1	x_{11}	x_{12}	x_{13}	200
A_2	x_{21}	x_{22}	x_{23}	300
销量	120	180	200	

同时注意到总产量为：200+300=500，总销量为：120+180+200=500，即这是一个产销平衡的问题，需要将每个产地的产量都运输出去，同满足每个销地的需求量。因此可以写出如下的数学模型：

$\min z = 3x_{11} + 4x_{12} + 7x_{13} + 6x_{21} + 5x_{22} + 5x_{32}$

$$\begin{cases} x_{11} + x_{12} + x_{13} = 200 \\ x_{21} + x_{22} + x_{23} = 200 \\ x_{11} + x_{21} = 120 \\ x_{12} + x_{22} = 180 \\ x_{13} + x_{23} = 200 \\ x_{ij} \geq 0, (i = 1, 2; j = 1, 2, 3) \end{cases} \qquad (4-1)$$

在式（4-1）中，前两个约束条件是分别对产地的产量进行约束，后三个约束条件是对销地的需求量进行约束，另外，因为 x_{ij} 表示运量，故取值为非负。

从例 4-1 可以看出，运输问题是线性规划问题，可以按照单纯形法进行求解。但运输问题具有其特殊性，即其约束方程组的系数矩阵具有特殊结构，使这类问题的求解方法比常规的单纯形法要更为简便，这个问题将在 4.2 节中进行讨论。

4.1.2 运输问题的数学模型

运输问题一般可以描述为：某种物品有 m 个产地 $A_1, A_2, \cdots, A_m$，各产地的产量分别为 $a_1, a_2, \cdots, a_m$；有 n 个销地 $B_1, B_2, \cdots, B_n$，各销地的销量分别为 $b_1, b_2, \cdots, b_n$；假定从产地 $A_i(i=1, \cdots, m)$ 向销地 $B_j(j=1, \cdots, n)$ 运输单位物品的运价是 c_{ij}，问怎样调运这些物品才能使总运费最少？

对于运输问题，我们可以假设 $x_{ij}(i=1, \cdots, m; j=1, \cdots, n)$ 为从产地 A_i 运往销地 B_j 的运输量，因而可以列出该问题的运输表，如表 4-3 所示。有时会将单位运价单独列入另一表中，这就是运价表，如表 4-1 所示。

表 4-3

产地\销地	B_1		B_2		...	B_n		产量
A_1	x_{11}	c_{11}	x_{12}	c_{12}		x_{1n}	c_{1n}	a_1
A_2	x_{21}	c_{21}	x_{22}	c_{22}		x_{2n}	c_{2n}	a_2
⋮	⋮		⋮		⋮	⋮		...
A_m	x_{m1}	c_{m1}	x_{m2}	c_{m2}		x_{mn}	c_{mn}	a_m
销量	b_1		b_2		...	b_n		

对于上述问题，当 $\sum_{i=1}^{m} a_i = \sum_{j=1}^{n} b_j$ 时为产销平衡的运输问题，其模型可以写为：

$$\min z = \sum_{i=1}^{m} \sum_{j=1}^{n} c_{ij} x_{ij}$$

$$\begin{cases} \sum_{j=1}^{n} x_{ij} = a_i \, (i = 1, 2, \cdots, m) \\ \sum_{i=1}^{m} x_{ij} = b_j \, (j = 1, 2, \cdots, n) \\ x_{ij} \geq 0 \, (i = 1, 2, \cdots, m; j = 1, 2, \cdots n) \end{cases} \quad (4-2)$$

当 $\sum_{i=1}^{m} a_i \neq \sum_{j=1}^{n} b_j$ 时为产销不平衡的运输问题，其包括产大于销和产小于销两种情形，这两种情形我们将在 4.3 节进行讨论。

4.1.3 运输问题数学模型的特点

从上述模型可以看出，无论是否产销平衡，运输问题都是线性规划问题，但由于其结构的特殊性，又使其具有不同于一般线性规划问题的特点。

对于运输问题，其系数矩阵 A 可以表示为：

$$A = \begin{bmatrix} 1 & 1 & \cdots & 1 & 0 & 0 & \cdots & 0 & \cdots & 0 & 0 & \cdots & 0 \\ 0 & 0 & \cdots & 0 & 1 & 1 & \cdots & 1 & \cdots & 0 & 0 & \cdots & 0 \\ \vdots & \vdots & \vdots & \vdots & \vdots & \vdots & \vdots & \vdots & \vdots & \vdots & \vdots & \vdots & \vdots \\ 0 & 0 & \cdots & 0 & 0 & 0 & \cdots & 0 & \cdots & 1 & 1 & \cdots & 1 \\ 1 & 0 & \cdots & 0 & 1 & 0 & \cdots & 0 & \cdots & 1 & 0 & \cdots & 0 \\ 0 & 1 & \cdots & 0 & 0 & 1 & \cdots & 0 & \cdots & 0 & 1 & \cdots & 0 \\ \vdots & \vdots & \vdots & \vdots & \vdots & \vdots & \vdots & \vdots & \vdots & \vdots & \vdots & \vdots & \vdots \\ 0 & 0 & \cdots & 1 & 0 & 0 & \cdots & 1 & \cdots & 0 & 0 & \cdots & 1 \end{bmatrix} \begin{matrix} \\ \\ \\ m\text{ 行} \\ \\ \\ \\ n\text{ 行} \end{matrix}$$

列标：$x_{11} \; x_{12} \; \cdots \; x_{1n} \; x_{21} \; x_{22} \; \cdots \; x_{2n} \; \cdots \; x_{m1} \; x_{m2} \; \cdots \; x_{mn}$

$$(4-3)$$

例如，在例 4-1 中系数矩阵 A 可以表示为：

$$A = \begin{bmatrix} \begin{array}{cccccc} x_{11} & x_{12} & x_{13} & x_{21} & x_{22} & x_{23} \end{array} \\ \begin{bmatrix} 1 & 1 & 1 & 0 & 0 & 0 \\ 0 & 0 & 0 & 1 & 1 & 1 \\ 1 & 0 & 0 & 1 & 0 & 0 \\ 0 & 1 & 0 & 0 & 1 & 0 \\ 0 & 0 & 1 & 0 & 0 & 1 \end{bmatrix} \end{bmatrix}。$$

（1）运输问题有可行解且存在最优解。对于运输问题，若不考虑运输成本，则一定能够将有关物品运输出去，这就意味着运输问题有运输方案，即有可行解；又考虑到单位运价 c_{ij} 在一定范围内取值，且问题的目标函数是求最小运费，故运输问题一定也存在最优解。

（2）运输问题有 $(m+n)$ 个约束条件，前 m 个约束方程是对产量的约束，后 n 个约束条件是对销地销量的约束；有 $m \times n$ 个决策变量；故系数矩阵 A 有 $(m+n)$ 行和 $m \times n$ 列。

（3）运输问题约束条件系数矩阵中的元素等于 0 或 1，且约束条件系数矩阵的每一列有两个非零元素，这是因为对于变量 x_{ij} 来说，其在产地 A_i 的产量约束中出现一次，在销地 B_j 的销量约束中出现一次，即 x_{ij} 在所有约束条件中一共出现两次，故约束条件系数矩阵的每一列有两个非零元素。

对于产销平衡运输问题，除以上三个特点之外，还有以下特点：

（4）所有的约束条件都是等式约束。

（5）各产地产量之和等于各销地销量之和，即 $\sum_{i=1}^{m} a_i = \sum_{j=1}^{n} b_j$。

（6）运输问题的基可行解中应包括 $(m+n-1)$ 个基变量。这是因为 $\sum_{i=1}^{m} a_i = \sum_{j=1}^{n} b_j$，故式（4-2）中有且仅有一个约束方程是多余的，即式（4-2）中系数矩阵 A 必有 $(m+n-1)$ 个线性无关的列向量，从而式（4-2）中的任一基可行解都有 $(m+n-1)$ 个基变量，这 $(m+n-1)$ 个基变量的值就对应一个可行的调运方案。

4.2 表上作业法

从运输问题的数学模型可见，运输问题是一个线性规划问题，故可以用单纯形法求解。但由于这类问题的模型结构比较特殊，可以采取表上作业法进行求解。本节主要介绍如何利用表上作业法来求解运输问题。

表上作业法是求解运输问题的一种简便而有效的方法，求解过程在运输表上进行。这是一种迭代求解法，迭代步骤为：

第1步，确定初始基可行解。即在 $m \times n$ 产销平衡表上给出 $(m+n-1)$ 个数字格，分别代表 $(m+n-1)$ 个基变量，其余未填数字的格子为空格，代表非基变量。

第2步，对得到的基可行解作最优性检验，即求各非基变量的检验数，判别是否达到最优，如已是最优解，则停止计算，如不是最优解，则进行第3步。

第3步，在表上对得到的基可行解进行改进，找出新的基可行解，再回到第2步进行最优性检验，直至找出最优解。

4.2.1 确定初始基可行解

确定运输问题的初始基可行解有很多种方法，这里结合例题主要介绍三种常用的方法：最小元素法、西北角法和沃格尔（Vogel）法。

【例4-2】已知某公司有3个生产地和4个销售地，各生产地的产量、销售地的销量及各产地到各销售地的单位运价如表4-4所示。试确定一个初始可行调运方案。

表4-4

产地＼销地	B_1	B_2	B_3	B_4	产量
A_1	3	11	3	10	7
A_2	1	9	2	8	4
A_3	7	4	10	5	9
销量	3	6	5	6	

（1）最小元素法。

顾名思义，最小元素法就是从运价最小的地方开始供应，然后次小，直到最后供完为止。这种方法每次都是首先找到单位运价中的最小元素，在运量表内对应的方格填入允许取得的最大值；若某行（列）的供应量（需求量）已满足，则把该运价所在的行（列）划去，再找到剩余未划去行与列中的最小单位运价，一直进行下去，直至找到一个基可行解。

下面用例 4-2 来说明最小元素法的应用过程。

在表 4-4 中，最小运价为 $c_{21}=1$，故首先考虑此项运输业务。由于产地 A_2 的供应量大于销地 B_1 的需求量（4＞3），因此在表 4-4 的（A_2，B_1）格中填上数字 3，此时销地 B_1 的需求量全部满足，故可以划去 B_1 列，在以后运输分配中不再考虑；而产地 A_2 的供应量还剩余 4-3=1。得到表 4-5。

表 4-5

销地 产地	B_1	B_2	B_3	B_4	产量
A_1	3	11	3	10	7
A_2	3　1	9	2	8	4
A_3	7	4	10	5	9
销量	3	6	5	6	

在表 4-5 中，此时剩余的最小运价为 $c_{23}=2$，故接着考虑此项运输业务。由于此时产地 A_2 的供应量只剩下 1，而销地 B_3 的需求量为 5，故在表 4-5 的（A_2，B_3）格中填上数字 1，此时产地 A_2 的供应量全部运输出去，故可以划去 A_2 行；销地 B_3 的需求量还有 5-1=4 个单位未能满足。得到表 4-6。

表 4-6

销地 产地	B_1	B_2	B_3	B_4	产量
A_1	3	11	3	10	7
A_2	3　1	9	1　2	8	4
A_3	7	4	10	5	9
销量	3	6	5	6	

在表 4-6 中，此时剩余的最小运价为 $c_{13}=3$。类似地，在表 4-6 的（A_1，B_3）格中填上数字 4，划去 B_3 列。得到表 4-7。

类似地，在（A_3，B_2）填上数字 6，划去 B_2 列；接着在（A_3，B_4）填上数字 3，划去 A_3 行；再在（A_1，B_4）填上数字 3，同时划去 A_1 行和 B_4 列。这时运输表中的全部格子被划去，所有供销需求均得到满足。得到表 4-8。

表 4-7

产地＼销地	B_1	B_2	B_3	B_4	产量
A_1	3	11	3 4	10	7
A_2	1 3	9	2 1	8	4
A_3	7	4	10	5	9
销量	3	6	5	6	

表 4-8

产地＼销地	B_1	B_2	B_3	B_4	产量
A_1	3	11	3 4	10 3	7
A_2	1 3	9	2 1	8	4
A_3	7	4 6	10	5 3	9
销量	3	6	5	6	

这时得到了该运输问题的一个初始基可行解：$x_{13}=4$，$x_{14}=3$，$x_{21}=3$，$x_{23}=1$，$x_{32}=6$，$x_{34}=3$，其他变量取值均为零，此时基变量个数为 6 个（填有数字的格子，$m+n-1=3+4-1=6$）。该运输方案的总费用为：

$$z = \sum_{i=1}^{3}\sum_{j=1}^{4} c_{ij}x_{ij} = 3\times 4 + 10\times 3 + 1\times 3 + 2\times 1 + 4\times 6 + 5\times 3 = 86。$$

（2）西北角法。

当产地与销地较多时即 $m\times n$ 取值较大时，用最小元素法来寻找一个初始基可行解将变得有些困难，此时我们就可以采用西北角法来快速找到一个初始基可行解。

西北角法就是从西北角（左上角）格开始，在格内的填上允许取得的最大数；若某行（列）的供应量（需求量）已满足，则把该格所在的行（列）划去，再找到下一个西北角格，一直进行下去，直至找到一个基可行解。这种方法特别适合在计算机上编程计算，因而受到欢迎。

下面用例 4-2 来说明西北角法的应用过程。

在表 4-3 中，此时的西北角格为 (A_1, B_1) 格，故首先考虑此项运输业务。由于产地 A_1 的供应量大于销地 B_1 的需求量（7＞3），因此在表 4-4 的 (A_1, B_1) 格中填上数字 3，此时销地 B_1 的需求量全部满足，故可以划去 B_1 列，在以后运输分配中不再考虑；而产地 A_2 的供应量还剩余 $7-3=4$。得到表 4-9。

表 4-9

产地＼销地	B_1	B_2	B_3	B_4	产量
A_1	3 ┆ 3	11	3	10	7
A_2	1	9	2	8	4
A_3	7	4	10	5	9
销量	3 ┆	6	5	6	

在表 4-9 中，此时的西北角格为 (A_1, B_2) 格，故接着考虑此项运输业务。由于产地 A_1 的供应量还剩 4，而销地 B_2 的需求量为 6，故在 (A_1, B_2) 格中填上数字 4，此时产地 A_1 的供应量全部运输出去，故可以划去 A_1 行；销地 B_2 的需求量还有 $6-4=2$ 个单位未能满足。得到表 4-10。

表 4-10

产地＼销地	B_1	B_2	B_3	B_4	产量
A_1	3 ┆ 3	4 11	3	10	7
A_2	1	9	2	8	4
A_3	7	4	10	5	9
销量	3 ┆	6	5	6	

类似地，此时的西北角格为 (A_2, B_2) 格，在其填上数字 2，划去 B_2 列；接着的西北角格为 (A_2, B_3) 格，在其填上数字 2，划去 A_2 行；接着的西北角格为 (A_3, B_3) 格，在其填上数字 3，划去 B_3 列；最后的西北角格为 (A_3, B_4) 格，在其填上数字 6，同时划去 A_3 行和 B_4 列。这时运输表中的全部格子全部被划去，所有供销需求均得到满足。得到表 4-11。

这时得到了该运输问题的一个初始基可行解：$x_{11}=3$，$x_{12}=4$，$x_{22}=2$，$x_{23}=2$，$x_{33}=3$，$x_{34}=6$，其他变量取值均为零，此时基变量个数为 6 个（填有数字的格子，$m+n-1=3+4-1=6$）。该运输方案的总费用为：

$$z = \sum_{i=1}^{3}\sum_{j=1}^{4} c_{ij}x_{ij} = 3\times 3 + 11\times 4 + 9\times 2 + 2\times 2 + 10\times 3 + 5\times 6 = 135。$$

表 4-11

产地＼销地	B_1	B_2	B_3	B_4	产量
A_1	3 [3]	11 [4]	3	10	7
A_2	1 [2]	9 [2]	2	8	4
A_3	7	4	10 [3]	5 [6]	9
销量	3	6	5	6	

（3）沃格尔（Vogel）法。

尽管西北角法能够较为快速地找到一个初始基可行解，但这种方法是纯粹的一种人为规定，没有理论依据和实际背景，因而得到的初始基可行解质量不高；而最小元素法的缺点是只考虑了就近问题，没有考虑就近所付出的机会成本，有时为了节省一处的费用，就会造成在其他处要多花几倍的运费。

沃格尔法则有效考虑了最小元素法所存在的不足，若某一产地的产品不能按最小运费就近供应，就考虑次小运费，这就有一个差额。差额越大，说明不能按最小运费调运时，运费增加越多。因而对差额最大处，就应当按照最小运价调运。

下面用例 4-2 来说明沃格尔法的具体应用过程。

计算运输表每一行和每一列的次小单位运价与最小单位运价之间的差值，并把差值分别填入行差额与列差额的第一列与第一行的相应格子中，见表 4-12。

表 4-12

产地＼销地	B_1	B_2	B_3	B_4	产量	行差额 1
A_1	3	11	3	10	7	0
A_2	1	9	2	8	4	1
A_3	7	4	10	5	9	1
销量	3	6	5	6		
列差额 1	2	5	1	3		

在行差额与列差额中找出最大的数值，这里为 5，位于 B_2 列，而此列的单位运价最小元素为 4，故在（A_3，B_2）格中填上尽可能大的运量 6，此时销地 B_2 的需求

量已满足，划去 B_2 列，同时产地 A_3 的供应量只剩余 $9-6=3$。

在未划去的各行各列中，重新计算次小单位运价与最小单位运价之间的差值，并把差值分别填入行差额与列差额的第二列与第二行的相应格子中，见表 4-13。

表 4-13

产地＼销地	B_1	B_2	B_3	B_4	产量	行差额 1	行差额 2
A_1	3	11	3	10	7	0	0
A_2	1	9	2	8	4	1	1
A_3	7	4 (6)	10	5	9	1	2
销量	3	6	5	6			
列差额 1	2	5	1	3			
列差额 2	2		2	3			

在行差额与列差额中找出最大的数值，这里为 3，位于 B_4 列，而此列的单位运价最小元素为 5，故在 (A_3, B_4) 格中填上尽可能大的运量 3，此时产地 A_3 的产量已全部运输出去，划去 A_3 列，同时 B_4 的需求量只剩下 $6-3=3$ 未满足。

类似地，重复以上步骤，最终可以得到表 4-14。

表 4-14

产地＼销地	B_1	B_2	B_3	B_4	产量	行差额 1	行差额 2	行差额 3	行差额 4	行差额 5
A_1	3	11	3 (5)	10 (2)	7	0	0	0	7	
A_2	1 (3)	9	2 (1)	8	4	1	1	1	6	8
A_3	7	4 (6)	10	5 (3)	9	1	2			
销量	3	6	5	6						
列差额 1	2	5	1	3						
列差额 2	2		1	3						
列差额 3	2		1							
列差额 4			1	2						
列差额 5				8						

这时得到了该运输问题的一个初始基可行解：$x_{13}=5$，$x_{14}=2$，$x_{21}=3$，$x_{24}=1$，$x_{32}=6$，$x_{34}=3$，其他变量取值均为零，此时基变量个数为6个（填有数字的格子，$m+n-1=3+4-1=6$）。该运输方案的总费用为：

$$z = \sum_{i=1}^{3}\sum_{j=1}^{4} c_{ij}x_{ij} = 3\times5 + 10\times2 + 1\times3 + 8\times1 + 4\times6 + 5\times3 = 85。$$

比较最小元素法、西北角法与沃格尔法所得的目标函数值，可知沃格尔法给出的目标函数值较小。一般来说，沃格尔法得到的初始基可行解更接近最优解。

4.2.2 解的最优性检验

在得到初始基可行解后，需要对其进行最优性检验，分析其是否为运输问题的最优解。因为填有数字的格子对应的元素为基变量，所以我们只需通过计算空格处的检验数来进行判别即可。空格的检验数可以定义为给某空格增加单位运量导致总费用的增加量，因此如有某空格（A_i，B_j）的检验数为负，说明将 x_{ij} 变为基变量将使运输费用减少，故当前这个解不是最优解，需要对初始基可行解进行改进调整，使目标函数值得到优化；若所有空格的检验数全非负，则不管怎样变换，均不能使运输费用降低，即目标函数值已无法改进，这个解就是最优解。

一般有两种方法来进行解的最优性检验：闭回路法与位势法。

（1）闭回路法。

在给出的初始调运方案中，从任一空格出发，都可以找到一条且唯一一条闭回路。所谓闭回路，就是从某一空格出发顺时针（或逆时针）画水平（或垂直）直线，遇到填有运量的方格可转90°，然后继续前进，直至最终回到初始空格而形成的一条回路。需要注意的是，转向时必须在填有数字的方格转向，但在经过填有数字的方格时并不意味着一定要转向。

现结合例 4-2 由最小元素法给出的初始基可行解（见表 4-15），来说明闭回路法的检验过程。

表 4-15

产地＼销地	B_1	B_2	B_3	B_4	产量
A_1	3	11	3 5	10 2	7
A_2	1 3	9	2	8 1	4
A_3	7	4 6	10	5 3	9
销量	3	6	5	6	

对于空格 (A_1, B_1)，假设由产地 A_1 供应一个单位物品给销地 B_1，为使产地 A_1 的供应量不超过其产量，需要将产地 A_1 运到销地 B_3 的物品数量减去 1 单位，即将 (A_1, B_3) 格中的数字由 4 改为 3，同时为保持销地 B_3 的需求量得到满足，则需要将 (A_2, B_3) 格中的数字由 1 改为 2；同理，(A_2, B_1) 格中的数字由 3 改为 2。表 4-15 中的虚线框即为空格 (A_1, B_1) 的闭回路。

显然，这样的调整只影响到 $x_{11}, x_{13}, x_{23}, x_{21}$ 这四个变量的取值，由此引起的总运费变化为：$c_{11} - c_{13} + c_{23} - c_{21} = 1$。根据检验数的定义它恰好是 x_{11} 的检验数，即 $\sigma_{11} = 1$。类似地，我们可以找到其他空格的闭回路并计算其检验数，结果如表 4-16 所示。

表 4-16

空格	闭回路	检验数
(A_1, B_1)	$(A_1, B_1)-(A_1, B_3)-(A_2, B_3)-(A_2, B_1)-(A_1, B_1)$	$\sigma_{11} = 1$
(A_1, B_2)	$(A_1, B_2)-(A_1, B_4)-(A_3, B_4)-(A_3, B_2)-(A_1, B_2)$	$\sigma_{12} = 2$
(A_2, B_2)	$(A_2, B_2)-(A_2, B_3)-(A_1, B_3)-(A_1, B_4)-(A_3, B_4)-(A_3, B_2)-(A_2, B_2)$	$\sigma_{22} = 2$
(A_2, B_4)	$(A_2, B_4)-(A_2, B_3)-(A_1, B_3)-(A_1, B_4)-(A_2, B_4)$	$\sigma_{24} = -1$
(A_3, B_1)	$(A_3, B_1)-(A_3, B_4)-(A_1, B_4)-(A_1, B_3)-(A_2, B_3)-(A_2, B_1)-(A_3, B_1)$	$\sigma_{24} = 10$
(A_3, B_3)	$(A_3, B_3)-(A_3, B_4)-(A_1, B_4)-(A_1, B_3)-(A_3, B_3)$	$\sigma_{33} = 12$

从表 4-16 可以看出，由于 $\sigma_{24} = -1 < 0$，故表 4-14 中的解不是最优解。

从上述例题也可以看出，闭回路可以是简单的矩形，也可以是由水平和竖直边线组成的其他封闭多边形。图 4-1 给出了几种常见的闭回路可能图形，更复杂的闭回路则由这些图形组合而成。

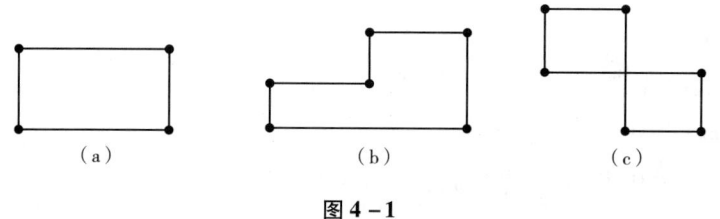

图 4-1

（2）位势法。

用闭回路法求检验数来判断解的最优性，则需要给每一空格找出闭回路。当运输问题的产地与销地很多时，则空格的数目很大，那么一一找出空格的闭回路将变得非常繁琐。而位势法则能有效解决这个问题，能够较为快速地求出空格的检验数。

位势法又称为对偶变量法，是根据对偶理论提出的一种方法。这里对其做一简单说明。

产销平衡的运输问题的数学模型可以写为：

$$\min z = \sum_{i=1}^{m} \sum_{j=1}^{n} c_{ij} x_{ij}。$$

$$\begin{cases} \sum_{j=1}^{n} x_{ij} = a_i (i = 1,2,\cdots,m) \\ \sum_{i=1}^{m} x_{ij} = b_j (j = 1,2,\cdots,n) \\ x_{ij} \geq 0 (i = 1,2,\cdots,m;j = 1,2,\cdots,n)。 \end{cases}$$

我们用 $u_1, u_2, \cdots, u_m$ 分别表示前 m 个约束条件对应的对偶变量（或称为行位势），用 $v_1, v_2, \cdots, v_n$ 分别表示后 n 个约束条件对应的对偶变量（或称为列位势），令：

$$Y = (u_1, u_2, \cdots, u_m, v_1, v_2, \cdots, v_n)。$$

这时产销平衡运输问题的对偶问题可以写为：

$$\max w = \sum_{i=1}^{m} a_i u_i + \sum_{j=1}^{n} b_j v_j$$

$$\begin{cases} u_i + v_j \leq c_{ij} (i = 1,\cdots,m;j = 1,\cdots,n) \\ u_i, v_j \text{ 无约束} \end{cases} \tag{4-4}$$

根据线性规划的单纯形法基本原理可知，运输问题某变量 x_{ij} 的检验数可以表示为：

$$\sigma_{ij} = c_{ij} - C_B B^{-1} P_{ij} = c_{ij} - Y P_{ij}。$$

又因为 P_{ij} 中除第 i 个元素和第 $(m+j)$ 个元素为 1 外，其他元素均为零，所以有：

$$\sigma_{ij} = c_{ij} - YP_{ij} = c_{ij} - (u_1,u_2,\cdots,u_m,v_1,v_2,\cdots,v_n)P_{ij} = c_{ij} - (u_i + v_j) \tag{4-5}$$

由于基变量的检验数为零，因此有：

$$c_{ij} = u_i + v_j \tag{4-6}$$

由于运输问题中基变量的个数为 $(m+n-1)$，故根据式（4-6）可以得到 $(m+n-1)$ 个方程；但由于此时行位势和列位势的个数为 $(m+n)$ 个，故解不唯一，从而位势 u_i 和 v_j 的值不唯一。为简单起见，一般可以令某个 $u_i = 0$ 或者 $v_j = 0$，从而可以求解出 $(m+n)$ 个 u_i 和 v_j，由此可以利用式（4-5）计算得到非基变量的检验数。

下面结合例 4-2 给出的初始基可行解（见表 4-15），来说明位势法的检验过程。

第 1 步，在表 4-15 上分别增加一位势列 u_i 和一位势行 v_j，得到表 4-17。

表 4-17

产地＼销地	B_1	B_2	B_3	B_4	产量	u_i
A_1	3	11	3 4	10 3	7	$u_1(0)$
A_2	1 3	9	2 1	8	4	$u_2(-1)$
A_3	7	4 6	10	5 3	9	$u_3(-5)$
销量	3	6	5	6		
v_j	$v_1(2)$	$v_2(9)$	$v_3(3)$	$v_4(10)$		

第 2 步，由于基变量的检验数为零，在这里 $x_{13}, x_{14}, x_{21}, x_{23}, x_{32}, x_{34}$ 为基变量，故可以得到如下方程组：

$$\begin{cases} u_1 + v_3 = 3 \\ u_1 + v_4 = 10 \\ u_2 + v_1 = 1 \\ u_2 + v_3 = 2 \\ u_3 + v_2 = 4 \\ u_3 + v_4 = 5 \end{cases}$$

为了方便求解，一般可以令某一位势取值为 0 或者一个较小的整数。这里令 $u_1 = 0$，进而可以计算得到：$u_2 = -1$，$u_3 = -5$，$v_1 = 2$，$v_2 = 9$，$v_3 = 3$，$v_4 = 10$。将这些位势的相应值写在表 4-17 中去，见括号内数字。

第 3 步，根据第 2 步计算得到的位势值，我们利用式（4-5）可以计算出此时每一空格的检验数，具体如下：

$\sigma_{11} = c_{11} - u_1 - v_1 = 3 - 0 - 2 = 1$，$\sigma_{12} = c_{12} - u_1 - v_2 = 11 - 0 - 9 = 2$，
$\sigma_{22} = c_{22} - u_2 - v_2 = 9 - (-1) - 9 = 1$，$\sigma_{24} = c_{24} - u_2 - v_4 = 8 - (-1) - 10 = -1$，
$\sigma_{31} = c_{31} - u_3 - v_1 = 7 - (-5) - 2 = 10$，$\sigma_{33} = c_{33} - u_3 - v_3 = 10 - (-5) - 3 = 12$。
发现 $\sigma_{24} = -1 < 0$，故此时的解不是最优解。

比较由位势法和闭回路法求解出来的非基变量检验数，发现其结果完全相同。

4.2.3 解的改进

在运输问题中，如果某空格的检验数 σ_{ij} 为负，说明将这个非基变量 x_{ij} 转变为基变量时运费将降低，因而此时的解不是最优解，需要对这个解进行改进。改进的方

法就是找到这个空格的闭回路，调整这个闭回路中相关顶点的运输量，求出另一个基可行解，使目标函数值（运费）有所下降。具体的步骤如下：

第 1 步，以 x_{ij} 为换入变量，找到其在运输表中的闭回路。若存在多个非基变量的检验数为负时，则以最小负检验数所在空格为起点。

第 2 步，以空格 (A_i, B_j) 为第一个奇数顶点，沿闭回路的顺（或逆）时针方向前进，对闭回路上的每个折点依次编号。

第 3 步，在闭回路的所有偶数顶点中，找出运输量最小的一个顶点，以该格中的变量为换出变量，假设此时偶数顶点中的最小运量为 δ。

第 4 步，将闭回路上所有奇数顶点的运输量都增加 δ，所有偶数顶点的运输量都减去 δ，最终得出一个新的运输方案。需要注意的是，计算后某个偶数顶点的运量为零，此应该为空格，即该变量由基变量转变为非基变量。

第 5 步，对得出的新方案再进行最优性检验，如不是最优解，就重复以上步骤继续进行调整，一直到得出最优解为止。

下面结合例 4 – 2 来说明解的改进步骤。

由表 4 – 15 知，此时 $\sigma_{24} = -1 < 0$，不是最优解。故将 x_{24} 作为换入变量，其对应的闭合回路如表 4 – 18 所示。

表 4 – 18

产地＼销地	B_1	B_2	B_3	B_4	产量
A_1		11	3 (+1) 4	10 3 (−1)	7
A_2	1 3	9	2 1 (−1)	8 (+1)	4
A_3	7	4 6	10	5 3	9
销量	3	6	5	6	

该闭合回路的偶数顶点为 (A_1, B_4) 和 (A_2, B_3)，其中运量较小的为 (A_2, B_3)，即 $\min\{x_{14}, x_{23}\} = \min\{3, 1\} = 1$。

故所有奇数顶点的运量都增加 1，所有偶数顶点的运量都减去 1，即：
$x_{24} + 1 = 1$，$x_{14} - 1 = 2$，$x_{13} + 1 = 5$，$x_{23} - 1 =$ 空格。

得到的新的运输方案如表 4 – 19 所示。

再利用闭回路法或位势法，对新得到的基可行解进行最优性检验，此时可得到：$\sigma_{11} = 0$，$\sigma_{12} = 2$，$\sigma_{22} = 2$，$\sigma_{23} = 1$，$\sigma_{31} = 9$，$\sigma_{33} = 12$，即此时所有非基变量的检验数均为非负，故此时的解即为最优解。

表 4-19

产地＼销地	B_1	B_2	B_3	B_4	产量
A_1	3	11	3 / 5	10 / 2	7
A_2	1 / 3	9	2 / 1	8	4
A_3	7	4 / 6	10	5 / 3	9
销量	3	6	5	6	

同时可以看出，这个解同由沃格尔法求出的初始解恰好相同。如果仍存在某检验数为负，则需要继续对所得方案进行改进。另外，由于 $\sigma_{11}=0$，若以 x_{11} 作为换入变量可以得到另一个最优解。根据线性规划问题解的判别，可知本运输问题有无穷多最优解；若考虑到现实运输问题中运量一般不是连续变量，故最优解往往是有限个。

4.2.4 几种情况说明

（1）退化问题。在迭代求解过程中，有可能在某个格子中填入一个运量时，会同时划去运输表的一列和一行，这时就出现了退化。在运输问题中，退化是时常发生的。为了使表上作业法能进行下去，就应当在同时划去的一列或一行的某一个位置上补"0"，同时将填写"0"的格子看成基变量，这样能够保证基变量的个数恰好为 $(m+n-1)$ 个。"0"一般补在单位运价较小的格子里。

（2）若运输问题的某一基可行解有几个非基变量的检验数均为负，在继续进行迭代时，取它们中的任一变量为换入变量均可使目标函数值得到改善，但通常取 $\sigma_{ij}<0$ 中最小者对应的变量为换入变量。

（3）当运输问题得到最优解时，若有某个非基变量的检验数为零，则说明该运输问题有无穷多最优解。

（4）用最小元素法或沃格尔法确定初始基可行解时，若存在多个 c_{ij} 均为最小元素或者多个行差额（列差额）均为最大时，可任选一个进行填入。

4.3 运输问题的进一步讨论

4.3.1 产销不平衡的运输问题

在 4.2 节中介绍的表上作业法都是以产销平衡为前提的，但在现实中产销往往是不平衡的。为了能够使用表上作业法来求解,需要将产销不平衡的运输问题转化为产销平衡的运输问题。

(1) 产大于销的运输问题。

当总产量大于总销量即 $\sum_{i=1}^{m} a_i > \sum_{j=1}^{n} b_j$ 时,此时运输问题数学模型可以写为:

$$\min z = \sum_{i=1}^{m}\sum_{j=1}^{n} c_{ij}x_{ij}$$

$$\begin{cases} \sum_{j=1}^{n} x_{ij} \leq a_i (i=1,2,\cdots,m) \\ \sum_{i=1}^{m} x_{ij} = b_j (j=1,2,\cdots,n) \\ x_{ij} \geq 0 (i=1,2,\cdots,m; j=1,2,\cdots,n) \end{cases} \quad (4-7)$$

由于总产量大于总销量,存在一部分产品无法运输出去。此时我们可以假想存在一个虚拟的销地 B_{n+1},则由每一个产地 A_i 运往销地 B_{n+1} 的运量 $x_{i,n+1}$ 即为每一个产地的就地存储量。令销地 B_{n+1} 的需求量为:

$$b_{n+1} = \sum_{i=1}^{m} a_i - \sum_{j=1}^{n} b_j \text{。}$$

由于是就地存储,无须经过运输,故运价 $c_{i,n+1} = 0 (i=1,\cdots,m)$。因此模型 (4-7) 可以转变为:

$$\min z = \sum_{i=1}^{m}\sum_{j=1}^{n+1} c_{ij}x_{ij}$$

$$\begin{cases} \sum_{j=1}^{n+1} x_{ij} = a_i (i=1,2,\cdots,m) \\ \sum_{i=1}^{m} x_{ij} = b_j (j=1,2,\cdots,n+1) \\ x_{ij} \geq 0 (i=1,2,\cdots,m; j=1,2,\cdots,n+1) \end{cases} \quad (4-8)$$

【例 4-3】已知某公司有 3 个生产地和 4 个销售地,各生产地的产量、销售地的销量及各产地到各销售地的单位运价如表 4-20 所示。求此时的最优运输方案。

表 4-20

产地\销地	B_1	B_2	B_3	B_4	产量
A_1	3	11	3	10	10
A_2	1	9	2	8	4

续表

产地＼销地	B_1	B_2	B_3	B_4	产量
A_3	7	4	10	5	9
销量	3	6	5	6	

解：从表 4-20 可知，此时总产量为 23，总需求量为 20，即总产量大于总销量，为产销不平衡的运输问题。故考虑增加一个虚拟的销地 B_5，其需求量为 23-20=3，由各产地运输到销地 B_5 的单位物品运价为零。可以得到表 4-21。

表 4-21

产地＼销地	B_1	B_2	B_3	B_4	B_5	产量
A_1	3	11	3	10	0	10
A_2	1	9	2	8	0	4
A_3	7	4	10	5	0	9
销量	3	6	5	6	3	

表 4-21 即产销平衡的运输问题，可以利用表上作业法进行求解，得到的最优运输方案如表 4-22 所示。从表 4-22 可以看出，此时产地 A_1 有 3 个单位物品未能运输出去，此时运输总费用为 85。

表 4-22

产地＼销地	B_1	B_2	B_3	B_4	B_5	产量
A_1		11　5	3　2	10	0　3	10
A_2	1　3	9	2　1	8	0	4
A_3	7	4　6	10	5　3	0	9
销量	3	6	5	6	3	

（2）产小于销的运输问题。

当总产量小于总销量即 $\sum_{i=1}^{m}a_i < \sum_{j=1}^{n}b_j$ 时，此时的运输问题数学模型可以写为：

$$\min z = \sum_{i=1}^{m}\sum_{j=1}^{n}c_{ij}x_{ij}$$

$$\begin{cases} \sum_{j=1}^{n} x_{ij} = a_i (i = 1,2,\cdots,m) \\ \sum_{i=1}^{m} x_{ij} \leq b_j (j = 1,2,\cdots,n) \\ x_{ij} \geq 0 (i = 1,2,\cdots,m; j = 1,2,\cdots,n) \end{cases} \quad (4-9)$$

由于总产量小于总销量，意味着市场上物品供不应求，存在一部分产品需求无法得到满足。此时我们可以假想存在一个虚拟的产地 A_{m+1}，则由产地 A_{m+1} 运往销地 B_j 的运量 $x_{m+1,j}$ 即为销地 B_j 的欠缺量。令产地 A_{m+1} 的产量为：

$$a_{m+1} = \sum_{j=1}^{n} b_j - \sum_{i=1}^{m} a_i。$$

由于 $x_{m+1,j}$ 是欠缺量，没有经过运输，故运价 $c_{m+1,j} = 0(j = 1,\cdots,n)$。因此模型（4-9）可以转变为：

$$\min z = \sum_{i=1}^{m+1} \sum_{j=1}^{n} c_{ij} x_{ij}$$

$$\begin{cases} \sum_{j=1}^{n} x_{ij} = a_i (i = 1,2,\cdots,m+1) \\ \sum_{i=1}^{m+1} x_{ij} = b_j (j = 1,2,\cdots,n) \\ x_{ij} \geq 0 (i = 1,2,\cdots,m+1; j = 1,2,\cdots,n) \end{cases} \quad (4-10)$$

【例 4-4】已知某公司有 3 个生产地和 4 个销售地，各生产地的产量、销售地的销量及各产地到各销售地的单位运价如表 4-23 所示。求此时的最优运输方案。

表 4-23

销地 产地	B_1	B_2	B_3	B_4	产量
A_1	3	11	3	10	7
A_2	1	9	2	8	4
A_3	7	4	10	5	9
销量	10	6	5	6	

解：从表 4-23 可知，此时总产量为 20，总需求量为 27，即总产量小于总销量，为产销不平衡的运输问题。故考虑增加一个虚拟的产地 A_4，其产量为 27-20=7，由产地 A_4 运输到各销地的单位物品运价为零。可以得到表 4-24。

表 4-24

产地＼销地	B_1	B_2	B_3	B_4	产量
A_1	3	11	3	10	7
A_2	1	9	2	8	4
A_3	7	4	10	5	9
A_4	0	0	0	0	7
销量	10	6	5	6	

表 4-24 即产销平衡的运输问题，可以利用表上作业法进行求解，得到的最优运输方案如表 4-25 所示。从表 4-25 可以看出，此时销地 B_3 有 4 个单位物品的需求量未得到满足，销地 B_4 有 3 个单位物品的需求量未得到满足，此时运输总费用为 64。

表 4-25

产地＼销地	B_1	B_2	B_3	B_4	产量
A_1	6 / 3	11	1 / 3	10	7
A_2	4 / 1	9	2	8	4
A_3	7	6 / 4	10	3 / 5	9
A_4	0	0	4 / 0	3 / 0	7
销量	10	6	5	6	

(3) 需求量不确定的运输问题。

在现实问题中，经常会面临销地需求量不确定的情形。如对应某种物品，某销地最低需求量为 20 吨，最高需求为 50 吨，显然这是一个需求存在一定波动性的运输问题，需求在一个区间内取值。对于这类问题，需要仔细分析考虑，将其转化为产销平衡的运输问题，然后用表上作业法进行求解。

下面结合例 4-5 来说明此类问题如何进行转化求解。

【例 4-5】已知由三个产地来供应四个销地的某种产品的需求量，各产地、销地及从各产地到销售地单位物品的运价如表 4-26 所示，其中"/"表示不能由产地 A_2 运往销地 B_4。试求最优调运方案。

表 4-26

产地＼销地	B_1	B_2	B_3	B_4	产量
A_1	3	11	3	10	7
A_2	1	9	2	/	4
A_3	7	4	10	5	9
最低需求量	2	4	1	3	
最高需求量	10	8	5	不限	

解：这是一个产销不平衡的运输问题，总产量为 20，总的最低需求量为 10，总的最高需求量无限。但根据现有产量，销地 B_4 最多能够满足 13，这样总的最高需求为 36，此时总需求量大于总产量。

我们增加一个虚拟的产地 A_4，其产量为 $36-20=16$。对于每一个销地来说，其需求可以分为两个部分：最低需求是必须满足的，不能由虚拟的产地 A_4 进行供应，故对应的单位物品运价为 M（任意大的正数）；剩余的需求可以由虚拟的产地 A_4 进行供应，对应的单位物品运价为零。即凡是需求分为两种情况的销地，我们可以按照两个销地来进行看待。这样我们就可以得到这个问题的产销平衡表，如表 4-27 所示。

表 4-27

产地＼销地	B_1	B_1'	B_2	B_2'	B_3	B_3'	B_4	B_4'	产量
A_1	3	3	11	11	3	3	10	10	7
A_2	1	1	9	9	2	2	M	M	4
A_3	7	7	4	4	10	10	5	5	9
A_4	M	0	M	0	M	0	M	0	16
销量	2	8	4	4	1	4	3	10	

对表 4-27 来说，这是一个产销平衡的运输问题，可以利用表上作业法来进行求解，得到的最优运输方案如表 4-28 所示。

表 4-28

产地＼销地	B_1	B_1'	B_2	B_2'	B_3	B_3'	B_4	B_4'	产量
A_1	2	4			1				7
A_2		4							4
A_3			4	2			3		9
A_4				2		4		10	16
销量	2	8	4	4	1	4	3	10	

从表 4-28 可以看出，此时运输到销地 B_1 的物品数量为 10，其最高需求得到满足；运输到销地 B_2 的物品数量为 6；运输到销地 B_3 的物品数量为 5，其最高需求得到满足；运输到销地 B_4 的物品数量为 3。所有产地的产量也均被运输出去，此时运输总费用为 64。

4.3.2 有转运的运输问题

在前面讨论的运输问题中，都是假定由产地直接运输到销售地，属于"点对点"运输。而在现实运输问题中，需要经常面临转运问题，例如考虑到时间及协调性问题，可以将物品先运输到某中转站（配送中心），然后由中转站再统一转运到销售目的地；再如联运问题，即物品运输中需要使用不同的运输工具，同样面临需要将物品先运输到某中转站，更换运输工具后再运往销售目的地。此类问题统称为有转运的运输问题，简称转运问题。

转运问题又可以分为一次转运和多次转运问题，由于多次转运问题解决思路与一次转运问题相同，故这里讨论的是一次转运问题。假设有 m 个产地 $A_1, A_2, \cdots, A_m$，各产地的产量是 $a_1, a_2, \cdots, a_m$；有 n 个销地 $B_1, B_2, \cdots, B_n$，各销地的销量分别为 $b_1, b_2, \cdots, b_n$；有 r 个中转站 $T_1, T_2, \cdots, T_r$，各中转站的最大转运能力为 $d_1, d_2, \cdots, d_r$；从产地 A_i 到中转站 T_k 的单位物品运价为 c_{ik}，从中转站 T_k 到销地 B_j 的单位物品运价为 c_{kj}。同时不妨设 $\sum_{i=1}^{m} a_i = \sum_{j=1}^{n} b_j$，即供需是平衡的，且所有物品经过转运后都能到达销售地；设 $\sum_{i=1}^{m} a_i \leqslant \sum_{k=1}^{r} d_k$，表示中转站有能力将总产量进行中转。

为建立转运问题的数学模型，设 x_{ik} 为从产地 A_i 到中转站 T_k 的运输量，x_{kj} 为从中转站 T_k 到销地 B_j 的运输量，据此我们可以建立起转运问题的数学模型为：

$$\min z = \sum_{i=1}^{m} \sum_{k=1}^{r} c_{ik} x_{ik} + \sum_{k=1}^{r} \sum_{j=1}^{n} c_{kj} x_{kj}$$

$$\begin{cases} \sum_{k=1}^{r} x_{ik} = a_i (i = 1, 2, \cdots, m) & \text{（产地约束）} \\ \sum_{i=1}^{m} x_{ik} = d_k (k = 1, 2, \cdots, r) & \text{（中转站容量约束）} \\ \sum_{i=1}^{m} x_{ik} = \sum_{h=1}^{n} x_{kj} (k = 1, 2, \cdots, r) & \text{（中转站平衡约束）} \\ \sum_{i=1}^{m} x_{ik} = b_j (j = 1, 2, \cdots, n) & \text{（销地约束）} \\ x_{ik}, x_{kj} \geqslant 0 (i = 1, 2, \cdots, m; k = 1, 2, \cdots, r; j = 1, 2, \cdots, n); \end{cases} \quad (4-11)$$

【例 4-6】某物品有三个产地 A_1，A_2，A_3，两个中转地 A_4，A_5，四个销售地 A_6，A_7，A_8，A_9。各地之间的单位物品运价及各地的产量与需求量如图 4-2 所示。问如何调运该物品使总运费最小。

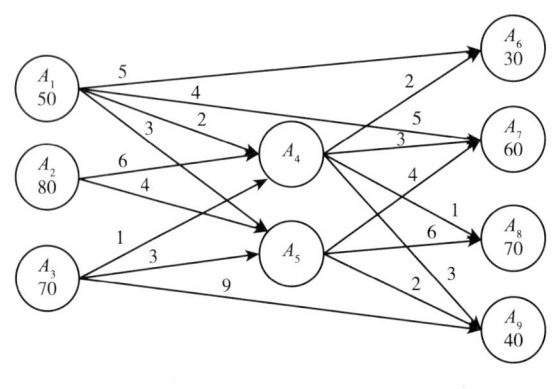

图 4-2

解：设 x_{ij} 为从 A_i 运往 A_j 的数量，则该转运问题的模型可以写为：

$$\min z = 5x_{16} + 4x_{17} + 2x_{14} + 3x_{15} + 6x_{24} + 4x_{25} + 1x_{34} + 3x_{35} + 9x_{39} + 2x_{46} + 3x_{47} + 1x_{48}$$
$$+ 3x_{49} + 4x_{57} + 6x_{58} + 2x_{59} 。$$

$$\begin{cases} x_{16} + x_{17} + x_{14} + x_{15} = 50 \\ x_{24} + x_{25} = 80 \\ x_{34} + x_{35} + x_{39} = 70 \\ x_{14} + x_{24} + x_{34} = x_{46} + x_{47} + x_{48} + x_{49} \\ x_{15} + x_{25} + x_{35} = x_{57} + x_{58} + x_{59} \\ x_{16} + x_{46} = 30 \\ x_{17} + x_{47} + x_{57} = 60 \\ x_{48} + x_{58} = 70 \\ x_{39} + x_{49} + x_{59} = 40 \\ x_{ij} \geq 0 。\end{cases}$$

我们需要将上述模型转化为运输问题。对于产地 A_1，A_2，A_3 来说，中转地 A_4，A_5 可以视作销地；对于销地 A_6，A_7，A_8，A_9 来说，中转地 A_4，A_5 可以视作产地。因此该问题可以视为有 5 个产地、6 个销地的产销平衡运输问题，其产销平衡表如表 4-29 所示。

其中，M 为任意大的正数，表示两地之间不能直接运输。用表上作业法求得最终的调运方案如表 4-30 所示。

表 4-29

产地＼销地	A_4	A_5	A_6	A_7	A_8	A_9	产量
A_1	2	3	5	4	M	M	50
A_2	6	4	M	M	M	M	80
A_3	1	3	M	M	M	9	70
A_4	0	M	2	3	1	3	200
A_5	M	0	M	4	6	2	200
销量	200	200	30	60	70	40	

表 4-30

产地＼销地	A_4	A_5	A_6	A_7	A_8	A_9	产量
A_1				50			50
A_2	30	50					80
A_3	70						70
A_4	100		30		70		200
A_5		150		10		40	200
销量	200	200	30	60	70	40	

从表 4-30 可以看出，该问题的最优运输方案为：物品从产地 A_1 运往销地 A_7 为 50 单位；产地 A_2 运往两个中转地 A_4，A_5 分别为 30 单位和 50 单位；产地 A_3 运往中转站 A_4 为 70 单位；中转站 A_4 运往销地 A_6 和 A_8 分别为 30 单位和 70 单位；中转站 A_5 运往销地 A_7 和 A_9 分别为 10 单位和 40 单位。此时总运输费用为 900。

4.4 运输问题应用

运输问题是一类特殊的线性规划问题，用表上作业法往往比单纯形法更为简便和直观，因而在解决现实问题时，可以考虑将其转化为运输问题来进行求解。

【例 4-7】产量不确定问题。

已知三个产地生产同一种物品，各产地到各销售地的单位运价如表 4-31 所示。由于客观情况要求，需要产地 A_1 至少运出 5 个单位，但其最高生产能力为生产 9 单位；产地 A_2 必须发出 8 个单位；产地 A_3 至少发出 7 个单位的物品。试求该问题的最优运输方案。

表 4-31

产地＼销地	B_1	B_2	B_3	产量
A_1	3	5	4	$5 \leq a_1 \leq 9$
A_2	1	6	5	$a_2 = 8$
A_3	3	2	4	$a_3 \geq 7$
销量	11	7	8	

解：由表 4-31 可知，总需求量为 26。当 a_1 取最小值 5 时，此时 A_1 与 A_2 的产量之和为 13，故在产销平衡下 A_3 的最大产量为 13。如果产地 A_1 和产地 A_3 都各自取最大产量 9 和 13 时，则总产量可达 30，大于总需求量 26，故需要增加一个虚拟的销地 B_4，其需求量为 4。

同时考虑到产地 A_1 和产地 A_3 面临的运输要求，可以将这两个产地的产量分成两部分，其中一部分为必须发出的，用于满足实际的销地需求量，而不能用于满足虚拟销地 B_4 的需求量，故将这部分物品运往销地 B_4 的运价设置为任意大的正数 M；另一部分物品可以运往虚拟销地 B_4，但由于实际上并未运输，相应的单位运价为 0。

综上所述，我们可以将例 4-7 改写为产销平衡的运输问题，如表 4-32 所示。

表 4-32

产地＼销地	B_1	B_2	B_3	B_4	产量
A_1	3	5	4	M	5
A_1'	3	5	4	0	4
A_2	1	6	5	M	8
A_3	3	2	4	M	7
A_3'	3	2	4	0	6
销量	11	7	8	4	

利用表上作业法对表 4-32 进行求解，得到的最优调运方案如表 4-33 所示。

表 4-33

产地＼销地	B_1	B_2	B_3	B_4	产量
A_1			5		5
A_1'				4	4
A_2	8				8
A_3		7			7
A_3'	3		3		6
销量	11	7	8	4	

从表 4-33 可以看出，产地 A_1 按照最少方式运往销地 B_3 的物品为 5 个单位；产地 A_2 运往销地 B_1 的物品为 8 个单位；产地 A_3 运往销地 B_1、B_2 和 B_3 的物品数量分别为 3 个单位、7 个单位和 3 个单位。此时总运输费用为 63。

【例 4-8】 生产与存储问题。

某公司生产某种产品是以产定销的。已知 1~6 月各月的生产能力、合同销量和单件物品的平均生产费用如表 4-34 所示。

表 4-34

	正常生产能力（件）	加班生产能力（件）	销量（件）	单台费用（万元）
1 月	60	10	104	15
2 月	50	10	75	14
3 月	90	20	115	13.5
4 月	100	40	160	13
5 月	100	40	103	13
6 月	80	40	70	13.5

已知上年年末库存物品 103 件，如果当月生产出来的物品当月不交货，则需要运到分厂库房，每件增加运输成本 0.1 万元。每件物品每月的平均仓储费、维护费为 0.2 万元。在 7~8 月销售淡季，全厂停产 1 个月，因此在 6 月完成销售合同后还要留出库存 80 件。加班生产物品每件增加成本 1 万元。问应如何安排 1~6 月的生产，可使总的生产费用（包括运输、仓储、维护）最少？

解： 这个问题可以列出线性规划模型采取单纯形法来做，这里用运输问题进行分析解决。我们考虑将各月的生产和交货分别视作产地和销地。

根据表 4-34 及题意可知：(1) 1~6 月总生产能力（包括上年年末库存数量、加班生产数量）为 743 件，总销量为 707 件，因此需要引入虚拟销地，其销量为 36；(2) 上年年末库存 103 件，只有存储费和运输费，将其作为运输平衡表的第 0 行；(3) 6 月的需求除 70 台销量外，还要 80 台库存，其需求应为 70+80=150 台；(4) 考虑到每个月有不同的加班生产能力，所以我们可以考虑分别用 1~6 来表示各月正常生产情况，用 1'~6' 表示 1~6 月加班生产情况。据此我们建立的产销平衡与运价如表 4-35 所示。

表 4-35

	1 月	2 月	3 月	4 月	5 月	6 月	虚拟地	产量
0	0.3	0.5	0.7	0.9	1.1	1.3	0	103
1	15	15.3	15.5	15.7	15.9	16.1	0	60
1'	16	16.3	16.5	16.7	16.9	17.1	0	10

续表

	1月	2月	3月	4月	5月	6月	虚拟地	产量
2	M	14	14.3	14.5	14.7	14.9	0	50
2′	M	15	15.3	15.5	15.7	15.9	0	10
3	M	M	13.5	13.8	14	14.2	0	90
3′	M	M	14.5	14.8	15	15.2	0	20
4	M	M	M	13.0	13.3	13.5	0	100
4′	M	M	M	14.0	14.3	14.5	0	40
5	M	M	M	M	13.0	13.3	0	100
5′	M	M	M	M	14.0	14.3	0	40
6	M	M	M	M	M	13.5	0	80
6′	M	M	M	M	M	14.5	0	40
销量	104	75	115	160	103	150	36	

在表 4-35 中，M 为任意大的正数，各运价为生产费用加上相应的运输成本、库存成本，若是加班生产，还需要考虑增加的生产成本。最终得到的生产计划见表 4-36，最低生产费用为 8307.5 万元。

表 4-36

	1月	2月	3月	4月	5月	6月	虚拟地	产量
0	63	15	5	20				103
1	41						19	60
1′							10	10
2		50						50
2′		10						10
3			90					90
3′			20					20
4				100				100
4′				40				40
5					63	37		100
5′					40			40
6						80		80
6′						33	7	40
销量	104	75	115	160	103	150	36	

【例 4-9】 调度问题。

某公司承担四条固定航线的物资运输任务，各条航线的起点、终点城市及每天要求的航班数如表 4-37 所示。

表 4-37

航线	起点城市	终点城市	每天航班数
1	E	D	3
2	B	C	2
3	A	F	1
4	D	B	1

假定各条航线使用的船只型号、功能等都相同,各城市间的航程天数如表 4-38 所示。已知每条船只每次装卸货的时间各需 1 天,则该航运公司至少应配备多少条船,才能满足所有航线的运货需求?

表 4-38

从＼到	A	B	C	D	E	F
A	0	1	2	14	7	7
B	1	0	3	13	8	8
C	2	3	0	15	5	5
D	14	13	15	0	17	20
E	7	8	5	17	0	3
F	7	8	5	20	3	0

解:考虑到装卸货时间及每天航班数要求,可以把该公司所需配备船只分为两个部分进行考虑:(1) 载货航程需要周转船只数;(2) 各港口间调度所需船只数。下面分别进行计算这两部分所需要的船只。

(1) 载货航程需要周转船只数。

需要对各航线逐一进行分析。对于航线 1,在起点城市 E 装货需要 1 天,航程从起点城市 E 到终点城市 D 需要 17 天,在终点城市 D 卸货需要 1 天,总计为 19 天,每天 3 班,故需 57 条船周转;依此类推各航线所需船只数如表 4-39 所示,则可得到载货航程需要周转船只数共计 91 条。

表 4-39

航线	装货天数	航程天数	卸货天数	小计(天)	航班数	所需周转船数(条)
1	1	17	1	19	3	57
2	1	3	1	5	2	10
3	1	7	1	9	1	9
4	1	13	1	15	1	15
合计						91

（2）各港口间调度所需船只数。

港口 C、D、F 每天到达船只数多于所需船数，A、B、E 每天到达船只数则少于所需船数，由此会引起各港口所需船只存在一定的缺口。各港口每天余缺船只数如表 4-40 所示，表中负值为相应港口多余的船只。

表 4-40

港口城市	每天到达船只数	每天需求船只数	余缺数
A	0	1	-1
B	1	2	-1
C	2	0	2
D	3	1	2
E	0	3	-3
F	1	0	1

根据表 4-40，我们可以将相应港口多余的船只调配给缺少船只的港口，但需要考虑这两个港口之间的航程天数。因此我们可以建立以下运输问题："产地"为有富裕船只的港口 C、D、F，相应产量为其每天多余的船只数；"销地"为缺少船只的港口 A、B、E，相应销量为其每天缺少的船只数，单位运价为相应港口之间的船只航程天数，据此可以得到表 4-41。

表 4-41

供船港口＼需船港口	A	B	E	每天多余船只数
C	2	3	5	2
D	14	13	17	2
F	7	8	3	1
每天缺少船只数	1	1	3	

这是一个产销平衡运输问题，用表上作业法求出空船的最优调度方案如表 4-42 所示。

表 4-42

供船港口＼需船港口	A	B	E	每天多余船只数
C	1		1	2
D		1	1	2
F			1	1
每天缺少船只数	1	1	3	5

由表 4-42 可知，此时目标函数值为 40，即各港口间调度所需船只数最少需要 40 条。

综合上述两个方面分析，在不考虑维修、储备等情况下，该公司至少应配备 131 条船。

习 题

1. 已知运输问题各产地的产量、各销售地的销量及单位运价如表 4-43 所示，试用表上作业法求最优解。

表 4-43

产地＼销地	B_1	B_2	B_3	B_4	产量
A_1	10	6	7	12	4
A_2	16	10	5	9	9
A_3	5	4	10	10	4
销量	5	2	4	6	

2. 已知运输问题各产地的产量、各销售地的销量及单位运价如表 4-44 所示，试用表上作业法求最优解。

表 4-44

产地＼销地	B_1	B_2	B_3	B_4	产量
A_1	3	2	4	5	30
A_2	2	3	5	3	40
A_3	1	4	2	4	50
销量	16	30	24	30	

3. 已知运输问题各产地的产量、各销售地的销量及单位运价如表 4-45 所示，试用表上作业法求最优解。

表 4-45

产地＼销地	B_1	B_2	B_3	B_4	产量
A_1	5	3	10	4	90
A_2	2	6	9	6	40
A_3	14	10	5	7	70
销量	30	50	100	40	

4. 设有三个化肥厂供应四个地区的农用化肥，假定等量的化肥在这些地区使用效果相同。已知各化肥厂年产量，各地区的需要量及从各化肥厂到各地区的单位运价如表 4-46 所示，试决定总运费最少的调运方案。

表 4-46

化肥厂＼地区	B_1	B_2	B_3	B_4	产量
A_1	16	13	22	17	50
A_2	14	13	19	15	60
A_3	19	20	25	/	50
最低需求量	30	70	0	10	
最高需求量	50	70	30	不限	

5. 表 4-47 给出了一个产销平衡运输问题的解，问：

（1）此解是否为最优解？请分别用闭回路法和位势法进行检验；
（2）若单位运价 c_{24} 由 1 变为 3，所给的解是否仍然为最优解？若不是，求新的最优解；
（3）单位运价 c_{24} 在什么范围内变化时，所给的解仍然为最优解；
（4）若所有的单位运价都增加 2，最优解是否改变？为什么？
（5）若所有的单位运价都乘以 2，最优解是否改变？为什么？

表 4-47

产地＼销地	B_1	B_2	B_3	B_4	产量
A_1	4	1 5	4 3	6	8
A_2	1 8	2	6	1 2	10
A_3	3	7	5 3	1 1	4
销量	8	5	6	3	

6. 已知运输问题各产地的产量、各销售地的销量及单位运价如表 4-48 所示。若销地的需求量未被满足，将带来缺货损失，假设销地 B_1 的需求量一定要满足，而销地 B_2 和 B_3 的单位损失费分别为 3 和 2，求此时的最优运输方案。

表 4-48

产地＼销地	B_1	B_2	B_3	产量
A_1	5	1	7	10
A_2	6	4	6	80
A_3	3	2	5	15
销量	75	20	50	

7. 已知某公司有三个产地和三个销售地，各产地的产量、各销售地的销量及单位运价如表 4-49 所示。若对于三个销地来说，假设每销售出去的单位物品利润分别为 12、16 和 11，试确定使总效益最大的运输方案。

表 4-49

产地＼销地	B_1	B_2	B_3	产量
A_1	3	10	2	20
A_2	4	11	8	30
A_3	8	11	4	20
销量	15	25	20	

8. 已知某运输问题的产销表与单位运价如表 4-50 所示。

表 4-50

产地＼销地	B_1	B_2	B_3	B_4	B_5	产量
A_1	10	15	20	20	40	50
A_2	20	40	15	30	30	100
A_3	30	35	40	55	25	150
销量	25	115	60	30	70	

（1）求最优调拨方案；

（2）若产地 A_3 的产量变为 130，而 B_2 地区需要的 115 单位必须满足，试重新确定最优调拨方案。

9. 已知某运输问题的产销表与单位运价如表 4-51 所示。

表 4-51

产地＼销地	B_1	B_2	B_3	产量
A_1	4	2	5	8
A_2	3	5	3	7
A_3	1	3	2	4
销量	4	8	5	

（1）求最优调拨方案；

（2）分析使该最优方案不变时从产地 A_1 到销地 B_1 的单位运价 c_{11} 的变化范围；

（3）分析使该最优方案不变时从产地 A_2 到销地 B_3 的单位运价 c_{23} 的变化范围。

10. 已知某运输问题各产地与各销售地的产销量和单位运价如表 4-52 所示。其中由于客观条件限制，产地 A_1 至少要生产 6 个单位的产品，但最多只能生产 11 个单位；A_2 必须生产 7 个单位；A_3 至少要生产 4 个单位。试分析该运输问题的最优运输方案。

表 4-52

产地\销地	B_1	B_2	B_3	产量
A_1	2	4	3	$6 \leq a_1 \leq 11$
A_2	1	5	6	$a_2 = 7$
A_3	3	2	4	$a_3 \geq 4$
销量	10	4	6	

11. 已知有 A_1、A_2 和 A_3 三个城市每年需要分别供应水 320 个单位、250 个单位和 350 个单位。B_1 和 B_2 是两个水厂，它们的最大供应量分为 400 个单位和 450 个单位，单位费用如表 4-53 所示。由于需求量大于可供应量，现决定 A_1 的供应量可减少 0 个单位至 30 个单位，A_2 的供应量必须满足，A_3 的供应量不能少于 270 个单位。试求总费用最低的供应量方案（水量需用完）。

表 4-53

水厂\城市	A_1	A_2	A_3
B_1	15	18	22
B_2	21	25	16

12. 已知甲、乙两处分别有 70t 和 50t 物资外运，A、B、C 三处各需要物资 35t、40t 和 50t。物资可以直接运达目的地，也可以经过某些点转运。已知各处之间的距离（km）分别如表 4-54、表 4-55 和表 4-56 所示。试确定一个最优的调运方案。

表 4-54

从\到	甲	乙
甲	0	12
乙	10	0

表 4-55

从\到	A	B	C
甲	10	14	12
乙	15	12	18

表 4-56

从\到	A	B	C
A	0	14	11
B	10	0	4
C	8	12	0

第 5 章
目标规划

前面讨论的线性规划、运输问题的共同特点就是只有一个确定的目标函数,如求利润最大、成本最低、运费最少等。然而在现实的经营管理问题中,企业在制订生产计划时,可能同时需要考虑到产品利润、质量、设备利用率、交货周期等多个目标,且这些目标之间往往存在一些矛盾,用线性规划难以解决此类问题,而采用目标规划(Goal Programming,GP)能够较好地解决这类问题。目标规划是 1961 年由查恩斯(A. Charnes)和库伯(W. W. Cooper)提出的,为适应经济管理中多目标决策问题需要而逐渐发展起来的一个运筹学分支,其应用范围很广,包括生产计划、投资计划、市场战略、人事管理、环境保护、土地利用等。

5.1 目标规划问题及其数学模型

5.1.1 目标规划问题的提出

【例 5 – 1】某公司生产两种产品,表 5 – 1 给出了单位产品所需资源及单位产品利润。问:应如何安排生产计划,才能使总利润最大?

表 5 – 1

项目	Ⅰ	Ⅱ	每天限量
原材料 A/吨	0	5	15
原材料 B/吨	6	2	24
设备 C/小时	1	1	5
利润(万元)	2	1	

解：设产品Ⅰ、Ⅱ的生产数量分别为 x_1、x_2，根据表 5-1，我们可以写出如下的线性规划模型：

$\max z = 2x_1 + x_2$。

$$\begin{cases} 5x_2 \leq 15 \\ 6x_1 + 2x_2 \leq 24 \\ x_1 + x_2 \leq 5 \\ x_1, x_2 \geq 0 \end{cases}$$

容易求得其最优解为 $x_1 = 3$，$x_2 = 2$，利润 $\max z = 8$ 万元。

从线性规划角度来看，此问题已得到圆满解决。但结合现实问题来看，该公司在经营管理中往往会考虑如下的一些问题：

（1）希望利润能够不低于 8 万元；

（2）原材料 A 最好利用充分，避免浪费，但也不希望超出限量；

（3）设备工时在适当的时候可以考虑增加，但增加不超过 1 小时。

显然在上述情况下，该问题就成为一个多目标决策问题，用线性规划则难以进行建模求解，而目标规划则能有效解决该问题。

目标规划是在企业决策者所规定的若干指标值及要求实现这些指标的先后顺序后，并在给定有限资源条件下，求得总的偏离指标值为最小的方案，称这方案为满意方案。

尽管目标规划是在线性规划的基础上逐步发展起来的，但在运用中由于要求不同，有不同于线性规划之处：

（1）线性规划只能处理一个目标，而现实问题往往要处理多种目标。目标规划能统筹兼顾地处理多种目标的关系，求得更切合实际要求的解。

（2）线性规划立足于满足所有约束条件的可行解，而在实际问题中可能存在相互矛盾的约束条件。目标规划可以在相互矛盾的约束条件下找到满意解，即满意方案。

（3）目标规划找到的最优解是指尽可能地达到或接近一个或若干个已给定的指标值。

（4）线性规划的约束条件是同等重要的，而目标规划可根据实际需要给予轻重缓急或主次之分的考虑。

5.1.2 目标规划的一般概念

在正式引入目标规划数学模型之前，我们先介绍一些相关的概念。

(1) 目标值与偏差变量。

目标值是指预先给定的某个目标的一个期望值；实现值或者决策值是指当决策变量 $x_j(j=1,\cdots,n)$ 确定后目标函数的对应值。例如在例 5-1 中，计划利润 8 万元就是目标的期望值；随着生产计划的调整变化，该公司的利润最终实现利润可能低于 8 万元或者高于 8 万元，即实现值与目标值往往存在一些差别，我们用偏差变量来描述这种差别。

正偏差变量表示实现值超过目标值的部分，用 d^+ 表示，$d^+ \geq 0$；负偏差变量表示实现值未达到目标值的部分，用 d^- 表示，$d^- \geq 0$。在一次决策中，实现值不可能既超过目标值又未达到目标值，所以必然有 $d^+ \times d^- = 0$。

例如，若该公司最终实现利润为 9 万元时，则 $d^+ = 1$，$d^- = 0$；若该公司最终实现利润为 6 万元时，则 $d^+ = 0$，$d^- = 2$；若该公司最终实现利润为 8 万元时，则 $d^+ = 0$，$d^- = 0$。

(2) 绝对约束与目标约束。

绝对约束是指必须严格满足的等式或不等式约束。如线性规划中的所有约束条件都是绝对约束，不能同时满足这些约束条件则不存在可行解。因此，绝对约束是刚性约束，有时也称为硬约束。

目标约束是目标规划所特有的约束。目标约束中实现值和目标值之间的差异用偏差变量表示，因此目标约束条件中左端是由决策变量和正、负偏差变量组成，右端可看为要追求的目标值。在目标实施过程中，目标可能实现，也可能实现不了，因此目标约束又称为软约束。

例如，考虑在例 5-1 中第一个目标：希望利润能够不低于 8 万元，转为目标约束应为：$2x_1 + x_2 + d_1^- - d_1^+ = 8$。

(3) 优先因子与权系数。

对于一个问题有多个决策目标时，这些目标之间往往根据主次之分或者轻重缓急之分，为其设置不同的优先因子（优先等级）。要求第一个达到的目标赋予其优先因子为 P_1，要求第二个达到的目标赋予其优先因子为 P_2，$\cdots$，要求第 k 个达到的目标赋予其优先因子为 P_k，$\cdots$，并且规定有 $P_k \gg P_{k+1}$，即表示前一个优先等级比后一优先等级有更大的优先权。这意味着在求解目标规划问题时，首先保证 P_k 级目标的实现，在此基础上再考虑 P_{k+1} 级目标的实现，以此类推。

对同一优先等级的多个目标约束，为了区别它们的重要程度，可以通过权系数来刻画这种差别，用 w_j 表示。在实际应用过程中，权系数可以根据决策者的需求、偏好等具体情况来进行确定。

在不同问题背景和决策偏好下，同一个目标的优先因子和其在某优先因子中的权系数可能有不同的设定。此时要综合运用各种决策技术,尽可能地减少主观片面性。

(4) 目标规划的目标函数。

目标规划的目标函数由各目标约束的偏差变量及相应的优先因子和权系数构成。当每一目标确定后,决策者的要求是尽可能接近各既定目标值,也就是使各偏差变量尽可能小,所以目标规划的目标函数只能取极小值形式,即 $\min z = f(d^+, d^-)$ 形式。根据具体情况,其基本形式有如下三种:

第一,要求恰好达到目标值。即希望目标的正、负偏差变量都尽可能小,因此有:

$\min z = f(d^+ + d^-)$。

第二,要求不超过目标值,允许达不到目标值。即希望决策值不超过目标值,也即正偏差变量越小越好,对负偏差变量无要求,因此有:

$\min z = f(d^+)$。

第三,要求不低于目标值,允许超过目标值。即希望决策值不低于目标值,也即希望负偏差变量越小越好,对正偏差变量无要求,因此有:

$\min z = f(d^-)$。

对一个具体的目标规划问题,应根据决策者对各目标的要求采取相应的基本形式。

(5) 满意解。

目标规划的求解是分级进行的,即首先求满足 P_k 级目标的解,然后在此基础上再考虑求满足 P_{k+1} 级目标的解,以此类推。这样最终求出的解就不是通常意义下的最优解,而是一种满意解,这是因为对于这种解来说,前面的目标可以保证实现或部分实现,而后面的目标就不一定能保证实现或部分实现,有些可能就不能实现。

满意解概念的提出是对最优化概念的一种突破,显然它更符合现实情况,更便于在实际问题中的应用。

5.1.3 目标规划的数学模型

结合上述概念,我们设例 5-1 的 3 个目标优先因子分别为 P_1,P_2,P_3,产品 Ⅰ、Ⅱ 的生产数量分别为 x_1、x_2,则其目标规划模型可以写为:

$\min z = P_1 d_1^- + P_2(d_2^- + d_2^+) + P_3 d_3^+$

$$\begin{cases} 6x_1 + 2x_2 \leq 24 \\ 2x_1 + x_2 + d_1^- - d_1^+ = 8 \\ 5x_2 + d_2^- - d_2^+ = 15 \\ x_1 + x_2 + d_3^- - d_3^+ = 6 \\ x_1, x_2, d_i^-, d_i^+ \geq 0 (i = 1, 2, 3) \end{cases}$$

综上所述，对于目标规划问题而言，其模型一般可以表示为：

$$\min z = \sum_{l=1}^{L} P_l \left(\sum_{k=1}^{K} (w_{lk}^- d_k^- + w_{lk}^+ d_k^+) \right)$$

$$\begin{cases} \sum_{j=1}^{n} c_{kj} x_j + d_k^- - d_k^+ = g_k (k=1,2,\cdots,k) \\ \sum_{j=1}^{n} a_{ij} x_j \leq (=, \geq) b_i (i=1,2,\cdots,m) \\ x_j \geq 0 (j=1,2,\cdots,n) \\ d_k^-, d_k^+ \geq 0 (k=1,2,\cdots,K) \end{cases} \tag{5-1}$$

其中，g_k 为第 k 个目标约束的目标值；w_{lk}^-，w_{lk}^+ 分别为优先因子 P_l 对应各目标的权系数。

5.2 目标规划的图解法

同线性规划问题一样，图解法也适用于求解具有两个决策变量的目标规划问题。在用图解法来求解目标规划问题时，首先必须满足所有的绝对约束条件，然后在此基础上再按照优先因子从高到低的顺序，逐个考虑各个目标约束。一般地，若满足优先因子 P_j 后对应的解空间为 R_j，则满足优先因子 P_{j+1} 后对应的解空间 R_{j+1} 只能在 R_j 中考虑，即有 $R_{j+1} \subseteq R_j$。若 $R_j \neq \phi$，而 $R_{j+1} = \phi$，则目标规划问题的解只能在 R_j 中，即 R_j 中使 P_{j+1} 优先等级的目标取到极小值的解，即为目标规划的满意解。

图解法来求解目标规划问题的步骤如下：

第 1 步，确定各约束条件的可行域，即将所有约束条件（包括目标约束和绝对约束，暂不考虑正负偏差变量）在坐标平面上表示出来。若绝对约束无公共区域，则该目标规划问题无解；若存在公共区域，则转入下一步。

第 2 步，在目标约束所代表的边界线上，用箭头标出正、负偏差变量值增大或减小的方向；

第 3 步，求满足最高优先等级目标的解；

第 4 步，转到下一个优先等级的目标，在不破坏所有较高优先等级目标的前提下，求出该优先等级目标的解；

第 5 步，重复第 4 步，直到所有优先等级的目标都已审查完毕为止；

第 6 步，确定最优解和满意解。

【例 5-2】用图解法求解下面的目标规划问题：

$\min z = P_1 d_1^- + P_2 d_2^+ + P_3 (2d_3^- + d_4^-)$

$$\begin{cases} x_1 + x_2 + d_1^- - d_1^+ = 40 \\ x_1 + x_2 + d_2^- - d_2^+ = 50 \\ x_1 + d_3^- - d_3^+ = 24 \\ x_2 + d_4^- - d_4^+ = 30 \\ x_1, x_2, d_i^-, d_i^+ \geq 0, i = 1, 2, 3, 4. \end{cases}$$

解：解题过程如图 5-1 所示。由于决策变量非负，因而解空间位于第一象限。

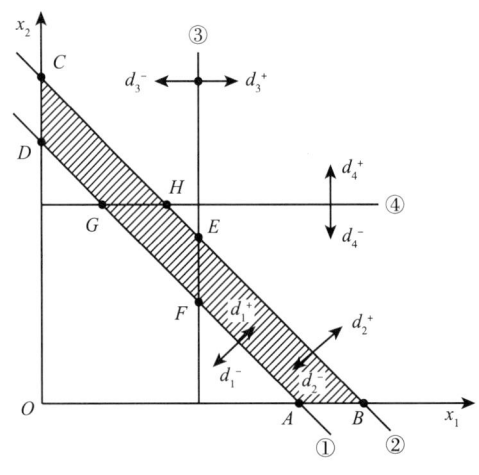

图 5-1

在图 5-1 中，按照优先因子高低，首先考虑 P_1，此时要求 d_1^- 最小，因此在线段 AD 上及其右上方（解空间 R_1），都能满足 $d_1^- = 0$；然后考虑 P_2，此时要求 d_2^+ 最小，因此在线段 BC 上及其左下方，都能满足 $d_2^+ = 0$。在 P_1 与 P_2 两个目标实现后，此时得到的解空间为四边形 $ABCD$（解空间 R_2）。

接着考虑 P_3，由于 d_3^- 的权系数大于 d_4^-，故首先考虑如何实现 d_3^- 最小，此时解空间缩小为四边形 $ABEF$；继续考虑实现 d_4^- 最小，发现在四边形 $ABEF$ 中已无法满足 $d_4^- = 0$，只能在四边形 $ABEF$ 中取一点，使 d_4^- 尽可能小，此时发现 E 点距满足 $d_4^- = 0$ 最为接近，故 E 点为满意解，可求出 E 点坐标为（24，26），即 $x_1 = 24$，$x_2 = 26$。

【例 5-3】用图解法求解下面的目标规划问题：

$\min z = P_1(d_1^+ + d_1^-) + P_2 d_2^-$

$$\begin{cases} 10x_1 + 12x_2 + d_1^- - d_1^+ = 62.5 \\ x_1 + 2x_2 + d_2^- - d_2^+ = 10 \\ 2x_1 + x_2 \leq 8 \\ x_{1-2} \geq 0, d_l^+, d_l^- \geq 0 (l = 1, 2). \end{cases}$$

解：解题过程如图 5-2 所示。由于决策变量非负，因而解空间位于第一象限。

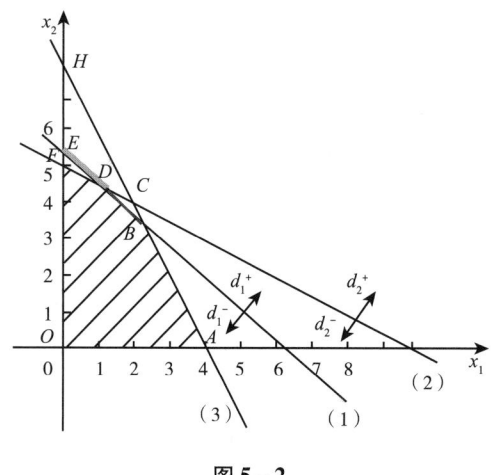

图 5-2

本例中首先需要考虑绝对约束，即 $2x_1 + x_2 \leq 8$，此时解空间是三角形 OAH（解空间 R_1）；然后考虑 P_1，此时要求 $(d_1^- + d_1^+)$ 最小，因此在线段 BE 上（解空间 R_2），都能满足 $(d_1^- + d_1^+) = 0$；最后考虑 P_2，此时要求 d_2^- 最小，而线段 ED 上都能满足 $d_2^- = 0$，因而解空间 R_3 为线段 ED。

容易解得 $D(0.6250, 4.6875)$，$E(0, 5.2083)$，此时问题的解可以表示为：$\alpha(0.6250, 4.6875) + (1-\alpha)(0, 5.2083)$，其中 $0 \leq \alpha \leq 1$。

【例 5-4】用图解法求解下面的目标规划问题：

$\min z = P_1 d_1^- + P_2 d_2^+ + P_3 d_3^-$

$$\begin{cases} 5x_1 + 10x_2 \leq 60 \\ x_1 - 2x_2 + d_1^- - d_1^+ = 0 \\ 4x_1 + x_2 + d_2^- - d_2^+ = 36 \\ 6x_1 + 8x_2 + d_3^- - d_3^+ = 48 \\ x_1, x_2 \geq 0, d_i^-, d_i^+ \geq 0, (l = 1, 2, 3)。\end{cases}$$

解：解题过程如图 5-3 所示。由于决策变量非负，因而解空间位于第一象限。

具体分析过程同例 5-2 和例 5-3 类似，最终得到的解空间为四边形 $EDCF$，即在四边形 $EDCF$ 边上及区域内，都能满足所有目标要求，即 $d_1^- = 0$，$d_2^+ = 0$，$d_3^- = 0$。

需要注意的是，在例 5-3 和例 5-4 中，最后的解空间为线段和区域时，说明此时的解不唯一，决策者在实际决策时选择哪一个满意解，完全取决于决策者自身的需要。另外，在考虑低级别目标时，不能破坏已经满足的高级别目标，这是基本原则。但它并不是说，当某一高级别目标不可能满足时，其后的低级别目标就一定

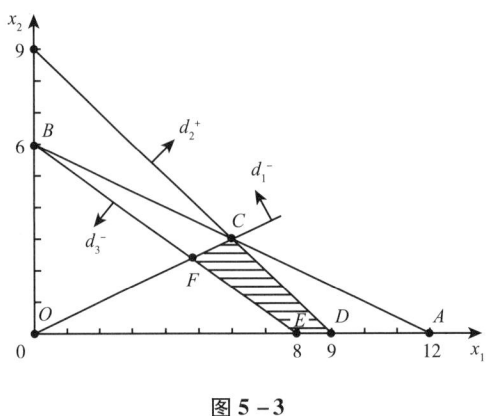

图 5-3

不能满足。在有些目标规划中,当某一优先级的目标不能满足时,其后的某些低级别目标仍可能被满足。

5.3 目标规划的单纯形法

目标规划的数学模型与线性规划的数学模型并无本质区别,因此可以采取单纯形法来进行求解。在具体求解过程中,需要注意的是,因为非基变量的检验数是各优先因子的线性组合,故在计算检验数时,根据优先等级的高低,计算出各变量在相应优先因子下的检验数。在根据检验数判别解的情况时,必须依据优先等级 $P_1 \gg P_2 \gg P_3 \gg \cdots \cdots$ 依次考虑。另外,由于目标规划的目标函数为 min,因此在判别最优解时需要所有检验数 $\sigma_j \geq 0 (j=1, \cdots, n)$。

由于目标规划模型的目标函数带有优先因子和权系数,并且要求首先寻求实现高优先等级的目标,然后才能转到下一级;同时低等级目标的实现要以不破坏高优先等级目标实现为前提,因此求解目标规划的单纯形表在形式上与线性规划有一些不同。

【例 5-5】用单纯形法求解如下目标规划问题:

$\min z = P_1 d_1^- + P_2 (2.5 d_3^- + d_4^+) + P_3 d_2^+$。

$$\begin{cases} 30x_1 + 12x_2 + d_1^- - d_1^+ = 2500 \\ 2x_1 + x_2 + d_2^- - d_2^+ = 140 \\ x_1 + d_3^- - d_3^+ = 60 \\ x_2 + d_4^- - d_4^+ = 100 \\ x_1, x_2 \geq 0, d_i^+, d_i^+ \geq 0, (i=1, 2, 3, 4)。\end{cases}$$

解：选取 d_1^-，d_2^-，d_3^-，d_4^- 作为初始基变量，建立初始单纯形表，如表 5-2 所示。

表 5-2

C_B	X_B	c_j	0	0	P_1	0	0	P_3	0	$2.5P_2$	0	P_2
		b	x_1	x_2	d_1^-	d_1^+	d_2^-	d_2^+	d_3^-	d_3^+	d_4^-	d_4^+
P_1	d_1^-	2500	30	12	1	-1	0	0	0	0	0	0
0	d_2^-	140	2	1	0	0	1	-1	0	0	0	0
0	d_3^-	60	[1]	0	0	0	0	0	1	-1	0	0
0	d_4^-	100	0	1	0	0	0	0	0	0	1	-1
σ_j	P_1		-30	-12	0	1	0	0	0	0	0	0
	P_2		0	0	0	0	0	0	0	2.5	0	1
	P_3		0	0	0	0	1	0	0	0	0	0

以非基变量 x_1 和 d_1^+ 为例，其检验数分别为：

$$\sigma_1 = -30P_1 = \begin{bmatrix} P_1 \\ P_2 \\ P_3 \end{bmatrix}^T \cdot \begin{bmatrix} -30 \\ 0 \\ 0 \end{bmatrix}, \quad \sigma_4 = P_1 = \begin{bmatrix} P_1 \\ P_2 \\ P_3 \end{bmatrix}^T \cdot \begin{bmatrix} 1 \\ 0 \\ 0 \end{bmatrix}。$$

因为有 $P_1 \gg P_2 \gg P_3 \gg \cdots\cdots$，所以判别检验系数是否非负，只需判别最高优先因子对应的数是否非负即可，因此采取表 5-2 对应的检验数列出方法更为简洁。

从表 5-2 可以看出，此时 $\sigma_1 < 0$，$\sigma_2 < 0$，且 $\sigma_1 < \sigma_2$，因此 x_1 为换入变量；$\theta = \min(2\,500/3, 140/2, 60/1, -) = 60$，故 d_3^- 为换出变量，从而经过变化可以得到另一个单纯形表，以此类推，如表 5-3 所示。

表 5-3

C_B	X_B	c_j	0	0	P_1	0	0	P_3	0	$2.5P_2$	0	P_2
		b	x_1	x_2	d_1^-	d_1^+	d_2^-	d_2^+	d_3^-	d_3^+	d_4^-	d_4^+
P_1	d_1^-	700	0	12	1	-1	0	0	-30	30	0	0
0	d_2^-	20	0	1	0	0	1	-1	-2	[2]	0	0
0	x_1	60	1	0	0	0	0	0	1	-1	0	0
0	d_4^-	100	0	1	0	0	0	0	0	0	1	-1
σ_j	P_1		0	-12	0	1	0	0	30	-30	0	0
	P_2		0	0	0	0	0	0	0	2.5	0	1
	P_3		0	0	0	0	1	0	0	0	0	0
P_1	d_1^-	400	0	-3	1	-1	-15	[15]	0	0	0	0
$2.5P_2$	d_3^+	10	0	1/2	0	0	1/2	-1/2	-1	1	0	0

续表

C_B	X_B	b	x_1	x_2	d_1^-	d_1^+	d_2^-	d_2^+	d_3^-	d_3^+	d_4^-	d_4^+
	c_j		0	0	P_1	0	0	P_3	0	$2.5P_2$	0	P_2
0	x_1	70	1	1/2	0	0	1/2	-1/2	0	0	0	0
0	d_4^-	100	0	1	0	0	0	0	0	0	1	-1
		P_1	0	3	0	1	15	-15	0	0	0	0
	σ_j	P_2	0	-5/4	0	0	-5/4	5/4	5/2	0	0	1
		P_3	0	0	0	0	0	1	0	0	0	0
P_3	d_2^+	80/3	0	-1/5	1/15	-1/15	-1	1	0	0	0	0
$2.5P_2$	d_3^+	70/3	0	[2/5]	1/30	-1/30	0	0	-1	1	0	0
0	x_1	250/3	1	2/5	1/30	-1/30	0	0	0	0	0	0
0	d_4^-	100	0	1	0	0	0	0	0	0	1	-1
		P_1	0	0	1	0	0	0	0	0	0	0
	σ_j	P_2	0	-1	-1/12	1/12	0	0	2/5	0	0	1
		P_3	0	1/5	-1/15	1/15	1	0	0	0	0	0
P_3	d_2^+	115/3	0	0	1/12	-1/12	-1	1	-1/2	1/2	0	0
0	x_2	175/3	0	1	1/12	-1/12	0	0	-5/2	5/2	0	0
0	x_1	60	1	0	0	0	0	0	-1	1	0	0
0	d_4^-	125/3	0	0	-1/12	1/12	0	0	5/2	-5/2	1	-1
		P_1	0	0	1	0	0	0	0	0	0	0
	σ_j	P_2	0	0	0	0	0	0	5/2	0	0	1
		P_3	0	0	-1/12	1/12	1	0	1/2	-1/2	0	0

从表 5-3 可以看出,此时基变量 $x_1 = 60$,$x_2 = 175/3$,$d_2^+ = 115/3$,$d_4^- = 125/3$。P_3 目标未能实现,此时的解为满意解。

【例 5-6】用单纯形法求解如下目标规划问题:

$\min z = P_1 d_1^+ + P_2(d_2^+ + d_2^-) + P_3 d_3^-$。

$$\begin{cases} x_1 - x_2 + d_1^- - d_1^+ = 0 \\ x_1 + 2x_2 + d_2^- - d_2^+ = 10 \\ 8x_1 + 10x_2 + d_3^- - d_3^+ = 56 \\ 2x_1 + x_2 \leqslant 11 \\ x_1, x_2 \geqslant 0, d_j^+, d_j^- \geqslant 0 (j = 1, 2, 3) \end{cases}$$

解:引入松弛变量 $x_3 (x_3 \geqslant 0)$,将绝对约束转换为等式:$2x_1 + x_2 + x_3 = 11$。故选取 d_1^-,d_2^-,d_3^-,x_3 作为初始基变量,建立初始单纯形表,具体计算过程如表 5-4 所示。

表 5-4

	c_j		0	0	0	P_1	P_2	P_2	P_3	0	0
C_B	X_B	b	x_1	x_2	d_1^-	d_1^+	d_2^-	d_2^+	d_3^-	d_3^+	x_3
0	d_1^-	0	1	-1	1	-1	0	0	0	0	0
P_2	d_2^-	10	1	[2]	0	0	1	-1	0	0	0
P_3	d_3^-	56	8	10	0	0	0	0	1	-1	0
0	x_3	11	2	1	0	0	0	0	0	0	1
		P_1	0	0	0	1	0	0	0	0	0
	σ_j	P_2	-1	-2	0	0	0	2	0	0	0
		P_3	-8	-10	0	0	0	0	0	1	0
0	d_1^-	5	3/2	0	1	-1	1/2	-1/2	0	0	0
0	x_2	5	1/2	1	0	0	1/2	-1/2	0	0	0
P_3	d_3^-	6	[3]	0	0	0	-5	5	1	-1	0
0	x_3	6	3/2	0	0	0	-1/2	1/2	0	0	1
		P_1	0	0	0	1	0	0	0	0	0
	σ_j	P_2	0	0	0	0	1	1	0	0	0
		P_3	-3	0	0	0	5	-5	0	1	0
0	d_1^-	2	0	0	1	-1	3	-3	-1/2	1/2	0
0	x_2	4	0	1	0	0	4/3	-4/3	-1/6	1/6	0
0	x_1	2	1	0	0	0	-5/3	5/3	1/3	-1/3	0
0	x_3	3	0	0	0	0	2	-2	-1/2	1/2	1
		P_1	0	0	0	1	0	0	0	0	0
	σ_j	P_2	0	0	0	0	1	1	0	0	0
		P_3	0	0	0	0	0	0	1	0	0

从表 5-4 可以看出，此时所有变量的检验数均非负，故得到一个最优解为：$x_1 = 2$，$x_2 = 4$，$x_3 = 3$，$d_1^- = 2$，其他变量取值为零。此时所有目标都得到满足。

但由于非基变量 d_3^+ 的检验数为零，说明此时有无穷多最优解。因此可以考虑将 d_3^+ 作为换入变量，利用最小比值 $\theta = \min\{4, 24, -, 6\}$，确定 d_1^- 为换出变量，从而可以得到另一个最优解：$x_1 = 10/3$，$x_2 = 10/3$，$x_3 = 1$，$d_3^+ = 4$，其他变量为零，所有目标也都得到满足。

目标规划模型求解后，有时会发生一些变化，如出现了新的目标、需要考虑生产新的产品、资源拥有量发生变化等，都可能使满意解发生变化，即需要对目标规划问题进行灵敏度分析。

5.4　目标规划的灵敏度分析

目标规划模型求解后，可能会出现一些新的变化，如出现了新的决策目标、要增加新的产品、可用资源发生变化、相关费用增加或者降低等。我们可以根据这些新的条件来重新建立新的模型进行求解，但势必会增加许多工作量。鉴于此，目标规划同线性规划一样，可以利用原问题的最终单纯形表进行优化分析，这就是目标规划的灵敏度分析问题。

目标规划的灵敏度分析主要包括以下几种情况：目标函数中权系数或价值系数c_j的变化、资源系数b_i的变化、增加新的约束条件、增加新的决策变量、增加新的目标等。从本质上讲，目标规划灵敏度分析的方法、原理同线性规划的灵敏度分析是相同的，但由于目标规划本身所要解决的问题更加切合实际，对工作更具有指导作用和实际价值，因此在某种意义上来说，目标规划的灵敏度分析比线性规划的灵敏度分析更为重要。

下面我们结合例 5 - 7 来说明目标规划的灵敏度分析过程。

【例 5 - 7】 某公司在同一生产线上生产甲、乙两种产品，单位产品需要的加工时间分别为 1 小时和 2 小时，单位利润分别为 2 万元和 1 万元。现有如下目标：

（1）生产线每天的加工时间不超过 8 小时；

（2）争取每天生产的甲、乙产品利润不低于 10 万元；

（3）每天生产的甲、乙两种产品总量至少为 6 个单位。

试分析该问题的满意解。

解：设 x_1、x_2 分别为产品甲和产品乙的日产量，则该问题的目标规划模型为：
$\min z = P_1 d_1^+ + P_2 d_2^- + P_3 d_3^-$。

$$\begin{cases} x_1 + 2x_2 + d_1^- - d_1^+ = 8 \\ 2x_1 + x_2 + d_2^- - d_2^+ = 10 \\ x_1 + x_2 + d_3^- - d_3^+ = 6 \\ x_1, x_0, d_j^-, d_i^+ \geq 0 (j = 1, 2, 3) \end{cases}$$

利用单纯形法对上述目标规划模型进行求解，具体如表 5 - 5 所示。

表 5 - 5

c_j			0	0	0	P_1	P_2	0	P_3	0
C_B	X_B	b	x_1	x_2	d_1^-	d_1^+	d_2^-	d_2^+	d_3^-	d_3^+
0	d_1^-	8	1	2	1	-1	0	0	0	0
P_2	d_2^-	10	[2]	1	0	0	1	-1	0	0
P_3	d_3^-	6	1	1	0	0	0	0	1	-1
	σ_j	P_1	0	0	0	1	0	0	0	0
		P_2	-2	-1	0	0	0	1	0	0
		P_3	-1	-1	0	0	0	0	0	1

续表

c_j			0	0	0	P_1	P_2	0	P_3	0
C_B	X_B	b	x_1	x_2	d_1^-	d_1^+	d_2^-	d_2^+	d_3^-	d_3^+
0	d_1^-	3	0	3/2	1	−1	−1/2	1/2	0	0
0	x_1	5	1	1/2	0	0	1/2	−1/2	0	0
P_3	d_3^-	1	0	[1/2]	0	0	−1/2	1/2	1	−1
		P_1	0	0	0	1	0	0	0	0
σ_j		P_2	0	0	0	0	1	0	0	0
		P_3	0	−1/2	0	0	1/2	−1/2	0	1
0	d_1^-	0	0	0	1	−1	1	−1	−3	3
0	x_1	4	1	0	0	0	1	−1	−1	1
0	x_2	2	0	1	0	0	−1	1	2	−2
		P_1	0	0	0	1	0	0	0	0
σ_j		P_2	0	0	0	0	1	0	0	0
		P_3	0	0	0	0	0	0	1	0

从表 5-5 可以看出，现得到一个最优解 $x_1=4$，$x_2=2$，其余变量取值均为 0，此时所有目标都得到满足，即每天加工工时为 8 个小时、总利润为 10 万元、总产量为 6 个单位。当然由于非基变量 d_2^+，d_3^+ 的检验系数为 0，因而表明此问题有无穷多最优解。

5.4.1 权系数或价值系数 c_j 的变化

在目标规划中，c_j 的变化分析要较线性规划中 c_j 的变化分析复杂。其主要原因在于目标规划中 c_j 的变化可能同时包括优先等级或者权系数的变化，从而可能致使目标的优先次序或者优先等级发生变化，且由于不同性质的目标又无法比较，变化后不能被赋予同一优先等级。因此，为了简单起见，这里仅考虑优先等级次序的变化。

根据线性规划的灵敏度分析可知，当 c_j 发生变化时，其只会影响到检验系数的取值。因此，如果优先等级次序变化所涉及的变量均为非基变量，则不会改变现有满意解；若优先等级次序变化所涉及的变量中含有基变量，则可能会引起满意解的变化。

【例 5-8】在例 5-7 中，如果管理者又提出如下的要求，那么原来的满意解是否会发生变化？

（1）每天生产的甲、乙两种产品总量恰好为 6 个单位。
（2）对生产线要求充分利用 8 个小时，但又不希望加班。

解：（1）此时目标函数变为 $\min z = P_1 d_1^+ + P_2 d_2^- + P_3(d_3^- + d_3^+)$。
显然，此时单纯形表变为表5-6。

表5-6

	c_j		0	0	0	P_1	P_2	0	P_3	P_3
C_B	X_B	b	x_1	x_2	d_1^-	d_1^+	d_2^-	d_2^+	d_3^-	d_3^+
0	d_1^-	0	0	0	1	−1	1	−1	−3	3
0	x_1	4	1	0	0	0	1	−1	−1	1
0	x_2	2	0	1	0	0	−1	1	2	−2
		P_1	0	0	0	1	0	0	0	0
	σ_j	P_2	0	0	0	0	1	0	0	0
		P_3	0	0	0	0	0	0	1	1

可以看出此时的最优解没有发生变化，仍然是最优解 $x_1 = 4$，$x_2 = 2$，其余变量取值均为0，此时所有目标都得到满足，即每天加工工时为8个小时、总利润为10万元、总产量为6个单位。同样由于非基变量 d_2^+ 的检验系数为0，此时表明仍然有无穷多最优解。从另一方面来说，由于 d_3^+ 是非基变量，即优先等级次序变化所涉及的变量为非基变量，因而不会改变现有的满意解。

（2）此时目标函数变为：$\min z = P_1(d_1^- + d_1^+) + P_2 d_2^- + P_3 d_3^-$。

由于优先等级次序变化所涉及的变量包含基变量 d_1^-，因而会影响到所有非基变量的检验系数，故需要重新计算。从而得到表5-7。

表5-7

	c_j		0	0	P_1	P_1	P_2	0	P_3	0
C_B	X_B	b	x_1	x_2	d_1^-	d_1^+	d_2^-	d_2^+	d_3^-	d_3^+
P_1	d_1^-	0	0	0	1	−1	1	−1	−3	[3]
0	x_1	4	1	0	0	0	1	−1	−1	1
0	x_2	2	0	1	0	0	−1	1	2	−2
		P_1	0	0	0	2	−1	1	3	−3
	σ_j	P_2	0	0	0	0	1	0	0	0
		P_3	0	0	0	0	0	0	1	0
0	d_3^+	0	0	0	1/3	−1/3	1/3	−1/3	−1	1
0	x_1	4	1	0	−1/3	1/3	2/3	−2/3	0	0
0	x_2	2	0	1	2/3	−2/3	−1/3	1/3	0	0
		P_1	0	0	1	1	0	0	0	0
	σ_j	P_2	0	0	0	0	1	0	0	0
		P_3	0	0	0	0	0	0	1	0

从表 5-7 可以看出，尽管基变量发生了变化，但问题的最优解没有发生变化，其中一个最优解 $x_1 = 4$，$x_2 = 2$，其余变量取值均为 0，此时所有目标都得到满足，即每天加工工时为 8 个小时、总利润为 10 万元、总产量为 6 个单位。同样由于非基变量 d_2^+ 的检验系数为 0，因而此时表明仍然有无穷多最优解。

5.4.2 资源系数 b_i 的变化

资源系数 b_i 的变化只会影响最优表中基变量的取值，则 b_i 的变化有可能使基变量的取值从正值变为负值，从而解不满足非负约束，需要用对偶单纯形法继续迭代求出新的解。

【例 5-9】根据市场情况，决策者需要了解如下的一些情况：

(1) 若每天加工不超过 10 个小时，满意解是否会发生变化？
(2) 若每天总产量至少为 7 个单位，满意解是否会发生变化？

解：(1) 若每天加工不超过 10 个小时，意味着可用资源发生了变化。由题意可知：

$$B^{-1}b = \begin{bmatrix} 1 & 1 & -3 \\ 0 & 1 & -1 \\ 0 & -1 & 2 \end{bmatrix} \begin{bmatrix} 10 \\ 10 \\ 6 \end{bmatrix} = \begin{bmatrix} 2 \\ 4 \\ 2 \end{bmatrix}。$$

由此可知，可行基保持不变，此时的满意解为 $x_1 = 4$，$x_2 = 2$，$d_1^- = 2$，其余变量均为 0，总利润仍然为 10 万元。但由于 $d_1^- = 2$，意味着有两个工时剩余，即只要原来加工时间不超过 8 个小时就能达到原来的利润，故没有必要进行延时加班。

(2) 若总产量至少为 7 个单位，由题意可知：

$$B^{-1}b = \begin{bmatrix} 1 & 1 & -3 \\ 0 & 1 & -1 \\ 0 & -1 & 2 \end{bmatrix} \begin{bmatrix} 8 \\ 10 \\ 7 \end{bmatrix} = \begin{bmatrix} -3 \\ 3 \\ 4 \end{bmatrix}。$$

显然此时的解不满足非负约束，需要用对偶单纯形法继续迭代，过程如表 5-8 所示。

表 5-8

	c_j		0	0	0	P_1	P_2	0	P_3	0
C_B	X_B	b	x_1	x_2	d_1^-	d_1^+	d_2^-	d_2^+	d_3^-	d_3^+
0	d_1^-	-3	0	0	1	-1	1	-1	$[-3]$	3
0	x_1	3	1	0	0	0	1	-1	-1	1
0	x_2	4	0	1	0	0	-1	1	2	-2

续表

C_B	X_B	c_j	0	0	0	P_1	P_2	0	P_3	0
		b	x_1	x_2	d_1^-	d_1^+	d_2^-	d_2^+	d_3^-	d_3^+
	σ_j	P_1	0	0	0	1	0	0	0	0
		P_2	0	0	0	0	1	0	0	0
		P_3	0	0	0	0	0	0	1	0
P_3	d_3^-	1	0	0	−1/3	1/3	−1/3	[1/3]	1	−1
0	x_1	4	1	0	−1/3	1/3	2/3	−2/3	0	0
0	x_2	2	0	1	2/3	−2/3	−1/3	1/3	0	0
	σ_j	P_1	0	0	0	1	0	0	0	0
		P_2	0	0	0	0	1	0	0	0
		P_3	0	0	1/3	−1/3	1/3	−1/3	0	1
0	d_2^+	3	0	0	−1	1	−1	1	3	−3
0	x_1	6	1	0	−1	1	0	0	2	−2
0	x_2	1	0	1	1	−1	0	0	−1	1
	σ_j	P_1	0	0	0	1	0	0	0	0
		P_2	0	0	0	0	1	0	0	0
		P_3	0	0	0	0	0	0	1	0

从表5−8可以看出，此时的满意解为 $x_1=6$，$x_2=1$，$d_2^+=3$，其余变量取值均为0，总利润为13万元。且由于 $d_2^+=3$，此时超额完成利润，其他两个目标也同时达到。

5.4.3 增加新的约束条件

增加新的约束条件一般会改变解的最优性和目标达到程度，这是因为增加一个新的约束条件，在单纯形表中要增加一行和一列（或者两列），还要构造新的目标函数，增加相应检验数的计算。

将新行和新列引入原有最终单纯形表中，并经过变化使其满足单纯形表的要求，即可得到一个新的解。若新的解是可行的，则只需要检查其最优性；若新的解不可行，则需要利用对偶单纯形法进行迭代，从而求得满意解。

【例5−10】在例5−7中，决策者根据市场销售情况，重新调整生产方案，要求产品甲的产量不超过产品乙的产量，并将其作为第4个目标。在此情况下原来的满意解会发生怎样的变化？

解：这相当于增加了一个新的约束条件，且目标函数也发生了改变，故新的模型写为：

$$\min z = P_1 d_1^+ + P_2 d_2^- + P_3 d_3^- + P_4 d_4^+ 。$$

$$\begin{cases} x_1 + 2x_2 + d_1^- - d_1^+ = 8 \\ 2x_1 + x_2 + d_2^- - d_3^+ = 10 \\ x_1 + x_2 + d_3^- - d_3^+ = 6 \\ x_1 - x_2 + d_4^- - d_4^+ = 0 \\ x_1, x_0, d_i^-, d_i^+ \geq 0 (j = 1, 2, 3, 4)。 \end{cases}$$

在这种情况下，因此需要将约束条件增加到最终表的最后一行去，并进行相应的处理，使基变量对应的矩阵为单位矩阵。有关具体计算过程如表 5-9 所示。

表 5-9

C_B	X_B	c_j	0	0	0	P_1	P_2	0	P_3	0	0	P_4
		b	x_1	x_2	d_1^-	d_1^+	d_2^-	d_2^+	d_3^-	d_3^+	d_4^-	d_4^+
0	d_1^-	0	0	0	1	-1	1	-1	-3	3	0	0
0	x_1	4	1	0	0	0	1	-1	-1	1	0	0
0	x_2	2	0	1	0	0	-1	1	2	-2	0	0
0	d_4^-	0	1	-1	0	0	0	0	0	0	1	-1
0	d_1^-	0	0	0	1	-1	1	-1	-3	3	0	0
0	x_1	4	1	0	0	0	1	-1	-1	1	0	0
0	x_2	2	0	1	0	0	-1	1	2	-2	0	0
0	d_4^-	-2	0	0	0	0	-2	2	3	-3	1	[-1]
	σ_j	P_1	0	0	0	1	0	0	0	0	0	0
		P_2	0	0	0	0	1	0	0	0	0	0
		P_3	0	0	0	0	0	0	1	0	0	0
		P_4	0	0	0	0	0	0	0	0	0	1
0	d_1^-	0	0	0	1	-1	1	-1	-3	[3]	0	0
0	x_1	4	1	0	0	0	1	-1	-1	1	0	0
0	x_2	2	0	1	0	0	-1	1	2	-2	0	0
P_4	d_4^+	2	0	0	0	0	2	-2	-3	3	-1	1
	σ_j	P_1	0	0	0	1	0	0	0	0	0	0
		P_2	0	0	0	0	1	0	0	0	0	0
		P_3	0	0	0	0	0	0	1	0	0	0
		P_4	0	0	0	0	-2	2	3	-3	1	0
0	d_3^+	0	0	0	1/3	-1/3	1/3	-1/3	-1	1	0	0
0	x_1	4	1	0	-1/3	1/3	2/3	-2/3	0	0	0	0
0	x_2	2	0	1	2/3	-2/3	-1/3	1/3	0	0	0	0
P_4	d_4^+	2	0	0	-1	1	1	-1	0	0	-1	1

续表

c_j			0	0	0	P_1	P_2	0	P_3	0	0	P_4
C_B	X_B	b	x_1	x_2	d_1^-	d_1^+	d_2^-	d_2^+	d_3^-	d_3^+	d_4^-	d_4^+
σ_j	P_1	0	0	0	0	1	0	0	0	0	0	0
	P_2	0	0	0	0	0	1	0	0	0	0	0
	P_3	0	0	0	0	0	0	0	1	0	0	0
	P_4	0	0	0	1	−1	−1	1	0	0	1	0

从表 5-9 可以看出，现得到一个最优解 $x_1=4$，$x_2=2$，$d_4^+=2$，其余变量取值均为 0，此时除第 4 个目标外，另外 3 个目标都得到满足。

5.4.4 增加新的决策变量

增加新的决策变量是否会影响到解的最优性，需要考虑这个新的决策变量是作为基变量还是非基变量。如果增加的新的决策变量能减少现有的偏差值，它将成为基变量，从而会改变现有的满意解；若这个新的决策变量是非基变量，则原有的解仍为满意解。

增加新的决策变量将在最终单纯形表中增加新的列。根据这个新的决策变量的技术系数 P_i，求出其在最终表中的新列 $P_i'=B^{-1}P_i$。若新的决策变量不改变原来的目标函数，则只需求出这个新的决策变量的检验系数进行最优性判别，若满足判别准则，则原解仍然为满意解，否则这个新的决策变量将成为进基变量，继续通过迭代计算求出满意解。若这个新决策方案改变了原来的目标函数，则需要综合考虑，进行一些必要的调整，修改最终表，并进行继续求解。

【例 5-11】在例 5-7 的基础上，该公司决策者决定生产一种新的产品丙，单位产品丙所需加工时间为 1 个工时，单位利润为 2 万元。现要求每天生产 3 种产品的总利润不低于 14 万元。问应如何修改原来的生产计划，从而满足新的要求？

解：设 x_3 为产品丙的产量。由于现要求总利润不低于 14 万元，意味着资源系数 b_i 也发生了变化，因此需要综合分析。此时该问题的目标规划模型为：

$$\min z = P_1 d_1^+ + P_2 d_2^- + P_3 d_3^-$$

$$\begin{cases} x_1 + 2x_2 + x_3 + d_1^- - d_1^+ = 8 \\ 2x_1 + x_2 + 2x_3 + d_2^- - d_2^+ = 10 \\ x_1 + x_2 + d_3^- - d_3^+ = 6 \\ x_1, x_2, x_3, d_i^-, d_i^+ \geq 0 (j=1, 2, 3) \end{cases}$$

此时产品丙在最终表中所对应的列应为：

$$B^{-1}P_i = \begin{bmatrix} 1 & 1 & -3 \\ 0 & 1 & -1 \\ 0 & -1 & 2 \end{bmatrix} \begin{bmatrix} 1 \\ 2 \\ 0 \end{bmatrix} = \begin{bmatrix} 3 \\ 2 \\ -2 \end{bmatrix}。$$

将新得到的这一列反映在最终表的最右列,又因为:

$$B^{-1}b = \begin{bmatrix} 1 & 1 & -3 \\ 0 & 1 & -1 \\ 0 & -1 & 2 \end{bmatrix} \begin{bmatrix} 8 \\ 14 \\ 6 \end{bmatrix} = \begin{bmatrix} 4 \\ 8 \\ -2 \end{bmatrix},$$

同样将其反映在最终表中,对其继续进行迭代计算,具体如表 5-10 所示。

表 5-10

C_B	X_B	c_j	0	0	0	P_1	P_2	0	P_3	0	0
		b	x_1	x_2	d_1^-	d_1^+	d_2^-	d_2^+	d_3^-	d_3^+	x_3
0	d_1^-	4	0	0	1	-1	1	-1	-3	3	3
0	x_1	8	1	0	0	0	1	-1	-1	1	2
0	x_2	-2	0	1	0	0	[-1]	1	2	-2	-2
		P_1	0	0	0	1	0	0	0	0	0
	σ_j	P_2	0	0	0	0	1	0	0	0	0
		P_3	0	0	0	0	0	0	1	0	0
0	d_1^-	2	0	1	1	-1	0	0	-1	1	1
0	x_1	6	1	1	0	0	0	0	1	-1	0
P_2	d_2^-	2	0	-1	0	0	1	-1	-2	2	[2]
		P_1	0	0	0	1	0	0	0	0	0
	σ_j	P_2	0	1	0	0	0	1	2	-2	-2
		P_3	0	0	0	0	0	0	1	0	0
0	d_1^-	1	0	3/2	1	-1	-1/2	1/2	0	0	0
0	x_1	6	1	1	0	0	0	0	1	-1	0
0	x_3	1	0	-1/2	0	0	1/2	-1/2	-1	1	1
		P_1	0	0	0	1	0	0	0	0	0
	σ_j	P_2	0	0	0	0	1	0	0	0	0
		P_3	0	0	0	0	0	0	1	0	0

从表 5-10 可以看出,新的满意解为 $x_1=6$,$x_2=0$,$x_3=1$,$d_1^-=1$,其余变量取值均为 0,此时所有目标都得到满足,即每天加工工时为 7 个小时、总利润为 14 万元、总产量为 6 个单位。当然由于非基变量 x_2,d_2^+,d_3^+ 的检验系数为 0,也表明此问题有无穷多最优解。

5.5 目标规划应用

目标规划是解决经济管理多目标问题的有效方法，特别是其提出"满意解"，更符合经济管理中的现实情况，因此应用十分广泛。

【例 5 – 12】某企业生产产品 I 和产品 II 两种产品，每种产品均经过工序 A 和工序 B 两道工序加工。A 工序有 A_1 和 A_2 两种设备，B 工序也有 B_1 和 B_2 两种设备，均可完成相应的加工工作，但生产效率不一样。每一种产品每道工序只用一种设备加工即可。单位产品在各设备需要的加工台时、设备的计划期有效台时和单位产品利润如表 5 – 11 所示。

表 5 – 11

		产品 I	产品 II	设备有效台时（小时）
工序 A	设备 A_1	2	3	12
	设备 A_2	6	5	8
工序 B	设备 B_1	2	1	16
	设备 B_2	2	3	12
单位产品利润（元）		5	6	

该企业计划期的经营目标如下：

P_1：力争使利润超过 500 元；

P_2：产品 I 和产品 II 的产量尽量保持平衡；

P_3：设备 A_1 的台时要充分利用足，适当时候可以加班；A_2 的台时既要充分利用，又要尽量少加班，且 A_2 的重要性是 A_1 的 3 倍。

问如何安排生产计划使达到上述目标的差距最小？试建立该问题的数学模型。

解：设 x_{ijk} 表示第 i 种产品在第 j 道工序的第 k 个设备上加工的数量，$i = 1, 2$；$j = 1, 2$；$k = 1, 2$。此时产品 I 的数量可以表示为：$(x_{111} + x_{112})$ 或 $(x_{121} + x_{122})$，产品 II 的数量可以表示为：$(x_{211} + x_{212})$ 或 $(x_{221} + x_{222})$。

考虑设备 B_1 和设备 B_2 有效台时，因此有绝对约束：

$2x_{121} + x_{221} \leq 16$；

$2x_{122} + 3x_{222} \leq 12$。

考虑到每一种产品在两道工序上加工的数量是一致的，因此有绝对约束：

$x_{111} + x_{112} - x_{121} - x_{122} = 0$；

$x_{211} + x_{212} - x_{221} - x_{222} = 0$。

考虑 P_1，有：$5(x_{111}+x_{112})+6(x_{211}+x_{212})+d_1^--d_1^+=500$。

考虑 P_2，有：$x_{111}+x_{112}-x_{211}-x_{212}+d_2^--d_2^+=0$。

考虑 P_3，有：$2x_{111}+3x_{211}+d_3^--d_3^+=12$；

$6x_{112}+5x_{212}+d_4^--d_4^+=8$。

目标函数为：$\min z = P_1 d_1^- + P_2(d_2^-+d_2^+) + P_3(d_3^-+3(d_4^-+d_4^+))$。

另外，$x_{ijk} \geq 0$，d_i^-，$d_i^+ \geq 0$，$i=1, 2$；$j=1, 2$；$k=1, 2$。

【例 5-13】某公司计划生产 A、B、C 三种类型产品。这三种产品在同一条生产线上装配生产，已知生产单位 A、B、C 产品分别需要 5 小时、8 小时和 12 小时。公司的生产装配线正常的生产时间是每月 1 700 小时。公司销售部门预计这三种产品的单位利润分别为 1 000 元、1 440 元和 2 520 元，生产的产品能够全部销售出去。在经营过程中，考虑如下目标：

P_1：充分利用正常的生产能力，避免开工不足；

P_2：要优先满足老客户的需求，老客户对三种产品的需求量为 50 个单位、50 个单位、80 个单位，同时根据三种产品的利润来分配不同的权系数；

P_3：装配生产线可以适当加班，最好不要超过 200 小时；

P_4：满足三种产品的销售目标，分别为 100 个单位、120 个单位和 100 个单位，同时根据三种产品的利润再分配不同的权系数；

P_5：装配生产线的加班时间尽可能少。

问该公司应该如何安排生产计划才能满足上述要求，试写出该问题的目标规划模型。

解：设 x_1，x_2，x_3 分别为生产 A、B、C 产品的数量。

考虑 P_1：$5x_1+8x_2+12x_3+d_1^--d_1^+=1\,700$。

考虑 P_2：$x_1+d_2^--d_2^+=50$；

$x_2+d_3^--d_3^+=50$；

$x_3+d_4^--d_4^+=80$。

考虑 P_3：$5x_1+8x_2+12x_3+d_5^--d_5^+=1\,900$。

考虑 P_4：$x_1+d_6^--d_6^+=100$；

$x_2+d_7^--d_7^+=120$；

$x_3+d_8^--d_9^+=80$。

考虑 P_5：$5x_1+8x_2+12x_3+d_9^--d_9^+=1\,700$。

因为要根据三种产品的利润来分配不同的权系数，则三种产品每小时的利润分别为：$1\,000/5=200$，$1\,440/8=180$，$2\,520/12=210$，因此权系数可以分别取为 20、18 和 21，因此目标函数为：

$$\min z = P_1 d_1^- + P_2(20d_2^- + 18d_3^- + 21d_4^-) + P_3 d_5^+ + P_4(20d_6^- + 18d_7^- + 21d_8^-) + P_5 d_9^+。$$

另外，x_1，x_2，$x_3 \geq 0$，d_i^-，$d_i^+ \geq 0$，$i = 1$，…，9。

【例 5 – 14】有三个产地向四个销地供应物资。产地 $A_i(i = 1, 2, 3)$ 的供应量 a_i、销地 $B_j(j = 1, 2, 3, 4)$ 销量 b_j、各产销地之间的单位物资运费 c_{ij} 如表 5 – 12 所示。表中 a_i 和 b_j 的单位为吨，c_{ij} 的单位为元/吨。编制调运方案时要求按照相应的优先级依次考虑下列六个目标：

P_1：B_4 是重点保证单位，其需求量应尽可能全部满足；

P_2：A_3 向 B_1 提供的物资不少于 100 吨；

P_3：每个销地得到的物资数量不少于其需求量的 80%；

P_4：实际的总运费不超过当不考虑 P_1 至 P_6 各目标时的最小总运费的 110%；

P_5：因路况原因，尽量避免安排 A_2 的物资运往 B_4；

P_6：对 B_1 和 B_3 的供应率要尽可能相同。

问应该如何编制调运方案才能满足上述要求，试建立相应的目标规划模型。

表 5 – 12

c_{ij} B_j A_i	B_1	B_2	B_3	B_4	产量
A_1	5	2	6	7	300
A_2	3	5	4	6	200
A_3	4	5	2	3	400
销量	200	100	450	250	

解：设 x_{ij} 为从产地 A_i 运往销地 B_j 的运输量。当不考虑 P_1 至 P_6 各目标时的最小总运费为 2 950 元。

在各级目标中没有涉及供应量，因此供应量构成绝对约束：

$$\begin{cases} x_{11} + x_{12} + x_{13} + x_{14} = 300 \\ x_{21} + x_{22} + x_{23} + x_{24} = 200 \\ x_{31} + x_{32} + x_{33} + x_{34} = 400。\end{cases}$$

考虑 P_1：$x_{14} + x_{24} + x_{34} + d_1^- - d_1^+ = 250$。

考虑 P_2：$x_{31} + d_2^- - d_2^+ = 100$。

考虑 P_3：$x_{11} + x_{21} + x_{31} + d_3^- - d_3^+ = 160$；

$x_{12} + x_{22} + x_{32} + d_4^- - d_4^+ = 80$；

$x_{13} + x_{23} + x_{33} + d_5^- - d_5^+ = 360$。

考虑 P_4：$\sum_{i=1}^{3}\sum_{j=1}^{4} c_{ij}x_{ij} + d_6^- - d_6^+ = 2\,950 \times 110\%$。

考虑 P_5：$x_{24} + d_7^- - d_7^+ = 0$。

考虑 P_6：$\dfrac{x_{11}+x_{21}+x_{31}}{200} - \dfrac{x_{13}+x_{23}+x_{33}}{450} + d_8^- - d_8^+ = 0$。

此时目标函数可以写为：

$\min z = P_1 d_1^- + P_2 d_2^- + P_3(d_3^- + d_4^- + d_5^-) + P_4 d_6^+ + P_5 d_7^+ + P_6(d_8^- + d_8^+)$。

另外，$x_{ij} \geq 0$，d_i^-，$d_i^+ \geq 0$，$i=1,\cdots,8$。

【例 5-15】 某高校领导在考虑本单位员工的升级调资方案时，依次考虑如下目标：

（1）年工资总额不超过 900 万元；

（2）每级的人数不超过定编规定的人数；

（3）副教授、讲师、助教级的升级面尽可能达到现有人数的 20%。

助教级不足编制的人数可直接聘用应届毕业研究生。教授级人员中有 10% 要退休。有关资料见表 5-13，请为该领导拟订满意的方案。

表 5-13

	工资额（元/年）	现有人数	编制人数
教授	30 000	30	40
副教授	20 000	100	120
讲师	15 000	200	220
助教	12 000	200	200

解：设 x_1，x_2，x_3，x_4 分别表示提升到教授、副教授、讲师和录用研究生的人数，则升级调资后，各类人员的人数分别为：教授：$27+x_1$，副教授：$100-x_1+x_2$，讲师：$200-x_2+x_3$，助教：$200-x_3+x_4$，下面分别建立各目标约束。

考虑 P_1：年工资总额不超过 900 万元。

$3(27+x_1) + 2(100-x_1+x_2) + 1.5(200-x_2+x_3) + 1.2(200-x_3+x_4) + d_1^- - d_1^+ = 900$。

考虑 P_2：每级的人数不超过定编规定的人数。

教授级：$27 + x_1 + d_2^- - d_2^+ = 40$；

副教授级：$100 - x_1 + x_2 + d_3^- - d_3^+ = 120$；

讲师级：$200 - x_2 + x_3 + d_4^- - d_4^+ = 220$；

助教级：$200 - x_3 + x_4 + d_5^- - d_5^+ = 200$。

考虑 P_3：副教授、讲师、助教的升级面尽可能达到现有人数的 20%。

副教授级：$x_1 + d_6^- - d_6^+ = 100 \times 20\%$；

讲师级：$x_2 + d_7^- - d_7^+ = 200 \times 20\%$；

助教级：$x_3 + d_8^- - d_8^+ = 200 \times 20\%$。

目标函数：

$\min z = P_1 d_1^+ + P_2 (d_2^+ + d_3^+ + d_4^+ + d_5^+) + P_3 (d_6^- + d_7^- + d_8^-)$。

另外，x_1，x_2，x_3，$x_4 \geq 0$，d_i^-，$d_i^+ \geq 0$，$i = 1$，…，8。

【例 5-16】某公司预测某商品今后 4 月的购进与售出价格如表 5-14 所示。现假设：(1) 该商品供不应求，最大销量受仓库容量限制；(2) 正常库容 3 吨，机动库容 2 吨；(3) 月初批发销货，月中采购进货，进货所需资金完全来自销售收入；(4) 1 月初库存量 2 吨，成本 2 500 元/吨，该月初无现金。

该公司经理的经营目标如下：

P_1：每月都使用正常库容，尽量不超容；

P_2：每月下旬都应储备 1 000 元以备急用；

P_3：4 个月总盈利最大。

试拟订满意的经营方案。

表 5-14

月份	1	2	3	4
成本（购价 + 库存）	2.6	2.5	2.7	2.8
售价	2.9	2.7	3.1	3.3

解：设 x_i 和 y_i 分别为第 i 月的采购量与销售量。

首先考虑绝对约束，其包括两个部分：每个月销售量约束与每个月采购量约束。对于每个月销售量而言，其不多于期初库存量，因此分别有：

1 月：$y_1 \leq 2$；

2 月：$y_1 + y_2 - x_1 \leq 2$；

3 月：$y_1 + y_2 + y_3 - x_1 - x_2 \leq 2$；

4 月：$y_1 + y_2 + y_3 + y_4 - x_1 - x_2 - x_3 \leq 2$。

对于每个月采购量而言，其依赖于月初的销售收入，因此分别有：

1 月：$-2.9 y_1 + 2.6 x_1 \leq 0$；

2 月：$-2.9 y_1 - 2.7 y_2 + 2.6 x_1 + 2.5 x_2 \leq 0$；

3 月：$-2.9 y_1 - 2.7 y_2 - 3.1 y_3 + 2.6 x_1 + 2.5 x_2 + 2.7 x_3 \leq 0$；

4 月：$-2.9 y_1 - 2.7 y_2 - 3.1 y_3 - 3.3 y_4 + 2.6 x_1 + 2.5 x_2 + 2.7 x_3 + 2.8 x_4 \leq 0$。

下面分别考虑目标约束，其包括三个部分。对于各月正常库存约束而言，分别有：

1 月：$-y_1 + x_1 + d_1^- - d_1^+ = 1$；

2 月：$-y_1 - y_2 + x_1 + x_2 + d_2^- - d_2^+ = 1$；

3 月：$-y_1 - y_2 - y_3 + x_1 + x_2 + x_3 + d_3^- - d_3^+ = 1$；

4 月：$-y_1 - y_2 - y_3 - y_4 + x_1 + x_2 + x_3 + x_4 + d_4^- - d_4^+ = 1$。

对于各月储备金约束而言，分别有：

1 月：$2.9y_1 - 2.6x_1 + d_5^- - d_5^+ = 1$；

2 月：$2.9y_1 + 2.7y_2 - 2.6x_1 - 2.5x_2 + d_6^- - d_6^+ = 1$；

3 月：$2.9y_1 + 2.7y_2 + 3.1y_3 - 2.6x_1 - 2.5x_2 - 2.7x_3 + d_7^- - d_7^+ = 1$；

4 月：$2.9y_1 + 2.7y_2 + 3.1y_3 + 3.3y_4 - 2.6x_1 - 2.5x_2 - 2.7x_3 - 2.8x_4 + d_8^- - d_8^+ = 1$。

对于总盈利约束，由于最大期望利润为 $(3.3-2.5)\times(3+2)\times 4 = 16$，且销售收入为 $2.9y_1 + 2.7y_2 + 3.1y_3 + 3.3y_4$，销售成本为 $2.5 \times 2 + 2.6x_1 + 2.5x_2 + 2.7x_3$，因此有：

$2.9y_1 + 2.7y_2 + 3.1y_3 + 3.3y_4 - 2.6x_1 - 2.5x_2 - 2.7x_3 + d_9^- - d_9^+ = 21$。

目标函数为：

$\min z = P_1(d_1^+ + d_2^+ + d_3^+ + d_4^+) + P_2(d_5^- + d_6^- + d_7^- + d_8^-) + P_3 d_9^-$。

另外，x_1，x_2，x_3，$x_4 \geq 0$；y_1，y_2，y_3，$y_4 \geq 0$；d_i^-，$d_i^+ \geq 0$，$i = 1, \cdots, 9$。

习 题

1. 用图解法求解如下目标规划问题。

(1) $\min z = P_1 d_1^+ + P_2(d_2^+ + d_2^-) + P_3 d_3^-$

$$\begin{cases} x_1 - x_2 + d_1^- - d_1^+ = 0 \\ x_1 + 2x_2 + d_2^- - d_2^+ = 10 \\ 8x_1 + 10x_2 + d_3^- - d_3^+ = 56 \\ 2x_1 + x_2 \leq 11 \\ x_1, x_2 \geq 0, d_j^+, d_j^- \geq 0 (j=1,2,3) \end{cases}$$

(2) $\min z = P_1 d_1^- + P_2(2.5 d_3^- + d_4^+) + P_3 d_2^+$

$$\begin{cases} 30x_1 - 12x_2 + d_1^- - d_1^+ = 2\,500 \\ 2x_1 + x_2 + d_2^- - d_2^+ = 140 \\ x_1 + d_3^- - d_3^+ = 60 \\ x_2 + d_4^- - d_4^+ = 100 \\ x_1, x_2 \geq 0, d_l^+, d_l^- \geq 0 (j=1,2,3,4) \end{cases}$$

(3) $\min z = P_1(d_1^- + d_1^+) + P_2(2d_2^+ + d_3^+)$

$$\begin{cases} x_1 - 10x_2 + d_1^- - d_1^+ = 50 \\ 3x_1 + 5x_2 + d_2^- - d_2^+ = 20 \\ 8x_1 + 6x_2 + d_3^- - d_3^+ = 100 \\ x_1, x_2, d_i^-, d_i^+ \geq 0, i = 1,2,3 \end{cases}$$

(4) $\min z = P_1 d_2^+ + P_1 d_2^- + P_3 d_1^-$

$$\begin{cases} x_1 + 2x_2 + d_1^- - d_1^+ = 10 \\ 10x_1 + 12x_2 + d_2^- - d_2^+ = 62.4 \\ 2x_1 + x_2 \leq 8 \\ x_1, x_2, d_i^-, d_2^+ \geq 0, i = 1,2 \end{cases}$$

2. 用单纯形法求解下列目标规划问题。

(1)
$$\min z = P_1(2d_1^+ + 3d_2^+) + P_2 d_4^+ + P_3 d_3^-$$
$$\begin{cases} x_1 + x_2 + d_1^- - d_1^+ = 10 \\ x_1 + d_2^- - d_2^+ = 4 \\ 5x_1 + 3x_2 + d_3^- - d_3^+ = 56 \\ x_1 + x_2 + d_4^- - d_4^+ = 12 \\ x_1, x_2, d_i^-, d_i^+ \geq 0, i = 1, 2, 3, 4 \end{cases}$$

(2)
$$\min z = P_1 d_1^- + P_2 d_2^+ + P_3(5d_3^- + 3d_4^-) + P_4 d_1^+$$
$$\begin{cases} x_1 + 2x_2 + d_1^- - d_1^+ = 6 \\ x_1 + 2x_2 + d_2^- - d_2^+ = 9 \\ x_1 - 2x_2 + d_3^- - d_3^+ = 4 \\ x_2 + d_4^- - d_4^+ = 2 \\ x_1, x_2, d_i^-, d_i^+ \geq 0, i = 1, 2, 3, 4 \end{cases}$$

3. 已知目标规划问题的约束条件如下：

$$\begin{cases} 2x_1 + x_2 + d_1^- - d_1^+ = 2 \\ 2x_1 - 3x_2 + d_2^- - d_2^+ = 6 \\ x_1 \leq 6 \\ x_1, x_2, d_i^-, d_i^+ \geq 0, i = 1, 2 \end{cases}$$

试分析在如下各目标函数下的满意解：

(1) $\min z = P_1(d_1^- + d_1^+ + d_2^- + d_2^+)$；

(2) $\min z = P_1(d_1^- + d_1^+) + P_2(d_2^+ + d_3^+)$；

(3) $\min z = P_1(2d_1^- + d_1^+) + P_2(d_2^+ + d_3^+)$；

(4) $\min z = P_1(d_1^- + d_1^+) + P_2(2d_2^+ + d_3^+)$。

4. 一工艺品厂商手工生产某两种工艺品 A、B，已知生产一件产品 A 需要耗费人力 2 工时，生产一件产品 B 需要耗费人力 3 工时。A、B 产品的单位利润分别为 250 元和 125 元。为了最大效率地利用人力资源，确定生产的首要任务是保证人员高负荷生产，要求每周总耗费人力资源不能低于 600 工时，但也不能超过 680 工时的极限；次要任务是要求每周的利润超过 70 000 元；在前两个任务的前提下，为了保证库存需要，要求每周产品 A 和 B 的产量分别不低于 200 件和 120 件，因为 B 产品比 A 产品更重要，不妨假设 B 完成最低产量 120 件的重要性是 A 完成 200 件的重要性的 1 倍。试求如何安排生产？

5. 某纺织厂生产两种布料，一种用来做服装，另一种用来做窗帘。该厂实行两班生产，每周生产时间定为 80 小时。这两种布料每小时都生产 1 000 米。假定每周窗帘布可销售 70 000 米，每米的利润为 2.5 元；衣料布可销售 45 000 米，每米的利润为 1.5 元。

该厂在制订生产计划时有以下各级目标：

(1) 每周必须用足 80 小时的生产时间；

(2) 每周加班时数不超过 10 小时；

(3) 每周销售窗帘布 70 000 米，衣料布 45 000 米；

(4) 加班时间尽可能减少。

试建立这个问题的目标规划模型。

6. 某酒厂用三种等级的原料酒 Ⅰ、Ⅱ、Ⅲ 兑制成三种混合酒（A、B、C 牌）。这些原料酒的供应量受到严格限制，它们每日的供应量分别为 1 500kg，2 000kg 和 1 000kg，供应价格分别为 18 元/kg，13.5 元/kg 和 9 元/kg。三种混合酒的配方及售价见表 5-15。

表 5-15

混合酒	兑制要求	售价 元/kg
A	Ⅲ不多于10%, Ⅰ不少于50%	16.5
B	Ⅲ不多于70%, Ⅰ不少于20%	15.0
C	Ⅲ不多于50%, Ⅰ不少于10%	14.4

现规定：首先必须按规定比例兑制混合酒；其次是获利最大；最后是混合酒 A 每天至少生产 2 000kg。试建立数学模型。

7. 某厂生产 A、B、C 三种产品，装配工作在同一生产线上完成，三种产品时的工时消耗分别为 6 小时、8 小时和 10 小时，生产线每月正常工作时间为 200 小时；三种产品销售后，每台可获利分别为 500 元、650 元和 800 元；每月销售量预计为 12 台、10 台和 6 台。

该厂经营目标如下：

（1）利润指标为每月 16 000 元，争取超额完成；

（2）充分利用现有生产能力；

（3）可以适当加班，但加班时间不得超过 24 小时；

（4）产量以预计销售量为准。

试建立目标规划模型。

8. 已知某企业生产甲、乙两种产品，均需要经过两道工序。具体情况如表 5-16 所示。

表 5-16

工序	产品		每周最大加工能力
	甲	乙	
Ⅰ（小时/台）	4	6	150
Ⅱ（小时/台）	3	2	70
利润（元/台）	300	450	

如果工厂经营目标的期望值和优先等级如下：

P_1：每周总利润不得低于 10 000 元；

P_2：因合同要求，甲型机每周至少生产 10 台，乙型机每周至少生产 15 台；

P_3：希望工序Ⅰ的每周生产时间正好为 150 小时，工序Ⅱ的生产时间最好用足，甚至可适当加班。

试建立这个问题的目标规划模型。

9. 在上题的基础上，如果工序Ⅱ在加班时间内生产出来的产品，每台甲型机减少利润 10 元，每台乙型机减少利润 25 元，并且工序Ⅱ的加班时间每周最多不超过 30 小时，这是 P_4 级目标，试建立这个问题的目标规划模型。

10. 给定目标规划问题如下：

$$\min z = P_1 d_1^- + P_2 d_2^+ + P_3 d_3^-$$

$$\begin{cases} -5x_1 + 5x_2 + 4x_3 + d_1^- - d_1^+ = 100 \\ x_1 + x_2 + 3x_3 + d_2^- - d_2^+ = 20 \\ 12x_1 + 4x_2 + 10x_3 + d_3^- - d_3^+ = 90 \\ x_1, x_2, x_3, d_i^-, d_i^+ \geq 0, i = 1,2,3 \end{cases}$$

(1) 求该目标规划问题的满意解。

(2) 若约束右端项增加了 $\Delta b = (0, 0, 5)^T$，则满意解如何变化？

(3) 若目标函数改为 $\min z = P_1(d_1^- + d_2^+) + P_3 d_3^-$，则满意解如何变化？

(4) 若第二个约束右端改为 45，则满意解如何变化？

11. 已知某问题的目标规划模型如下：

$\min z = P_1 d_1^- + P_2 d_2^+ + P_3(5d_3^- + 3d_4^-) + P_4 d_1^+$

$$\begin{cases} x_1 + 2x_2 + d_1^- - d_1^+ = 6 \\ x_1 + 2x_2 + d_2^- - d_2^+ = 9 \\ x_1 - 2x_2 + d_3^- - d_3^+ = 4 \\ x_2 + d_4^- - d_4^+ = 2 \\ x_1, x_2, d_i^-, d_i^+ \geq 0, i = 1,2,3,4 \end{cases}$$

试用单纯形法进行求解，并分析下列变化对满意解的影响。

(1) 目标函数改为 $\min z = P_1 d_2^+ + P_2 d_1^- + P_3(5d_3^- + 3d_4^-) + P_4 d_1^+$。

(2) 目标函数改为 $\min z = P_1 d_1^- + P_2 d_2^+ + P_3 d_1^+ + P_4(5d_3^- + 3d_4^-)$。

(3) 右端常数改为 $b^T = (6, 5, 4, 3)^T$。

(4) 增加一个新的约束 $x_1 + d_5^- - d_5^+ = 7$，且目标函数改为：

$\min z = P_1 d_1^- + P_2 d_2^+ + P_3(5d_3^- + 3d_4^-) + P_4 d_1^+ + P_5 d_5^-$。

第 6 章
整数规划

在求解线性规划问题时,得到的最优解可能是分数或小数。但许多实际问题要求某些变量的解必须是整数才行。例如,当变量代表的是机器的台数、工作的人数、装货的车辆数等,则要求变量必须取到整数。这种要求线性规划有整数解的问题,称为整数规划(Integer Programming,IP)。整数规划在人员安排、任务分配、选址等方面有着广泛的应用。

6.1 整数规划问题及其数学模型

6.1.1 整数规划问题的提出

【例 6-1】某厂拟用火车装运甲、乙两种货物集装箱,每种类型集装箱的体积、重量、可获利润以及装运所受限制如表 6-1 所示。

表 6-1

集装箱	体积(米^3)	重量(吨)	利润(万元)
甲	5	2	20
乙	4	5	10
托运限制	24	13	

问两种货物集装箱各装运多少箱,可使获得利润最大?

解:设 x_1,x_2 分别为甲、乙两种集装箱数量,可知 x_1,x_2 只能取整数。故模型可以表示为:

$$\max z = 20x_1 + 10x_2$$

$$\begin{cases} 5x_1 + 4x_2 \leq 24 \\ 2x_1 + 5x_2 \leq 13 \\ x_1, x_2 \geq 0, \text{且 } x_1, x_2 \text{ 为整数} \end{cases}$$

从例 6-1 可以看出，若不考虑 x_1，x_2 为整数，上述问题则为线性规划问题。

【例 6-2】某公司准备投资 50 万元为其产品做广告，广告代理商给公司的有关广告方式的费用和其效果情况如表 6-2 所示，公司面临的管理决策问题是广告总费用不超过 50 万元的基础上选择哪些广告方式，使潜在顾客数尽可能地多。

表 6-2

广告方式	电视台	报纸	杂志	电台
广告费（万元）	40	15	20	10
潜在顾客数（万人）	40	20	25	10

解：对每种方式而言，其存在两种状态：被选择或不被选择。因此设 $x_i(i=1,2,3,4)$ 表示四种广告方式。

$$x_i = \begin{cases} 1 & \text{选择第 } i \text{ 种广告方式；} \\ 0 & \text{不选择第 } i \text{ 种广告方式。} \end{cases}$$

因此问题可以表示为：

$$\max z = 40x_1 + 20x_2 + 25x_3 + 10x_4$$

$$\begin{cases} 40x_1 + 15x_2 + 20x_3 + 10x_4 \leq 50 \\ x_i = 1 \text{ 或 } 0 \quad i = 1, 2, 3, 4 \end{cases}$$

这是一个 0~1 整数规划问题。

6.1.2 整数规划的数学模型

从上述问题可以看出，整数规划的数学模型一般形式写为：

$$\max(\min) z = \sum_{j=1}^{n} c_j x_j$$

$$\begin{cases} \sum_{j=1}^{n} a_{ij} x_j \leq (=, \geq) b_i & (i = 1, 2, \cdots, m) \\ x_j \geq 0 & (j = 1, 2, \cdots, n) \\ x_1, x_2, \cdots, x_n \text{ 中部分或全部取整数} \end{cases} \quad (6-1)$$

整数规划问题可以分为以下三种类型：

（1）纯整数线性规划（pure integer linear programming）：指全部决策变量都必须

取整数值的整数线性规划，有时称为全整数规划。

（2）混合整数线性规划（mixed integer linear programming）：指决策变量中一部分必须取整数值，而另一部分可以不取整数值的整数线性规划。

（3）0~1型整数线性规划（zero-one integer linear programming）：指决策变量只能取0或1两个值的整数线性规划。

如果不考虑整数条件，则由剩余的约束条件及目标函数构成的线性规划问题，就称为该整数规划问题的松弛问题（slack problem）。

6.1.3 整数规划解的特点

整数规划与其松弛问题的解之间存在密切的关系，但又存在本质的区别。

（1）松弛问题作为线性规划问题，其可行域是一个凸集，任意两个可行解的凸组合仍然为可行解；整数规划的解要求取整数，因而可行域是离散的，不一定是凸集，即整数规划的任意两个可行解的凸组合不一定仍为可行解。

（2）整数规划问题的可行解一定是其松弛问题的可行解，但松弛问题的可行解不一定是整数规划问题的可行解。因此，整数规划问题的函数值不会优于松弛问题的目标函数值。

（3）若松弛问题的最优解满足变量的整数条件约束，则该最优解也是整数规划问题的最优解；但整数规划问题的最优解，往往不是松弛问题的最优解。

从数学模型上看整数规划似乎是线性规划的一种特殊形式，求解只需要在线性规划的基础上，通过舍入取整，寻求满足整数要求的解即可。但实际上两者却有很大的不同，通过舍入得到的解（整数）也不一定就是最优解，有时甚至不能保证所得到的解是可行解。

【例6-3】考虑整数规划问题如下。

$\max z = x_1 + x_2$。

$$\begin{cases} 14x_1 + 9x_2 \leq 51 \\ -6x_1 + 3x_2 \leq 1 \\ x_1, x_2 \geq 0 \text{ 且为整数} \end{cases}$$

在不考虑变量的取整数约束，我们得到其松弛问题如下：

$\max z = x_1 + x_2$。

$$\begin{cases} 14x_1 + 9x_2 \leq 51 \\ -6x_1 + 3x_2 \leq 1 \\ x_1, x_2 \geq 0 \end{cases}$$

对于松弛问题而言，我们通过图解法进行求解，如图6-1所示。可以看出，此时松弛问题在 B 点取得最优解，即最优解为 $x_1 = \frac{3}{2}$，$x_2 = \frac{10}{3}$，$z^* = \frac{29}{6}$。

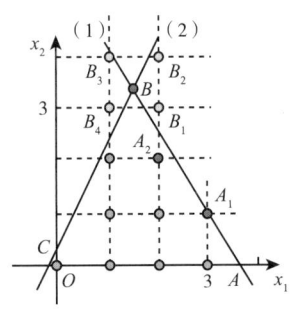

图 6-1

如果简单通过取整方法，我们可以得到四个点：$B_1(2,3)$，$B_2(2,4)$，$B_3(1,4)$ 和 $B_4(1,3)$，但这四点显然不是整数规划的最优解。因为该整数规划的最优解应该在区域 $OABC$ 内，且为区域 $OABC$ 内的整数点。我们可以将区域 $OABC$ 内的整数点一一找出，使目标函数取得最大值的解即为最优解，此时得到两点 $A_1(3,1)$ 和 $A_2(2,2)$ 都能使整数规划目标函数取得最大值 $z^* = 4$。同时可以发现 A_1 和 A_2 两点的凸组合并不是该整数规划问题的可行解，因为这两点连线之间并未再经过整数点。

从上述可以看出，通过求解松弛问题再对变量取整往往是行不通的，另外，对于一个规模较大的松弛问题而言，要找到其可行域内的所有整数点也因计算量太大而面临很大的困难。因此 6.2 节中主要介绍两种求解整数规划的方法：分支定界法和割平面法。

6.2 整数规划的解法

6.2.1 分支定界法

（1）基本思想。

分支定界法的基本思想是：先求解整数规划的松弛问题；如果其最优解不符合整数条件，则求出整数规划的上下界，用增加约束条件的办法，把相应的松弛问题的可行域分成子区域，再求解这些子区域上的线性规划问题，不断缩小整数规划的上下界的距离；最后得整数规划的最优解。它是一种隐枚举法或部分枚举法，其关键在于分支和定界。

分支：若整数规划的松弛问题的最优解不满足整数要求，假设 $x_i = \bar{b}_i$ 不符合整数要求，$[\bar{b}_i]$ 为不超过 $\bar{b}_i$ 的最大整数，则可以构造两个新的约束条件 $x_i \leq [\bar{b}_i]$ 和 $x_i \geq [\bar{b}_i] + 1$，分别将其代入上述松弛问题中去，从而形成两个分支，这两个分支的可行域中包含原整数规划问题的所有可行解。此时原松弛问题中的 $[\bar{b}_i] < x_i < [\bar{b}_i] + 1$ 区域被去除了，因为这个区域中不含整数规划的任何可行解。然后分别求解两个分支问题，这两个分支问题可能类似的再产生自己的分支，以此类推，直到获得整数规划的最优解。例如在例 6-3 中，由于 $x_1 = \frac{3}{2}$ 不满足整数要求，故可以分别在松弛问题上增加 $x_1 \leq 1$ 和 $x_1 \geq 2$，从而形成两个分支问题：

$$\max z = x_1 + x_2 \qquad \max z = x_1 + x_2$$
$$\begin{cases} 14x_1 + 9x_2 \leq 51 \\ -6x_1 + 3x_2 \leq 1 \\ x_1 \leq 1 \\ x_1, x_2 \geq 0 \end{cases} \text{和} \begin{cases} 14x_1 + 9x_2 \leq 51 \\ -6x_1 + 3x_2 \leq 1, \\ x_1 \geq 2 \\ x_1, x_2 \geq 0_\circ \end{cases}$$

其中，$1 < x_1 < 2$ 的区域被去除。然后可以对这两个分支问题求解，如此不断继续，直至得到整数规划的最优解。

定界：在分支过程中，若某个分支问题恰好获得满足整数条件的最优解，由于整数规划问题的函数值不会优于其松弛问题的目标函数值，因而它的目标函数值就是整数规划目标函数值的一个"界限"，可作为衡量处理其他分支的一个依据。因此如果相应松弛问题最优解的目标函数值劣于该"界限"，则可以不予考虑其分支问题；当然，如果在后面的分支过程中出现了更好的"界限"，则用它来替代已有的"界限"。

（2）计算步骤。

我们假设整数规划问题为问题 A，其对应的松弛问题为问题 B。不妨假设问题 A 的目标函数为 max 形式，根据分支定界法的基本思想，其求解步骤可以总结如下：

步骤1：求解问题 B，可以得到以下三种情况之一：

（1）问题 B 无可行解，则问题 A 也无可行解；

（2）问题 B 有最优解，且满足问题 A 的整数条件，则问题 B 的最优解就是问题 A 的最优解；

（3）问题 B 有最优解，但不满足问题 A 的整数条件。把此时问题 B 的目标函数值记为 $\bar{z}$，用 $\bar{z}$ 作为问题 A 的上界，转步骤2。

步骤2：找到问题 A 的一个整数可行解，一般可以令 $x_j = 0 (j = 1, \cdots, n)$ 来进行试探。此时让其目标函数值 $\underline{z}$ 作为问题 A 的下界。

步骤3：判断 $\underline{z}$ 是否等于 $\bar{z}$。若相等，则问题 A 的最优解即为目标函数值为 $\underline{z}$ 的那个整数可行解；否则转步骤4。

步骤4：对于问题 B，任选一个不符合整数要求的变量进行分支。设选 $x_i = \bar{b}_i$，且 $[\bar{b}_i]$ 为不超过 $\bar{b}_i$ 的最大整数，则构造两个新的约束条件 $x_i \leq [\bar{b}_i]$ 和 $x_i \geq [\bar{b}_i] + 1$，分别将其代入问题 B 中去，从而得到问题 B 的两个分支问题 B_1 和 B_2。

步骤5：求解这两个分支问题 B_1 和 B_2。同时修改问题 A 目标函数值的下界 $\underline{z}$ 和上界 $\bar{z}$。

步骤6：各分支问题目标函数值中若有小于 $\underline{z}$ 者，则剪去这个分支，即以后不再考虑；若有大于 $\bar{z}$ 者，但不符合整数条件，则继续分支，重复步骤3至步骤6，直至 $\underline{z} = \bar{z}$ 为止，最终求得问题 A 的最优解 $x_j^*(j=1, \cdots, n)$。

对于求目标函数值最小的整数规划的求解步骤与上述步骤基本相似。下面结合例题来说明分支定界法的解题步骤。

【例6-4】 用分支定界法求解如下整数规划问题。

$\min z = -x_1 - 5x_2$。

$$\begin{cases} x_1 - x_2 \geq -2 \\ 5x_1 + 6x_2 \leq 30 \\ x_1 \leq 4 \\ x_1, x_2 \geq 0 \text{ 且为整数} \end{cases}$$

解：记该整数规划问题为问题 A，其对应的松弛问题为问题 B，则问题 B 可以写为：

$\min z = -x_1 - 5x_2$。

$$\begin{cases} x_1 - x_2 \geq -2 \\ 5x_1 + 6x_2 \leq 30 \\ x_1 \leq 4 \\ x_1, x_2 \geq 0 \end{cases}$$

利用图解法或者单纯形法，可以求得问题 B 的最优解为：$x_1 = \dfrac{18}{11}$，$x_2 = \dfrac{40}{11}$，$z^{(0)} = -\dfrac{218}{11}$。显然问题 B 的最优解不满足问题 A 的整数条件，进行分支。另外，由于本例中目标函数为最小，故将 $-\dfrac{218}{11}$ 作为问题 A 下界，即 $\underline{z} = -\dfrac{218}{11} \approx -19.8$。

我们在问题 B 中分别加入 $x_1 \leq 1$ 和 $x_1 \geq 2$（或者也可以分别加入 $x_2 \leq 3$ 和 $x_2 \geq 4$），得到两个分支问题 B_1 和 B_2。

$$\min z = -x_1 - 5x_2 \text{。}$$

$$(B_1) \begin{cases} x_1 - x_2 \geq -2 \\ 5x_1 + 6x_2 \leq 30 \\ x_1 \leq 4 \\ x_1 \leq 1 \\ x_1, x_2 \geq 0\text{。} \end{cases}$$

$$\min z = -x_1 - 5x_2 \text{。}$$

$$(B_2) \begin{cases} x_1 - x_2 \geq -2 \\ 5x_1 + 6x_2 \leq 30 \\ x_1 \leq 4 \\ x_1 \geq 2 \\ x_1, x_2 \geq 0\text{。} \end{cases}$$

对两个分支问题 B_1 和 B_2 继续求解。对于分支问题 B_1，可以求得 $x_1 = 1$，$x_2 = 3$，$z^{(1)} = -16$，此时已找到整数解，不需要继续分支。用 -16 作为问题 A 的上界，即 $\bar{z} = -16$。

对于分支问题 B_2，可以求得 $x_1 = 2$，$x_2 = \dfrac{10}{3}$，$z^{(2)} = -\dfrac{56}{3} \approx -18.7$。因为 $\underline{z} = 19.8 \leq z^{(2)} \leq \bar{z} = -16$，所以需要继续分支。在分支问题 B_2 分别加入 $x_2 \leq 3$ 和 $x_2 \geq 4$，得到两个分支问题 B_{21} 和 B_{22}。

$$\min z = -x_1 - 5x_2 \text{。}$$

$$(B_{21}) \begin{cases} x_1 - x_2 \geq -2 \\ 5x_1 + 6x_2 \leq 30 \\ x_1 \leq 4 \\ x_1 \geq 2 \\ x_2 \leq 3 \\ x_1, x_2 \geq 0\text{。} \end{cases}$$

$$\min z = -x_1 - 5x_2 \text{。}$$

$$(B_{22}) \begin{cases} x_1 - x_2 \geq -2 \\ 5x_1 + 6x_2 \leq 30 \\ x_1 \leq 4 \\ x_1 \geq 2 \\ x_2 \geq 4 \\ x_1, x_2 \geq 0\text{。} \end{cases}$$

对分支问题 B_{22}，求解发现其无可行解，不需要再进行分支。

对分支问题 B_{21}，可以求得 $x_1 = \dfrac{12}{5}$，$x_2 = 3$，$z^{(3)} = -\dfrac{87}{5} \approx -17.4 > \underline{z} = -19.8$。由于 x_1 不满足整数条件，需要继续分支。在问题 B_{21} 加入 $x_1 \leq 2$ 和 $x_1 \geq 3$，得到两个分支问题 B_{211} 和 B_{212}。

$$\min z = -x_1 - 5x_2 \text{。}$$

$$(B_{211}) \begin{cases} x_1 - x_2 \geq -2 \\ 5x_1 + 6x_2 \leq 30 \\ x_1 \leq 4 \\ x_1 \geq 2 \\ x_2 \leq 3 \\ x_1 \leq 2 \\ x_1, x_2 \geq 0\text{。} \end{cases}$$

$$\min z = -x_1 - 5x_2 \text{。}$$

$$(B_{212}) \begin{cases} x_1 - x_2 \geq -2 \\ 5x_1 + 6x_2 \leq 30 \\ x_1 \leq 4 \\ x_1 \geq 2 \\ x_2 \leq 3 \\ x_1 \geq 3 \\ x_1, x_2 \geq 0\text{。} \end{cases}$$

对于问题 B_{211}，可以求得 $x_1 = 2$，$x_2 = 3$，$z^{(5)} = -17$，已找到整数解，此分支停止计算。-17 可以作为整数规划问题目标函数值新的上界，即 $\bar{z} = -17$。

对于问题 B_{212}，可以求得 $x_1 = 3$，$x_2 = 2.5$，$z^{(6)} = -15.5 > -17$。这说明，对问题 B_{212} 继续分支，其目标函数值也不可能低于 -15.5，其整数规划目标函数值不可能低于 -17，此时需要剪支，不需要再继续计算。

至此我们就得到了原整数规划问题的最优解为：$x_1 = 2$，$x_2 = 3$，$z^* = z^{(5)} = -17$。具体求解过程可以用图 6-2 来表示。

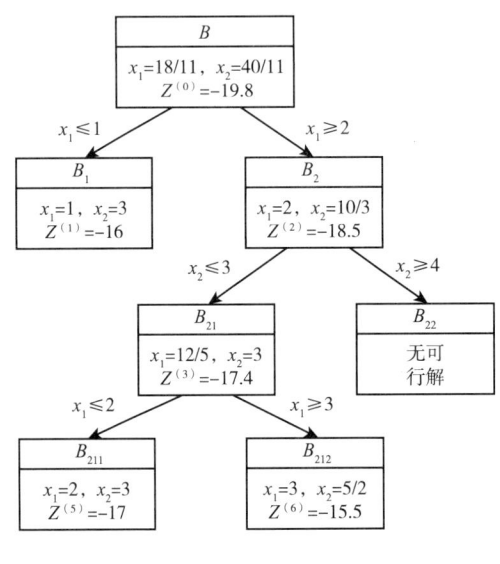

图 6-2

【例 6-5】用分支定界法求解如下整数规划问题。

$\max z = x_1 + x_2$。

$$\begin{cases} 14x_1 + 9x_2 \leq 51 \\ -6x_1 + 3x_2 \leq 1 \\ x_1, x_2 \geq 0 \text{ 且为整数} \end{cases}$$

解：利用分支定界法，其求解过程分别如图 6-3 和图 6-4 所示。

通过图 6-3 和图 6-4 可知，该整数规划问题有两个最优解：$x_1 = 2$，$x_2 = 2$ 或 $x_1 = 3$，$x_2 = 1$，此时 $z^* = 4$。可以发现用分支定界法和例 6-3 中用枚举法得到的情况是一样的。

对比图 6-3 和图 6-4 可以发现，其区别在图 6-4 中缺少了对问题 B_1 的分支。这是因为在计算过程中由于计算顺序及定界引起的。在问题 B_{211} 与 B_{212} 中，此时得到的解均为整数，且目标函数值为 4，即 $z^{(7)} = z^{(8)} = 4 > z^{(1)} = 10/3$，故没有必要继续对问题 B_1 进行分支计算，此时提高了计算效率。这表明，在可能的情况下，事先

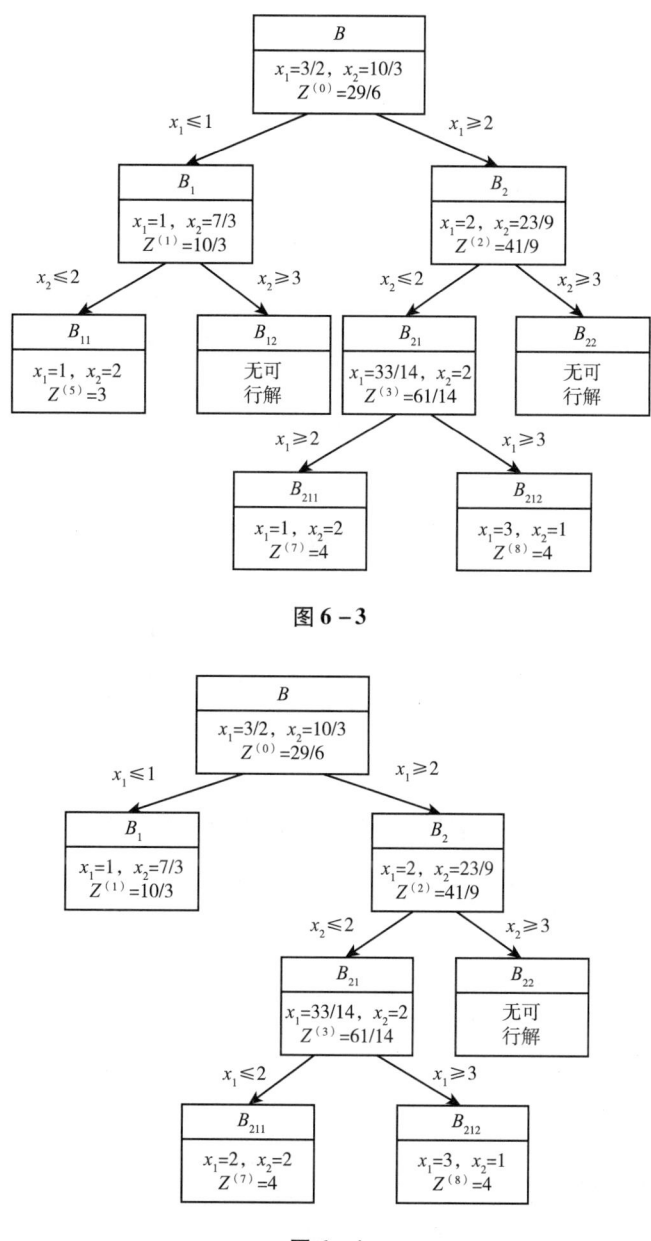

图 6-3

图 6-4

选择一个合理的"界限",可以提高分支定界法的搜索效率。

用分支定界法可解纯整数规划问题（所有变量都限制为非负整数）和混合整数规划问题（一部分变量限制为整数），它比完全枚举法法优越。由于它不断缩小可行解区域,因此计算量大大下降,但如果变量数很大时,其计算量也是相当可观的。

6.2.2 割平面法

(1) 基本思想。

割平面法是用来解决纯整数规划问题的一种常用方法,它的基本思想和分支定界法类似,即首先不考虑变量的整数约束,利用单纯形法求解出线性规划的最优解,如果得到的解是整数,那么这个最优解就是原来问题的最优解;如果最优解不是整数解,则就用一张平面将原来含有最优解的非整数点但不包含整数可行解的点的那一部分可行域切割掉,也就是在原来的整数线性规划的基础上增加适当的线性约束不等式,这个约束不等式就称为切割不等式,当其取等号时就是割平面了。此后,继续求解这个新得到的整数线性规划,如果得到的新最优解是整数,运算就停止;如果不是整数则继续增加适当的线性约束不等式,直到求出的解满足整数要求为止。

总的来说,割平面法就是通过构造一系列平面切割掉不含有任何整数可行解的区域,最后得到一个包含有整数可行解的整数坐标顶点的可行域,此顶点正好是原整数线性规划的最优解。这种方法的关键是:如何构造出切割不等式使增加新的线性约束条件后能够达到真正地切割掉非整数点,但又不会切割掉任何可行的整数点。为最终获得整数最优解,每次增加的线性约束条件应当满足两个基本性质:①已获得的不符合整数要求的线性规划最优解不满足该线性约束条件,从而不可能在以后的解中出现;②凡整数可行解均满足该线性约束条件,因而整数最优解始终被保留在每次形成的线性规划可行域中。

【例 6-6】 已知整数规划问题如下:

$\max z = 8x_1 + 5x_2$。

s.t. $\begin{cases} 2x_1 + 3x_2 \leqslant 12 \\ 2x_1 - x_2 \leqslant 6 \\ x_1 \geqslant 0, \ x_2 \geqslant 0 \\ x_1, \ x_2 \text{ 为整数}。\end{cases}$

首先不考虑整数约束,将该问题图示如图 6-5 (a) 所示。

从图 6-5 (a) 可以看出,此时松弛问题对应的最优解为 $x^* = (3.75, 1.5)$,即 B 点,这不是一个整数解。因此我们设法给松弛问题增加一个约束条件,把保护 B 点在内的一部分不含整数点的可行域从原可行域(四边形 $OABD$)中分割出去,再求增加了这个约束条件后的新的线性规划问题最优解。若新的最优解满足整数条件,则得到整数规划问题的最优解,否则可以再次增加约束条件重复上述过程。

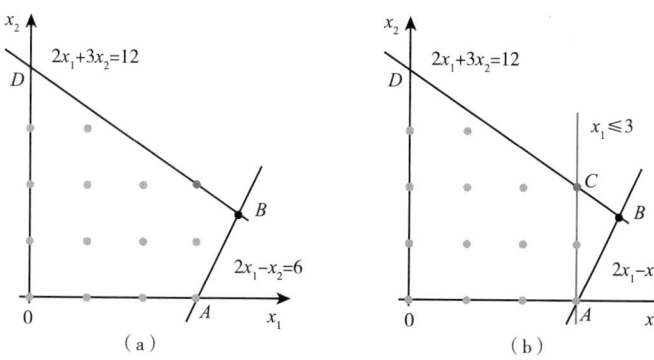

图 6-5

从图 6-5（b）可以看出，我们增加一个约束条件 $x_1 \leq 3$ 后，可以把包含 B 点在内的三角形 ABC 可行域去掉，形成新的可行域为四边形 $OACD$，从而缩小了可行域。在本例中，C 点即为新得到的最优解 $x^* = (3, 2)$，它便是整数规划问题的最优解。可见，割平面的关键在于如何寻找出这类新的约束。

（2）计算步骤。

考虑纯整数规划问题，称为问题 A，其模型如下：

$$\max z = c_1 x_1 + c_2 x_2 + \cdots\cdots + c_n x_n。$$

$$\begin{cases} a_{11} x_1 + a_{12} x_2 + \cdots\cdots + a_{1n} x_n = b_1 \\ a_{21} x_1 + a_{22} x_2 + \cdots\cdots + a_{2n} x_n = b_2 \\ \quad\quad\quad\quad\quad\quad \vdots \\ a_{m1} x_1 + a_{m2} x_2 + \cdots\cdots + a_{nm} x_n = b_m \\ x_1, x_2, \cdots\cdots, x_n \geq 0 \text{ 且为整数。} \end{cases}$$

其中，a_{ij} 和 b_i 都为整数；若不为整数，可同乘以一个倍数从而转换为整数。其对应的松弛问题称为问题 B。

步骤 1：用单纯形法求解问题 B。

步骤 2：若问题 B 无可行解，则问题 A 无可行解，停止运算；若问题 B 有最优解，且满足问题 A 的整数条件，则问题 B 的最优解就是问题 A 的最优解，停止运算；若问题 B 有最优解，但不满足问题 A 的整数条件，即存在一个或者多个变量的取值不满足整数约束条件，那么选择其中一个非整数变量建立割平面，然后进入步骤 3。

步骤 3：将所得的割平面方程作为一个新的约束条件置于最优单纯形表中（同时增加一个单位列向量），用对偶单纯形法求出新的最优解，返回步骤 2。

下面具体介绍构造割平面的过程。

我们假设对松弛问题 B 最终得到如表 6-3 所示的单纯形表。

表 6-3

c_j			c_1	$\cdots$	c_m	c_{m+1}	$\cdots$	c_n
C_B	X_B	b	x_1	$\cdots$	x_m	x_{m+1}	$\cdots$	x_n
c_1	x_1	b_1'	1	$\cdots$	0	$a_{1,m+1}$	$\cdots$	a_{1n}
c_2	x_2	b_2'	0	$\cdots$	0	$a_{2,m+1}$	$\cdots$	a_{2n}
$\vdots$	$\vdots$	$\vdots$	$\vdots$	$\vdots$	$\vdots$	$\vdots$	$\vdots$	$\vdots$
c_m	x_m	b_m'	0	$\cdots$	1	$a_{m,m+1}$	$\cdots$	a_{mn}
	σ_j		0	$\cdots$	0	σ_{m+1}	$\cdots$	σ_n

其中，$x_i(i=1,\cdots,m)$ 为基变量，$x_j(j=m+1,\cdots,n)$ 表示非基变量。若设 x_r 表示基变量中一个非整数值的变量即 b_r' 为非整数值，则根据表 6-3 可得：

$$x_r + \sum_{j=m+1}^{n} a_{rj} x_j = b_r' \tag{6-2}$$

将式（6-2）中的变量系数及右端项分解为整数部分和非负分数两部分相加的形式，即：$b_r' = N_r + f_r$，$a_{rj} = N_{rj} + f_{rj}$。其中 $N_r = \lfloor b_r' \rfloor$ 为 b_r' 取整部分，f_r 为 b_r' 的非负真分数部分，且 $0 < f_r < 1$；$N_{rj} = \lfloor a_{rj} \rfloor$ 为 a_{rj} 的取整部分，f_{rj} 为 a_{rj} 的非负真分数部分，且 $0 \leq f_{rj} < 1$。因此，式（6-2）可以改写为：

$$x_r + \sum_{j=m+1}^{n} N_{rj} x_j + \sum_{j=m+1}^{n} f_{rj} x_j = N_r + f_r \tag{6-3}$$

式（6-3）移项可得：

$$x_r + \sum_{j=m+1}^{n} N_{rj} x_j - N_r = f_r - \sum_{j=m+1}^{n} f_{rj} x_j \tag{6-4}$$

为了满足所有变量均是整数条件，式（6-4）左端必然是整数，则其右端也必然为整数。又因为 f_r 与 f_{rj} 均为非负真分数部分，且都小于 1，因此有：

$$f_r - \sum_{j=m+1}^{n} f_{rj} x_j \leq 0 \tag{6-5}$$

式（6-5）事实上是整数规划问题的一个割平面，有时称为 Gomory 约束，是 1958 年由高莫瑞（R. E. Gomory）首先提出的。对式（6-5）继续添加松弛变量 x_{n+1} 可以得到：

$$f_r - \sum_{j=m+1}^{n} f_{rj} x_j + x_{n+1} = 0 \tag{6-6}$$

将式（6-6）作为新的约束条件代入表 6-3 中去，利用对偶单纯形法继续求解，重复以上步骤，一直到所求的最优解全部都为整数为止。

【例 6-7】 用割平面法求解下列纯整数规划问题。

$$\max z = 7x_1 + 9x_2$$

$$\begin{cases} -x_1 + 3x_2 \leq 6 \\ 7x_1 + x_2 \leq 35 \\ x_1, x_2 \geq 0 \text{ 且为整数。} \end{cases}$$

解：不考虑整数条件，引入松弛变量 x_3 和 x_4，利用单纯形法求解其松弛问题，最终得到的单纯形表如表 6-4 所示。

表 6-4

c_j			7	9	0	0
C_B	X_B	b	x_1	x_2	x_3	x_4
9	x_2	7/2	0	1	7/22	1/22
7	x_1	9/2	1	0	-1/22	3/22
	σ_j		0	0	-28/11	-15/11

从表 6-4 可以看出，$x_1 = 9/2$，$x_2 = 7/2$ 都不满足整数条件，因此需要引入新的约束条件。不妨选择 x_2 所对应的非整数解的约束条件来作为切割方程，可以得到：

$$x_2 + \frac{7}{22}x_3 + \frac{1}{22}x_4 = \frac{7}{2}。$$

将上式所有变量的系数和等式右端常数改写为一个整数与一个非负真分数相加的形式，即根据式（6-3），可以得到：

$$(1+0)x_2 + \left(0 + \frac{7}{22}\right)x_3 + \left(0 + \frac{1}{22}\right)x_4 = 3 + \frac{1}{2}。$$

移项可得，即根据式（6-4），可以得到：

$$x_2 - 3 = \frac{1}{2} - \frac{7}{22}x_3 - \frac{1}{22}x_4。$$

根据式（6-5），可以得到：

$$\frac{1}{2} - \frac{7}{22}x_3 - \frac{1}{22}x_4 \leq 0，\text{ 即} -\frac{7}{22}x_3 - \frac{1}{22}x_4 \leq -\frac{1}{2}。$$

根据式（6-6），可以得到：

$$-\frac{7}{22}x_3 - \frac{1}{22}x_4 + x_5 = -\frac{1}{2} \tag{6-7}$$

将式（6-7）作为新的约束条件代入表 6-4 中，并利用对偶单纯形法进行计算，可以得到表 6-5。

表 6-5

c_j			7	9	0	0	0
C_B	X_B	b	x_1	x_2	x_3	x_4	x_5
9	x_2	7/2	0	1	7/22	1/22	0
7	x_1	9/2	1	0	-1/22	3/22	0
0	x_5	-1/2	0	0	-7/22	-1/22	1
	σ_j		0	0	-28/11	-15/11	0
9	x_2	3	0	1	0	0	1
7	x_1	32/7	1	0	0	1/7	-1/7
0	x_3	4/7	0	0	1	1/7	-22/7
	σ_j		0	0	0	-1	-8

从表 6-5 可以看出，此时解为 $x_1 = \frac{32}{7}$，$x_2 = 2$，$x_3 = \frac{4}{7}$，仍然不满足整数条件，需要继续构造新的切割方程。不妨选取 x_1 所对应的非整数解的约束条件来作为切割方程：

$$x_1 + \frac{1}{7}x_4 - \frac{1}{7}x_5 = \frac{32}{7}。$$

同理，将上式所有变量的系数和等式右端常数改写为一个整数与一个非负真分数相加的形式：

$$(1+0)x_1 + \left(1 + \frac{1}{7}\right)x_4 + \left(-1 + \frac{6}{7}\right)x_5 = 4 + \frac{4}{7}。$$

移项后可得：$x_1 - x_5 - 4 = \frac{4}{7} - \frac{1}{7}x_4 - \frac{6}{7}x_5$。

进一步可以得到约束方程：$-\frac{1}{7}x_4 - \frac{6}{7}x_5 \leqslant -\frac{4}{7}$。

引入新的松弛变量 x_6，得到：

$$-\frac{1}{7}x_4 - \frac{6}{7}x_5 + x_6 = -\frac{4}{7} \tag{6-8}$$

将式（6-8）作为新的约束条件代入表 6-5 中，并利用对偶单纯形法进行计算，可以得到表 6-6。

表 6-6

c_j			7	9	0	0	0	0
C_B	X_B	b	x_1	x_2	x_3	x_4	x_5	x_6
9	x_2	3	0	1	0	0	1	0
7	x_1	32/7	1	0	0	1/7	-1/7	0

续表

C_B	X_B	b	x_1	x_2	x_3	x_4	x_5	x_6
	c_j		7	9	0	0	0	0
0	x_3	4/7	0	0	1	1/7	-22/7	0
0	x_6	-4/7	0	0	0	-1/7	-6/7	1
	σ_j		0	0	0	-1	-8	0
9	x_2	3	0	1	0	0	1	0
7	x_1	4	1	0	0	0	-1	1
0	x_3	0	0	0	1	0	-4	1
0	x_4	4	0	0	0	1	6	-7
	σ_j		0	0	0	0	-2	-7

从表 6-6 可以看出,此时的最优解为 $x^* = (4,3,0,4,0,0)$,满足整数条件。因此,原整数规划问题的最优解为 $x_1=4$,$x_2=3$,$z^*=55$。

根据上述整数线性规划的割平面法求解过程,我们可以看到割平面的过程非常慢,每次只能割去一点点,接近整数凸包的割平面每次只能割去距离凸包边缘很远的一些非整数点。另外,割平面法对实际问题的结构以及解的结果都要有较高的要求,因为它要区分纯整数线性规划和混合整数线性规划,对于这两种不同类型需要有不同的切割方法,而且割平面法在增加割平面以后要改变原来的方法即变为对偶单纯形法求解。

在具体实际问题中,割平面不仅表现出极低的收敛率而且在割平面运行的过程中往往会产生许多的割平面,用计算机求解时内存占用非常大。因此,在实际问题中单纯的割平面法往往不会产生期望的效果,故常常会选择分支界定法和割平面法混合使用的方法。现在有许多人也都致力于这两方面结合使用的研究方法,有些也取得了非常不错的效果,所以这方面有待进一步的研究。

6.3 0~1 型整数线性规划

6.3.1 0~1 变量及应用

0~1 型整数规划是整数规划的一种特殊形式,它的变量 x_i 只能取值 0 或 1。这种只能取 0 或 1 的变量称为 0~1 变量或二进制变量。

0~1 变量作为逻辑变量,常常用来表示事物是否处于某种状态,或者取某个特定方案,如是否处于生产状态、是否选择某个厂址、是否投资某个项目等。我们往往用"0"来表示"无"或者"否",而用"1"来表示"有"或者"是",所以 0~1

变量就可以用来量化诸多是与否、有与无等现象。例如，

$$x = \begin{cases} 1 & \text{选择某个方案；} \\ 0 & \text{不选择某个方案。} \end{cases}$$

当问题有多种要素，而每项要素都有两种选择时，可以采取一组 0～1 变量来描述。例如，设某问题有 n 项要素：$E_1, E_2, \cdots, E_n$，每项要素 E_i 都有两种选择 A_i 和 $\overline{A}_i (i=1,\cdots,n)$，则可以设：

$$x_i = \begin{cases} 1 & E_i \text{ 选择 } A_i \\ 0 & E_i \text{ 选择 } \overline{A}_i \end{cases} \quad (i=1,\cdots,n)。$$

【例 6 – 8】项目决策问题。

某部门三年内有四项工程考虑上马，每项工程的期望收益和年度费用（万元）如表 6 – 7 所示。假定每一项已选定的工程要在三年内完成，确定应该上马哪些工程，才能使该部门可能的期望收益最大。试建立一个投资计划模型。

表 6 – 7

工程名称	费用			期望收益
	第 1 年	第 2 年	第 3 年	
A	5	1	8	20
B	4	7	10	40
C	3	9	2	20
D	8	6	10	30
可用资金	18	22	24	

解：引入 0～1 变量 x_i，令：

$$x_i = \begin{cases} 1 & \text{第 } i \text{ 个项目上马} \\ 0 & \text{第 } i \text{ 个项目不上马} \end{cases} \quad (i=1,2,3,4)。$$

则投资计划模型可以表示为：

$$\max z = 20x_1 + 40x_2 + 20x_3 + 30x_4。$$

$$\begin{cases} 5x_1 + 4x_2 + 3x_3 + 8x_4 \leq 18 \\ x_1 + 7x_2 + 9x_3 + 6x_4 \leq 22 \\ 8x_1 + 10x_2 + 2x_3 + 10x_4 \leq 24 \\ x_i = 0 \text{ 或 } 1, i=1,2,3,4。 \end{cases}$$

【例 6 – 9】相互排斥的计划问题。

某公司准备在如下可供选择的 10 个位置中选 5 个来建立连锁超市，希望总的投资费用最小。假设这 10 个位置的代号分别为 $E_1, E_2, \cdots, E_{10}$，相应的每个超市

投资建设费用为 $c_1, c_2, \cdots, c_{10}$。各位置选择需要满足如下条件限制：

（1） E_1, E_2, E_3 三个位置中至多选择 1 个；

（2） E_7, E_8, E_9, E_{10} 四个位置中至少选择 2 个；

（3） 或选择 E_1 和 E_7，或选择 E_8；

（4） 选择了 E_3 或 E_4 就不能选 E_5，反之，选了 E_5，则不能选 E_3 或 E_4；

（5） 选择了 E_6 则必须选择 E_8，反之选择了 E_8 则不一定选 E_6。

试建立这个问题的 0~1 型整数规划模型。

解：引入 0~1 变量 x_i，令：

$$x_i = \begin{cases} 1 & \text{当 } E_i \text{ 被选中} \\ 0 & \text{当 } E_i \text{ 未被选中} \end{cases} \quad (i = 1, 2, \cdots, 10)。$$

则该整数规划模型可以描述为：

$$\min z = \sum_{i=1}^{10} c_i x_i。$$

$$\begin{cases} \sum_{i=1}^{10} x_i = 5 \\ x_1 + x_2 + x_3 \leq 1 \\ x_7 + x_8 + x_9 + x_{10} \geq 2 \\ x_1 + x_8 = 1 \\ x_7 + x_8 = 1 \\ x_3 + x_5 \leq 1 \\ x_4 + x_5 \leq 1 \\ x_6 - x_8 \leq 0 \\ x_i = 0 \text{ 或 } 1, i = 1, 2, \cdots, 10。 \end{cases}$$

【例 6-10】 相互排斥的约束条件问题。

某产品有 I 和 II 两种型号，需要经过 A、B、C 三道工序，其中工序 C 只能从两种加工方式中选择一种。单位工时和利润、各工序每周工时限制如表 6-8 所示。问工厂如何安排生产才能使总利润最大（产品数量为整数）。

表 6-8

工序 型号	A	B	C		利润
			C_1	C_2	
I	3	2	3	2	25
II	7	1	5	4	40
每周工时	250	100	150	120	

解：设 x_1，x_2 分别为生产产品 Ⅰ 和 Ⅱ 的数量。考虑到 C 只能从 C_1 或 C_2 两种方式中选择一种，因此引入 0～1 变量。

$$y_1 = \begin{cases} 1 & \text{选择 } C_1 \text{ 加工方式} \\ 0 & \text{不选择 } C_1 \text{ 加工方式} \end{cases}, \quad y_2 = \begin{cases} 1 & \text{选择 } C_2 \text{ 加工方式} \\ 0 & \text{不选择 } C_2 \text{ 加工方式} \end{cases}。$$

则该问题的模型可以写为：

$\max z = 25x_1 + 40x_2$。

$$\begin{cases} 3x_1 + 7x_2 \leq 250 \\ 2x_1 + x_2 \leq 100 \\ 3x_1 + 5x_2 \leq 150 + My_1 \\ 2x_1 + 4x_2 \leq 120 + My_2 \\ y_1 + y_2 = 1 \\ x_1, x_2 \geq 0 \text{ 且为整数} \\ y_1, y_2 = 0 \text{ 或 } 1 \end{cases}$$

需要说明的是，本例中只有两个相互排斥的约束条件，可以只引入一个 0～1 变量来进行；当相互排斥的约束条件超过两个时，需要引入多个 0～1 变量来实现要求。

一般来说，假设有 m 个相互排斥的约束条件：$\sum_{j=1}^{n} a_{ij}x_j \leq b_i (i = 1, \cdots, m)$。现从中恰好选取 $k(k<m)$ 个约束条件，则可以引入 m 个 0～1 决策变量 y_i，令：

$$y_i = \begin{cases} 1 & \text{当第 } i \text{ 个约束条件被选中} \\ 0 & \text{当第 } i \text{ 个约束条件未被选中} \end{cases} \quad (i = 1, 2, \cdots, m)。$$

那么构造如下约束条件组能够可达到恰好选取 k 个约束条件的要求。

$$\begin{cases} \sum_{j=1}^{n} a_{ij}x_j \leq b_i + My_i \\ \sum_{i=1}^{m} y_i = m - k \\ y_i = 0 \text{ 或 } 1 \end{cases} \quad (i = 1, \cdots, m)$$

其中，M 为任意大的数。当 $y_i = 1$ 时表示第 i 个约束条件不起作用；当 $y_i = 0$ 时表示第 i 个约束条件起作用。若约束条件为 $\sum_{j=1}^{n} a_{ij}x_j \geq b_i (i = 1, \cdots, m)$，则右端常数应为 $b_i - My_i$。

【例 6-11】固定费用问题。

某公司生产 Ⅰ、Ⅱ 和 Ⅲ 三种类型的产品，所需要的三种资源分别为 A、B 和 C。表 6-9 给出了制造三种类型产品所需要的各种资源数量。不考虑固定费用，Ⅰ、Ⅱ 和 Ⅲ 三种类型的产品各售出一件所得的利润分别为 4 万元、5 万元和 6 万元，可使用的 A、B 和 C 三种资源各有 500 吨、300 吨和 100 吨。此外，不管每种产品制造的数量是多少，都要支付一笔固定的费用：产品Ⅰ是 100 万元，产品Ⅱ为 150 万元，产品Ⅲ为 200 万元。现在要制订一个生产计划，使获得的利润为最大。

表 6-9

资源\产品	Ⅰ	Ⅱ	Ⅲ	可用资源
A	2	4	8	500
B	2	3	4	300
C	1	2	3	100
期望利润	4	5	6	

解：设 x_1，x_2，x_3 分别为生产Ⅰ、Ⅱ和Ⅲ三种类型产品的数量。因为每种产品被制造时才产生固定费用，因此令：

$$y_i = \begin{cases} 1 & 生产第\,i\,种产品 \\ 0 & 不生产第\,i\,种产品 \end{cases} \quad (i=1,2,3)。$$

则该问题的整数规划模型为：

$\max z = 4x_1 + 5x_2 + 6x_3 - 100y_1 - 150y_2 - 200y_3$。

$$\begin{cases} 2x_1 + 4x_2 + 8x_3 \leq 500 \\ 2x_1 + 3x_2 + 4x_3 \leq 300 \\ x_1 + 2x_2 + 3x_3 \leq 100 \\ x_1 \leq My_1 \\ x_2 \leq My_2 \\ x_3 \leq My_3 \\ x_1, x_2, x_3 \geq 0\,且为整数 \\ y_1, y_2, y_3 = 0\,或\,1。\end{cases}$$

其中，M 为任意大的数。在上式中，约束条件 $x_i \leq My_i$ 能够保证两个方面：当生产 x_i 时，则 $x_i > 0$，根据 $x_i \leq My_i$，故此时 $y_i = 1$，其产生固定费用；当不生产 x_i 时，则 $x_i = 0$，根据 $x_i \leq My_i$，故此时 $y_i = 0$ 或 1，但当 $y_i = 1$ 时则不利于目标函数取最大值，在问题的最优解中必然是 $y_i = 0$，因而其固定费用在目标函数中将不被考虑。

6.3.2 0~1 型整数规划的解法

在 0~1 型整数规划中，当决策变量 $x_i(i=1,\cdots,n)$ 个数 n 较小时，可以采取完全枚举法进行求解；但当决策变量个数 n 较大时，将产生 2^n 个可能的组合，此时用完全枚举法几乎不太可能，一般采取隐枚举法来进行求解。

隐枚举法不需要对 2^n 个可能的组合逐一计算，而是通过引入过滤条件，将大量不可能是最优解的变量取值组合滤掉，从而大幅减少了计算量。其计算步骤如下：

（1）用试探法，求出一个可行解，以它的目标值 z^0 作为当前目标函数最优值 z^*。

（2）增加过滤条件 $z \geqslant z^0$。即如果一个变量组合的目标函数值劣于 z^0，则无须检验其可行性。

（3）重新排列变量 x_i 的顺序。当目标函数是求最大形式时，按照变量 x_i 在目标函数中的系数 c_i 从小到大排列；当目标函数是求最小形式时，按照变量 x_i 在目标函数中的系数 c_i 从大到小排列。因为 x_i 取值的顺序往往是按照从 0 到 1，故此步骤的目的是能让最优解尽快出现。

【例 6-12】求解 0~1 规划问题。

$\max z = 4x_1 + 2x_2 + 5x_3 - x_4$。

$$\begin{cases} x_1 + 2x_2 + x_3 + 2x_4 \leqslant 4 \\ 7x_1 + 3x_3 - 4x_4 \leqslant 8 \\ 11x_1 - 6x_2 + 3x_4 \geqslant 3 \\ x_1, x_2, x_3, x_4 = 0 \text{或} 1 \end{cases}$$

解：容易观察到上述问题的一个可行解为 $X = (x_1, x_2, x_3, x_4)^T = (1, 0, 0, 0)^T$，此时目标函数值 $z^0 = 4$，故可以将 4 作为当前的最优目标函数值。

增加一个约束条件：$4x_1 + 2x_2 + 5x_3 - x_4 \geqslant 4$。此约束条件即为过滤条件，表明若干一个变量组合的目标函数值小于 4，则无须检验其可行性。

按照变量 x_i 在目标函数中的系数 c_i 从小到大排列，故上述问题可以转化为：

$\max z = -x_4 + 2x_2 + 4x_1 + 5x_3$。

$$\begin{cases} 2x_4 + 2x_2 + x_1 + x_3 \leqslant 4 & (a) \\ -4x_4 + 7x_1 + 3x_3 \leqslant 8 & (b) \\ 3x_4 - 6x_2 + 11x_1 \geqslant 3 & (c) \\ x_1, x_2, x_3, x_4 = 0 \text{或} 1 \end{cases}$$

其计算过程如表 6-10 所示。

表 6-10

(x_4, x_2, x_1, x_3)	z 值	约束条件			过滤条件
		(a)	(b)	(c)	
(0, 0, 0, 0)	0				$z \geqslant 4$
(0, 0, 0, 1)	5	√	√	×	

续表

(x_4, x_2, x_1, x_3)	z 值	约束条件 (a)	约束条件 (b)	约束条件 (c)	过滤条件
(0, 0, 1, 0)	4	√	√	√	$z \geq 4$
(0, 0, 1, 1)	9	√	×		
(0, 1, 0, 0)	2				
(0, 1, 0, 1)	7	√	√	×	
(0, 1, 1, 0)	6	√	√	√	$z \geq 6$
(0, 1, 1, 1)	11	√	×		
(1, 0, 0, 0)	−1				
(1, 0, 0, 1)	4				
(1, 0, 1, 0)	3				
(1, 0, 1, 1)	8	√	√	√	$z \geq 8$
(1, 1, 0, 0)	1				
(1, 1, 0, 1)	6				
(1, 1, 1, 0)	5				
(1, 1, 1, 1)	10	×			

从表 6-10 可以看出，此时问题最优解为 $X^* = (x_1, x_2, x_3, x_4)^T = (1, 0, 1, 1)^T$，最优目标函数值为 $z^* = 8$。

采取上述方法来求解 0~1 规划问题，可以在很大程度上减少运算次数，特别是当问题规模越大时，这种方法的效率越明显。

6.4 指派问题

6.4.1 指派问题的标准形式及数学模型

在整数规划中还有一类特殊的情形就是指派问题。指派问题在现实生活中经常遇到，例如，有若干项工作需要分配给若干人来完成，由于每个人的专长不同，因而完成工作所需的时间也不同，那么就产生了如何合理安排哪个人去完成哪项工作，才能使总效率最高，这就是一类典型的指派问题。

【例 6-13】某企业正在考虑指派 4 名人员分别去完成 4 项工作。每项工作只需要一个人去完成，而每名人员也只能去完成某一项工作，各人员完成各工作的成本如表 6-11 所示，管理人员应该如何分派工作才能使总成本最小？

表 6–11

人员 \ 工作	A	B	C	D
甲	2	15	13	4
乙	10	4	14	15
丙	9	14	16	13
丁	7	8	11	9

解：引入 0~1 变量：

$$x_{ij} = \begin{cases} 1 & \text{指派第 } i \text{ 人完成第 } j \text{ 项工作} \\ 0 & \text{不指派第 } i \text{ 人完成第 } j \text{ 项工作} \end{cases} \quad (i,j = 1,2,3,4)。$$

则该问题的模型可以写为：

$$\min z = \sum_{i=1}^{4} \sum_{j=1}^{4} c_{ij} x_{ij}。$$

$$\begin{cases} \sum_{i=1}^{4} x_{ij} = 1 & j = 1,2,3,4 \\ \sum_{j=1}^{4} x_{ij} = 1 & i = 1,2,3,4 \\ x_{ij} = 0 \text{ 或 } 1 & i,j = 1,2,3,4。 \end{cases}$$

其中，c_{ij} 表示第 i 人完成第 j 项工作的费用。在上式模型中，约束条件分别表示甲、乙、丙、丁每个人只能完成一项工作；A、B、C、D 每项工作只能由一个人来完成。

一般地，指派问题的标准形式可以描述为：有 n 项工作需要分配 n 个人来完成，要求每项工作只能由一个人来完成，且一个人只能完成一项工作。已知第 i 人完成第 j 项工作的费用为 c_{ij}。问如何分配工作，才能使完成这 n 项工作的总费用最小。

对于上述指派问题，引入 0~1 变量：

$$x_{ij} = \begin{cases} 1 & \text{指派第 } i \text{ 人完成第 } j \text{ 项工作} \\ 0 & \text{不指派第 } i \text{ 人完成第 } j \text{ 项工作} \end{cases} \quad (i,j = 1,\cdots,n)。$$

则其数学模型可以写为：

$$\min z = \sum_{i=1}^{n} \sum_{j=1}^{n} c_{ij} x_{ij}。$$

$$\begin{cases} \sum_{i=1}^{n} x_{ij} = 1 & j = 1,\cdots,n \\ \sum_{j=1}^{n} x_{ij} = 1 & i = 1,\cdots,n \\ x_{ij} = 0 \text{ 或 } 1 & i,j = 1,\cdots,n。 \end{cases}$$

记 $C=(c_{ij})_{n\times n}$，称 C 为指派问题的系数矩阵；对于指派问题的可行解，可以用解矩阵 $X=(x_{ij})_{n\times n}$ 来表示。解矩阵的每行和每列元素中都有且只有一个 1，用于满足约束条件，因此指派问题有 $n!$ 个可行解。当 n 相同时，不同的指派问题约束条件是完全相同的，区别仅在于系数矩阵 C 不同，因此可以用矩阵 C 来表示指派问题。

6.4.2 匈牙利解法

指派问题具有如下性质：系数矩阵 C 的某行（某列）元素分别减去或者加上一个常数 k，得到一个新的系数矩阵 C'，则指派问题 C 和指派问题 C' 具有相同的最优解。这是因为系数矩阵的变化并不改变约束条件的变化，只是指派问题的目标函数值减少或者增加了 k。

从指派问题的数学模型可以看出，指派问题是运输问题的特例，也是 0~1 型整数规划问题的特例，因此有多种方法来进行求解。但考虑到指派问题自身的特殊性，有更为简便的求解方法，即匈牙利解法。匈牙利解法就是借助于指派问题的上述性质来进行求解的，下面是其计算步骤。

步骤 1：变换系数矩阵。把系数矩阵 C 的各行元素分别减去本行中的最小元素，得到系数矩阵 C'；对 C' 各列元素分别减去本列中的最小元素，得到系数矩阵 C''。这样，系数矩阵 C'' 中每行及每列至少出现一个零元素，且无负数。

步骤 2：在系数矩阵 C'' 中确定独立零元素。在系数矩阵 C'' 中，若某行（某列）只有一个零元素，则将该零元素加圈〇（标记为 ⓪），表示此行所代表的人只能做此列所代表的事（或者此列所代表的事只能由此行所代表的人来完成）；同时将该零元素所在列（行）的其他零元素划去（标记为 ⌀），表示此事已指派完毕，不再考虑其他人（或者此人已不能再做其他事）。如此反复进行，直到系数矩阵 C'' 所有的零元素都被标注〇或被划去。在此过程中，如果遇到在所有的行和列中零元素不止一个时（存在零元素的闭回路），可任选一个零元素加〇，同时划去其所在行和列的其他零元素。最后，当所有的零元素都被标注〇或被划去时，标〇的零元素即为独立零元素。

如果独立零元素 ⓪ 个数为 n，则令独立零元素位置对应的变量取值为 1，其他变量取值为 0，这样得到的矩阵 X 即为最优分配方案；若得到的独立零元素个数小于 n，则进行步骤 3。

步骤 3：确定能覆盖所有 ⓪ 元素的最少直线数目的直线集合。可按下面步骤进行：

(1) 对没有⓪的行打"√";

(2) 在已打"√"的行中,对被划去的零元素所在列打"√";

(3) 在已打"√"的列中,对⓪所在行打"√";

(4) 重复(2)和(3),直到再也不能找到可以打"√"的行或列为止;

(5) 对没有打"√"的行画一横线,对打"√"的列画一垂线,这样就得到了覆盖所有零元素的最少直线数目的直线集合。

步骤4:继续变换系数矩阵。在未被直线覆盖的元素中找出一个最小元素,令打"√"行中各元素都减去这一最小元素,然后令打"√"列中的各元素都加上这一最小元素,转入步骤2。

下面将结合例题来说明匈牙利解法的上述过程。

【例6-14】 用匈牙利解法来确定例6-13的最优指派方案。

解:由题意知,例6-13的系数矩阵为:

$$C = \begin{bmatrix} 2 & 15 & 13 & 4 \\ 10 & 4 & 14 & 15 \\ 9 & 14 & 16 & 13 \\ 7 & 8 & 11 & 9 \end{bmatrix}。$$

首先,变换系数矩阵。对于矩阵C,其第一行、第二行、第三行和第四行的最小元素分别2、4、9和7,则令第一行各元素减去2、第二行各元素减去4、第三行各元素减去9、第四行各元素分别减去7,从而得到矩阵C';矩阵C'中第一列、第二列、第三列和第四列的最小值分别为0、0、4和2,让每一列分别减去各自最小元素,得到系数矩阵C''。具体转化如下。

$$C = \begin{bmatrix} 2 & 15 & 13 & 4 \\ 10 & 4 & 14 & 15 \\ 9 & 14 & 16 & 13 \\ 7 & 8 & 11 & 9 \end{bmatrix} \to C' = \begin{bmatrix} 0 & 13 & 11 & 2 \\ 6 & 0 & 10 & 11 \\ 0 & 5 & 7 & 4 \\ 0 & 1 & 4 & 2 \end{bmatrix} \to C'' = \begin{bmatrix} 0 & 13 & 7 & 0 \\ 6 & 0 & 6 & 9 \\ 0 & 5 & 3 & 2 \\ 0 & 1 & 0 & 0 \end{bmatrix}。$$

其次,在系数矩阵C''中确定独立零元素。在矩阵C''中,其第二行只有一个零元素,故对其标○,所在列无其他零元素;第三行只有一个零元素,故对其标○,同时需要删除所在列的其他两个零元素;对于第一行,目前只有一个零元素,对其标○,同时删除其所在列的另一个零元素;对于第四行,目前只有一个零元素,对其标○,所在列无零元素。这样可以得到如下矩阵:

$$\begin{bmatrix} \cancel{0} & 13 & 7 & ⓪ \\ 6 & ⓪ & 6 & 9 \\ ⓪ & 5 & 3 & 2 \\ \cancel{0} & 1 & ⓪ & \cancel{0} \end{bmatrix}。$$

从上述矩阵可以看出,此时①共有 4 个。令①所在位置对应的变量取值为 1,其他变量取值为 0,因此我们可以得到最优指派方案为:

$$X = \begin{bmatrix} 0 & 0 & 0 & 1 \\ 0 & 1 & 0 & 0 \\ 1 & 0 & 0 & 0 \\ 0 & 0 & 1 & 0 \end{bmatrix}。$$

这表示由甲来完成工作 D,由乙来完成工作 B,由丙来完成工作 A,由丁来完成工作 C,这样安排工作总成本最小,总成本为:

$$\min z = \sum_{i=1}^{4} \sum_{j=1}^{4} c_{ij} x_{ij} = c_{14} + c_{22} + c_{31} + c_{43} = 28。$$

【例 6-15】已知某指派问题的系数矩阵如下,用匈牙利算法求解。

$$C = \begin{bmatrix} 12 & 7 & 9 & 7 & 9 \\ 8 & 9 & 6 & 6 & 6 \\ 7 & 17 & 12 & 14 & 9 \\ 15 & 14 & 6 & 6 & 10 \\ 4 & 10 & 7 & 10 & 9 \end{bmatrix}。$$

解:首先,变换系数矩阵,可以得到:

$$C = \begin{bmatrix} 12 & 7 & 9 & 7 & 9 \\ 8 & 9 & 6 & 6 & 6 \\ 7 & 17 & 12 & 14 & 9 \\ 15 & 14 & 6 & 6 & 10 \\ 4 & 10 & 7 & 10 & 9 \end{bmatrix} \to C' = \begin{bmatrix} 5 & 0 & 2 & 0 & 2 \\ 2 & 3 & 0 & 0 & 0 \\ 0 & 10 & 5 & 7 & 2 \\ 9 & 8 & 0 & 0 & 4 \\ 0 & 6 & 3 & 6 & 5 \end{bmatrix} \to C'' = \begin{bmatrix} 5 & 0 & 2 & 0 & 2 \\ 2 & 3 & 0 & 0 & 0 \\ 0 & 10 & 5 & 7 & 2 \\ 9 & 8 & 0 & 0 & 4 \\ 0 & 6 & 3 & 6 & 5 \end{bmatrix}。$$

其次,在系数矩阵 C'' 中确定独立零元素。类似地,可以得到不同矩阵,例如下面的三种形式。这些矩阵的不同标注形式并不影响后续的计算。

$$\begin{bmatrix} 5 & ① & 2 & \emptyset & 2 \\ 2 & 3 & \emptyset & \emptyset & ① \\ ① & 10 & 5 & 7 & 2 \\ 9 & 8 & ① & \emptyset & 4 \\ \emptyset & 6 & 3 & 6 & 5 \end{bmatrix} 或 \begin{bmatrix} 5 & ① & 2 & \emptyset & 2 \\ 2 & 3 & \emptyset & \emptyset & ① \\ \emptyset & 10 & 5 & 7 & 2 \\ 9 & 8 & ① & \emptyset & 4 \\ ① & 6 & 3 & 6 & 5 \end{bmatrix} 或 \begin{bmatrix} 5 & ① & 2 & \emptyset & 2 \\ 2 & 3 & \emptyset & \emptyset & ① \\ ① & 10 & 5 & 7 & 2 \\ 9 & 8 & \emptyset & ① & 4 \\ \emptyset & 6 & 3 & 6 & 5 \end{bmatrix}。$$

从上述矩阵可以看出,此时独立零元素①的个数为 4,小于 n = 5,因此按照步骤 3 继续进行。我们选择上述矩阵的第一个形式来进行步骤 3,即确定能覆盖所有 0 元素的最少直线数目的直线集合。

第五行没有①,因此首先在第五行打"√";因为在第五行中被划去的零元素位于第一列,故接着在第一列打"√";在第一列中①位于第三行,故在第三行打

"√"。经检验，已不能再打"√"了。对没有打"√"第一行、第二行及第四行画一直线；对打"√"的第一列画一直线，这样就得到了覆盖所有零元素的最少直线数目的直线集合，如下：

$$\begin{bmatrix} 5 & ⓪ & 2 & \emptyset & 2 \\ 2 & 3 & \emptyset & \emptyset & ⓪ \\ ⓪ & 10 & 5 & 7 & 2 \\ 9 & 8 & ⓪ & \emptyset & 4 \\ \emptyset & 6 & 3 & 6 & 5 \end{bmatrix}$$

在未被直线覆盖的元素中找出一个最小元素，可以看出第三行及第五行中未被直线覆盖的部分中最小元素为 2。令第三行及第五行中各元素都减去 2，然后第一列各元素都加上 2，可以得到如下新的变换系数矩阵：

$$\begin{bmatrix} 7 & 0 & 2 & 0 & 2 \\ 4 & 3 & 0 & 0 & 0 \\ 0 & 8 & 3 & 5 & 0 \\ 11 & 8 & 0 & 0 & 4 \\ 0 & 4 & 1 & 4 & 3 \end{bmatrix}。$$

接着对新得到的变换系数矩阵再重新确定独立零元素，可以得到如下：

$$\begin{bmatrix} 7 & ⓪ & 2 & \emptyset & 2 \\ 4 & 3 & ⓪ & \emptyset & \emptyset \\ \emptyset & 8 & 3 & 5 & ⓪ \\ 11 & 8 & \emptyset & ⓪ & 4 \\ ⓪ & 4 & 1 & 4 & 3 \end{bmatrix} 或者 \begin{bmatrix} 7 & ⓪ & 2 & \emptyset & 2 \\ 4 & 3 & \emptyset & ⓪ & \emptyset \\ \emptyset & 8 & 3 & 5 & ⓪ \\ 11 & 8 & ⓪ & \emptyset & 4 \\ ⓪ & 4 & 1 & 4 & 3 \end{bmatrix}。$$

从上述两个矩阵的标注来看，独立零元素⓪个数均为 5，这样就得到了最优解。令⓪所在位置对应的变量取值为 1，其他变量取值为 0，因此我们可以得到最优指派方案为：

$$X = \begin{bmatrix} 0 & 1 & 0 & 0 & 0 \\ 0 & 0 & 1 & 0 & 0 \\ 0 & 0 & 0 & 0 & 1 \\ 0 & 0 & 0 & 1 & 0 \\ 1 & 0 & 0 & 0 & 0 \end{bmatrix} 或 X = \begin{bmatrix} 0 & 1 & 0 & 0 & 0 \\ 0 & 0 & 0 & 1 & 0 \\ 0 & 0 & 0 & 0 & 1 \\ 0 & 0 & 1 & 0 & 0 \\ 1 & 0 & 0 & 0 & 0 \end{bmatrix}。$$

即此例有两个最优指派方案，此时所需最小成本 $\min z = 32$。

6.4.3 非标准形式的指派问题

在实际应用中,经常会遇到非标准形式的指派问题。通常的解决思路是将其转化为标准形式的指派问题,再用匈牙利解法进行求解。

(1) 最大化指派问题。

当指派问题的目标函数为最大化形式时,设 $C = (c_{ij})_{n \times n}$ 为其系数矩阵。m 为系数矩阵 C 中的最大元素。令矩阵 $B = (b_{ij})_{n \times n} = (m - c_{ij})_{n \times n}$,则以 B 为系数矩阵的最小化指派问题和以 C 为系数矩阵的最大化指派问题具有相同最优解。

(2) 人数和工作项数不相等的指派问题。

若人少事多,可以通过增加一些虚拟的"人"来解决,分两种情况考虑:第一,每项工作必须由一个人完成,一个人至少完成一项工作。这些虚拟的"人"做各项工作的时间可取完成相应工作时间中的最小值,可以理解为由效率最高的人来完成该项工作。第二,一个人只能完成一项工作,即有的工作可以不必做。这些虚拟的"人"做各工作的时间可以取零,可以理解为该"人"事实上不需要做任何工作。

若人多事少,且一人至多做一项工作,一项工作必须由一人完成,则可以增加一些虚拟的"事",完成这些虚拟"事"所需耗费各人的费用同样也取 0。

(3) 一人可以做几件工作的指派问题。

如果某个人可做几件事,则可将该人"复制"成相同的几个"人"来接受指派,这几个人做同一件事的费用系数完全相同。

(4) 某工作一定不能由某人做的指派问题。

若某工作一定不能由某人完成,则可将相应的费用系数取作足够大的数 M。

【例 6-16】某公司有五项工作,现准备选派三个员工去做。工人 i 完成工作 j 所需要的时间如表 6-12 所示。规定每人可以做一项或者两项工作,问如何安排才能使总工时最少。

表 6-12

人员\工作	一	二	三	四	五
甲	4	8	7	15	12
乙	7	9	17	14	10
丙	6	9	12	8	7

解:由于每个工人最多可以完成两项工作,因此可以把每个工人化为相同的两

个人,从而系数矩阵变为:

$$C = \begin{bmatrix} 4 & 8 & 7 & 15 & 12 \\ 7 & 9 & 17 & 14 & 10 \\ 6 & 9 & 12 & 8 & 7 \\ 4 & 8 & 7 & 15 & 12 \\ 7 & 9 & 17 & 14 & 10 \\ 6 & 9 & 12 & 8 & 7 \end{bmatrix}。$$

由于此时工人数目比工作数量多1,因此需要增加一项虚拟的工作,任何人做该项工作所需要的时间均为0,从而将该问题转化为标准形式的指派问题。系数矩阵变为:

$$C = \begin{bmatrix} 4 & 8 & 7 & 15 & 12 & 0 \\ 7 & 9 & 17 & 14 & 10 & 0 \\ 6 & 9 & 12 & 8 & 7 & 0 \\ 4 & 8 & 7 & 15 & 12 & 0 \\ 7 & 9 & 17 & 14 & 10 & 0 \\ 6 & 9 & 12 & 8 & 7 & 0 \end{bmatrix}。$$

利用匈牙利算法求解上述矩阵,从而可以得到最优指派方案为:甲来做第一项和第三项工作,乙做第二项工作,丙做第四项和第五项工作,这样需要的总工时最少,最少为35。

【例6-17】从甲、乙、丙、丁、戊五人中挑选四人去完成四项工作,已知每人完成各项工作的时间如表6-13所示。规定每项工作只能由一个人去单独完成,每个人最多承担一项工作,假定甲必须保证分配到工作,丁因某种原因不同意承担第四项工作。在满足上述条件下,如何分配工作,使完成四项工作总的花费时间最少。

表6-13

人员\工作	一	二	三	四
甲	10	5	15	20
乙	2	10	5	15
丙	3	15	14	13
丁	15	2	7	6
戊	9	4	15	8

解:这是一个人数多于工作项数的非标准形式的指派问题。根据题意,我们需要引入一虚拟工作"五"。由于甲必须保证分配到工作,则令其完成虚拟工作的时

间为 M（M 为任意大的数），即甲只能完成前四项工作中的一项；其他人完成虚拟工作所需时间均为零；由于丁不承担第四项工作，则可以令其完成第四项工作的时间为 M。故可以写出其系数矩阵 C 为：

$$C = \begin{bmatrix} 10 & 5 & 15 & 10 & M \\ 2 & 10 & 5 & 15 & 0 \\ 3 & 15 & 14 & 13 & 0 \\ 15 & 2 & 7 & M & 0 \\ 9 & 4 & 15 & 8 & 0 \end{bmatrix}.$$

这是一个标准形式的指派问题，利用匈牙利解法，得到最优指派方案为：

$$X = \begin{bmatrix} 0 & 1 & 0 & 0 & 0 \\ 0 & 0 & 1 & 0 & 0 \\ 1 & 0 & 0 & 0 & 0 \\ 0 & 0 & 0 & 0 & 1 \\ 0 & 0 & 0 & 1 & 0 \end{bmatrix}.$$

即甲做第二项工作，乙做第三项工作，丁做第一项工作，戊做第四项工作，此时最小工作时间为 $\min z = 21$。

6.5 整数规划应用

本节再通过一些案例来说明整数规划在经济管理中的具体应用。

【例 6-18】 选址运输问题。

某企业在 A_1 地已有一个工厂，其产品的生产能力为 30 000 吨。为了扩大生产，该企业打算在 A_2、A_3、A_4、A_5 地中再选择几个地方建厂。已知在 A_2、A_3、A_4、A_5 地建厂的固定成本分别为 175 000 元、300 000 元、375 000 元、500 000 元，另外，A_1 产量及 A_2、A_3、A_4、A_5 建成厂的产量，销地的销量以及产地到销地的单位运价（每千吨运费）如表 6-14 所示。

表 6-14

产地＼销地	B_1	B_2	B_3	产量（吨）
A_1	8	4	3	30 000
A_2	5	2	3	10 000
A_3	4	3	4	20 000

续表

产地 \ 销地	B_1	B_2	B_3	产量（吨）
A_4	9	7	5	30 000
A_5	10	4	2	40 000
销量（千吨）	30	20	20	

问应该在哪几个地方建厂，在满足销量的前提下，使其总的固定成本和总的运输费用之和最小？

解：设 x_{ij} 为从产地 A_i 运往销地 B_j 的运输量（千吨）。因为建厂位置未能选定，故引入 0~1 变量，令：

$$y_i = \begin{cases} 1 & A_i \text{ 被选中} \\ 0 & A_i \text{ 未被选中} \end{cases} \quad (i = 2, 3, 4, 5)。$$

故问题的整数规划模型可以写为：

$\min z = 175y_2 + 300y_3 + 375y_4 + 500y_5 + 8x_{11} + 4x_{12} + 3x_{13} + 5x_{21} + 2x_{22} + 3x_{23} + 4x_{31}$
$\quad + 3x_{32} + 4x_{33} + 9x_{41} + 7x_{42} + 5x_{43} + 10x_{51} + 4x_{52} + 2x_{53}。$

$$\begin{cases} x_{11} + x_{12} + x_{13} \leq 30 \\ x_{21} + x_{22} + x_{23} \leq 10y_2 \\ x_{31} + x_{32} + x_{33} \leq 20y_3 \\ x_{41} + x_{42} + x_{43} \leq 30y_4 \\ x_{51} + x_{52} + x_{53} \leq 40y_5 \\ x_{11} + x_{21} + x_{31} + x_{41} + x_{51} = 30 \\ x_{12} + x_{22} + x_{32} + x_{42} + x_{52} = 20 \\ x_{13} + x_{23} + x_{33} + x_{43} + x_{53} = 20 \\ x_{ij} \geq 0, i = 1, 2, 3, 4, 5; j = 1, 2, 3 \\ y_k = 0 \text{ 或 } 1; k = 2, 3, 4, 5。 \end{cases}$$

可以求得 $y_5 = 1$，$x_{11} = 30$，$x_{52} = 20$，$x_{53} = 20$，其他变量为 0，即在 A_5 地建厂，从 A_1 运往 B_1 30 000 吨，从新建的 A_5 运往 B_2 和 B_3 均为 20 000 吨，此时最小总费用 $\min z = 860 000$ 元。

【例 6-19】 设施覆盖与布点问题。

某城市共有 6 个区，每个都可以建消防站。市政府希望建设的消防站最少，但必须满足在城市任何地区发生火警时，消防车要在 15 分钟内赶到现场。据实地测定，各区之间消防车行驶的时间如表 6-15 所示。请帮助该市制订一个最节省的建设方案。

表 6-15

	地区 1	地区 2	地区 3	地区 4	地区 5	地区 6
地区 1	0	10	16	28	27	20
地区 2	10	0	24	32	17	10
地区 3	16	24	0	12	27	21
地区 4	28	32	12	0	15	25
地区 5	27	17	27	15	0	14
地区 6	20	10	21	25	14	0

解：对于每个地区而言，面临两个状态选择：建或不建，因此引入 0~1 变量：

$$x_i = \begin{cases} 1 & \text{地区 } i \text{ 建消防站} \\ 0 & \text{地区 } i \text{ 不建消除站} \end{cases} \quad (i=1,2,3,4,5,6)。$$

考虑到地区 i 发生火警时，消防车要在 15 分钟内赶到现场，因此距地区 i 不超过 15 分钟路程的其他地区消防站需要考虑在内。因此模型可以写为：

$\min z = x_1 + x_2 + x_3 + x_4 + x_5 + x_6$。

$$\begin{cases} x_1 + x_2 \geq 1 \\ x_1 + x_2 + x_6 \geq 1 \\ x_3 + x_4 \geq 1 \\ x_3 + x_4 + x_5 \geq 1 \\ x_4 + x_5 + x_6 \geq 1 \\ x_2 + x_5 + x_6 \geq 1 \\ x_i = 0 \text{ 或 } 1; i = 1, \cdots, 6。 \end{cases}$$

求解可得 $x_2 = 1$，$x_4 = 1$，即只需在地区 2 和地区 4 建立消防站即可满足要求。

【例 6-20】人力资源招聘问题。

某单位想招聘科长、秘书、会计共五名，现有 10 人通过初试，初试中评委给 10 人分别打了能力评分，有关资料见表 6-16。现要求：①秘书至少招聘两人；②会计不超过两人；③科长招聘一人；④专科及专科以上学历不低于 80%；⑤女性比例不低于 40%；⑥平均年龄不超过 33 岁；⑦平均工龄在 5 年以上；⑧应聘人员年薪总额不超过 6 万元；⑨每人最多只能占据一个职位。

问：应聘请哪些人，既能满足要求，又使整体能力最强？

表 6-16

号码	应聘职位	性别	年龄	学历	工龄（年）	要求年薪（万元）	能力评分
1	科长	男	40	本	16	2.0	10
2	科长或会计	男	37	专	15	1.5 或 1.0	8
3	科长	男	25	研究生	0	2.5	9
4	秘书	男	20	高中	0	0.6	5
5	秘书	男	33	专	10	1.0	9
6	会计	男	30	专	7	0.9	8
7	秘书	女	25	本	2	0.9	9
8	会计或秘书	女	23	专	0	0.7	7
9	科长	女	31	本	8	1.8	10
10	会计	女	35	高中	15	0.9	9

解：由于有人应聘了两个职位，因此需要考虑其应聘职位问题。引入 0~1 变量 $x_i (i = 1, \cdots, 12)$，其表示的含义如表 6-17 所示。

表 6-17

变量	取值	表示意义	取值	表示意义
x_1	1	第 1 人被录用	0	第 1 人不被录用
x_2	1	第 2 人被录用做科长	0	第 2 人不被录用做会计
x_3	1	第 2 人被录用做会计	0	第 2 人不被录用做会计
$x_4 \sim x_8$	1	第 3 ~ 第 7 人被录用	0	第 3 ~ 第 7 人不被录用
x_9	1	第 8 人被录用做会计	0	第 8 人不被录用做会计
x_{10}	1	第 8 人被录用做秘书	0	第 8 人不被录用做秘书
x_{11}	1	第 9 人被录用	0	第 9 人不被录用
x_{12}	1	第 10 人被录用	0	第 10 人不被录用

根据题意要求，其模型可以写为：

$\text{Max} z = 10x_1 + 8x_2 + 8x_3 + 9x_4 + 5x_5 + 9x_6 + 8x_7 + 9x_8 + 7x_9 + 7x_{10} + 10x_{11} + 9x_{12}$。

$$\begin{cases} \sum_{j=1}^{12} x_j = 5 \\ x_5 + x_6 + x_8 + x_{10} \geq 2 \\ x_3 + x_7 + x_9 + x_{12} \leq 2 \\ x_1 + x_2 + x_4 + x_{11} = 1 \\ x_1 + x_2 + x_3 + x_4 + x_6 + x_7 + x_8 + x_9 + x_{10} + x_{11} \geq 5 \times 80\% \\ \sum_{j=8}^{12} x_j \geq 5 \times 40\% \end{cases}$$

$$\begin{cases} (40x_1 + 37x_2 + 37x_3 + 25x_4 + 20x_5 + 33x_6 + 30x_7 25x_8 + 23x_9 + 23x_{10} + \\ \quad 31x_{11} + 35x_{12})/5 \leqslant 33 \\ (16x_1 + 15x_2 + 15x + 0x_4 + 0x_5 + 10x_6 + 7x_7 + 2x_8 + 0x_9 + 0x_{10} + 8x_{11} + \\ \quad 15x_{12})/5 \geqslant 5 \\ 2.0x_1 + 1.5x_2 + 1.0x_3 + 2.5x_4 + 0.6x_5 + 1.0x_6 + 0.9x_7 + 0.9x_8 + 0.7x_9 \\ \quad + 0.7x_{10} + 1.8x_{11} + 0.9x_{12} \leqslant 6 \\ x_2 + x_3 \leqslant 1 \\ x_9 + x_{10} \leqslant 1 \\ x_j = 0 \text{ 或 } 1; j = 1, 2, \cdots, 12。 \end{cases}$$

求解可得 $x_3 = 1$，$x_6 = 1$，$x_8 = 1$，$x_{11} = 1$，$x_{12} = 1$，即录用第 2 人做会计，录用第 5、第 7 人当秘书，录用第 9 人做科长，录用第 10 人做会计可满足招聘要求。

【例 6-21】 值班安排问题。

某大学实验室准备聘请 4 名大学生（代号为 1、2、3、4）和 2 名研究生（代号为 5、6）值班。已知每人从周一到周日每天最多可以安排的值班时间及每人每小时值班的报酬如表 6-18 所示。

表 6-18

值班员代号	报酬（元/小时）	每天最多可安排的值班时间						
		周一	周二	周三	周四	周五	周六	周日
1	10	6	0	6	0	7	12	0
2	10	0	6	0	6	0	0	12
3	9	4	8	3	0	5	12	12
4	9	5	5	6	0	4	0	12
5	15	3	0	4	8	0	12	0
6	16	0	6	0	6	3	0	12

现有如下要求：（1）实验室开放时间为上午 8：00 至晚上 10：00；（2）开放时间内须有且仅有一名学生值班；（3）规定大学生每周值班不少于 8 小时；（4）研究生每周值班不少于 7 小时；（5）每名学生每周值班不超 3 次；（6）每次值班不少于 2 小时；（7）每天安排值班的学生不超过 3 人，且其中必须有一名研究生。

试为该实验室安排一张人员的值班表，使总支付的报酬额最少。

解： 对学生而言，一方面面临是否需要值班的问题，另一方面面临若值班，则哪天值班的问题。因此设 $x_{ij}(i = 1, \cdots, 6; j = 1, \cdots, 7)$ 为学生 i 在周 j 的值班时间，引入 0~1 变量：

$$y_{ij} = \begin{cases} 1 & \text{安排学生 } i \text{ 在周 } j \text{ 值班} \\ 0 & \text{不安排学生 } i \text{ 在周 } j \text{ 值班} \end{cases} \quad (i=1,\cdots,6; j=1,\cdots,7)。$$

a_{ij} 表示学生 i 在周 j 最多可值班的值班时间，c_i 表示学生 i 每小时的报酬。则该问题模型可以描述如下：

$$\min z = \sum_{i=1}^{6}\sum_{j=1}^{7} c_i x_{ij}。$$

$$\begin{cases} 2y_{ij} \leq x_{ij} \leq a_{ij}y_{ij} & (i=1,2,\cdots,6; j=1,2,\cdots,7) \\ \sum_{j=1}^{7} x_{ij} \geq 8 & (i=1,2,3,4) \\ \sum_{j=1}^{7} x_{ij} \geq 7 & (i=5,6) \\ \sum_{i=1}^{6} x_{ij} \geq 14 & (j=1,2,\cdots,7) \\ \sum_{j=1}^{7} y_{ij} \leq 3 & (j=1,2,\cdots,6) \\ \sum_{i=1}^{6} y_{ij} \leq 3 & (j=1,2,\cdots,7) \\ y_{5j} + y_{6j} \geq 1 & (j=1,2,\cdots,7) \\ x_{ij} \geq 0, y_{ij} = 0 \text{ 或 } 1 & (i=1,2,\cdots,6; j=1,2,\cdots,7) \end{cases}$$

可以求得最优值班安排方案如表 6-19 所示，此时每周所需总费用为 1 045 元。

表 6-19

值班员代号	值班时间（小时）	每天最多可安排的值班时间						
		周一	周二	周三	周四	周五	周六	周日
1	19	6		6		7		
2	10		4		6			
3	25			8		5	12	
4	23	5		6				12
5	13	3		2	6		2	
6	8		2		2	2		2

习 题

1. 用分支定界法和割平面方法分别求解下列整数规划问题。

(1) $\min z = -x_1 - 5x_2$
$\begin{cases} x_1 - x_2 \geq -2 \\ 5x_1 + 6x_2 \leq 30 \\ x_1 \leq 4 \\ x_1, x_2 \geq 0 \text{且为整数} \end{cases}$

(2) $\max z = 2x_1 + x_2$
$\begin{cases} x_1 + x_2 \leq 5 \\ -x_1 + x_2 \leq 0 \\ 6x_1 + 2x_2 \leq 21 \\ x_1, x_2 \geq 0 \text{且为整数} \end{cases}$

2. 用隐枚举法求解下列 0~1 规划问题。

(1) $\min z = x_1 + 5x_2 + 4x_3 + 3x_4$
$\begin{cases} -4x_1 + 2x_2 + x_3 + x_4 \geq 2 \\ -2x_1 + 4x_2 + 2x_3 + 3x_3 \geq 4 \\ x_1 + x_2 - x_3 + x_4 \geq 1 \\ x_1, x_2, x_3, x_4 = 0 \text{ 或 } 1 \end{cases}$

(2) $\max z = 4x_1 + x_2 + x_3$
$\begin{cases} 2x_1 - 5x_2 + 3x_3 \leq 4 \\ 4x_1 + x_2 + 3x_3 \geq 3 \\ x_2 + x_3 \geq 1 \\ x_1, x_2, x_3 = 0 \text{ 或 } 1 \end{cases}$

3. 已知某指派问题为求费用最小，其系数矩阵如下，求最优指派方案。

(1) $\begin{bmatrix} 8 & 11 & 10 & 13 \\ 12 & 15 & 17 & 9 \\ 11 & 13 & 14 & 10 \\ 14 & 12 & 9 & 13 \end{bmatrix}$

(2) $\begin{bmatrix} 3 & 8 & 4 & 9 & 7 \\ 8 & 7 & 5 & 7 & 9 \\ 6 & 6 & 4 & 5 & 7 \\ 8 & 4 & 2 & 3 & 5 \\ 9 & 10 & 7 & 9 & 10 \end{bmatrix}$

4. 某超市连锁店的布点问题。某超市连锁店在分析某城市的特征后，将该城市划分成四个区域：东片、西片、南片、北片。在四个区域中共确定了 10 个连锁店的备选点，记作 $s_1, s_2, \cdots, s_{10}$。在连锁店选择时需要考虑以下限制：

①东片的三个点 s_1, s_2, s_3 中，至少应选择一个；
②西片的两个点 s_4, s_5 中，应恰好选择一个；
③南片的四个点 s_6, s_7, s_8, s_9 中，最多只能选三个；
④北片只有一个备选点 s_{10}，可选可不选。

如果选中 s_j 点，其投资为 z_j 元，每年的预期收益为 p_j 元。现要求总投资不超过 z 元，问应选择哪些备选点，既可满足限制，又可使每年的总收益最大。试建立这个问题的 0~1 型整数规划数学模型。

5. 学校举行 10×100 米接力赛，规定每队至少包括两名女性。某班现有 30 人，其中 10 名女生，记作 $S_1, S_2, \cdots, S_{10}$，20 名男生记作 $S_{11}, S_{12}, \cdots, S_{30}$，$S_i$ 同学跑 100 米的成绩为 g_i 秒，问该班应选择哪些同学参加比赛，写出数学模型。

6. 已知下列五名运动员各种泳姿的游泳成绩（各为 50m）如表 6-20 所示，试问如何从中选拔一个参加 200m 混合泳的接力队，使预期成绩为最好。

表 6-20

	赵	钱	张	王	周
仰泳	37.7	32.9	33.8	37.0	35.4
蛙泳	43.4	33.1	42.2	34.7	41.8

续表

	赵	钱	张	王	周
蝶泳	33.3	28.5	38.9	30.4	33.6
自由泳	29.2	26.4	29.6	28.5	31.1

7. 有三家建筑公司 A_1，A_2，A_3 来承建五个项目。根据实际情况，允许每家建筑公司承建一个或者两个项目，相应费用如表 6-21 所示。现确定指派方案，使总费用最小。

表 6-21

	项目 1	项目 2	项目 3	项目 4	项目 5
A_1	4	8	7	15	12
A_2	7	9	16	14	9
A_3	8	9	11	9	7

8. 有甲、乙、丙、丁四人和 A、B、C、D、E 五项任务。每人完成各项任务时间如表 6-22 所示。由于任务数多于人数，试分别在如下情况下确定总花费时间最少的指派方案。

(1) 其中一人可完成两项任务，其余三人各完成一项任务；

(2) 甲或者丙中有一人完成两项任务，乙和丁各完成一项任务；

(3) 每人完成一项任务，其中 A 和 B 必须完成，C、D、E 中可以有一项不完成。

(4) 任务 E 必须完成，其他四项任务中可任选三项完成。

表 6-22

	A	B	C	D	E
甲	25	29	31	42	37
乙	39	38	26	20	33
丙	34	27	28	40	32
丁	24	42	36	23	45

9. 从 A、B、C、D、E 五人中挑选四人去完成四项工作。已知每人完成各项工作的时间如表 6-23 所示，规定每项工作只能由其中一个单独完成，而每个人最多只能承担其中一项工作。又假定 A 必须保证分配一项工作，D 因为某种原因决定不同意承担第四项工作。在上述条件下，试问如何分配工作，使完成这四项工作所需的总时间最少？

表 6-23

	A	B	C	D	E
工作一	10	2	3	15	9
工作二	5	10	15	2	4
工作三	15	5	14	7	15
工作四	20	15	13	6	8

10. 某城市的消防总部将全市划分为 11 个防火区，设有四个消防站，图 6-6 显示各防火区域与消防站的位置，其中①、②、③、④表示消防站，1，2，…，11 表示防火区。根据历史资料证实，各消防站可在事先规定允许时间内对所负责的地区的火灾予以消灭，图中虚线表示各地区由哪个消防站负责。现在总部提出，可否减少消防站的数目，仍能同样负责各地区的防火任务，如果可以，应当关闭哪个？

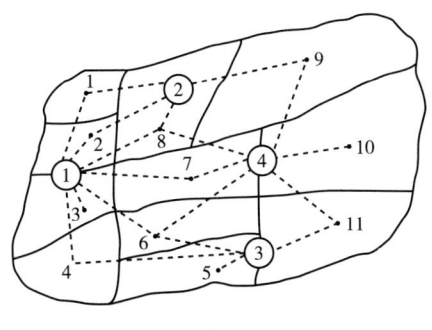

图 6-6

第7章 非线性规划

在前面几章的问题中,约束条件与目标函数都是决策变量的线性函数,然而在现实经济管理、工程设计等诸多问题中,其约束条件与目标函数很难用线性函数来描述。因此,当目标函数或约束条件出现未知量的非线性函数,且不便于线性化,或勉强线性化后会招致较大误差时,就可应用非线性规划的方法去处理。

非线性规划(Non-linear Programming,NLP)是一种求解目标函数或约束条件中有一个或几个非线性函数的最优化问题的方法。与线性规划问题一样,是运筹学的一个重要分支。这一方法在经济管理、交通运输、工程设计、投资优化和军事等方面有广泛的应用。例如,如何在现有人力、物力、财力条件下合理安排产品生产,以取得最高的利润;如何设计某种产品,在满足规格、性能要求的前提下,达到最低的成本;如何安排库存储量,既能保证供应,又使储存费用最低;如何组织货源,既能满足顾客需要,又使资金周转最快等。

7.1 非线性规划的模型与基本概念

7.1.1 问题的提出

【例7-1】某公司经营两种产品,产品Ⅰ每件售价30元,产品Ⅱ每件售价45元。根据统计,售出一件产品Ⅰ所需要的服务时间平均是 $(1+0.5x_1)$ 小时,售出一件产品Ⅱ是 $(2+0.25x_2)$ 小时,其中 x_1,x_2 分别为产品Ⅰ和产品Ⅱ的售出数量。已知该公司在这段时间内的总服务时间为800小时,试制订使其营业额最大的营业计划。

解：设 x_1，x_2 分别为该公司计划经营产品 I 和产品 II 的数量。根据题意，营业额为：

$f(X) = 30x_1 + 45x_2$。

由于服务时间限制，故经营计划需要满足约束条件：

$(1 + 0.5x_1)x_1 + (2 + 0.25x_2)x_2 \leq 800$。

因此该问题的数学模型可以写为如下形式：

$\max f(X) = 30x_1 + 45x_2$。

$$\begin{cases} (1 + 0.5x_1)x_1 + (2 + 0.25x_2)x_2 \leq 800 \\ x_1, x_2 \geq 0 \end{cases}$$

【例 7-2】把圆形木材加工成矩形横截面的木梁，要求木梁高度不超过 H，横截面的惯性矩（高度的平方×宽度）不小于 W，而且高度介于宽度与 4 倍宽度之间。问如何确定木梁尺寸可使木梁成本最小。

解：设矩形横截面的高度为 x_1，宽度为 x_2，如图 7-1 所示。因此圆形木材的半径可以描述为：

$$r = \sqrt{\left(\frac{x_1}{2}\right)^2 + \left(\frac{x_2}{2}\right)^2}。$$

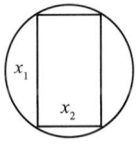

图 7-1

由于木梁长度无法改变，因此成本只与圆形木材的横截面积有关。因此该问题的数学模型可以描述为：

$$\min f(X) = \pi r^2 = \pi \left(\frac{x_1^2}{4} + \frac{x_2^2}{4}\right)。$$

$$\begin{cases} x_1 \leq H \\ x_1^2 x_2 \geq W \\ x_1 - x_2 \geq 0 \\ x_1 - 4x_2 \leq 0 \\ x_1, x_2 \geq 0 \end{cases}$$

第三个和第四个约束条件表示高度介于宽度与 4 倍宽度之间。

【例 7-3】某公司有 6 个建筑工地需要开工建设，每个工地的位置用坐标 (a_i, b_i)（距离单位为千米）表示，其混凝土需求量用 d_i 表示，有关数据如表 7-1 所示。现准备规划设立两个料场 A 和 B，日储量均为 20 吨，用于为每个工地供应混凝土。假设从料场到每个工地之间均有直线道路相连接，试确定料场的位置，并制订每天的供应计划，即从料场 A 和 B 分别向各工地运送多少吨混凝土，使总的吨千米数最小。

表 7-1

	1	2	3	4	5	6
a_i	1.25	8.75	0.5	5.75	3	7.25
b_i	1.25	0.75	4.75	5	6.5	7.25
需求量 d_i	3	5	4	7	6	11

解：不妨设料场的位置为 $(x_j, y_j)(j=1, 2)$，x_{ij} 为从第 j 个料场向第 i 个工地的混凝土日运量。因此该问题的模型可以写为：

$$\min f(X) = \sum_{j=1}^{2} \sum_{i=1}^{6} x_{ij} \sqrt{(x_j - a_i)^2 + (y_j - b_i)^2}。$$

$$\begin{cases} \sum_{j=1}^{2} x_{ij} = d_i & i = 1,\cdots,6 \\ \sum_{i=1}^{6} x_{ij} \leq 20 & j = 1,2 \\ x_{ij} \geq 0 & i = 1,\cdots,6; j = 1,2。 \end{cases}$$

7.1.2 非线性规划的数学模型

从上述例子可以看出，带约束的非线性规划问题的数学模型一般可以表示为如下形式：

$\min f(X)$

$$\begin{cases} h_i(X) = 0 & i = 1, 2, \cdots, m \\ g_j(X) \geq 0 & j = 1, 2, \cdots, l \end{cases} \tag{7-1}$$

其中，$X = (x_1, x_2, \cdots, x_n)^T$ 是 n 维欧氏空间 E^n 中的点（向量），目标函数 $f(X)$ 和约束函数 $h_i(X)$、$g_j(X)$ 均为 X 的实函数，且至少有一个是非线性函数。

因为约束条件为等式 $h_i(X) = 0$ 可以用两个不等式约束来替代它：$h_i(X) \geq 0$ 和 $-h_i(X) \geq 0$，所以有时非线性规划问题的数学模型也用式（7-2）来描述。

$\min f(X)$

$$g_j(X) \geq 0 \quad j = 1, 2, \cdots, l \tag{7-2}$$

如果目标函数是极大化形式，根据 $\max f(X) = -\min f(X)$，只需将其转化为负值极小化即可;如果某约束条件为"≤"时,可以在其两端分别乘以"-1",转换为"≥"形式。

无约束的非线性规划问题一般可表示为:
$$\min f(X), X \in E^n \tag{7-3}$$

可见,非线性规划问题可分为两类,即无约束非线性规划问题和带约束非线性规划问题。

7.1.3 非线性规划问题的图解法

一般来说,解非线性规划问题要比求解线性规划问题困难得多,而且也不像线性规划那样有统一的数学模型及如单纯形法这一通用解法。非线性规划的各种算法大多有自己特定的适用范围,都有一定的局限性,到目前为止还没有适合于各种非线性规划问题的一般算法。若非线性规划问题只有两个变量时,与线性规划问题类似,可以用图解法求解。

【例 7-4】 求解如下非线性规划问题:
$$\min f(X) = (x_1 - 2)^2 + (x_2 - 1)^2 \, 。$$
$$\begin{cases} x_1 + x_2^2 - 5x_2 = 0 \\ x_1 + x_2 - 5 \geq 0 \\ x_1, x_2 \geq 0 \, 。 \end{cases}$$

解:该非线性规划问题只有两个决策变量,因此可以考虑用图解法来进行求解。

根据约束条件,其可行域是由抛物线 $x_1 + x_2^2 - 5x_2 = 0$ 和直线 $x_1 + x_2 - 5 = 0$ 所组成的区域 $ABCD$,如图 7-2 所示。

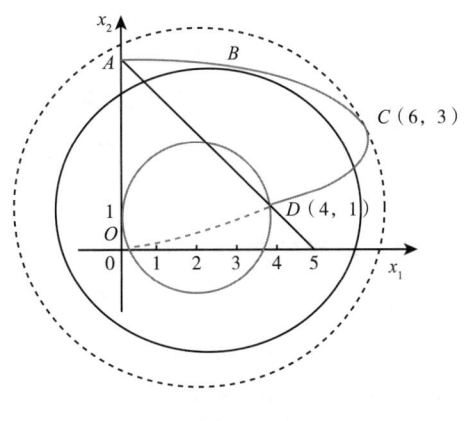

图 7-2

目标函数 $f(X) = (x_1 - 2)^2 + (x_2 - 1)^2$ 是以点（2，1）为圆心的同心圆。显然半径越大，目标函数值越大。例如，令 $f(X) = 4$ 或 $f(X) = 20$ 就可以得到两个不同的圆，如图 7-2 所示。

令动点从 A 点出发，沿着抛物线 $ABCD$ 移动。可以发现，动点从 A 点移动到 B 点的过程中，目标函数值是不断减少的；动点从 B 点移动到 C 点的过程中，目标函数值是不断增加的，且移动到 C 点时目标函数值最大；动点从 C 点移动到 D 点过程中，目标函数值不断减小，且移动到 D 点是目标函数值最小。

因此我们可以得到，B 点是部分可行域中的一个极小值点，我们称其为局部极小点（相对极小点），此时对应的目标函数值称为局部极小值（相对极小值）；而 D 点是整个可行域上的极小值点，称其为全局极小点（绝对极小点或最小点），对应的目标函数值称为全局极小值（绝对极小值或最小值）。全局极小点显然是局部极小点，但局部极小点不一定是全局极小点。在本例中，此时最小点 D 点为（4，1），即此时最优解为 $X^* = (4, 1)^T$，最优值 $\min f(X^*) = 4$。

如果我们不考虑约束条件，显然就是无约束的非线性规划问题，此时其最优解为 $X^* = (2, 1)^T$，最优值 $\min f(X^*) = 0$。显然约束条件对最优解是有影响的。

7.1.4 非线性规划极值问题

从例 7-3 可以看出，非线性规划问题的局部极值与全局极值往往是不同的，有时候求出的解在部分可行域上是极值点，但不一定是整个可行域上的全局极值点。全局极值点是在整个可行域内的最优解，它反映目标函数的整体特性。

设区域 R 为非线性规划问题式（7-1）的可行域，显然 $R \subset E^n$，E^n 为 n 维欧氏空间；$f(X)$ 是定义在区域 R 上的 n 元函数，其中 $X = (x_1, x_2, \cdots, x_n)^T$。

对于 $X^* \in R$ 和 $X \in R$，如果存在某个 $\varepsilon > 0$，使所有与 X^* 的距离小于 ε 的 X（即 $\|X - X^*\| < \varepsilon$）都满足 $f(X) \geqslant f(X^*)$，则称 X^* 为 $f(X)$ 在区域 R 上的局部极小点（相对极小点），$f(X^*)$ 为局部极小值（相对极小值）；如果 $X \neq X^*$ 且与 X^* 的距离小于 ε 的 X 都满足 $f(X) > f(X^*)$，则称 X^* 为 $f(X)$ 在区域 R 上的严格局部极小点，$f(X^*)$ 为严格局部极小值。

若 $X^* \in R$，而对于所有 $X \in R$ 都有 $f(X) \geqslant f(X^*)$，则称 X^* 为 $f(X)$ 在区域 R 上的全局极小点（绝对极小点或最小点），$f(X^*)$ 为全局极小值（绝对极小或最小值）；若对于所有 $X \in R$ 且 $X \neq X^*$，都有 $f(X) > f(X^*)$，则称 X^* 为 $f(X)$ 在区域 R 上的严格全局极小点，$f(X^*)$ 为严格全局极小值。

若将上述不等式反向，则可以得到相应的极大点和极大值的定义。一般来说，

$f(X)$ 在区域 R 上可能有若干个局部最优解,而我们总是希望求得全局最优解,然而,目前已有的方法只能求得局部最优解。为了求得全局最优解,通常是找出多个局部最优解,比较求得全局最优解。

7.1.5 无约束极值条件

考虑无约束的非线性规划问题 $\min f(X)$,$X \in E^n$,其极值点存在的必要条件、充分条件与一元函数极值点的相应条件类似。

【定理 7-1】(必要条件):设 R 为 n 维欧氏空间 E^n 上的某一开集,$f(X)$ 在 R 上有一阶连续偏导数。若 $X^* \in R$,且在点 X^* 取得局部极值,则必然有:

$$\frac{\partial f(X^*)}{\partial x_1} = \frac{\partial f(X^*)}{\partial x_2} = \cdots = \frac{\partial f(X^*)}{\partial x_n} = 0 \tag{7-4}$$

或者写出:

$$\nabla f(X^*) = 0 \tag{7-5}$$

在式 (7-5) 中:

$$\nabla f(X^*) = \left(\frac{\partial f(X^*)}{\partial x_1}, \frac{\partial f(X^*)}{\partial x_2}, \cdots, \frac{\partial f(X^*)}{\partial x_n} \right)^T \tag{7-6}$$

为函数 $f(X)$ 在点 X^* 处的梯度。

满足式 (7-4) 和式 (7-5) 的点称为稳定点 (或驻点)。在区域 R 内,极值点必为稳定点,但稳定点不一定是极值点。

梯度 $\nabla f(X)$ 有两个重要的性质:(1) 函数在某点的梯度不为零,则该梯度方向必与过该点的等值面垂直;(2) 梯度向量的方向是函数值 (在该点处) 增加最快的方向,而负梯度方向则是函数值 (在该点处) 减少最快的方向。

【定理 7-2】(充分条件):设 R 为 n 维欧氏空间 E^n 上的某一开集,$f(X)$ 在 R 上有二阶连续偏导数。若 $\nabla f(X^*) = 0$ 且 $\nabla^2 f(X^*)$ 为正定,则 $X^* \in R$ 为 $f(X)$ 的严格局部极小点。这里有:

$$\nabla^2 f(X^*) = \begin{pmatrix} \frac{\partial^2 f(X^*)}{\partial x_1^2} & \frac{\partial^2 f(X^*)}{\partial x_1 \partial x_2} & \cdots & \frac{\partial^2 f(X^*)}{\partial x_1 \partial x_n} \\ \frac{\partial^2 f(X^*)}{\partial x_2 \partial x_1} & \frac{\partial^2 f(X^*)}{\partial x_2^2} & \cdots & \frac{\partial^2 f(X^*)}{\partial x_2 \partial x_n} \\ \vdots & \vdots & \vdots & \vdots \\ \frac{\partial^2 f(X^*)}{\partial x_n \partial x_1} & \frac{\partial^2 f(X^*)}{\partial x_n \partial x_2} & \cdots & \frac{\partial^2 f(X^*)}{\partial x_n^2} \end{pmatrix} \tag{7-7}$$

称 $\nabla^2 f(X^*)$ 为 $f(X)$ 在点 X^* 出的海塞 (Hesse) 矩阵。

若将 $\nabla^2 f(X^*)$ 改为负定，则定理 7-2 就变成点 X^* 为 $f(X)$ 的严格局部极大点的充分条件。

正定是指矩阵的左上角各阶主子式均大于零，半正定是指矩阵的左上角各阶主子式均大于等于零；负定是指矩阵的左上角顺序各阶主子式负正相间。

【例 7-5】试求二次函数 $f(x_1, x_2) = 2x_1^2 - 8x_1 + 2x_2^2 - 4x_2 + 20$ 的极值点。

解：由极值存在的必要条件求出稳定点：

$$\frac{\partial f}{\partial x_1} = 4x_1 - 8, \quad \frac{\partial f}{\partial x_2} = 4x_2 - 4。$$

则由 $\nabla f(x) = 0$ 得 $x_1 = 2$，$x_2 = 1$。

再用充分条件进行检验：$\dfrac{\partial^2 f}{\partial x_1^2} = 4$，$\dfrac{\partial^2 f}{\partial x_2^2} = 4$，$\dfrac{\partial^2 f}{\partial x_1 \partial x_2} = \dfrac{\partial^2 f}{\partial x_2 \partial x_1} = 0$，

由于 $\nabla^2 f = \begin{pmatrix} 4 & 0 \\ 0 & 4 \end{pmatrix}$ 为正定矩阵，从而 $X^* = (2, 1)^T$ 为极小点。

7.1.6 凸函数

（1）凸函数的定义。

设 $f(X)$ 为定义在 n 维欧氏空间 E^n 中的某个凸集 R 上的函数。X_1 和 X_2 为凸集 R 中的任意两点，若对于任意实数 $\alpha(0 < \alpha < 1)$，恒有式（7-8）成立，则称 $f(X)$ 为 R 上的凸函数，或者称 $f(X)$ 在 R 上是凸的。

$$f(\alpha X_1 + (1-\alpha) X_2) \leq \alpha f(X_1) + (1-\alpha) f(X_2) \tag{7-8}$$

若对于任意实数 $\alpha(0 < \alpha < 1)$ 且 $X_1 \neq X_2$，恒有式（7-9）成立，则称 $f(X)$ 为 R 上的严格凸函数，或者称 $f(X)$ 在 R 上是严格凸的。

$$f(\alpha X_1 + (1-\alpha) X_2) < \alpha f(X_1) + (1-\alpha) f(X_2) \tag{7-9}$$

将式（7-8）和式（7-9）的不等号反向，即可得到凹函数和严格凹函数的定义。显然，如果 $f(X)$ 是 R 上的凸函数（严格凸函数），则 $-f(X)$ 是 R 上的凹函数（严格凹函数）。

我们可以用图 7-3 来直观反映凸函数和凹函数。从图 7-3 可以看出，凸函数的函数曲线上任意两点之间的连线总在函数曲线的上方，如图 7-3（a）所示；凹函数的函数曲线上任意两点之间的连线总在函数曲线的下方，如图 7-3（b）所示。

（2）凸函数的性质。

性质 1：若 $f(X)$ 为凸集 R 上的凸函数，则对于任意实数 $\alpha(\alpha \geq 0)$，函数 $\alpha f(X)$ 也为定义在 R 上的凸函数。

性质 2：若 $f_1(X)$ 和 $f_2(X)$ 均为凸集 R 上的凸函数，则函数 $f(X) = f_1(X) +$

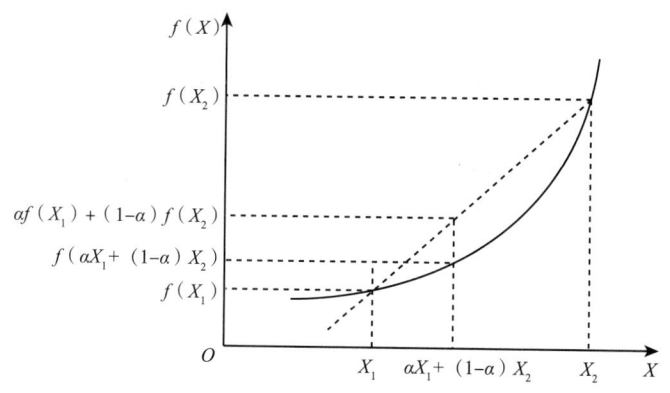

图 7-3（a） 凸函数

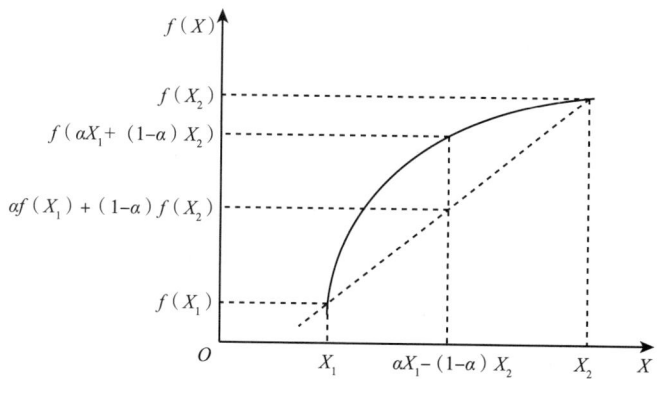

图 7-3（b） 凹函数

$f_2(X)$ 也为定义在 R 上的凸函数。

结合性质 1 和性质 2，可以容易得到，有限个凸函数的非负线性组合仍然为凸函数，即性质 3。

性质 3：若 $f_1(X)$，$f_2(X)$，$\cdots$，$f_n(X)$ 均为凸集 R 上的凸函数，则对于任意实数 $\alpha_i \geq 0 (i=1, 2, \cdots, n)$，其函数 $f(X) = \alpha_1 f_1(X) + \alpha_2 f_2(X) + \cdots + \alpha_n f_n(X)$ 也为定义在 R 上的凸函数。

性质 4：若 $f(X)$ 为凸集 R 上的凸函数，对于任一实数 β，集合 $S_\beta = \{X \mid X \in R, f(X) \leq \beta\}$ 也是凸集，称 S_β 为水平集。

以上性质，都可以通过凸函数的定义来进行证明，这里略去。

（3）凸函数的判定。

我们可以根据凸函数的定义来进行判断一个函数是否为凸函数。对于可微凸函数，我们可以根据以下定理来进行判定。

【定理 7-3】（一阶条件）：设 R 为 n 维欧氏空间 E^n 上的开凸集，$f(X)$ 在 R 上有一阶连续偏导数，则 $f(X)$ 在 R 上为凸函数的充要条件为：对于任意两点 $X_1 \in R$，

$X_2 \in R$，恒有：
$$f(X_2) \geq f(X_1) + \nabla f(X_1)^T (X_2 - X_1) \tag{7-10}$$

开凸集是指不包括边界的凸集。类似地，$f(X)$ 是凸集 S 在上的严格凸函数的充分必要条件是上式不等号严格成立。如果将式（7-8）中的不等号反向，则可以得到凹函数（严格不等号时为严格凹函数）的充要条件。

【例 7-6】证明 $f(X) = x_1^2 + x_2^2 + 10$ 为凸函数。

证明：任取两个点 $X_1 = (a_1, b_1)^T$ 和 $X_2 = (a_2, b_2)^T$，容易得到：

$$\nabla^T f(X_1) = \left(\frac{\partial f(X_1)}{\partial x_1}, \frac{\partial f(X_1)}{\partial x_2} \right)^T = (2a_1, 2b_1)^T。$$

$f(X_1) = a_1^2 + b_1^2 + 10, f(X_2) = a_2^2 + b_2^2 + 10$，

$$f(X_1) + \nabla^T f(X_1)(X_2 - X_1) = a_1^2 + b_1^2 + 10 + (2a_1, 2b_1)\begin{pmatrix} a_2 - a_1 \\ b_2 - b_1 \end{pmatrix}$$

$$= 2a_1 a_2 - a_1^2 + 2b_1 b_2 - b_1^2 + 10$$

$$= -(a_2 - a_1)^2 - (b_2 - b_1)^2 + a_2^2 + b_2^2 + 10$$

$$\leq a_2^2 + b_2^2 + 10 = f(X_2)。$$

即 $f(X_2) \geq f(X_1) + \nabla f(X_1)^T (X_2 - X_1)$，

所以 $f(X)$ 为凸函数。

【定理 7-4】（二阶条件）：设 R 为 n 维欧氏空间 E^n 上的开凸集，$f(X)$ 在 R 上有二阶连续偏导数，则 $f(X)$ 在 R 上为凸函数的充要条件为：$f(X)$ 的海塞矩阵 $\nabla^2 f(X)$ 在 R 上为半正定。

类似地，$f(X)$ 是凸集 S 上的严格凸函数的充分必要条件是 $\nabla^2 f(X)$ 为正定矩阵。

【例 7-7】证明 $f(X) = 9x_1^2 + 7x_1 x_2 - 6x_1 + 5x_2^2 + 4x_2 - 10$ 为严格凸函数。

证明：利用定理 7-4 来进行证明。

$\dfrac{\partial f(X)}{\partial x_1} = 18x_1 + 7x_2 - 6, \dfrac{\partial^2 f(X)}{\partial x_1^2} = 18, \dfrac{\partial^2 f(X)}{\partial x_1 \partial x_2} = 7$。

$\dfrac{\partial f(X)}{\partial x_2} = 7x_1 + 10x_2 + 4, \dfrac{\partial^2 f(X)}{\partial x_2^2} = 10, \dfrac{\partial^2 f(X)}{\partial x_2 \partial x_1} = 7$。

因此，函数 $f(X)$ 的海塞矩阵 $\nabla^2 f(X)$ 为：

$$\nabla^2 f(X) = \begin{bmatrix} 18 & 7 \\ 7 & 10 \end{bmatrix}。$$

容易判断 $\nabla^2 f(X)$ 为正定矩阵，所以 $f(X)$ 为严格凸函数。

（4）凸函数的极值。

函数的局部极小值并不一定是其最小值。局部极小值（极大值）只是反映了函

数在某一部分区域上的性质，而我们往往希望是能够找到全部区域中的最小值（最大值），因此需要找到所有的极值点再一一进行比较，以便从中找出最优值。然而对于定义在凸集上的凸函数来说，其任意一个极小值即为其最小值。

【定理 7-5】（三阶条件）：设 R 为 n 维欧氏空间 E^n 上的凸集，$f(X)$ 在 R 上为凸函数，则 $f(X)$ 的任意任一局部极小点等于全局极小点，其极小点形成一个凸集。若 $f(X)$ 是严格凸函数，则局部极小点是唯一的。

【定理 7-6】 设 R 为 n 维欧氏空间 E^n 上的凸集，$f(X)$ 在 R 上为凸函数且一阶连续可微。若存在 $X^* \in R$，都有 $\nabla^T f(X^*)(X-X^*) \geq 0$，则 X^* 是 $f(X)$ 在 R 上的全局极小点。若 $f(X)$ 是一阶连续可微的严格凸函数，则 $\nabla f(X^*) = 0$，即 X^* 是 $f(X)$ 在 R 上唯一的全局极小点。

7.1.7 凸规划

考虑非线性规划问题：
$$\min f(X)$$
$$\begin{cases} h_i(X) = 0 & i = 1, 2, \cdots, m \\ g_j(X) \geq 0 & j = 1, 2, \cdots, l \end{cases}$$

如果 $f(X)$ 为凸函数，$g_j(X)(j=1, 2, \cdots, l)$ 为凹函数（即 $-g_j(X)$ 为凸函数），则称该非线性规划问题为凸规划。显然线性规划是一种凸规划。

凸规划具有很好的性质：可行解集为凸集；若最优解存在，则最优解集为凸集；任何局部最优解均为其全局最优解；若目标函数为严格凸函数，且最优解存在，则最优解必唯一。

【例 7-8】 验证下述非线性规划问题是凸规划。
$$\min f(X) = 9x_1^2 + 7x_1 x_2 - 6x_1 + 5x_2^2 + 4x_2 - 10$$
$$\begin{cases} g_1(X) = -x_1^2 - x_2^2 + 4x_1 \geq 0 \\ g_2(X) = 2x_1 + 3x_2 + 3 \geq 0 \\ g_3(X) = x_1 \geq 0 \\ g_4(X) = x_2 \geq 0 \end{cases}$$

解：根据例 7-7 可知，$f(X) = 9x_1^2 + 7x_1 x_2 - 6x_1 + 5x_2^2 + 4x_2 - 10$ 为严格凸函数。

约束条件 $g_2(X)$，$g_3(X)$，$g_4(X)$ 是自变量的线性函数，把它们看成凸函数和凹函数都可以，现视它们为凹函数。

$$\nabla^2 g_1(X) = \begin{bmatrix} -2 & 0 \\ 0 & -2 \end{bmatrix}, \text{即 } \nabla^2 g_1(X) \text{ 为负定，故 } g_1(X) \text{ 为凹函数。}$$

从而可知该非线性规划问题为凸规划。

7.1.8 下降迭代法

根据前面所述，对于可微函数来说，可以根据 $\nabla f(X)=0$ 和判断 $\nabla^2 f(X)$ 的正定性的方法来求无约束问题的最优解。但该方法有很大的局限性，因为根据 $\nabla f(X)=0$ 得到的往往是非线性方程组，很难求解出来；或者在现实中很多问题难以求其偏导数，使一阶必要条件难以应用。下降迭代法就由蕴而生，它也是其他许多算法的基础。这是一种数值方法，利用函数在某一局部区域的性质或一些已知的数值，来确定下一步计算的点，这样一步步搜索逼近，最后达到最优点。这里以极小化问题为例，来说明下降迭代法的过程，这里首先介绍下降方向。

设 $P_0 \in E^n$，若存在 $\bar{\lambda}>0$，当 $0<\lambda<\bar{\lambda}$ 时，有 $f(X_0+\lambda P_0)<f(X_0)$，则称 P_0 为 $f(X)$ 在 X_0 处的下降方向，这里 λ 为步长。

下降迭代法的基本思想为：任取一个初始迭代点 X_0，按照一定的规则在 X_0 处找一个下降方向 P_0，在射线 $X_0+\lambda P_0$ 上找出更好的点 $X_1=X_0+\lambda_0 P_0$，使 $f(X_1)<f(X_0)$。然后判断 X_1 是否为极小点，若是，则停止迭代；否则，再从 X_1 出发，找比 X_1 更好的点 X_2，如此继续，就产生了一个点的序列 $\{X_k\}$，且满足 $f(X_0)>f(X_1)>f(X_2)>\cdots>f(X_k)>\cdots$ 若该点列有一极限点 X^*，即 $\lim\limits_{k\to\infty}\|X^{(k)}-X^*\|=0$，就称该点列收敛于 X^*。在这种情形下我们称算法是收敛的。

对于某一算法来说，我们要求其产生的点列 $\{X_k\}$ 中的某一点本身就是问题的精确最优点，或者该点列的极限点是问题的精确最优点，但该极限点是不能达到的，在这种情况下，经过有限次迭代不可能得到问题的精确最优解，而只能得到一个近似最优解。对于一般的非线性函数，大多数迭代算法都只能求得近似最优点。

下降迭代法的一般迭代过程是：

第 1 步，选择初始点 X_0，令 $k=0$。

第 2 步，确定搜索方向。从迭代点 X_k 出发，确定一个搜索方向 P_k，要求沿这个方向能找到使目标函数下降的点。

第 3 步，确定步长。沿着 P_k 的方向前进一步，得到新的迭代点 X_{k+1}。即在由 X_k 出发的射线 $X=X_k+\lambda P_k$ 上，选择一个步长 $\lambda_k(\lambda_k\geq 0)$，使 $X_{k+1}=X_k+\lambda_k P_k$。

第 4 步，检验新得到的点 X_{k+1} 是否满足计算终止准则。如满足则迭代结束，此时 X_{k+1} 就是要求的极小点或近似极小点；否则，令 $k=k+1$，转入第 2 步继续迭代。

在以上步骤中，选定搜索方向是最为关键的一步，这是区分各种算法的主要标志。

确定步长 λ_k 可选用不同的方法。例如，采用固定步长法（如令 $\lambda_k=1$），但不能保证 $f(X)$ 下降；也可以采取可接受点算法，只要能使 $f(X)$ 下降，可任意选取步长 λ_k。采取较多的方法是沿射线 $X=X_k+\lambda P_k$，使目标函数 $f(X)$ 取极小，即取 λ_k，使 $f(X_k+\lambda_k P_k)=\min\limits_{\lambda>0}f(X_k+\lambda P_k)$，这一过程称为一维搜索，其决定的步长 λ_k 称为最佳步长。当 $f(X)$ 可微时，也可用解析的方法求最佳步长 λ_k。

在上述搜索过程中有一个重要性质：搜索方向上所得到最优点处的梯度和该搜索方向正交。可以用如下定理来描述。

【定理 7-7】 设目标函数 $f(X)$ 具有连续一阶偏导数，X_{k+1} 按照如下规则产生：

$$\begin{cases} f(X_k+\lambda_k P_k)=\min\limits_{\lambda}f(X_k+\lambda P_k) \\ X_{k+1}=X_k+\lambda_k P_k \end{cases} \quad (7-11)$$

则有 $\nabla f(X_{k+1})^T P_k=0$。

由于真正的极值点 X^* 事前并不知道，故在实际迭代过程中，只能根据相继两次迭代得到的计算结果的变化来判断是否达到了要求，从而建立终止迭代计算的准则。常用的终止迭代计算准则主要有：

(1) 当自变量的改变充分小时，即 $\|X_{k+1}-X_k\|<\varepsilon$ 或 $\dfrac{\|X_{k+1}-X_k\|}{\|X_k\|}<\varepsilon$ 时，停止计算。

(2) 当函数值下降量充分小时，即 $f(X_k)-f(X_{k+1})<\varepsilon$ 或 $\dfrac{f(X_k)-f(X_{k+1})}{|f(X_k)|}<\varepsilon$ 时，停止计算。

(3) 当梯度的范数充分小时，即 $\|\nabla f(X_k)\|<\varepsilon$ 时，停止计算。

以上各式中，ε 是事先给定的充分小的正数。(1) 和 (2) 也是带约束非线性规划问题的收敛准则。图 7-4 是下降迭代算法的流程。

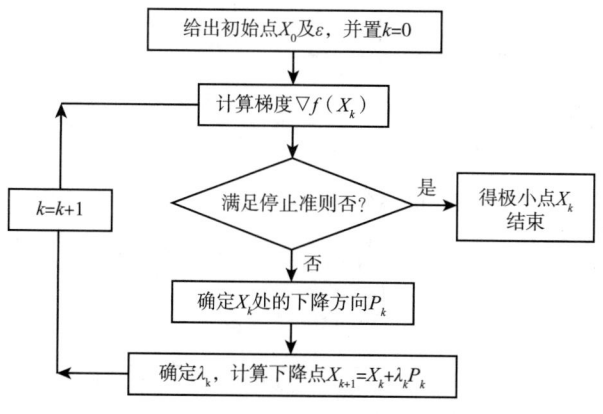

图 7-4

7.2 一维搜索方法

一维搜索算法用于求单变量的无约束极值问题。单变量极值问题是最简单的极值问题，它不但存在于实际问题中，而且是某些多变量函数最优化算法的基础。许多多元函数无约束最优化搜索算法实质上是由一系列一维搜索构成的，而一维搜索的成功与否对整个算法的效率影响很大。如 7.1 节提到的求 $X_{k+1} = X_k + \lambda_k P_k$ 中的步长 λ_k，就是单变量极值问题，因此一维搜索算法是最优化理论中很重要的一种算法。在介绍具体算法之前，首先对一维搜索算法的思想基础进行说明。

设 $f(x)$ 是定义在闭区间 $[a, b]$ 上的单变量单下峰函数，它在该区间有唯一极小点 x^*，即函数在 x^* 左边是严格下降的，在 x^* 右边是严格上升的。若在此区间任取两点 $a_1, b_1 \in [a, b]$，且 $a_1 < b_1$，只可能有如下几种情况，如图 7-5 所示。

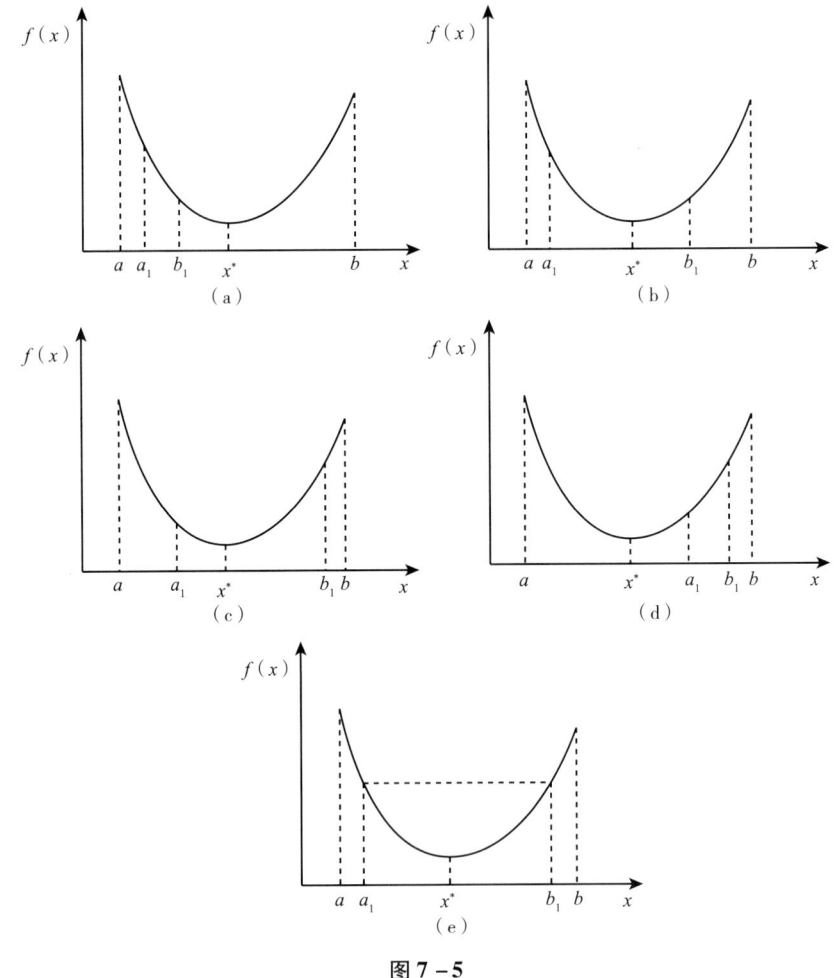

图 7-5

从图 7-5（a）和（b）可以看出，$f(a_1) > f(b_1)$，此时极小点 x^* 必然在 $[a_1, b]$ 内；从图 7-5（c）和（d）可以看出，$f(a_1) < f(b_1)$，此时极小点 x^* 必然在 $[a, b_1]$ 内；从图 7-5（e）可以看出，$f(a_1) = f(b_1)$，此时极小点 x^* 必然在 $[a_1, b]$ 或者 $[a, b_1]$ 内。

因此，对于单峰函数来说，只需选择两个试算点，就可将包含极小点的区间缩小。若 $f(a_1) > f(b_1)$，则极小点 $x^* \in [a_1, b]$，否则 $x^* \in [a, b_1]$，这就是很多一维搜索算法的思想基础。限于篇幅，下面仅介绍 0.618 法、分数法和进退法。

7.2.1 0.618 法（黄金分割法）

0.618 法的基本思想是：通过取试探点使包含极小点的区间不断缩短，当区间长度小到一定程度时，区间上各点的函数值均接近极小值，因此任意一点都可作为极小值点的近似。

设 $f(x)$ 是定义在 $[a, b]$ 上的单下峰函数，它在该区间有唯一极小点 x^*。不妨假设经过 k 次迭代后，此时 $x^* \in [a_k, b_k]$。为进一步缩小包含极小点 x^* 的区间，取两个点 $\lambda_k, \mu_k \in [a_k, b_k]$，并假设 $\lambda_k < \mu_k$，计算 $f(\lambda_k)$ 和 $f(\mu_k)$。此时不外乎有三种情况：$f(\lambda_k) > f(\mu_k)$，$f(\lambda_k) < f(\mu_k)$ 和 $f(\lambda_k) = f(\mu_k)$。根据前面单峰函数的性质，在下一步迭代时，需要对区间做如下缩小：当 $f(\lambda_k) > f(\mu_k)$ 时，$a_{k+1} = \lambda_k$，$b_{k+1} = b_k$；当 $f(\lambda_k) \leq f(\mu_k)$ 时，$a_{k+1} = a_k$，$b_{k+1} = \mu_k$。

现要确定如何选取 λ_k 和 μ_k，需要满足两个条件：

（1）对称取点，λ_k 和 μ_k 在 $[a_k, b_k]$ 中的位置是对称的，即到 $[a_k, b_k]$ 的端点是等距的，即 $b_k - \lambda_k = \mu_k - a_k$；

（2）在迭代过程中，始终保持两个试点的相对位置（即距离的比例关系）不变，即 $b_{k+1} - a_{k+1} = \alpha(b_k - a_k)$。

根据上述两个原则可以得到：

$$\begin{cases} \lambda_k = a_k + (1 - \alpha)(b_k - a_k) \\ \mu_k = a_k + \alpha(b_k - a_k) \end{cases} \tag{7-12}$$

从式（7-12）可以看出，现在的问题关键是确定 α，当 α 取该数值时，每次迭代（除第一次外）只需再计算一个试点，从而节省了计算量。

不失一般性，设在第 k 次迭代得出 $f(\lambda_k) \leq f(\mu_k)$，经迭代后得到的包含极小点 x^* 的区间 $[a_{k+1}, b_{k+1}] = [a_k, \mu_k]$，为进一步缩短区间，需要选取试探点 λ_{k+1} 和 μ_{k+1}。根据单峰函数的性质，此时有：

$$\mu_{k+1} = a_{k+1} + \alpha(b_{k+1} - a_{k+1}) = a_k + \alpha(\mu_k - a_k) = a_k + \alpha^2(b_k - a_k) \tag{7-13}$$

比较式（7-12）和式（7-13），知若令 $\alpha^2 = 1 - \alpha$，则 $\mu_{k+1} = \lambda_k$，因此不必重新计算 μ_{k+1}，只要选取上一次迭代中的试探点 λ_k 即可。为求出 α，解方程 $\alpha^2 = 1 - \alpha$，得到 $\alpha = \dfrac{-1 \pm \sqrt{5}}{2}$。考虑到 $\alpha > 0$，因此取 $\alpha = \dfrac{\sqrt{5}-1}{2} \approx 0.618$。

若第 k 次迭代得出 $f(\lambda_k) > f(\mu_k)$，则可得出同样的结论，即 $\alpha = 0.618$。此时取 $\lambda_{k+1} = \mu_k$，不必重新计算 λ_{k+1}。

$\alpha = 0.618$ 称为区间缩短率，表示每次缩短后的区间与上一次搜索区间的长度之比。由于这个数字接近黄金分割比例，故又称为黄金分割法。

把 $\alpha = 0.618$ 代入式（7-12），可以得到：

$$\begin{cases} \lambda_k = a_k + 0.382(b_k - a_k) \\ \mu_k = a_k + 0.618(b_k - a_k) \end{cases} \qquad (7-14)$$

可以看出，这种方法是一种等速对称进行试探的方法，每次的试点均选取在区间长度的 0.618 倍和 0.382 倍处。综上所述，0.618 法的计算步骤如下：

第 1 步，确定初始区间 $[a_1, b_1]$（要保证函数在该区间上是单峰的）及精度要求 $\varepsilon > 0$，并按式（7-14）计算试点 λ_1 和 μ_1 及其函数值 $f(\lambda_1)$ 和 $f(\mu_1)$；令 $k := 1$。

第 2 步，若 $b_k - a_k \leq \varepsilon$，则取极小点 $x^* = \dfrac{1}{2}(a_k + b_k)$，停止计算。否则，当 $f(\lambda_k) > f(\mu_k)$ 时，转第 3 步；当 $f(\lambda_k) \leq f(\mu_k)$ 时，转第 4 步。

第 3 步，令 $a_{k+1} = \lambda_k$，$b_{k+1} = b_k$，$\lambda_{k+1} = \mu_k$，计算 $\mu_{k+1} = a_{k+1} + 0.618(b_{k+1} - a_{k+1})$ 及函数值 $f(\mu_{k+1})$，转第 5 步。

第 4 步，令 $a_{k+1} = a_k$，$b_{k+1} = \mu_k$，$\mu_{k+1} = \lambda_k$，计算 $\lambda_{k+1} = a_{k+1} + 0.382(b_{k+1} - a_{k+1})$ 及函数值 $f(\lambda_{k+1})$，转第 5 步。

第 5 步，令 $k := k + 1$，返回第 2 步。

在这里及后面有关章节中，符号"$:=$"表示赋值的意思。

【例 7-9】 用 0.618 法求解函数 $f(x) = 4x^2 - 6x - 3$ 在区间 $[0, 1]$ 上的近似极小点及极小值，精度 ε 要求缩短后的区间长度不大于原区间长度的 8%。

解：易判断函数 $f(x)$ 在区间 $[0, 1]$ 是单峰的，且 $[0, 1]$ 为极小值所在区间。由题意知，$a_1 = 0$，$b_1 = 1$，则最初的两个试点为：

$\lambda_1 = a_1 + 0.382(b_1 - a_1) = 0.382$，$\mu_1 = a_1 + 0.618(b_1 - a_1) = 0.618$，$f(\lambda_1) = -4.708$，$f(\mu_1) = -5.180$。

因为 $f(\lambda_1) > f(\mu_1)$，故极小点在区间 $[0.382, 1]$ 内，令 $a_2 = 0.382$，$b_2 = 1$。此时有：

$\lambda_2 = a_2 + 0.382(b_2 - a_2) = 0.618$，$\mu_2 = a_2 + 0.618(b_2 - a_2) = 0.764$，$f(\lambda_2) = -5.180$，$f(\mu_2) = -5.249$。

因为 $f(\lambda_2) > f(\mu_2)$，故极小点在区间 $[0.618, 1]$ 内，令 $a_3 = 0.618$，$b_3 = 1$。此时有：

$\lambda_3 = a_3 + 0.382(b_3 - a_3) = 0.764$，$\mu_3 = a_3 + 0.618(b_3 - a_3) = 0.854$，$f(\lambda_3) = -5.249$，$f(\mu_3) = -5.207$。

因为 $f(\lambda_3) < f(\mu_3)$，故极小点在区间 $[0.618, 0.854]$ 内，令 $a_4 = 0.618$，$b_4 = 0.854$。此时有：

$\lambda_4 = a_4 + 0.382(b_4 - a_4) = 0.708$，$\mu_4 = a_4 + 0.618(b_4 - a_4) = 0.764$，$f(\lambda_4) = -5.243$，$f(\mu_4) = -5.249$。

因为 $f(\lambda_4) > f(\mu_4)$，故极小点在区间 $[0.708, 0.854]$ 内，令 $a_5 = 0.708$，$b_5 = 0.854$。此时有：

$\lambda_5 = a_5 + 0.382(b_5 - a_5) = 0.764$，$\mu_5 = a_5 + 0.618(b_5 - a_5) = 0.798$，$f(\lambda_5) = -5.249$，$f(\mu_2) = -5.241$。

因为 $f(\lambda_5) < f(\mu_5)$，故极小点在区间 $[0.708, 0.798]$ 内，令 $a_6 = 0.708$，$b_6 = 0.798$。此时有：

$\lambda_6 = a_6 + 0.382(b_6 - a_6) = 0.742$，$\mu_6 = a_6 + 0.618(b_6 - a_6) = 0.764$，$f(\lambda_6) = -5.250$，$f(\mu_6) = -5.249$。

因为 $f(\lambda_6) < f(\mu_6)$，故极小点在区间 $[0.708, 0.764]$ 内，令 $a_7 = 0.708$，$b_7 = 0.764$。

由于此时 $\dfrac{b_7 - a_7}{b - a} = \dfrac{0.764 - 0.708}{1 - 0} = 0.056 < \varepsilon = 8\%$，故区间 $[0.708, 0.764]$ 为所求区间，此时极小点 $x^* = \dfrac{1}{2}(a_7 + b_7) = 0.736$，极小值为 $f(x^*) = -5.249$。事实上，问题的精确解为 $x^* = 0.75$，最小值为 $f(x^*) = -5.25$。

7.2.2 分数法（Fibonacci 法）

分数法又称为 Fibonacci 法，该方法与 0.618 法类似用于单峰函数，在计算过程中，也是第一次需要计算两个试点，以后每次迭代只需新算一点，另一点取自上次迭代。

一个数列 $\{F_k\}$ 为 Fibonacci 数列，需要满足 $F_{k+1} = F_k + F_{k-1}(k \geq 0)$，其中 $F_0 = F_1 = 1$。表 7-2 给出了相应 F_k 的值。

表 7-2

k	0	1	2	3	4	5	6	7	8	9	10	11	12	……
F_k	1	1	2	3	5	8	13	21	34	55	89	144	233	……

我们可以证明，$\lim\limits_{k \to \infty} \dfrac{F_{k-1}}{F_k} = 0.618$。因此 0.618 法是分数法的一个很好的近似。分数法中计算试点 λ_k 和 μ_k 的公式如下：

$$\begin{cases} \lambda_k = a_k + \dfrac{F_{n-k-1}}{F_{n-k+1}}(b_k - a_k) \\ \mu_k = a_k + \dfrac{F_{n-k}}{F_{n-k+1}}(b_k - a_k) \end{cases} \quad k = 1, 2, \cdots, n-1 \tag{7-15}$$

其中，n 为迭代次数，不包括初始区间端点的计算。n 可以根据式（7-16）来确定：

$$F_n \geq \dfrac{1}{\delta} \tag{7-16}$$

在式（7-16）中，$\delta > 0$ 为区间缩短的相对精度。因此根据表 7-2 可以确定最小的 n，即为迭代次数。有时候会给出区间缩短的绝对精度 ε，即 $\varepsilon = (b_1 - a_1)\delta$。

分数法的计算步骤与 0.618 法也类似，步骤如下：

第 1 步，确定初始区间 $[a_1, b_1]$（要保证函数在该区间上是单峰的）及精度要求 $\varepsilon > 0$；根据式（7-16）计算迭代次数 n；计算试点 λ_1 和 μ_1 及其函数值 $f(\lambda_1)$ 和 $f(\mu_1)$；令 $k = 1$。

第 2 步，若 $f(\lambda_k) > f(\mu_k)$ 时，转第 3 步；否则，转第 4 步。

第 3 步，令 $a_{k+1} = \lambda_k$，$b_{k+1} = b_k$，$\lambda_{k+1} = \mu_k$，$\mu_{k+1} = a_{k+1} + \dfrac{F_{n-k-1}}{F_{n-k}}(b_{k+1} - a_{k+1})$。若 $k = n-2$，则转第 6 步；否则，计算函数值 $f(\mu_{k+1})$，转第 5 步。

第 4 步，令 $a_{k+1} = a_k$，$b_{k+1} = \mu_k$，$\mu_{k+1} = \lambda_k$，$\lambda_{k+1} = a_{k+1} + \dfrac{F_{n-k-2}}{F_{n-k}}(b_{k+1} - a_{k+1})$。若 $k = n-2$，则转第 6 步；否则，计算函数值 $f(\lambda_{k+1})$，转第 5 步。

第 5 步，置 $k = k+1$，返回第 2 步。

第 6 步，令 $\lambda_n = \lambda_{n-1}$，$\mu_n = \lambda_{n-1} + \delta$，计算 $f(\lambda_n)$ 和 $f(\mu_n)$。若 $f(\lambda_n) > f(\mu_n)$，则令 $a_n = \lambda_n$，$b_n = b_{n-1}$；否则令 $a_n = a_{n-1}$，$b_n = \lambda_n$，停止计算，极小点含于 $[a_n, b_n]$，可取其中点或函数值较小的端点作为近似极小点。

可以看出分数法与 0.618 法的主要区别有两点：其一，需先计算出迭代次数；其二，区间收缩的比率不是常数，它由 Fibonacci 数列确定。

【例 7-10】用分数法求解函数 $f(x) = 4x^2 - 6x - 3$ 在区间 $[0, 1]$ 上的近似极小点及极小值，精度 ε 要求缩短后的区间长度不大于原区间长度的 8%。

解：根据例 7-8 知函数 $f(x)$ 在区间 $[0, 1]$ 是单峰的，且 $[0, 1]$ 为极小值所在区间。由题意知，$a_1 = 0$，$b_1 = 1$，$\delta = 0.08$。故 $F_n \geq 1/0.08 = 12.5$，根据表 7-2

知,迭代次数 $n=6$。

$$\lambda_1 = a_1 + \frac{F_4}{F_6}(b_1 - a_1) = 0.385, \mu_1 = a_1 + \frac{F_5}{F_6}(b_1 - a_1) = 0.615, f(\lambda_1) = -4.717,$$
$f(\mu_1) = -5.177$。

因为 $f(\lambda_1) > f(\mu_1)$,故令 $a_2 = 0.385$, $b_2 = 1$。此时有 $\lambda_2 = 0.615$, $\mu_2 = a_2 + \frac{F_4}{F_5}(b_2 - a_2) = 0.769$。计算得 $f(\mu_2) = -5.249$, $f(\lambda_2) = f(\mu_1) = -5.177$。

因为 $f(\lambda_2) > f(\mu_2)$,故令 $a_3 = 0.615$, $b_3 = 1$。此时有 $\lambda_3 = 0.769$, $\mu_3 = a_3 + \frac{F_3}{F_4}(b_3 - a_3) = 0.846$,计算得 $f(\mu_3) = -5.213$, $f(\lambda_3) = f(\mu_2) = -5.249$。

因为 $f(\lambda_3) < f(\mu_3)$,故令 $a_4 = 0.615$, $b_4 = 0.846$。此时有 $\mu_4 = 0.769$, $\lambda_4 = a_4 + \frac{F_1}{F_3}(b_4 - a_4) = 0.692$,计算得 $f(\lambda_4) = -5.237$, $f(\mu_4) = f(\lambda_3) = -5.249$。

因为 $f(\lambda_4) > f(\mu_4)$,故令 $a_5 = 0.692$, $b_5 = 0.846$。此时有 $\lambda_5 = 0.769$, $\mu_5 = a_5 + \frac{F_1}{F_2}(b_5 - a_5) = 0.769$,此时 $k = n - 2 = 4$。

令 $\lambda_6 = 0.769$, $\mu_6 = \lambda_5 + \delta = 0.777$,故 $f(\lambda_6) = -5.249$, $f(\mu_6) = -5.247$。

因为 $f(\lambda_6) < f(\mu_6)$,故 $a_6 = 0.692$, $b_6 = 0.769$,此时停止计算,极小点在区间 $[a_6, b_6]$ 即区间 $[0.692, 0.769]$ 内,此时极小点 $x^* = \frac{1}{2}(a_6 + b_6) = 0.731$,极小值为 $f(x^*) = -5.249$。事实上,问题的精确解为 $x^* = 0.75$,最小值为 $f(x^*) = -5.25$。

对比例 7-9 和例 7-10 可以发现,分数法和 0.618 法在求解过程中非常类似,但 0.618 法计算步骤比分数法简单,便于上机计算,因此一般多用 0.618 法,而不采用分数法。但分数法也有一个优点,就是对于给定的计算精度,可以预先知道迭代的次数,避免出现死循环。

7.2.3 进退法

进退法又称为成功—失败法,其基本思想是:从某一点出发,任选择一个方向和步长,试探性往前走一步,求出该点的函数值。如果目标函数值能够降低,就继续向前走一步,并加大步长再向前试探一步;否则,就缩小步长反方向(后退方向)试探一步。如此反复搜索,当步长缩小到一定程度时停止,最后搜索到的点即为极值点。简单来说,进退法试图确定出函数值呈现"高—低—高"的区间,一个方向不成功,就退回来,再沿相反方向寻找。

进退法的计算步骤如下：

第1步，确定初始点 x_0 与初始步长 $h>0$，并确定精度 $\varepsilon>0$；选定步长因子 α ($0<\alpha<1$) 和 $\beta(\beta>1)$，$\alpha\beta\neq 1$，计算 $f_0=f(x_0)$，令 $k=0$。

第2步，计算试点 $t=x_k+h$ 及 $f_t=f(t)$。

第3步，若 $f_k>f_t$，则 $k:=k+1$，$x_k=t$，$h:=\beta h$，转第2步；否则，置 $h:=-\alpha h$，转第4步。

第4步，若 $|h|<\varepsilon$，则停止计算，x_k 为近似极小点；否则，转第2步。

【例7-11】用进退法求函数 $f(x)=4x^2-6x-3$ 的近似极小点及极小值。初始点 $x_0=1$，精度 $\varepsilon=0.01$。

解：取步长 $h=1$，取步长因子 $\alpha=0.3$，$\beta=2$。具体计算过程如表7-3所示。

表7-3

k	x_k	t	f_k	f_t	h
0	1	2	-5	1	1
0	1	0.7	-5	-5.24	-0.3
1	0.7	0.1	-5.24	-3.56	-0.6
1	0.7	0.88	-5.24	-5.182	0.18
1	0.7	0.646	-5.24	-5.207	-0.054
1	0.7	0.7162	-5.24	-5.2454	0.0162
2	0.7162	0.7486	-5.2454	-5.2499	0.0324
3	0.7486	0.8134	-5.2499	-5.2339	0.0648
3	0.7486	0.72916	-5.2499	-5.24826	-0.01944
					0.005832

从表7-3可以看出，近似极小点和极小值分别为0.7486和-5.2499。

7.3 无约束极值问题

无约束的非线性规划问题一般可表示成 $\min f(X)$，$X\in E^n$。求解这类问题，一般使用迭代方法。迭代方法可以大致分为两类：解析法和直接法。解析法是指要用到函数的一阶导数和（或）二阶导数，由于用到了函数的解析性质，故称为解析法，这种方法提出较晚但发展较快，也较为有效，主要有梯度法（最速下降法）、共扼梯度法、牛顿法、变尺度法等；直接法是指在迭代过程中仅用到目标函数值，不要求函数的解析性质，这种方法往往收敛速度较慢，但迭代步骤较为简单，特别是现实中许多问题的数学模型往往难以用解析法求出目标函数的极值，只能采用逐步逼近的直接法，主要有坐标轮换法、步长加速法、方向加速法、单纯形法和随机搜索法等。限于篇幅，本节主要介绍三种解析法和一种直接法：梯度法、共扼梯度法、牛顿法和步长加速法。

在介绍具体解析方法之前，我们再回顾一下 7.1 节中的下降方向问题。设 $R \subset E^n$，E^n 为 n 维欧氏空间，$f(X)$ 为定义在 R 上的 n 元函数。$f(X)$ 在 X_k 处可微，且 $X_k \in R$，若存在 $P_k \in R$，使 $\nabla f(X_k)^T P_k < 0$，则向量 P_k 是 $f(X)$ 在 X_k 处的下降方向。

7.3.1 梯度法（最速下降法）

梯度法又称最速下降法，迭代过程较为简单，是其他求解非线性规划最优解方法的基础。负梯度方向是函数值下降最快的方向（通常是指在 X_k 的某一小范围内），沿着这一方向搜索，就有可能较快地到达极小点，梯度法就是采取这样的方向作为搜索方向。梯度法就是将目标函数 $f(X)$ 在 X_k 的负梯度方向 $-\nabla f(X_k)$ 作为下降迭代法的迭代公式 $X_{k+1} = X_k + \lambda_k P_k$ 中 P_k，并通过求解 $\min_{\lambda>0} f(X_k + \lambda P_k)$，确定最佳步长 λ_k。

若 $f(X)$ 具有二阶连续偏导数，在 X_k 作 $f(X_k - \lambda \nabla f(X_k))$ 的二阶泰勒展式：

$$f(X_k - \lambda \nabla f(X_k)) = f(X_k) - \nabla f(X_k)^T \lambda \nabla f(X_k) + \frac{1}{2} \lambda \nabla f(X_k)^T \nabla^2 f(X_k) \lambda \nabla f(X_k)。$$

对 λ 求导并令其等于零，得最佳步长：

$$\lambda_k = \frac{\nabla f(X_k)^T \nabla f(X_k)}{\nabla f(X_k)^T \nabla^2 f(X_k) \nabla f(X_k)} \tag{7-17}$$

也可以用 7.2 节所讲的一维搜索方法求解 $\min_{\lambda>0} f(X_k + \lambda P_k)$，确定最佳步长。有时把这种采用最佳步长时的梯度法称为最速下降法。

梯度法的计算步骤如下：

第 1 步，给定初始点 X_0，允许误差 $\varepsilon > 0$，令 $k := 0$。

第 2 步，计算搜索方向 $P_k = -\nabla f(X_k)$。

第 3 步，若 $\|P_k\| \leq \varepsilon$，则停止计算，X_k 为近似极小点，$f(X_k)$ 为近似极小值；否则，进入第 4 步。

第 4 步，确定最佳步长 λ_k，使 $f(X_k + \lambda_k P_k) = \min_{\lambda>0} f(X_k + \lambda P_k)$。

第 5 步，$X_{k+1} = X_k + \lambda_k P_k$，令 $k := k+1$，转第 2 步。

【例 7-12】用梯度法求解 $\min f(X) = 2x_1^2 + x_2^2$ 的极小点，允许误差 $\varepsilon = 0.1$。

解：不妨取初始点为 $X_0 = \begin{bmatrix} 1 \\ 1 \end{bmatrix}$。由题意可知：

$$\nabla f(X) = \begin{bmatrix} 4x_1 \\ 2x_2 \end{bmatrix}, \ \nabla^2 f(X) = \begin{bmatrix} 4 & 0 \\ 0 & 2 \end{bmatrix}。$$

此时 $P_0 = -\nabla f(X_0) = \begin{bmatrix} -4 \\ -2 \end{bmatrix}$，$\|P_0\|^2 = 20 > \varepsilon$。

故：$\lambda_0 = \dfrac{\nabla f(X_0)^T \nabla f(X_0)}{\nabla f(X_0)^T \nabla^2 f(X_0) \nabla f(X_0)} = \dfrac{5}{18}$，$X_1 = X_0 + \lambda_0 p_0 = \begin{bmatrix} -\dfrac{1}{9} \\ \dfrac{4}{9} \end{bmatrix}$。

此时 $P_1 = -\nabla f(X_1) = \begin{bmatrix} \dfrac{4}{9} \\ -\dfrac{8}{9} \end{bmatrix}$，$\|P_1\| = \dfrac{4\sqrt{5}}{9} > \varepsilon$。

故：$\lambda_1 = \dfrac{\nabla f(X_1)^T \nabla f(X_1)}{\nabla f(X_1)^T \nabla^2 f(X_1) \nabla f(X_1)} = \dfrac{5}{12}$，$X_2 = \begin{bmatrix} -\dfrac{1}{9} \\ \dfrac{4}{9} \end{bmatrix} + \dfrac{5}{12}\begin{bmatrix} \dfrac{4}{9} \\ -\dfrac{8}{9} \end{bmatrix} = \dfrac{2}{27}\begin{bmatrix} 1 \\ 1 \end{bmatrix}$。

此时 $P_2 = -\nabla f(X_2) = \dfrac{4}{27}\begin{bmatrix} -2 \\ -1 \end{bmatrix}$，$\|P_2\| = \dfrac{4\sqrt{5}}{27} > \varepsilon$。

故：$\lambda_2 = \dfrac{\nabla f(X_2)^T \nabla f(X_2)}{\nabla f(X_2)^T \nabla^2 f(X_2) \nabla f(X_2)} = \dfrac{5}{18}$，$X_3 = \dfrac{2}{27}\begin{bmatrix} 1 \\ 1 \end{bmatrix} + \dfrac{5}{18}\dfrac{4}{27}\begin{bmatrix} -2 \\ -1 \end{bmatrix} = \dfrac{2}{243}\begin{bmatrix} -1 \\ 4 \end{bmatrix}$。

此时 $P_3 = -\nabla f(X_3) = \dfrac{8}{243}\begin{bmatrix} 1 \\ -2 \end{bmatrix}$，$\|P_3\| = \dfrac{8\sqrt{5}}{243} < \varepsilon$，满足了误差要求。

因此得到近似极小点为 $X_3 = (-2/243, 8/243)^T$，此时近似极小值为 $f(X_3) = 0.0012$。该问题的精确解为 $X^* = (0, 0)^T$，$f(X^*) = 0$。可知要得到进一步的精确解，还需要继续迭代下去。

7.3.2 共轭梯度法

在梯度法的迭代过程中，可以发现每次迭代方向的选择并没有依赖于过去的信息，因此收敛速度有时较慢。而共轭梯度法则在确定搜索方向时用到了上一阶段的梯度信息，这种方法的基本思想是：把共轭性与最速下降方法相结合，利用已知点处的梯度构造一组共轭方向，并沿这组方向进行搜索，进而求出目标函数的极小点。

需要指出的是，由于 n 维问题的共轭方向最多只有 n 个，在 n 步以后继续如上进行是没有意义的。因此，在实际应用时，如迭代到 n 步还不收敛，就将 X_n 作为新的初始近似，重新开始迭代。根据实际经验，采用再开始的办法，一般都可以得到较好的效果。共轭梯度法的计算步骤如下：

第1步，确定初始点 X_0 及允许误差 $\varepsilon > 0$。

第2步，确定初始搜索方向 $P_0 = -\nabla f(X_0)$，令 $k := 0$。

第3步，按下式分别计算 λ_k、X_{k+1}、β_k 和 P_{k+1}。

$$\begin{cases} \lambda_k = \dfrac{\nabla f(X_k)^T \nabla f(X_k)}{\nabla f(X_k)^T \nabla^2 f(X_k) \nabla f(X_k)} \\ X_{k+1} = X_k + \lambda_k P_k \\ \beta_k = \dfrac{\nabla f(X_{k+1})^T \nabla f(X_{k+1})}{\nabla f(X_k)^T \nabla f(X_k)} \\ P_{k+1} = -\nabla f(X_{k+1}) + \beta_k P_k \end{cases} \quad (k = 0, 1, 2, \cdots, n-1) \tag{7-18}$$

第4步，若 $k < n-1$，则置 $k := k+1$，并转向第3步；否则，转向第5步。

第5步，若 $\|\nabla f(X_{k+1})\| \leq \varepsilon$，停止计算，$X_{k+1}$ 即为近似极小点；否则，令 $X_0 = X_{k+1}$，并转向第2步。

【例7-13】用共轭梯度法求解 $f(X) = x_1^2 + x_2^2 - x_1 x_2 - 10 x_1 - 4 x_2 + 60$ 的极小点，允许误差 $\varepsilon = 0.05$。

解：不妨设初始点为 $X_0 = (0, 0)^T$。由题意可知 $\nabla f(X) = [2x_1 - x_2 - 10, 2x_2 - x_1 - 4]^T$，$\nabla^2 f(X) = \begin{bmatrix} 2 & -1 \\ -1 & 2 \end{bmatrix}$。故 $P_0 = -\nabla f(X_0) = \begin{bmatrix} 10 \\ 4 \end{bmatrix}$。

$$\lambda_0 = \frac{\nabla f(X_0)^T \nabla f(X_0)}{\nabla f(X_0)^T \nabla^2 f(X_0) \nabla f(X_0)} = \frac{[10, 4]\begin{bmatrix} 10 \\ 4 \end{bmatrix}}{[10, 4]\begin{bmatrix} 2 & -1 \\ -1 & 2 \end{bmatrix}\begin{bmatrix} 10 \\ 4 \end{bmatrix}} = \frac{29}{42}。$$

$$X_1 = X_0 + \lambda_0 P_0 = \frac{29}{42}\begin{bmatrix} 10 \\ 4 \end{bmatrix}, \beta_0 = \frac{\nabla f(X_1)^T \nabla f(X_1)}{\nabla f(X_0)^T \nabla f(X_0)} \approx 0.2591,$$

$$P_1 = -\nabla f(X_1) + \beta_0 P_0 = \begin{bmatrix} -22/21 \\ 113/21 \end{bmatrix} + 0.2591 \begin{bmatrix} 10 \\ 4 \end{bmatrix} = \begin{bmatrix} 1.5434 \\ 6.4173 \end{bmatrix}。$$

$$\lambda_1 = \frac{\nabla f(X_1)^T \nabla f(X_1)}{\nabla f(X_1)^T \nabla^2 f(X_1) \nabla f(X_1)} = \frac{[-22/21, 113/21]\begin{bmatrix} -22/21 \\ 113/21 \end{bmatrix}}{[-22/21, 113/21]\begin{bmatrix} 2 & -1 \\ -1 & 2 \end{bmatrix}\begin{bmatrix} -22/21 \\ 113/21 \end{bmatrix}} \approx 0.4210。$$

$$X_2 = X_1 + \lambda_1 P_1 = \frac{29}{42}\begin{bmatrix} 10 \\ 4 \end{bmatrix} + 0.4210 \begin{bmatrix} 1.5434 \\ 6.4173 \end{bmatrix} = \begin{bmatrix} 7.5546 \\ 5.4636 \end{bmatrix}。$$

$\nabla f(X_2) = [-0.3544, -0.6274]^T$，此时 $\|\nabla f(X_2)\| > \varepsilon = 0.05$，因此重新设置初

始点 $X_0 = [7.5546, 5.4636]^T$，按照上述过程重新计算，这里省略，读者可自行完成。

最终可以得到 $X_2 = [7.9994, 5.9996]^T$，$\nabla f(X_2) = [-0.0011, 0.0001]^T$，$\|\nabla f(X_2)\| \leq \varepsilon = 0.05$，因此极小点为 $X_2 = [7.9994, 5.9996]^T$，此时极小值 $f(X_2) \approx 8$。

事实上，该函数的精确极小点为 $X^* = [8, 6]^T$，精确极小值为 $f(X^*) = 8$。

7.3.3 牛顿法

考虑 $f(X)$ 为二次可微的函数。其在点 X_k 处的二次泰勒展开式为：

$$f(X) \approx \phi(X) = f(X_k) + \nabla^T f(X_k)(X - X_k) + \frac{1}{2}(X - X_k)^T \nabla^2 f(X_k)(X - X_k) \tag{7-19}$$

为求 $\phi(X)$ 的驻点，令 $\nabla \phi(X) = 0$，即 $\nabla f(X_k) + \nabla^2 f(X_k)(X_{k+1} - X_k) = 0$，可求得：

$$X_{k+1} = X_k - [\nabla^2 f(X_k)]^{-1} \nabla f(X_k) \tag{7-20}$$

故从点 X_k 处出发搜索方向为：

$$P_k = -[\nabla^2 f(X_k)]^{-1} \nabla f(X_k) \tag{7-21}$$

取步长 $\lambda_k = 1$，即可得到 $\phi(X)$ 的最小点 X_{k+1}。通常把方向 P_k 称为从点 X_k 出发的牛顿（Newton）方向。从某一初始点开始，每一次从当前迭代点出发，沿牛顿方向并取步长为 1 的方法称为牛顿法，其具体计算步骤如下：

第 1 步，确定初始点 X_0 及允许误差 $\varepsilon > 0$，令 $k := 0$。

第 2 步，若 $\|\nabla f(X_k)\| \leq \varepsilon$，停止计算，$X_k$ 即为近似极小点；否则转向第 3 步。

第 3 步，计算 $P_k = -[\nabla^2 f(X_k)]^{-1} \nabla f(X_k)$。

第 4 步，令 $X_{k+1} = X_k + P_k$，$k := k+1$，转向第 2 步。

【例 7-14】用牛顿法求解 $\min f(X) = (x_1 - 1)^4 + x_2^2$。取允许误差为 $\varepsilon = 0.1$。

解：不妨设初始点为 $X_0 = \begin{bmatrix} 0 \\ 1 \end{bmatrix}$。则 $\nabla f(X) = \begin{bmatrix} 4(x_1-1)^3 \\ 2x_2 \end{bmatrix}$，$\nabla^2 f(X) = \begin{bmatrix} 12(x_1-1)^2 & 0 \\ 0 & 2 \end{bmatrix}$。

第 1 次迭代：$\nabla f(X_0) = \begin{bmatrix} -4 \\ 2 \end{bmatrix}$，$\nabla^2 f(X_0) = \begin{bmatrix} 12 & 0 \\ 0 & 2 \end{bmatrix}$。

$$X_1 = X_0 - [\nabla^2 f(X_0)]^{-1} \nabla f(X_0) = \begin{bmatrix} 0 \\ 1 \end{bmatrix} - \begin{bmatrix} 12 & 0 \\ 0 & 2 \end{bmatrix}^{-1} \begin{bmatrix} -4 \\ 2 \end{bmatrix} = \begin{bmatrix} \frac{1}{3} \\ 0 \end{bmatrix}$$。

第 2 次迭代：$\nabla f(X_1) = \begin{bmatrix} -\dfrac{32}{27} \\ 0 \end{bmatrix}$，$\nabla^2 f(X_0) = \begin{bmatrix} \dfrac{48}{9} & 0 \\ 0 & 2 \end{bmatrix}$。

$$X_2 = X_1 - [\nabla^2 f(X_1)]^{-1} \nabla f(X_1) = \begin{bmatrix} \dfrac{1}{3} \\ 0 \end{bmatrix} - \begin{bmatrix} \dfrac{48}{9} & 0 \\ 0 & 2 \end{bmatrix}^{-1} \begin{bmatrix} -\dfrac{32}{27} \\ 0 \end{bmatrix} = \begin{bmatrix} \dfrac{5}{9} \\ 0 \end{bmatrix}。$$

同理继续迭代得：$X_3 = \begin{bmatrix} \dfrac{19}{27} \\ 0 \end{bmatrix}$，$X_4 = \begin{bmatrix} \dfrac{65}{81} \\ 0 \end{bmatrix}$。由于 $\|\nabla f(X_4)\| \leq \varepsilon = 0.1$，故 $X_4 = \begin{bmatrix} \dfrac{65}{81} \\ 0 \end{bmatrix}$ 为近似极小点，近似极小值为 $f(X_4) = 0.0015$。

事实上，该问题的精确极小点为 $X^* = (1, 0)^T$，精确极小值为 $f(X^*) = 0$。

牛顿法的优点是收敛速度快，缺点是有时进行不下去需要采取改进措施；另外，当维数较高时，计算 $[\nabla^2 f(X_k)]^{-1}$ 的工作量会很大。

7.3.4　步长加速法

步长加速法是一种有效的直接搜索法，不需要计算函数的梯度。该方法的特点是将多维搜索分成探测性移动和模矢移动进行，两种移动交替进行。

探测性移动的目的是寻求函数下降的有利方向。设当前的基点为 X_k，令临时矢点 Y_1（第一次取为初始迭代点 X_1）。先沿第 1 个坐标方向 e_1 以某一步长 δ 进行探索，即在 $Y_1 + \delta e_1$ 和 $Y_1 - \delta e_1$ 这两点中寻求能使目标函数值下降的点，并把它作为临时矢点 Y_2；再由此点出发沿另一坐标方向进行同样的探索，如能得到更好的点，就以该点代替前面的点作为新的临时矢点。如此沿各个坐标方向轮流探查一遍，最后的临时矢点 Y_{n+1}。若 $f(Y_{n+1}) < f(X_k)$，转向模式搜索。否则，缩短步长，若步长满足精度要求，计算结束，得到近似极小点 X_k；若步长不满足精度要求，以缩短后的步长继续进行探测移动。

模矢移动目的是在探测性移动的基础上，沿着有利的方向以加速的步伐寻求较好的点。令 $X_{k+1} = Y_{n+1}$，由基点 X_k 到新基点 X_{k+1} 构成了第 k 个模矢 $X_{k+1} - X_k$。可以认为这是使目标函数值得以改善的最有利的移动方向，沿这一方向，目标函数值下降"最快"（就 X_k 附近而言）。显然，这一方向近似于目标函数的负梯度方向（从而可知这一方法为近似最速下降法）。假定在新基点 X_{k+1} 附近进行类似的探测，其结果可能和在 X_k 处的情形相同，故略去这步探测而把第 k 个模矢扩大 α 倍（即所谓加速，加速因子 $\alpha \geq 1$），并令 $Y_1 = X_{k+1} + \alpha(X_{k+1} - X_k) = (1+\alpha)X_{k+1} - X_k$，完成模式搜索，转向以 Y_1 为临时矢点的探测移动。

步长加速法的计算步骤如下：

第 1 步，给定初始步长 $\delta > 0$，加速因子 $\alpha \geq 1$，缩减率 $\beta \in (0,1)$，允许误差 $\varepsilon > 0$ 及初始迭代点 X_1，令 $Y_1 := X_1$，$k = 1$，$j = 1$。

第 2 步，如果 $f(Y_j + \delta e_j) < f(Y_j)$，则令 $Y_{j+1} = Y_j + \delta e_j$，转第 4 步；否则转第 3 步。

第 3 步，如果 $f(Y_j - \delta e_j) < f(Y_j)$，则令 $Y_{j+1} = Y_j - \delta e_j$，转第 4 步；否则令 $Y_{j+1} = Y_j$，转第 4 步。

第 4 步，如果 $j < n$，则令 $j := j+1$，转第 2 步；否则，转第 5 步。

第 5 步，如果 $f(Y_{n+1}) < f(X_k)$，则转第 6 步；否则，转第 7 步。

第 6 步，$X_{k+1} = Y_{n+1}$，$Y_1 = X_{k+1} + \alpha(X_{k+1} - X_k)$，令 $k := k+1$，$j = 1$，转第 2 步。

第 7 步，若 $\delta \leq \varepsilon$，则停止迭代，X_k 为近似极小点；否则，令 $\delta = \beta\delta$，$Y_1 = X_k$，$X_{k+1} = X_k$，令 $k := k+1$，$j = 1$，转第 2 步。

上述步骤中 e_j 是第 j 个 n 坐标分量。

【例 7-15】 用步长加速法求解 $f(X) = (1-x_1)^2 + 5(x_2 - x_1^2)^2$ 的极小点。设初始迭代点 $X_1 = [2, 0]^T$，初始步长 $\delta = 0.5$，加速因子 $\alpha = 1$，缩减率 $\beta = 0.5$，以及坐标方向 $e_1 = [1, 0]^T$，$e_2 = [0, 1]^T$。

解：先在 X_1 周围进行探测移动，令 $Y_1 = X_1 = [2, 0]^T$，探测情况如下：

$f(Y_1) = 81$，$Y_1 + \delta e_1 = \begin{bmatrix} 2 \\ 0 \end{bmatrix} + \frac{1}{2}\begin{bmatrix} 1 \\ 0 \end{bmatrix} = \begin{bmatrix} \frac{5}{2} \\ 0 \end{bmatrix}$，$f(Y_1 + \delta e_1) = 197\frac{9}{16} > f(Y_1)$，失败；

$Y_1 - \delta e_1 = \begin{bmatrix} 2 \\ 0 \end{bmatrix} + \frac{1}{2}\begin{bmatrix} 1 \\ 0 \end{bmatrix} = \begin{bmatrix} \frac{3}{2} \\ 0 \end{bmatrix}$，$f(Y_1 - \delta e_1) = 25\frac{9}{16} < f(Y_1)$，成功。

因此，令 $Y_2 = Y_1 - \delta e_1 = \begin{bmatrix} \frac{3}{2} \\ 0 \end{bmatrix}$，从 Y_2 出发，沿 e_2 探测的情况如下：

$Y_2 + \delta e_2 = \begin{bmatrix} \frac{3}{2} \\ 0 \end{bmatrix} + \frac{1}{2}\begin{bmatrix} 0 \\ 1 \end{bmatrix} = \begin{bmatrix} \frac{3}{2} \\ \frac{1}{2} \end{bmatrix}$，$f(Y_2 + \delta e_2) = 15\frac{9}{16} < f(Y_2)$，成功；

因此，令 $Y_3 = Y_2 + \delta e_2 = \begin{bmatrix} \dfrac{3}{2} \\ \dfrac{1}{2} \end{bmatrix}$。

第一轮探测完成后，由于 $f(Y_3) < f(X_1)$，因此得到第 2 个基点 $X_2 = Y_3 = \begin{bmatrix} \dfrac{3}{2} \\ \dfrac{1}{2} \end{bmatrix}$，再沿方向 $X_2 - X_1$ 进行模式移动，令

$$Y_1 = X_2 + \alpha(X_2 - X_1) = 2X_2 - X_1 = 2\begin{bmatrix} \dfrac{3}{12} \\ \dfrac{1}{2} \end{bmatrix} - \begin{bmatrix} 2 \\ 0 \end{bmatrix} = \begin{bmatrix} 1 \\ 1 \end{bmatrix},$$

模式移动后，立即从得到的点 Y_1 出发，进行第 2 轮探测移动。探测情况如下：先沿 e_1 探测，这时有

$f(Y_1) = 0$, $Y_1 + \delta e_1 = \begin{bmatrix} 1 \\ 1 \end{bmatrix} + \dfrac{1}{2}\begin{bmatrix} 1 \\ 0 \end{bmatrix} = \begin{bmatrix} \dfrac{3}{2} \\ 1 \end{bmatrix}$, $f(Y_1 + \delta e_1) = 8\dfrac{1}{16} > f(Y_1)$，失败；

$Y_1 - \delta e_1 = \begin{bmatrix} 1 \\ 1 \end{bmatrix} - \dfrac{1}{2}\begin{bmatrix} 1 \\ 0 \end{bmatrix} = \begin{bmatrix} \dfrac{1}{2} \\ 0 \end{bmatrix}$, $f(Y_1 - \delta e_1) = 3\dfrac{1}{16} > f(y^{(1)})$，失败。

沿 e_1 的正反向探测均失败，令 $Y_2 = Y_1 = \begin{bmatrix} 1 \\ 1 \end{bmatrix}$。

从 Y_2 出发沿 e_2 探测的情况是：

$f(Y_2 + \delta e_2) = 1\dfrac{1}{4} > f(Y_2)$，失败；$f(Y_2 - \delta e_2) = 1\dfrac{1}{4} > f(Y_2)$，失败。

沿 e_2 正反向探测也都失败。令 $Y_3 = Y_2 = \begin{bmatrix} 1 \\ 1 \end{bmatrix}$。

比较在 Y_3 和基点 X_2 处的函数值，由于 $f(Y_3) = 0 < f(X_2) = 15\dfrac{9}{16}$，表明此次模式移动是成功的，因此得到新基点 $X_3 = Y_3 = [1, 1]^T$。

从 X_3 出发，沿方向 $X_3 - X_2$ 进行模式移动。令

$$Y_1 = X_3 + \alpha(X_3 - X_2) = 2X_3 - X_2 = 2\begin{bmatrix} 1 \\ 1 \end{bmatrix} - \begin{bmatrix} \dfrac{3}{2} \\ \dfrac{1}{2} \end{bmatrix} = \begin{bmatrix} \dfrac{1}{2} \\ \dfrac{3}{2} \end{bmatrix},$$

然后，从 Y_1 出发，进行探测移动。做下去就会发现：

$$f(Y_3) = 0 < f(X_2) = 15\frac{9}{16}。$$

这表明此次模式移动仍失败，因此退回到基点。减小步长，令 $\delta = \beta\delta = \frac{1}{4}$。

再从 $Y_1 = X_3$ 开始，依次沿 e_1 和 e_2 探测。我们还会发现，在 X_3 周围的探测移动也是失败的，必须继续缩减步长。继续往下做，必能得出结论，X_3 是极小点。

事实上，用解析方法容易求得此问题的最优解为 $X^* = [1, 1]^T$，与 X_3 相同。

7.4 约束极值问题

前面介绍了无约束非线性函数的寻优方法。但是在很多实际的非线性规划问题中，其变量的取值都有一定的限制，也就是说，非线性规划问题一般是有约束条件的寻优问题，这些约束条件通常给寻优工作带来了很大的困难。约束条件可分为等式与不等式约束，处理等式约束问题与不等式约束问题的方法也有所不同。本节主要介绍最优性条件。

对于非线性规划问题：

$$\begin{aligned}&\min f(X)\\&g_j(X) \geq 0 \quad j = 1, 2, \cdots, l\end{aligned} \quad (7-22)$$

设 X_0 为其一个可行解，则显然满足 $g_j(X_0) \geq 0$。其存在两种情形：一是 $g_j(X_0) > 0$，此时 X_0 不在由这个约束条件形成的可行域边界上，因而这一约束条件对点 X_0 的微小摄动不起限制作用，此时称这个约束条件是点 X_0 的无效约束；二是 $g_j(X_0) = 0$，此时 X_0 处在由这个约束条件形成的可行域边界上，因而这一约束条件对点 X_0 的摄动起到限制作用，此时称这个约束条件是点 X_0 的有效约束。显然，等式约束对所有可行点来说都是有效约束。

【定理 7-8】Fritz John 条件：设 X^* 是问题式（7-22）的局部极小点，函数 $f(X)$ 和 $g_j(X)(j = 1, 2, \cdots, l)$ 在 X^* 处有连续一阶偏导数，则必存在一组不全为零的非负数 $\mu_0, \mu_1, \mu_2, \cdots, \mu_l$，使：

$$\begin{cases} \mu_0 \nabla f(X^*) - \sum_{j=1}^{l} \mu_j \nabla g_j(X^*) = 0 \\ \mu_j g_j(X^*) = 0 \quad (j = 1, 2, \cdots, l) \\ \mu_j \geq 0 \quad (j = 1, 2, \cdots, l) \end{cases} \quad (7-23)$$

该定理给出了问题式（7-23）的（局部）极小点应满足的必要条件。式（7-23）称为 Fritz John 条件，满足这个条件的点称为 Fritz John 点。

【例 7-16】 已知 $X^* = [3, 1]^T$ 为非线性规划问题的最优解：
$$\min f(X) = (x_1 - 7)^2 + (x_2 - 3)^2$$
$$\begin{cases} g_1(X) = 10 - x_1^2 - x_2^2 \geq 0 \\ g_2(X) = 4 - x_1 - x_2 \geq 0 \\ g_3(X) = x_2 \geq 0 \end{cases}$$

由于 $g_1(X^*) = 0$，$g_2(X^*) = 0$，$g_3(X^*) > 0$，可知在点 X^* 处前两个约束条件为有效约束，后一个条件为无效约束。因此目标函数和有效约束条件函数在点 X^* 处的梯度分别为：

$$\nabla f(X^*) = \begin{bmatrix} -8 \\ -4 \end{bmatrix}, \quad \nabla g_1(X^*) = \begin{bmatrix} -6 \\ -2 \end{bmatrix}, \quad \nabla g_2(X^*) = \begin{bmatrix} -1 \\ -1 \end{bmatrix}.$$

令 $\mu_0 \begin{bmatrix} -8 \\ -4 \end{bmatrix} - \mu_1 \begin{bmatrix} -6 \\ -2 \end{bmatrix} - \mu_2 \begin{bmatrix} -1 \\ -1 \end{bmatrix} = \begin{bmatrix} 0 \\ 0 \end{bmatrix}$，可以得到 $\begin{cases} -8\mu_0 + 6\mu_1 + \mu_2 = 0 \\ -4\mu_0 + 2\mu_1 + \mu_2 = 0 \end{cases}$。

此方程组有无穷多分量不全为零的非负解，如 $\begin{bmatrix} \mu_0 \\ \mu_1 \\ \mu_2 \end{bmatrix} = \begin{bmatrix} 2 \\ 2 \\ 4 \end{bmatrix}$。因此在点 $X^* = [3, 1]^T$ 处 Fritz John 条件满足。

但如果 $\mu_0 = 0$，$\nabla f(X^*)$ 将从式 (7-23) 中消去，说明在点 X^* 处有效约束的梯度线性相关，此时 Fritz John 条件失效。Kuhn-Tucker 首先提出，对讨论点处起作用约束的梯度附加上线性无关的条件，以保证 $\mu_0 > 0$。从而引出了著名的 Kuhn-Tucker 条件（库恩—塔克条件）。

【定理 7-9】 Kuhn-Tucker 条件：设 X^* 是问题式 (7-22) 的局部极小点，函数 $f(X)$ 和 $g_j(X)$ ($j = 1, 2, \cdots, l$) 在 X^* 处有连续一阶偏导数，且 X^* 处的所有起作用约束的梯度线性无关，则必存在一组不全为零的非负数 $\mu_1^*, \mu_2^*, \cdots, \mu_m^*$，使式 (7-24) 成立。

$$\begin{cases} \nabla f(X^*) - \sum_{j=1}^{l} \mu_j^* \nabla g_j(X^*) = 0 \\ \mu_j^* g_j(X^*) = 0 \quad (j = 1, 2, \cdots, l) \\ \mu_j^* \geq 0 \quad (j = 1, 2, \cdots, l) \end{cases} \quad (7-24)$$

式 (7-24) 称为库恩—塔克条件（K-T 条件），称满足该条件的点为库恩—塔克点（K-T 点）。

现在我们来考虑一般非线性规划问题的 K-T 条件。

$\min f(X)$

$$\begin{cases} h_i(X) = 0 & i = 1,2,\cdots,m \\ g_j(X) \geq 0 & j = 1,2,\cdots,l \end{cases} \qquad (7-25)$$

其中，函数 $f(X)$、$h_i(X)(i=1,2,\cdots,m)$ 和 $g_j(X)(j=1,2,\cdots,l)$ 都具有一阶连续偏导数。由于约束条件为等式 $h_i(X)=0$ 可以用两个不等式约束来替代它：$h_i(X) \geq 0$ 和 $-h_i(X) \geq 0$，因此由条件式（7-24）可以得到问题式（7-25）的 K-T 条件：

若 X^* 是问题式（7-25）的极小点，且点 X^* 处的所有有效约束的梯度 $\nabla h_i(X^*)$ $(i=1,2,\cdots,m)$ 和 $\nabla g_j(X^*)(j=1,2,\cdots,l)$ 线性无关，则存在一组数 γ_1^*，γ_2^*，$\cdots$，γ_m^* 及 μ_1^*，μ_2^*，$\cdots$，μ_l^*，使下式成立：

$$\begin{cases} \nabla f(X^*) - \sum_{i=1}^{m} \gamma_i^* \nabla h_i(X^*) - \sum_{j=1}^{l} \mu_j^* \nabla g_j(X^*) = 0 \\ \mu_j^* g_j(X^*) = 0 \quad (j=1,2,\cdots,l) \\ \mu_j^* \geq 0 \quad (j=1,2,\cdots,l) \end{cases} \qquad (7-26)$$

其中，γ_1^*，γ_2^*，$\cdots$，γ_m^* 及 μ_1^*，μ_2^*，$\cdots$，μ_l^* 称为广义拉格朗日（Lagrange）乘子。

K-T 条件是判定某点为最优点的必要条件，只要是最优点，且此点处的所有起作用约束的梯度线性无关，就必须满足该条件。但一般来说，它并非充分条件。对于凸规划来说，K-T 条件是最优点存在的充要条件。

【例 7-17】 用 K-T 条件求解非线性规划问题。

$\min f(X) = (x-3)^2$

s.t. $2 \leq x \leq 5$。

解：将该问题转化为如下问题：

$\min f(X) = (x-3)^2$。

$$\begin{cases} g_1(X) = x - 2 \geq 0 \\ g_2(X) = 5 - x \geq 0 \end{cases}$$

各函数的梯度为：$\nabla f(X) = 2(x-3)$，$\nabla g_1(X) = 1$，$\nabla g_2(X) = -1$。

设 K-T 点为 X^*，引入广义拉格朗日乘子 μ_1^* 和 μ_2^*，则该问题的 K-T 为：

$$\begin{cases} 2(x^*-3) - \mu_1^* + \mu_2^* = 0 \\ \mu_1^*(x^*-2) = 0 \\ \mu_2^*(5-x^*) = 0 \\ \mu_1^*, \mu_2^* \geq 0 \end{cases}$$

解上述方程组，需要考虑以下几种情形：

(1) 当 $\mu_1^* > 0$，$\mu_2^* > 0$ 时，无解。

(2) 当 $\mu_1^* > 0$, $\mu_2^* = 0$ 时，$x^* = 2$，$\mu_1^* = -2$，显然非 K-T 点。

(3) 当 $\mu_1^* = 0$, $\mu_2^* > 0$ 时，$x^* = 5$，$\mu_1^* = -4$，显然非 K-T 点。

(4) 当 $\mu_1^* = 0$, $\mu_2^* = 0$ 时，$x^* = 3$，此为 K-T 点，目标函数值 $f(X^*) = 0$。

由于该问题为凸规划，故 $x^* = 3$ 是其全局极小点。当然此问题也可以根据目标函数梯度等于零直接求出。

【例 7-18】用 K-T 条件求解非线性规划：

$\min f(X) = (x_1 - 7)^2 + (x_2 - 3)^2$。

$$\begin{cases} x_1 + x_2 = 4 \\ x_1^2 + x_2^2 \leqslant 10 \\ x_2 \geqslant 0 \end{cases}$$

解：将该问题写成如下形式：

$\min f(X) = (x_1 - 7)^2 + (x_2 - 3)^2$。

$$\begin{cases} h(X) = x_1 + x_2 - 4 = 0 \\ g_1(X) = 10 - x_1^2 - x_2^2 \geqslant 0 \\ g_2(X) = x_2 \geqslant 0 \end{cases}$$

目标函数与各约束条件的梯度分别为：

$$\nabla f(X) = \begin{bmatrix} 2(x_1 - 7) \\ 2(x_2 - 3) \end{bmatrix}, \nabla h(X) = \begin{bmatrix} 1 \\ 1 \end{bmatrix}, \nabla g_1(X) = \begin{bmatrix} -2x_1 \\ -2x_2 \end{bmatrix}, \nabla g_2(X) = \begin{bmatrix} 0 \\ 1 \end{bmatrix}。$$

令 $X^* = [x_1^*, x_2^*]^T$ 为问题的 K-T 点，则 X^* 满足 K-T 条件：

$$\begin{cases} \begin{bmatrix} 2(x_1^* - 7) \\ 2(x_2^* - 3) \end{bmatrix} - \lambda \begin{bmatrix} 1 \\ 1 \end{bmatrix} - \mu_1^* \begin{bmatrix} -2x_1^* \\ -2x_2^* \end{bmatrix} - \mu_2^* \begin{bmatrix} 0 \\ 1 \end{bmatrix} = \begin{bmatrix} 0 \\ 0 \end{bmatrix} \\ \mu_1^* (10 - (x_1^*)^2 - (x_2^*)^2) = 0 \\ \mu_2^* x_2^* = 0 \\ x_1^* + x_2^* - 4 = 0 \\ 10 - (x_1^*)^2 - (x_2^*)^2 \geqslant 0 \\ x_2^* \geqslant 0 \\ \mu_1^* \geqslant 0 \\ \mu_2^* \geqslant 0 \end{cases}$$

解上述方程组，需要考虑以下几种情形：

(1) 当 $\mu_1^* > 0$, $\mu_2^* > 0$ 时，$x_1^* = 4$，$x_2^* = 0$，但不满足 $\mu_1^*(10 - (x_1^*)^2 - (x_2^*)^2) = 0$，故非 K-T 点。

(2) 当 $\mu_1^* > 0$，$\mu_2^* = 0$ 时，$X_1^* = (x_1^*, x_2^*)^T = (3, 1)^T$ 或 $X_2^* = (x_1^*, x_2^*)^T = (1, 3)^T$，$X_1^*$ 与 X_2^* 均为 K – T 点。

(3) 当 $\mu_1^* = 0$，$\mu_2^* > 0$ 时，$x_1^* = 4$，$x_2^* = 0$，显然非 K – T 点。

(4) 当 $\mu_1^* = 0$，$\mu_2^* = 0$ 时，$x_1^* = 4$，$x_2^* = 0$，显然非 K – T 点。

由于 $f(X_1^*) = 20$，$f(X_2^*) = 36$，故 $X_1^* = (3, 1)^T$ 为所求极小点，$\min f(X_1^*) = 20$。对于 $X_2^* = (1, 3)^T$，则是其极大点。

7.5 分式规划与二次规划

7.5.1 分式规划

分式规划是一种特殊的非线性规划问题。考虑如下规划：

$$\min f(X) = \frac{A(X)}{B(X)}$$
$$\begin{cases} h_i(X) = 0 & i = 1,2,\cdots,m \\ g_j(X) \geqslant 0 & j = 1,2,\cdots,l \end{cases} \tag{7-27}$$

其中，$f(X)$ 为分式函数，而 $A(X)$，$B(X)$，$h_i(X)$，$g_j(X)$ 均为线性函数，则称该规划问题为线性分式规划问题，简称分式规划。

对于分式规划问题，我们可以通过采取查恩斯—库珀（Charnes – Cooper）变换，将其转换为线性规划问题，从而方便求解。

【例 7 – 19】求解分式规划问题：

$$\max f(X) = \frac{-2x_1 - x_2 + 1}{x_1 + 2x_2 + 3}。$$

$$\begin{cases} x_1 + x_2 \leqslant 10 \\ x_2 \leqslant 5 \\ -x_1 + x_2 \leqslant 3 \\ x_1, x_2 \geqslant 0。\end{cases}$$

解：令 $\lambda = \dfrac{1}{x_1 + 2x_2 + 3}$，$y_1 = x_1 \lambda$，$y_2 = x_2 \lambda$。

因为 x_1，$x_2 \geqslant 0$，故 $\lambda > 0$，从而有 $y_1 \geqslant 0$，$y_2 \geqslant 0$。根据假设有 $x_1 = y_1/\lambda$，$x_2 = y_2/\lambda$，故该分式规划问题可以转变为：

$$\max f(Y) = -2y_1 - y_2 + \lambda$$

$$\begin{cases} y_1 + y_2 - 10\lambda \leq 0 \\ y_2 - 5\lambda \leq 0 \\ -y_1 + y_2 - 3\lambda \leq 0 \\ y_1 - + 2y_2 + 3\lambda = 1 \\ y_1, y_2, \lambda \geq 0_\circ \end{cases}$$

求解可得 $y_1^* = 0$, $y_2^* = 0$, $\lambda = 1/3$。

因而原问题的最优解为 $X^* = (0, 0)^T$, 此时目标函数值 $\max f(X^*) = 1/3$。

【例 7 – 20】求解分式规划问题：

$$\min f(X) = \frac{x_1 + 2x_2 + 1}{x_1 - 2x_2 + 3}_\circ$$

$$\begin{cases} 5x_1 - 2x_2 \leq 2 \\ -x_1 + 2x_2 \leq 1 \\ x_1, x_2 \geq 0_\circ \end{cases}$$

解：本题与例 7 – 19 区别在于无法确定目标函数分母的正负情况。

令 $\lambda = \pm \dfrac{1}{x_1 - 2x_2 + 3}$, $y_1 = x_1\lambda$, $y_2 = x_2\lambda$。则该分式规划问题可以转变为两个线性规划问题：

(LP1) $\min f(Y) = y_1 + 2y_2 + \lambda_\circ$
$$\begin{cases} 5y_1 - 2y_2 - 2\lambda \leq 0 \\ -y_1 + 2y_2 - \lambda \leq 0 \\ y_1 - 2y_2 + 3\lambda = 1 \\ y_1, y_2, \lambda \geq 0_\circ \end{cases}$$

(LP2) $\min f(Y) = -y_1 - 2y_2 - \lambda_\circ$
$$\begin{cases} 5y_1 - 2y_2 - 2\lambda \leq 0 \\ -y_1 + 2y_2 - \lambda \leq 0 \\ y_1 - 2y_2 + 3\lambda = -1 \\ y_1, y_2, \lambda \geq 0_\circ \end{cases}$$

对 LP1 求解可得 $y_1^* = 0$, $y_2^* = 0$, $\lambda = 1/3$。因而原问题的最优解为 $X^* = (0, 0)^T$, 此时目标函数值 $\min f(X^*) = 1/3$。

对 LP2 求解可知, 其无可行解。

7.5.2 二次规划

二次规划也是一种特殊的非线性规划问题。如果非线性规划问题的目标函数为二次函数, 而约束条件均为线性函数, 则称该规划问题为二次规划, 模型如下：

$$\min f(X) = \sum_{j=1}^{n} c_j x_j + \frac{1}{2} \sum_{j=1}^{n} \sum_{k=1}^{n} c_{jk} x_j x_k$$

$$\begin{cases} \sum_{j=1}^{n} a_{ij}x_j + b_i \geq 0 & i = 1,\cdots,m \\ c_{jk} = c_{kj} & k = 1,\cdots,n \\ x_j \geq 0 & j = 1,\cdots,n \end{cases} \quad (7-28)$$

目标函数 $f(X)$ 的第二项 $\frac{1}{2}\sum_{j=1}^{n}\sum_{k=1}^{n}c_{jk}x_jx_k$ 为二次型。如果该二次型正定（半正定），则 $f(X)$ 为严格凸函数（凸函数）；此外，二次规划的可行域为凸集，因而上述规划属于凸规划。在凸规划问题中，局部极值即为全局极值。因此对于该问题来说，K-T 条件是极值点存在的充要条件。

现将式（7-24）K-T 条件中的第一个条件应用于二次规划问题式（7-28），并用 y_j 代替 K-T 条件中的 μ_j^*，可以得到：

$$-\sum_{k=1}^{m} c_{jk}x_k + \sum_{i=1}^{m} a_{ij}y_{n+i} + y_j = c_j \quad (j = 1,\cdots,n) \quad (7-29)$$

引入松弛变量 x_{n+i}，将二次规划问题式（7-28）中的第一个约束条件变为（假定 $b_i \geq 0$）：

$$\sum_{j=1}^{n} a_{ij}x_j - x_{n+i} + b_i = 0 \quad (7-30)$$

再将式（7-24）K-T 条件中的第二个条件应用于上述二次规划问题，并考虑到式（7-30），容易得到：

$$x_j y_j = 0 \quad j = 1,\cdots,n+m \quad (7-31)$$

此外还有 $x_j \geq 0$，$y_j \geq 0 (j = 1, \cdots, n+m)$。

此时求解式（7-29）和式（7-30），若得到解同时满足式（7-31）及非负约束，则该解为原二次规划问题的解。

由于在式（7-29）中，c_j 的正负不能确定，因此为了便于求解，引入人工变量 z_j，则式（7-29）可以转变为：

$$-\sum_{k=1}^{m} c_{jk}x_k + \sum_{i=1}^{m} a_{ij}y_{n+i} + y_j + \text{sgn}(c_j)z_j = c_j \quad (j = 1,\cdots,n) \quad (7-32)$$

其中，$\text{sgn}(c_j)$ 为符号函数，当 $c_j \geq 0$ 时 $\text{sgn}(c_j) = 1$；当 $c_j < 0$ 时 $\text{sgn}(c_j) = -1$。故此时可以得到一个初始基可行解：

$$\begin{cases} z_i = \text{sgn}(c_j)c_j & j = 1, \cdots, n \\ x_{n+i} = b_i & i = 1, \cdots, m \\ x_j = 0 & j = 1, \cdots, n \\ y_i = 0 & j = 1, \cdots, n+m \end{cases}$$

但由于 z_j 为人工变量，故只有当 $z_j = 0$ 时才能得到原来二次规划问题的解。因此需要对上述问题进行修正，从而得到如下的线性规划问题。

$$\min \phi(Z) = \sum_{j=1}^{n} z_j$$

$$\begin{cases} -\sum_{k=1}^{m} c_{jk} x_k + \sum_{i=1}^{m} a_{ij} y_{n+i} + y_j + \mathrm{sgn}(c_j) z_j - c_j & j = 1, \cdots, n \\ \sum_{j=1}^{n} a_{ij} x_j - x_{n+i} + b_i = 0 & i = 1, \cdots, m \\ x_i \geqslant 0 & j = 1, \cdots, n+m \\ y_j \geqslant 0 & j = 1, \cdots, n+m \\ z_j \geqslant 0 & j = 1, \cdots, n \end{cases} \quad (7-33)$$

对于该线性规划问题，还应满足 $x_j y_j = 0 (j = 1, \cdots, n+m)$，即不能使 x_j 和 y_j 同时为基变量。

【例 7-21】求解二次规划问题：
$\max f(X) = 2x_1 + 4x_2 - x_1^2 - x_2^2$。

$$\begin{cases} x_1 + 2x_2 \leqslant 4 \\ x_1, x_2 \geqslant 0 \end{cases}$$

解：将该问题改写为：

$\min[-f(X)] = -2x_1 - 4x_2 + \dfrac{1}{2}(2x_1^2 + 2x_2^2)$。

$$\begin{cases} 4 - x_1 - 2x_2 \geqslant 0 \\ x_1, x_2 \geqslant 0 \end{cases}$$

可知目标函数为严格凸函数。对照式（7-28）可知，此时：$c_1 = -2$，$c_2 = -4$，$c_{11} = 2$，$c_{22} = 2$，$c_{21} = c_{12} = 0$，$b_1 = 4$，$a_{11} = -1$，$a_{12} = -2$。

由于 $c_1 < 0$，$c_2 < 0$，故引入的人工变量 z_1，z_2 前面取负号，以便得出可行解。这样就得到线性规划问题如下：

$\min \phi(Z) = z_1 + z_2$。

$$\begin{cases} -2x_1 - y_3 + y_1 - z_1 = -2 \\ -2x_2 - 2y_3 + y_2 - z_2 = -4 \\ -x_1 - 2x_2 - x_3 + 4 = 0 \\ x_i, y_i \geqslant 0, z_i \geqslant 0 \quad i = 1,2,3; j = 1,2 \end{cases}$$

此外还需要满足 $x_i y_i = 0 (i = 1, 2, 3)$。

对上述问题，可以用单纯形法求解（迭代过程中需要满足 $x_i y_i = 0$），可以得到该线性规划问题的解为：$(x_1^*, x_2^*, x_3^*, y_1^*, y_2^*, y_3^*, z_1^*, z_2^*)^T = \left(\dfrac{4}{5}, \dfrac{8}{5}, 0, 0,\right.$

$\left.0, \dfrac{2}{5}, 0, 0\right)^T$。

因此原二次规划问题的解为：$X^* = (x_1^*, x_2^*)^T = \left(\dfrac{4}{5}, \dfrac{8}{5}\right)^T, f(X^*) = \dfrac{24}{5}$。

另外，可以验证 $x_1^* = \dfrac{4}{5}$，$x_2^* = \dfrac{8}{5}$，$\mu_1^* = 0$，$\mu_2^* = 0$，$\mu_3^* = \dfrac{2}{5}$ 满足 K-T 条件。

习　题

1. 求解二次函数 $f(x_1, x_2) = 3x_1^2 - 4x_1 + 5x_2^2 - 2x_2 + 10$ 的极值点。
2. 试计算以下函数的梯度及其海塞矩阵。
   (1) $f(X) = x_1^2 + 2x_2^2 + 3x_3^2$；
   (2) $f(X) = \ln(x_1^2 + x_1 x_2 + x_2^2)$；
   (3) $f(X) = 3x_1 x_2^2 + 4e^{x_1 x_2}$；
   (4) $f(X) = x_1^{x_2} + \ln(x_1 x_2)$。
3. 试判断以下矩阵是何种类型：正定、负定、半正定、半负定或者不定。

$$(1) \begin{bmatrix} 2 & 1 & 2 \\ 1 & 3 & 0 \\ 2 & 0 & 5 \end{bmatrix} \quad (2) \begin{bmatrix} 1 & 1 & 0 \\ 1 & 1 & 0 \\ 0 & 0 & 1 \end{bmatrix} \quad (3) \begin{bmatrix} 2 & 1 & 2 \\ 1 & -3 & 0 \\ 2 & 0 & -5 \end{bmatrix}$$

4. 证明 $f(X) = (x_1 - 3)^2 + 2(x_2 - 6)^2 + 1$ 为凸函数。
5. 证明 $f(X) = 7x_1^2 + 3x_1 x_2 - 2x_1 + 4x_2^2 + x_2 - 6$ 为严格凸函数。
6. 证明下述非线性规划为凸规划：

$\min f(X) = x_1^2 + x_2^2 - 4x_1 + 4$。

$$\begin{cases} x_1 - x_2 + 2 \geq 0 \\ -x_1^2 + x_2 - 1 \geq 0 \\ x_1 \geq 0, x_2 \geq 0 \end{cases}$$

7. 试求以下函数的驻点，并判断它们是极大点、极小点或是鞍点。
   (1) $f(X) = 5x_1^2 + 12x_1 x_2 - 16x_1 x_3 + 10x_2^2 - 26x_2 x_3 + 17x_3^2 - 2x_1 - 4x_2 - 6x_3$；
   (2) $f(X) = x_1^2 - 4x_1 x_2 + 6x_1 x_3 + 5x_2^2 - 10x_2 x_3 + 8x_3^2$；
   (3) $f(X) = -x_1^2 + x_1 - x_2^2 + x_2 x_3 + 2x_3$；
   (4) $f(X) = 8x_1 x_2 + 3x_2^2$。

8. 分别用 0.618 法、分数法和进退法求解函数 $f(t) = t^2 - t + 2$ 在区间 $[-1, 3]$ 上的近似极小点和极小值，要求缩短后的区间长度不大于原区间长度的 8%。

9. 分别用梯度法、共轭梯度法、牛顿法求解如下问题的近似极小点。设置初始点为 $X_0 = (0, 0)^T$，允许误差 $\varepsilon = 0.01$。

$f(X) = 2x_1^2 + 3x_2^2 - x_1 x_2 - 4x_1 - x_2 - 15$。

10. 用 K-T 条件求解如下非线性规划问题：

$$\min f(X) = (x_1-2)^2 + (x_2-3)^2 \text{。}$$
$$\begin{cases} (2-x_1)^3 \geqslant x_2 \\ 2x_1 - x_2 = 1 \text{。} \end{cases}$$

11. 写出如下问题的 K‑T 条件：
$$\min f(X) = 2x_1^2 - 4x_1x_2 + 4x_2^2 - 6x_1 - 3x_2 \text{。}$$
$$\begin{cases} x_1 + 2x_2 \leqslant 5 \\ 4x_1 + x_2 \leqslant 9 \\ x_1 + x_2 = 3 \\ x_1, x_2 = 0 \text{。} \end{cases}$$

12. 求解下述分式规划：
$$\min f(X) = \frac{2x_1 - x_2 + 1}{x_1 - 2x_2 + 3} \text{。}$$
$$\begin{cases} 3x_1 - 2x_2 \leqslant 2 \\ -x_1 + 2x_2 \leqslant 3 \\ x_1, x_2 \geqslant 0 \text{。} \end{cases}$$

13. 求解下述二次规划问题：
$$\min f(X) = x_1^2 + x_2^2 - 6x_1 - 8x_2 \text{。}$$
$$\begin{cases} 2x_1 + x_2 \leqslant 6 \\ x_1, x_2 \geqslant 0 \text{。} \end{cases}$$

第 8 章
动态规划

动态规划（Dynamic Programming，DP）是由美国数学家贝尔曼（R. E. Bellman）等在1951年提出的一种解决用于多级阶段最优决策问题的方法。这种方法针对多阶段决策问题的特点，将其分解为一系列简单的、离散的单阶段决策问题，采用相应的求解方法，通过解一系列小问题达到求解整个问题目的。动态规划的各个决策阶段不但要考虑本阶段的决策目标，还要兼顾整个决策过程的整体目标，从而实现整体最优决策。

自动态规划提出以来，在经济管理、生产调度、工程技术和最优控制等方面得到了广泛的应用，如最短路线、库存管理、资源分配、设备更新、投资问题、排序、装载等问题，用动态规划方法求解比用其他方法求解更为方便。

8.1 动态规划的基本概念及原理

8.1.1 多阶段决策问题

在经济管理决策中，有些决策问题可以划分为相互联系的多个阶段，呈现出明显的阶段性，这类问题在每一阶段都需要进行决策。例如，企业在生产经营过程中，由于市场需求随着时间变化而变化，因而为了取得全年最佳经济效益，就要在全年的生产过程中，逐月或者逐季度地根据库存和需求情况决定生产计划安排。

所谓多阶段决策问题是指一类活动过程，它可以按照时间或者空间的顺序划分为若干个相互联系的阶段，在每个阶段都需要做出决策。由于各段决策间有机地联系着，这个决策不仅决定了这一阶段的效益，而且还会影响下一阶段的活动及其决策,从而影响整个决策过程。所以决策者在每段决策时不应仅考虑本阶段最优,还应考虑对最终目标的影响,从而做出对全局来讲是最优的决策。我们可以用图 8-1 来描述。

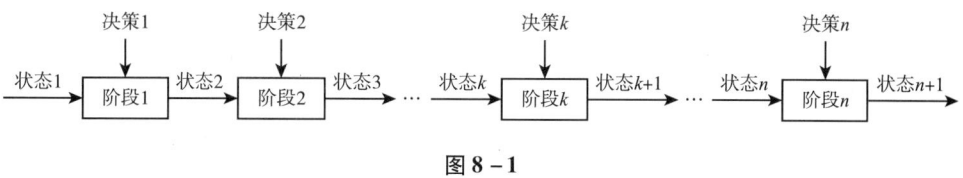

图 8-1

各阶段的决策构成一个决策序列,称为一个策略。由于每一阶段常有多个决策方案可供选择,因此,每一阶段也能做出若干不同的决策,故一个多阶段决策问题相应便有很多策略可供选择。由于每阶段的不同决策其效果是不同的,因而由此所构成的不同策略的效果一般也不同。那么在诸多可供选择的策略中,选择哪一策略才能使一项待行的活动取得最佳效果?动态规划就是符合这种要求的一种决策方法。

我们下面通过几个例子来进一步说明多阶段决策问题。

【例 8-1】某工厂针对一种产品准备制订五个周期的生产计划。根据以往数据,这五个周期的市场需求量分别如表 8-1 所示。假定该工厂每生产一批产品的固定成本为 3 000 元,不生产为 0 元;单位产品的成本为 1 000 元;每周期生产能力不超过 6 个单位。每周期结束后未能销售出去的产品需要存储,单位存储费用为 500 元。假定初始库存与第五个周期结束后的库存均为 0。问在满足市场需求的情况下,如何安排各周期生产才能使总成本最小?

表 8-1

周期	1	2	3	4	5
需求量	2	3	2	4	3

显然这是一个 5 阶段决策问题,需要在每一个周期开始时做出生产决策。

【例 8-2】某厂有 100 台机器,可以在高、低两种不同负荷下进行生产。在高负荷下生产时,产品的年产量 s_1 和投入生产的机器数量 y_1 的关系为 $s_1 = 8y_1$,这时机器的年完好率为 0.7;在低负荷下生产时,产品的年产量 s_2 和投入生产的机器数量 y_2 的关系为 $s_2 = 5y_2$,机器的完好率为 0.9。要制订一个五年计划,确定每年投入高、低两种负荷下生产的完好机器数量,使 5 年内产品的总产量达到最大。

显然这也是一个 5 阶段决策问题,需要每年初决定投入高、低两种负荷下生产的完好机器数量。

【例 8-3】某公司有资金 100 万元,有四个项目可供投资选择。若投资于项目

$i(i=1,2,3,4)$ 的投资额为 x_i 时，其收益分别为 $g_1(x_1)=4x_1$，$g_2(x_2)=7x_2$，$g_3(x_3)=2x_3^2$，$g_4(x_4)=\frac{1}{4}x_4^3$。问如何分配投资额才能使总收益最大？

由于对四个项目有投资约束 $x_1+x_2+x_3+x_4=100$，因此我们可以引入"时间"概念，按照投资决策顺序来进行划分，从而转化为一个 4 阶段决策问题。

从上述例子可以看出，这些多阶段决策问题具有如下的一些特征：

（1）阶段可以按时间划分，也可以按空间划分。对于某些问题，可以人为地引入"时间"概念，从而变成一个多阶段决策问题。如例 8-3，我们人为规定了投资决策顺序，从而将其变成了一个 4 阶段决策问题。

（2）每一阶段都有相应的"状态"与之对应，描述状态的量称为"状态变量"。

（3）每一阶段都面临一个决策，选择不同的决策将会导致下一阶段不同的状态；同时，不同的决策将会导致这一阶段不同的目标函数值。

（4）每一阶段的最优解问题可以递推地归结为下一阶段各个可能状态的最优解问题，各子问题与原问题具有完全相同的结构。能否构造这样的递推归结，是解决动态规划问题的关键，这种递推归结的过程，称为"不变嵌入"。

8.1.2 动态规划的基本概念

使用动态规划方法解决多阶段决策问题时，首先要把实际问题转化成动态规划模型，再进行求解。下面介绍用动态规划方法建模时要用到的基本概念：（1）阶段；（2）状态；（3）决策和策略；（4）状态转移方程；（5）指标函数。

下面我们结合例 8-4 来介绍这些基本概念。

【例 8-4】如图 8-2 所示，给定一个线路网络图，需要从 S 地到 V 点铺设一条管道，各点之间连线上的数字表示距离。问应该选择怎样的铺设线路才能使总距离最短。

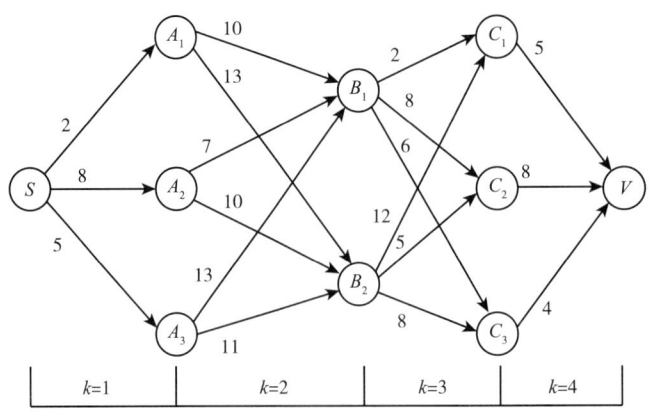

图 8-2

这显然是一个多阶段的决策问题。

(1) 阶段。

阶段（stage）是对整个过程的自然划分。为能应用动态规划方法，首先必须根据实际问题所处的时间、空间或其他条件，把所研究的问题恰当地划分成若干个相互联系的阶段，以便能按一定的次序去求解。用 $k=1, 2, \cdots, n$ 表示阶段序号，把 k 称为阶段变量。一个阶段就是需要做出一个决策的子问题，阶段数等于多阶段决策问题从开始到结束需要做出的决策次数。

在例 8-4 中，从 S 地到 V 点可以依据空间关系，将其划分为 4 个阶段：从 V 到 A（A 有三种选择 A_1、A_2 和 A_3）、从 A 到 B（B 有两种选择 B_1、B_2）、从 B 到 C（C 有三种选择 C_1、C_2 和 C_3）和从 C 到 V 4 个阶段，故 $k=1, 2, 3, 4$。

(2) 状态。

状态（state）表示每个阶段开始时所面临的自然状况或客观条件，既是该阶段某一支路的始点，又是前一阶段某一支路的终点。状态反映了所研究问题过程的状况，又称为不可控因素。按照过程进行的先后，每个阶段的状态可以分为初始状态和终止状态，或者称为输入状态和输出状态。我们把描述状态的变量称为状态变量，状态变量必须包含在给定的阶段上确定全部允许决策所需要的信息。可以用 s_k 表示第 k 阶段所处的初始状态，s_{k+1} 表示其终止状态，也是第 $k+1$ 阶段的初始状态。后面为了方便起见，把 s_k 称为状态变量。s_k 所有可能取值组成的集合，称为状态集合，记作 S_k，显然有 $s_k \in S_k$。状态可以是数量，也可以是字符。如果状态是数量，则可以是离散的，也可以是连续的。

在例 8-4 中，第 1 阶段有一个状态 S，则 $S_1 = \{S\}$；第 2 个阶段有三个状态：A_1, A_2, A_3 故 $S_2 = \{A_1, A_2, A_3\}$；第 3 个阶段有两个状态 B_1, B_2，故 $S_3 = \{B_1, B_2\}$；第 4 个阶段有三个状态：C_1, C_2, C_3 故 $S_4 = \{C_1, C_2, C_3\}$。

注意，作为动态规划的状态，应具有这样的重要性质：如果某阶段状态给定后，则在这阶段以后过程的发展不受这阶段以前各段状态的影响，即过程的过去历史只能通过当前的状态去影响它未来的发展，当前的状态是以往历史的一个总结，这个性质称为无后效性（也称为马尔科夫性）。换句话说，当某阶段状态给定后，自本阶段以后的发展过程完全由本阶段所处的状态及其以后的决策决定，与过程以前的状态和决策无关。如果所选定的状态变量不具有无后效性，就不能作为状态变量来构建动态规划模型。

在例 8-4 中，假定在第 3 阶段选择的是 B_1 点，则后面的问题只需要考虑从 B_1 点如何到达 V 点，与第 1 阶段、第 2 阶段的状态及决策无关。

（3）决策和策略。

决策（decision）就是确定系统过程发展的方案。决策的实质是关于状态的选择，是决策者从给定阶段状态出发对下一阶段状态做出的选择。表示决策的变量称为决策变量，常用 $u_k(s_k)$ 来表示第 k 阶段当状态为 s_k 时的决策变量。在实际问题中，决策变量的取值往往限制在一定范围内，称此范围为允许决策集合，常用 $D_k(s_k)$ 表示第 k 阶段从状态 s_k 出发的允许决策集合。显然有 $u_k(s_k) \in D_k(s_k)$。

在例 8-4 中，从第 3 阶段的状态 B_1 出发，可以有三种不同的决策，即 $u_3(B_1) = C_1$，$u_3(B_1) = C_2$ 和 $u_3(B_1) = C_3$，故其允许决策集合为 $D_3(B_1) = \{C_1, C_2, C_3\}$；如果我们确定选择 C_1，则有 $u_3(B_1) = C_1$，显然 $u_3(B_1) \in D_3(B_1)$。

当各阶段的决策确定后，从第 1 个阶段开始到最后第 n 阶段的决策序列就构成了一个全过程策略，简称策略，用 $p_{1,n}\{u_1(s_1), u_2(s_2), \cdots, u_n(s_n)\}$ 表示。若从第 k 个阶段开始到最后第 n 阶段的决策序列称为 k 子过程策略，简称子策略，用 $p_{k,n}\{u_k(s_k), u_{k+1}(s_{k+1}), \cdots, u_n(s_n)\}$ 表示。显然当 $k=1$ 时 k 子过程策略就是全过程策略。在例 8-4 中，$p_{1,4}\{S, A_1, B_1, C_1, V\}$ 就是一个策略，而 $p_{3,4}\{B_2, C_2, V\}$ 就是一个子策略。

在现实问题中，可供选择的策略有一定范围，称为允许策略集合，用 $P_{1,n}(s_1)$ 表示。在允许策略集合中，使整个问题达到最优效果的策略称为最优策略，即最优策略是从 $P_{1,n}(s_1)$ 中找出达到最优效果的策略。

（4）状态转移方程。

在动态规划中，本阶段的状态往往是上一阶段状态和上一阶段决策的结果。对于多阶段决策问题，如果给定了第 k 阶段的状态 s_k，本阶段决策为 $u_k(s_k)$，则该问题的状态发生了转移，即由第 k 阶段的状态 s_k 转移到了第 $k+1$ 阶段的状态 s_{k+1}。多阶段决策过程的发展就是用阶段状态的相继演变进行描述的。

对于具有无后效性的多阶段决策问题，其从第 k 阶段到第 $k+1$ 阶段的状态转移完全由第 k 阶段的状态 s_k 和决策 $u_k(s_k)$ 所确定，与该问题过去的状态 s_1，s_2，$\cdots$，s_{k-1} 及其决策 $u_1(s_1)$，$u_2(s_2)$，$\cdots$，$u_{k-1}(s_{k-1})$ 无关。也就是说，s_{k+1} 与 s_k、$u_k(s_k)$ 之间存在一种明确的数量对应关系，我们可以用式（8-1）来描述这种关系。

$$s_{k+1} = T_k(s_k, u_k) \tag{8-1}$$

式（8-1）称为状态转移方程（equation of state transition），反映了从第 k 阶段到第 $k+1$ 阶段的状态转移规律。对不同的问题，状态转移方程可能会有不同的形式。

在例 8-4 中，状态转移方程为 $s_{k+1} = u_k(s_k)$。

（5）指标函数。

用来衡量策略、子策略或决策的效果的某种数量指标，就称为指标函数（objective function），它是定义在全过程、各子过程或各阶段上的确定数量函数。对不同问题，指标函数可以是费用、成本、产值、利润、产量、耗量、距离、时间、效用等，例 8-4 中的指标即为距离。指标函数可分为两类，一类是阶段指标函数，另一类是过程指标函数。

阶段指标函数：从第 k 阶段状态 s_k 出发，选择决策 $u_k(s_k)$ 所产生的第 k 阶段指标，称为第 k 阶段指标函数，记为 $v_k(s_k,u_k)$，简记为 v_k。如例 8-4 中，$v_1(S,A_1)=2$，$v_3(B_1,C_3)=6$。

过程指标函数：从第 k 阶段状态 s_k 出发，采取某种策略到最后第 n 阶段所产生的过程指标，称为过程指标函数，记为 $V_{k,n}=V_{k,n}(s_k,u_k,s_{k+1},u_{k+1},\cdots,s_n,u_n)=V_{k,n}(s_k,p_{k,n})$，简记为 $V_{k,n}$。显然 $V_{k,n}$ 的大小取决于从第 k 阶段到最后第 n 阶段所采取的子策略。

最优指标函数是指从第 k 阶段的状态 s_k 出发，采取最优子策略到最后第 n 阶段所得到的指标函数。最优指标函数也称为最优值函数，记为 $f_k(s_k)$。

$$f_k(s_k)=V_{k,n}(s_k,p_{k,n}^*)=\underset{u_k\in D_k(s_k)}{opt}\{V_{k,n}(s_k,p_{k,n})\} \quad (8-2)$$

其中，opt 是表示最优化，往往为 max 或 min。显然，当 $k=1$ 时，$f_1(s_1)$ 就是从初始状态出发到全过程结束的最优值函数。

动态规划的指标函数是各阶段指标函数 v_k 累积而成，即应该具有可分离性，并满足递推关系，$V_{k,n}$ 可以表示为：

$$V_{k,n}=v_k(s_k,u_k)\oplus v_{k+1}(s_{k+1},u_{k+1})\oplus\cdots\oplus v_n(s_n,u_n) \quad (8-3)$$

其中，$\oplus$ 表示某种运算，可以是加、减、乘、除、开方等。在现实问题中，常用的指标函数形式有两种：各阶段指标函数的和的形式与积的形式。

①和的形式，即全过程和它的任一子过程的指标是它所包含的各阶段的指标的和。

$$V_{k,n}=\sum_{j=k}^{n}v_j(s_j,u_j)=v_k(s_k,u_k)+V_{k+1,n} \quad (8-4)$$

此时最优指标函数为：

$$f_k(s_k)=\underset{u_k\in D_k(s_k)}{opt}\{v_k(s_k,u_k)+f_{k+1}(s_{k+1})\} \quad (8-5)$$

②积的形式，即全过程和它的任一子过程的指标是它所包含的各阶段指标的乘积。

$$V_{k,n}=\prod_{j=k}^{n}v_j(s_j,u_j)=v_k(s_k,u_k)\times V_{k+1,n} \quad (8-6)$$

此时最优指标函数为：

$$f_k(s_k)=\underset{u_k\in D_k(s_k)}{opt}\{v_k(s_k,u_k)\times f_{k+1}(s_{k+1})\} \quad (8-7)$$

在例 8-4 中，指标函数 $V_{k,n}$ 表示在第 k 阶段由状态 s_k（即点 s_k）到终点 V 的距

离,为各阶段线路之和,相应的最优指标函数为:

$$f_k(s_k) = \min V_{k,n}(s_k, u_k, s_{k+1}, u_{k+1}, \cdots, s_n, u_n) = \min\{v_k(s_k, u_k) + f_{k+1}(s_{k+1})\}。$$

8.1.3 动态规划的最优化原理

为了求最优策略,必须通过求解最优值函数 $f_k(s_k)$ 才能确定。由于式(8-2)是一个多变量的优化问题,按照常规方法很难进行求解。为了将多变量的决策问题转化为多阶段单变量的决策问题,贝尔曼等提出了如下"最优化原理",作为动态规划的理论基础,它能解决许多类型的多阶段决策过程最优化的问题。

动态规划的最优化原理:作为整个过程的最优化策略应具有这样的性质,即无论过去的状态和决策如何,对于前面的决策所形成的状态而言,余下的诸决策必须构成最优策略。

简言之,一个最优策略的子策略必须最优。根据最优化原理,可将一个多阶段决策过程转化为一个序贯决策过程,即把一个含有 n 个变量的决策问题转化为 n 个单变量决策问题。实现这种转化,还需要满足两个基本条件,这就是指标函数的可分性和状态变量的无后效性,但要注意,最优化原理仅仅是策略最优性的必要条件,不是普遍成立的。

动态规划的最优性定理:对于初始状态 $s_1 \in S_1$,策略 $p_{1,n}^* = \{u_1^*, u_2^*, \cdots, u_n^*\} \in P_{1,n}(s_1)$ 是最优策略的充要条件,对于任意的 $k(1 < k \leq n)$,有:

$$V_{1,n}(s_1, p_{1,n}^*) = \underset{p_{1,k-1} \in P_{1,k-1}(s_1)}{opt} [V_{1,k-1}(s_1, p_{1,k-1}) + \underset{p_{k,n} \in P_{k,n}(s_k)}{opt} V_{k,n}(s_k, p_{k,n})] \quad (8-8)$$

其中,s_k 是由 s_1,$p_{1,k-1}$ 和状态转移方程 $s_k = T_{k-1}(s_{k-1}, u_{k-1})$ 所确定的第 k 阶段的状态。

推论:$\{f_k(s_k)\}$,$\{u_k(s_k)\}$ 分别为最优值函数序列和最优决策序列的充要条件是它们满足式(8-9)。

$$f_k(s_k) = \underset{u_k \in D_k(s_k)}{opt} [v_k(s_k, u_k) + f_{k+1}(s_{k+1})] \quad k = 1, 2, \cdots, n \quad (8-9)$$

需要注意的是,$f_{n+1}(s_{n+1})$ 是决策过程的终端条件(边界条件),当 s_{n+1} 只取固定的状态时称为固定终端,当 s_{n+1} 可在终端集合 S_{n+1} 中变动时称为自由终端。

在例 8-4 中,如果路线 $S \to A_1 \to B_1 \to C_1 \to V$ 是 S 到 V 的最短路线,则线路 $A_1 \to B_1 \to C_1 \to V$ 一定是从 A_1 到 V 的最短路线,线路 $B_1 \to C_1 \to V$ 是 B_1 到 V 的最短路线,以此类推。

8.1.4 动态规划的基本思想与基本方程

下面我们根据例 8-4 的求解来说明动态规划的基本思想。

为求出从 S 到 V 的最短路线,一种可行的方法是列举出所有从 S 到 V 的可能铺设线路并加以比较。这种方法是枚举法,当问题规模较小或者阶段较少时可以采用,但当问题规模较大或者每阶段的状态数较多时,这种方法的计算量将大大增加,从而可能使寻优变得不可能。

下面我们根据动态规划的最优性定理进行求解。需要注意的是,这里从最后一个阶段开始,采用逆序递推法进行求解。在 8.2 节中还将采取顺序解法进行求解。

由题意可知,点 V 到点 V 的距离为 0,即 s_5 为固定终端,故有 $f_5(s_5) = f_5(V) = 0$。

当 $k=4$ 时,状态变量 s_4 可取三个值 C_1,C_2,C_3,它们到终点 V 都只有一条线路。根据最优性原理应该满足:$f_4(s_4) = \min\limits_{u_4 \in D_4(s_4)} \{v_4(s_4, u_4) + f_5(s_5)\}$,即:

$f_4(C_1) = v_4(C_1, V) + f_5(V) = 5 + 0 = 5;$

$f_4(C_2) = v_4(C_2, V) + f_5(V) = 8 + 0 = 8;$

$f_4(C_3) = v_4(C_3, V) + f_5(V) = 4 + 0 = 4。$

当 $k=3$ 时,状态变量 s_3 可取两个值 B_1,B_2,这是经过一个中途点到达终点 V 的两阶段决策问题。根据最优性原理,有 $f_3(s_3) = \min\limits_{u_3 \in D_3(s_3)} \{v_3(s_3, u_3) + f_4(s_4)\}$,即:

$$f_3(B_1) = \min \begin{cases} v_3(B_1, C_1) + f_4(C_1) \\ v_3(B_1, C_2) + f_4(C_2) \\ v_3(B_1, C_3) + f_4(C_3) \end{cases} = \min \begin{cases} 2+5 \\ 8+8 \\ 6+4 \end{cases} = 7。$$

这说明由点 B_1 到终点 V 的最短距离为 7,其路径为 $B_1 \to C_1 \to V$,相应决策为 $u_3^*(B_1) = C_1$。

$$f_3(B_2) = \min \begin{cases} v_3(B_2, C_1) + f_4(C_1) \\ v_3(B_2, C_2) + f_4(C_2) \\ v_3(B_2, C_3) + f_4(C_3) \end{cases} = \min \begin{cases} 12+5 \\ 5+8 \\ 8+4 \end{cases} = 12。$$

即点 B_2 到终点 V 的最短距离为 12,其路径为 $B_2 \to C_3 \to V$,相应决策为 $u_3^*(B_2) = C_2$。

当 $k=2$ 时,状态变量 s_2 可取三个值 A_1,A_2,A_3,这是经过两个中途点到达终点 V 的三阶段决策问题。根据最优性原理,有 $f_2(s_2) = \min\limits_{u_2 \in D_2(s_2)} \{v_2(s_2, u_2) + f_3(s_3)\}$,类似可以得到:

$$f_2(A_1) = \min \begin{cases} v_2(A_1, B_1) + f_3(B_1) \\ v_2(A_1, B_2) + f_3(B_2) \end{cases} = \min \begin{cases} 10+7 \\ 13+12 \end{cases} = 17, u_2^*(A_1) = B_1。$$

$$f_2(A_2) = \min \begin{cases} v_2(A_2, B_1) + f_3(B_1) \\ v_2(A_2, B_2) + f_3(B_2) \end{cases} = \min \begin{cases} 7+7 \\ 10+12 \end{cases} = 14, u_2^*(A_2) = B_1。$$

$$f_2(A_3) = \min \begin{cases} v_2(A_3, B_1) + f_3(B_1) \\ v_2(A_3, B_2) + f_3(B_2) \end{cases} = \min \begin{cases} 13+7 \\ 11+12 \end{cases} = 20, u_2^*(A_3) = B_1。$$

当 $k=1$ 时，状态变量 s_1 只取一个值 S，即此时为原问题。根据最优性原理应该满足：$f_1(s_1) = \min\limits_{x_1 \in D_1(s_1)} \{v_1(s_1, x_1) + f_2(s_2)\}$，即：

$$f_1(S) = \min \begin{Bmatrix} v_1(S, A_1) + f_2(A_1) \\ v_1(S, A_2) + f_2(A_2) \\ v_1(S, A_3) + f_2(A_3) \end{Bmatrix} = \min \begin{Bmatrix} 2 + 17 \\ 8 + 14 \\ 5 + 20 \end{Bmatrix} = 19，相应决策为 u_1^*(S) = A_1。$$

即从初始点 S 到终点 V 的最短距离为 19。

再按照计算顺序反推可以得到最优决策序列为：$u_1^*(S) = A_1$，$u_2^*(A_1) = B_1$，$u_3^*(B_1) = C_1$，$u_4^*(C_1) = V$。所以最优管道铺设线路为：$S \to A_1 \to B_1 \to C_1 \to V$。

从前面的计算过程可以看出，在各阶段的求解过程中，我们都根据最优性原理，即利用了第 k 阶段和第 $k+1$ 阶段的递推关系：

$$\begin{cases} f_k(s_k) = \min\limits_{u_k \in D_k(s_k)} [v_k(s_k, u_k) + f_{k+1}(s_{k+1})] & k = 4, 3, 2, 1 \\ f_5(s_5) = 0 \end{cases} \tag{8-10}$$

这种递推关系称为动态规划的基本方程，$f_5(s_5) = 0$ 为边界条件。

事实上，在上述求解过程中，我们不仅得到了从初始点 S 到终点 V 的最短路线，我们还得到了其他任意一点到终点 V 的最短路线，我们用图 8-3 来表示，每个节点旁边方框中的数字即为该点到终点的最短距离。

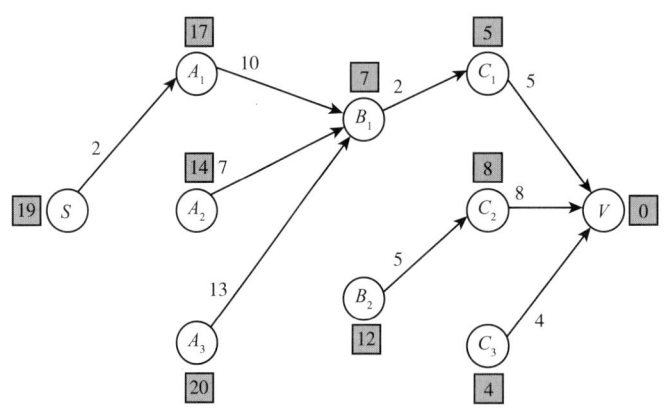

图 8-3

通过例 8-4 可以看出，动态规划的基本思想是：把一个比较复杂的问题分解为一系列同类型的更易求解的子问题，便于应用计算机求解。整个求解过程分为两个阶段，先按整体最优的思想逆序（顺序）地求出各个子问题中所有可能状态的最优决策与最优路线值，然后再顺序（逆序）地求出整个问题的最优策略和最优路线。计算过程中，系统地删去了所有中间非最优的方案组合，从而使计算工作量比穷举法大为减少。

从前面可以看出，动态规划方法的基本思想如下：

（1）动态规划方法的关键在于正确地写出基本的递推关系式和恰当的边界条件（即基本方程）。要做到这一点，必须先将问题的过程分成 n 个相互联系的阶段，恰当地选取状态变量和决策变量及定义最优值函数，从而把一个大问题化成一组同类型的子问题；然后逐个求解，即从边界条件开始，逐段递推寻优，在每一个子问题的求解中，均利用了它前面的子问题的最优化结果，依次进行；最后一个子问题所得的最优解，就是整个问题的最优解。

（2）在多阶段决策过程中，动态规划方法是既把当前一段和未来各段分开，又把当前效益和未来效益结合起来考虑的一种最优化方法，因此，每段决策的选取是从全局考虑的，与该段的最优选择方案一般是不同的。

（3）在求整个问题的最优策略时，由于初始状态是已知的，而每段的决策都是该段状态的函数，故最优策略所经过的各段状态便可逐次变换得到，从而确定了最优策略。

动态规划的基本方程是递推逐段求解的依据，由于常用指标函数有和的形式与积的形式，故动态规划的基本方程一般可以分别表示为：

$$\begin{cases} f_k(s_k) = \mathop{\mathrm{opt}}\limits_{u_k \in D_k(s_k)} \{v_k(s_k, u_k) + f_{k+1}(s_{k+1})\} \quad k = n, n-1, \cdots, 1 \\ f_{n+1}(s_{n+1}) = 0 \\ s_{k+1} = T_k(s_k, u_k) \end{cases} \quad (8-11)$$

$$\begin{cases} f_k(s_k) = \mathop{\mathrm{opt}}\limits_{u_k \in D_k(s_k)} \{v_k(s_k, u_k) \times f_{k+1}(s_{k+1})\} \quad k = n, n-1, \cdots, 1 \\ f_{n+1}(s_{n+1}) = 1 \\ s_{k+1} = T_k(s_k, u_k) \end{cases} \quad (8-12)$$

求解过程就是分别利用上述递推方程 $f_k(s_k)$ 及边界条件 $f_{n+1}(s_{n+1})$，从最后一个阶段 $k=n$ 开始进行逆推，从而逐步求得各阶段的最优决策和相应的最优值，求出 $f_1(s_1)$ 就是全过程的最优值；然后由 s_1 和 u_1^*，得到 s_2，从而确定 u_2^*，…，以此类推，最终确定 u_n^*，从而得到最优策略 $p_{1,n}^* = \{u_1^*, u_2^*, \cdots, u_n^*\}$。用顺序递推法求解时，动态规划的基本方程描述及其求解可见 8.2 节有关内容。

8.2 动态规划的模型构建与求解

8.2.1 动态规划模型的建立

将一个问题建立为动态规划模型，其关键在于要分析该问题能否满足动态规划模型的基本要求，即如何识别出该问题的多阶段特征，将该问题分解成为可以用递推关系联系起来的若干子问题。而建立起递推关系的关键又在于状态变量的选择，能够保证各阶段的状态变量具有递推的状态转移关系。

建立动态规划模型需要考虑这些要素：阶段数 k、状态变量 s_k、决策变量 $u_k(s_k)$、状态转移方程、指标函数及基本方程。因此在建模时包括以下几个步骤：

（1）将问题按时间或空间划分为满足递推关系的若干阶段，对非时序问题可人为地引入"时间"概念。需要注意的是，在每一个阶段都具有需要进行决策的问题。例如对于例 8-1 和例 8-2，我们可以根据时间关系，将问题划分为 5 个相互联系的阶段，在每一个阶段开始时都需要做出决策；对于例 8-3，我们可以人为地根据投资决策顺序将问题划分为 4 个阶段，每个阶段决定对每个项目的投资额；对于例 8-4，我们可以根据空间关系将问题划分为 4 个阶段，每个阶段决定两点之间的铺设路线。

（2）恰当选择状态变量 s_k，使它既能确切地描述过程的状态，又满足过程的无后效性。识别每一个阶段的状态是建立动态规划模型的关键，动态规划中的状态变量必须具备以下特征：第一，要满足可知性。即所规定的各段状态变量的值，可以直接或间接地测算得到。一般在动态规划模型中，状态变量大多选取可以进行累计的量。第二，要满足无后效性。即如果在某个阶段状态已经给定，那么在该阶段以后，过程的发展不受前面各段状态的影响，如果所选的变量不具备无后效性，就不能作为状态变量来构造动态规划的模型。

（3）确定决策变量 $u_k(s_k)$ 及各阶段允许决策集合。状态变量与决策变量都可以是连续的或者离散的。

（4）能够正确地写出状态转移方程，至少要能正确反映状态转移规律。如果给定第 k 阶段状态变量 s_k 的值，则该段的决策变量 $u_k(s_k)$ 一经确定，第 $k+1$ 阶段的状态变量 s_{k+1} 的值也就完全确定，即有 $s_{k+1} = T_k(s_k, u_k)$。

（5）根据题意，正确地构造出目标与变量的函数关系——目标函数，目标函数应满足下列性质：第一，可分性，即对于所有 k 子过程，其目标函数仅取决于状态 s_k 及其以后的决策 $u_k, u_{k+1}, \cdots, u_n$，也就是说，它是定义在 k 子过程上的数量函数；第二，要满足递推关系，即 $V_{k,n} = v_k(s_k, u_k) \oplus V_{k+1,n}$，其中 $\oplus$ 为运算符号，可以为加、乘等形式；第三，阶段函数对 $V_{k+1,n}$ 来说要严格单调。

（6）写出动态规划的基本方程，即最优值函数满足的递推方程以及边界条件。如前所述，常见的指标函数有和的形式与积的形式。

综上所述，动态规划的数学模型可以描述如下：

$$f_1(s_1) = opt V_{1,n}(s_1, u_1, s_2, u_2, \cdots, s_n, u_n)$$

$$\begin{cases} s_{k+1} = T_k(s_k, u_k) \\ s_k \in S_k \\ u_k(s_k) \in D_k(s_k) \\ k = 1, 2, \cdots, n \end{cases} \quad (8-13)$$

需要指出的是，在构建动态规划模型时，没有统一的标准模型可供使用，也没有构造模型的通用方法，甚至还没有判断一个问题能否构造动态规划模型的准则。这样就只能对每类问题进行具体分析，构造具体的模型。对于较复杂的问题在选择状态变量、决策变量、确定状态转移规律等方面需要丰富的想象力和灵活的技巧性，依赖于个人的经验和技巧，这就带来了应用上的局限性；状态变量需要满足无后效性，同样使建模存在较大的困难；另外，动态规划的维数灾难限制了对规模较大问题的求解效率。

8.2.2 动态规划模型的求解

动态规划的求解方法有两种基本形式：逆序递推法（后向动态规划方法）和顺序递推法（前向动态规划方法）。逆序递推法是从多阶段决策问题的最后一个阶段开始计算，逐段向前推进，进而求得全过程的最优策略，这种方法寻优的过程与实际决策过程方向相反，故称为逆序递推法；顾名思义，顺序递推法与决策过程方向相同，从第一个阶段开始计算，逐段向后推进，进而求得全过程的最优策略。

这两种解法在本质上并无区别，一般地说，当初始状态给定时可用逆序递推法，当终止状态给定时可用顺序递推法。若多阶段决策问题给定了一个初始状态和一个终止状态，则两种方法都可以使用。

对于例 8-4，由于其初始点 S 和终点 V 都是给定的，故这里我们再用例 8-4 来说明顺序递推法的求解过程。设 $f_k(s_{k+1})$ 表示从初始点 S 到第 k 阶段终止状态 s_{k+1} 的最短距离，我们就可以从前向后逐段求出从初始点 S 到各阶段起点的最短距离，从而求出从初始点 S 到终点 V 的最短距离及路线。

当 $k=0$ 时，$f_0(s_1) = f_0(S) = 0$，这是边界条件。

当 $k=1$ 时，状态变量 s_2 可取三个值 A_1, A_2, A_3，根据最优性原理应该满足：$f_1(s_2) = \min\limits_{u_1 \in D_1(s_1)} \{v_1(s_2, u_1) + f_0(s_1)\}$，即：

$f_1(A_1) = v_1(A_1, S) + f_0(S) = 2 + 0 = 2, u_1^*(A_1) = S;$
$f_1(A_2) = v_1(A_2, S) + f_0(S) = 8 + 0 = 8, u_1^*(A_2) = S;$
$f_1(A_3) = v_1(A_3, S) + f_0(S) = 5 + 0 = 5, u_1^*(A_3) = S。$

当 $k=2$ 时，状态变量 s_3 可取两个值 B_1, B_2。根据最优性原理应该满足：$f_2(s_3) =$

$$\min_{u_2 \in D_2(s_2)} \{v_2(s_3,u_2) + f_1(s_2)\}, \text{即:}$$

$$f_2(B_1) = \min\begin{Bmatrix} v_2(A_1,B_1) + f_1(A_1) \\ v_2(A_2,B_1) + f_1(A_2) \\ v_2(A_3,B_1) + f_1(A_3) \end{Bmatrix} = \min\begin{Bmatrix} 10+2 \\ 7+8 \\ 13+5 \end{Bmatrix} = 12, u_2^*(B_1) = A_1。$$

$$f_2(B_2) = \min\begin{Bmatrix} v_2(A_1,B_2) + f_1(A_1) \\ v_2(A_2,B_2) + f_1(A_2) \\ v_2(A_3,B_2) + f_1(A_3) \end{Bmatrix} = \min\begin{Bmatrix} 13+2 \\ 10+8 \\ 11+5 \end{Bmatrix} = 15, u_2^*(B_2) = A_1。$$

当 $k=3$ 时，状态变量 s_4 可取三个值 C_1，C_2，C_3。根据最优性原理应该满足：
$f_3(s_4) = \min\limits_{u_3 \in D_3(s_3)} \{v_3(s_4,u_3) + f_2(s_3)\}$，即：

$$f_3(C_1) = \min\begin{Bmatrix} v_3(B_1,C_1) + f_2(B_1) \\ v_3(B_2,C_1) + f_2(B_1) \end{Bmatrix} = \min\begin{Bmatrix} 2+12 \\ 12+15 \end{Bmatrix} = 14, u_3^*(C_1) = B_1。$$

$$f_3(C_2) = \min\begin{Bmatrix} v_3(B_1,C_2) + f_2(B_1) \\ v_3(B_2,C_2) + f_2(B_2) \end{Bmatrix} = \min\begin{Bmatrix} 8+12 \\ 5+15 \end{Bmatrix} = 20, u_3^*(C_2) = B_1 \text{ 或 } B_2。$$

$$f_3(C_3) = \min\begin{Bmatrix} v_3(B_1,C_3) + f_2(B_1) \\ v_3(B_2,C_3) + f_2(B_2) \end{Bmatrix} = \min\begin{Bmatrix} 6+12 \\ 8+15 \end{Bmatrix} = 18, u_3^*(C_3) = B_1。$$

当 $k=4$ 时，状态变量 s_5 只可取一个值 V。根据最优性原理应该满足：$f_4(s_5) = \min\limits_{u_4 \in D_4(s_4)} \{v_4(s_5,u_4) + f_3(s_4)\}$，即：

$$f_4(V) = \min\begin{Bmatrix} v_4(C_1,V) + f_3(C_1) \\ v_4(C_2,V) + f_3(C_2) \\ v_4(C_3,V) + f_3(C_3) \end{Bmatrix} = \min\begin{Bmatrix} 5+14 \\ 8+20 \\ 4+18 \end{Bmatrix} = 19, u_4^*(V) = C_1。$$

根据前面的定义可知 $f_4(V) = 19$ 即为所求的最短路径。再按照计算顺序反推可以得到最优决策序列为：$u_4^*(V) = C_1$，$u_3^*(C_1) = B_1$，$u_2^*(B_1) = A_1$，$u_1^*(A_1) = S$，所以最优管道铺设线路为：$S \to A_1 \to B_1 \to C_1 \to V$，这与前面用逆序递推法得到的结论是一致的。另外，由于 $u_3^*(C_2) = B_1$ 或 B_2，因而说明从初始点 S 到 C_2 存在两条最短路线。

同样，我们不仅得到了从初始点 S 到终点 V 的最短路线，还得到了从初始点 S 到其他任意一点的最短路线，我们用图 8-4 来表示出来，每个节点旁边方框中的数字即为初始点 S 到该点的最短距离。

从前面的计算过程可以看出，在各阶段的求解过程中，我们也都根据最优性原理，即利用了第 k 阶段和第 $k+1$ 阶段的递推关系：

$$\begin{cases} f_k(s_{k+1}) = \min\limits_{u_k \in D_k(s_k)} [v_k(s_{k+1},u_k) + f_{k-1}(s_k)] & k=1,2,3,4 \\ f_0(s_1) = 0 \end{cases} \tag{8-14}$$

这种递推关系也是动态规划的基本方程，$f_0(s_1) = 0$ 为边界条件。

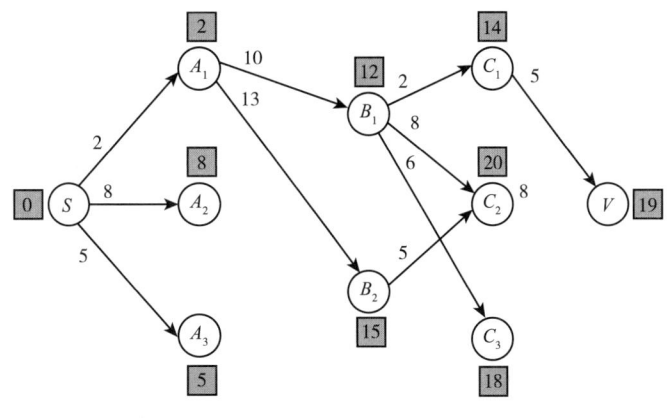

图 8-4

如前所述,逆序递推法和顺序递推法在本质上是一致的,但在具体使用中需要注意两者在一些方面的阐述与表达是不相同的。

(1) 两者的求解方向不同。

逆序递推法是从最后一个阶段开始计算,然后逐段向前推进的;而顺序递推法是从第一个阶段开始计算,然后逐段向后推进的。

(2) 问题的状态转移方式不同。

在逆序递推法中,若第 k 阶段的输入状态为 s_k,决策为 $u_k(s_k)$,由此确定输出状态为 s_{k+1},即第 $k+1$ 阶段的输入状态,状态转移方程为 $s_{k+1} = T_k(s_k, u_k)$,这是从状态 s_k 到状态 s_{k+1} 的顺序转移方程;在顺序递推法中,第 k 阶段的输入状态为 s_{k+1},决策为 $u_k(s_{k+1})$,由此确定输出状态为 s_k,即第 k 阶段的输入状态,状态转移方程为 $s_k = T_k(s_{k+1}, u_k)$,这是从状态 s_{k+1} 到状态 s_k 的逆序转移方程。

(3) 指标函数的定义不同。

在逆序递推法中,最优指标函数 $f_k(s_k)$ 是指从第 k 阶段的状态 s_k 出发,到最后第 n 阶段所得到的 k 子过程最优函数值 $f_1(s_1)$ 为全过程最优函数值;在顺序递推法中,$f_k(s_{k+1})$ 是指第 k 阶段时从起点到状态 s_{k+1} 的前子过程最优函数值,$f_n(s_{n+1})$ 为全过程最优函数值。

(4) 基本方程形式不同。

在逆序递推法中,式(8-11)和式(8-12)分别为指标函数和的形式、积的形式的基本方程。而在顺序递推法中,式(8-15)和式(8-16)分别为指标函数和的形式、积的形式的基本方程。

$$\begin{cases} f_k(s_{k+1}) = \underset{u_k \in D_k(s_k)}{\text{opt}} \{v_k(s_{k+1}, u_k) + f_{k-1}(s_k)\} & k = 1, 2, \cdots, n \\ f_0(s_1) = 0 \\ s_k = T_k(s_{k+1}, u_k) \end{cases} \quad (8-15)$$

$$\begin{cases} f_k(s_{k+1}) = \underset{u_k \in D_k(s_k)}{\mathrm{opt}} \{v_k(s_{k+1}, u_k) \times f_{k-1}(s_k)\} & k = 1, 2, \cdots, n \\ f_0(s_1) = 0 \\ s_k = T_k(s_{k+1}, u_k) \end{cases} \quad (8-16)$$

8.3 动态规划应用

8.3.1 资源分配问题

所谓资源分配问题，就是将数量一定的一种或若干种资源，恰当地分配给若干个使用者，而使总效益最佳，这里的资源可以是资金、设备、原材料、劳动力等。根据可分配资源的种数，资源分配问题可划分为一维资源分配问题和多维资源分配问题；根据资源是否可回收使用，资源分配问题可划分为资源平行分配问题和资源连续分配问题。本节主要考虑的是一维资源分配问题。

（1）一维资源平行分配问题。

这类问题一般可以描述为：有某种资源，总数量为 a，用于生产 n 种产品。若分配 x_i 用于生产第 i 种产品，其收益为 $g_i(x_i)$。问应如何分配，才能使生产 n 种产品的总收益最大？

这类问题可以写成如下的规划模型：

$$\max z = \sum_{i=1}^{n} g_i(x_i)$$

$$\begin{cases} \sum_{i=1}^{n} x_i = a \\ x_i \geq 0 \quad i = 1, 2, \cdots, n \end{cases} \quad (8-17)$$

当 $g_i(x_i)$ 均为线性函数时，此类问题为线性规划问题；否则为非线性规划问题。另外，当 $g_i(x_i)$ 为离散变量时只能采取分段函数进行计算。

但由于这类问题的特殊结构，我们可以将其看作一个多阶段决策问题，用动态规划的方法进行求解。在求解过程中，通常将分配给某种产品的资源数量过程作为一个阶段，因此共有 n 个阶段，即 $k = 1, 2, \cdots, n$；将规划问题中的变量选为决策变量，将累计的量或随递推过程变化的量选为状态变量。

状态变量 s_k：分配用于生产第 k 种产品至第 n 种产品的资源数量；

决策变量 x_k：分配用于生产第 k 种产品的资源数量，显然 $u_k = x_k$。此时允许决策集合为 $D_k(s_k) = \{u_k \mid 0 \leq x_k \leq s_k\}$；

状态转移方程：$s_{k+1} = s_k - u_k$；

最优指标函数$f_k(s_k)$：以数量s_k的资源分配给用于生产第k种产品至第n种产品所获得的最大收益。

因此我们可以得到此类问题的基本方程为：

$$\begin{cases} f_k(s_k) = \max_{0 \leq x_k \leq s_k} \{g_k(x_k) + f_{k+1}(s_{k+1})\} & k = n, n-1, \cdots, 2, 1 \\ f_{n+1}(s_{n+1}) = 0 \end{cases} \quad (8-18)$$

【例 8-5】某公司有资金 8 万元，投资 A、B、C 三个项目，一个投资单位为 2 万元。每个项目的投资效益率与投入该项目的资金有关。三个项目 A、B、C 的投资效益（万元）和投入资金（万元）的关系如表 8-2 所示。求对三个项目的最优投资分配，使总投资效益最大。

表 8-2

投入资金 \ 项目	A	B	C
0 万元	0	0	0
2 万元	8	9	10
4 万元	15	20	28
6 万元	30	35	35
8 万元	38	40	43

解：将每投资一个项目就作为一个阶段，$k = 1, 2, 3$。

状态变量s_k：投资第k个项目前的资金数量；

决策变量x_k：第k个项目的投资额，此时允许决策集合为$D_k(s_k) = \{u_k | 0 \leq x_k \leq s_k\}$；

状态转移方程：$s_{k+1} = s_k - x_k$；

最优指标函数$f_k(s_k)$：以资金数量s_k投资给第k个项目至第n个项目所获得的最大收益。

因此我们可以得到该问题的动态规划模型为：

$$f_k(s_k) = \max_{0 \leq x_k \leq s_k} \{v_k(s_k, x_k) + f_{k+1}(s_{k+1})\} \quad k = 3, 2, 1。$$

$$\begin{cases} s_{k+1} = s_k - x_k \\ f_4(s_4) = 0 \\ x_k = 0, 2, 4, 6, 8, k = 1, 2, 3。 \end{cases}$$

当$k = 3$时，状态变量s_3可取五个值：0、2、4、6 和 8，$0 \leq x_3 \leq s_3$，$s_4 = s_3 - x_3$。
$f_3(0) = v_3(0, 0) + f_4(0) = 0 + 0 = 0, x_3^*(0) = 0$。

$$f_3(2) = \max\begin{cases}v_3(2,0)+f_4(2)\\v_3(2,2)+f_4(0)\end{cases} = \max\begin{cases}0+0\\10+0\end{cases} = 10, x_3^*(2) = 2。$$

$$f_3(4) = \max\begin{cases}v_3(4,0)+f_4(4)\\v_3(4,2)+f_4(2)\\v_3(4,4)+f_4(0)\end{cases} = \max\begin{cases}0+0\\10+0\\28+0\end{cases} = 28, x_3^*(4) = 4。$$

$$f_3(6) = \max\begin{cases}v_3(6,0)+f_4(6)\\v_3(6,2)+f_4(4)\\v_3(6,4)+f_4(2)\\v_3(6,6)+f_4(0)\end{cases} = \max\begin{cases}0+0\\10+0\\28+0\\35+0\end{cases} = 35, x_3^*(6) = 6。$$

$$f_3(8) = \max\begin{cases}v_3(8,0)+f_4(8)\\v_3(8,2)+f_4(6)\\v_3(8,4)+f_4(4)\\v_3(8,6)+f_4(2)\\v_3(8,8)+f_4(0)\end{cases} = \max\begin{cases}0+0\\10+0\\28+0\\35+0\\43+0\end{cases} = 43, x_3^*(8) = 8。$$

当 $k=2$ 时，状态变量 s_2 依旧可取五个值：0、2、4、6 和 8，$0 \leq x_2 \leq s_2$，$s_3 = s_2 - x_2$。

$$f_2(0) = v_2(0,0) + f_3(0) = 0 + 0 = 0, u_2^*(0) = 0。$$

$$f_2(2) = \max\begin{cases}v_2(2,0)+f_3(2)\\v_2(2,2)+f_3(0)\end{cases} = \max\begin{cases}0+10\\9+0\end{cases} = 10, x_2^*(2) = 0。$$

$$f_2(4) = \max\begin{cases}v_2(4,0)+f_3(4)\\v_2(4,2)+f_3(2)\\v_2(4,4)+f_3(0)\end{cases} = \max\begin{cases}0+28\\9+10\\20+0\end{cases} = 28, x_2^*(4) = 0。$$

$$f_2(6) = \max\begin{cases}v_2(6,0)+f_3(6)\\v_2(6,2)+f_3(4)\\v_2(6,4)+f_3(2)\\v_2(6,6)+f_3(0)\end{cases} = \max\begin{cases}0+35\\9+28\\20+10\\35+0\end{cases} = 37, x_2^*(6) = 2。$$

$$f_2(8) = \max\begin{cases}v_2(8,0)+f_3(8)\\v_2(8,2)+f_3(6)\\v_2(8,4)+f_3(4)\\v_2(8,6)+f_3(2)\\v_2(8,8)+f_3(0)\end{cases} = \max\begin{cases}0+43\\9+35\\20+28\\35+10\\40+0\end{cases} = 48, x_2^*(8) = 4。$$

当 $k=1$ 时，状态变量 s_1 只取一个值 8，$0 \leq x_1 \leq s_1$，$s_2 = s_1 - x_1$。

$$f_1(8) = \max \begin{Bmatrix} v_1(8,0) + f_2(8) \\ v_1(8,2) + f_2(6) \\ v_1(8,4) + f_2(4) \\ v_1(8,6) + f_2(2) \\ v_1(8,8) + f_2(0) \end{Bmatrix} = \max \begin{Bmatrix} 0+48 \\ 8+37 \\ 15+28 \\ 30+10 \\ 38+0 \end{Bmatrix} = 48, x_1^*(8) = 0。$$

$f_1(8) = 48$ 表明 8 万元的投资总收益最大为 48 万元。根据计算顺序反向可得：$x_1^* = 0$，$x_2^* = 4$，$x_3^* = 4$，即最优投资方案为：项目 A 不投资，项目 B 投资 4 万元，项目 C 投资 4 万元。

(2) 一维资源连续分配问题。

设有数量为 S_1 的某种资源，可从事 A_1，A_2 两种类型的生产。第一年若以数量 u_1 投入生产 A_1，剩下的量 $S_1 - u_1$ 就投入生产 A_2，可得的收入为 $g(u_1) + h(S_1 - u_1)$，其中 $g(u)$，$h(u)$ 为已知函数，且有 $g(0) = h(0) = 0$。这种资源在 A_1，A_2 生产后，年终还可回收再利用。设投入 A_1，A_2 生产后年回收率分别为 $\alpha(0 < \alpha < 1)$ 和 $\beta(0 < \beta < 1)$，则在第一年生产后，回收资源量合计为 $S_2 = \alpha u_1 + \beta(S_1 - u_1)$。第二年再将资源数量为 S_2 中的 u_2 和 $S_2 - u_2$ 分别再投入 A_1，A_2 两种生产，则第 2 年又可得收入为 $g(u_2) + h(S_2 - u_2)$。如此继续进行 n 年，问：应当如何决定每年投入 A_1 生产的资源数量 u_1，u_2，$\cdots$，u_n，才能使 n 年的总收入最大？

此类问题也具有典型的多阶段决策问题特征，考虑用动态规划的方法来建模。我们可以将每一年看为一个阶段，从而将该类问题分为 n 个阶段。

状态变量 s_k：第 k 阶段即第 k 年初可以投入 A_1，A_2 两类生产的资源数量；

决策变量 x_k：第 k 阶段用于 A_1 生产的资源数量，则 $s_k - x_k$ 为用于 A_2 生产的资源数量，此时允许决策集合为 $D_k(s_k) = \{x_k \mid 0 \leq x_k \leq s_k\}$；

状态转移方程：$s_{k+1} = \alpha x_k + \beta(s_k - x_k)$；

最优指标函数 $f_k(s_k)$：以数量 s_k 的资源分配给 A_1，A_2 两种类型的生产，从第 k 阶段到第 n 阶段所获得的最大收益。

故我们可以得到此类问题的基本方程为：

$$\begin{cases} f_k(s_k) = \max_{0 \leq x_k \leq s_k} \{g_k(x_k) + h(s_k - x_k)\} + f_{k+1}(s_{k+1}) & k = n, n-1, \cdots, 2, 1 \\ f_{n+1}(s_{n+1}) = 0 \end{cases}$$

(8-19)

【例 8-6】 某公司有 500 辆运输卡车，在超负荷运输（即每天满载行驶 500km 以上）情况下，年利润为 25 万元/辆，这时卡车的年损坏率为 0.3；在低负荷下运输（即每天行驶 300km 以下）情况下，年利润为 16 万元/辆，这时卡车的年损坏率为 0.1。现要制订一个 5 年计划，问每年年初应如何分配完好车辆，在两种不同的负荷下运输的卡车数量，使在 5 年内的总利润最大？

解：将每一年的分配计划作为一个阶段，故 $k = 1, 2, 3, 4, 5$。

状态变量 s_k：第 k 年初完好的卡车数量；

决策变量 x_k：第 k 年初分配给超负荷运输的卡车数量，则分配给低负荷运输的卡车数量为 $s_k - x_k$，此时允许决策集合为 $D_k(s_k) = \{x_k \mid 0 \leq x_k \leq s_k\}$；

状态转移方程：$s_{k+1} = (1 - 0.3)x_k + (1 - 0.1)(s_k - x_k) = 0.9s_k - 0.2x_k$；

阶段指标函数 $g_k(u_k)$：$g_k(x_k) = 25x_k + 16(s_k - x_k) = 16s_k + 9x_k$，表示第 k 年的利润；

最优函数 $f_k(s_k)$：在第 k 年初各完好卡车数量为 s_k 时，采取最优策略到第 5 年末所产生的最大收益。

因此我们可以得到该问题的动态规划模型为：

$$f_k(s_k) = \max_{0 \leq x_k \leq s_k} \{g_k(x_k) + f_{k+1}(s_{k+1})\} \quad k = 5, 4, 3, 2, 1 。$$

$$\begin{cases} s_{k+1} = 0.9s_k - 0.2x_k \\ f_6(s_6) = 0 \end{cases}$$

需要指出的是，我们这里把 s_k 和 x_k 看作连续变量，如 $s_k = 0.8$ 表示在第 k 年内车辆有 80% 的时间处于完好状态，$x_k = 0.4$ 表示在第 k 年内车辆有 40% 的时间处于超负荷运输状态。

当 $k = 5$ 时，有 $f_5(s_5) = \max_{0 \leq x_5 \leq s_5} \{g_5(x_5) + f_6(s_6)\} = \max_{0 \leq x_5 \leq s_5} \{16s_5 + 9x_5\} = 25s_5$，$u_5^* = s_5$。

当 $k = 4$ 时，有

$$f_4(s_4) = \max_{0 \leq x_4 \leq s_4} \{g_4(x_4) + f_5(s_5)\} = \max_{0 \leq x_4 \leq s_4} \{16s_4 + 9x_4 + 25s_5\}$$
$$= \max_{0 \leq x_4 \leq s_4} \{16s_4 + 9x_4 + 25(0.9s_4 - 0.2x_4)\} = \max_{0 \leq x_4 \leq s_4} \{38.5s_4 + 4x_4\} = 42.5s_4 。$$

此时 $x_4^* = s_4$。

当 $k = 3$ 时，类似有

$$f_3(s_3) = \max_{0 \leq x_3 \leq s_3} \{g_3(x_3) + f_4(s_4)\} = \max_{0 \leq x_3 \leq s_3} \{16s_3 + 9x_3 + 42.5s_4\}$$
$$= \max_{0 \leq x_3 \leq s_3} \{16s_3 + 9x_3 + 42.5(0.9s_3 - 0.2x_3)\}$$
$$= \max_{0 \leq x_3 \leq s_3} \{54.25s_3 + 0.5x_3\} = 54.75s_3 。$$

此时 $x_3^* = s_3$。

当 $k = 2$ 时，有

$$f_2(s_2) = \max_{0 \leq x_2 \leq s_2} \{g_2(x_2) + f_3(s_3)\} = \max_{0 \leq x_2 \leq s_2} \{16s_2 + 9x_2 + 54.75s_3\}$$
$$= \max_{0 \leq x_2 \leq s_2} \{16s_2 + 9x_2 + 54.75.5(0.9s_2 - 0.2x_2)\}$$
$$= \max_{0 \leq x_2 \leq s_2} \{65.275s_2 - 1.95x_2\} = 65.275s_2 。$$

此时 $x_2^* = 0$。

当 $k = 1$ 时，有

$$f_1(s_1) = \max_{0 \leq x_1 \leq s_1} \{g_1(x_1) + f_2(s_2)\} = \max_{0 \leq x_1 \leq s_1} \{16s_1 + 9x_1 + 65.275s_2\}$$

$$= \max_{0 \leq x_1 \leq s_1} \{16s_1 + 9x_1 + 65.275(0.9s_1 - 0.2x_1)\}$$

$$= \max_{0 \leq x_1 \leq s_1} \{75.7475s_1 - 4.005x_1\} = 75.7475s_1。$$

此时 $x_1^* = 0$。

又因为 $s_1 = 500$，所以 $f_1(s_1) = f_1(500) = 74.7475 \times 500 = 37\,373.75$。

即五年内总的最大利润为 37 373.75 万元。

根据状态转移方程 $s_{k+1} = 0.9s_k - 0.2x_k$，我们可以计算出每年初的完好车辆数量。因为 $s_1 = 500$，$x_1^* = 0$，故 $s_2 = 0.9s_1 - 0.2x_1 = 450$；因为 $x_2^* = 0$，故 $s_3 = 0.9s_2 - 0.2x_2^* = 405$；因为 $x_3^* = s_3$，故 $s_4 = 0.9s_3 - 0.2x_3^* = 283.5$；因为 $x_4^* = s_4$，故 $s_5 = 0.9s_4 - 0.2x_4^* = 198.45$。

因此每年的车辆运输分配计划为：第一年初，500 辆车全部用于低负荷运输；第二年初，还有 450 辆完好的车，也全部用于低负荷运输；第三年初，还有 405 辆完好的车，全部用于超负荷运输；第四年初，还有 238.5 辆完好的车，全部用于超负荷运输；第五年初，还有 198.45 辆完好的车，全部用于超负荷运输。

同时由于 $x_5^* = s_5$，故 $s_6 = 0.9s_5 - 0.2x_5^* = 138.15$，即到第五年末还剩余 138.15 辆完好的车。

若规定在第五年末要求完好的车辆数量为 150 辆，则在这种情况下，我们需要另外再考虑约束条件 $s_6 = 0.9s_5 - 0.2x_5 = 150$ 即可。

8.3.2 背包问题

背包问题又称为装载问题，一般描述为：有一旅行者携带背包去登山，背包可装载重量为 W。现有 n 种物品可供旅行者选择携带，第 i 种物品每件重量及价值分别为 w_i 和 c_i。问旅行者应如何选择携带各种物品，使背包中物品的价值最高。

这类问题可以用整数规划模型进行描述。设 x_i 为第 i 种物品装入背包的件数，则其整数规划模型为：

$$\max z = c_1x_1 + c_2x_2 + \cdots + c_nx_n$$

$$\begin{cases} w_1x_1 + w_2x_2 + \cdots + w_nx_n \leq W \\ x_i \geq 0 \text{ 且为整数}, i = 1, \cdots, n \end{cases} \quad (8-20)$$

上述模型可以用整数规划的方法进行求解。考虑到物品装入的顺序，下面我们利用动态规划的方法进行分析求解。

阶段 k：按照装入物品的顺序进行划分阶段，每阶段装入一种物品，故 $k=1$, $2,\cdots,n$；

状态变量 s_k：第 k 阶段开始时背包中还可以装入的第 k 种至第 n 种物品的重量；

决策变量 x_k：在第 k 阶段装入第 k 种物品的件数，此时允许决策集合为 $D_k(s_k) = \{x_k \mid 0 \leq x_k \leq [s_k/w_k], x_k 为整数\}$，这里 $[s_k/w_k]$ 表示不超过 s_k/w_k 的最大整数；

状态转移方程：$s_{k+1} = s_k - w_k x_k$；

阶段指标函数：$v_k = c_k x_k$；

最优指标函数 $f_k(s_k)$：当背包可装入的第 k 种至第 n 种物品的重量为 s_k 时，采用最优策略所装入的第 k 种至第 n 种物品的最大总价值。

故我们可以得到此类问题的基本方程为：

$$\begin{cases} f_k(s_k) = \max\limits_{0 \leq x_k \leq [s_k/w_k] 且为整数} \{c_k x_k + f_{k+1}(s_{k+1})\} & k = n, n-1, \cdots, 1 \\ f_{n+1}(s_{n+1}) = 0 \end{cases} \tag{8-21}$$

【例 8-7】 有一辆最大货运量为 10t 的卡车，用以装载 3 种货物，每种货物的单位重量及相应单位价值如表 8-3 所示，问应如何装载可使总价值最大？

表 8-3

货物编号	A	B	C
单位重量（t）	3	2	5
单位价值（c_i）	60	40	60

解：设第 i 种物品的装载数量为 x_i，则该问题的模型可写成如下形式：

$\max z = 60x_1 + 40x_2 + 60x_3$

$$\begin{cases} 3x_1 + 2x_2 + 5x_3 \leq 10 \\ x_1, x_2, x_3 \geq 0 且为整数。 \end{cases}$$

根据上述方法我们可以建立起动态规划模型。由于决策变量离散变量，为方便描述，这里采取列表的方法进行求解。

根据题意可知，边界条件为 $f_4(x_4) = 0$。

当 $k=3$ 时，状态变量 s_3 的可能取值范围为 $0 \sim 10$ 的整数，允许决策集合为满足 $0 \leq 5x_3 \leq s_3$ 的整数；状态转移方程为 $s_4 = s_3 - 5x_3$；阶段指标函数为 $v_3 = 60x_3$。

根据基本方程 $f_3(s_3) = \max\limits_{0 \leq x_3 \leq [s_3/w_3] 且为整数} \{c_3 x_3 + f_4(s_4)\} = \max\limits_{0 \leq x_3 \leq [s_3/5] 且为整数} \{60x_3\}$，计算可以得到表 8-4。

表 8 – 4

s_3	$D_3(s_3)$	s_4	$60x_3 + f_4(s_4)$	$f_3(s_3)$	x_3^*
0	0	0	0 + 0 = 0	0	0
1	0	1	0 + 0 = 0	0	0
2	0	2	0 + 0 = 0	0	0
3	0	3	0 + 0 = 0	0	0
4	0	4	0 + 0 = 0	0	0
5	0	5	0 + 0 = 0	60	1
	1	0	60 + 0 = 60		
6	0	6	0 + 0 = 0	60	1
	1	1	60 + 0 = 60		
7	0	7	0 + 0 = 0	60	1
	1	2	60 + 0 = 60		
8	0	8	0 + 0 = 0	60	1
	1	3	60 + 0 = 60		
9	0	9	0 + 0 = 0	60	1
	1	4	60 + 0 = 60		
10	0	10	0 + 0 = 0	120	2
	1	5	60 + 0 = 60		
	2	0	120 + 0 = 120		

从表 8 – 4 可以看出，当 s_3 为 0 ~ 4 时，$x_3^* = 0$；当 s_3 为 5 ~ 9 时，$x_3^* = 1$；当 s_3 为 10 时，$x_3^* = 2$。

当 $k = 2$ 时，状态变量 s_2 的可能取值范围为 0 ~ 10 的整数，允许决策集合为满足 $0 \leq 2x_2 \leq s_2$ 的整数；状态转移方程为 $s_3 = s_2 - 2x_2$；阶段指标函数为 $v_2 = 40x_2$。

根据基本方程

$$f_2(s_2) = \max_{0 \leq x_2 \leq [s_2/w_2]\text{且为整数}} \{c_2 x_2 + f_3(s_3)\} = \max_{0 \leq x_2 \leq [s_2/2]\text{且为整数}} \{40x_2 + f_3(s_3)\}$$，计算可以得到表 8 – 5。

表 8 – 5

s_2	$D_2(s_2)$	s_3	$40x_2 + f_3(s_3)$	$f_2(s_2)$	x_2^*
0	0	0	0 + 0 = 0	0	0
1	0	1	0 + 0 = 0	0	0
2	0	2	0 + 0 = 0	40	1
	1	0	40 + 0 = 40		
3	0	3	0 + 0 = 0	40	1
	1	1	40 + 0 = 40		

续表

s_2	$D_2(s_2)$	s_3	$40x_2 + f_3(s_3)$	$f_2(s_2)$	x_2^*
4	0	4	0 + 0 = 0	80	2
	1	2	40 + 0 = 40		
	2	0	80 + 0 = 80		
5	0	5	0 + 60 = 60	80	2
	1	3	40 + 0 = 40		
	2	1	80 + 0 = 80		
6	0	6	0 + 60 = 0	120	3
	1	4	40 + 0 = 40		
	2	2	80 + 0 = 80		
	3	0	120 + 0 = 120		
7	0	7	0 + 60 = 60	120	3
	1	5	40 + 60 = 100		
	2	3	80 + 0 = 80		
	3	1	120 + 0 = 120		
8	0	8	0 + 60 = 60	160	4
	1	6	40 + 60 = 100		
	2	4	80 + 0 = 80		
	3	2	120 + 0 = 120		
	4	0	160 + 0 = 160		
9	0	9	0 + 60 = 60	160	4
	1	7	40 + 60 = 100		
	2	5	80 + 60 = 140		
	3	3	120 + 0 = 120		
	4	1	160 + 0 = 160		
10	0	10	0 + 120 = 120	200	5
	1	8	40 + 60 = 120		
	2	6	80 + 60 = 140		
	3	4	120 + 0 = 120		
	4	2	160 + 0 = 160		
	5	0	200 + 0 = 200		

从表 8-5 可以看出,当 s_2 为 0~1 时,$x_2^* = 0$;当 s_2 为 2~3 时,$x_2^* = 1$;当 s_2 为 4~5 时,$x_2^* = 2$;当 s_2 为 6~7 时,$x_2^* = 3$;当 s_2 为 8~9 时,$x_2^* = 4$;当 s_2 为 10 时,$x_2^* = 5$。

当 $k = 1$ 时,状态变量 s_1 取值为 10,允许决策集合为满足 $0 \leq 3x_1 \leq s_1$ 的整数;状态转移方程为 $s_2 = s_1 - 3x_1$;阶段指标函数为 $v_1 = 60x_1$。

根据基本方程

$$f_1(s_1) = \max_{0 \leq x_1 \leq [s_1/w_1] \text{且为整数}} \{c_1 x_1 + f_2(s_2)\} = \max_{0 \leq x_1 \leq [s_1/3] \text{且为整数}} \{60 x_1 + f_2(s_2)\}$$，计算可以得到表 8-6。

表 8-6

s_1	$D_1(s_1)$	s_2	$60x_1 + f_2(s_2)$	$f_1(s_1)$	x_1^*
10	0	10	0 + 200 = 200	200	0 或 2
	1	7	60 + 120 = 180		
	2	4	120 + 80 = 200		
	3	1	180 + 0 = 180		

从表 8-6 可以看出，$x_1^* = 0$ 或 $x_1^* = 2$。当 $x_1^* = 0$ 时，$s_2 = s_1 - 3x_1^* = 10$，故 $x_2^* = 5$，$s_3 = s_2 - 2x_2^* = 0$，故 $x_3^* = 0$；同理可得到另外一组解：$x_1^* = 2$，$x_2^* = 2$，$x_3^* = 0$。

因此最优策略有两个：装载 B 货物 5 件，A 货物与 C 货物不装载；或者分别装载 A 货物和 B 货物各两件，不装载 C 货物。此时总的最大价值为 200。

当约束条件不止一个时，就是多维背包问题，其解法与一维背包问题类似，只是状态变量是多维的。

8.3.3 设备更新问题

在企业生产活动中，经常碰到设备陈旧或损坏需要更新的问题。从经济上分析，一种设备应该用多少年后进行更新最恰当，即如何做出更新的策略，使在某一时间内总收入达到最大（或总费用最小）？以卡车为例，新卡车的运输收入高，维修费用少；而旧卡车的维修费用随时间的增长而增长，且更新旧卡车，越旧越不值钱，变卖后所需的净支出越大。那么，卡车究竟使用多少年限比较合理？

设备更新问题一般描述为：在已知一台设备的收益函数 $r(t)$、维修费用函数 $u(t)$ 及更新费用函数 $c(t)$ 条件下，要求在 n 年内的每年年初做出决策，是继续使用旧设备还是更新设备，使 n 年总收益最大。其中一些符号含义如下：

$r_k(t)$：在第 k 年设备已使用过 t 年（或称为役龄为 t 年），再使用一年的收益；

$u_k(t)$：在第 k 年设备已使用过 t 年，再使用一年的维修费用；

$c_k(t)$：在第 k 年卖掉一台役龄为 t 年的设备，再买进一台新设备的净更新费用；

α：折扣因子（折现率），$0 \leq \alpha \leq 1$，表示一年以后单位收入的价值相当于现年的 α 单位；

这类问题可用动态规划的方法进行求解。

阶段 k：每年为一个阶段，故 $k = 1, 2, \cdots, n$；

状态变量 s_k：第 k 年年初设备已使用过的年数，即役龄；

决策变量 x_k：第 k 年年初更新设备还是继续使用旧设备，分别用 R 和 K 表示；

状态转移方程：$s_{k+1} = \begin{cases} 1 & x_k = R \\ x_k + 1 & x_k = K \end{cases}$；

阶段指标函数：$v_k(s_k, x_k) = \begin{cases} r_k(0) - u_k(0) - c_k(s_k) & \text{当 } x_k = R \\ r_k(s_k) - u_k(s_k) & \text{当 } x_k = K \end{cases}$；

最优指标函数 $f_k(s_k)$：第 k 年年初设备役龄为 s_k 年时，采用最优策略到第 n 年末的最大总收益。

故我们可以得到此类问题的基本方程为：

$$\begin{cases} f_k(s_k) = \max_{x_k = R \text{或} K} \{v_k(s_k, x_k) + \alpha f_{k+1}(s_{k+1})\} & k = n, n-1, \cdots, 1 \\ f_{n+1}(s_{n+1}) = 0 \end{cases}$$

将阶段指标函数代入基本方程，从而有：

$$f_k(s_k) = \max \begin{cases} r_k(0) - u_k(0) - c_k(s_k) + f_{k+1}(s_{k+1}) & \text{当 } x_k = R \\ r_k(s_k) - u_k(s_k) + f_{k+1}(s_{k+1}) & \text{当 } x_k = K \end{cases} \quad (8-22)$$

【例 8 – 8】已知某新设备的年效益、年均维修费及净更新费用如表 8 – 7 所示，试确定今后 5 年内的更新策略，使总收益最大。这里设折现率 $\alpha = 1$。

表 8 – 7

项目 \ 役龄	0	1	2	3	4	5
收益 $r_k(t)$	20	18	16	15	12	10
维修费用 $u_k(t)$	2	4	6	8	10	12
净更新费用 $c_k(t)$	2	6	9	10	12	14

解：根据上述方法我们可以建立起动态规划模型。根据题意可知，边界条件为 $f_6(x_6) = 0$。

当 $k = 5$ 时，基本方程为：$f_5(s_5) = \max \begin{cases} r_5(0) - u_5(0) - c_5(s_5) + f_6(s_6) & \text{当 } x_5 = R \\ r_5(s_5) - u_5(s_5) + f_6(s_6) & \text{当 } x_5 = K \end{cases}$。

状态变量 s_5 的可能取值范围为 1, 2, 3, 4。根据基本方程 $f_5(s_5)$，可计算得到：

$$f_5(1) = \max \begin{cases} r_5(0) - u_5(0) - c_5(1) \\ r_5(1) - u_5(1) \end{cases} = \max \begin{cases} 20 - 2 - 6 \\ 18 - 4 \end{cases} = 14, x_5^*(1) = K。$$

$$f_5(2) = \max \begin{cases} r_5(0) - u_5(0) - c_5(2) \\ r_5(2) - u_5(2) \end{cases} = \max \begin{cases} 20 - 2 - 9 \\ 16 - 6 \end{cases} = 10, x_5^*(2) = K。$$

$$f_5(3) = \max\begin{cases} r_5(0) - u_5(0) - c_5(3) \\ r_5(3) - u_5(3) \end{cases} = \max\begin{cases} 20 - 2 - 10 \\ 15 - 8 \end{cases} = 8, x_5^*(3) = R。$$

$$f_5(4) = \max\begin{cases} r_5(0) - u_5(0) - c_5(4) \\ r_5(4) - u_5(4) \end{cases} = \max\begin{cases} 20 - 2 - 12 \\ 12 - 2 \end{cases} = 6, x_5^*(1) = R。$$

当 $k = 4$ 时，基本方程为：$f_4(s_4) = \max\begin{cases} r_4(0) - u_4(0) - c_4(s_4) + f_5(1) & \text{当 } x_4 = R \\ r_4(s_4) - u_4(s_4) + f_5(s_4 + 1) & \text{当 } x_4 = K。\end{cases}$

状态变量 s_4 的可能取值范围为 1、2、3。根据基本方程 $f_4(s_4)$，可计算得到：

$$f_4(1) = \max\begin{cases} r_4(0) - u_4(0) - c_4(1) + f_5(1) \\ r_4(1) - u_4(1) + f_5(2) \end{cases} = \max\begin{cases} 20 - 2 - 6 + 14 \\ 18 - 4 + 10 \end{cases} = 26,$$

$x_4^*(1) = R。$

$$f_4(2) = \max\begin{cases} r_4(0) - u_4(0) - c_4(2) + f_5(1) \\ r_4(2) - u_4(2) + f_5(3) \end{cases} = \max\begin{cases} 20 - 2 - 9 + 14 \\ 16 - 6 - 8 \end{cases} = 23,$$

$x_4^*(2) = R。$

$$f_4(3) = \max\begin{cases} r_4(0) - u_4(0) - c_4(3) + f_5(1) \\ r_4(3) - u_4(3) + f_5(4) \end{cases} = \max\begin{cases} 20 - 2 - 10 - 14 \\ 15 - 8 + 6 \end{cases} = 22,$$

$x_4^*(3) = R。$

当 $k = 3$ 时，基本方程为：$f_3(s_3) = \max\begin{cases} r_3(0) - u_3(0) - c_3(s_3) + f_4(1) & \text{当 } x_3 = R \\ r_3(s_3) - u_3(s_3) + f_4(s_3 + 1) & \text{当 } x_3 = K。\end{cases}$

状态变量 s_3 的可能取值范围为 1 和 2。根据基本方程 $f_3(s_3)$，可计算得到：

$$f_3(1) = \max\begin{cases} r_3(0) - u_3(0) - c_3(1) + f_4(1) \\ r_3(1) - u_3(1) + f_4(2) \end{cases} = \max\begin{cases} 20 - 2 - 6 + 26 \\ 18 - 4 + 23 \end{cases} = 38,$$

$x_3^*(1) = R。$

$$f_3(2) = \max\begin{cases} r_3(0) - u_3(0) - c_3(2) + f_4(1) \\ r_3(2) - u_3(2) + f_4(3) \end{cases} = \max\begin{cases} 20 - 2 - 9 + 26 \\ 16 - 6 + 22 \end{cases} = 35,$$

$x_3^*(2) = R。$

当 $k = 2$ 时，基本方程为：$f_2(s_2) = \max\begin{cases} r_2(0) - u_2(0) - c_2(s_2) + f_3(1) & \text{当 } x_2 = R \\ r_2(s_2) - u_2(s_2) + f_3(s_2 + 1) & \text{当 } x_2 = K。\end{cases}$

状态变量 s_2 只能取值为 1。根据基本方程 $f_2(s_2)$，可计算得到：

$$f_2(1) = \max\begin{cases} r_2(0) - u_2(0) - c_2(1) + f_3(1) \\ r_2(1) - u_2(1) + f_3(2) \end{cases} = \max\begin{cases} 20 - 2 - 6 + 38 \\ 18 - 4 + 35 \end{cases} = 50,$$

$x_2^*(1) = R。$

当 $k = 1$ 时，基本方程为：$f_1(s_1) = \max\begin{cases} r_1(0) - u_1(0) - c_1(s_1) + f_2(1) & \text{当 } x_2 = R \\ r_1(s_1) - u_1(s_1) + f_2(s_1 + 1) & \text{当 } x_2 = K。\end{cases}$

状态变量 s_1 只能取值为 0。根据基本方程 $f_1(s_1)$，可计算得到：
$$f_1(0) = \max\begin{cases} r_1(0) - u_1(0) - c_1(0) + f_2(1) \\ r_1(0) - u_1(0) + f_2(1) \end{cases} = \max\begin{cases} 20 - 2 - 6 + 50 \\ 20 - 2 + 50 \end{cases} = 68,$$
$x_1^*(0) = K$。

根据状态转移方程 $s_{k+1} = \begin{cases} 1 & x_k = R \\ x_k + 1 & x_k = K \end{cases}$，反向进行推导可得：

当 $x_1^*(0) = K$ 时，故 $s_2 = 1$，此时 $x_2^* = R$；以此类推，$x_3^* = R$，$x_4^* = R$，$x_5^* = K$，故最优更新策略为 $\{K, R, R, R, K\}$，即第一年年初购买的新设备在第二、第三、第四年年初各更新一次，然后用到第五年年末，此时总的最大收益为 68 万元。

8.3.4 生产与存储问题

在生产和经营管理中，决策者经常要考虑合理地安排生产与库存问题，达到既要满足社会的需要，又要尽量降低成本费用的目的。

生产与存储问题一般可以描述为：某公司需要对某种产品编制一项 n 个时期的生产计划，已知它的初始库存量为零（也可以是一个已知常数），最大库存量为 N；每个时期生产该产品的数量有上限 M 的限制（或无限制）；每个时期市场对该产品的需求量是已知的，公司保证供应（即不允许缺货）；在第 n 个时期末的终结库存量为零（也可以是一个已知常数），显然，增大生产批量则降低成本，但增加了库存费用，若按市场需求生产，则不需要存储费用，但增加单件产品的成本费用。不同时期的产量，决定了该时期生产成本和库存费用，影响着下几个时期的产量和费用，因而，需要正确制订生产的计划，确定各时期的产量，使在 n 个时期内生产成本和库存费用之和最小。

设 d_k 为该产品在第 k 个时期的市场需求量，u_k 为该产品在第 k 个时期的生产量，s_k 为该产品在第 k 个时期初的库存量，因此有 $s_{k+1} = s_k + u_k - d_k$。

$c_k(u_k)$ 表示第 k 个时期生产产品 u_k 时的生产成本。生产成本一般包括固定成本 K 与可变成本 au_k（a 为单位产品成本），即 $c_k(u_k) = \begin{cases} 0 & u_k = 0 \\ K + au_k & 0 < u_k \leq M \end{cases}$，这里 M 为每时期最大的生产能力。$h_k(s_k)$ 表示第 k 个时期初库存量为 s_k 所需要的存储费用。

下面我们用动态规划的方法进行求解。

阶段 k：将每个时期视为一个阶段，故 $k = 1, 2, \cdots, n$；

状态变量 s_k：第 k 个时期初的产品库存量；

决策变量 u_k：第 k 个时期的产品生产量；

状态转移方程：$s_{k+1} = s_k + u_k - d_k$；

阶段指标函数：$v_k(s_k, u_k) = c_k(u_k) + h_k(s_k)$，即每个时期的生产费用和存储费用之和；

最优指标函数 $f_k(s_k)$：当第 k 个时期初库存量为 s_k 时，采取最优策略至第 n 个时期结束时最低的生产与存储总费用。

故我们可以得到此类问题的基本方程为：

$$\begin{cases} f_k(s_k) = \min_{0 \leq u_k \leq D_k(s_k)} \{c_k(u_k) + h_k(s_k) + f_{k+1}(s_{k+1})\} \quad k = n, n-1, \cdots, 1 \\ f_{n+1}(s_{n+1}) = 0 \end{cases} \quad (8-23)$$

【例 8-9】 某工厂生产并销售某种产品，已知今后四个月市场需求预测如表 8-8 所示。该工厂每个月的最大生产能力为 6 个单位，其最大库存容量为 3 个单位，并且设定周期的初始库存量与期末库存量均为零。已知每月生产 j 单位产品费用为 $c(j) = \begin{cases} 0 & j = 0 \\ 3+j & j = 1, \cdots, 6 \end{cases}$，每个月库存 j 单位产品的费用为 $h(j) = 0.5j$。试制订四个月的生产计划，在满足用户需求条件下总费用最小。假设第 $i+1$ 个月的库存量是第 i 个月可销售量与该月用户需求量之差；而第 i 个月的可销售量是本月初库存量与产量之和。

表 8-8

月份	1	2	3	4
需求量 d_k	2	3	2	4

解：根据上述方法我们可以建立起动态规划模型。根据题意可知，边界条件为 $f_5(s_5) = 0$。

当 $k = 4$ 时，因为第 4 个月期末库存量为零，即 $s_5 = 0$，而本月需求量 $d_4 = 4$，由状态转移方程 $s_5 = s_4 + u_4 - d_4$，得到 $s_4 = 4 - u_4$。又因为最大存储量为 3，故 s_4 只能取 0, 1, 2, 3。

根据基本方程：

$$f_4(s_4) = \min_{0 \leq u_4 \leq D_4(s_4)} \{c_4(u_4) + h_4(s_4) + f_5(s_5)\} = \min_{0 \leq u_4 \leq D_4(s_4)} \{c_4(u_4) + 0.5s_4\}，计算可以得到表 8-9。$$

表 8-9

s_4	u_4	$h_4(s_4)$	$c_4(u_4)$	$f_4(s_4)$	$u_4(s_4)$
0	4	0	7	7	4
1	3	0.5	6	6.5	3
2	2	1	5	6	2
3	1	1.5	4	5.5	1

当 $k=3$ 时，s_3 的取值范围受到生产能力、需求量、存储量的影响。因为最大生产能力为 6 个单位，而最大存储量为 3 个单位，本月需求量为 2 个单位，故 s_3 只能取 0，1，2，3。

接着考虑决策变量 u_3 的允许决策集合，它同样受最大生产能力、最大存储量、需求量和计划期末库存量为零这几个方面的限制，即 u_3 应该满足如下约束：

$$\begin{cases} 0 \leq u_3 \leq 6 \\ s_4 = s_3 + u_3 - d_3 \leq 3, \text{即} u_3 \leq 3 + d_3 - s_3 = 5 - s_3 \\ s_3 + u_3 \geq d_3 = 2, \text{即} u_3 \geq 2 - s_3 \\ s_5 = s_4 + u_4 - d_4 = s_3 + u_3 - d_3 + u_4 - d_4 = 0, \text{即} u_3 = 6 - s_3 - s_4 \leq 6 - s_3 \end{cases}$$

因此，我们可以得到 u_3 的允许决策集合为：

$\max\{0, 2-s_3\} \leq u_3 \leq \min\{6, 5-s_3, 6-s_3\}$，即 $\max\{0, 2-s_3\} \leq u_3 \leq 5-s_3$ 且为整数。

由基本方程 $f_3(s_3) = \min\limits_{\max\{0,2-s_3\} \leq u_3 \leq 6-s_3 \text{且为整数}} \{c_3(u_3) + h_3(s_3) + f_4(s_4)\}$，计算可以得到表 8-10。

表 8-10

s_3	u_3	$h_3(s_3)$	$c_3(u_3)$	$f_4(s_3+u_3-2)$	$h+c+f$	$f_3(s_3)$	$u_3(s_3)$
0	2	0	5	7	12	12	2
	3	0	6	6.5	12.5		
	4	0	7	6	13		
	5	0	8	5.5	13.5		
1	1	0.5	4	7	11.5	11.5	1
	2	0.5	5	6.5	12		
	3	0.5	6	6	12.5		
	4	0.5	7	5.5	13		
2	0	1	0	7	8	8	0
	1	1	4	6.5	11.5		
	2	1	5	6	12		
	3	1	6	5.5	12.5		
3	0	1.5	0	6.5	8	8	0
	1	1.5	4	6	11.5		
	2	1.5	5	5.5	11		

当 $k=2$ 时，类似分析可得，s_2 只能取 0，1，2，3。

接着考虑决策变量 u_2 的允许决策集合，它同样受最大生产能力、最大存储量、需求量和计划期末库存量为零这几个方面的限制，类似可以求得：

$\max\{0, 3-s_2\} \leq u_2 \leq \min\{6, 6-s_2, 9-s_2\}$，即 $\max\{0, 3-s_2\} \leq u_2 \leq 6-s_2$ 且为整数。

由基本方程 $f_2(s_2) = \min\limits_{\max\{0,3-s_2\} \leq u_2 \leq 6-s_2 \text{且为整数}} \{c_2(u_2) + h_2(s_2) + f_3(s_3)\}$，计算可以得到表 8-11。

表 8-11

s_2	u_2	$h_2(s_2)$	$c_2(u_2)$	$f_3(s_2+u_2-3)$	$h+c+f$	$f_2(s_2)$	$u_2(s_2)$
0	3	0	6	12	18	16	5
0	4	0	7	11.5	18.5		
0	5	0	8	8	16		
0	6	0	9	8	17		
1	2	0.5	5	12	17.5	15.5	4
1	3	0.5	6	11.5	18		
1	4	0.5	7	8	15.5		
1	5	0.5	8	8	16.5		
2	1	1	4	12	17	15	3
2	2	1	5	11.5	17.5		
2	3	1	6	8	15		
2	4	1	7	8	16		
3	0	1.5	0	12	13.5	13.5	0
3	1	1.5	4	11.5	17		
3	2	1.5	5	8	14.5		
3	3	1.5	6	8	15.5		

当 $k=1$ 时，由题意可知，$s_1 = 0$。此时 u_1 的允许决策集合为：
$d_1 \leq u_1 \leq \min\{6, d_1+3, d_1+d_2+d_3+d_4\}$，即 $2 \leq u_1 \leq 5$ 且为整数。

由基本方程 $f_1(s_1) = \min\limits_{2 \leq u_1 \leq 5 \text{且为整数}} \{c_1(u_1) + h_1(s_1) + f_2(s_2)\}$，计算可以得到表 8-12。

表 8-12

s_1	u_1	$h_1(s_1)$	$c_1(u_1)$	$f_2(s_1+u_1-2)$	$h+c+f$	$f_1(s_1)$	$u_1(s_1)$
0	2	0	5	16	21	21	2
0	3	0	6	15.5	21.5		
0	4	0	7	15	22		
0	5	0	8	13.5	21.5		

从表 8-12 可以看出，4 个月的最低总费用为 $f_1(0) = 21$。最优计划为：第一个

月生产 2 个单位，第二个月生产 5 个单位，第三个月不生产，第四个月生产 4 个单位。从例 8-9 还可以看出，当最大库存为 N、最大生产能力为 M 时，则状态集合为：

$$0 \leq s_k \leq \min\left[N, \sum_{j=k}^{n} d_j, \sum_{j=1}^{k-1}(M - g_j)\right]。$$

允许决策集合为：

$$\max(0, d_k - s_k) \leq u_k \leq \min\left[M, \sum_{j=k}^{n} d_k - s_k, d_k + N - s_k\right]。$$

在现实经济管理中，生产往往需要一段时间，因此，我们下面在例 8-10 中考虑这个问题。

【例 8-10】某工厂生产某种产品，1~6 月生产成本和产品需求量的变化情况如表 8-13 所示。假设没有生产准备成本，单位产品一个月的存储费为 $h = 0.6$ 元。产品生产需要一段时间，当月开始生产的产品只能当月底交货。另外，假定 1 月初与 6 月底存储量为零，不允许缺货，仓库最大容量为 50 件，生产能力无限制。要求制订 6 个月总成本最小的生产方案。

表 8-13

月份	1	2	3	4	5	6
需求量 d_k	20	30	35	40	25	45
单位产品成本 c_k	15	12	16	19	18	16

解：根据题意，构建动态规划模型如下：

阶段 k：将每个月视为一个阶段，故 $k = 1, 2, 3, 4, 5, 6$。

状态变量 s_k：第 k 个月初的库存量；

决策变量 x_k：第 k 个月的生产量；

允许决策集合 $D_k(s_k)$：$D_k(s_k) = \{x_k | x_k \geq 0, 0 \leq s_k + x_k - d_k \leq 50\}$；

状态转移方程：$s_{k+1} = s_k + x_k - d_k$；

阶段指标函数 $v_k(s_k, x_k)$：$v_k(s_k, x_k) = c_k x_k + h s_k = c_k x_k + 0.6 s_k$；

最优指标函数 $f_k(s_k)$：当第 k 个月初库存量为 s_k 时，采取最优策略至第 6 个月结束时最低的生产与存储总费用。因此我们可以得到该问题的基本方程为：

$$\begin{cases} f_k(x_k) = \min_{x_k \in D_k(s_k)} \{v_k(s_k, x_k) + f_{k+1}(s_{k+1})\} \\ f_7(x_7) = 0。 \end{cases}$$

当 $k = 6$ 时，$s_7 = s_6 + x_6 - d_6 = s_6 + x_6 - 45$。由题意可知：$s_7 = 0$，故 $x_6 = 45 - s_6$，所以 $0 \leq s_6 \leq 45$。

$$f_6(s_6) = \min_{x_6 = 45 - s_6}\{16 x_6 + 0.6 s_6 + f_7(s_7)\} = \min_{x_6 = 45 - s_6}\{16 x_6 + 0.6 s_6\} = -15.4 s_6 + 720。$$

此时 $x_6^* = 45 - s_6$。

当 $k=5$ 时，由于 $0 \leq s_6 \leq 45$，且 $s_6 = s_5 + x_5 - d_5 = s_5 + x_5 - 25$，可得 $25 - s_5 \leq x_5 \leq 70 - s_5$。又因为最大存储量为 50，即 $s_5 \leq 50$，故当 $25 - s_5 < 0$ 时，x_5 取值为 0，此时允许决策集合为：$D_5(s_5) = \{x_5 \mid \max[0, 25-s_5] \leq x_5 \leq 70-s_5\}$。

$$f_5(s_5) = \min_{x_5 \in D_5(s_5)} \{18x_5 + 0.6s_5 + f_6(s_6)\} = \min_{x_5 \in D_5(s_5)} \{18x_5 + 0.6s_5 - 15.4s_6 + 720\}$$
$$= \min_{x_5 \in D_5(s_5)} \{2.6x_5 - 14.8s_5 + 1105\}$$
$$= \begin{cases} -17.4s_5 + 1170 & s_5 \leq 25\text{时，取下界}, x_5^* = 25 - s_5 \\ -14.8s_5 + 1105 & s_5 \geq 25\text{时，取下界}, x_5^* = 0 \end{cases}$$

当 $k=4$ 时，分两种情况分别考虑。

(1) 若 $0 \leq s_5 \leq 25$，即 $0 \leq s_4 + x_4 - 40 \leq 25$ 时，有 $40 - s_4 \leq x_4 \leq 65 - s_4$，此时允许决策集合为 $D_4(s_4) = \{x_4 \mid \max[0, 40-s_4] \leq x_4 \leq 65 - s_4\}$。

$$f_4(s_4) = \min_{x_4 \in D_4(s_4)} \{19x_4 + 0.6s_4 + f_5(s_5)\} = \min_{x_4 \in D_4(s_4)} \{19x_4 + 0.6s_4 - 17.4s_5 + 1170\}$$
$$= \min_{x_4 \in D_4(s_4)} \{1.6x_4 - 16.8s_4 + 1866\}$$
$$= \begin{cases} -18.4s_4 + 1930 & s_4 \leq 40, x_4^* = 40 - s_4 \\ -16.8s_4 + 1866 & 40 \leq s_4 \leq 50, x_4^* = 0 \end{cases}$$

(2) 若 $25 < s_5 \leq 50$，即 $25 \leq s_4 + x_4 - 40 \leq 50$，有 $65 - s_4 \leq x_4 \leq 90 - s_4$，此时允许决策集合为 $D_4(s_4) = \{x_4 \mid 65 - s_4 \leq x_4 \leq 90 - s_4\}$。

$$f_4^{(1)}(s_4) = \min_{x_4 \in D_4(s_4)} \{19x_4 + 0.6s_4 + f_5(s_5)\} = \min_{x_4 \in D_4(s_4)} \{19x_4 + 0.6s_4 - 14.8s_5 + 1105\}$$
$$= \min_{x_4 \in D_4(s_4)} \{4.2x_4 - 14.2s_4 + 1697\} - 18.4s_4 + 1970$$

此时有 $x_4^* = 65 - s_4$，但该决策是不可行的。这是因为当 $25 < s_5 \leq 50$ 时，若 $x_4^* = 65 - s_4$，即 $s_4 + x_4 = 65 = d_4 + d_5$，则 $s_5 = s_4 + x_4 - d_4 = 25$，这与 $25 < s_5$ 矛盾。

综上所述，因此有：
$$f_4(s_4) = \begin{cases} -18.4s_4 + 1930 & 0 \leq s_4 \leq 40, x_4^* = 40 - s_4 \text{ 并且 } 0 \leq s_5 \leq 25, x_5 = 25 - s_5 \\ -16.8s_4 + 1866 & 40 \leq s_4 \leq 50, x_4^* = 0 \text{ 并且 } 0 \leq s_5 \leq 25, x_5 = 25 - s_5 \end{cases}$$

当 $k=3$ 时，同样分两种情况分别考虑。

(1) 当 $0 \leq s_4 \leq 40$ 时，即 $0 \leq s_3 + x_3 - 35 \leq 40$ 时，有 $35 - s_3 \leq x_3 \leq 75 - s_3$，此时允许决策集合为 $D_3(s_3) = \{x_3 \mid \max[0, 35-s_3] \leq x_3 \leq 75 - s_3\}$。

$$f_3(s_3) = \min_{x_3 \in D_3(s_3)} \{16x_3 + 0.6s_3 + f_4(s_4)\} = \min_{x_3 \in D_3(s_3)} \{16x_3 + 0.6s_3 - 18.4s_4 + 1930\}$$
$$= \min_{x_3 \in D_3(s_3)} \{-2.4x_3 - 17.8s_3 + 2574\} = -15.4s_3 + 2394$$

此时 $x_3^* = 75 - s_3$。

(2) 当 $40 < s_4 \leq 50$ 时，即 $40 \leq s_3 + x_3 - 35 \leq 50$ 时，有 $75 - s_3 \leq x_3 \leq 85 - s$，此时允许决策函数集合为 $D_3(s_3) = \{x_3 \mid 75 - s_3 \leq x_3 \leq 85 - s_3\}$。

$$f_3^{(1)}(s_3) = \min_{x_3 \in D_3(s_3)} \{16x_3 + 0.6s_3 + f_4(s_4)\} = \min_{x_3 \in D_3(s_3)} \{16x_3 + 0.6s_3 - 16.8s_4 + 1866\}$$

$$= \min_{x_3 \in D_3(s_3)} \{-0.8x_3 - 16.2s_3 + 2454\} = -15.4s_3 + 2386。$$

此时 $x_3^* = 85 - s_3$。

此时发现 $f_3(s_3)$ 与 $f_3^{(1)}(s_3)$ 只相差一个常数，不影响最优化判断。因此后面递推过程中可以只考虑一种情形。

当 $k=2$ 时，根据上述分析，我们可以取 $40 < s_4 \leq 50$ 的情形进行推导。由于 $0 \leq s_3 \leq 50$，即 $0 \leq s_2 + x_2 - 30 \leq 50$，有 $30 - s_2 \leq x_2 \leq 80 - s_2$，故允许决策集合为 $D_2(s_2) = \{x_2 | \max[0, 30-s_2] \leq x_2 \leq 80 - s_2\}$。

$$f_2(s_2) = \min_{x_2 \in D_2(s_2)} \{12x_2 + 0.6s_2 + f_3(s_3)\} = \min_{x_2 \in D_2(s_2)} \{12x_2 + 0.6s_2 - 15.4s_3 + 2386\}$$
$$= \min_{x_2 \in D_2(s_2)} \{-3.4x_2 - 14.8s_2 + 2848\} = -11.4s_2 + 2576。$$

此时 $x_2^* = 80 - s_2$。

当 $k=1$ 时，由于 $0 \leq s_2 \leq 50$，即 $0 \leq s_1 + x_1 - 20 \leq 50$，故 $20 - s_1 \leq x_1 \leq 70 - s_1$。因此只要期初库存量 $s_1 \leq 20$，则此时的允许决策集合为 $D_1(s_1) = \{x_1 | 20 - s_1 \leq x_1 \leq 70 - s_1\}$。

$$f_1(s_1) = \min_{x_1 \in D_1(s_1)} \{15x_1 + 0.6s_1 + f_2(s_2)\} = \min_{x_1 \in D_1(s_1)} \{15x_1 + 0.6s_1 - 11.4s_2 + 2584\}$$
$$= \min_{x_1 \in D_1(s_1)} \{3.6x_1 - 10.8s_1 + 2804\} = -14.4s_1 + 2876。$$

此时 $x_1^* = 20 - s_1$。

根据题意可知，期初库存量 $s_1 = 0$，故 $f_1(s_1) = f_1(0) = 2876$，即 6 个月的总成本最小为 2876 元。根据各阶段的最优决策 x^* 及状态转移方程 $s_{k+1} = s_k + x_k - d_k$，即可以求出最优策略。容易得到：$x_1^* = 20$，$s_2 = 0$；$x_2^* = 80$，$s_3 = 50$；$x_3^* = 35$，$s_4 = 50$；$x_4^* = 0$，$s_5 = 10$；$x_5^* = 15$，$s_6 = 0$；$x_6^* = 45$。

8.3.5 系统可靠性问题

若某种机器的工作系统由 n 个部件串联而成，只要有一个部件失灵，整个系统就不能工作。为提高系统工作的可靠性，在每一个部件上均装有主要元件的备用件，并且设计了备用元件自动投入装置。显然，备用元件越多，整个系统正常工作的可靠性就越大，但备用元件多了，整个系统的成本将相应增大。因此，最优化问题是在考虑总成本限制的基础上，应如何选择各部件的备用元件数，使整个系统的工作可靠性最大。

设部件 $i(i=1, 2, \cdots, n)$ 上装有 x_i 个备用件时，它正常工作的概率是 $p_i(x_i)$，因此整个系统正常工作的可靠性，可用它正常工作的概率衡量，即：$p = \prod_{i=1}^{n} p_i(x_i)$。设部件 i 装一个备用件时的成本是 c_i，如果希望总费用不超过 C，则它的规划模型可以描述为：

$$\max p = \prod_{i=1}^{n} p_i(x_i)$$

$$\begin{cases} \sum_{i=1}^{n} c_i x_i \leq C \\ x_i \geq 0 \text{ 且为整数}, i = 1, 2, \cdots, n \end{cases} \quad (8-24)$$

下面我们用动态规划的方法进行求解。

阶段 k：将问题划分为 n 个阶段，每个阶段决定一个部件的应装备用数，故 $k = 1, 2, \cdots, n$；

状态变量 s_k：从第 k 个到第 n 个部件容许使用的总费用额度；

决策变量 x_k：第 k 个部件所装的备用元件数；

允许决策集合 $D_k(s_k)$：$D_k(s_k) = \{x_k | 0 \leq x_k \leq [s_k/c_k], x_k \text{ 为整数}\}$，这里 $[s_k/c_k]$ 表示不超过 s_k/c_k 的最大整数；

状态转移方程：$s_{k+1} = s_k - c_k x_k$；

最优指标函数 $f_k(s_k)$：从第 k 个到第 n 个部件费用限额为 s_k 时，系统工作可靠性的最大值。

因此我们可以得到该问题的基本方程为：

$$\begin{cases} f_k(s_k) = \max_{x_k \in D_k(s_k)} \{p_k(x_k) \times f_{k+1}(s_{k+1})\} \\ f_{n+1}(s_{n+1}) = 1 \end{cases} \quad (8-25)$$

【例 8-11】某厂生产一种电子设备，由三种元件 A_1, A_2, A_3 串联而成。已知这三种元件的价格和可靠性如表 8-14 所示。现要求设计中费用不超过 120 元，设备中每种元件至少有一个。试问如何设计才能使该电子设备可靠性最大。

表 8-14

元件	单价/元	可靠性
A_1	30	0.9
A_2	15	0.8
A_3	20	0.5

解：根据题意，将问题划分为 3 个阶段，故 $k = 1, 2, 3$。

用 p_k 表示一个元件 A_k 正常工作的概率，则 $(1-p_k)^{x_k}$ 为 x_k 个元件 A_k 不正常工作的概率，则 x_k 个元件 A_k 正常工作的概率为 $1 - (1-p_k)^{x_k}$。

由此可以得到问题的基本方程为：

$$\begin{cases} f_k(s_k) = \max_{x_k \in D_k(s_k)} [1 - (1-p_k)^{x_k}] \times f_{k+1}(s_{k+1}) \\ f_4(s_4) = 1 \end{cases}$$

当 $k=3$ 时，由于要求在设备中每个元件都至少一个，因此对于元件 A_3 而言，其最大费用额度为 $120-30-15=75$ 元，故 $20 \leq s_3 \leq 75$。考虑到本题具体情况，s_3 在区间 $[20, 75]$ 上取连续数并无实际意义，故可以令其取值从 20 开始，每间隔 10 再取值，最后取最大值 75。由于 $s_3 \leq 75$，故 A_3 购置数量最大为 $[75/20]=3$，即对于 x_3 而言，其允许决策集合为 $D_3(s_3) = \{x_3 \mid 1 \leq x_3 \leq 3$ 且为整数$\}$。

此时基本方程为 $f_3(s_3) = \max\limits_{x_3 \in D_3(s_3)} [1-(1-p_k)^{x_3}] = \max\limits_{1 \leq x_3 \leq 3\text{且为整数}} [1-(0.5)^{x_3}]$。

计算结果如表 8-15 所示。

表 8-15

s_3 \ x_3	$1-(0.5)^{x_3}$			$f_3(s_3)$	x_3^*
	1	2	3		
20	0.5			0.5	1
30	0.5				
40	0.5	0.75		0.75	2
50	0.5	0.75			
60	0.5	0.75	0.875		
70	0.5	0.75	0.875	0.875	3
75	0.5	0.75	0.875		

当 $k=2$ 时，同样由于要求在设备中每个元件都至少一个，因此对于元件 A_2 而言，其最大费用额度为 $120-30-20=70$ 元，故 A_2 购置数量最大为 $[70/15]=4$，即对于 x_2 而言，其允许决策集合为 $D_2(s_2) = \{x_2 \mid 1 \leq x_2 \leq 4$ 且为整数$\}$。

由状态转移方程 $s_3 = s_2 - c_2 x_2$ 可知，$s_3 = s_2 - 15 x_2$，又由于在设备中每个元件都至少一个，故 $35 \leq s_2 \leq 90$。同样考虑到具体情况，我们对 s_2 取值也进行限制。

此时基本方程为 $f_2(s_2) = \max\limits_{1 \leq x_2 \leq 4\text{且为整数}} [1-(0.2)^{x_2}] \times f_3(s_2-15x_2)$。

计算结果如表 8-16 所示。

表 8-16

s_2 \ x_2	$[1-(0.2)^{x_2}] \times f_3(s_2-15x_2)$				$f_2(s_2)$	x_2^*
	1	2	3	4		
35	0.8×0.5				0.4	1
45	0.8×0.5					
50	0.8×0.5	0.96×0.5				
55	0.8×0.75	0.96×0.5			0.6	1
60	0.8×0.75	0.96×0.5				

续表

s_2 \ x_2	$[1-(0.2)^{x_2}] \times f_3(s_2-15x_2)$				$f_2(s_2)$	x_2^*
	1	2	3	4		
65	0.8 × 0.75	0.96 × 0.5	0.992 × 0.5		0.72	2
70	0.8 × 0.75	0.96 × 0.75	0.992 × 0.5			
75	0.8 × 0.875	0.96 × 0.75	0.992 × 0.5			
80	0.8 × 0.875	0.96 × 0.75	0.992 × 0.5	0.9984 × 0.5	0.84	2
85	0.8 × 0.875	0.96 × 0.75	0.992 × 0.75	0.9984 × 0.5		
90	0.8 × 0.875	0.96 × 0.875	0.992 × 0.75	0.9984 × 0.5		

当 $k=1$ 时,同样由于要求在设备中每个元件都至少一个,因此对于元件 A_1 而言,其最大费用额度为 $120-15-20=85$ 元,故 A_2 购置数量最大为 $[85/30]=2$,即对于 x_1 而言,其允许决策集合为 $D_1(s_1)=\{x_1 \mid 1 \leq x_1 \leq 2$ 且为整数$\}$。

由状态转移方程 $s_2=s_1-c_1x_1$ 可知, $s_2=s_1-30x_1$,又由于在设备中每个元件都至少一个,故 $65 \leq s_1 \leq 120$。同样考虑到具体情况,我们对 s_1 取值也进行限制。

此时基本方程为 $f_1(s_1) = \max\limits_{1 \leq x_1 \leq 2 \text{且为整数}} [1-(0.1)^{x_1}] \times f_2(s_1-30x_1)$。

计算结果如表 8-17 所示。

表 8-17

s_1 \ x_1	$[1-(0.1)^{x_1}] \times f_2(s_1-30x_1)$		$f_1(s_1)$	x_1^*
	1	2		
65	0.9 × 0.4			
70	0.9 × 0.4			
75	0.9 × 0.4		0.36	1
80	0.9 × 0.6			
85	0.9 × 0.6			
90	0.9 × 0.6			
95	0.9 × 0.72	0.99 × 0.4		
100	0.9 × 0.72	0.99 × 0.4		
105	0.9 × 0.72	0.99 × 0.4	0.756	1
110	0.9 × 0.84	0.99 × 0.6		
115	0.9 × 0.84	0.99 × 0.6		
120	0.9 × 0.84	0.99 × 0.6		

从表 8-17 可以看到, $f_1(s_1)=0.756$,即该设备的可靠性为 0.756。通过上述

计算可知，此时 $x_1^* = 1$，$x_2^* = 2$，$x_3^* = 3$，即最优策略是在该设备上安装元件 A_1，A_2，A_3 分别为 1 个、2 个和 3 个。

8.3.6 随机采购问题

在现实经济管理问题中，某种产品的采购价格往往是发生变化的，我们可以用一定的概率形式来表示出其变化可能性。问题是如何制订采购策略使采购价格期望值最小？

对于此类问题，我们可以将一个采购时期视为一个阶段，用动态规划方法进行解决。

【例 8-12】某公司需要在近五周内采购一批原材料。现估计原材料价格在未来五周内会有波动，其价格可能有 500 元、600 元和 700 元三种状态，发生概率分别为 0.3、0.3 和 0.4。试分析在哪一周以什么价格购入，使其采购价格的数学期望值最小。

解：下面我们用动态规划的方法进行求解。

阶段 k：将采购期限 5 周视为 5 个阶段，故 $k = 1, 2, 3, 4, 5$。

状态变量 s_k：第 k 周时原材料的市场价格，$s_k = \{500, 600, 700\}$。

决策变量 x_k：因为采购是一个状态问题，故当 $x_k = 1$，表示第 k 周决定采购；当 $x_k = 0$，表示第 k 周决定等待不采购。

因为价格是一个随机变量，是按某种已知的概率分布取值的，故为了描述出其采购价值期望值，我们引入中间变量 y_k。y_k 表示第 k 周决定等待不采购，而在以后采取最优策略时的采购价格期望值。

最优函数 $f_k(s_k)$：在第 k 周原材料实际价格为 s_k 时，从第 k 周至第 5 周采取最优决策所得的最小期望值。

若 $s_k > y_k$ 则第 k 周决定等待不采购，否则决策采购；因为第 5 周没有继续等待的余地，若所需的原料尚未买入，则无论市场价格如何，都必须采购，不能再等，故有边界条件 $f_5(s_5) = s_5$。因此我们可以得到该问题的基本方程为：

$$\begin{cases} f_k(s_k) = \min_{y_k \in D_k(s_k)} \{s_k, y_k\} \\ f_5(s_5) = s_5 \end{cases}$$

由题意可知，$y_k = Ef_{k+1}(s_{k+1}) = 0.3 f_{k+1}(500) + 0.3 f_{k+1}(600) + 0.4 f_{k+1}(700)$。

从而有最优决策为：$x_k = \begin{cases} 1 & f_k(s_k) = s_k \\ 0 & f_k(s_k) = y_k \end{cases}$ $k = 1, 2, 3, 4, 5$。

当 $k = 5$ 时，因为 $f_5(s_5) = s_5$，故有：$f_5(500) = 500, f_5(600) = 600, f_5(700) = 700$。

当 $k=4$ 时，$y_4 = 0.3f_5(500) + 0.3f_5(600) + 0.4f_5(700) = 610$，

因此有 $f_4(s_4) = \min\limits_{s_4 \in D_4(s_4)}\{s_4, y_4\} = \min\limits_{s_4 \in D_4(s_4)}\{s_4, 610\} = \begin{cases} 500 & s_4 = 500 \\ 600 & s_4 = 600 \\ 610 & s_4 = 700 \end{cases}$。

故有 $x_4 = \begin{cases} 1 & s_4 = 500 \text{或} 600 \\ 0 & s_4 = 700 \end{cases}$。

当 $k=3$ 时，$y_3 = 0.3f_4(500) + 0.3f_4(600) + 0.4f_4(700) = 574$，

因此有 $f_3(s_3) = \min\limits_{s_3 \in D_3(s_3)}\{s_3, y_3\} = \min\limits_{s_3 \in D_3(s_3)}\{s_3, 574\} = \begin{cases} 500 & s_3 = 500 \\ 574 & s_3 = 600 \text{或} 700 \end{cases}$。

故有 $x_3 = \begin{cases} 1 & s_3 = 500 \\ 0 & s_3 = 600 \text{ 或 } 700 \end{cases}$。

当 $k=2$，同理可以求得 $y_2 = 551.8$，

$f_2(s_2) = \min\limits_{s_2 \in D_2(s_2)}\{s_2, y_2\} = \min\limits_{s_2 \in D_2(s_2)}\{s_2, 551.8\} = \begin{cases} 500 & s_2 = 500 \\ 551.8 & s_2 = 600 \text{或} 700 \end{cases}$。

故有 $x_3 = \begin{cases} 1 & s_2 = 500 \\ 0 & s_2 = 600 \text{ 或 } 700 \end{cases}$。

当 $k=1$，同理可以求得 $y_1 = 536.26$，

$f_1(s_1) = \min\limits_{s_1 \in D_1(s_1)}\{s_1, y_1\} = \min\limits_{s_1 \in D_1(s_1)}\{s_1, 536.26\} = \begin{cases} 500 & s_1 = 500 \\ 536.26 & s_1 = 600 \text{或} 700 \end{cases}$。

故有 $x_1 = \begin{cases} 1 & s_1 = 500 \\ 0 & s_1 = 600 \text{ 或 } 700 \end{cases}$。

根据上述分析可知，最优采购策略为：在第一、第二、第三周时，若价格为500元就采购，否则应该等待；在第四周时，价格为500元或600元应采购，否则就等待；在第五周时，无论什么价格都要采购。

依照上述最优策略进行采购时，原材料的采购价格期望值为：

$500 \times 0.3(1 + 0.7 + 0.7^2 + 0.7^3 + 0.7^3 \times 0.4) + 600 \times 0.3(0.7^3 + 0.7^3 \times 0.4) + 700 \times 0.4^2 \times 0.7^3 \approx 525$ 元。

习 题

1. 如图 8-5 所示，需要从 A 地到 F 点铺设一条管道，各点间连线上的数字表示距离，问应该选择怎样的铺设线路才能使总距离最短。分别用顺序递推法和逆序递推法进行求解。

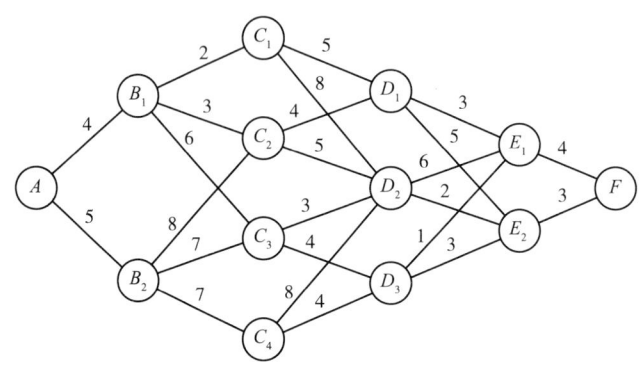

图 8-5

2. 某厂为扩大生产能力，订购了某种成套设备 5 套，以分配给其所辖 1、2、3 三个分厂使用。预计各分厂分得不同套数的设备后，每年创造的利润（万元）如表 8-18 所示。问该厂如何分配这套设备给三个分厂，才能使每年创造的利润总额最大？

表 8-18 单位：万元

套数 \ 分厂	1	2	3
0	0	0	0
1	3	4	2
2	6	6	5
3	8	7	8
4	9	8	10
5	10	8	10

3. 某厂为扩大生产能力，拟订购某种成套 4~6 套，以分配给其所辖 1、2、3 三个分厂使用。预计各分厂分的不同套数的设备后，每年创造的利润（万元）如表 8-19 所示。该厂应订购几套设备并如何分配，才能使每年预计创利总额最大？

表 8-19

分厂	利润（万元）						
	0 套	1 套	2 套	3 套	4 套	5 套	6 套
1	0	3	5	6	7	6	5
2	0	4	6	7	8	9	10
3	0	2	5	9	8	8	7

4. 设企业开始时拥有完好的机床数量 $S_1 = 1\,000$ 台。这种机床可在高、低两种负荷下进行生产，设机床在高负荷下生产的产量函数为 $g = 8u_1$，其中 u_1 为投入生产的机床数量，年完好率为 $\alpha = 0.8$；机床在低负荷下生产的产量函数为 $h = 6u_2$，其中 u_2 投入生产的机床数量，年完好率 $\beta = 0.9$；问：企业每年如何安排机器在高、低负荷下的生产，使在五年内生产的产品总产量最高？

5. 有四件货物 A、B、C、D，其重量分别是 1 吨、2 吨、3 吨、4 吨，价值分别为 5 000 元、6 000 元、7 000 元和 8 000 元。今有总装载量为 6 吨的卡车，问从这四件中挑选哪几件货物可使总价值最大，试用动态规划方法求解。

6. 已知某新设备的年效益、年均维修费及更新净费用如表 8-20 所示，试确定今后 5 年内的更新策略，使总收益最大。这里设折现率 $\alpha = 1$。

表 8-20

项目 \ 役龄	0	1	2	3	4	5
收益	4	6	4	2.5	3	1.5
维修费用	0.3	0.5	1.5	1.5	2.5	3
更新净费用	0.4	1	2	1	2	3.5

7. 某商店在未来的四个月里，准备利用商店的一个仓库来专门经销某种商品，仓库最大容量为这种商品 1 000 单位。假定商店每月只能卖出仓库现有的货物。当商店在某月购货时，下月初才能到货。预测该商店未来四个月的买卖价格如表 8-21 所示，假定商店在 1 月开始经销时，仓库贮有该商品 500 个单位，试问，如何制订这四个月的订购与销售计划，使获利最大（不计库存费）。

表 8-21

月份	购买单价	销售单价
1	10	12
2	8	9
3	11	13
4	15	17

8. 某厂根据市场预测，确认今后 4 个月该厂的一种主要产品每月的需求的量 d 为 3 万件、2 万件、3 万件和 2 万件。已知每月生产固定费用 b 为 2 000 元，但若当月不生产则为 0；产品成本 c 为 1 000 元/万件，贮存费用 h 为 200 元/万件·月。最大存贮能力 w 为 4 万件。若第 1 月初无库存产品，第 4 月末也不留库存，则该厂怎样安排生产，才能使今后 4 个月的总费用最少？

9. 某厂生产一种电子设备，由三种元件 A_1，A_2，A_3 串联而成。已知这三种元件的价格和可靠性如表 8-22 所示。现要求设计中费用不超过 150 元，设备中每种元件至少有一个。试问如何设计才能使该电子设备可靠性最大。

表 8-22

元件	单价/元	失效概率
A_1	25	0.1
A_2	20	0.2
A_3	30	0.3

10. 某公司需要在最近四周内采购一批原材料，估计在未来四周内的价格可能有 60、80、90 和

100 四种状态，各状态发生的概率分布为 0.2、0.3、0.3 和 0.2。试确定最优采购策略，使采购价格期望值最小。

11. 用动态规划方法求解下列非线性规划问题。

(1) $\max z = 4x_1 + 9x_2 + 2x_3^2$。
$$\begin{cases} 2x_1 + 4x_2 + 3x_3 \leq 10 \\ x_i \geq 0 \quad i = 1, 2, 3 \end{cases}$$

(2) $\max z = x_1^2 x_2 x_3^3$。
$$\begin{cases} x_1 + x_2 + x_3 \leq 6 \\ x_i \geq 0 \quad i = 1, 2, 3 \end{cases}$$

(3) $\max z = 2x_1^2 + 2x_2 + 4x_3 - x_3^2$。
$$\begin{cases} 2x_1 + x_2 + x_3 \leq 4 \\ x_i \geq 0 \quad i = 1, 2, 3 \end{cases}$$

第 9 章
图与网络分析

图论（Graph Theory）是应用非常广泛的运筹学分支，已经广泛地应用于交通运输、经济管理、计算机等各项领域。对于科学研究，市场和社会生活中的许多问题，可以用图论的理论和方法来加以解决。例如，各种通信线路的架设、输油管道的铺设、铁路或者公路交通网络的合理布局等问题，应用图论的方法，都可以简便、快捷地加以解决。

哥尼斯堡七桥问题是古典图论中的一个著名问题。18 世纪的哥尼斯堡城中流过一条普雷格尔河，河中有两个岛屿 C 和 D，河的两岸和岛屿之间有七座桥相互连接，如图 9-1 (a) 所示。当地的居民热衷于这样一个问题，一个散步者如何能够走过这七座桥，并且要求每座桥只能走过一次，最终回到原出发地。当时没有人想出这种走法，但又无法说明这种走法不存在，这就是著名的"七桥"难题。直到 1736 年，瑞士数学家欧拉用图论的方法证明了这种走法是不存在的，他将这个问题抽象为如图 9-1 (b) 所示图形的一笔画问题，因为图 8-1 (b) 中的每个点都只与奇数条线相关联，故不可能将这个图不重复的一笔画成，从而证明了这种走法是不可能的。

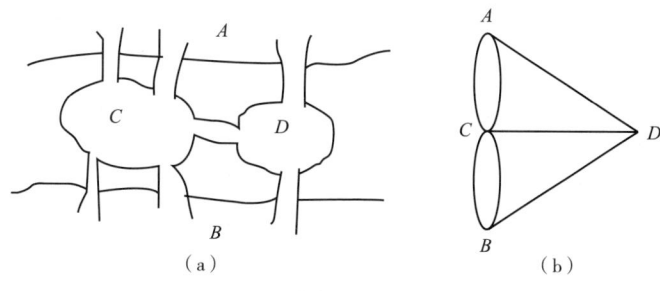

图 9-1

在实际的生产和生活中，人们为了反映事物之间的关系，常常用点和线来画出各式各样的示意图。例如，我们可以用点表示城市，若两个城市之间有高铁相通，则可以在两个点之间连接一条边,于是我们就可以得到各城市之间的高铁连接示意图,如此类还有城市中的市政管道图、民用航空线图等。

随着科学技术的进步,特别是计算机技术及人工智能的发展,图论的理论获得了更进一步的发展,应用更加广泛。如果将复杂的工程系统和管理问题用图的理论加以描述,可以解决许多工程项目和管理决策的最优问题。因此,图论越来越受到工程技术人员和经营管理人员的重视。

9.1 图与网络的基本概念

在图论中,我们用点及点之间的线来描述反映实际生产和生活中的某些特定对象之间的特定关系。一般来说,通常用点表示研究对象,用点与点之间的线表示研究对象之间的特定关系。由于在一般情况下,图中的相对位置如何、点与点之间线的长短曲直,对于反映研究对象之间的关系,显得并不重要,因此,图论中的图与几何图、工程图等本质上是不同的。

9.1.1 图及其分类

【定义 9-1】一个无向图是由点集 $V=\{v_j\}$ 及 V 中元素的无序对的一个集合 $E=\{e_k\}$ 构成的二元组,记为 $G=(V, E)$;其中,V 中的元素 v_j 称为顶点,E 中的元素 e_k 称为边;一个有向图是由点集 $V=\{v_j\}$ 及 V 中元素的有序对的一个集合 $A=\{e_k\}$ 构成的二元组,记为 $D=(V, A)$;其中,V 中的元素 v_j 称为顶点,A 中的元素 e_k 称为弧。

图 9-2 给出的是一个无向图,其中,点集可以表示为 $V=\{v_1, v_2, v_3, v_4, v_5, v_6\}$,边集可以表示为 $E=\{e_1, e_2, e_3, e_4, e_5, e_6, e_7, e_8, e_9, e_{10}\}$;以 e_1 为例,e_1 可以表示为 $e_1=(v_1, v_2)$ 或者 $e_1=(v_2, v_1)$。图 9-3 给出的是一个有向图,其中,点集为 $V=\{v_1, v_2, v_3, v_4, v_5, v_6\}$,弧集可以表示为 $A=\{e_1, e_2, e_3, e_4, e_5, e_6, e_7, e_8, e_9\}$,而此时弧 e_1 只能表示为 $e_1=(v_2, v_1)$,即弧是有方向的,只能表示为从起点到终点方向。

我们用 $m(G)=|E|$ 表示图 G 中的边数,用 $n(G)=|V|$ 表示图 G 中的点数,在不引起混淆的情况下简记为 m,n。若点集 V 与边集 E 均为有限集时,称图 G 为有限图,否则为无限图。

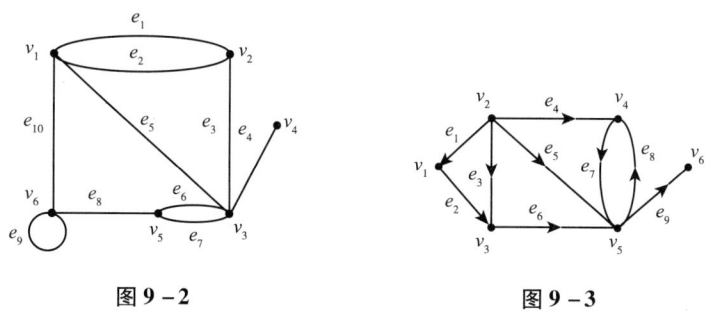

图 9-2　　　　　　　　　图 9-3

若 $e_i=(v_k,v_l)$，称 v_k 和 v_l 为 e_i 的顶点，或者点 v_k 和 v_l 与 e_i 相关联，点 v_k 和 v_l 相邻。如果两条边（弧）有一个公共顶点，则称这两条边（弧）是邻接的。例如在图 9-2 中，点 v_1 和 v_2 是边 e_1 和边 e_2 的顶点，边 e_1，e_2，e_5，e_{10} 均为相邻边；在图 9-3 中，点 v_1 和 v_2 是弧 e_1 的顶点，弧 e_1 和弧 e_2 是相邻弧。

如果一条边（弧）的两个顶点相同，则称此边（弧）为环，如图 9-2 中的 e_9；如果两个顶点之间多于一条边（弧）的，称为多重边（弧），如图 9-2 中的 e_1 和 e_2。需要注意的是，弧是有方向的，因此，在图 9-3 中，弧 e_7 和 e_8 是不同的，即点 v_4 和 v_5 之间不存在多重弧。

【定义 9-2】无环无多重边（弧）的图称为简单图，含有多重边（弧）的图称为多重图。

若无特殊说明，我们在后面的讨论中图都为简单图。

【定义 9-3】如果一个简单图 G 的各对顶点之间都有一条边相连接，我们称 G 为完全图。有 n 个顶点的完全图记作 K_n。

有向完全图是指每一对顶点间有且仅有一条有向边的简单图。

图 9-4（a）为无向完全图，图 9-4（b）为有向完全图。

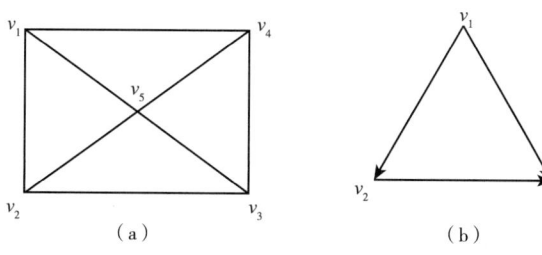

图 9-4

【定义 9-4】图 $G=(V,E)$ 中点集 V 可以分为两个非空子集 X，Y，且满足 $X\cup Y=V$，$X\cap Y=\varnothing$，使边集 E 中每条边的两个顶点一个在 X 中，另一个在 Y 中，则称图 G 为二分图（有时也称为二部图、偶图）。

图 9-5（a）和（b）均为二分图。例如，在图 9-5（b）中，我们可以令 $X=$

$\{v_1, v_2\}$,$Y = \{v_3, v_4\}$。有时候二分图不易看出，需要对图形做出一定的改造才能看出。

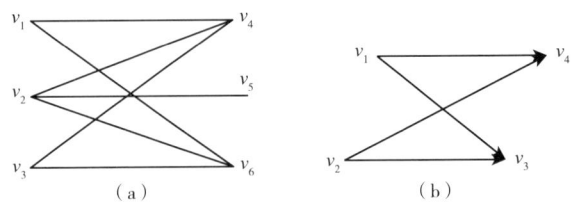

图 9-5

9.1.2 子图

【定义 9-5】设 $G_1 = (V_1, E_1)$，$G_2 = (V_2, E_2)$，若 $V_1 \subseteq V_2$，$E_1 \subseteq E_2$，则称 G_1 是 G_2 的子图，记作 $G_1 \subseteq G_2$。若有 $G_1 \subseteq G_2$，但 $G_1 \neq G_2$，称 G_1 是 G_2 的真子图，记为 $G_1 \subset G_2$。若 G_1 是 G_2 的子图，且 $V_1 = V_2$，则称 G_1 是 G_2 的生成子图。

图 9-6 中，(b) 为 (a) 的子图，且为真子图；(c) 为 (a) 的生成子图。

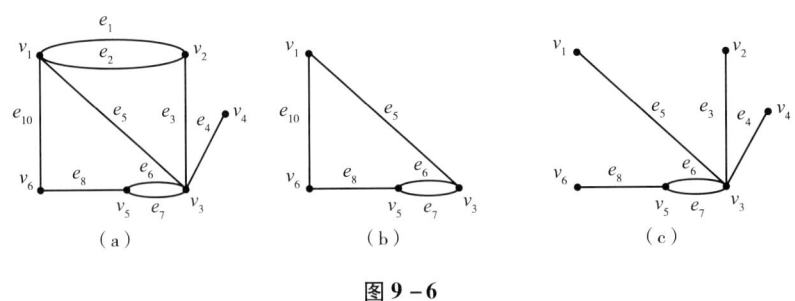

图 9-6

子图在描述图的性质和局部结构中有重要作用。

9.1.3 顶点的次

【定义 9-6】在图 $G = (V, E)$ 中，与点 v_i 相关联的边的个数称为点 v_i 的次，有时也称为度（degree），记作 $d(v_i)$。

次数为零的点称为弧立点，次数为 1 的点称为悬挂点。悬挂点的关联边称为悬挂边。次数为奇数的点称为奇点，次数为偶数的点称为偶点。

例如，在如图 9-2 中，$d(v_1) = 4$，点 v_1 为偶点；$d(v_2) = 3$，点 v_2 为奇点；$d(v_6) = 4$（环需要计算两次）；$d(v_4) = 1$，故点 v_4 为悬挂点，e_4 为悬挂边。

【定理 9-1】任何图中，顶点的次数之和等于边数的 2 倍。

这条定理显而易见，因为一条边对应两个顶点，在计算顶点的次数时每条边均被计算了两次，所以顶点的次数之和为边数的2倍。

【定理9-2】 任何图中，奇点的个数必为偶数。

证明：设 V_1 和 V_2 分别为图 G 中奇点和偶点的集合（$V_1 \cup V_2 = V$），根据定理9-1知：

$$\sum_{i \in V} d(v_i) = \sum_{i \in V_1} d(v_i) + \sum_{i \in V_2} d(v_i) = 2m_\circ$$

由于 $2m$ 为偶数，$\sum_{i \in V_2} d(v_i)$ 为偶数，则 $\sum_{i \in V_1} d(v_i)$ 也必然为偶数，即奇点的个数必然为偶数。

在有向图中，以 v_i 为始点的边数称为点 v_i 的出次，记作 $d^+(v_i)$；以 v_i 为终点的边数称为点 v_i 的入次，记作 $d^-(v_i)$。点 v_i 的出次与入次之和即为点 v_i 的次。

在图9-3中，$d^+(v_1)=1$，$d^-(v_1)=1$，$d^+(v_2)=4$，$d^-(v_2)=0$。容易证明，在有向图中，所有顶点的出次之和等于所有顶点的入次之和。

9.1.4 链与连通图

【定义9-7】 在图 $G=(V,E)$ 中，若某些点与边的交替序列可以组成如下形式：$(v_{i0}, e_{i1}, v_{i1}, e_{i2}, \cdots, v_{ik-1}, e_{ik}, v_{ik})$，且 $e_{it} = (v_{it-1}, v_{it})(t=1, 2, \cdots, k)$，则称这个点边序列为连接点 v_{i0} 和 v_{ik} 的一条链，链长为 k。

有时候可以将上述定义简称为：链是由两两相邻的点及其相关联的边构成的点边序列。显然在一条链上，顶点和边是可以重复出现的。例如，在图9-7中，$S_1 = \{v_1, e_1, v_2, e_4, v_4\}$ 是一条连接 v_1 和 v_4 的链；$S_2 = \{v_1, e_1, v_2, e_3, v_3, e_2, v_1, e_1, v_2\}$ 是一条连接 v_1 和 v_2 的链。

在一条链中，若没有重复的点和重复的边，则称为初等链，如 S_1 则为初等链。

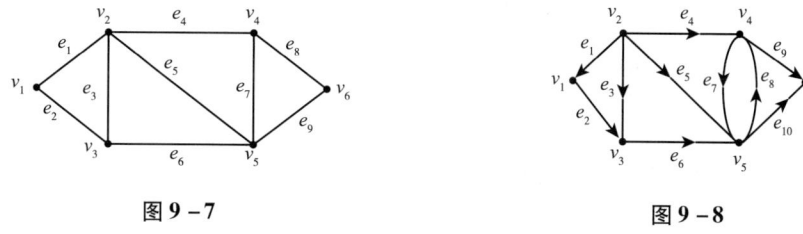

图9-7　　　　　　　　图9-8

【定义9-8】 设 Q 为图 G 中的一条链，若链 Q 的起点 v_{i0} 与终点 v_{ik} 重合，则链 Q 为圈（闭链），否则称其为开链。在圈 Q 中，若除 $v_{i0} = v_{ik}$ 外，既无重复点也无重复边，则称其为初等圈。

例如，在图 9-7 中，$S_3 = \{v_1, e_1, v_2, e_5, v_5, e_7, v_4, e_4, v_2, e_1, v_1\}$ 是一个圈，但因为有重复的点及重复边，故不是初等圈；$S_4 = \{v_1, e_1, v_2, e_3, v_3, e_2, v_1\}$ 则是一个初等圈。

在有向图中，我们可以类似定义链、初等链、圈和初等圈概念，此时不需要考虑弧的方向。例如，在有向图 9-8 中，$S_5 = \{v_1, e_1, v_2, e_4, v_4\}$ 是一条连接 v_1 和 v_4 的链；$S_6 = \{v_1, e_1, v_2, e_3, v_3, e_2, v_1, e_1, v_2\}$ 是一条连接 v_1 和 v_2 的链；$S_7 = \{v_1, e_1, v_2, e_5, v_5, e_8, v_4, e_4, v_2, e_1, v_1\}$ 是一个圈；$S_8 = \{v_1, e_1, v_2, e_3, v_3, e_2, v_1\}$ 是一个初等圈。

在有向图中，若链（圈）上弧的方向相同，则称为道路（回路）。例如，在图 9-8 中，链 $S_9 = \{v_2, e_4, v_4, e_7, v_5, e_{10}, v_6\}$ 是一条道路；圈 $S_{10} = \{v_4, e_7, v_5, e_8, v_4\}$ 为一个回路。

对于无向图来说，道路和链、回路与圈的意义相同。

【定义 9-9】若图 G 中任意两点间至少有一条链连接，则称图 G 为连通图。任意一个不连通图都可以分成若干个连通子图，每一个子图称为原图的分图。

9.1.5 图的矩阵表示

在实际问题中，与图联系在一起的，往往还有与点或者边有关的某些数量指标，我们通常称其为"权"。权可表示距离、时间、流量等。这种点或者边带有某种数量指标的图称其为网络图（赋权图），其在图论及实际应用方面有着重要的地位，被广泛应用于现代科学管理和工程技术等领域。

对于网络图，我们可以根据邻接矩阵和权矩阵来进行描述。

【定义 9-10】对于图 $G = (V, E)$，$|V| = n$，构造一个矩阵 $A = (a_{ij})_{n \times n}$，其中

$$a_{ij} = \begin{cases} 1 & (v_i, v_j) \in E; \\ 0 & (v_i, v_j) \notin E. \end{cases}$$

则称矩阵 A 为图 G 的邻接矩阵。

【定义 9-11】对于网络图 $G = (V, E)$，$|V| = n$，其中边（弧）(v_i, v_j) 有权 w_{ij}，构造一个矩阵 $B = (b_{ij})_{n \times n}$，其中

$$b_{ij} = \begin{cases} w_{ij} & (v_i, v_j) \in E; \\ 0 & (v_i, v_j) \notin E. \end{cases}$$

则称矩阵 B 为图 G 的权矩阵。

【例 9-1】分别写出图 9-9 与图 9-10 的邻接矩阵与权矩阵。

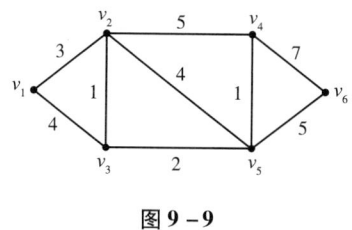

图 9-9

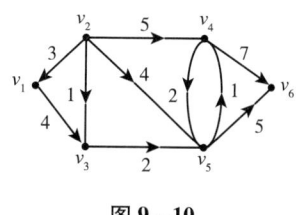

图 9-10

解：对于图 9-9 和图 9-10，其邻接矩阵与权矩阵分别为：

$$A_1 = \begin{array}{c} \\ v_1 \\ v_2 \\ v_3 \\ v_4 \\ v_5 \\ v_6 \end{array}\begin{array}{c} v_1\ v_2\ v_3\ v_4\ v_5\ v_6 \\ \begin{bmatrix} 0 & 1 & 1 & 0 & 0 & 0 \\ 1 & 0 & 1 & 1 & 1 & 0 \\ 1 & 1 & 0 & 0 & 1 & 0 \\ 0 & 1 & 0 & 0 & 1 & 1 \\ 0 & 1 & 1 & 1 & 0 & 1 \\ 0 & 0 & 0 & 1 & 1 & 0 \end{bmatrix} \end{array} \quad B_1 = \begin{array}{c} \\ v_1 \\ v_2 \\ v_3 \\ v_4 \\ v_5 \\ v_6 \end{array}\begin{array}{c} v_1\ v_2\ v_3\ v_4\ v_5\ v_6 \\ \begin{bmatrix} 0 & 3 & 4 & 0 & 0 & 0 \\ 3 & 0 & 1 & 5 & 4 & 0 \\ 4 & 1 & 0 & 0 & 2 & 0 \\ 0 & 5 & 0 & 0 & 1 & 7 \\ 0 & 4 & 2 & 1 & 0 & 5 \\ 0 & 0 & 0 & 7 & 5 & 0 \end{bmatrix} \end{array}$$

$$A_2 = \begin{array}{c} \\ v_1 \\ v_2 \\ v_3 \\ v_4 \\ v_5 \\ v_6 \end{array}\begin{array}{c} v_1\ v_2\ v_3\ v_4\ v_5\ v_6 \\ \begin{bmatrix} 0 & 0 & 1 & 0 & 0 & 0 \\ 1 & 0 & 1 & 1 & 1 & 0 \\ 0 & 0 & 0 & 0 & 1 & 0 \\ 0 & 0 & 0 & 0 & 1 & 1 \\ 0 & 0 & 0 & 1 & 0 & 1 \\ 0 & 0 & 0 & 0 & 0 & 0 \end{bmatrix} \end{array} \quad B_2 = \begin{array}{c} \\ v_1 \\ v_2 \\ v_3 \\ v_4 \\ v_5 \\ v_6 \end{array}\begin{array}{c} v_1\ v_2\ v_3\ v_4\ v_5\ v_6 \\ \begin{bmatrix} 0 & 0 & 4 & 0 & 0 & 0 \\ 3 & 0 & 1 & 5 & 4 & 0 \\ 0 & 0 & 0 & 0 & 2 & 0 \\ 0 & 0 & 0 & 0 & 2 & 7 \\ 0 & 0 & 0 & 1 & 0 & 5 \\ 0 & 0 & 0 & 0 & 0 & 0 \end{bmatrix} \end{array}$$

可以看出，当图 G 为无向图时，其邻接矩阵与权矩阵均为对称矩阵。

9.2 最小树问题

在各种各样的图中，有一类图是十分简单又非常重要的图，这就是树。树在企业管理、计算机科学等方面具有十分广泛的应用价值。

9.2.1 树的概念及性质

【定义 9-12】连通且不含圈的无向图称为树，记为 $T=(V,E)$。树中次为 1 的点称为树叶，次大于 1 的点称为分枝点。

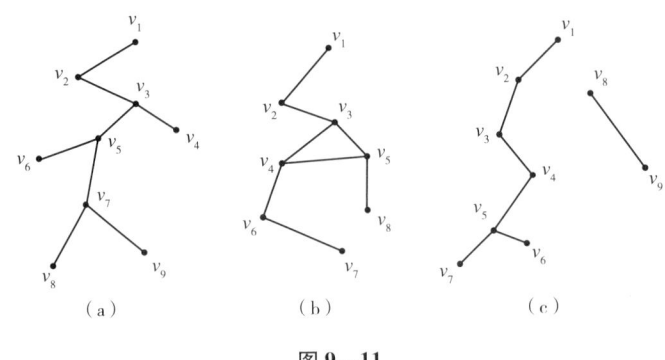

图 9–11

在图 9–11 中，(a) 是树；而 (b) 中有圈，故 (b) 不是树；(c) 不连通，故 (c) 不是树。

【定理 9–3】在图 $T=(V, E)$ 中，$|V|=n$，$|E|=m$，则下列关于树的说法是等价的：

(1) T 是一个树；

(2) T 无圈，且 $m=n-1$；

(3) T 连通，且 $m=n-1$；

(4) T 无圈，但在任意两点之间添加一新边即得唯一一个圈；

(5) T 连通，但去掉任意一边就不连通；

(6) T 中任意两点恰有唯一链相连。

证明：上述六个等价命题可以用循环证明法，即由命题 (1) 推得命题 (2)，再由命题 (2) 推得命题 (3)，以此类推，最后由命题 (6) 推得命题 (1)。完成以上推导过程也就证明了六个命题是等价的。限于篇幅，这里给出从 (1) → (2)，(2) → (3) 的证明过程。

(1) → (2)：由于 T 是一个树，根据树的定义，T 是无圈的。现用归纳法来证明 $m=n-1$。

当 $n=2$ 时，由于 T 是一个树，两点之间显然有且仅有一条边，故满足 $m=n-1$。

假设当 $n=k-1$ 时命题成立，即有 $k-1$ 个顶点时 T 有 $k-2$ 条边。则当 $n=k$ 时，由于 T 是连通的且没有圈，则 k 个顶点中至少有一个点的次为 1。设这个点为 u，即 u 点为悬挂点，设其连接的悬挂边为 (v, u)。从 T 中去掉悬挂边 (v, u) 及悬挂点 u，显然不影响图的连通性，此时得到的图为 T，T 为连通且无圈的树，只有 $k-1$ 个顶点，所以有 $k-2$ 条边。再把悬挂边 (v, u) 及悬挂点加上去，可知当 T 有 k 个顶点时有 $k-1$ 条边。

(2) → (3)：用反证法来证明。假设 T 是不连通的，则可以将 T 分为 k 个连通分图 ($k \geq 2$)。设第 i 个分图有 m_i 个顶点，则 $\sum_{i=1}^{k} m_i = m$。因为第 i 个分图是树，故

有 m_{i-1} 条边，因此 k 个连通分图共有边数为：$\sum_{i=1}^{k}(m_i - 1) = m - k < m - 1$，即与假设 $m = n - 1$ 矛盾，所以 T 是连通图。

上述命题也可以结合图 9-11（a）来理解。根据定理 9-3 可以推断出：树是边数最多的无圈连通图；在树中任加一条边，就会形成圈；树是边数最少的连通图；在树中任减一条边，则不连通；每个数至少有两个次为 1 的点。

9.2.2 图的生成树

【定义 9-13】若图 G 的生成子图是一个树，则称该树为 G 的生成树（有时也称为支撑树），简记为图 G 的树。

图 G 中属于生成树的边称为树枝，不在生成树中的边称为弦。

在图 9-12 中，（b）是（a）的生成树，边 e_2，e_4，e_9，e_{10} 为树枝，其他边为弦。

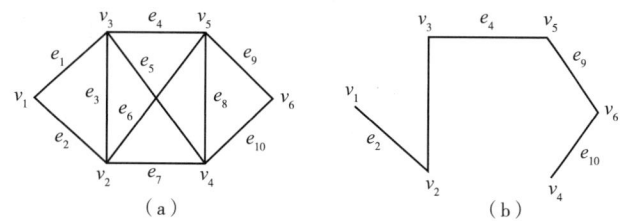

图 9-12

【定理 9-4】图 $G = (V, E)$ 有生成树的充分必要条件为 G 是连通图。

证明：必要性：若图 G 有生成树 $T = (V, E')$，$T \subset G$，由于 T 是连通的，故 G 为连通图。

充分性：设图 G 是连通的，若 G 不含圈，则按照定义，G 是一个树，从而 G 是自身的一个支撑树。若 G 含圈，则任取 G 的一个圈，从该圈中任意去掉一条边，得到图 G 的一支撑子图 G_1。若 G_1 不含圈，则 G_1 是 G 的一个支撑树。若 G_1 仍然含圈，则任取 G_1 的一个圈，再从圈中任意去掉一条边，得到图 G 的一支撑子图 G_2。依此类推，可以得到图 G 的一个支撑子图 G_n，且不含圈，从而 G_n 是一个支撑树。

定理 9-4 充分性的证明，提供了一个寻找连通图支撑树的方法叫作"破圈法"。就是从图中任取一个圈，去掉一条边。再对剩下的图重复以上步骤，直到不含圈时为止，这样就得到一个支撑树。

9.2.3 最小生成树

【定义 9-14】图 $G = (V, E)$ 为连通图，其每条边上有非负权 $w(e)$。设 T 为图

G 的生成树,则 T 中所有树枝的权的总和 $w(T) = \sum w(e)$ 称为 T 的权。在图 G 的生成树中,具有最小权的生成树 T^* 称为图 G 的最小生成树,简称最小树。

从树的定义可知,一个图可能有很多个生成树,利用枚举法从大量的生成树中来寻找最小树显然是不合理的。另外最小生成树不一定唯一。

下面介绍两种来寻找最小树的算法。

（1）算法 1：避圈法（Kruskal 算法）。

避圈法本质是每次从未选择的边中选取一条边 e,使它与已选择的边不构成圈,且 e 是未选择边中的最小权边,直至选够 $n-1$ 边为止。

第 1 步,将图 G 中各边按照权从小到大的顺序进行排列 e_1, e_2, $\cdots$, e_n, $E_T = \varnothing$。

第 2 步,若 $|E_T| = n-1$,则 E_T 中的边为图 G 的最小生成树的树枝,算法终止,否则进入下一步。

第 3 步,对于未查边 e_k 依次检查,若 $E_T \cup \{e_k\}$ 不含圈,则将 e_k 加入 E_T 中,并从 E 中删去边 e_k,转入第 2 步；否则从 E 中删去边 e_k,继续检查下一条边 e_{k+1}。

【例 9-2】现有 7 个村庄,他们之间的道路及道路长度如图 9-13（a）所示。现要求沿着道路架设电线,从而使各村庄都能通上电,问如何架设才能使总线路长度最短？

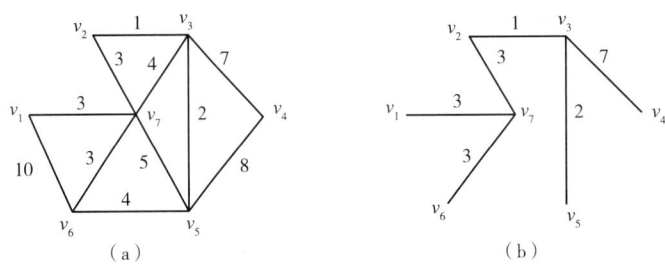

图 9-13

解：这是一个最小生成树问题,现用避圈法进行求解。

现将图 9-13（a）中的边按照权的大小顺序从小到大进行排列：

$e_1 = (v_2, v_3) = 1, e_2 = (v_3, v_5) = 2, e_3 = (v_1, v_7) = 3, e_4 = (v_2, v_7) = 3, e_5 = (v_6, v_7) = 3,$
$e_6 = (v_3, v_7) = 4, e_7 = (v_5, v_6) = 4, e_8 = (v_5, v_7) = 5, e_9 = (v_3, v_4) = 7, e_{10} = (v_4, v_5) = 8,$
$e_{11} = (v_1, v_6) = 10$。

容易发现,当 $E_T = \{e_1, e_2, e_3, e_4\}$ 时,此时若加一个最小权边 e_6 时,则与已选边 e_1, e_4 构成了一个圈,所以排除；若加入 e_7,同样与已选边 e_1, e_2, e_4, e_5 构成了一个圈,同样需要排除。继续检查,最终可以得到图 9-13（b）,即为图 9-13

(a) 的最小生成树，它的权为 19。

(2) 算法 2：破圈法。

破圈法即为定理 9-4 充分性的证明过程。此算法的步骤为：

第 1 步，在给定的赋权的连通图上任找一个圈。

第 2 步，在所找的圈中去掉一个权数最大的边（如果有两条或两条以上的边都是权数最大的边，则任意去掉其中一条）。

第 3 步，如果所余下的图已不包含圈，则计算结束，所余下的图即为最小生成树，否则返回第 1 步。

下面用破圈法来寻找图 9-14（a）中的最小树。我们任找一圈，这里不妨为由点 v_1，v_6，v_7 组成的圈，去掉一个权数最大的边 (v_1, v_6)，得到图 9-14（b）；再选择由点 v_3，v_4，v_5 组成的圈，去掉一个权数最大的边 (v_4, v_5)，得到图 9-14（c）；以此类推，最终可以得到图 9-14（f）。此处发现图 9-14（f）与图 9-13（b）是等同的，即得到的最小树是一样的。

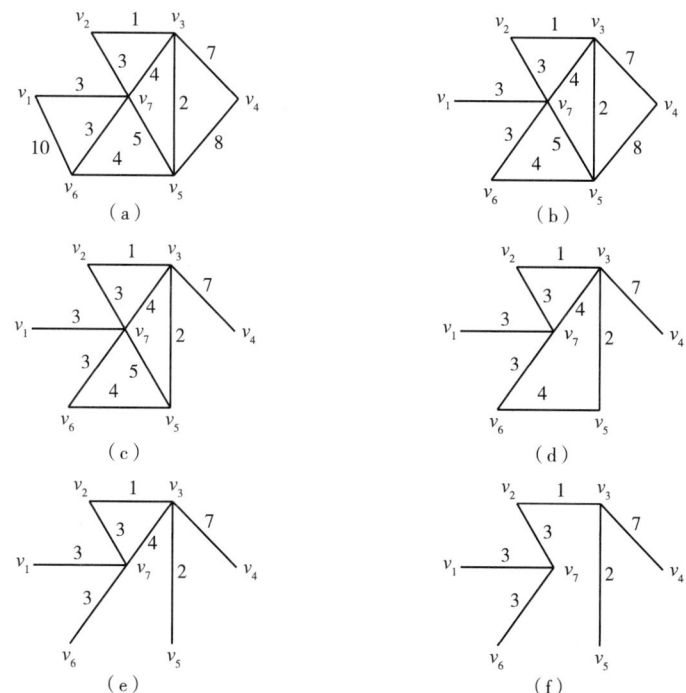

图 9-14

9.2.4 根树

在上述讨论中，我们研究的图都为无向图，相应的树为无向树。但在有些时候，树是有方向的，如企业管理中的领导与被领导关系、指挥与被指挥的关系等。

因此本节讨论有向树，有向树在经济管理中有着重要的应用。

【定义 9 – 15】 若一个有向图在不考虑边的方向时是一棵树，则称这个有向图为有向树。

【定义 9 – 16】 有向树 T，恰有一个点的入次为 0，其余各点的入次均为 1，则称 T 为根树（又称外向树）。

根树中入次为 0 的点称为根，出次为 0 的点称为叶，其他顶点称为分枝点。由根到某一顶点 v_i 的边的数目称为点 v_i 的层次。例如，在图 9 – 15 中，v_0 为根，点 v_3，v_4，v_5，v_8，v_9，v_{10} 为叶，其他点为分枝点。点 v_3 的层次为 2，点 v_{10} 的层次为 3。同时我们也发现根树有这样的性质：从根到任一顶点恰好有一条路。

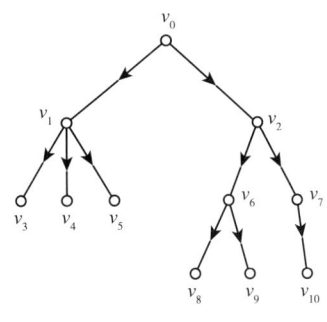

图 9 – 15

【定义 9 – 17】 在根树中，若每个顶点的出次小于或等于 m，称这棵树为 m 叉树。若每个顶点的出次恰好等于 m 或零，则称这棵树为完全 m 叉树。当 $m = 2$ 时，称为二叉树、完全二叉树。

可以看出，图 9 – 15 为三叉树。

9.3　最短路问题

最短路问题一般可以描述为：设 $G = (V, E)$ 为连通图，图中各边 (v_i, v_j) 有权为 w_{ij}（$w_{ij} = \infty$ 表示 v_i，v_j 之间无边），v_s，v_t 为图 G 中任意两点，求一条道路 μ，使它是从 v_s 到 v_t 的所有路中总权最小的路，即 $L(\mu) = \min \sum\limits_{(v_i, v_j) \in \mu} w_{ij}$。

最短路问题中的权可以为距离、时间、费用等。最短路问题是重要的最优化问题之一，它不仅可以直接应用于解决生产实际的许多问题，如管道铺设、线路安排、厂区布局、设备更新等，而且常被作为一种基本工具，用于解决其他优化问题。

最短路问题一般包括两种形式：一种是求图中某点到另一点的最短路，或是某点到其余各点的最短路，即有确定起点的最短路问题；另一种是求图中任意两点间的最短路，即无确定起点的最短路问题。对于这两种形式，我们分别介绍不同的算法来进行求解。

9.3.1 Dijkstra 算法

Dijkstra 算法是由荷兰学者 Dijkstra 于 1959 年提出的，可以用来求指定两点 v_s，v_t 之间的最短路，或者从指定点 v_s 到任意一点的最短路。这种算法适用于无负权网络最短路计算，其原理为：若序列 $\{v_s, v_1, \cdots, v_{n-1}, v_n\}$ 是从 v_s 到 v_n 的最短路，则序列 $\{v_s, v_1, \cdots, v_{n-1}\}$ 必然是从 v_s 到 v_{n-1} 的最短路。

Dijkstra 算法的基本思想是：从 v_s 出发，逐步地向外探寻最短路。在计算过程中，与每一个点对应，记录下一个数（称为这个点的标号），它或者表示从 v_s 到该点的最短路的权（P 标号），或者表示从 v_s 到该点的最短路的权的上界（T 标号），方法的每一步是去修改 T 标号，并把某一个具有 T 标号的点改变为具有 P 标号的点，这样，对于一个有 n 个顶点的图，至多经过 $(n-1)$ 步就可以求出从 v_s 到各点的最短路。这里的 P 标号表示永久性标号，而 T 标号表示试探性标号。

该算法步骤如下：

第 1 步，给初始点 v_s 以 P 标号，$P(v_s) = 0$，这表示从 v_s 到 v_s 的最短距离为 0，其余顶点均给 T 标号，$T(v_i) = +\infty \ (i = 2, 3, \cdots, n)$。

第 2 步，设点 v_i 为刚得到 P 标号的点，考虑这样的点 v_j：$(v_i, v_j) \in E$，且 v_j 为 T 标号。对 v_j 的 T 标号进行如下修改：$T(v_j) = \min[T(v_j), P(v_i) + w_{ij}]$。

第 3 步，比较所有具有 T 标号的顶点，把最小者改为 P 标号，即，$P(v_k) = \min[T(v_i)]$。当存在两个以上最小者时，可同时改为 P 标号。若全部点均为 P 标号，则停止，否则用 v_k 代替 v_i，返回第 2 步。

【例 9-3】用 Dijkstra 算法求图 9-16 从 v_1 到 v_6 的最短路。

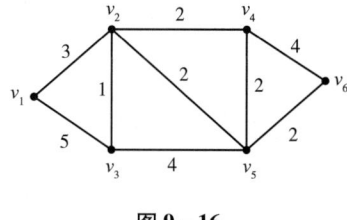

图 9-16

解：(1) 先给 v_1 以 P 标号，给其余顶点均以 T 标号，有：
$P(v_1) = 0, T(v_i) = +\infty \ (i = 2, 3, \cdots, 6)$。

（2）因为 v_1 是刚得到 P 标号的点，其相邻的点为 v_2，v_3，且此时 v_2，v_3 均为 T 标号，所以对 v_2，v_3 的 T 标号进行修改：

$T(v_2) = \min[T(v_2), P(v_1) + w_{12}] = \min[+\infty, 0+3] = 3$。

$T(v_3) = \min[T(v_3), P(v_1) + w_{13}] = \min[+\infty, 0+5] = 5$。

（3）比较此时所有具有 T 标号的顶点，发现 $T(v_2)$ 最小，因此点 v_2 的标号改为 P 标号，即 $P(v_2) = 3$。同时记录 $v_1 \to v_2$。

（4）此时 v_2 是刚得到 P 标号的点，其相邻且为 T 标号的点为 v_1，v_3，v_4，v_5，但只有 v_3，v_4，v_5 为 T 标号，因此只需对 v_3，v_4，v_5 的 T 标号进行修改：

$T(v_3) = \min[T(v_3), P(v_2) + w_{23}] = \min[5, 3+1] = 4$。

$T(v_4) = \min[T(v_4), P(v_2) + w_{24}] = \min[+\infty, 3+2] = 5$。

$T(v_5) = \min[T(v_5), P(v_2) + w_{25}] = \min[+\infty, 3+2] = 5$。

（5）比较此时所有具有 T 标号的顶点，发现 $T(v_3)$ 最小，因此点 v_3 的标号改为 P 标号，即 $P(v_3) = 4$。同时记录 $v_2 \to v_3$。

（6）类似地，$T(v_5) = \min[T(v_5), P(v_3) + l_{35}] = \min[5, 4+4] = 5$。

（7）由于此时 $T(v_4) = T(v_5) = 5$ 为所有具有 T 标号的顶点的最小值，故可以同时修改点 v_4，v_5 的标号为 P 标号，即 $P(v_4) = 5$，$P(v_5) = 5$，同时记录 $v_2 \to v_4$，$v_2 \to v_5$。

（8）与 v_4 相邻且为 T 标号的点只有 v_6，故：

$T(v_6) = \min[T(v_6), P(v_4) + l_{46}] = \min[+\infty, 5+4] = 9$。

（9）与 v_5 相邻且为 T 标号的点只有 v_6，故：

$T(v_6) = \min[T(v_6), P(v_5) + l_{56}] = \min[9, 5+2] = 7$。

（10）比较此时所有具有 T 标号的顶点，可以发现只有 v_6，故 $P(v_6) = 7$，同时记录 $v_5 \to v_6$。计算到此结束。

从上述计算可以看出，从 v_1 到 v_6 的最短路为 $P(v_6) = 7$。利用反向追踪，我们同时可以得到最短路径为：$v_1 \to v_2 \to v_5 \to v_6$。同时，经过上述计算，我们同时也可以得到从 v_1 到其余各点的最短路及最短路径，如图 9-17 所示，括号内数字为 v_1 到相应点的最短路，粗线为 v_1 到相应点的最短路径。

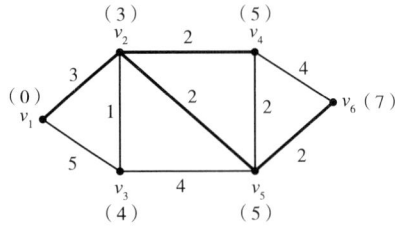

图 9-17

在有向图 $D=(V,A)$ 中求最短路，其本质与在无向图中求最短路是一致的，只是需要注意弧的方向，确保弧 $(v_i,v_j)\in A$。

【例 9-4】用 Dijkstra 算法求图 9-18 从 v_1 到 v_8 的最短路。

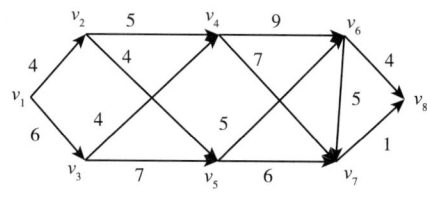

图 9-18

解：（1）先给点 v_1 以 P 标号，给其余顶点均以 T 标号，有：
$P(v_1)=0, T(v_i)=+\infty\ (i=2,3,\cdots,8)$。

(2) $T(v_2)=\min[T(v_2),P(v_1)+l_{12}]=\min[+\infty,0+4]=4$；
$T(v_3)=\min[T(v_3),P(v_1)+l_{13}]=\min[+\infty,0+6]=6$。

(3) 比较所有 T 标号，$T(v_2)$ 最小，令 $P(v_2)=4$，记录 $v_1\to v_2$。

(4) $T(v4)=\min[T(v_4),P(v_2)+l_{24}]=\min[+\infty,4+5]=9$；
$T(v_5)=\min[T(v_5),P(v_2)+l_{25}]=\min[+\infty,4+4]=8$。

(5) 比较所有 T 标号，$T(v_3)$ 最小，令 $P(v_3)=6$，记录 $v_1\to v_3$。

(6) $T(v_4)=\min[T(v_4),P(v_3)+l_{34}]=\min[9,4+6]=9$；
$T(v_5)=\min[T(v_5),P(v_3)+l_{35}]=\min[8,6+7]=8$。

(7) 比较所有 T 标号，$T(v_5)$ 最小，令 $P(v_5)=8$，记录 $v_2\to v_5$。

(8) $T(v_6)=\min[T(v_6),P(v_5)+l_{56}]=\min[+\infty,8+5]=13$；
$T(v_7)=\min[T(v_7),P(v_5)+l_{57}]=\min[+\infty,8+6]=14$。

(9) 比较所有 T 标号，$T(v_4)$ 最小，令 $P(v_4)=9$，记录 $v_2\to v_4$。

(10) $T(v_6)=\min[T(v_6),P(v_4)+l_{46}]=\min[13,9+9]=13$；
$T(v_7)=\min[T(v_7),P(v_4)+l_{47}]=\min[14,9+7]=14$。

(11) 比较所有 T 标号，$T(v_6)$ 最小，令 $P(v_6)=13$，记录 $v_5\to v_6$。

(12) $T(v_7)=\min[T(v_6),P(v_6)+l_{67}]=\min[14,13+5]=14$；
$T(v_8)=\min[T(v_8),P(v_6)+l_{68}]=\min[+\infty,13+4]=17$。

(13) 比较所有 T 标号，$T(v_7)$ 最小，令 $P(v_7)=14$，记录 $v_5\to v_7$。

(14) $T(v_8)=\min[T(v_8),P(v_7)+l_{78}]=\min[17,14+1]=15$。

(15) 因为只有一个 T 标号 $T(v_8)$ 最小，令 $P(v_8)=15$，记录 $v_7\to v_8$，计算到此结束。

从上述计算可以看出，v_1 到 v_8 的最短路为 $P(v_8)=15$。利用反向追踪，可以得

到 v_1 到 v_8 的最短路径为：$v_1 \to v_2 \to v_5 \to v_7 \to v_8$。类似地，经过上述计算，我们同时也可以得到从 v_1 到其余各点的最短路及最短路径，如图 9-19 所示，括号内数字为 v_1 到相应点的最短路，粗线为 v_1 到相应点的最短路径。

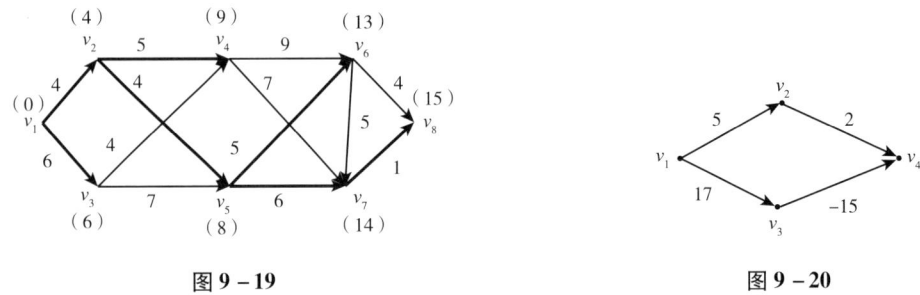

图 9-19　　　　　　　　　　　　　图 9-20

如前所述，Dijkstra 算法只适用于无负权的最短路计算中，若某边上的权为负，则该算法失效。一个简单的例子见图 9-20，我们计算从到 v_1 到 v_4 的最短距离，若按照 Dijkstra 算法计算，则得到 $P(v_4)=7$，最短路径为 $v_1 \to v_2 \to v_4$，这显然是错误的，事实上最短路径应该为 $v_1 \to v_3 \to v_4$，此时最短距离只有 2。

9.3.2　含负权的最短路问题

下面介绍在赋权有向图 D 中存在具有负权的弧时，求最短路的方法。

设点 v_i 到点 v_j 有一条弧，权为 w_{ij}；若没有直接相连弧，则 $w_{ij}=\infty$。根据最优化原理，若从 v_s 到 v_j 的最短路是从 v_s 出发，沿着一条路到某点 v_i，再沿 (v_i, v_j) 到 v_j，则由 v_s 到 v_i 的这条路必定是从 v_s 到 v_i 的最短路。所以 $d(v_s, v_j)$ 必满足 $d(v_s, v_j) = \min_i \{d(v_s, v_i) + w_{ij}\}$。

这里设 $d^{(t)}(v_s, v_j)$ 表示第 t 步由点 v_s 到 v_j 的临时最短距离，我们可以采取如下递推算法进行求解：

（1）令 $d^{(1)}(v_s, v_j) = w_{sj} (j=1, 2, \cdots, n)$。

（2）对 $t=2, 3, \cdots$，分别有：
$d^{(t)}(v_s, v_j) = \min_i \{d^{(t-1)}(v_s, v_i) + w_{ij}, d^{(t-1)}(v_s, v_j)\} (i, j=1, 2, \cdots, n)$。

若进行到某一步，例如，当第 k 步时，对所有 $j=1, 2, \cdots, n$，有：$d^{(k)}(v_s, v_j) = d^{(k-1)}(v_s, v_j)$，则 $\{d^{(k)}(v_s, v_j)\}$ 即为 v_s 到各点的最短路的权。如果要获得路径，也可采用与 Dijkstra 算法类似的方法。

【例 9-5】求图 9-21 中 v_1 至各点的最短路。

解：首先进行第一步：

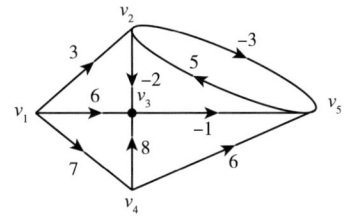

图 9 – 21

$d^{(1)}(v_1,v_1)=0, d^{(1)}(v_1,v_2)=3, d^{(1)}(v_1,v_3)=6, d^{(1)}(v_1,v_4)=7, d^{(1)}(v_1,v_5)=\infty$。

进行第二步迭代：

$d^{(2)}(v_1,v_1)=0, d^{(2)}(v_1,v_2)=3$；

$d^{(2)}(v_1,v_3)=\min\{d^{(1)}(v_1,v_3), d^{(1)}(v_1,v_2)+w_{23}, d^{(1)}(v_1,v_4)+w_{43}\}=\min\{6,3+(-2),7+8\}=1$；

$d^{(2)}(v_1,v_4)=7, d^{(2)}(v_1,v_5)=\min\{d^{(1)}(v_1,v_5), d^{(1)}(v_1,v_2)+w_{25}\}=\min\{\infty,3+(-3)\}=0$。

进行第三步迭代：

$d^{(3)}(v_1,v_1)=0, d^{(3)}(v_1,v_2)=3, d^{(3)}(v_1,v_3)=1, d^{(3)}(v_1,v_4)=7, d^{(3)}(v_1,v_5)=0$。

此时有 $d^{(2)}(v_1,v_j)=d^{(3)}(v_1,v_j)$，故 v_1 到 v_1、v_2、v_3、v_4、v_5 的最短路的长度分别是 0、3、1、7、0。

9.3.3 Floyd 算法

在现实问题中，我们有时需要求出任意两点之间的最短路，而 Dijkstra 算法是计算从某一起点到另一点的最短路。如果每次都改变起点，则较为繁琐。Floyd 算法则能直接求出网络中任意两点之间的最短路。

在一个网络中，假设 w_{ij} 为点 v_i 到 v_j 的距离，令网络中的权矩阵为 $D=(d_{ij})_{n\times n}$，其中：

$$d_{ij}=\begin{cases} w_{ij} & (v_i, v_j)\in E \\ \infty & 其他。\end{cases}$$

Floyd 算法的步骤为：

(1) 输入权矩阵 $D^{(0)}=D$。

(2) 计算 $D^{(k)}=(d_{ij}^{(k)})_{n\times n}$ $(k=1, 2, 3, \cdots, n)$，$d_{ij}^{(k)}=\min[d_{ij}^{(k-1)}, d_{ik}^{(k-1)}+d_{kj}^{(k-1)}]$。

(3) $D^{(n)}=(d_{ij}^{(n)})_{n\times n}$，这里 $d_{ij}^{(n)}$ 就是点 v_i 到点 v_j 的最短路。

其中 $d_{ij}^{(k)}$ 表示点 v_i 到点 v_j 的最短路，其最多经过中间点 v_1，v_2，$\cdots$，v_k。因为网络中最多有 n 个点，所以 $d_{ij}^{(n)}$ 就是点 v_i 到点 v_j 的最短路。

【例 9-6】 求解图 9-22 中任意两点之间的最短路。

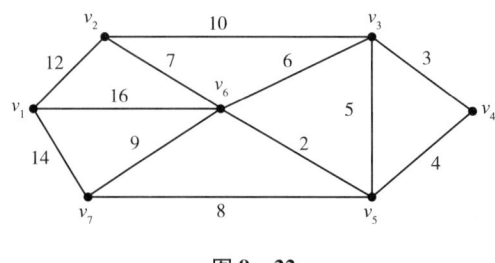

图 9-22

解：由图 9-22 可得：

$$D^{(0)} = D = \begin{array}{c} \\ v_1 \\ v_2 \\ v_3 \\ v_4 \\ v_5 \\ v_6 \\ v_7 \end{array} \begin{array}{c} v_1 \quad v_2 \quad v_3 \quad v_4 \quad v_5 \quad v_6 \quad v_7 \\ \begin{bmatrix} 0 & 12 & \infty & \infty & \infty & 16 & 14 \\ 12 & 0 & 10 & \infty & \infty & 7 & \infty \\ \infty & 10 & 0 & 3 & 5 & 6 & \infty \\ \infty & \infty & 3 & 0 & 4 & \infty & \infty \\ \infty & \infty & 5 & 4 & 0 & 2 & 8 \\ 16 & 7 & 6 & \infty & 2 & 0 & 9 \\ 14 & \infty & \infty & \infty & 8 & 9 & 0 \end{bmatrix} \end{array}, D^{(1)} = D^{(0)}$$

以 v_1 为中间点，得到 $D^{(2)} = \begin{bmatrix} 0 & 12 & \infty & \infty & \infty & 16 & 14 \\ 12 & 0 & 10 & \infty & \infty & 7 & \boxed{26} \\ \infty & 10 & 0 & 3 & 5 & 6 & \infty \\ \infty & \infty & 3 & 0 & 4 & \infty & \infty \\ \infty & \infty & 5 & 4 & 0 & 2 & 8 \\ 16 & 7 & 6 & \infty & 2 & 0 & 9 \\ 14 & \boxed{26} & \infty & \infty & 8 & 9 & 0 \end{bmatrix}$。其中方框内数字为更新数值。

以 v_1, v_2 为中间点，得到 $D^{(3)} = \begin{bmatrix} 0 & 12 & \boxed{22} & \infty & \infty & 16 & 14 \\ 12 & 0 & 10 & \infty & \infty & 7 & 26 \\ \boxed{22} & 10 & 0 & 3 & 5 & 6 & \boxed{36} \\ \infty & \infty & 3 & 0 & 4 & \infty & \infty \\ \infty & \infty & 5 & 4 & 0 & 2 & 8 \\ 16 & 7 & 6 & \infty & 2 & 0 & 9 \\ 14 & 26 & \boxed{36} & \infty & 8 & 9 & 0 \end{bmatrix}$。以此类

推，可以得到：

$$D^{(4)} = \begin{bmatrix} 0 & 12 & 22 & \boxed{25} & \boxed{27} & 16 & 14 \\ 12 & 0 & 10 & \boxed{13} & \boxed{15} & 7 & 26 \\ 22 & 10 & 0 & 3 & 5 & 6 & 36 \\ \boxed{25} & \boxed{13} & 3 & 0 & 4 & \boxed{9} & \boxed{39} \\ \boxed{27} & \boxed{15} & 5 & 4 & 0 & 2 & 8 \\ 16 & 7 & 6 & \boxed{9} & 2 & 0 & 9 \\ 14 & 26 & 36 & \boxed{39} & 8 & 9 & 0 \end{bmatrix},$$

$$D^{(5)} = \begin{bmatrix} 0 & 12 & 22 & 25 & 27 & 16 & 14 \\ 12 & 0 & 10 & 13 & 15 & 7 & 26 \\ 22 & 10 & 0 & 3 & 5 & 6 & 36 \\ 25 & 13 & 3 & 0 & 4 & 9 & 39 \\ 27 & 15 & 5 & 4 & 0 & 2 & 8 \\ 16 & 7 & 6 & 9 & 2 & 0 & 9 \\ 14 & 26 & 36 & 39 & 8 & 9 & 0 \end{bmatrix}$$

$$D^{(6)} = \begin{bmatrix} 0 & 12 & 22 & 25 & 27 & 16 & 14 \\ 12 & 0 & 10 & 13 & 15 & 7 & \boxed{23} \\ 22 & 10 & 0 & 3 & 5 & 6 & \boxed{13} \\ 25 & 13 & 3 & 0 & 4 & \boxed{6} & \boxed{12} \\ 27 & 15 & 5 & 4 & 0 & 2 & 8 \\ 16 & 7 & 6 & \boxed{6} & 2 & 0 & 9 \\ 14 & \boxed{23} & \boxed{13} & \boxed{12} & 8 & 9 & 0 \end{bmatrix},$$

$$D^{(7)} = \begin{bmatrix} 0 & 12 & 22 & \boxed{22} & \boxed{18} & 16 & 14 \\ 12 & 0 & 10 & 13 & \boxed{9} & 7 & \boxed{16} \\ 22 & 10 & 0 & 3 & 5 & 6 & 13 \\ \boxed{22} & 13 & 3 & 0 & 4 & 6 & 12 \\ \boxed{18} & \boxed{9} & 5 & 4 & 0 & 2 & 8 \\ 16 & 7 & 6 & 6 & 2 & 0 & 9 \\ 14 & \boxed{16} & 13 & 12 & 8 & 9 & 0 \end{bmatrix}$$

由于 $d_{ij}^{(7)}$ 表示从点 v_i 到点 v_j 最多经过中间点 v_1，v_2，…，v_7 时的所有路中最短路，故 $D^{(7)}$ 给出了任意两点间的最短路。

如果希望计算结果同时给出最短路径，则需要在运算过程中保留下标信息，即在每次更新数值时记下 $d_{ij} = d_{ik} + d_{kj}$ 等。例如，$d_{27}^{(2)} = 26$ 是由 $d_{21}^{(1)} + d_{17}^{(1)} = 12 + 14 = 26$ 得到的，故 $d_{27}^{(2)}$ 可以写为 26_{217}；$d_{13}^{(3)} = 22$ 是由 $d_{12}^{(1)} + d_{23}^{(1)} = 12 + 10 = 22$ 得到的，故 $d_{13}^{(3)}$ 可以写为 22_{123}。由此我们可以重新改写 $D^{(7)}$。

$$D^{(7)} = \begin{bmatrix} 0 & 12_{12} & 22_{123} & 22_{1654} & 18_{165} & 16_{16} & 14_{17} \\ 12_{21} & 0 & 10_{23} & 13_{234} & 9_{265} & 7_{26} & 16_{267} \\ 22_{321} & 10_{32} & 0 & 3_{34} & 5_{35} & 6_{36} & 13_{357} \\ 22_{4561} & 13_{432} & 3_{43} & 0 & 4_{45} & 6_{456} & 12_{457} \\ 18_{561} & 9_{562} & 5_{53} & 4_{54} & 0 & 2_{56} & 8_{57} \\ 16_{61} & 7_{62} & 6_{63} & 6_{654} & 2_{65} & 0 & 9_{67} \\ 14_{71} & 16_{762} & 13_{753} & 12_{754} & 8_{75} & 9_{76} & 0 \end{bmatrix}。$$

9.4 最大流问题

最大流问题是一类应用极为广泛的问题，如交通运输系统中的车辆流、物流，城市给排水系统的水流，金融系统中的资金流，通信系统中的信息流等问题。最大流问题对于解决生产实际问题起着十分重要的作用。

9.4.1 最大流问题的有关概念

我们假设图 9-23 为一输油管道网，其中 v_s 为起点，v_t 为终点，v_1，v_2，v_3，v_4，v_5 为中转站，每条边上括号内的第一个数字表示该管道的最大输油能力，第二个数

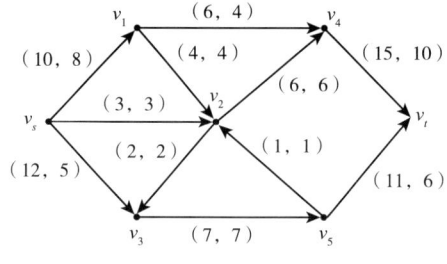

图 9-23

字表示该管道的目前实际输油量。显然目前的输油管道未能发挥其最大输油能力，那么应该如何调整才能使从 v_s 到 v_t 的总输油能力最大？如果每条边都按照实际最大输油能力来输油，显然这样是行不通的。

管道网络中每条边的最大通过能力即容量是有限的，实际流量与最大通过能力不一定相等，这类问题就需要讨论如何充分利用现有的装置设备能力，使实际通过流量最大，这类问题通常称为最大流问题。

【定义 9–18】 设一个赋权有向图 $D = (V, A)$，对于 D 上的每一个弧 $(v_i, v_j) \in A$，都有一个非负数 c_{ij} 称为弧的容量；仅有一个入次为 0 的点 v_s 称为发点（源），仅有一个出次为 0 的点 v_t 称为收点（汇），其余点为中间点。我们把这样的图 D 称为网络，常记作 $D = (V, A, C)$。

对于 D 中任一弧 (v_i, v_j) 有流量 f_{ij}，则称集合 $f = \{f_{ij}\}$ 为网络 D 中的一个流。图 9–23 中，给出了每一个弧的容量及弧上的流量，如从 v_1 到 v_4 这条弧，容量 $c_{14} = 6$，流量 $f_{14} = 4$，每条弧的流量就构成了此时该网络的一个流。

一个流 f 为可行流，需要满足两个条件：

（1）容量限制条件：对于网络 D 的每一个弧 $(v_i, v_j) \in A$，都有 $0 \leq f_{ij} \leq c_{ij}$；

（2）平衡条件：对于发点 v_s 和收点 v_t，有 $\sum_{(v_s, v_i) \in A} f_{si} = \sum_{(v_j, v_t) \in A} f_{jt} = W$，这里 W 为网络流的总流量，即发点的总流出量和收点的总流入量必相等；对于中间点，有 $\sum_{(v_i, v_j) \in A} f_{ij} - \sum_{(v_j, v_i) \in A} f_{ji} = 0$，即对于中间点来说，流入量与流出量相等。

可行流总是存在的，例如，$f = \{0\}$ 就是一个流量为 0 的可行流。网络中最大流问题就是在给定的容量网络上寻求一个可行流 f，使其流量最大。最大流问题事实上是一个线性规划问题，但利用图的方法能够更加简便地计算求解，因此这里用图的方法来分析。

设 $f = \{f_{ij}\}$ 是网络 D 上的一个可行流。当 $f_{ij} = c_{ij}$ 时，称弧 (v_i, v_j) 为饱和弧；当 $f_{ij} < c_{ij}$ 时，称弧 (v_i, v_j) 为非饱和弧。当 $f_{ij} > 0$ 时，称弧 (v_i, v_j) 为非零流弧；当 $f_{ij} = 0$ 时，称弧 (v_i, v_j) 为零流弧。

例如，在图 9–23 中，弧 (v_s, v_1) 为非饱和弧，也为非零流弧；弧 (v_3, v_5) 为饱和弧，也是非零流弧。

设 μ 为网络 D 中连接发点 v_s 和收点 v_t 的一条链。我们定义链的方向为从 v_s 到 v_t，于是链 μ 上的弧就被分为两类：一类是弧的方向与链的方向相同，称为前向弧，前向弧的集合记为 μ^+；另一类是弧的方向与链的方向相反，称为后向弧，后向弧的集合记为 μ^-。

例如，在图 9–23 中，设 $\mu = \{v_s, (v_s, v_3), v_3, (v_2, v_3), v_2, (v_5, v_2), v_5, (v_5, v_t),$

v_t}，则 $\mu^+ = \{(v_s, v_3), (v_5, v_t)\}$，$\mu^- = \{(v_2, v_3), (v_5, v_2)\}$。

9.4.2 最大流—最小割定理

【定义9-19】在容量网络 $D = (V, A, C)$ 中，v_s 为发点，v_t 为收点。点集 V 被分成两个集合 S 和 $\bar{S}$，满足 $S \cup \bar{S} = V$，$S \cap \bar{S} = \emptyset$，且 $v_s \in S$，$v_t \in \bar{S}$。若有弧集 A' 为 A 的子集，即 $A' \subseteq A$，满足 $D(V, A - A')$ 不连通，$D(V, A - A'')$ 连通，则称弧集 A' 为 D 的割集，记作 $A' = (S, \bar{S})$。这里 A'' 是 A' 的真子集。

割集 $(S, \bar{S})$ 中所有起点在 S 而终点在 $\bar{S}$ 的弧的容量之和，称为 $(S, \bar{S})$ 的割集容量，记作 $C(S, \bar{S})$。显然，对一个网络而言，其割集不止一个，相应地，割集容量也不同，我们把割集容量最小者称为网络 D 的最小割集容量，简称最小割。

在图9-23中，选择 $S_1 = \{v_s\}$，$\bar{S}_1 = \{v_1, v_2, v_3, v_4, v_5, v_t\}$，则弧集 $\{(v_s, v_1), (v_s, v_2), (v_s, v_3)\}$ 为网络 D 的割集，此时割集容量为 $10 + 3 + 12 = 25$；若选择 $S_2 = \{v_s, v_3\}$，$\bar{S}_2 = \{v_1, v_2, v_4, v_5, v_t\}$，则弧集 $\{(v_s, v_1), (v_s, v_2), (v_3, v_5)\}$ 也是网络 D 的割集，此时割集容量为 $10 + 3 + 7 = 20$。

由割集的定义可知，割集是从 v_s 到 v_t 的必经之路，无论去掉哪个割集，从 v_s 到 v_t 就不存在路了，因此任何一个可行流的流量不会超过任何一个割集的容量。

【定理9-5】设 $f = \{f_{ij}\}$ 是网络 D 上的任一可行流，流量为 W；$(S, \bar{S})$ 是网络 D 的任一割集，则有 $W \leq C(S, \bar{S})$。

从定理9-5可知，若能找到一个可行流和一个割集，使可行流的流量等于这个割集的容量，则该可行流一定是最大流，该割集一定是最小割集。因此我们容易得到如下定理：

【定理9-6】（最大流—最小割定理）：任一网络中，从 v_s 到 v_t 的最大流的流量等于分割 v_s、v_t 的最小割集的容量。

最大流—最小割定理表明，如果网络 D 的一个可行流 f^* 和网络 D 的一个割集 $(S^*, \bar{S}^*)$，若满足 $f^* = C(S^*, \bar{S}^*)$，则 f^* 一定是网络 D 上的最大流，而 $(S^*, \bar{S}^*)$ 一定是 D 上的最小割。

【定义9-20】设 μ 为网络 D 中连接发点 v_s 和收点 v_t 的一条链，f 为网络 D 上的一个可行流，若满足：

$$\begin{cases} 0 \leq f_{ij} < c_{ij} & (v_i, v_j) \in \mu^+ \\ 0 < f_{ij} \leq c_{ij} & (v_i, v_j) \in \mu^-, \end{cases}$$

则称 μ 为从 v_s 到 v_t 的（关于 f 的）一条可增广链。

在图9-23中，$\mu = \{v_s, (v_s, v_3), v_3, (v_2, v_3), v_2, (v_5, v_2), v_5, (v_5, v_t), v_t\}$ 就是一条

可增广链；$\mu = \{v_s, (v_s, v_3), v_3, (v_2, v_3), v_2, (v_1, v_2), v_1, (v_1, v_4), v_4, (v_4, v_t), v_t\}$ 也是一条可增广链。显然对于一个网络图中，可增广链可能不止一条。

根据可增广链的定义可知，可增广链上的每一个前向弧都是非饱和弧，每一个后向弧都是非零流弧，说明沿着这条链从 v_s 到 v_t 输送的流，仍有增大的空间，需要进行调整从而提高流量。我们可以得到如下推论：

推论：可行流 f 是最大流的充要条件是不存在从 v_s 到 v_t 的（关于 f 的）可增广链。

如果网络 D 中有一个可行流 f，只要判断网络是否存在关于可行流 f 的可增广链。如果没有增广链，那么 f 一定是最大流。如果有增广链，那么可以不断改进和增大可行流 f 的流量，最终可以得到网络中的一个最大流。

9.4.3 求最大流的标号法

从一个可行流 f 出发（若网络中预先没有给定 f，则可以设 f 是零流），标号算法经过标号过程与调整过程。标号过程是来寻找可增广链的，调整过程是沿着可增广链调整可行流以增加流量的。

（1）标号过程。

在这个过程中，网络中的点或者是标号点，或者是未标号点。每个标号点的标号包含两个部分：第一个标号表明它的标号是从哪一点得到的，以便找出增广链；第二个标号是为确定增广链的调整量 δ 用的。

第 1 步，给发点 v_s 标号（0，$+\infty$）。

第 2 步，取一个已标号的点 v_i，对于 v_i 一切未标号的邻接点 v_j 按下列规则处理：
① 若弧 $(v_i, v_j) \in A$ 且 $f_{ij} < c_{ij}$，那么给 v_j 标号（$+v_i$，δ_j），其中 $\delta_j = \min(c_{ij} - f_{ij}, \delta_i)$。
② 若弧 $(v_j, v_i) \in A$ 且 $f_{ji} > 0$，那么给 v_j 标号（$-v_i$，δ_j），其中 $\delta_j = \min(f_{ji}, \delta_i)$。

第 3 步，重复第 2 步，直到 v_t 被标号或标号过程无法进行下去，则标号结束。若 v_t 被标号，则存在一条增广链，转入调整过程；若 v_t 未被标号，而标号过程无法进行下去，这时的可行流就是最大流。

（2）调整过程。

在标号过程中确定了可增广链 μ 及收点 v_t 的调整量 δ_t，按照如下步骤进行：

第 1 步，令 $f'_{ij} = \begin{cases} f_{ij} + \delta_t & (v_i, v_j) \in \mu^+ \\ f_{ij} - \delta_t & (v_i, v_j) \in \mu^- \\ f_{ij} & (v_i, v_j) \notin \mu \end{cases}$

第 2 步，去掉所有标号，回到第 1 步，对可行流 f' 重新标号。

【例 9-7】图 9-24 表明一个网络及初始可行流，每弧旁的数字表示 (c_{ij}, f_{ij})，用标号法求这个网络的最大流。

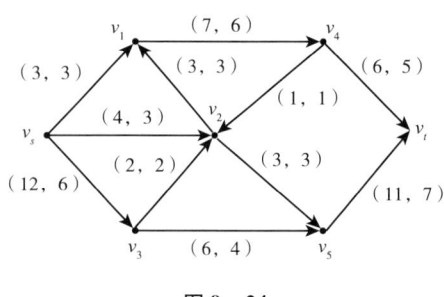

图 9-24

解：首先给发点 v_s 标号 $(0, +\infty)$。

与发点 v_s 相邻的点有 v_1，v_2，v_3。此时弧 (v_s, v_1) 为前向弧，但为饱和弧，无流量增大的可能性，故不予考虑；弧 (v_s, v_2) 和弧 (v_s, v_3) 为前向弧且均为非饱和弧，有流量增大的可能性，故予以考虑，可以分别给 v_2 标号 $(+v_s, \min(c_{s2} - f_{s2}, \delta_s)) = (+v_s, \min(4-3, +\infty)) = (+v_s, 1)$，给 v_3 标号 $(+v_s, \min(c_{s3} - f_{s3}, \delta_s)) = (+v_s, \min(12-6, +\infty)) = (+v_s, 6)$。

此时 v_2 和 v_3 都是新得到标号的点，检查与其相邻的顶点。由于过程类似，且我们在判断网络中是否存在可增广链是以 v_t 是否得到标号为依据的，因此在标号过程中我们不必对其相邻的顶点都一一进行判断标号，只需要对其中一个相邻顶点进行标号处理即可。如果对该顶点无法进行标号，则可以对另一个顶点进行标号处理，如此进行下去，这样能够简化部分标号过程。例如，在发点 v_s 得到标号后，弧 (v_s, v_2) 和弧 (v_s, v_3) 为前向弧且均为非饱和弧，我们只需要对 v_3 进行标号处理即可。

与 v_3 相邻的顶点有 v_2 和 v_5。由于弧 (v_3, v_2) 是前向弧且为饱和弧，无流量增大的可能性，故不予考虑。弧 (v_3, v_5) 为前向弧且均为非饱和弧，有流量增大的可能性，故给 v_5 标号 $(+v_3, \min(c_{35} - f_{35}, \delta_3)) = (+v_3, \min(6-4, 6)) = (+v_3, 2)$。

与 v_5 相邻的顶点有 v_2 和 v_t。由于弧 (v_5, v_2) 是后向弧且为非零流弧，有流量增大的可能性，故可以考虑。弧 (v_5, v_t) 为前向弧且均为非饱和弧，有流量增大的可能性，故可以考虑。这里我们考虑弧 (v_5, v_t)。故给 v_t 标号 $(+v_5, \min(c_{5t} - f_{5t}, \delta_5)) = (+v_5, \min(11-7, 2)) = (+v_5, 2)$。

由于此时 v_t 得到标号，说明存在可增广链，故标号过程结束，此时可增广链为 $v_s \to v_3 \to v_5 \to v_t$，如图 9-25 所示。

现转入调整过程。由标号过程可知，调整量 $\delta_t = 2$，从 v_t 开始，由逆可增广链方

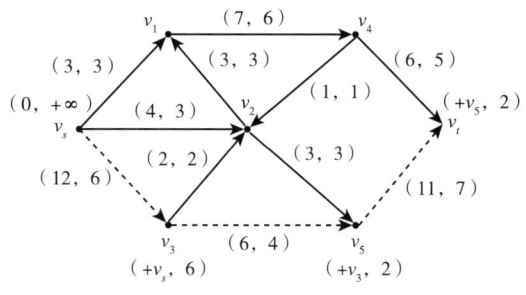

图 9–25

向按照标号（$+v_5$，2）找到点 v_5，令 $f'_{5t} = f_{5t} + \delta_t = 7 + 2 = 9$；类似地，由点 v_5 标号（$+v_3$，2），找到点 v_3，令 $f'_{35} = f_{35} + \delta_t = 4 + 2 = 6$；由点 v_3 标号（$+v_s$，6），令 $f'_{s3} = f_{s3} + \delta_t = 6 + 2 = 8$。

调整过程结束，调整后的图形如图 9–26 所示。

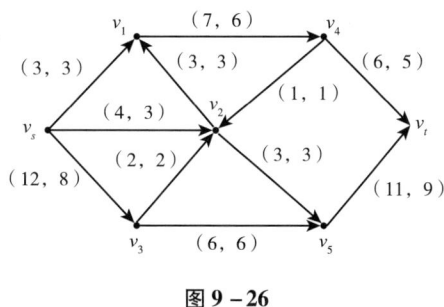

图 9–26

重新在图 9–26 中开始标号过程，寻找可增广链。首先给发点 v_s 标号（0，$+\infty$）。

同样我们选择 v_s 相邻的顶点 v_3，给 v_3 标号（$+v_s$，4）。此时与 v_3 相邻的顶点为 v_2，v_5，但此时弧（v_3，v_2），（v_3，v_5）均为前向弧且为饱和弧，无流量增大的可能性，不予考虑，此时从点 v_3 标号无法进行下去。

此时我们选择 v_s 相邻的顶点 v_2 进行标号，对 v_2 标号（$+v_s$，1）。与 v_2 相邻的顶点有 v_1，v_4，v_5，但发现弧（v_2，v_1），（v_2，v_5）均为前向弧且为饱和弧，故只能考虑弧（v_4，v_2），弧（v_4，v_2）为后向弧且为非零流弧，有流量增大的可能性，故对 v_4 标号（$-v_2$，$\min(f_{42}, \delta_2)$）=（$-v_2$，$\min(1,1)$）=（$-v_2$，1）。类似地，可以对 v_t 标号（$+v_4$，1）。

由于此时 v_t 得到标号，说明存在可增广链，故标号过程结束，此时可增广链为 $v_s \to v_2 \to v_4 \to v_t$，如图 9–27 所示。

现转入调整过程。由标号过程可知，调整量 $\delta_t = 1$，从 v_t 开始，由逆可增广链方向按照标号（$+v_4$，1）找到点 v_4，令 $f'_{4t} = f_{4t} + \delta_t = 5 + 1 = 6$；由点 v_4 标号（$-v_2$，

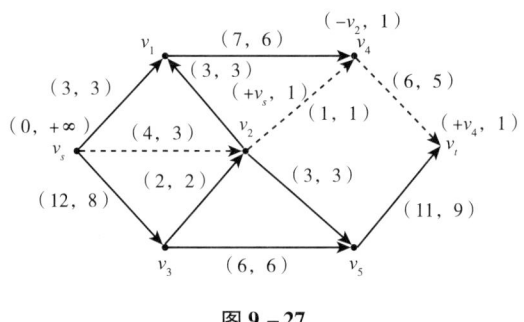

图 9-27

1），找到点 v_2，令 $f'_{42} = f_{42} - \delta_t = 1 - 1 = 0$；由点 v_2 标号（$+v_s$, 1），令 $f'_{s2} = f_{s2} + \delta_5 = 3 + 1 = 4$。

调整过程结束，调整后的图形如图 9-28 所示。

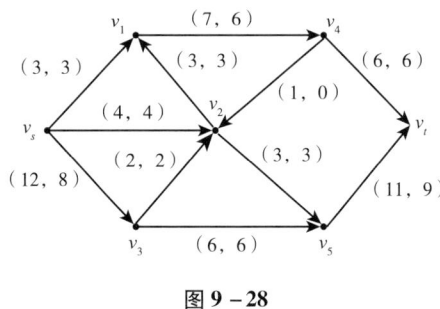

图 9-28

重新在图 9-28 中开始标号过程，寻找可增广链。发现标到点 v_3 为（$+v_s$, 4）后，标号过程再也无法进行下去，而此时 v_t 并未得到标号，说明网络中已不存在可增广链，此时可行流已是最大流，如图 9-29 所示。

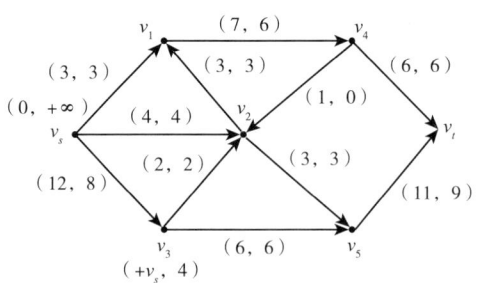

图 9-29

此时最大流 $W = f_{s1} + f_{s2} + f_{s3} = f_{4t} + f_{5t} = 15$。

用标号法在得到最大流的同时，我们也可以得到一个最小割集。令此时所有得到标号的点的集合为 S，未得到标号的点的集合为 $\bar{S}$，即 $S = \{v_s, v_3\}$，$\bar{S} = \{v_1, v_2,$

v_4,v_5,v_t},此时割集为 $(S,\bar{S}) = \{(v_s,v_1),(v_s,v_2),(v_3,v_2),(v_3,v_5)\}$,最小割集容量 $C(S,\bar{S}) = c_{s1} + c_{s2} + c_{32} + c_{35} = 15$。

从前面也可以看出最小割集的意义:最小割集中各弧的容量总和决定了网络的通过能力,为了提高网络的通过能力,就必须增大最小割集中弧的容量。

针对多发点、多收点的网络最大流问题,可以虚设一个公共发点 v_s 和一个公共收点 v_t,用容量足够大的弧分别连接 v_s 与各实际发点、v_t 与各实际收点,这样即可转换为单收点、单发点的最大流问题,利用上述标号法即可求解。

9.5 最小费用流问题

在实际的网络系统中,当涉及有关流的问题时,我们往往不仅考虑的是流量,还经常要考虑费用的问题。例如,一个铁路系统的运输网络流,既要考虑网络流的货运量最大,又要考虑总费用最小。最小费用流问题就是要解决这一类问题。

最小费用流问题一般可以描述为:已知容量网络 $D = (V, A, C)$ 中,v_s 为发点,v_t 为收点,每条弧 (v_i, v_j) 上除了有容量 c_{ij} 限制外,还有单位流量的费用 $d_{ij}(d_{ij} \geq 0)$,此时把网络 D 记作 $D = (V, A, C, d)$。现在需要求 D 的一个可行流 $f = \{f_{ij}\}$,使流量 $W(f) = v$ 时总费用最小,即 $d(f) = \min \sum_{(v_i,v_j) \in A} d_{ij} f_{ij}$。

特别地,当要求 f 为最大流时,此问题即为最小费用最大流问题。

我们首先考察,在一个网络 D 中,当沿着可行流 f 的一条可增广链 μ,以调整量 $\delta = 1$ 进行改进可行流 f 时,得到新的可行流 f' 的流量 $v(f') = v(f) + 1$,此时总费用 $d(f')$ 比 $d(f)$ 增加了:

$$d(\mu) = d(f') - d(f) = \left[\sum_{\mu^+} d_{ij}(f'_{ij} - f_{ij}) - \sum_{\mu^-} d_{ij}(f'_{ij} - f_{ij}) \right] = \sum_{\mu^+} d_{ij} - \sum_{\mu^-} d_{ij}。$$

我们把 $d(\mu)$ 称为这条可增广链 μ 的费用。例如,在如图9-30所示的可增广链中,$\mu^+ = \{(v_s,v_1),(v_2,v_3),(v_5,v_t)\}$,$\mu^- = \{(v_2,v_1),(v_4,v_3),(v_5,v_4)\}$,$d(\mu) = (4+5+7) - (6+2+3) = 5$。

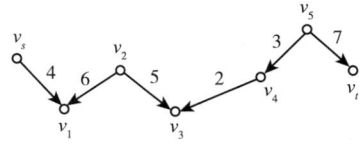

图 9-30

若 μ^* 是从 v_s 到 v_t 为所有可增广链中费用最小的链，则称 μ^* 为最小费用可增广链。

可以证明，如果可行流 f 是流量为 $v(f)$ 的所有可行流中费用最小者，而 μ 是关于 f 的所有可增广链中费用最小的可增广链，那么沿 μ 去调整 f，得到的可行流 f'，就是流量为 $v(f')$ 的所有可行流中的最小费用流。这样，当 f' 是最大流时，它也就是我们所要求的最小费用最大流了。

由于 $d_{ij} \geq 0$，显然零流 $f=\{0\}$ 就是流量为 0 的最小费用流。为寻求最小费用流，总可以从零流 $f=\{0\}$ 开始。于是问题就转变为：如果已知 f 是流量为 $v(f)$ 的最小费用流，那么就要去找关于 f 的最小费用增广链。

为此，我们可以重新构造一个赋权有向图 $M(f)$，其顶点为原网络 D 的顶点，而把 D 中的每一条弧 (v_i, v_j) 变成两个相反方向的弧 (v_i, v_j) 和 (v_j, v_i)。可以按照如下规则定义 $M(f)$ 中弧的权 w_{ij}：(1) 当 $(v_i, v_j) \in A$ 时，$w_{ij} = \begin{cases} d_{ij} & \text{当} f_{ij} < c_{ij} \\ +\infty & \text{当} f_{ij} = c_{ij} \end{cases}$。这里 $+\infty$ 的意思是这条弧已饱和，无增大流量的可能性，实际上表示可以去掉权为 $+\infty$ 的弧。

(2) 当 (v_j, v_i) 为原网络 D 中弧 (v_i, v_j) 的反向弧时，$w_{ji} = \begin{cases} -d_{ij} & \text{当} f_{ij} > 0 \\ +\infty & \text{当} f_{ij} = 0 \end{cases}$。这里 $+\infty$ 的意思是这条弧已为零流弧，不能再减少。实际上表示可以去掉权为 $+\infty$ 的弧。

这样，在网络 D 中找关于 f 的最小费用可增广链等价于在 $M(f)$ 中寻找从 v_s 到 v_t 的最短路。在此情况下，算法步骤如下：

第 1 步，取零流为初始可行流，即 $f^{(0)} = \{0\}$。

第 2 步，如果在第 $k-1$ 步得到最小费用流 $f^{(k-1)}$，则构造赋权有向图 $M(f^{(k-1)})$。

第 3 步，在 $M(f^{(k-1)})$ 中寻找从 v_s 到 v_t 的最短路。若不存在最短路，则 $f^{(k-1)}$ 就是最小费用最大流，否则转向第 4 步。

第 4 步，若存在最短路，则在原网络 D 得到相应的可增广链 μ。在 μ 上对 $f^{(k-1)}$ 进行调整，取调整量 $\theta = \min\{\min_{\mu^+}(c_{ij} - f_{ij}^{(k-1)}), \min_{\mu^-}(f_{ij}^{(k-1)})\}$，调整规则如下：

$$f_{ij}^{(k)} = \begin{cases} f_{ij}^{(k-1)} + \theta, & \text{在} \mu^+ \text{上} \\ f_{ij}^{(k-1)} - \theta, & \text{在} \mu^- \text{上} \\ \text{其他不变}。 \end{cases}$$

这样就得到一个新的可行流 $f^{(k)}$，再对 $f^{(k)}$ 重复以上的步骤，直到在网络 D 中找不到相对应的可增广链时为止。

【例 9-8】在图 9-31 中求最小费用最大流，每条弧上的权为 (d_{ij}, c_{ij})。

解：(1) 从 $f^{(0)} = \{0\}$ 开始，做图 $M(f^{(0)})$，如图 9-32 (a) 所示。利用 Dijkstra 算法求出 $M(f^{(0)})$ 网络中的最短路为 $v_s \to v_1 \to v_2 \to v_t$，用最大流算法对网络 D 中相对应的可增广链 $\mu_1 = \{v_s, (v_s, v_1), v_1, (v_1, v_2), v_2, (v_2, v_t), v_t\}$ 进行调整：$\mu_1^- = \varnothing$，

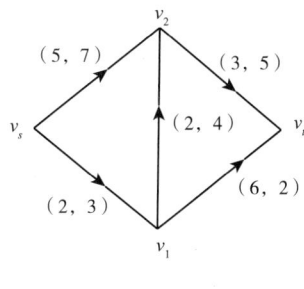

图 9 – 31

$\mu_1^+ = \{(v_s, v_1), (v_1, v_2), (v_2, v_t)\}$，$\theta_1 = \min\{3, 5, 7\} = 3$，$f^{(1)} = \begin{cases} f_{ij}^{(0)} + 3 & (v_i, v_j) \in \mu_1^+ \\ 0 & \text{其他} \end{cases}$。

此时 $W(f^{(1)}) = 3$，$d(f^{(1)}) = 2 \times 3 + 2 \times 3 + 3 \times 3 = 21$，结果如图 9 – 32（b）所示。

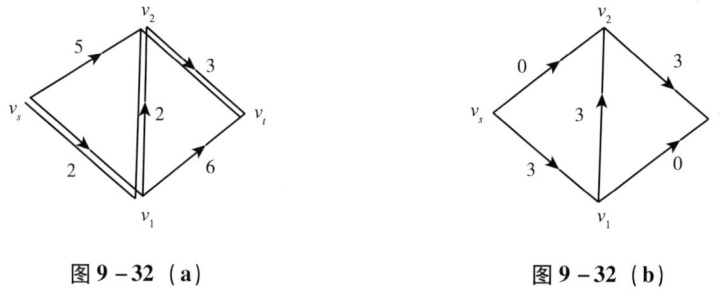

图 9 – 32（a）　　　　　　　　图 9 – 32（b）

（2）做图 $M(f^{(1)})$，如图 9 – 32（c）所示。此时边上有负权，可以利用 9.3.2 小节中的方法进行求解。此时 $M(f^{(1)})$ 网络中的最短路为 $v_s \rightarrow v_2 \rightarrow v_t$，用最大流算法对网络 D 中相对应的可增广链 $\mu_2 = \{v_s, (v_s, v_2), v_2, (v_2, v_t), v_t\}$ 进行调整：$\mu_2^- = \varnothing$，$\mu_2^+ = \{(v_s, v_2), (v_2, v_t)\}$，$\theta_2 = \min\{7, 5 - 3\} = 2$，$f^{(2)} = \begin{cases} f_{ij}^{(1)} + 2 & (v_i, v_j) \in \mu_2^+ \\ 0 & \text{其他} \end{cases}$。

此时 $W(f^2) = 5$，$d(f^{(2)}) = 2 \times 3 + 2 \times 3 + 5 \times 2 + 3 \times 5 = 37$，结果如图 9 – 32（d）所示。

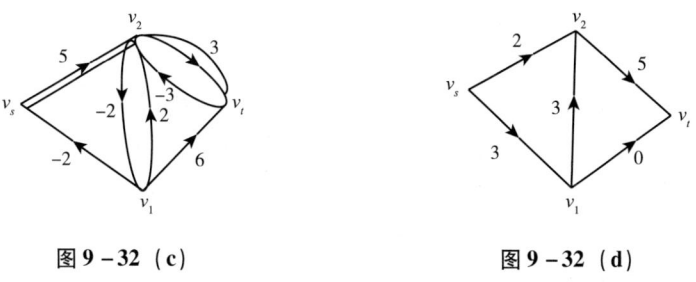

图 9 – 32（c）　　　　　　　　图 9 – 32（d）

（3）做图 $M(f^{(2)})$，如图 9 – 32（e）所示。此时边上有负权，类似可以求得 $M(f^{(2)})$ 网络中的最短路为 $v_s \rightarrow v_2 \rightarrow v_1 \rightarrow v_t$，用最大流算法对网络 D 中相对应的可增广链 $\mu_3 =$

$\{v_s,(v_s,v_2),v_2,(v_2,v_1),v_1,(v_1,v_t),v_t\}$ 进行调整：$\mu_3^- = \{(v_2,v_1)\}$，$\mu_3^+ = \{(v_s,v_2), (v_1,v_t)\}$，$\theta_3 = \min\{7-2, 3, 2\} = 2, f^{(3)} = \begin{cases} f_{ij}^{(2)} + 2 & (v_i, v_j) \in \mu_3^+ \\ f_{ij}^{(2)} - 2 & (v_i, v_j) \in \mu_3^- \\ 0 & \text{其他} \end{cases}$。

此时 $W(f^3) = 7$，$d(f^{(3)}) = 2 \times 3 + 2 \times 1 + 5 \times 4 + 3 \times 5 + 6 \times 2 = 55$，结果如图 9-32（f）所示。

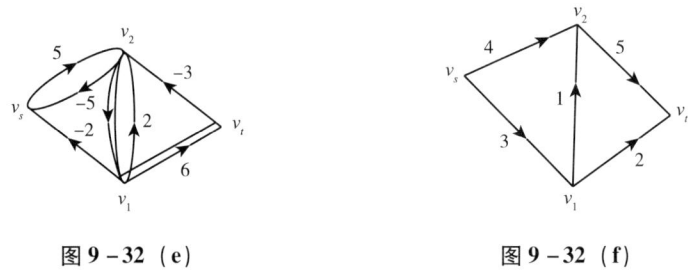

图 9-32（e）　　　　　　　　图 9-32（f）

（4）做图 $M(f^{(3)})$，如图 9-32（g）所示。此时发现已经寻找不到从 v_s 到 v_t 的最短路，$f^{(3)}$ 即为最小费用最大流，即 $W(f^3) = 7$，$d(f^{(3)}) = 55$。

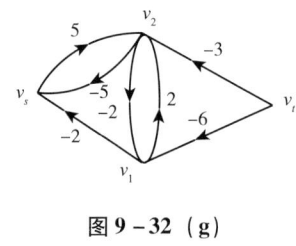

图 9-32（g）

9.6　中国邮递员问题

中国邮递员问题是邮递员在某一地区的信件投递路程问题。邮递员每天从邮局出发，走遍该地区所有街道再返回邮局，问题是他应如何安排送信的路线可以使所走的总路程最短。这个问题由我国学者管梅谷在 1960 年首先提出，并给出了解法——"奇偶点图上作业法"，被国际上统称为"中国邮递员问题"。用图的语言描述就是：给定一个连通图 G，在每条边上赋于一个非负的权，要寻找一个圈，经过 G 的每边至少一次，并使圈的总权最小。

9.6.1　一笔画问题

一笔画问题，也称为遍历问题，是很有实际意义的。

【定义9-21】在连通图G中，若存在一条道路，经过每边一次且仅一次，则称这条路为欧拉道路。若存在一条回路，经过每边一次且仅一次，则称这条回路为欧拉回路。

具有欧拉回路的图称为欧拉图。显然，一个图若能一笔画出，则必然存在欧拉回路或者欧拉道路，哥尼斯堡七桥问题就是要在图中寻找一条欧拉回路。

【定理9-7】无向连通图G是欧拉图，当且仅当G中无奇点。

推论1：无向连通图G是欧拉图，当且仅当G的边集可划分为若干个初等回路。

推论2：无向连通图G有欧拉道路，当且仅当G中恰好有两个奇点。

【定理9-8】有向连通图G是欧拉图，当且仅当G中每个顶点的出次等于入次。

上述定理和推论的证明留给读者。它们为我们提供了识别一个图是否能一笔画出的较为简单的方法。

在图9-33（a）中，存在两个奇点，故其不是欧拉图，仅存在欧拉道路；在9-33（b）中，显然不是每个顶点的出次等于入次，故不是欧拉图。

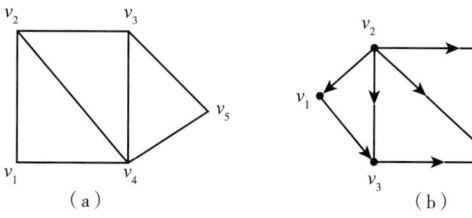

图9-33

9.6.2 中国邮递员问题的求解

一个邮递员在他所负责投递的街道范围内，如果街道构成的图中没有奇点，则这个图为欧拉图，那么他就可以从邮局出发，经过每条街道一次，且仅一次，并最终回到原出发地。但是，如果街道构成的图中有奇点，他就必然要在某些街道重复走几次。因此中国邮递员问题也可以表示为：在一个有奇点的连通图中，要求增加一些重复边，使新的连通图不含有奇点，并且增加的重复边总权最小。我们把增加重复边后不含奇点的新的连通图称为邮递路线，而总权最小的邮递路线称为最优邮递路线。

在寻找最优邮递路线时，首先要找到一个初始邮递路线，其次要不断优化邮递路线。

（1）确定初始邮递路线。

由于任何一个图中，奇点的个数为偶数，因此如果一个连通图有奇点，就可以把它们两两配成对，而每对奇点之间必有一条链（图是连通的），我们把这条链的所有边作为重复边追加到图中去，这样得到的新连通图必无奇点，从而这就给出了初始投递路线。

（2）优化邮递路线。

在这一步中，我们需要使重复边的总长不断减少，从而优化邮递路线。有两条准则来判断路线是否为最优邮递路线：准则1，图上的每条边最多被重复一次；准则2，对图中每个初等圈来讲，重复边的长度和不超过圈长的一半。

【例9-9】求解图9-34中的最优邮递路线。

第一步：确定初始邮递路线。

先检查图中是否有奇点，若没有奇点则已是欧拉图，找到欧拉回路即可；若有奇点，根据定理9-2可知，奇点的个数必然为偶数，所以可以两两配对，即在任意两个奇点之间任选一条路，添加重复边。

图9-34中有两个奇点v_1和v_3，因此我们可以在v_1和v_3之间任选一条路来添加重复边，例如，我们选择$v_1 - v_2 - v_3$这条路，如图9-35所示。此时图中已无奇点，已为欧拉图，重复边总长为$l_{12} + l_{23} = 5$。

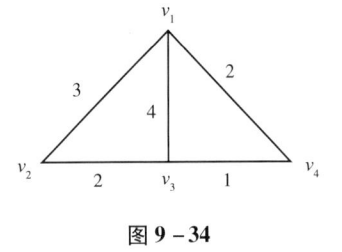

图9-34   图9-35

第二步：优化邮递路线。

在这一步中，需要不断优化邮递路线，使重复边总长不断减少，要依据两条准则来判断是否为最优邮递路线。

在图9-35中，每条边至多被重复了一次，满足准则1；然而发现圈$v_1 - v_2 - v_3 - v_1$的总长度为9，圈$v_1 - v_2 - v_3 - v_4 - v_1$总长度为8，重复边总长都超过了圈的一半，因此需要进行调整，如我们调整后如图9-36所示。

检查图9-36发现，圈$v_1 - v_3 - v_4 - v_1$总长度为7，重复边长度为4，超过了该圈的一半，需要再次调整，如调整后如图9-37所示。

在图9-37中，重复边总长为3，检查发现其均没有超过所在圈的一半，此时均满足准则1和准则2，得到了最优邮递路线，图中任一欧拉回路即为最优邮递路线。

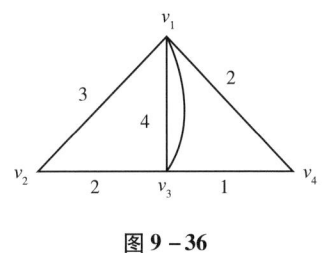

图 9-36

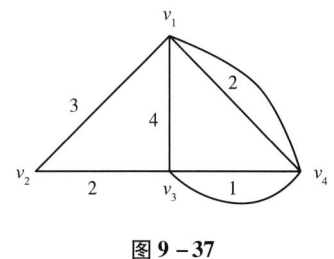

图 9-37

从这个例子可知，一个最优邮递路线一定满足准则 1 和准则 2。反之，不难证明，一个邮递路线如果满足准则 1 和准则 2，那么它一定是最优邮递路线。也就是这两个判定标准是最优邮递路线判定的充分必要条件。

值得注意的是，这个方法主要困难在于检查准则 2。它要求对于图中的每一个圈都检查一遍。当一个连通图所包含的圈数比较多时，将会大大提高运算的工作量，如"田"字型的图就有 13 个圈。到目前为止，关于中国邮递员问题，已经找到了更好的算法，由于篇幅所限，我们不做其他介绍。

9.7 图与网络应用

【例 9-10】有 10 名研究生参加 6 门课程考试，由于每人研究方向不同，所选课程也不一样，已知每名研究生要参加的考试课程如表 9-1 所示（表中打"√"的为参加考试的课程）。考试安排在星期一、星期二、星期三连续三天，上下午各考一门。每个研究生都希望自己每天只参加一门考试。另要求 C 安排在星期二上午，D 必须安排在下午，F 课的考试必须安排在 B、E 考试之后。要求排出一张满足上述所有要求的考试日程表。

表 9-1

研究生＼课程	A	B	C	D	E	F
张				√	√	
王	√	√				√
李				√		√
赵			√	√		√
韩	√	√			√	
刘		√	√			√
吴			√	√		

续表

课程 研究生	A	B	C	D	E	F
邓	√			√		√
孙	√			√	√	
徐		√	√			

解：将各门课程用结点表示，把同一个研究生参加的考试课程用边连接，得图 9 – 38。

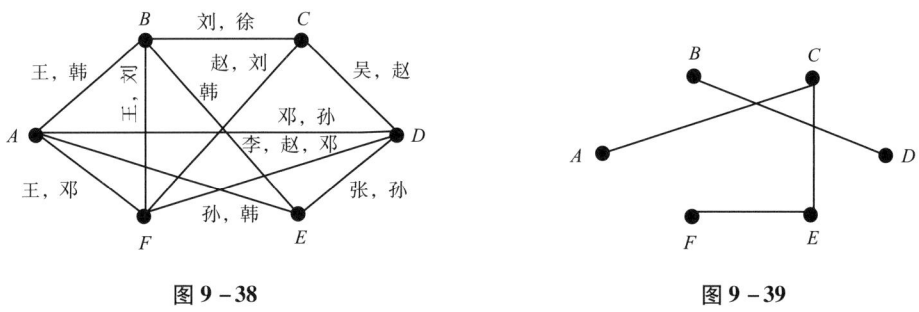

图 9 – 38　　　　　　　　　　图 9 – 39

与完全有向图相比，图 9 – 38 缺少的边如图 9 – 39 所示，这表示有边相连的两点（课程）可以安排在同一天考试。另外，考虑到其他考试要求，可以得到考试安排如表 9 – 2 所示。

表 9 – 2

	上午	下午
周一	B	D
周二	C	A
周三	E	F

【例 9 – 11】今有煤气站 A，将给某一居民区供应煤气，居民区各用户所在位置如图 9 – 40 所示，铺设各用户点的煤气管道所需的费用（单位：万元）如图边上的数字所示。要求设计一个最经济的煤气管道路线，并求所需的总费用。

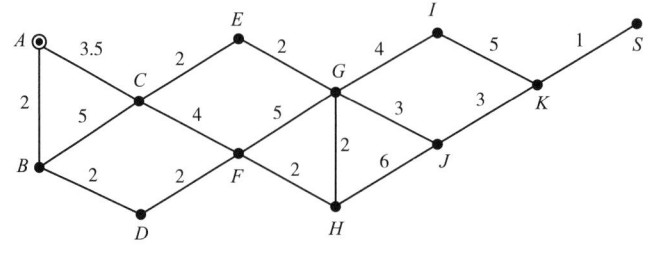

图 9 – 40

解：在图 9-40 中，我们视每条边上的费用视为其权重，找到其最小生成树即可。利用破圈法进行求解，最终可以得到如图 9-41 所示的最小生成树，即为最经济的煤气管道铺设路线，此时所需的总费用为 25 万元。

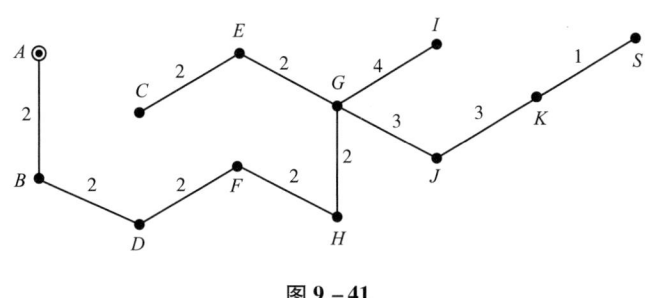

图 9-41

【例 9-12】某工厂使用一种设备，这种设备在一定的年限内随着时间的推移逐渐损坏。所以工厂在每年年初都要决定设备是否更新。若购置设备，每年需要支付购置费用；若继续使用旧设备，需要支付维修与运行费用，而且随着设备的老化会逐年增加。计划期（五年）内中每年的购置费、维修费与运行费如表 9-3 所示，工厂要制订今后五年设备更新计划，问采用何种方案才能使包括购置费、维修费与运行费在内的总费用最小。

表 9-3

年份	1	2	3	4	5
购置费（万元）	18	20	21	23	24
使用年数	0~1	1~2	2~3	3~4	4~5
维修费（万元）	5	7	12	18	25

解：对于此问题，我们可以利用动态规划的方法进行求解，这里我们采用最短路方法进行求解。这里需要将该问题转化为网络图。

用点 $v_i(i=1,\cdots,6)$ 表示第 i 年年初购置一台新设备，其中 v_6 表示第 5 年年底。弧 (v_i, v_j) 表示第 i 年年初购置的新设备用到第 j 年年初（即第 $j-1$ 年年底），弧上的权 w_{ij} 表示相应的费用。则 5 年的一个更新计划相当于从 v_1 到 v_6 的一条路，最优更新计划即为从 v_1 到 v_6 的最短路。这样得到的网络图如图 9-42 所示。

我们对其中的权重计算做一说明。例如，弧 (v_1, v_4)，其表示在第 1 年年初购置，用到第 3 年年底，其购置费为 18 万元，维修费第 1 年为 5 万元，第二年为 7 万元，第三年为 12 万元，总维修费用为 24 万元，供总费用为 $18+24=42$ 万元，即 $w_{14}=42$。其他可以类似算出。

利用 Dijkstra 算法可以求得最短路为 $v_1 \to v_4 \to v_6$，距离为 72。即第一年年初、第

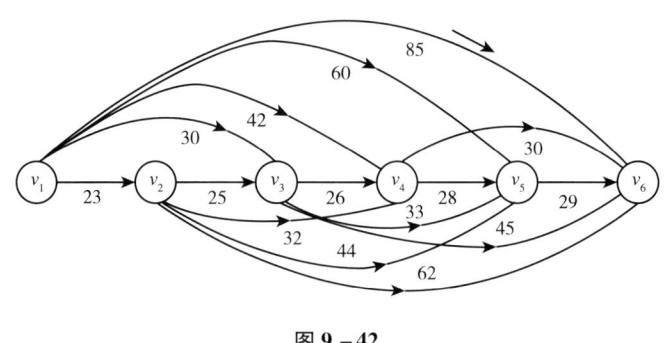

图 9－42

三年年初设备各更新一次，再用到第 5 年年末为最优决策，此时总费用为 72 万元。

【例 9－13】某地 7 个村庄之间的现有交通道路如图 9－43 所示，边旁数字为各村庄之间道路的长度。现要在某一村庄修建一所小学，该小学应建在哪个村庄，可使离该村最远的村庄的学生所走的路程最少？

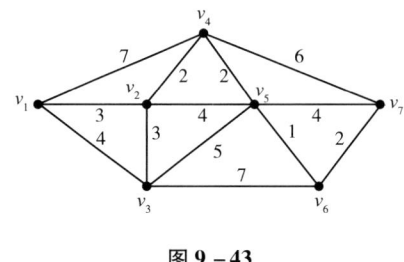

图 9－43

解：这是一个选址问题，本质是寻找网络的中心或者重心。所谓网络中心，就是在网络图中，假设已知各点之间的距离，选择某个点，使其余各点到该点的距离最远的点最近，或者是最大距离最小。

我们可以分成两步来解决该问题：首先，求去任意两个村庄之间的最短距离；其次，找出每一点到其余各点按照最短路线的最远点，取最小即可。

我们可以利用 Floyd 算法求出图 9－43 中任意两点之间的最短距离如下：

$$D^{(7)} = \begin{pmatrix} 0 & 3 & 4 & 5 & 7 & 8 & 10 \\ 3 & 0 & 3 & 2 & 4 & 5 & 7 \\ 4 & 3 & 0 & 5 & 5 & 6 & 8 \\ 5 & 2 & 5 & 0 & 2 & 3 & 5 \\ 7 & 4 & 5 & 2 & 0 & 1 & 3 \\ 8 & 5 & 6 & 3 & 1 & 0 & 2 \\ 10 & 7 & 8 & 5 & 3 & 2 & 0 \end{pmatrix}。$$

逐一找出每一点到其余各点按照最短路线的最远点，可以看出 v_1 到 v_5 最远，距离为 10；v_2 到 v_5 最远，距离为 7；类似地，v_3、v_4、v_5、v_6、v_7 到各点最远距离分别为 8、5、7、8、10。取这些最远距离中的最小值 5，即小学应该建在 v_4 处可使离该村最远的村庄的学生所走的路程最少。

在本例中我们没有考虑到每个村庄的学生人数问题。如果考虑到人数，希望使学生走的总路程最短，那么此问题仍然需要首先求出任意两点之间的最短路，在此基础上，在分别乘以各村庄的学生人数，相加之后总和最小的即为所求最优选址地点。

习 题

1. 写出图 9-44 的邻接矩阵和权矩阵。

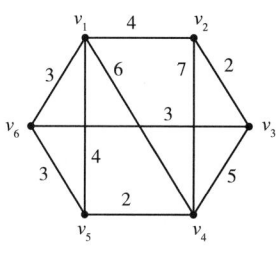

图 9-44

2. 某六个城市之间的道路网如图 9-45 所示，要求沿着已知长度的道路连接六个城市的电话线网，使电话线的总长度最短。

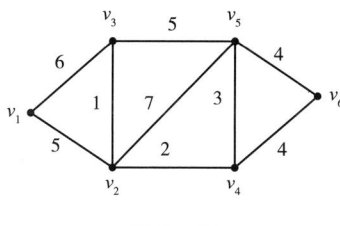

图 9-45

3. 分别用破圈法和避圈法求图 9-46（a）的生成树，图 9-46（b）的最小生成树。

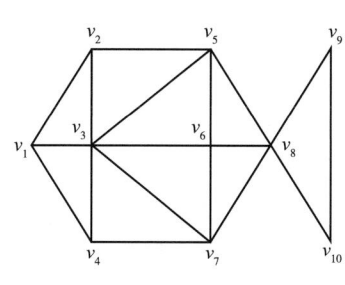 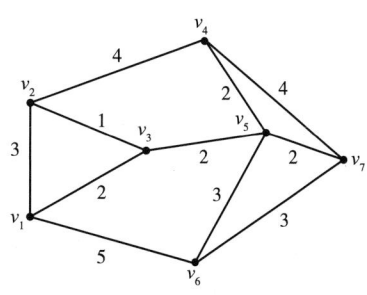

图 9-46（a）　　　　　　　　　图 9-46（b）

4. 用 Dijkstra 算法分别求图 9-47 中 v_1 到其余各点的最短路及路径。

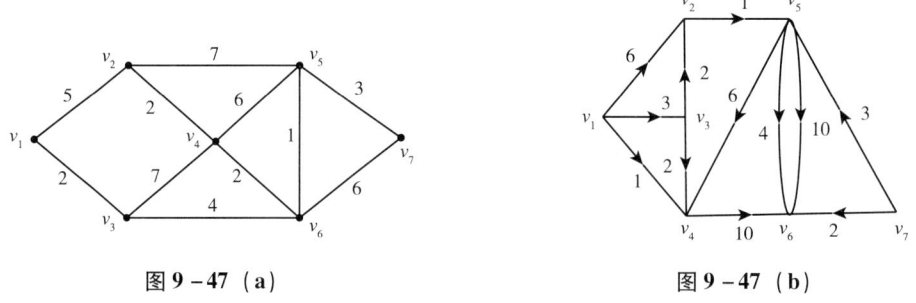

图 9-47（a） 　　　　　　　图 9-47（b）

5. 求图 9-48 中从 v_1 到 v_8 的最短路径。

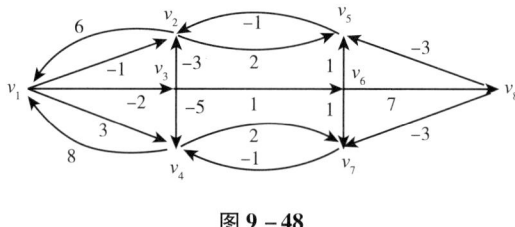

图 9-48

6. 求图 9-49 中任意两点之间的最短距离及路径。

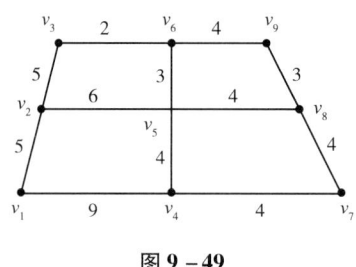

图 9-49

7. 图 9-50 表明一个网络及初始可行流，每弧旁的数字表示 (c_{ij}, f_{ij})，用标号法求这个网络最大流、最小割集及其容量。

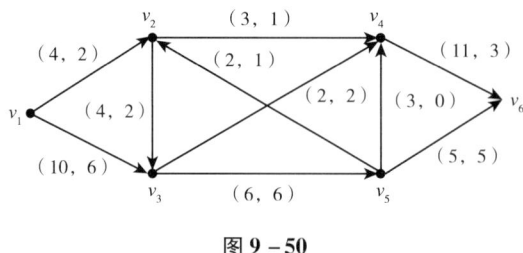

图 9-50

8. s_1，s_2 是两家工厂，商品通过如下的网络运输到市场 t_1，t_2，弧旁的数字为容量，试确定从工厂到市场所能运送的最大总量。

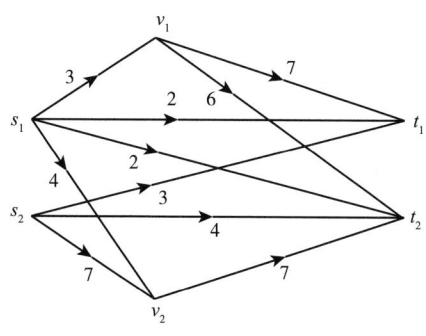

图 9–51

9. 在图 9–52 中求最小费用最大流，弧上括号内为 (d_{ij}, c_{ij})。

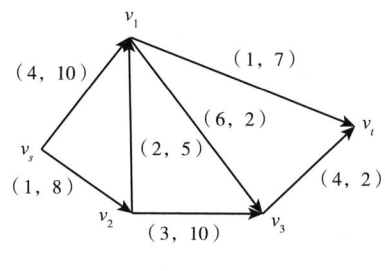

图 9–52

10. 确定图 9–53 中国邮递员问题的最优邮递路线。

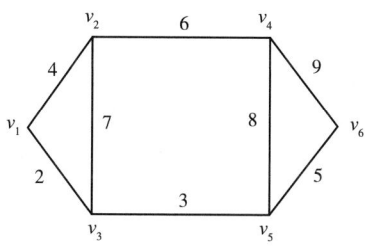

图 9–53

第 10 章
网络计划

大型项目的开发涉及复杂的项目协调和管理问题，为使项目管理人员对项目进度有全面的了解和有效的控制，必须使用科学的管理方法。网络计划即网络计划技术（Network Planning Technology），是指用于工程项目的计划与控制的一项管理技术。它是 20 世纪 50 年代末发展起来的一种编制大型工程进度计划的有效方法，依其起源有关键路径法（Critical path method, CPM）与计划评审法（Program evaluation & review technique, PERT）之分。CPM 主要应用于以往在类似工程中已取得一定经验的承包工程，PERT 更多地应用于研究与开发项目。

网络计划技术以网络图的形式制订工程项目的计划，找出最优计划方案，并组织和控制生产，去完成计划提出的目标。网络计划不仅可以用网络图来表示各工序的先后次序和相互关系，而且可以找出关键工序和关键路线，进行统筹安排，合理使用人力、物力、财力，有效地控制和监督计划的执行，从而高效率、高效益地完成任务。

在我国，著名数学家华罗庚教授于 20 世纪 60 年代开始大力推广这类方法，并将其称为统筹法。华罗庚教授曾用一个烧水泡茶的故事来说明这种方法：办法甲，先做好准备工作，洗开水壶、茶壶、茶杯，拿茶叶。一切就绪后，灌水，烧水，等水开了泡茶喝。办法乙，洗净开水壶后，灌水，烧水。等水开了之后，洗茶壶、茶杯，拿茶叶，泡茶喝。办法丙，洗净开水壶后，灌水，烧水。利用等待水开时，洗茶壶、茶杯，拿茶叶，等水开了泡茶喝。华罗庚教授通过这个故事告诉人们：同样的事情，每一件事都按时完成，只是开始事件的顺序有所不同，通过简单的调换顺序，就可以节省下宝贵的时间。

事实上，这个例子也揭示了网络计划方法的基本原理：将工作项目分解为相对独立的活动，根据各活动先后顺序、相互关系以及完成所需时间做出反映项目全貌的网络图；从项目完成全过程着眼，找出影响项目进度的关键活动和关键路线，通过对资源的优化调度，实现对项目实施的有效控制和管理。

10.1　网络计划图

10.1.1　基本概念

网络计划图是在网络图上标注时标和时间参数的进度计划图，实质上是有时序的有向赋权图，常简称为网络图。网络图有双代号和单代号两种形式，由于双代号网络图比单代号网络图更方便，在实际工作中应用更广泛，因此本书讨论的是双代号网络图。

网络图又称箭线图，是由箭线和节点组成的，用来表示工作流程的有向、有序的网状图形。

箭线表示工作（工序、活动、作业等），指需要一定的时间或资源的活动。任何整体任务中，都包含许多项待完成的工作，如新产品设计中的初步设计、技术设计、工装制造等。根据需要，工序可以划分得粗一些，也可以划分得细一些。箭尾表示工作的开始，箭头表示工作的完成。工作的名称或内容写在箭线的上面，持续时间或者所需资源写在箭线的下面。

节点表示事项，用圆圈及圆圈内的数字来表示。与工作相比，事项不需要时间或者资源，或者需要的时间或资源少到可以忽略不计。在时间上它表示指向某节点的工作全部完成后，该节点后面的工作才能开始。如机械造业中，只有完成铸锻件毛坯后才能开始机加工；各种零部件都完成后，才能进行总装等。

图 10-1 给出了一项工作的表示方法。其中，a 为工作的名称，$t(i,j)$ 为工作所需要的时间，i,j 表示事项，即位于弧的起点和终点的节点表示活动或事件的开始和结束，每个活动有一个起点和一个终点。

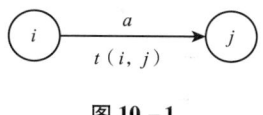

图 10-1

有时候我们为了准确地表达出各项工作之间的关系，需要引入虚工序。虚工序不需要消耗时间也不消耗任何资源，其作用只是正确表示工作的前行后继关系，一般用虚箭线┈┈▶表示。

整个网络图的方向按惯例从左到右地反映活动的逻辑顺序，并有唯一的起点和终点。图 10-2 就是一项研制新产品工程的网络图。

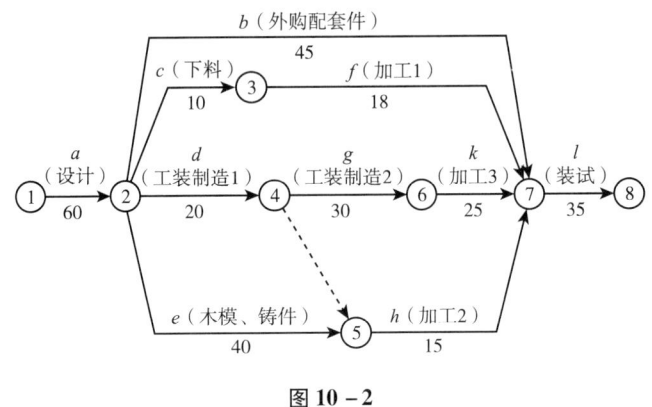

图 10-2

任务执行的连续性确定了各项工作的前后顺序，各工作之间存在三种逻辑关系：紧前工作、紧后工作、平行工作。如果工作 a 完成后，紧接着可以开始 b 工作，则称 a 是 b 的紧前工作，b 是 a 的紧后工作；若工作 a 和工作 b 可以同时开工，则称 a 和 b 为平行工作。

图 10-2 中，a 的紧后工作是 b、c、d、e，而 b、c、d、e 的紧前工作是 a，并且 b、c、d、e 为平行工作。h 的紧后工序是 d 和 e，d 的紧前工作是 g 和 h，而 e 的紧前工作只是 h，g 的紧后工作只是 d，从这里就可以看出，虚工序能够清晰地表达出各工作之间的关系。

10.1.2 画图规则

一项任务首先要分解成为若干项工作，分清楚这些工作之间在工艺或者组织上的联系及制约关系；其次把表示各工作的箭线按照先后顺序及逻辑关系，由左至右排列画成图。再给节点统一编号，节点 1 表示整个计划的开始（总开始事项），图中最大的编号 n 表示整个计划的结束事项（总完工事项）。节点编号是从小到大编号，对于任一工序 (i,j)，要求有 $i<j$，另外编号时一般是从左到右、从上到下开始编号。

在绘制网络图时，需要注意以下规则：

(1) 网络图中只能有一个总起点事项和一个总终点事项。因为任何整体任务都总归有一个起始点，完成各项工作后整体任务结束。若有多个总起始点事项或者多个总终点事项，就意味着这不止一项任务，这与我们通过画网络图来描述一项任务是相矛盾的。

在图 10-3 中，有两个总起点事项①和事项②，有两个总终点事项⑦和事项⑧，不符合规则。

（2）网络图中不能有缺口和回路。有缺口，将使某些工作失去与其紧前或紧后工作应有的联系；有回路，将使组成回路的工作永远不能结束，任务永远不能完工。

在图 10-4 中，②→③→④是回路，不符合规则。

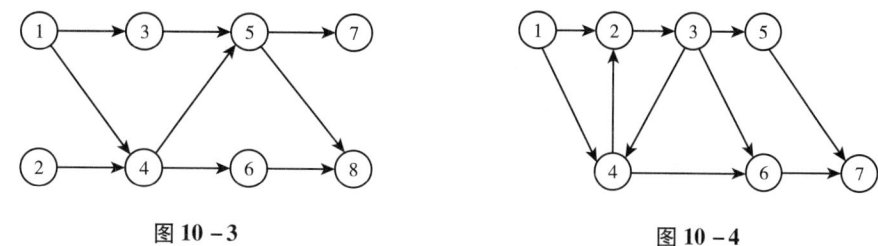

图 10-3　　　　　　　　　图 10-4

（3）任意两个节点之间不能有两项或两项以上的工作。即两个节点之间只能表示一项工作，否则将造成逻辑上的混乱。

在图 10-5 中，事项①和事项②之间有三项工作，不符合规则。

（4）正确使用虚工序。虚工序表示工时为零，不消耗任何资源的虚构工作。其作用只是为了正确表示工作间的先后次序关系，它可以避免两项工作有相同的起点和终点。

在图 10-5 中，我们可以通过引入虚工序，从而改成图 10-6。

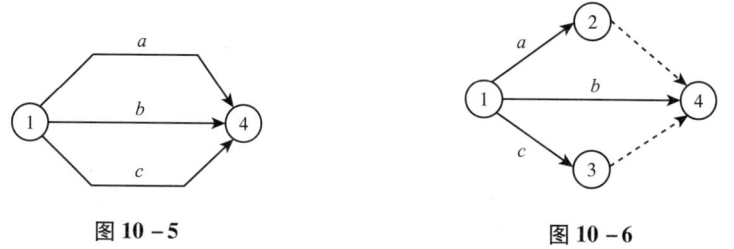

图 10-5　　　　　　　　　图 10-6

（5）正确表示出工作之间的前后及逻辑关系。

图 10-7 表示出了工作 c 的紧前、紧后及平行工作。

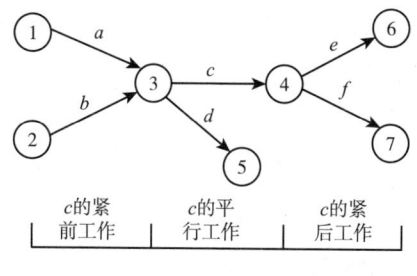

图 10-7

在实际工作中，往往还有如下的一些关系：图10-8表示工作 a 有紧后工作 c 与 d，而工作 b 仅有紧后工作 d；工作 d 有紧前工作 b 与 a；而工作 c 仅有紧前工作 a。在图10-9中，工作 a 有紧后工作 b 与 d，工作 c 有紧后工作 d 与 e。

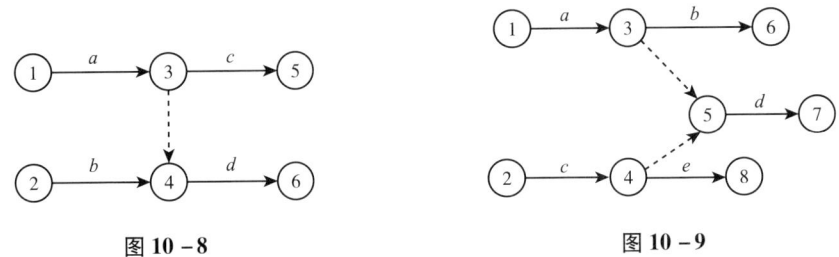

图 10-8　　　　　　　　　　图 10-9

（6）正确表示交叉工作。对需要较长时间才能完成的一些工作，在工艺流程与生产组织条件允许的情况下，可以不必等待该工作全部结束后再转入其紧后工作，而是分期分批的转入，这种方式称为交叉工作。交叉工作可以缩短任务的完工时间。如工作 A 与工作 B 分别为挖沟和埋水管，可以挖一段埋一段，不必等沟全部挖好后再埋。这种关系可以用交叉工作来表示，如果把这两项工作各分为三段，则 $A = a_1 + a_2 + a_3$，$B = b_1 + b_2 + b_3$，如图10-10所示。

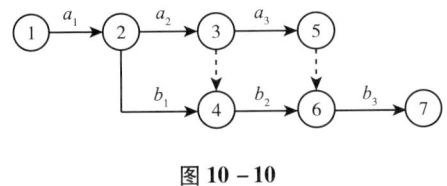

图 10-10

10.1.3　网络图绘制

根据实际任务情况，首先将任务分解成若干个工作，其次分析这些工作之间的关系，最后在前两步的基础上，遵循前边的绘图规则绘制出网络图。

在具体绘制网络图时，依照工作关系表绘制初步网络，不能确定布局节点连接用虚工序表示。在不改变逻辑顺序的前提下，去除不必要的虚工序，并调整网络图布局，使其尽可能均衡、美观，即网络图中尽可能将关键路线（见10.2节有关内容）布置在中心位置，将联系紧密的工作布置在相近的位置。为了使网络图清楚和便于在图上填写有关数据，箭线尽量用水平线或具有一段水平线的折线。

【例10-1】已知某项任务可以划分若干项工作，这些工作之间的关系及所需时间如表10-1所示。要求绘制出相应的网络图。

表 10-1

工作	紧前工作	工作时间（天）	工作	紧前工作	工作时间（天）
a	—	6	G	a, b	10
b	—	9	H	e, f	12
c	a	13	I	d, h	8
d	c	5	J	i	17
e	c	16	K	d, h, g	20
f	a, b	2	L	g	25

解：在绘制网络图时，一般情况下首先绘制出草图，然后逐步调整，如正确使用虚工序、尽量避免箭线之间的交叉等，最后排列整齐、完整准确反映任务编制的网络图。图 10-11 为本题绘制的网络图。

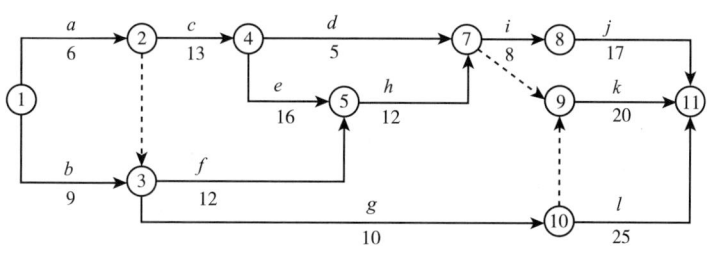

图 10-11

【例 10-2】某校学生准备组队来完成某项调研任务。通过分析，他们将该调研任务进行分解若干项工作。他们把各项工作所需时间、各项工作之间的关系整理成工作清单，如表 10-2 所示。现要求绘制出其网络图。

表 10-2

工作	工作说明	周期（天）	紧前工作
a	系统地提出问题	4	—
b	研究选点问题	7	a
c	准备调研方案	10	a
d	收集资料，安排工作	8	b
e	挑选和训练调研人员	12	b、c
f	准备有关表格	7	c
g	实地调查	5	d、e、f
h	分析调查数据，写调查报告	4	g

解：在绘制网络时，要遵循绘图规则，根据草图逐步调整优化。绘制的网络图如图 10-12 所示。

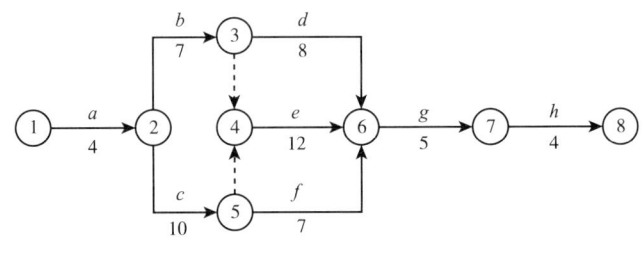

图 10 - 12

【例 10 - 3】现准备建造一座汽车库及引道的工程项目。该项目可以分解成若干项工作，各项工作所需时间、各项工作之间的关系整理成工作清单，如表 10 - 3 所示。现要求绘制出其网络图。

表 10 - 3

代号	工序名称	工时（天）	紧前工序
a	清理现场	8	—
b	备料	10	—
c	车库地面施工	6	a, b
d	预制墙及房顶的桁架	16	B
e	车库混凝土地面保养	24	C
f	立墙架	4	d, e
g	立房顶桁架	4	F
h	装窗及边墙	10	F
i	装门	4	F
j	装天花板	12	G
k	油漆	16	h, i, j
l	引道混凝土施工	8	C
m	引道混凝土保养	24	L
n	清理现场，交工验收	4	k, m

解：根据题意，图 10 - 13 为绘制的网络图。

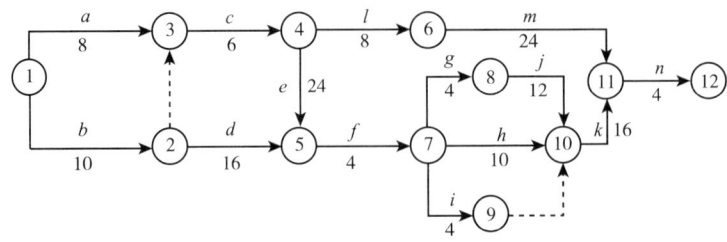

图 10 - 13

10.1.4　网络图分类

网络图可以根据不同指标进行分类。

（1）确定型网络图与概率型网络图。

根据对工作所需时间估计的性质进行分类，可以分为确定型网络图与概率型网络图。

确定型网络图：每项工作的预计工时只为一个估计值，这通常是因为这些工作的实际完成情况一般可以按预计工时达到，即实现的概率等于或者接近1。

概率型网络：每项工作的预计工时需要用三种特定情况下的工时来估计，即最快可能完成工时、最可能完成工时、最慢可能完成工时。根据这三种情况进行加权平均求得工作的预计工时。

（2）总网络图与多级网络图。

根据网络图的绘制程度不同，同一项任务可以画出几种详略程度不同的网络图，因此可以分为总网络图和分级网络图。

总网络图：总网络图绘制较为综合、概括，反映任务的主要组成部分之间的组织联系。这类图一般供指挥部门使用，突出重点，便于领导者掌握任务的关键路线与关键部门。

分级网络图：分级网络图可以细分为一级网络图、二级网络图等，分别供不同的管理层次部门使用。分级网络图一级比一级更为详细具体，便于具体部门在执行任务时使用。

除此之外，网络图还有其他一些分类。例如，按照有无时间坐标，网络图可以划分为有时间坐标和无时间坐标两种。有时间坐标的网络图中附有工作天或者日历天的标度，表示工作的箭线长度需要按照工时长度准确画出。

10.2　时间参数的计算

一个完整的网络图需要描述出整个任务中各项工作之间的相互关系，还要标明任务的时间进度。要使管理者能够集中精力抓住重点工作，合理调配资源，还需要在网络图中确定关键路线及关键工作。所谓关键路线，是指网络图中从总起点事项到总终点事项用时最长的路线，它决定了整个工期。在关键路线上的工作即为关键工作。

计算网络图中的时间参数，主要是为了找出关键路线及关键工作，为网络计划的优化、调整和执行提供明确的时间概念。

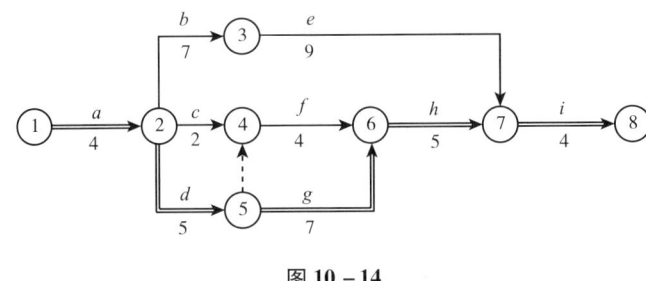

图 10–14

图 10–14 为某一网络图，从起点①到终点⑧一共有 4 条路线。这 4 条路线分别为：

①→②→③→⑦→⑧　　　　　　用时 4 + 7 + 9 + 4 = 24（天）
①→②→④→⑥→⑦→⑧　　　　用时 4 + 2 + 4 + 5 + 4 = 19（天）
①→②→⑤→④→⑥→⑦→⑧　　用时 4 + 5 + 4 + 5 + 4 = 22（天）
①→②→⑤→⑥→⑦→⑧　　　　用时 4 + 5 + 7 + 5 + 4 = 25（天）

可以看出，路线①→②→⑤→⑥→⑦→⑧所需时间最长，即为关键路线，工作 a、d、g、h 和 i 为关键工作。它表明整个任务的工期为 25 天，若这条路线的某一工作延迟 1 天，则整个工期就要推迟 1 天；若某一工作能够提前 1 天完成，则整个工期就能缩短 1 天。若想使任务能够如期完成或者提前完成，就需要在关键路线的关键工作想办法。为了能够更好地表示出关键路线及关键工作，我们往往用双线或者粗线描绘出来。图 10–14 中双线描绘出来的即为关键路线。

网络图中的时间参数包括工作所需时间、事项时间参数、工作时间参数、时差等，通过时间参数计算，我们可以确定关键路线及关键工作，进而确定整个任务工期。由于非关键工作（不在关键路线上的工作）对整个工期没有影响，如工作 b，其可以在第 6 天开工，这就意味着我们可以对非关键工作进行资源上的合理配置与优化。

10.2.1　工作时间的确定

我们用 $t(i,j)$ 表示完成一项工作 (i,j) 所需要的时间，有两种方法可以确定。

（1）确定型。

在具备工时定额和劳动定额的任务中，$t(i,j)$ 可以根据这些定额资料进行确定。有些工作尽管缺少定额资料，但根据以往统计资料，可以通过分析来确定 $t(i,j)$ 的数值。

（2）概率型。

对于一些研发或者试制性任务，很难对各项工作所需时间进行准确估计。一种可行的办法就是三点时间估计法。我们用 a 表示其最快可能完成时间，m 表示其最可能完成时间，b 表示其最慢可能完成时间，则每项工作的期望完成工时与方差可以分别表示为：

$$t(i,j) = \frac{a + 4m + b}{6} \tag{10-1}$$

$$\sigma^2 = \left(\frac{b-a}{6}\right)^2 \tag{10-2}$$

10.2.2 事项时间参数的计算

（1）事项的最早时间。

我们用 $t_E(j)$ 表示事项 j 的最早时间，它表示以事项 j 为起始点的各项工作最早可能开始时间，也表示以它为终点的各项工作最早完工时间。显然，$t_E(j)$ 等于从总起始点事项到事项 j 的最长路线上所有工作的工时之和。

设在网络图中总起始点编号为 1，总终点编号为 n，则可以用如下公式计算 $t_E(j)$。

$$\begin{cases} t_E(1) = 0 \\ t_E(j) = \max_i \{t_E(i) + t(i,j)\} \\ t_E(n) = \text{总最早完工期(总工期)} \end{cases} \tag{10-3}$$

其中，$t_E(i)$ 是与事项 j 相邻的各紧前事项的最早时间；$t_E(n)$ 为总终点的最早时间，显然就是整项任务的最早完成工期，简称总工期。我们在计算 $t_E(i)$ 时，按照事项编号从小到大的顺序，从左向右逐个计算。

（2）事项的最迟时间。

我们用 $t_L(i)$ 表示事项 i 的最迟时间，表示在不影响总工期的前提下，以它为始点的工作最迟必须开始时间，或者以它为终点的工作最迟必须完工时间。我们可以用如下公式计算 $t_L(i)$。

$$\begin{cases} t_L(n) = t_E(n) = \text{总工期} \\ t_L(i) = \min_j \{t_L(j) - t(i,j)\} \end{cases} \tag{10-4}$$

其中，$t_L(j)$ 是与事项 i 相邻的各紧后事项的最迟时间；$t_L(n)$ 显然与 $t_E(n)$ 相等，即为总工期。我们再计算 $t_L(i)$ 时，按照事项编号从大到小的顺序，从右向左逐个计算。

网络图的时间参数计算方法有多种，如图上计算法、表上计算法、矩阵法等。这里我们为了直观，我们先用图上计算法来说明上述公式如何应用。

【例 10-4】已知网络图及每项工作所需时间如图 10-15 所示。求各事项的最早时间及最迟时间。

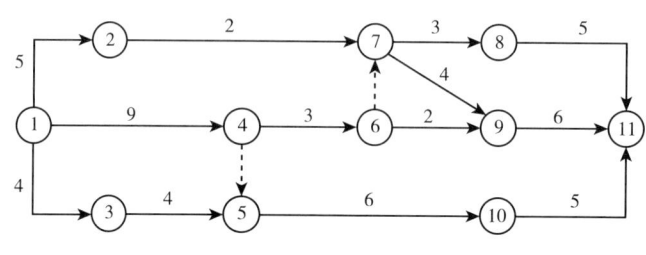

图 10-15

解：我们首先计算各事项的最早时间，从总起始事项①开始，根据式（10-3），按照编号从小到大开始逐个计算。

$t_E(1) = 0$

$t_E(2) = t_E(1) + t(1,2) = 0 + 5 = 5$

$t_E(3) = t_E(1) + t(1,3) = 0 + 4 = 4$

$t_E(4) = t_E(1) + t(1,4) = 0 + 9 = 9$

$t_E(5) = \max\{t_E(3) + t(3,5), t_E(4) + t(4,5)\} = \max\{4+4, 9+0\} = 9$

$t_E(6) = t_E(4) + t(4,6) = 9 + 3 = 12$

$t_E(7) = \max\{t_E(2) + t(2,7), t_E(6) + t(6,7)\} = \max\{5+2, 12+0\} = 12$

$t_E(8) = t_E(7) + t(7,8) = 12 + 3 = 15$

$t_E(9) = \max\{t_E(6) + t(6,9), t_E(7) + t(7,9)\} = \max\{12+2, 12+4\} = 16$

$t_E(10) = t_E(5) + t(5,10) = 9 + 6 = 15$

$t_E(11) = \max\{t_E(8) + t(8,11), t_E(9) + t(9,11), t_E(10) + t(10,11)\} = \max\{15+5, 16+6, 15+5\} = 22$

从以上计算过程可以看出，总工期为 $t_E(11) = 22$。我们把上述计算结果标入图 10-15 相应事项编号上方矩形框的上部。

下面我们计算各事项的最迟时间，从总终点事项⑪开始，根据式（10-4），按照编号从大到小开始逐个计算。

$t_L(11) = t_E(11) = 22$

$t_L(10) = t_E(11) - t(10,11) = 22 - 5 = 17$

$t_L(9) = t_E(11) - t(9,11) = 22 - 6 = 16$

$$t_L(8) = t_E(11) - t(8,11) = 22 - 5 = 17$$
$$t_L(7) = \min\{t_E(8) - t(7,8), t_E(9) - t(7,9)\} = \min\{17 - 3, 16 - 4\} = 12$$
$$t_L(6) = \min\{t_E(7) - t(6,7), t_E(9) - t(6,9)\} = \min\{12 - 0, 16 - 2\} = 12$$
$$t_L(5) = t_E(10) - t(5,10) = 17 - 6 = 11$$
$$t_L(4) = \min\{t_E(5) - t(4,5), t_E(6) - t(4,6)\} = \min\{11 - 0, 12 - 3\} = 9$$
$$t_L(3) = t_E(5) - t(3,5) = 11 - 4 = 7$$
$$t_L(2) = t_E(7) - t(2,7) = 12 - 2 = 10$$
$$t_L(1) = \min\{t_E(2) - t(1,2), t_E(3) - t(1,3), t_E(4) - t(1,4)\} = \min\{10 - 5, 7 - 4, 9 - 9\} = 0$$

我们将各事项的最迟时间标入图 10 – 15 相应事项编号上方矩形框的下部。全部计算结果如图 10 – 16 所示。

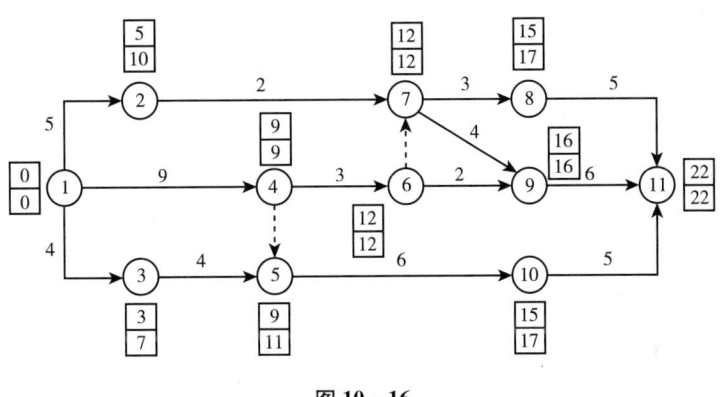

图 10 – 16

10.2.3 工作时间参数的计算

(1) 工作的最早可能开工时间与最早可能完工时间。

我们分别用 $t_{ES}(i, j)$ 和 $t_{EF}(i, j)$ 表示工作 (i, j) 的最早可能开工时间（Earliest Start Time of Activity, ES）和最早完工时间（Earliest Finish Time of Activity, EF），显然该工作的最早完工时间等于其最早开工时间与其工时之和。任何一项工作都必须在其所有紧前工作全部完成后才能开始。另外，所有从总起点事项开工的工作 $(1, j)$，其最早开工时间为零。我们可以用如下公式来计算 $t_{ES}(i, j)$ 和 $t_{EF}(i, j)$。

$$\begin{cases} t_{ES}(1,j) = 0 \\ t_{ES}(i,j) = \max_k\{t_{ES}(k,i) + t(k,i)\} \\ t_{EF}(i,j) = t_{ES}(i,j) + t(i,j) \\ 总工期 \max_i\{t_{ES}(i,n) + t(i,n)\} \end{cases} \quad (10-5)$$

其中，$t_{ES}(k, i)$ 表示工作 (i, j) 的紧后工作。

（2）工作的最迟可能开工时间与最迟可能完工时间。

我们分别用 $t_{LS}(i, j)$ 和 $t_{LF}(i, j)$ 表示工作 (i, j) 的最迟可能开工时间（Latest Start Time of Activity, LS）和最早完工时间（Latest Finish Time of Activity, LF），显然该工作的最迟完工时间等于其最迟开工时间与其工时之和。工作的最迟开始时间是指为了不影响紧后工作如期开工，该工作最迟必须开工的时间。另外，凡是进入总完工事项 n 的工作 (i, n)，其最迟完工时间等于该工作的最早完工时间，即总工期。我们可以利用如下公式来计算 $t_{LS}(i, j)$ 和 $t_{LF}(i, j)$。

$$\begin{cases} t_{LF}(i,n) = 总完工期 \\ t_{LS}(i,j) = \min_k \{t_{LS}(j,k) - t(i,j)\} \\ t_{LF}(i,j) = t_{LS}(i,j) + t(i,j) \end{cases} \quad (10-6)$$

其中，$t_{LS}(j, k)$ 表示工作 (i, j) 的紧前工作。

因为工作的完工时间等于其开工时间加上工时，所以如果工作的工时确定，那么在计算工作相关时间参数时，只需要计算最早开工时间和最迟开工时间。

另外，由于任一事项（除去总起点事项和总终点事项）既是某些工作的开始，又是某些工作的结束，因此从事项和工作的关系考虑，用式（10-6）、式（10-5）计算求得的有关工作时间参数也可以通过式（10-4）和式（10-3）计算求得。

【例 10-5】求例 10-4 中各工作的最早开工时间与最迟开工时间。

解：我们首先计算各项工作的最早开工时间。依据式（10-5），计算可得：

$t_{ES}(1,2) = 0$

$t_{ES}(1,3) = 0$

$t_{ES}(1,4) = 0$

$t_{ES}(2,7) = t_{ES}(1,2) + t(1,2) = 0 + 5 = 5$

$t_{ES}(3,5) = t_{ES}(1,3) + t(1,3) = 0 + 4 = 4$

$t_{ES}(4,5) = t_{ES}(1,4) + t(1,4) = 0 + 9 = 9$

$t_{ES}(4,6) = t_{ES}(1,4) + t(1,4) = 0 + 9 = 9$

$t_{ES}(5,10) = \max\{t_{ES}(3,5) + t(3,5), t_{ES}(4,5) + t(4,5)\} = \max\{4+4, 9+0\} = 9$

$t_{ES}(6,7) = t_{ES}(4,6) + t(4,6) = 9 + 3 = 12$

$t_{ES}(6,9) = t_{ES}(4,6) + t(4,6) = 9 + 3 = 12$

$t_{ES}(7,8) = \max\{t_{ES}(2,7) + t(2,7), t_{ES}(6,7) + t(6,7)\} = \max\{5+2, 12+0\} = 12$

$t_{ES}(7,9) = \max\{t_{ES}(2,7) + t(2,7), t_{ES}(6,7) + t(6,7)\} = \max\{5+2, 12+0\} = 12$

$t_{ES}(8,11) = t_{ES}(7,8) + t(7,8) = 12 + 3 = 15$

$t_{ES}(9,11) = \max\{t_{ES}(6,9) + t(6,9), t_{ES}(7,9) + t(7,9)\} = \max\{12+2, 12+4\} = 16$

$t_{ES}(10,11) = t_{ES}(5,10) + t(5,10) = 9 + 6 = 15$

因此，此时总工期为：

$\max\{t_{ES}(8,11) + t(8,11), t_{ES}(9,11) + t(9,11), t_{ES}(10,11) + t(10,11)\} = \max\{15 + 5, 16 + 6, 15 + 5\} = 22$

我们把上述计算结果标入图 10 – 15 相应工作箭杆上方菱形方框的上半部。

下面我们计算各工作的最迟开工时间。依据式（10 – 6），计算可得：

$t_{LS}(10,11) = t_{LF}(10,11) - t(10,11) = $ 总工期 $- t(10,11) = 22 - 5 = 17$

$t_{LS}(9,11) = t_{LF}(9,11) - t(9,11) = $ 总工期 $- t(9,11) = 22 - 6 = 16$

$t_{LS}(8,11) = t_{LF}(8,11) - t(8,11) = $ 总工期 $- t(8,11) = 22 - 5 = 17$

$t_{LS}(7,9) = t_{LS}(9,11) - t(7,9) = 16 - 4 = 12$

$t_{LS}(7,8) = t_{LS}(8,11) - t(7,8) = 17 - 3 = 14$

$t_{LS}(6,9) = t_{LS}(9,11) - t(6,9) = 16 - 2 = 14$

$t_{LS}(6,7) = \min\{t_{LS}(7,8) - t(6,7), t_{LS}(7,9) - t(6,7)\} = \min\{14 - 0, 12 - 0\} = 12$

$t_{LS}(5,10) = t_{LS}(10,11) - t(5,10) = 17 - 6 = 11$

$t_{LS}(4,6) = \min\{t_{LS}(6,7) - t(4,6), t_{LS}(6,9) - t(4,6)\} = \min\{12 - 3, 14 - 3\} = 9$

$t_{LS}(4,5) = t_{LS}(5,10) - t(4,5) = 11 - 0 = 11$

$t_{LS}(3,5) = t_{LS}(5,10) - t(3,5) = 11 - 4 = 7$

$t_{LS}(2,7) = \min\{t_{LS}(7,8) - t(2,7), t_{LS}(7,9) - t(2,7)\} = \min\{14 - 2, 12 - 2\} = 10$

$t_{LS}(1,4) = \min\{t_{LS}(4,6) - t(1,4), t_{LS}(4,5) - t(1,4)\} = \min\{9 - 9, 11 - 9\} = 0$

$t_{LS}(1,3) = t_{LS}(3,5) - t(1,3) = 7 - 4 = 3$

$t_{LS}(1,2) = t_{LS}(2,7) - t(1,2) = 10 - 5 = 5$

我们把上述计算结果标入图 10 – 15 相应工作箭杆上方菱形方框的下半部。全部计算结果如图 10 – 17 所示。

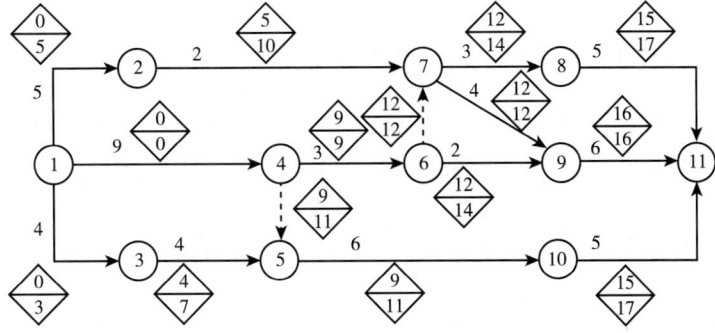

图 10 – 17

10.2.4 时差与关键路线

工作时差是指工作的机动时间或者富裕时间。常用的有两种时差：工作总时差和工作单时差。

（1）工作总时差。

工作总时差是指在不影响总工期条件下，任务可以延迟的最大幅度。用 $R(i,j)$ 来表示工作 (i,j) 的总时差，计算公式为：

$$R(i,j) = t_{LF}(i,j) - t_{EF}(i,j) = t_{LS}(i,j) - t_{ES}(i,j) \tag{10-7}$$

工作总时差往往为若干项工作共同拥有的机动时间。

（2）工作单时差。

工作单时差是指在不影响其紧后工作最早可能开工时间的前提下，本工作可以延迟的最大幅度。用 $r(i,j)$ 来表示工作 (i,j) 的单时差，计算公式为：

$$r(i,j) = t_{ES}(j,k) - t_{EF}(i,j) = t_{ES}(j,k) - t_{ES}(i,j) - t(i,j) \tag{10-8}$$

即单时差等于其紧后工作的最早开工时间减去本项工作的最早完工时间。工作单时差是某项工作单独拥有的机动时间，其大小不受其他工作机动时间的影响。

工作的总时差与单时差之间的关系可以用图 10-18 来描述。

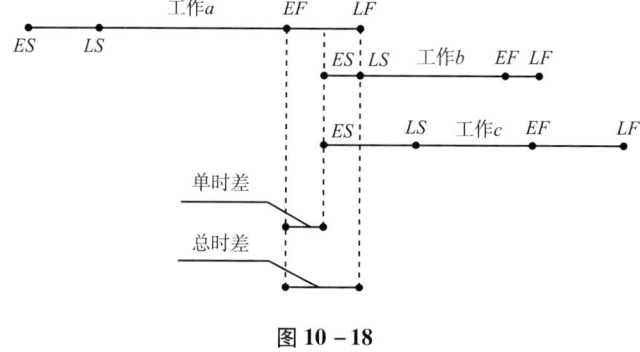

图 10-18

在图 10-18 中，b 和 c 均为 a 的紧后工作，可以看出，工作 a 的单时差不影响其紧后工作的最早开工时间，而其总时差不仅包括本工作的单时差，而且还包括其紧后工作的时差，使 c 失去部分时差，b 失去全部机动时间。因此占用一道工作的总时差虽然不影响整个任务的最短工期，但有可能使其紧后工作失去机动时间。

结合关键路线的定义，所谓关键工作就是指其最早开工时间与最迟开工时间一致的工作，没有机动时间，即总时差为零；而非关键工作则有机动时间。因此总时差为零的工作链就是关键路线。

【例 10-6】求例 10-4 中各工作的总时差与单时差，并确定关键路线。

解：根据总时差与单时差计算公式，我们可以计算出各工作的总时差与单时差。将总时差写在图中［］出，单时差写在（）处，见图10-19。根据总时差为零，我们确定了关键路线为：①→④→⑥→⑦→⑨→⑪，在图10-19中用双线标出。

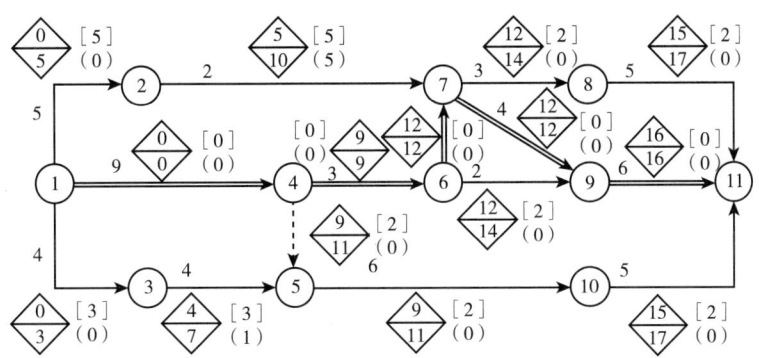

图 10-19

确定任务中的关键路线可以使管理者在实施工作计划时心中有数，在关键路线的工作要严格按照工时进行，不然会导致整个工期边长。对于非关键工作，由于时差的存在，对于管理者而言，可以适当通过调整其开工时间而不至于影响整个工期，从而使资源配置得到优化，降低成本。

从例10-6也可以看出总时差与单时差的区别。我们将图10-19中的一条工作链取出，如图10-20所示。

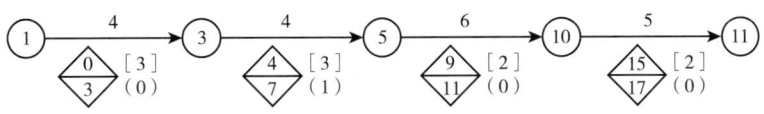

图 10-20

工作（3，5）有单时差1，如果将工作（3，5）推迟一天开工，对其后面工作的最早开工时间及时差等没有影响，对整个工期也没有影响。而只有总时差没有单时差的工作则不然，如工作（1，3）有总时差3但没有单时差，如果让工作（1，3）推迟3天开工，虽然总工期不受影响，但其后面工作的最早时间及时差都受到影响，变为图10-21情况。所以在实际中要尽量先使用单时差来调整工作。

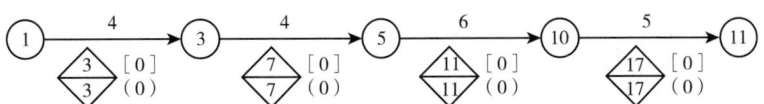

图 10-21

在上述例题中,我们都是采取图上计算法来计算相关时间参数,比较直观方便。但如果网络图较为复杂,使用表上计算法则显得较为繁琐,且容易出错。下面结合例 10-4 介绍表上计算法,这种方法也较为简单,方便计算处理。

首先,列出计算用表,表头如表 10-4 所示。注意各工作的罗列应该严格按照事项编号从小到大的顺序排列,将已知各工作的工时填入表中第 3 列。

其次,计算工作的最早开工时间与最早完工时间,利用式(10-5)从上至下逐个计算,填入第 4 列与第 5 列。

再次,计算工作的最迟开工时间与最迟完工时间,利用式(10-6)从下至上逐个计算,填入第 6 列与第 7 列。

最后,计算工作的总时差与单时差。根据式(10-7),可以由第 6 列与第 4 列相减,得到工作的总时差,填入第 8 列;第 9 列可以根据式(10-8),由其紧后工作的第 4 列与该项工作的第 5 列相应的数字相减得到。

按照总时差为零选出关键工作,填入第 10 列,得到关键路线。

【例 10-7】用表上计算法计算例 10-4。

解:有关计算结果如表 10-4 所示。

表 10-4

工作		工作时间 $t(i,j)$	最早开工 $t_{ES}(i,j)$	最早完工 $t_{EF}(i,j)$	最迟开工 $t_{LS}(i,j)$	最迟完工 $t_{LF}(i,j)$	总时差 $R(i,j)$	单时差 $r(i,j)$	关键工作
事项 i	事项 j								
1	2	3	4	5	6	7	8	9	10
①	②	5	0	5	5	10	5	0	
①	③	4	0	4	3	4	3	0	
①	④	9	0	9	0	9	0	0	①→④
②	⑦	2	5	7	10	12	5	5	
③	⑤	4	4	8	7	11	3	1	
④	⑤	0	9	9	11	11	2	0	
④	⑥	4	9	13	9	13	0	0	④→⑥
⑤	⑩	6	9	15	11	17	2	0	
⑥	⑦	0	12	12	12	12	0	0	⑥→⑦
⑥	⑨	2	12	14	14	16	2	0	
⑦	⑧	3	12	15	14	17	2	0	
⑦	⑨	4	12	16	12	16	0	0	⑦→⑨
⑧	⑪	5	15	20	17	22	2	0	
⑨	⑪	6	16	22	16	22	0	0	⑨→⑪
⑩	⑪	5	15	20	17	22	2	0	

10.3　网络计划的优化

绘制网络计划图，计算时间参数和确定关键线路，仅得到一个初始计划方案。然后根据上级要求和实际资源的配置，需要对初始方案进行调整和完善，即进行网络计划优化。所谓网络计划优化，旨在通过利用时差，不断改善网络计划的初始方案，在满足既定的条件下，按某一衡量指标（如时间、成本、物资）来寻求最优方案。目标是综合考虑进度，合理利用资源，降低费用等。

从管理的角度来看，网络计划优化主要包括三个内容：时间优化，即在满足完工时间要求下缩短工期；费用优化，即寻找总费用最低的最佳工期；资源优化，即工期一定情况下资源利用最优。

10.3.1　时间优化

如果通过对网络图时间参数的计算发现，网络计划的工期不能满足合同规定工期的要求，就要对网络计划进行时间优化。由于工期是由关键路线上工作的工时所决定的，因此缩短工期的着眼点应是关键路线。一般情况下，我们可以采取如下方法：

一是采取技术措施，提高工效，缩短关键工作的持续时间，使关键路线的总时间缩短。但此时可能导致原来不是关键路线的线路成为关键路线，随着关键路线的增多，压缩工期所付出的代价就会变大，因此采用硬性压缩关键工作的持续时间的方法并不是好方法。

二是采取工作组织措施，充分利用非关键工作的总时差。由于网络图中的非关键路工作都有时差，因而这些工作在开工时间上，具体工时上都具有一定的弹性。为了缩短任务的总工期，可以考虑放慢非关键工作的进度，合理调配人力、物力和资金等资源，减少这些工作的人力、资源，转去支援关键工作，增加对关键工作的投入，以便缩短关键工作的持续时间，实现工期缩短。

三是把串行工作改为平行工作或平行交叉工作。为了缩短整个任务的完工期，达到时间优化的目标，可以研究关键路线上串联的每一个工作有无可能改为平行工作或交叉进行的工作，以缩短工期。例如，华罗庚教授提到的烧水泡茶故事，可以利用等待水开的时候洗茶壶、茶杯等，即是将串行工作改成平行工作。

【例 10-8】已知某任务的原始安排计划如图 10-22 所示。

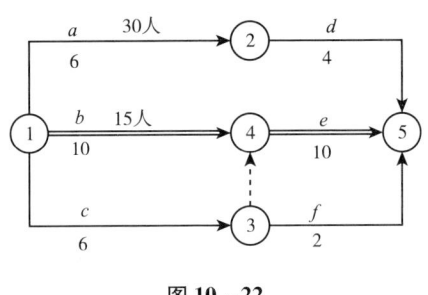

图 10－22

若图 10－22 中规定工期为 16 天，显然此时计算得到的工期（20 天）超过规定工期。

可以考虑相应地推迟非关键工作的开始时间。考虑将非关键工作 a 的人员，转移至 b 工作上来，使 b 工作由原来的 15 人干 10 天，变成 45 人干 4 天。而 a 工作在 b 工作之后开始，由原来的 30 人干 6 天，变成 45 人干 4 天。调整后的关键线路发生了变化，如图 10－23 所示。但此时总工期为 16 天，满足规定要求。需要说明的是，这里假定每人每天所做的工作是一致的。

也可以考虑相应地延长非关键线路中工作的工作时间。采用延长非关键线路上工序工作时间，将人力转移至关键线路上的关键工作中。以缩短总工期，满足合同规定。可将 a 工序的 30 人抽 15 人到 b 工序，使 b 工序由原来的 15 人干 10 天，变成 30 人干 5 天。a 工序由原来的 30 人干 6 天变成 15 人干 12 天，如图 10－24 所示。

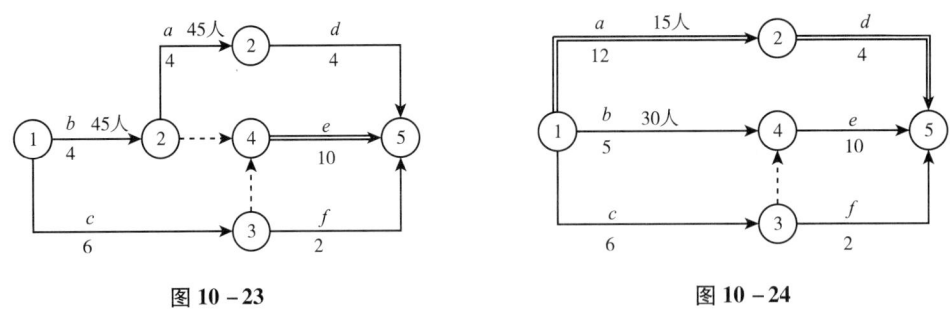

图 10－23　　　　　　　　　　图 10－24

【例 10－9】 已知某网络计划如图 10－25 所示，规定工期为 28 天。各工作可压缩的时间见表 10－5，表中未列的工序均不能压缩。

表 10－5

工作	e	f	g	h	i	j	m
可压缩时间（天）	1	2	1	3	2	1	1

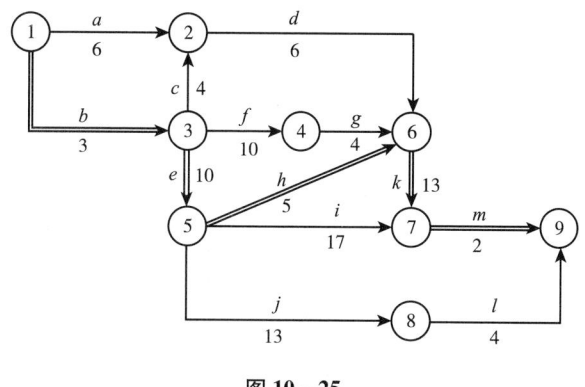

图 10-25

解：对图 10-25 可以求得关键路线，已用双线标出，此时总工期为 33 天。

在关键路线上可压缩的工作为：h 压缩 3 天，e、m 压缩 1 天。故原关键线路的工期变为 28 天。

重新计算图 10-25，此时 $b-f-g-k-m$ 成为关键线路。工期为 31 天，如图 10-26 所示。

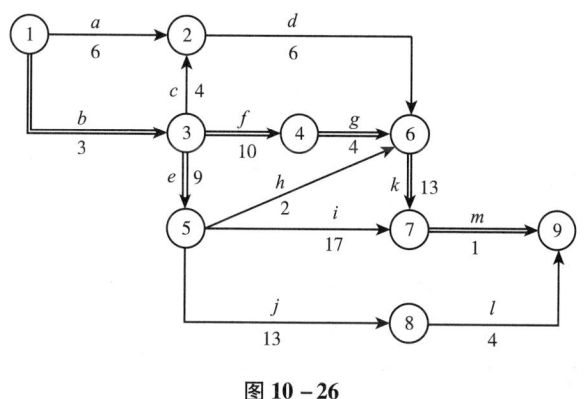

图 10-26

压缩关键线路上可压缩的工作：f 压缩 2 天，g 压缩 1 天。原关键线路的工期变为 28 天。

重新计算图 10-26，发现关键线路发生了变化，$b-e-i-m$ 成为关键线路。工期为 30 天，如图 10-27 所示。

类似计算，最终可以得到图 10-28。

此时总工期为 28 天，有 4 条关键路线。

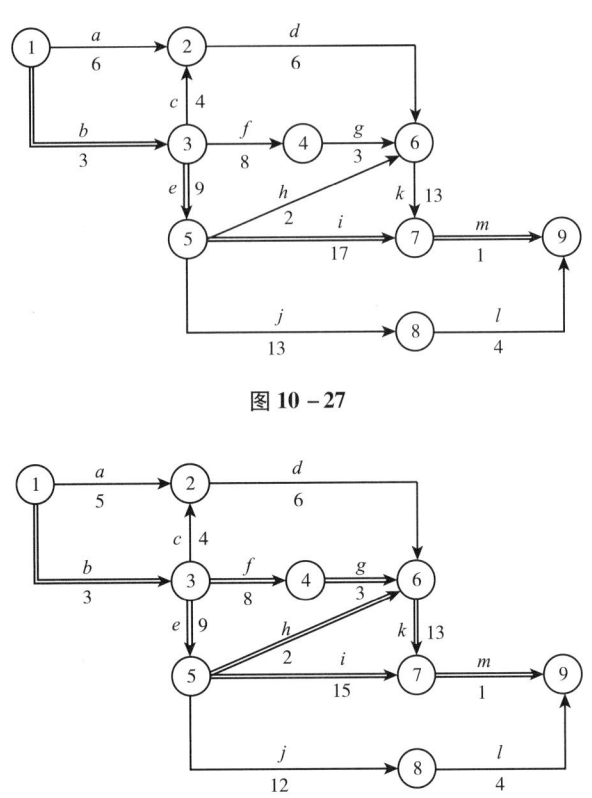

图 10-27

图 10-28

10.3.2 费用优化

项目或者任务的成本一般包括直接费用和间接费用。直接费用是完成各项工作直接所需人力、设备、资金等费用。为缩短工作的作业时间，需要采用一些技术组织措施，相应会增加一些费用，在一定范围内，工作的作业时间越短，直接费用越大。间接费用则包括管理费、办公费等，常按照任务期限长短进行分摊，在一定条件下，工期越长，间接费用越大。费用与工期的关系如图 10-29 所示。

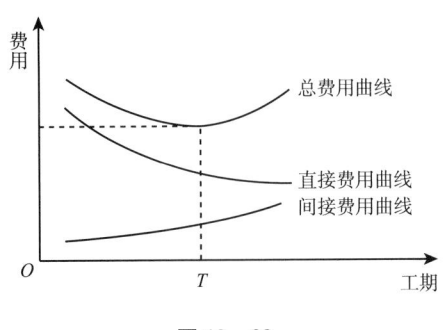

图 10-29

直接费用与工作所需工时常假定为线性关系。设正常工时为 t_z，所需费用为正常费用，记为 c_z。若增加直接费用，则一般情况下可以缩短该项工作所需时间，但不可能无限缩短。称赶工时间条件下工作所需最少时间为极限时间，记为 t_g，相应此时所需费用为极限费用，记为 c_g。直接费用与工作工时直接的关系如图 10-30 所示。我们称工作每缩短一个单位时间所引起直接费用的增加为直接费用变化率，可以表示为：

$$e = \frac{c_g - c_z}{t_z - t_g} \tag{10-9}$$

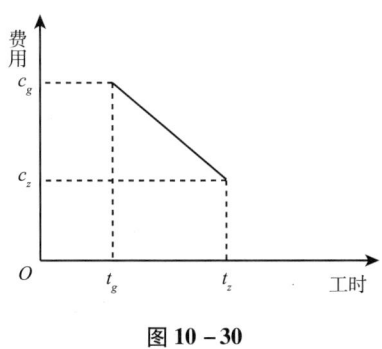

图 10-30

在进行费用优化时，需要把握如下规则：必须对关键路线上的工作赶工；选择直接费用变化率最小的工作赶工；在可赶工的时间范围内赶工。

费用优化步骤一般为：

第 1 步，按正常工期编制网络计划，并计算计划的工期和完成计划的直接费用。

第 2 步，列出构成整个计划的各项工作在正常工期和最短工期时的直接费用，以及直接费用变化率。

第 3 步，根据费用最小原则，找出关键工作中直接费用变化率最小的工作首先予以压缩，这样使直接费用增加的最少。

第 4 步，计算在加快某项关键工作后，计划的总工期和直接费用，并重新确定关键线路。

第 5 步，重复第 3 步、第 4 步的内容，直到网络计划中关键线路上的工作都达到最短持续时间不能再压缩为止。

第 6 步，此时即求出总费用最低的最优工期。

【例 10-10】某项目的网络计划基本信息如表 10-6 所示。根据合同规定，工程费用计算如下：工期在 25 天内完成间接费为 60 万元，若工期超过 25 天，则每天增加 5 万元。现求最低成本与相应最优工期。

表 10-6

工作	正常工作时间		极限工作时间	
	持续时间/天	直接费用/万元	持续时间/天	直接费用/万元
①→②	20	60	17	72
①→③	25	20	20	30
②→③	10	30	8	44
③→④	12	40	6	70
④→④	5	30	2	42
⑤→⑤	10	30	5	60

解：（1）根据项目网络计划的基本信息，计算各工作的直接费用率。根据表 10-6，绘制正常作业时间网络计划图与最短持续时间网络计划图，并确定关键路线，分别如图 10-31 和图 10-32 所示。

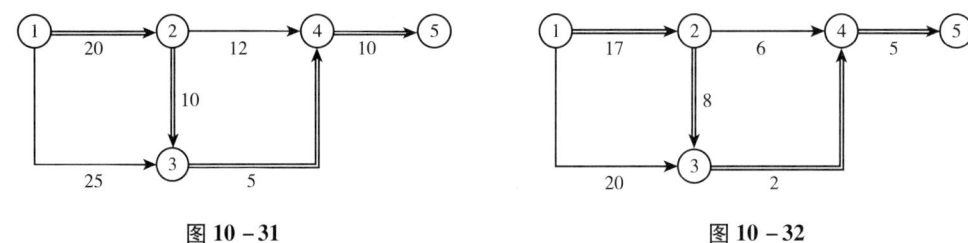

图 10-31　　　　　　　　　　　　　图 10-32

计算各工作的直接费用率如下：①→②：4 万元/天、①→③：2 万元/天、②→③：7 万元/天、②→④：5 万元/天、③→④：4 万元/天、④→⑤：6 万元/天。

根据图 10-31，可计算正常总持续时间为 45 天，直接费用为 210 万元，通过最短网络时间图 10-32，可计算总持续时间为 32 天，直接费用为 318 万元。

（2）找出关键工作中直接费用变化率最小的工作予以压缩。通过分析可以确定：①→②和③→④工作的直接费用率最小，任选其中一个工作进行缩短。若缩短①→②工作 3 天，则工期变为 42 天，增加的直接费为 12 万元，总直接费用 222 万元，绘制第一次压缩后的网络图如图 10-33 所示。

（3）由图 10-33 可知第一次压缩后关键路线没有发生变化，在余下的关键路线中③→④工作的直接费用率最小，故压缩③→④工作 3 天，则工期变为 39 天，增加的直接费用为 12 万元，总直接费用为 234 万元，绘制第二次压缩后的网络如图 10-34 所示。

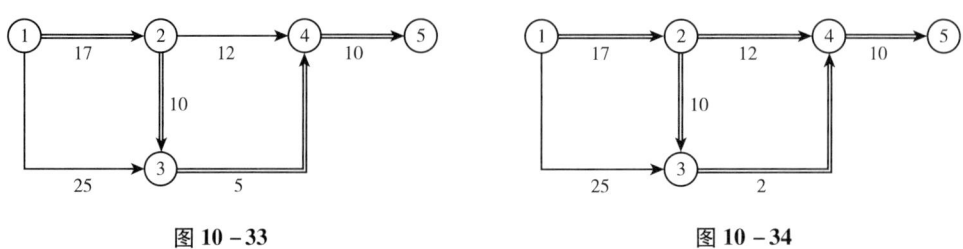

图 10-33　　　　　　　　　　　　　图 10-34

(4) 从图 10-34 可以看到，第二次压缩后增加了一条关键路线，故应进行方案组合。方案1：压缩②→③和②→④工作，组合费用率为12万元/天；方案2：压缩④→⑤工作，费用率为6万元/天。故选方案2为宜，即压缩④→⑤工作5天，则工期变为34天，增加的直接费用为30万元，总直接费用为264万元，绘制第三次压缩后的网络图如图10-35所示。

(5) 由图 10-35 可知第三次压缩后关键路线没有发生变化，只有一个方案可压缩，即压缩②→③和②→④工作各2天，则工期变为32天，已经达到了最短工期，网络图不能再压缩。第四次压缩增加的直接费用为24万元，总直接费用为288万元，绘制第四次压缩后的网络图如图10-36所示。

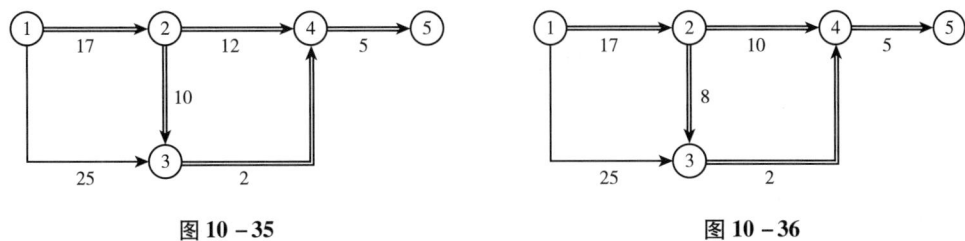

图 10-35　　　　　　　　　　图 10-36

(6) 考虑到由于时间变化引起的间接成本及其他收益和损失，将上述工期和总费用进行计算得到工期与费用汇总如表 10-7 所示。

表 10-7

工期/天	直接费用/万元	间接费用/万元	总费用/万元
45	210	$60 + 20 \times 5 = 160$	370
42	222	$60 + 17 \times 5 = 145$	367
39	234	$60 + 14 \times 5 = 130$	364
34	264	$60 + 9 \times 5 = 105$	369
32	288	$60 + 7 \times 5 = 95$	384

从表 10-7 可看出，总费用最低时所对应的总工期为39天，即最优工期为39天；工期共缩短13天，增加的直接费用为8万元，而全部采用最短持续时间的工期也为32天，但所需的直接费用为318万元，采用优化方案所需直接费用为288万元，可节约30万元。

10.3.3　资源优化

一项计划要按期完成往往会受到资源的限制，在实际任务的计划中，还需要考虑实现这项计划的客观物质条件。一项好的任务计划安排，一定要合理地使用现有的资源。如果工作进度安排得不得当，就会让某些阶段出现对资源需求的高峰，而在另一些阶段则出现资源需求低谷。这种高峰与低谷的存在是一种资源没有得到很好利用的浪费现象。因此资源优化的目的就是合理地安排工作进度，解决资源的供需矛盾或实现资源的均衡利用。

由于实际任务项目包括工作繁多，需要投入资源种类很多，均衡地利用资源是很麻烦的事，需要用计算机来完成。为了简化计算，具体操作可以是：优先安排关键工作所需要的资源；利用非关键工作的总时差，错开各工作的开始时间，避开在同一时区内集中使用同一资源，以免出现高峰；在确实受到资源制约，或在考虑综合经济效益的条件下，在许可时，也可以适当地推迟工程的工期，实现错开高峰的目的。

【例 10 – 11】如表 10 – 8 的工程问题中，现有人数 10 人，试确定工程完工时间最短的各工序的进度计划。

表 10 – 8

工作代号	紧前工作	工作时间	需要人员数
a	/	4	9
b	/	2	3
c	/	2	6
d	/	2	4
e	b	3	8
F	c	2	7
G	f、d	3	2
H	e、g	4	1

解：根据已知条件，绘制网络计划图如图 10 – 37 所示，通过图上作业法确定了关键路线。

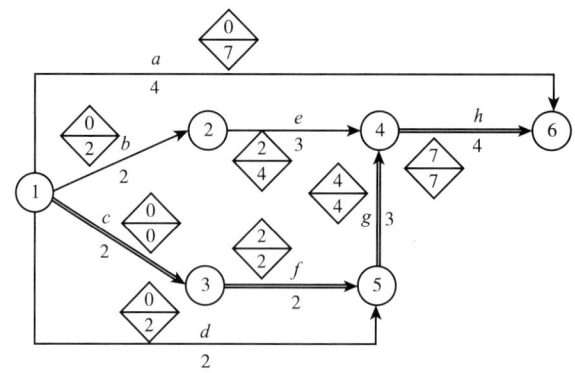

图 10 – 37

若按照各工作的最早开工时间开工，则人员的需求情况如图 10 – 38 所示。

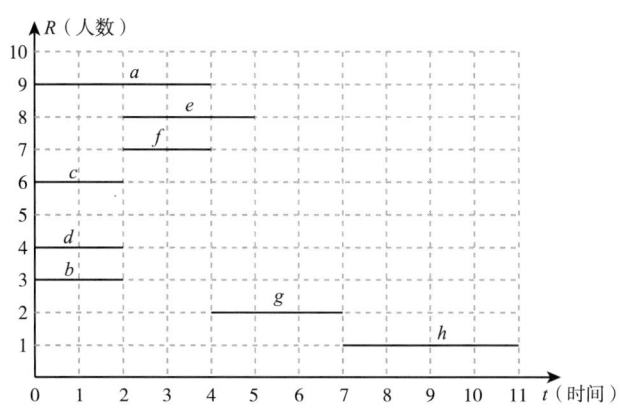

图 10 – 38

图 10 – 38 中 $t=0\sim2$ 阶段，$t=2\sim4$ 阶段都出现了用人高峰，分别达到 22 人、24 人，而现有人力资源不能满足需求，故需进行调整。

在调整时，我们首先保证关键工作所要的资源，即工作 c、f、g、h 所需要的人员；其次在此基础上，要充分利用工作的时差，避免出现资源集中使用，例如，在安排工作 c 后，还剩余 4 位人员，因此可以分配给工作 d，而将工作 a 和 b 的开工时间往后延迟，以此类推。最终调整后，人员需求情况如图 10 – 39 所示。

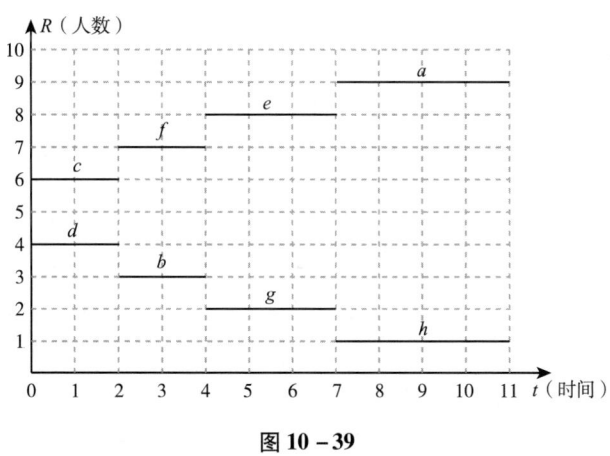

图 10 – 39

在图 10 – 39 中，人员需求是均匀的，并保证了任务的顺利进行和最短工期的实现。最短工期为 11。

习 题

1. 根据如表 10 – 9、表 10 – 10、表 10 – 11 所示工作关系，分别绘制网络图。

表 10-9

工序	紧前工作	工时	工序	紧前工作	工时
a	—	15	f	d, e	5
b	—	10	g	c, f	20
c	a, b	10	h	d, e	10
d	a, b	10	i	g, h	15
e	b	5			

表 10-10

工序	紧前工作	工时	工序	紧前工作	工时
a	—	3	g	d, b	6
b	—	2	h	e	2
c	—	5	i	g, h	4
d	a	4	j	e, f	5
e	b	7	k	e, f	2
f	c	8	l	i, j	6

表 10-11

工序	紧前工作	工时	工序	紧前工作	工时
a	c, d	6	h	m	6
b	e, f	2	i	—	3
c	j, k	5	j	l	1
d	g, i, h	7	k	m	2
e	g, i, h	5	l	—	5
f	m, i	9	m	—	4
g	m	8			

2. 分别绘制如表 10-12、表 10-13、表 10-14 所示的网络图，并计算各项工作的时间参数，确定关键路线。

表 10-12

工序	紧前工作	工时	工序	紧前工作	工时
a	—	5	f	b, c	4
b	a, c	8	g	c	8
c	a	3	h	f, g	2
d	c	6	i	e, h	4
e	b, c	10	j	f, g	5

表 10-13

工序	紧前工作	工时	工序	紧前工作	工时
a	—	18	i	d, e	6
b	—	6	j	c, d, e	15
c	a	15	k	i, q	6
d	a	21	l	i, q	3
e	b	27	m	l, h, f, g	12
f	b	15	n	p, k, m	5
g	—	24	p	j	3
h	d, e	13	q	c, d, e	6

表 10-14

工序	紧前工作	工时	工序	紧前工作	工时	工序	紧前工作	工时
a	—	60	g	b, c	7	m	j, k	5
b	a	14	h	e, f	12	n	i, l	15
c	a	20	i	f	60	o	n	2
d	a	30	j	d, g	10	p	m	7
e	a	21	k	h	25	q	o, p	5
f	a	10	l	j, k	10			

3. 如图 10-40 和图 10-41 所示的网络图，分别计算各事项和各工作的时间参数，并确定关键路线。

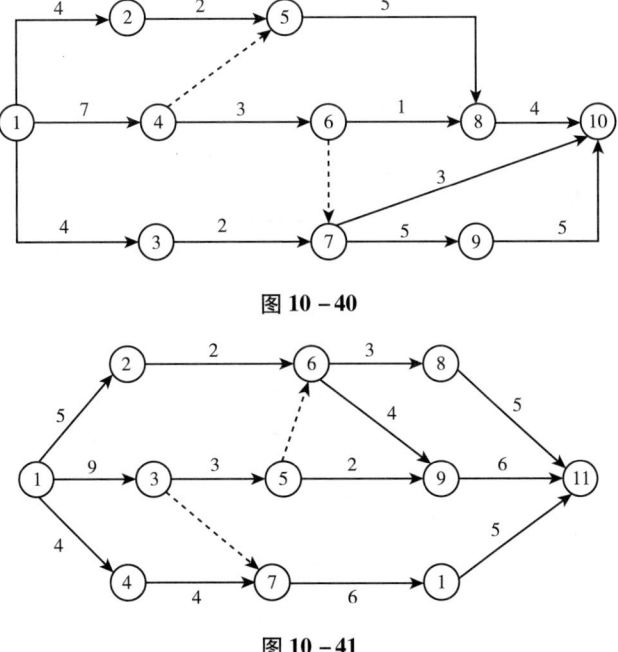

图 10-40

图 10-41

4. 已知某任务计划包括的工作如表 10-15 所示。求：

（1）正常计划工期与最短工期各是多少天？

（2）正常经营费用为 50 元/天，则最佳工期应该是多少天？列出每项工作的相应工时。

表 10-15

工作	网络说明	最少工时/天	正常工时/天	直接费用率
a	（1，2）	6	9	20
b	（1，3）	5	8	25
c	（1，4）	10	15	30
d	（2，4）	3	5	10
e	（3，4）	6	9	15
f	（4，5）	1	2	40

5. 已知某项工程的包括如下一些工序，各工序之间的关系及赶工费用如表 10-16 所示。求最优的成本日程。

表 10-16

工序	紧前工作	工时	正常完成进度的直接费用（百元）	赶进度一天所需费用（百元）
a	—	4	20	5
b	—	8	30	4
c	b	6	15	3
d	a	3	5	2
e	a	5	18	4
f	a	7	40	7
g	b, d	4	10	3
h	e, d, g	3	15	6
合计			153（百元）	
工程的间接费用			5（百元/天）	

第 11 章
存储论

存储是一种普遍的经济现象。为维持正常的生活与生产需要，就需要存储一定数量的所需物资，但存储量过多，就会引起积压，或因存放过久产生变质而造成浪费，占用仓库和需要保持一定人数的维护人员也会带来经济上的损失。若存储量过少，又会供不应求，在制造企业等则引起停工待料，在销售行业等则引起顾客转移他处。其实，存储是缓解供应与需求之间出现不协调现象的有效方法和措施，这种不协调性一般表现为供应量与需求量、供应时期与需求时期的不一致性上，就会出现供不应求或供过于求。

人们在供应与需求这两环节之间加入存储这一环节，就能起到缓解供应与需求之间的不协调。研究与解决存储问题的理论与方法称为存储论（Inventory Theory），又称库存论、存贮论等，它所研究的基本问题是，对于特定的需求类型，讨论用怎样的方式进行原料的供应、商品的订货或者产品的生产，以求最好地实现存贮的经济管理目标。因此，存储论是研究在满足顾客服务要求的前提下如何通过对企业的库存水平进行控制，力求尽可能降低库存水平、提高物流系统的效率，以增强企业的竞争力。

存储论往往是根据生产或者销售活动的实际存储问题建立起数学模型，然后通过费用分析求出产品、商品的最佳供应量和供应周期这些数量指标。所以费用分析是存储论研究的基本方法。

11.1 存储问题的基本概念

11.1.1 问题的提出

在现实问题中，我们经常进行各种各样的存储活动，这是为了解决供应（或生产）与需求（或消费）之间不协调或矛盾的一种手段。我们可以先看几个现实中的例子。

（1）水电站的蓄水问题。从发电的需要来说，当然蓄水以多为好；从安全来说，如果雨季降雨量大，则必须考虑先放掉一些水，使水库存水量减少，否则洪水到来时，水库水位猛涨，溢洪道排泄不及时，可能会使水坝坍塌，除水电站被破坏外，还会给下游造成巨大的损失。假设只考虑安全，可提前把水库存水放空。但当雨季降雨量小时，就会造成水库存水量不足，使发电量减少。因此，合理地调节水库的存水量对国民经济有重大意义。

（2）工厂生产需用原料，如没有存储一定数量的原料，会发生停工待料现象，造成重大经济损失，也会因缺货失去销售机会，失去顾客。若采用频繁订货的方法以补充短缺的物资，这将增加订购费用与物流成本。若原料存储过多，则增加了库存的保管费用及保管场地费用，而使产品价格增高，市场竞争力降低；还占用了流动资金使资金周转困难，降低了资金利用率。若是原料有保质期限，则过量存储就降低了材料或产品的质量，甚至产品过时，变质损坏。

（3）在商店里若存储商品数量不足，就会发生缺货现象，失去销售机会而减少利润；如果存量过多，一时售不出去，则会造成商品积压，占用流动资金过多而且周转不开，这样也会给商家造成经济损失。当然，顾客购买何种商品以及购买多少，都带有随机性，在这种情况下商店的管理人员就应研究商品的存储量。

上述这些问题都与存储有关，需要我们认真研究做出决策。对于这类问题，我们就可以采用存储论的有关方法进行分析判断，从而为企业存储决策提供支持。

11.1.2 存储问题中的基本要素

（1）存储。

存储是指某一时刻储存的物资，如原材料、商品等。企业在生产经营时需要从存储中取出一定数量的物资进行使用，从而使存储量降低。随着生产经营的不断进行，存储逐渐减少，到一定时刻需要对存储进行补充，否则将影响后续生产。例如，现实中某商店需要事先存储一定物品，随着消费者需求的发生，存储减少，因而商店需要在一定时刻进货，否则将无法满足消费者需求。

（2）需求。

存储的目的是满足需求，也是因为有需求的发生，使存储量减少。一种物资的需求方式可以是确定性的，也可以是随机性的。在确定情况下，假定需求量在所有各个时期内是已知的。随机性的需求则表示在某个时期内的需求量并不确切知道，但它们的情况可以用一个概率分布来描述。

根据需求的时间特征，需求可以是连续性的也可以是间断性的。在连续性需求中，随着时间的变化，需求连续发生，因而存储也连续减少；在间断性需求中，需求发生的时间极短，因而存储的变化是跳跃式地减少。

我们可以根据需求这两种特征，将存储问题分别分为确定型模型与随机性模型、离散型模型与连续性模型。

(3) 补充。

存储由于需求而不断减少，必须加以补充，否则最终将无法满足需求。补充就是存储的输入。存储论中的补充，可以分为外部订货和内部生产两种方式。订货可以当即订货当即就到货的，也往往可能是订货后需要一段时间才能到货；生产可以是连续均匀的，也可以是其他确定或随机的形式。如果所需货物能一次性得到满足，供应速率可以看作是无穷大，称为瞬时供货；当货物只能按某一速率供应时，称为边供应边需求。能够提供瞬时供货的并不多，供水、供电等可以看作是瞬时供货，而在经济生活中普遍存在的还是有一定滞后时间的补充供货情况。一般地，从开始订货到货物到达止的时间，我们称为订货支付时间（Lead Time）；从开始生产到生产完毕的时间，我们称为生产时间。

这三个基本要素就构成了一般存储系统的结构模式，如图 11-1 所示。由于生产或销售的需求，从存储中取出一定数量的库存货物，这就是存储系统的输出。由于存储货物的不断输出而减少，则必须及时作必要的补充，这就是存储系统的输入。

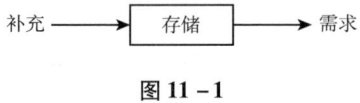

图 11-1

11.1.3 存储问题中的费用分类

费用是评价存储问题优劣的主要标准。经常考虑到的费用项目主要有：存储费、订货费、生产费和缺货费。

(1) 存储费 (C_1)。

存储费用是由于对库存物资进行保管而引起的费用，它包括：货物占用资金的利息；为了库存物资安全而向保险机构缴纳的保险金；部分库存物资损坏、变质、短缺而造成的损失；库存物资占用仓库面积而引起的一系列费用，如货物的搬运费，仓库本身的固定资产折旧，仓库维修费用，仓库及其设备的租金，仓库的取暖、冷藏、照明等费用，仓库管理人员等的工资、福利费用，仓库的业务核算费用等。存储费与时间和数量成正比，一般用 C_1 表示。

（2）缺货费（C_2）。

当某种物资存储量不足时，不能及时满足顾客或生产的需要而引起的费用。如缺货引起的停工损失、延期交货而付出的罚金、信誉损失、失去销售机会的损失以及不能履行合同而缴纳的罚款等。在不允许缺货的情况下，缺货费为无穷大。缺货费一般用 C_2 表示。

（3）订货费（$C_3 + KQ$）。

订货费是指为取得物资所发生的费用。它包括两项费用：一项是订货费用（固定费用），如采购人员的各种工资、差旅费、订购合同、邮电费用等，它与订购次数有关，与订购数量无关，一般用 C_3 表示；另一项是货物的成本费用，它与订购数量有关，为可变费用，如货物本身的价格、运输费用等，我们往往用 K 表示货物单价，Q 表示订购数量，则可变费用为 KQ。从而订货费可以表示为 $C_3 + KQ$。

（4）生产费。

对库存物资的自制产品，在批量生产情况下每批产品产前的工艺准备费用、工具和卡具费用、设备调整费用等。它也包括两项：一是组织或者调整生产线的有关费用，同组织生产次数有关，而与每次生产数量无关；二是与生产数量有关，如原材料成本、直接加工费用等。

11.1.4 存储策略

存储论所要解决的问题是：多少时间补充一次，每次补充的数量应该是多少？决定多少时间补充一次以及补充数量的策略称为存储策略。

（1）t 循环策略：不论实际存储状态如何，每隔一个固定周期 t，就补充一个同样的固定存储量 Q。这种存储策略最为简单，但缺乏对现实存储状态的考虑。

（2）(t, S) 策略：这种策略是对 t 循环策略的改进。设定储存量为 S，每隔一个固定周期 t 就补充一次，补充数量以补足 S 为准。因此这种策略每次补充的数量并不固定，若存储余量为 I 时，则补充数量为 $Q = S - I$。

（3）(s, S) 策略：这种策略是设定一个安全存储量 s，当存储余量 $I > s$ 时，就不对存储进行补充；若 $I \leq s$，则对存储进行补充，补充数量为 $Q = S - I$。

（4）(t, s, S) 策略：这种策略事实上是 (t, S) 策略与 (s, S) 策略的一种结合，即每隔一个固定周期 t，检查存储量是否低于安全存储量，根据检查结果来决定是否订货以及订购数量。

11.2 确定型存储模型

11.2.1 模型一：不允许缺货，补充时间极短

为了便于描述与分析，本模型的假设为：
(1) 需求是连续均匀的，即单位时间内的需求量（需求速度）R 是常数。
(2) 不允许缺货，即缺货费用 C_2 为无穷大。
(3) 当存储量将至零时，可以立即补充，补充时间极短，可以瞬间完成，即补充时间近似为零，不会造成缺货。
(4) 单位物品单位时间内的存储费为 C_1；物品单价为 K，每次订货量为 Q；固定订货费（每一次订货的固定费用）为 C_3。

这是一个典型的 t 循环策略，其存储状态变化如图 11-2 所示。

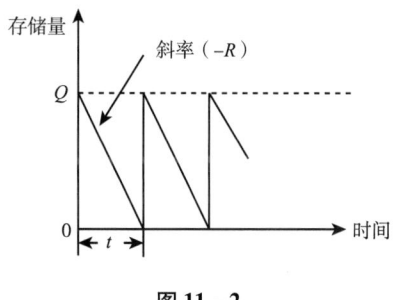

图 11-2

因为是 t 循环策略，存储问题在每个周期内都是相同的，因此我们只需要考虑最佳订货量与最佳订货周期即可。又因为可以立即得到补充，不会缺货，因而不考虑缺货费用。费用包括存储费用、订货费用（订购费 + 货物费）。下面我们分别求出这些费用。

根据假设可知，一次订购量 Q 需要满足周期 t 内的需求，故 $Q = Rt$。

首先分析存储费。由于在周期 t 内，需求是连续均匀的，其存储量是从 Q 降到零，故只能求其平均存储量，周期内的平均存储量为：

$\frac{1}{t}\int_0^t RTdT = \frac{1}{2}Rt = \frac{1}{2}Q$。

故周期内的平均存储费为：$\frac{1}{2}C_1Q = \frac{1}{2}C_1Rt$。

订货费为：$C_3 + KQ$。但由于存储费是周期内的平均费用，故订货费也需要转化

为周期内的平均订货费，即 $\frac{1}{t}(C_3 + KQ) = \frac{C_3}{t} + KR$。

因此，周期 t 内的平均费用为：

$$C(t) = \frac{1}{2}C_1Rt + \frac{C_3}{t} + KR \qquad (11-1)$$

图 11-3 为 $C(t)$ 与 t 之间的关系变化图，可以看出，当 $t = t^*$ 时，$C(t)$ 能够取到最小值 C^*。

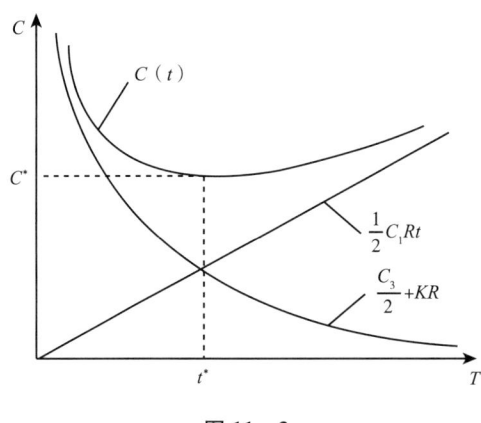

图 11-3

根据式 （11-1），可以求得：$\frac{dC(t)}{dt} = \frac{1}{2}C_1R - \frac{C_3}{t^2}$，$\frac{d^2C(t)}{dt^2} = 2\frac{C_3}{t^3} > 0$，故 $C(t)$ 有最小值。令 $\frac{dC(t)}{dt} = \frac{1}{2}C_1R - \frac{C_3}{t^2} = 0$，得到：

$$t^* = \sqrt{\frac{2C_3}{C_1R}} \qquad (11-2)$$

从而可以得到：

$$Q^* = Rt^* = \sqrt{\frac{2C_3R}{C_1}} \qquad (11-3)$$

$$C^* = C(t^*) = \frac{1}{2}C_1R\sqrt{\frac{2C_3}{C_1R}} + C_3\sqrt{\frac{C_1R}{2C_3}} + KR = \sqrt{2C_1C_3R} + KR \qquad (11-4)$$

根据上述结果，t^* 为最佳订货周期，Q^* 为最佳订购批量。即按照 t 循环策略，应该每隔 t^*，就补充存储量 Q^*，这样就使周期内的平均费用 C^* 是最低的。

同时从式 （11-1） 和式 （11-4） 可以看出，由于物品单价 K 和需求速度 R 是常数，故 KR 的取值对求解平均费用 $C(t)$ 的极值没有影响，为了分析方便，在求解 $C(t)$ 时往往将这一费用忽略掉，从而式 （11-4） 变为：

$$C^* = \sqrt{2C_1C_3R} \tag{11-5}$$

这一模型是研究存储问题的基本模型，Q^* 被称为经济订购批量（Economic ordering quantity，EOQ），有时也称为经济批量（Economic lot size）。

【例 11-1】 某商店有甲商品出售，每单位甲商品成本为 500 元，其存储费用每年为成本的 20%，该商品每次的定购费为 20 元，顾客对甲商品的年需求量为 365 个，如不允许缺货，订货提前期为零，求最佳订购批量及最佳订货周期（一年按 365 天计算）。

解： 由题意可知 $C_1 = 500 \times 20\% = 100$ 元/年，$C_3 = 20$ 元/次，$R = 365$ 个/年。

$$Q^* = \sqrt{\frac{2C_3R}{C_1}} = \sqrt{\frac{2 \times 20 \times 365}{100}} \approx 12(\text{个})。$$

$$t^* = \sqrt{\frac{2C_3}{C_1R}} \approx 0.033(\text{年}) \approx 12(\text{天})。$$

此时可以求出费用为：

$$C^* = \sqrt{2C_1C_3R} = \sqrt{2 \times 20 \times 100 \times 365} \approx 1\,208(\text{元})。$$

即应每隔 12 天就订购一次货，每次订购 12 个，能够使年平均费用最低，为 1 208 元。

【例 11-2】 某厂按合同每年需提供 D 个产品，不许缺货。假设每一周期工厂需装配费用为 C_3 元。存储费每年每单位产品为 C_1 元，问全年应分几批供货才能使装配费、存贮费两者之和最少。

解： 假设全年分 n 批供货，则每批生产量为 $Q = D/n$，周期为 $t = 1/n$ 年。

每个周期内的平均存储费为 $\frac{1}{2}C_1Q \times \frac{1}{n} = \frac{C_1Q}{2n}$，故年平均存储费为 $\frac{C_1Q}{2n} \times n = \frac{1}{2}C_1Q$。

因为每个周期的装配费为 C_3，故年平均装配费为 $C_3 \times n = C_3\frac{D}{Q}$。

因此年平均总费用为：$C(Q) = \frac{1}{2}C_1Q + C_3\frac{D}{Q}$。

这里我们把 Q 视为连续变量，令 $C(Q)$ 的一阶导数为零，即 $\frac{dC(Q)}{dQ} = \frac{1}{2}C_1 - C_3\frac{D}{Q^2} = 0$，可以求得 $Q^* = \sqrt{\frac{2C_3D}{C_1}}$，即 Q^* 为以年为周期的经济订购批量。

故最佳订购批次为 $n^* = \frac{D}{Q^*} = \sqrt{\frac{C_1D}{2C_3}}$，最佳订购周期为 $t^* = \sqrt{\frac{2C_3}{C_1D}}$。

需要注意的是，在实际问题中 n^* 与 t^* 应该取整数。若 n^* 非整数，则可以取 $[n^*]$ 或 $[n^*]+1$，$[n^*]$ 表示不超过 n^* 的最大整数。当然如果为了精确起见，则可以比较这两个数值谁能够使总费用最小,取使总费用最小的那个数值。

11.2.2 模型二:不允许缺货,补充需要一定时间

模型一是假设补充能够瞬间得到实现,但在现实中往往并非如此。例如,订购的货物需要一定时间入库,或者企业需要一定时间来进行生产准备等,在这些情况补充都需要一定的时间。为了便于描述与分析,本模型的假设为:

(1) 需求是连续均匀的,即单位时间内的需求量(需求速度)R 是常数。

(2) 不允许缺货,即缺货费用 C_2 为无穷大。

(3) 当存储量将至零时,开始组织生产补充,单位时间内生产量(生产率)$P(P > R)$ 为常数。生产的产品一部分满足需求,剩余的部分作为库存,当达到最大存储量时,停止生产,接下来以存储来满足需求。当存储量将至零时,再开始生产,开始一个新的周期。

(4) 单位物品单位时间内的存储费为 C_1;最大存储量为 Q;固定生产准备费(每一次生产的固定费用)为 C_3。

可以看出,本模型除了补充需要一定时间外,其余假设与模型一是相同的。本模型的存储状态变化如图 11-4 所示。

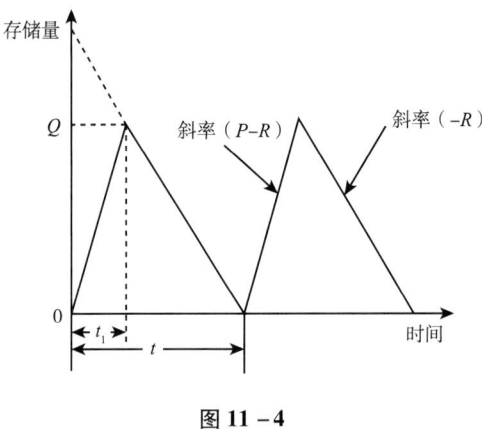

图 11-4

从图 11-4 可以看出,在 $[0, t_1]$ 时间内以速度 $(P-R)$ 开始补充存储,在 $[t_1, t]$ 时间内以速度 R 开始消耗存储,故 $(P-R)t_1 = R(t-t_1)$;也可以理解为 $[0, t_1]$ 时间内以速度 P 进行生产,在 $[0, t]$ 时间内以速度 R 满足市场需求,因此有 $Pt_1 = Rt$。这两种理解方式都可以得到 $t_1 = \frac{R}{P}t$。

在周期 t 内,最大存储量为 $Q = (P-R)t_1 = (P-R)\frac{R}{P}t$,故平均存储量为 $\frac{1}{2}Q =$

$\frac{1}{2}(P-R)\frac{R}{P}t$。

首先，分析存储费用。在周期 t 内，平均存储费为 $\frac{1}{2}C_1Q = \frac{1}{2}C_1(P-R)\frac{R}{P}t$。

其次，在周期 t 内，所需固定准备费为 C_3，故平均固定准备费为 $\frac{C_3}{t}$。

因为不允许缺货，故不予考虑缺货费用。

则周期 t 内平均总费用为：

$$C(t) = \frac{1}{2}C_1(P-R)\frac{R}{P}t + \frac{C_3}{t} \tag{11-6}$$

因此有 $\frac{dC(t)}{dt} = \frac{1}{2}C_1(P-R)\frac{R}{P} - \frac{C_3}{t^2}$，$\frac{d^2C(t)}{dt^2} = 2\frac{C_3}{t^3} > 0$，故 $C(t)$ 有最小值。令 $\frac{dC(t)}{dt} = 0$，可以求得最佳存储周期为：

$$t^* = \sqrt{\frac{2C_3P}{C_1R(P-R)}} = \sqrt{\frac{2C_3}{C_1R}}\sqrt{\frac{P}{P-R}} \tag{11-7}$$

经济生产批量为：

$$A^* = Rt^* = \sqrt{\frac{2C_3R}{C_1}}\sqrt{\frac{P}{P-R}} \tag{11-8}$$

最佳存储量为：

$$Q^* = R(t^* - t_1^*) = \sqrt{\frac{2C_3R}{C_1}}\sqrt{\frac{P-R}{P}} \tag{11-9}$$

生产结束时间为：

$$t_1^* = \frac{R}{P}t^* = \sqrt{\frac{2C_3R}{C_1}}\sqrt{\frac{1}{P(P-R)}} \tag{11-10}$$

此时平均总费用为：

$$C^* = \sqrt{2RC_1C_3}\sqrt{\frac{P-R}{P}} \tag{11-11}$$

显然，若 $P \to \infty$ 时，此时 $\sqrt{\frac{P}{P-R}} \to 1$，$\sqrt{\frac{P-R}{P}} \to 1$，$\sqrt{\frac{1}{P(P-R)}} \to 0$，$Q^* \to A^*$，可以发现此时该模型就转变为模型一。因为 $P \to \infty$，即可以理解为补充能够瞬间满足。

【例 11-3】有一个生产和销售图书馆设备的公司，经营一种图书馆专用书架，基于以往的销售记录和今后的市场预测，估计今年一年的需求量为 4 900 个，由于占有资金的利息和存储库房以及其它人力物力的费用，存储一个书架一年要花费 1 000 元。这种书架是该公司自己生产的，每年的生产能力为 9 800 个，而组织一次生产要花费设备调试等生产费 500 元。该公司为了把成本降到最低，应如何组织生产呢？求出最优每次的生产量、相应的周期、最少的每年的总费用及每年的生产次数。

解：由题意知，$P = 9\ 800$ 个/年，$R = 4\ 900$ 个/年，$C_1 = 1\ 000$ 元/个·年，$C_3 = 500$ 元/次，因此最优生产量为：

$$A^* = \sqrt{\frac{2C_3 R}{C_1}} \sqrt{\frac{P}{P - R}} = \sqrt{\frac{2 \times 500 \times 4\ 900}{1\ 000}} \sqrt{\frac{9\ 800}{9\ 800 - 4\ 900}} \approx 99(\text{个})。$$

每年的生产次数为：

$$\frac{D}{A^*} = \frac{4\ 900}{99} = 49.5 \approx 50(\text{次})。$$

若每年的工作日按 250 天计，则相应的周期为：$\frac{250}{50} = 5$（天）。

一年最少的平均总费用为：

$$C^* = \sqrt{2RC_1 C_3} \sqrt{\frac{P - R}{P}} = \sqrt{2 \times 3\ 900 \times 1\ 000 \times 500} \sqrt{\frac{9\ 800 - 4\ 900}{9\ 800}} \approx 49\ 750(\text{元})。$$

【例 11 - 4】 某商品月需求量为 30 件，需求速度为常数。商品的月存储费用为 6 元，每次订购费为 20 元，订购后需要 5 天才到货，且到货速度为常数，即 2 件/天。求最优存储策略。

解：在本例中，补充需要考虑入库时间和拖后时间，订购时间应该在存储降至为零的第 5 天。由题意知，$P = 2$ 件/天，$R = 1$ 件/天，$C_1 = 6 \times \frac{1}{30} = 0.2$ 元/件·天，$C_3 = 20$ 元/次。根据上述公式计算可得：

$t^* = 20$ 天，$A^* = 20$ 件，$Q^* = 10$ 件，$C^* = 2$ 元。

由于拖后时间为 5 天，5 天内的需求量为 5 件，因此只要存储降至 5 就要订货。一般地，若 t_1 为拖后期，R 为需求速度，当存储量降至 $L = Rt_1$ 时即需要订货，L 称为订货点（或者订购点）。

11.2.3 模型三：允许缺货，补充时间极短

在模型一和模型二中，均假设不允许缺货的。但对于现实问题而言，由于受到各种因素的制约，缺货已成为企业经营管理中常见的现象。当发生缺货时，必然导致缺货费用的发生，但可以减少库存量，从而减少存储费用，同时，不必经常地去订货，也会使订购费用减少。当降低的成本大于造成的缺货损失时，我们自然就采取缺货策略。

为了便于描述与分析，本模型的假设为：

（1）需求是连续均匀的，即单位时间内的需求量（需求速度）R是常数。

（2）允许缺货，且缺货部分在下一次订购中能够一次性得到满足。

（3）补充时间极短，可以瞬间完成，即补充时间近似为零。

（4）单位物品单位时间内的存储费为C_1，缺货费为C_2；最大存储量为Q，最大缺货量为S；固定订货费（每一次订货的固定费用）为C_3。

可以看出，本模型假设条件除允许缺货外，其余假设条件与模型一相同。本模型的存储状态变化如图11-5所示。

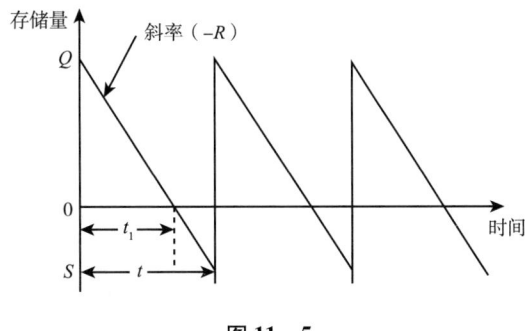

图 11-5

从图11-5可以看出，在$[0, t_1]$时间内以存储量Q来满足需求，即$Q = Rt_1$，故$t_1 = \dfrac{Q}{R}$。在这段时间内，平均存储量为$\dfrac{1}{2}Q$，故存储费用为$\dfrac{1}{2}C_1 Q t_1 = \dfrac{1}{2}C_1 \dfrac{Q^2}{R}$。

在$[t_1, t]$时间内开始出现缺货，最大缺货量为S，即$S = R(t - t_1) = Rt - Q$，故$t - t_1 = \dfrac{S}{R}$。在$t - t_1$这段时间内，平均缺货量为$\dfrac{1}{2}S$，故缺货费用为$\dfrac{1}{2}C_2 S(t - t_1) = \dfrac{1}{2}C_2 \dfrac{S^2}{R} = \dfrac{1}{2}C_2 \dfrac{(Rt - Q)^2}{R}$。

现在考虑在整个周期t内的平均总费用。

$$C(Q, t) = \dfrac{1}{t}\left[\dfrac{1}{2}C_1 \dfrac{Q^2}{R} + \dfrac{1}{2}C_2 \dfrac{(Rt - Q)^2}{R} + C_3\right] \tag{11-12}$$

从式（11-12）可以看出，此时$C(Q, t)$中含有两个决策变量Q和t，其海塞矩阵为正定，因此有最小值。分别令$\dfrac{\partial C(Q, t)}{\partial Q} = 0$，$\dfrac{\partial C(Q, t)}{\partial t} = 0$，可以求得：

最佳存储量为：

$$Q^* = \sqrt{\dfrac{2C_3 R}{C_1}} \sqrt{\dfrac{C_2}{C_1 + C_2}} \tag{11-13}$$

最佳订购周期为：

$$t^* = \sqrt{\frac{2C_3}{C_1 R}} \sqrt{\frac{C_1 + C_2}{C_2}} \qquad (11-14)$$

最优订货量为：

$$A^* = Rt^* = \sqrt{\frac{2C_3 R}{C_1}} \sqrt{\frac{C_1 + C_2}{C_2}} \qquad (11-15)$$

最大缺货量为：

$$S^* = A^* - Q^* = \sqrt{2C_1 C_3 R} \sqrt{\frac{1}{C_2(C_1 + C_2)}} \qquad (11-16)$$

周期内平均总费用为：

$$C^* = \sqrt{2C_1 C_3 R} \sqrt{\frac{C_2}{C_1 + C_2}} \qquad (11-17)$$

显然，若 $C_2 \to \infty$ 时，此时 $\sqrt{\frac{C_2}{C_1+C_2}} \to 1$，$\sqrt{\frac{C_1+C_2}{C_2}} \to 1$，$\sqrt{\frac{1}{C_2(C_1+C_2)}} \to 0$，$Q^* \to A^*$，可以发现此时该模型就转变为模型一。因为 $C_2 \to \infty$，即可以理解为不允许缺货。

另外，由于 $\frac{C_2}{C_1+C_2} < 1$，$\frac{C_1+C_2}{C_2} > 1$，因此在允许缺货的情况下存储量将变少，订购周期延长，但每次订货量增加；且单位缺货费用越小，订购间隔时间就越长，订货量就越大。

【例 11-5】 某百货公司对某种型号的电冰箱年需求量为 4 900 台，设每次定购费为 50 元，每台每年存储费为 100 元。如果允许缺货，则每台每年的缺货损失费为 200 元。试求最佳存储方案。

解：单位时间确定为年。由题意可知，$C_1 = 100$ 元/台·年，$C_2 = 200$ 元/台·年，$C_3 = 50$ 元/次，$R = 4\ 900$ 台/年。则容易得到：

最佳存储量为：$Q^* = \sqrt{\frac{2C_3 R}{C_1}} \sqrt{\frac{C_2}{C_1+C_2}} = \sqrt{\frac{2 \times 50 \times 4\ 900}{100}} \sqrt{\frac{200}{100+200}} \approx 57$（台）。

最佳订购量为：$A^* = Rt^* = \sqrt{\frac{2C_3 R}{C_1}} \sqrt{\frac{C_1+C_2}{C_2}} = \sqrt{\frac{2 \times 50 \times 4900}{100}} \sqrt{\frac{100+200}{200}} \approx 85$（台）。

最大缺货量为：$S^* = A^* - Q^* = 28$（台）。

最佳订购周期为：$t^* = \sqrt{\frac{2C_3}{C_1 R}} \sqrt{\frac{C_1+C_2}{C_2}} = \sqrt{\frac{2 \times 50}{100 \times 4\ 900}} \sqrt{\frac{100+200}{200}} \approx 0.0174$（年）$\approx 6.35$（天）。

平均最低总费用为：$C^* = \sqrt{2C_1 C_3 R} \sqrt{\frac{C_2}{C_1+C_2}} = \sqrt{2 \times 100 \times 50 \times 4\ 900} \sqrt{\frac{200}{100+200}} \approx 5\ 715$（元）。

11.2.4 模型四：允许缺货，补充需要一定时间

本模型是在综合模型二与模型三的基础上提出的。为了便于描述与分析，本模型的假设为：

（1）需求是连续均匀的，即单位时间内的需求量（需求速度）R 是常数。

（2）允许缺货，且缺货部分在下一次生产中能够逐渐得到满足。

（3）补充需要一定时间。不考虑拖后时间，只考虑生产时间，即一旦需要，即可组织生产，但生产需要一定时间。假定单位时间内生产量（生产率）$P(P>R)$ 为常数。

（4）单位物品单位时间内的存储费为 C_1，缺货费为 C_2；固定订货费（每一次订货的固定费用）为 C_3；最大存储量为 Q，最大缺货量为 S。

本模型的存储状态变化如图 11-6 所示。

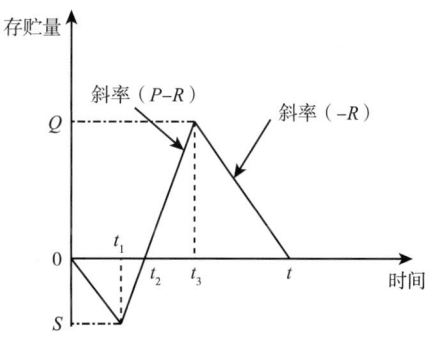

图 11-6

从图 11-6 可以看出，在 $[0, t_2]$ 时间内，存储量为零，在 t_1 达到最大缺货量 S，因此有 $S = Rt_1 = (P-R)(t_2 - t_1)$，得到 $t_1 = \dfrac{P-R}{P} t_2$。同时在 $[0, t_2]$ 时间内，平均缺货量为 $\dfrac{1}{2} S$，则缺货费用为 $\dfrac{1}{2} C_2 S t_2 = \dfrac{1}{2} C_2 R t_1 t_2 = \dfrac{1}{2} C_2 \dfrac{R(P-R)}{P} t_2^2$。

在 $[t_2, t]$ 时间内，在 t_3 达到最大存储量 Q，因此有 $Q = (P-R)(t_3 - t_2) = R(t - t_3)$；或者从另一方面理解，在 $[t_2, t_3]$ 按照速度 P 进行生产，在 $[t_2, t]$ 按照速度 R 满足需求，因此有 $P(t_3 - t_2) = R(t - t_2)$，都可以得到 $t_3 - t_2 = \dfrac{R}{P}(t - t_2)$。

在 $[t_2, t]$ 时间内，平均存储量为 $\dfrac{1}{2} Q$，因此存储费用为：$\dfrac{1}{2} C_1 Q(t - t_2) = \dfrac{1}{2} C_1 (P - R)(t_3 - t_2)(t - t_2) = \dfrac{1}{2} C_1 \dfrac{R(P-R)}{P} (t - t_2)^2$。

订货费用为 C_3。

因此在周期 t 内，平均总费用为：

$$C(t,t_2) = \frac{1}{t}\left[\frac{1}{2}C_2\frac{R(P-R)}{P}t_2^2 + \frac{1}{2}C_1\frac{R(P-R)}{P}(t-t_2)^2 + C_3\right] \quad (11-18)$$

从式（11-18）可以看出，此时 $C(t, t_2)$ 中含有两个决策变量 t 和 t_2，其海塞矩阵为正定，因此有最小值。分别令其一阶偏导数为零，即 $\frac{\partial C(t,t_2)}{\partial t}=0$，$\frac{\partial C(t,t_2)}{\partial t_2}=0$，可以求得：

最佳存储周期为：

$$t^* = \sqrt{\frac{2C_3}{C_1 R}}\sqrt{\frac{C_1+C_2}{C_2}}\sqrt{\frac{P}{P-R}} \quad (11-19)$$

最佳缺货补足时间为：

$$t_2^* = \frac{C_1}{C_1+C_2}t^* = \sqrt{\frac{2C_3}{R}}\sqrt{\frac{C_1}{C_2(C_1+C_2)}}\sqrt{\frac{P}{P-R}} \quad (11-20)$$

经济生产批量为：

$$A^* = Rt^* = \sqrt{\frac{2C_3 R}{C_1}}\sqrt{\frac{C_1+C_2}{C_2}}\sqrt{\frac{P}{P-R}} \quad (11-21)$$

开始生产时间为：

$$t_1^* = \frac{P-R}{P}t_2^* = \sqrt{\frac{2C_3}{R}}\sqrt{\frac{C_1}{C_2(C_1+C_2)}}\sqrt{\frac{P-R}{P}} \quad (11-22)$$

结束生产时间为：

$$t_3^* = \frac{R}{P}(t^*-t_2^*) + t_2^* \quad (11-23)$$

最大存储量为：

$$Q^* = R(t^*-t_3^*) = \sqrt{\frac{2C_3 R}{C_1}}\sqrt{\frac{C_2}{C_1+C_2}}\sqrt{\frac{P-R}{P}} \quad (11-24)$$

最大缺货量为：

$$S^* = Rt_1^* = \sqrt{2C_1 C_3 R}\sqrt{\frac{1}{C_2(C_1+C_2)}}\sqrt{\frac{P-R}{P}} \quad (11-25)$$

最小平均总费用为：

$$C^* = \sqrt{2C_1 C_3 R}\sqrt{\frac{C_2}{C_1+C_2}}\sqrt{\frac{P-R}{P}} \quad (11-26)$$

显然，若 $C_2 \to \infty$，此时本模型就转化为模型二；若 $P \to \infty$，本模型就转变为模型三；若 $C_2 \to \infty$ 和 $P \to \infty$，则本模型就转化为模型一。因此前三个模型是本模型的特例，本模型是前三个模型的推广。表 11-1 给出这四个模型的主要参数对比。

表 11-1

名称	最佳存储周期 t^*	最大存储量 Q^*	经济生产批量 A^*	最低平均总费用 C^*
模型一	$\sqrt{\dfrac{2C_3}{C_1 R}}$	$\sqrt{\dfrac{2C_3 R}{C_1}}$	$\sqrt{\dfrac{2C_3 R}{C_1}}$	$\sqrt{2C_1 C_3 R}$
模型二	$\sqrt{\dfrac{2C_3}{C_1 R}}\sqrt{\dfrac{P}{P-R}}$	$\sqrt{\dfrac{2C_3 R}{C_1}}\sqrt{\dfrac{P-R}{P}}$	$\sqrt{\dfrac{2C_3 R}{C_1}}\sqrt{\dfrac{P}{P-R}}$	$\sqrt{2RC_1 C_3}\sqrt{\dfrac{P-R}{P}}$
模型三	$\sqrt{\dfrac{2C_3}{C_1 R}}\sqrt{\dfrac{C_1+C_2}{C_2}}$	$\sqrt{\dfrac{2C_3 R}{C_1}}\sqrt{\dfrac{C_2}{C_1+C_2}}$	$\sqrt{\dfrac{2C_3 R}{C_1}}\sqrt{\dfrac{C_1+C_2}{C_2}}$	$\sqrt{2C_1 C_3 R}\sqrt{\dfrac{C_2}{C_1+C_2}}$
模型四	$\sqrt{\dfrac{2C_3}{C_1 R}}\sqrt{\dfrac{C_1+C_2}{C_2}}\sqrt{\dfrac{P}{P-R}}$	$\sqrt{\dfrac{2C_3 R}{C_1}}\sqrt{\dfrac{C_2}{C_1+C_2}}\sqrt{\dfrac{P-R}{P}}$	$\sqrt{\dfrac{2C_3 R}{C_1}}\sqrt{\dfrac{C_1+C_2}{C_2}}\sqrt{\dfrac{P}{P-R}}$	$\sqrt{2C_1 C_3 R}\sqrt{\dfrac{C_2}{C_1+C_2}}\sqrt{\dfrac{P-R}{P}}$

从表 11-1 可以看出，对于这四个模型来说，$\left(\dfrac{P}{P-R}\right)$ 对应了补充是否需要时间的假设条件，$\left(\dfrac{C_1+C_2}{C_2}\right)$ 对应了是否允许缺货的假设条件。一个存储问题是否允许缺货或者补充是否需要时间，完全取决于现实问题。例如，若缺货引起的损坏或者后果非常严重，则从管理的角度应当提出不允许缺货的建模要求，否则可视为允许缺货。若补充时间相对于存储周期而言微不足道，则可以考虑补充不需要时间的假设，否则需要考虑补充时间。

【例 11-6】某企业每月生产需要零件 100 件。该企业自己组织该零件的生产，生产速度为每月 500 件，每次生产的固定费用为 5 元，每件产品每月存储费用为 0.4 元。允许缺货，单位零件的每月缺货费用为 1.6 元。试求经济生产批量、最大存储量、最大缺货量及最小平均总费用。

解：单位时间确定为月。由题意可知，$C_1 = 0.4$ 元/件·月，$C_2 = 1.6$ 元/件·月，$C_3 = 5$ 元/次，$R = 100$ 件/月，$P = 500$ 件/月。则容易得到：

经济生产批量为：

$$A^* = \sqrt{\frac{2C_3 R}{C_1}}\sqrt{\frac{C_1+C_2}{C_2}}\sqrt{\frac{P}{P-R}} = \sqrt{\frac{2\times 5\times 100}{0.4}}\sqrt{\frac{0.4+1.6}{1.6}}\sqrt{\frac{500}{500-100}} \approx 63 \text{（件）}。$$

最大存储量为：

$$Q^* = \sqrt{\frac{2C_3 R}{C_1}}\sqrt{\frac{C_2}{C_1+C_2}}\sqrt{\frac{P-R}{P}} = \sqrt{\frac{2\times 5\times 100}{0.4}}\sqrt{\frac{1.6}{0.4+1.6}}\sqrt{\frac{500-100}{500}} \approx 40 \text{（件）}。$$

最大缺货量为：

$$S = \sqrt{2C_1 C_3 R}\sqrt{\frac{1}{C_2(C_1+C_2)}}\sqrt{\frac{P-R}{P}} = \sqrt{2\times 0.4\times 5\times 100}\sqrt{\frac{1}{1.6\times(0.4+1.6)}}$$

$$\sqrt{\frac{500-100}{500}} \approx 10 \text{ (件)}。$$

最小平均总费用为：

$$C^* = \sqrt{2C_1C_3R}\sqrt{\frac{C_2}{C_1+C_2}}\sqrt{\frac{P-R}{P}} = \sqrt{2\times0.4\times5\times100}\sqrt{\frac{1.6}{0.4+1.6}}\sqrt{\frac{500-100}{500}} \approx 16 \text{ (元)}。$$

11.2.5 模型五：价格与订货批量有关

在前四个模型中，都没有考虑到订货量与物品价格之间的关系。在现实问题中，为了鼓励需求方加大订货数量，供应方往往实施价格优惠，即不同的订货量，物品的单价不同。所以我们在决定最优订货批量时，不仅要考虑存储费和订货费，而且还要考虑订购物品的货款，使它们的总费用最少。

在模型五中，除了物品单价随订购数量变化外，其余条件与模型一的假设条件相同。

设订货批量为 Q 时对应的物品单价为 $K(Q)$。当 $Q_{i-1} \leq Q < Q_i$ 时，$K(Q) = K_i$ ($i=1,\cdots,n$)，其中 Q_i 为价格折扣的某个分界点，且 $0 \leq Q_0 < Q_1 < \cdots < Q_n$，$K_1 > K_2 > \cdots > K_n$。

因此，在一个存储周期内平均总费用为：

$$C(t) = \frac{1}{2}C_1Rt + \frac{C_3}{t} + RK(Q) \tag{11-27}$$

其中，$Q = Rt$，当 $Q_{i-1} \leq Q = Rt < Q_i$ 时 $K(Q) = K_i(i=1,\cdots,n)$。

若将每单位物品平均的总费用记作 $C(Q)$，则有：

$$C(Q) = \frac{1}{2}C_1\frac{Q}{R} + \frac{C_3}{Q} + K(Q) \tag{11-28}$$

为方便讨论，我们假设 $K(Q)$ 按照三个数量等级变化，如图 11-7 所示。

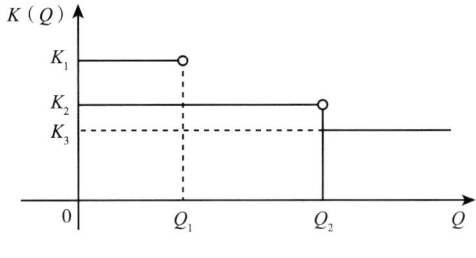

图 11-7

此时有：

$$K(Q) = \begin{cases} K_1 & 0 \leq Q < Q_1 \\ K_2 & Q_1 \leq Q < Q_2 (K_1 > K_2 > K_3) \\ K_3 & Q_2 \leq Q \end{cases} \quad (11-29)$$

将 $K(Q)$ 代入式（11-28），可以得到：

$$C^I(Q) = \frac{C_1}{2R}Q + \frac{C_3}{Q} + K_1, \quad Q \in [0, Q_1);$$

$$C^{II}(Q) = \frac{C_1}{2R}Q + \frac{C_3}{Q} + K_2, \quad Q \in [Q_1, Q_2);$$

$$C^{III}(Q) = \frac{C_1}{2R}Q + \frac{C_3}{Q} + K_3, \quad Q \geq Q_2。$$

如果不考虑到 $C^I(Q)$，$C^{II}(Q)$ 和 $C^{III}(Q)$ 的定义域，则它们之间只相差一个常数，所以它们表示相同的曲线图形，只是位置不同，如图 11-8 所示。

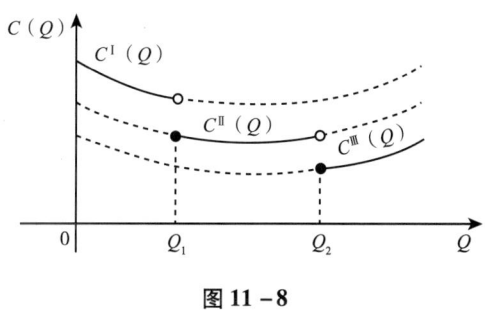

图 11-8

为求最小平均总费用，令 $\frac{dC(Q)}{dQ} = 0$，可以得到 $Q_0 = \sqrt{\frac{2C_3 R}{C_1}}$，这是 EOQ 模型中的经济批量模型。然而 Q_0 落在哪一个区间则难以确定，下面给出求解最优订购批量 Q^* 的计算步骤：

第 1 步，若 $Q_0 < Q_1$，则计算 $C^I(Q_0)$，$C^{II}(Q_1)$ 和 $C^{III}(Q_2)$，$C^* = \{C^I(Q_0), C^{II}(Q_1), C^{III}(Q_2)\}$，则 C^* 对应的批量为最优订购批量 Q^*。

第 2 步，若 $Q_1 \leq Q_0 < Q_2$，则计算 $C^{II}(Q_0)$ 和 $C^{III}(Q_2)$，$C^* = \{C^{II}(Q_0), C^{III}(Q_2)\}$，则 C^* 对应的批量为最优订购批量 Q^*。

第 3 步，若 $Q_0 \geq Q_2$，则 $Q^* = Q_0$

相应地，与 C^* 对应的最优订购周期为 $t^* = \frac{Q^*}{R}$。

【例 11-7】某工厂每天需要某种润滑油 16 公斤，每次订购费用为 16 元，每公斤润滑油每天的保管费用为 0.02 元。当订货数量不到 200 公斤时，润滑油价格为每公斤 5 元；当订货数量超过 200 公斤（含 200 公斤）而不到 500 公斤时，润滑油价格为每公斤 4.8 元；当订货数量超过 500 公斤（含 500 公斤）时，润滑油价格为每公斤 4.7 元。试确定最优订购量与订购周期。

解：单位时间确定为天。由题意可知，$C_1 = 0.02$ 元/公斤·天，$C_3 = 16$ 元/次，$R = 16$ 公斤/天，$Q_1 = 200$ 公斤，$Q_2 = 500$ 公斤。

$$K(Q) = \begin{cases} K_1 = 5 & 0 \leq Q < 200 \\ K_2 = 4.8 & 200 \leq Q < 500 \\ K_3 = 4.7 & Q \geq 500 \end{cases}$$

$$Q_0 = \sqrt{\frac{2C_3 R}{C_1}} = \sqrt{\frac{2 \times 16 \times 16}{0.02}} = 160 \text{（公斤）}。$$

因为 $Q_0 < Q_1$，所需计算 $C^I(Q_0)$，$C^{II}(Q_1)$ 和 $C^{III}(Q_2)$，分别为：

$$C^I(Q_0) = \frac{C_1}{2R}Q_0 + \frac{C_3}{Q_0} + K_1 = \frac{0.02 \times 160}{2 \times 16} + \frac{16}{160} + 5 = 5.2 \text{（元）}；$$

$$C^{II}(Q_1) = \frac{C_1}{2R}Q_1 + \frac{C_3}{Q_1} + K_2 = \frac{0.02 \times 200}{2 \times 16} + \frac{16}{200} + 4.8 \approx 5.01 \text{（元）}；$$

$$C^{III}(Q_2) = \frac{C_1}{2R}Q_2 + \frac{C_3}{Q_2} + K_3 = \frac{0.02 \times 500}{2 \times 16} + \frac{16}{500} + 4.7 = 5.04 \text{（元）}。$$

故 $C^* = \{C^I(Q_0), C^{II}(Q_1), C^{III}(Q_2)\} = 5.01$，所以 $Q^* = Q_1 = 200$（公斤）。

此时最优订购周期为：$t^* = \dfrac{Q^*}{R} = \dfrac{200}{16} = 12.5$（天）。

11.3 随机型存储模型

在前五个模型中都是假定需求是固定不变的常数。然而在现实经济管理问题中，需求往往是随机变化的，如每天智能手机的销售量、新上映电影的观看人数等都是随机变量。由于需求是随机的，因此进货太少，将失去销售机会；进货太多，则因滞销造成损失。

与确定型存储模型不同的是，随机型存储模型中的需求与缺货只能从概率意义上去理解，其存储策略的评判标准为期望获利最大或者期望损失最小。根据订货情况，随机型存储模型可以分为单周期存储模型和多周期存储模型。典型的单周期存储模型是"报童问题"（Newsboy Problem），它是由报童卖报演变而来的，在存储论和供应链管理中有广泛的应用。单周期存储模型和多周期存储模型的区别在于前者周期内只能订货一次，发生短缺时也不允许订货，周期结束时剩余物品可以处理；

后者可以订货多次，周期结束时剩余物品可以进入下一个周期进行使用。

下面我们用一道例题来说明随机型存储模型的存储问题。

【例 11 – 8】某同学拟在新生入学时出售一批学校迎新纪念书签，每售出一张可赢利 7 元。如果在迎新期间不能售出，必须削价处理。由于削价，一定可以售完，此时每张赔损 4 元。根据以往经验，需求概率如表 11 – 2 所示。

表 11 – 2

需求量 r	0	1	2	3	4	5
概率 $P(r)$ $\left(\sum_{r=0}^{5} P(r) = 1\right)$	0.05	0.10	0.25	0.35	0.15	0.10

假定销售开始前该同学只能订货一次。问其应该订购几张迎新纪念书签才能使获利的期望值最大？或者期望损失最小？

解：由于需求量是随机变量，该同学有可能面临供不应求或者滞销的情况。

我们首先从期望获利的角度出发进行分析。不妨假定该同学订购数量为 4 张，则其可能面临的获利情况为：

当市场需求为 0 时获利：$-4 \times 4 = -16$（元）；

当市场需求为 1 时获利：$-4 \times 3 + 7 = -5$（元）；

当市场需求为 2 时获利：$-4 \times 2 + 7 \times 2 = 6$（元）；

当市场需求为 3 时获利：$-4 \times 1 + 7 \times 3 = 17$（元）；

当市场需求为 4 时获利：$-4 \times 0 + 7 \times 4 = 28$（元）；

当市场需求为 5 时获利：$-4 \times 0 + 7 \times 4 = 28$（元）。

因此，该同学订购 4 张时，其期望获利为：

$E[C(4)] = (-16) \times 0.05 + (-5) \times 0.10 + 6 \times 0.25 + 17 \times 0.35 + 28 \times 0.15$
$\quad\quad\quad + 28 \times 0.10 = 13.15$（元）。

类似地，可以分别计算出订购其他数量时的期望获利，结果如表 11 – 3 所示。

表 11 – 3

订购量 Q（张）	0	1	2	3	4	5
期望获利 $E[C(Q)]$（元）	0	6.45	11.80	14.40	13.15	10.25

从表 11 – 3 可以看出，该同学订购 3 张纪念书签时能够使其期望获利最大，为 14.40 元。

下面我们从期望损失最小的角度出发进行分析。需要注意的是，此时损失应包括两类：供不应求时的缺货损失和供大于求时的滞销损失。不妨假定该同学订购数量为 2 张，则其可能面临的损失情况为：

（1）当供货大于需求时滞销损失。

市场需求量为 0 时损失：$(-4) \times 2 = -8$（元）；

市场需求量为 1 时损失：$(-4) \times 1 = -4$（元）；

市场需求量为 2 时损失：0（元）。

（2）当供货小于需求时缺货损失。

市场需求量为 3 时损失：$(-7) \times 1 = -7$（元）；

市场需求量为 4 时损失：$(-7) \times 2 = -14$（元）；

市场需求量为 5 时损失：$(-7) \times 3 = -21$（元）。

因此，该同学订购 2 张时，其期望损失为：

$E[C(2)] = (-8) \times 0.05 + (-4) \times 0.10 + 0 \times 0.25 + (-7) \times 0.35 + (-14) \times 0.15 + (-21) \times 0.10 = -7.45$（元）。

类似地，可以分别计算出订购其他数量时的期望损失，结果如表 11-4 所示。

表 11-4

订购量 Q（张）	0	1	2	3	4	5
期望损失 $E[C(Q)]$（元）	-19.25	-12.80	-7.45	-4.85	-6.10	-9.00

从表 11-4 可以看出，该同学订购 3 张纪念书签时能够使其期望损失最小，期望损失为 4.85 元。

从上述计算过程可以看到，对这类问题我们可以从不同的角度去考虑：期望获利最大或者期望损失最小，事实上代表了决策者的不同决策偏好，但由于是对同一个问题进行决策的，因而其得到的最优结果是相同的。因此，在后续问题处理中，可以根据情况选择其一即可。

11.3.1 模型六：需求为离散随机变量

下面我们通过报童问题来分析此类问题。

报童问题：报童每天售报数量 r 是一个随机变量。报童每售出一份报纸可赚 k 元，若报纸未售出，则每份赔 h 元。每日售出报纸份数 r 的概率 $P(r)$ 是已知的，且 $\sum_{r=0}^{\infty} P(r) = 1$。问报童每日最好准备多少份报纸？

这个问题就是报童每日报纸的订货量 Q 为何值时，其赚钱的期望值最大？反之，如何适当地选择 Q 值，使因不能售出报纸的损失及因缺货失去销售机会的损失，使两者期望值之和最小。现在用计算损失期望值最小的办法求解 Q。

(1) 当供过于求（$r \leqslant Q$）时，则未售出的报纸为（$Q-r$）份，损失为$h(Q-r)$。又因为r是一个离散随机变量，故此时因为滞销带来的期望损失为$\sum_{r=0}^{Q} h(Q-r)P(r)$。

(2) 当供不应求（$r > Q$）时，则缺少的报纸为（$r-Q$）份，损失为$k(r-Q)$。同样因为r是一个离散随机变量，故此时因为缺货带来的期望损失为$\sum_{r=Q+1}^{\infty} k(r-Q)P(r)$。

因此，当报童每天订购Q份报纸时，其每天的期望损失为：

$$E[C(Q)] = \sum_{r=0}^{Q} h(Q-r)P(r) + \sum_{r=Q+1}^{\infty} k(r-Q)P(r) \quad (11-30)$$

类似地，当报童每天订购（$Q+1$）份报纸时，其每天的期望损失为：

$$\begin{aligned} E[C(Q+1)] &= \sum_{r=0}^{Q+1} h(Q+1-r)p(r) + \sum_{r=Q+2}^{\infty} k(r-Q-1)p(r) \\ &= \sum_{r=0}^{Q+1} h(Q-r)p(r) + \sum_{r=0}^{Q+1} hp(r) + \sum_{r=Q+2}^{\infty} k(r-Q)p(r) - \sum_{r=Q+2}^{\infty} kp(r) \end{aligned}$$

又因为$\sum_{r=0}^{\infty} P(r) = 1$，所以$E[C(Q+1)]$又可以改写为：

$$\begin{aligned} E[C(Q+1)] &= \sum_{r=0}^{Q} h(Q-r)p(r) + \sum_{r=0}^{Q} hp(r) + \sum_{r=Q+1}^{\infty} k(r-Q)p(r) - k\left(1 - \sum_{r=0}^{Q} p(r)\right) \\ &= \sum_{r=0}^{Q} h(Q-r)p(r) + \sum_{r=Q+1}^{\infty} k(r-Q)p(r) + (h+k)\sum_{r=0}^{Q} hp(r) - k \end{aligned}$$

如果报童订购Q份报纸时其每天的期望损失最小，则显然其多订一份或者少订一份都有可能导致期望损失值的变大，即：

$$\begin{cases} E[C(Q)] \leqslant E[C(Q+1)] \\ E[C(Q)] \leqslant E[C(Q-1)] \end{cases}$$

因此$E[C(Q+1)] - E[C(Q)] = (h+k)\sum_{r=0}^{Q} p(r) - k \geqslant 0$，即：

$$\frac{k}{k+h} \leqslant \sum_{r=0}^{Q} p(r) \quad (11-31)$$

类似地，通过$E[C(Q-1)] - E[C(Q)] \geqslant 0$可以得到：

$$\sum_{r=0}^{Q-1} p(r) \leqslant \frac{k}{h+k} \quad (11-32)$$

故综合式（11-31）和式（11-32）可以得到：

$$\sum_{r=0}^{Q-1} p(r) \leqslant \frac{k}{h+k} \leqslant \sum_{r=0}^{Q} p(r) \quad (11-33)$$

由式（11-33）即可确定出报童的最佳订购量Q^*，其中$N = \frac{k}{h+k}$称为损益转折概率。

当然，我们也可以通过求期望收益最大的方式进行求解：当供过于求（$r \leq Q$）时，售出 r 份报纸收益为 kr；未售出的报纸为（$Q-r$）份，损失为 $h(Q-r)$；又因为 r 是一个离散随机变量，故此时的期望收益为 $\sum_{r=0}^{Q}[kr-h(Q-r)]P(r)$。当供不应求（$r>Q$）时，所订购的报纸全部销售出去，此时获利为 kQ；同样因为 r 是一个离散随机变量，故此时的期望收益为 $\sum_{r=Q+1}^{\infty}kQP(r)$。

因此，当报童每天订购 Q 份报纸时，其每天的期望收益为：

$$E[C(Q)] = \sum_{r=0}^{Q}[kr-h(Q-r)]P(r) + \sum_{r=Q+1}^{\infty}kQP(r) \quad (11-34)$$

利用同样的方法，可以得到式（11-33），这里的推导过程留给读者。

可以看出该问题的特点是，在一个周期内订货只进行一次，若未到期末货已售完也不再补充订货；若发生滞销，未售出的货应在期末降价处理。无论是供大于求还是供不应求都会造成损失，研究的目的是确定该时期的订货量，使预期的总损失最少或总盈利最大。此类问题在现实中大量存在，如报纸、书刊、服装、食品、计算机硬件等时令性产品的订货。

现在利用式（11-33）来求解例11-8。

由题意可知，$k=7$，$h=4$，故损益转折概率 $N = \dfrac{k}{h+k} = \dfrac{7}{11} \approx 0.64$。

因为 $\sum_{r=0}^{2}p(r)=0.4$，$\sum_{r=0}^{3}p(r)=0.75$，故 $\sum_{r=0}^{2}p(r) \leq N = 0.64 \leq \sum_{r=0}^{3}p(r)$。因此最佳订购量为 3 张。

【例 11-9】 某店拟出售甲商品，每单位甲商品成本 50 元，售价 70 元，如不能售出，必须减价为 40 元，减价后一定可以售出。已知售货量 r 的概率服从泊松分布 $p(r) = \dfrac{e^{-\lambda}\lambda^r}{r!}$，其中 λ 为平均售出数，根据以往经验，平均售出数 $\lambda=6$ 单位。问：该店订购量应为多少单位？

解：由题意知，$k=20$，$h=10$，故损益转折概率 $N = \dfrac{k}{h+k} = \dfrac{20}{30} \approx 0.667$。

销售量 r 的累计概率为 $F(Q) = \sum_{r=0}^{Q}P(r) = \sum_{r=0}^{Q}\dfrac{e^{-\lambda}\lambda^r}{r!} = \sum_{r=0}^{Q}\dfrac{e^{-6}6^r}{r!}$。通过查找泊松分布表可以得到：$F(6)=0.6063$，$F(7)=0.7440$，即 $F(6) \leq N = 0.667 \leq F(7)$。

因此，该店应该订购 7 个单位产品能够获得最大期望获利。

11.3.2 模型七：需求为连续随机变量

设某种物品需求量 r 为连续型随机变量，其概率密度函数为 $\phi(r)$，分布函数为

$F(Q) = \int_0^Q \phi(r)dr$。单位物品的成本为$k$，售价为$p$，且$p > k$。若在周期内销售不完，则需要降价处理，处理价为$w$，且$w < k$。求最优订购数量$Q$。

这里我们从期望获利最大的角度进行分析该问题。

当供过于求（$r \leq Q$）时，期望收益为$\int_0^Q [(p-k)r - (k-w)(Q-r)]\phi(r)dr$。

当供不应求（$r > Q$）时，期望收益为$\int_0^Q (p-k)Q\phi(r)dr$。

因此总的期望收益为：

$$C(Q) = \int_0^Q [(p-k)r - (k-w)(Q-r)]\phi(r)dr + \int_0^Q (p-k)Q\phi(r)dr$$

$$= (p-k)Q + (p-w)\int_0^Q r\phi(r)dr - (p-w)\int_0^Q Q\phi(r)dr \quad (11-35)$$

可以得到$\dfrac{dC(Q)}{dQ} = (p-k) - (p-w)\int_0^Q \phi(r)dr$，$\dfrac{d^2C(Q)}{dQ^2} = -(p-w)\phi(Q) < 0$，故$C(Q)$有极大值。令$\dfrac{dC(Q)}{dQ} = 0$，可以得到：

$$F(Q) = \int_0^Q \phi(r)dr = \frac{p-k}{p-w} \quad (11-36)$$

从式（11-36）所确定的Q^*即为最优订购量。

我们分析另一种情况：这种物品需求量r的概率密度函数为$\phi(r)$，分布函数为$F(Q) = \int_0^Q \phi(r)dr$。单位物品的成本为$k$，售价为$p$，且$p > k$，存储费为$C_1$。求最优订购数量$Q$。

这个问题与上述问题的区别在于多了存储费用，且没有考虑到降价处理。因此，如果在本周期内不能售出，则单位物品亏损将是$(k + C_1)$。因此式（11-36）将改写为：

$$F(Q) = \int_0^Q \phi(r)dr = \frac{p-k}{p+C_1} \quad (11-37)$$

若考虑缺货情况，当缺货损失不仅是销售收入的减少，还需要考虑到赔偿、顾客流失等情况时，即缺货费用$C_2 > p$，此时式（11-36）将改写为：

$$F(Q) = \int_0^Q \phi(r)dr = \frac{C_2 - k}{C_2 + C_1} \quad (11-38)$$

当然，式（11-37）和式（11-38）都可以利用推导的方法进行求出，读者可以自行推导。

【例11-10】某服装店订购一批夏季时装，进货价是每件220元，预计售价为每件320元。夏季未售完要在季末削价处理，处理价为每件50元。根据以往的经验,该时装销售服从 [50,100] 上的均匀分布,求最佳订货量。

解:由题意知,$k=220$,$p=320$,$w=50$。所以 $\dfrac{p-k}{p-w}=\dfrac{320-220}{320-50}\approx 0.37$。

$$F(Q)=\int_{50}^{Q}\dfrac{1}{50}dr=\dfrac{Q-50}{50}=0.37。$$

故 $Q=68.5$,取 $Q^{*}=69$。即该服装店应该订购 69 件服装。

【例 11-11】某服装店订购一批夏季时装,进货价是每件 220 元,预计售价为每件 320 元,每月的存储费用为 10 元。根据以往的经验,该时装服销售服从正态分布,均值为 60 件,标准差为 3 件。求最佳订货量。

解:由题意知,$k=220$,$p=320$,$C_1=10$。所以 $\dfrac{p-k}{p+C_1}=\dfrac{320-220}{320+10}\approx 0.303$。

销售量 $r \sim N(60,3^2)$。

因此有:$F(Q)=\displaystyle\int_{0}^{\frac{Q-60}{3}}\dfrac{1}{\sqrt{2\pi}}e^{-\frac{z^2}{2}}dr=0.303$。

查表可得:$\dfrac{Q-60}{3}=-0.515$,故 $Q\approx 58.5$。取 $Q^{*}=59$。即该服装店应该订购 59 件服装。

11.3.3 模型八:(s,S) 连续存储模型

在模型六和模型七中,都没有考虑到有期初存储问题,也没有考虑到订货费用问题。因此在模型八和模型九中,将结合 (s,S) 存储策略来讨论这一问题。

本模型的问题为:物品单位成本为 k、单位存储费为 C_1、单位缺货费为 C_2、每次订购费为 C_3、期初存储为 I。需求 r 为连续随机变量,其概率密度函数为 $\phi(r)$,分布函数为 $F(Q)=\displaystyle\int_{0}^{Q}\phi(r)dr$。采用 (s,S) 存储策略。问每次订购量 Q 如何确定,才能使损失期望值最小或者期望收益最大?

可知,当期初存储为 I,订购量为 Q 时,则最大存储量为 $S=I+Q$。

我们来考虑周期内的各种费用。

(1) 存储费。当供不应求($r \geqslant S$)时,不需要付存储费;当供过于求($r<S$)时,未售出部分需要付存储费,故期望存储费为 $\displaystyle\int_{0}^{S}C_1(S-r)\phi(r)dr$。

(2) 缺货费。当供过于求($r<S$)时,不需要付缺货费;当供不应求($r \geqslant S$)时产生缺货费,故期望缺货费为 $\displaystyle\int_{S}^{\infty}C_2(r-S)\phi(r)dr$。

(3) 订货费为 C_3+kQ。

因此周期内总的期望费用为：

$$C(S) = \int_0^S C_1(S-r)\phi(r)dr + \int_S^\infty C_2(r-S)\phi(r)dr + C_3 + kQ$$

$$= C_3 + k(S-I) + C_1\int_0^S (S-r)\phi(r)dr + C_2\int_S^\infty (r-S)\phi(r)dr \quad (11-39)$$

类似地，令 $\dfrac{dC(S)}{dS}=0$，可以求得：

$$F(S) = \int_0^S \phi(r)dr = \frac{C_2 - k}{C_2 + C_1} \quad (11-40)$$

从式（11-40）所确定的 S^* 即为使 $C(S)$ 取最小值的点，从而也可以确定最佳订购量 Q^*。同时也可以发现，S^* 的确定与订货点 s 无关。

当 S^* 确定后，若 $I<s$，则订购量为 $Q^*=S^*-I$，即补充存储到最大值 S^*。显然在 $I=s$ 处不订货的期望损失值应该不超过订货的期望损失值，即：

$$C_1\int_0^s (s-r)\phi(r)dr + C_2\int_s^\infty (r-s)\phi(r)dr$$

$$\leq C_3 + k(S^*-s) + C_1\int_0^{S^*}(S^*-r)\phi(r)dr + C_2\int_{S^*}^\infty (r-S^*)\phi(r)dr。$$

即：

$$ks + C_1\int_0^s (s-r)\phi(r)dr + C_2\int_s^\infty (r-s)\phi(r)dr$$

$$\leq C_3 + kS^* + C_1\int_0^{S^*}(S^*-r)\phi(r)dr + C_2\int_{S^*}^\infty (r-S^*)\phi(r)dr \quad (11-41)$$

当 $s=S^*$ 时，不等式（11-41）显然成立。当 $s<S$ 时，不等式右端存储费用期望值大于左端存储费用期望值，右端缺货费用期望值小于左端缺货费用期望值；一增一减后仍然使不等式成立的可能性是存在的。因此使式（11-41）成立的最小 s 为 s^*，则 s^* 即为 (s,S) 存储策略中的订货点 s。

【例 11-12】某公司经销某种产品，这种产品的月销售量服从 [5,10] 内的均匀分布。假设产品进价为 3 元/台，订购费为 5 元/次，存储费为 1 元/台·月，单位缺货费为 5 元，期初存储量为 2 台。求 (s,S) 存储策略。

解：由题意可知，$k=3$，$C_1=1$，$C_2=5$，$C_3=5$，$I=2$。

根据式（11-40），有 $F(S)=\int_0^S \phi(r)dr = \int_5^S \dfrac{1}{5}dr = \dfrac{C_2-k}{C_2+C_1}=\dfrac{1}{3}$，即 $\dfrac{S-5}{5}=\dfrac{1}{3}$，故 $S=\dfrac{20}{3}$。

所以 $Q^*=S^*-I=\dfrac{20}{3}-2=\dfrac{14}{3}$（台）。

根据式（11-41）有：

$$3s + \int_5^s \frac{1}{5}(s-r)dr + 5\int_s^{10}\frac{1}{5}(r-s)dr \leqslant 5 + 3\times\frac{20}{3} + \int_5^{\frac{20}{3}}\frac{1}{5}\left(\frac{20}{3}-r\right)dr +$$
$$5\int_{\frac{20}{3}}^{10}\frac{1}{5}\left(r-\frac{20}{3}\right)dr。$$

对上式整理可得：$\frac{3}{5}s^2 - 8s + \frac{65}{3} \leqslant 0$。令不等式取等号，可以求得 $s_1 = 9.55$，$s_2 = 3.78$。

因为 $s \leqslant S$，故 $s^* = 3.78$（台）。

即该公司的最大存储量 $S^* = 6.67$ 台，订货点为 $s^* = 3.78$ 台，本阶段最佳订购量为 $Q^* = 4.67$ 台。

11.3.4　模型九：(s, S) 离散存储模型

本模型的问题为：物品单位成本为 k、单位存储费为 C_1、单位缺货费为 C_2、每次订购费为 C_3、期初存储为 I。需求 r 为离散随机变量，取值为 $r_0, r_1, \cdots, r_m$（$r_i < r_{i+1}$），其对应的概率为 $P(r_0), P(r_1), \cdots, P(r_m)$，且 $\sum_{i=0}^{m} P(r_i) = 1$。采用 (s, S) 存储策略。问每次订购量 Q 如何确定，才能使损失期望值最小或者期望收益最大？

可知，当期初存储为 I、订购量为 Q 时，则最大存储量为 $S = I + Q$。

我们来考虑周期内的各种费用。

（1）存储费。当供不应求（$r \geqslant S$）时，不需要付存储费；当供过于求（$r < S$）时，未售出部分（$S - r$）需要付存储费，故期望存储费为 $\sum_{r \leqslant S} C_1(S-r)P(r)$。

（2）缺货费。当供过于求（$r < S$）时，不需要付缺货费；当供不应求（$r \geqslant S$）时产生缺货费，缺货数量为 $(r - S)$，故期望缺货费为 $\sum_{r > S} C_2(r-S)P(r)$。

（3）订货费为 $C_3 + kQ$。

因此周期内总的期望费用为：

$$C(S) = \sum_{r \leqslant S} C_1(S-r)P(r) + \sum_{r > S} C_2(r-S)P(r) + C_3 + kQ$$
$$= C_3 + k(S-I) + C_1\sum_{r \leqslant S}(S-r)P(r) + C_2\sum_{r > S}(r-S)P(r) \quad (11-42)$$

由于 r 为离散随机变量，为简单起见，令最大存储量 S 和订货点 s 都只能在 r_0，$r_1, \cdots, r_m$ 中取值。当 $S = r_i$ 时，记作 $S_i = r_i$。

对式（11-42）的分析求解过程同模型六类似，即采取边际分析方法来进行计算 S。这里的具体推导过程省略，可以求得：

$$\sum_{r \leq S_{i-1}} P(r) \leq \frac{C_2 - k}{C_2 + C_1} \leq \sum_{r \leq S_i} P(r) \quad (11-43)$$

即满足式（11-43）的 S_i 即为最大存储量 S^*，本阶段最佳订购量为 $Q^* = S^* - I$。同样从式（11-43）可以发现，S^* 的确定与订货点 s 无关。

当 S^* 确定后，若 $I < s$，则订购量为 $Q^* = S^* - I$，即补充存储到最大值 S。显然在 $I = s$ 处不订货的期望损失值应该不超过订货的期望损失值，即：

$$ks + C_1 \sum_{r \leq S} (S - r) P(r) + C_2 \sum_{r > S} (r - S) P(r)$$
$$\leq C_3 + kS^* + C_1 \sum_{r \leq S^*} (S^* - r) P(r) + C_2 \sum_{r > S^*} (r - S^*) P(r) \quad (11-44)$$

同样分析可知，使不等式（11-44）成立的 s 是可能存在的。因此使式（11-44）成立的最小 s 为 s^*，则 s^* 即为 (s, S) 存储策略中的订货点 s。

【例 11-13】某厂每月对原料需求的概率如表 11-5 所示。每次订货费为 100 元，原料每吨单价为 500 元，每吨原料每月存储费为 10 元，缺货费每吨为 800 元。求 (s, S) 存储策略。

表 11-5

需求量 r（吨）	100	110	120	130	140	150
概率 $P(r)$	0.1	0.2	0.3	0.2	0.1	0.1

解：由题意可知，$k = 500$，$C_1 = 10$，$C_2 = 800$，$C_3 = 100$。故 $\frac{C_2 - k}{C_2 + C_1} = \frac{800 - 500}{800 + 10} \approx 0.37$。

因为 $P(100) + P(110) = 0.3$，$P(100) + P(110) + P(120) = 0.6$，$0.3 < 0.37 < 0.6$，所以 $S^* = 120$（吨）。

由于 $s \leq S^* = 120$，因而 s 的取值只能为 100、110 或 120。

将 $S^* = 120$ 代入式（11-44）的右端，可以得到：

$$C_3 + kS^* + C_1 \sum_{r \leq S^*} (S^* - r) P(r) + C_2 \sum_{r > S^*} (r - S^*) P(r)$$
$$= 100 + 500 \times 120 + 10 \sum_{r \leq 120} (120 - r) P(r) + 800 \sum_{r > 120} (r - 120) P(r) = 65\,740。$$

将 $s = 100$ 代入式（11-40）的左端，得到：左端 $= 68\,400 >$ 右端 $= 65\,740$。

将 $s = 110$ 代入式（11-40）的左端，得到：左端 $= 66\,210 >$ 右端 $= 65\,740$。

将 $s = 120$ 代入式（11-40）的左端，得到：左端 $= 65\,640 <$ 右端 $= 65\,740$。

所以 $s^* = 120$（吨）。

因此该厂对原料应该采取 $(s, S) = (120, 120)$ 的存储策略。

11.4 其他类型存储问题

前面讨论的九个模型都是经典的存储模型,但在现实中会遇到各种各样的存储问题。因此存储模型需要进一步结合现实问题进行拓展,使存储模型能够更好地服务于企业存储需求,从而提高经济管理效益。

学者们已对经典存储模型进行了诸多拓展研究,限于篇幅,这里只介绍部分拓展模型。

11.4.1 库存容量有限制的存储问题

在前面分析的经济批量订购模型中,都没有考虑到物品的多样性、库存容量受限、订购资金受限等问题,然而这些问题对企业而言却是非常现实的问题,且极为重要。下面我们以模型一(不允许缺货,补充时间极短)为例,来讨论这类问题的分析方法。

假设 Q_i 为第 $i(i=1,2,\cdots,n)$ 种物品的订购量。第 i 种物品每件占用的存储空间为 w_i,其需求率为 R_i,每次订购费用为 C_{3i},单位物品单位时间存储费为 C_{1i}。已知存储空间最大为 W,求订购批量使平均总费用最小。

我们分析第 i 种物品。根据式(11-1),其平均总费用为 $\frac{1}{2}C_{1i}Q_i + \frac{R_i}{Q_i}C_{3i}$,因此 n 种物品的平均总费用为 $\sum_{i=1}^{n}\left(\frac{1}{2}C_{1i}Q_i + \frac{R_i}{Q_i}C_{3i}\right)$。

此时又因为存储空间受限,所以有 $\sum_{i=1}^{n}Q_i w_i \leq W$。

结合题意,此时的存储模型为:

$$\min c = \sum_{i=1}^{n}\left(\frac{1}{2}C_{1i}Q_i + \frac{R_i}{Q_i}C_{3i}\right)$$

$$\begin{cases} \sum_{i=1}^{n}Q_i w_i \leq W \\ Q_i \geq 0 \end{cases} \quad (11-45)$$

显然,如果不考虑到存储容量的限制,则每种物品的经济订购批量即为 EOQ 公式,即 $Q_i^* = \sqrt{\dfrac{2C_{3i}R_i}{C_{1i}}}$。若 Q_i^* 满足存储空间约束条件,则 Q_i^* 即为每种物品的经济订购批量。

若 Q_i^* 不满足存储空间约束条件，可以运用拉格朗日乘数法来求多元函数的极值。建立拉格朗日函数：

$$L(\lambda,Q_1,Q_2,\cdots,Q_n) = \sum_{i=1}^{n}\left(\frac{1}{2}C_{1i}Q_i + \frac{R_i}{Q_i}C_{3i}\right) - \lambda\left(\sum_{i=1}^{n}Q_iw_i - W\right) \quad (11-46)$$

这里 λ 为拉格朗日乘数。在 $L(\lambda,Q_1,Q_2,\cdots,Q_n)$ 中分别对 λ 和 Q_i 求得，并令其为零，可以得到：

$$\frac{\partial L(\lambda,Q_1,Q_2,\cdots,Q_n)}{\partial \lambda} = -\sum_{i=1}^{n}Q_iw_i + W = 0, \frac{\partial L(\lambda,Q_1,Q_2,\cdots,Q_n)}{\partial Q_i} = \frac{1}{2}C_{1i} - \frac{R_i}{Q_i^2}C_{3i} - \lambda w_i = 0。$$

求解可得：

$$Q_i^* = \sqrt{\frac{2C_{3i}R_i}{C_{1i} - 2\lambda w_i}} \quad (11-47)$$

λ 可以通过联立求出。在一般情况下，可以令 $\lambda = 0$，再通过逐步减少 λ 的方法直至求出 Q_i^*。

类似地，若在上述问题中增加订购资金约束条件，即第 i 种物品其每件占用的订购资金为 v_i，而总订购资金为 V。在这种情况下，模型（11-45）将转变为：

$$\min c = \sum_{i=1}^{n}\left(\frac{1}{2}C_{1i}Q_i + \frac{R_i}{Q_i}C_{3i}\right)$$

$$\begin{cases} \sum_{i=1}^{n}Q_iw_i \leqslant W \\ \sum_{i=1}^{n}(Q_iv_i + C_{3i}) \leqslant V \\ Q_i \geqslant 0 \end{cases} \quad (11-48)$$

同样，若 $Q_i^* = \sqrt{\dfrac{2C_{3i}R_i}{C_{1i}}}$ 满足存储空间约束条件和订购资金约束条件，则 Q_i^* 为每种物品的经济订购批量。若不满足这两个条件，构造拉格朗日函数：

$$L(\lambda_1,\lambda_2,Q_1,Q_2,\cdots,Q_n) = \sum_{i=1}^{n}\left(\frac{1}{2}C_{1i}Q_i + \frac{R_i}{Q_i}C_{3i}\right) - \lambda_1\left(\sum_{i=1}^{n}Q_iw_i - W\right)$$

$$- \lambda_2\left(\sum_{i=1}^{n}(Q_iv_i + C_{3i}) - V\right) \quad (11-49)$$

类似地，求解可得：

$$Q_i^* = \sqrt{\frac{2C_{3i}R_i}{C_{1i} - 2\lambda_1 w_i - 2\lambda_2 v_i}} \quad (11-50)$$

11.4.2 变质物品的存储问题

在传统的存储模型中，未能考虑到变质对订货策略的影响。而在实践中，变质却是存储管理中常见的现象，如挥发性物品的挥发、放射性物品的衰变、食品水果的变质、物品的磨损等。所以研究变质物品的存储管理问题是十分必要的。

我们以模型一（不允许缺货，补充时间极短）为基础研究变质物品的存储问题。有兴趣的读者可考虑其他情形下的问题，如允许缺货、需求为随机变量等情况。为了方便讨论，本模型的假设条件如下：

（1）需求是连续均匀的，即单位时间内的需求量（需求速度）R 是常数。
（2）不允许缺货，即缺货费用 C_2 为无穷大。
（3）当存储量降至零时，可以立即补充，补充时间极短，可以瞬间完成，即补充时间近似为零，不会造成缺货。
（4）单位物品单位时间内的存储费为 C_1；物品单价为 K，每次订货量为 Q；固定订货费（每一次订货的固定费用）为 C_3。
（5）物品的变质率为 θ，即单位物品单位时间内变质 θ。

在上述假设情况下，存储状态变化如图 11-9 所示。

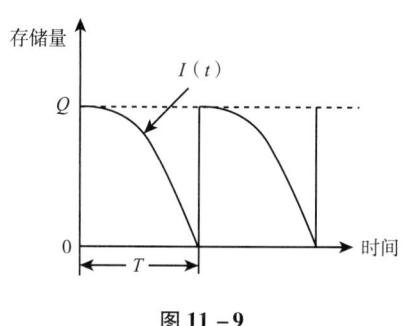

图 11-9

设 $I(t)$ 表示 t 时刻的存储水平。引起存储量的变化有两个因素：一是物品的变质，二是由于市场需求。又因为变质量与存储量有关，因此容易得到微分方程：

$$\frac{dI(t)}{dt} = -\theta I(t) - R \tag{11-51}$$

其中，$0 \leq t \leq T$。注意到有边际条件 $I(T) = 0$，容易解得上述微分方程为：

$$I(t) = \frac{R}{\theta} [e^{\theta(T-t)} - 1] \quad 0 \leq t \leq T \tag{11-52}$$

因此，周期内的经济订购批量为：

$$Q = I(0) = \frac{R}{\theta}(e^{\theta T} - 1) \tag{11-53}$$

现需要确定最佳订购周期 T^*，进而才能确定经济订购批量 Q^*。现在我们分析周期内的各项费用。

存储费用为：$C_1 \int_0^T I(t)dt = C_1 \left[\frac{R}{\theta^2}(e^{\theta T} - 1) - \frac{RT}{\theta} \right]$。

订货费用为：$C_3 + KQ = C_3 + K\frac{R}{\theta}[e^{\theta T} - 1]$。

因此在周期内平均总费用为：

$$C(T) = \frac{1}{T}\left\{ C_1\left[\frac{R}{\theta^2}(e^{\theta T}-1) - \frac{RT}{\theta}\right] + C_3 + K\frac{R}{\theta}[e^{\theta T}-1] \right\} \tag{11-54}$$

容易证明 $C(T)$ 有最小值点。令 $\frac{dC(T)}{dT} = 0$，可以求得：

$$\frac{R}{\theta}\left(K + \frac{C_1}{\theta}\right)(\theta T e^{\theta T} - e^{\theta T} + 1) - C_3 = 0 \tag{11-55}$$

在式（11-55）中，只含有一个变量 T。我们可以任意使用一维搜索算法来进行求解 T，即得到最优订购周期 T^*。再根据式（11-53），可以得到经济订购批量 Q^*。

11.4.3 需求依赖价格的存储问题

在现实生活中，需求往往受到多种因素的影响，特别是销售价格的影响。现实经验表明，市场需求往往是销售价格的减函数，即销售价格越高，需求率越低。对企业而言，其不但需要考虑订购数量问题，还需要考虑销售价格问题，从而使自身利润最大。因此对于这类问题，我们往往是从企业期望获利最大的角度进行分析，这一点与前面模型是显著不同的。

为了方便讨论，本模型的假设条件如下：

（1）需求 $R = R(p)$ 是价格 p 的连续可导函数，可知 $R'(p) < 0$。

（2）不允许缺货，即缺货费用 C_2 为无穷大。

（3）当存储量降至零时，可以立即补充，补充时间极短，可以瞬间完成，即补充时间近似为零，不会造成缺货。

（4）单位物品单位时间内的存储费为 C_1；物品单价为 K，每次订货量为 Q；固定订货费（每一次订货的固定费用）为 C_3；T 为订货周期。

由假设可知 $Q = R(p)T$。

现在我们分析周期内的各项费用。已知存储费用为 $\frac{1}{2}C_1QT = \frac{1}{2}C_1\frac{Q^2}{R}$，订货费用为：$C_3 + KQ$。

因此在周期内平均总利润为：

$$C(Q,p) = \frac{1}{T}\left(pQ - \frac{1}{2}C_1\frac{Q^2}{R} - C_3 - KQ\right) = \left(p - K - \frac{C_3}{Q}\right)R - \frac{1}{2}C_1Q \qquad (11-56)$$

从式（11-56）可以看出，$C(Q,p)$ 为 Q 和 p 的函数，且依赖需求模式。我们根据两种常见的需求形式：线性需求形式 $R = a - bp$ 与非线性需求 $R = ap^{-b}$ 来确定 Q 和 p。

当 $R = a - bp$ 时，$a > 0$，$b > 0$，$a - bp > 0$。将 $R = a - bp$ 代入式（11-56）中，有：

$$C(Q,p) = \left(p - K - \frac{C_3}{Q}\right)(a - bp) - \frac{1}{2}C_1Q \qquad (11-57)$$

令 $\frac{\partial C(Q,p)}{\partial p} = 0$，可以得到：

$$p^* = \frac{1}{2}\left(K + \frac{C_3}{Q} + \frac{a}{b}\right) \qquad (11-58)$$

将 p^* 代入式（11-57），并化简可得：

$$C(Q) = \frac{1}{4b}\left[a - b\left(K + \frac{C_3}{Q}\right)\right]^2 - \frac{1}{2}C_1Q \qquad (11-59)$$

可以证明，令 $C(Q)$ 取得最大值的点 Q^* 是存在的，且满足 $\frac{dC(Q)}{dQ} = 0$，即：

$$C_3\left[a - b\left(K + \frac{C_3}{Q^*}\right)\right] = C_1(Q^*)^2 \qquad (11-60)$$

利用一维搜索方法，经过若干步骤，可以从式（11-60）中得到最优经济订购批量 Q^*。然后代入式（11-58），即可得到最优销售价格 p^*，同时最优订购周期为 $T^* = Q^*/(a - bp^*)$。

当 $R = ap^{-b}$ 时，$a > 0$，$b > 1$。类似可以得到：

$$p^* = \frac{b}{b-1}\left(K + \frac{C_3}{Q}\right) \qquad (11-61)$$

$$aC_3\left[\frac{b}{b-1}\left(K + \frac{C_3}{Q^*}\right)\right]^{-b} = \frac{C_1}{2}(Q^*)^2 \qquad (11-62)$$

此时的最优订购周期为 $T^* = Q^*/a(p^*)^{-b}$。

当然，在上述推导过程中，需要注意各种约束条件来保证最优解的存在。

习　题

1. 某工厂每月需要原料 1 000 吨，每吨定价 2 500 元，不可缺货。设每吨每月保管费用为 100 元，每次订购费用为300元。求最佳订购批量。

2. 某企业生产某种电子产品，每月可生产1 000台，市场需求量为每月800台。已知每次生产的准备费用为15 000元，每台产品每月存储费用为20元。不允许缺货，求经济生产批量。

3. 某产品每月需求量为8件，生产准备费用为100元，存储费为每件每月5元。在不允许缺货的情况下，比较生产速度分别为每月20件和40件两种情况下的经济生产批量和最小费用。

4. 某公司每月需要某种机械零件2 000个，每个零件的订购单价为150元，每次订货的固定费为100元，每个零件每年的存储费为24元、每月的缺货费为30元，求最优订货批量和最大缺货量。

5. 某公司每年需要电感器5 000个，每次的订购费为50元，每年每个电感器的存储费用为1元，不得缺货。若采购量较少时每个电感器的成本为2元，若采购量在1 500个以上时，则每个成本为1.9元，请分析该公司每次应该采购多少个电感器。

6. 某医院药房每年需要某种药1 000瓶，每次的订购费用为5元，每瓶药的单价2.50元、每年的保管费0.40元。制药厂提出订购100瓶时，折扣率为0.05；订购300瓶时，折扣率为0.10的价格折扣条件。试决定医院是否接受该折扣率的条件。若其他条件不变，该医院每年对这种药品的需求量为100瓶或者4 000瓶，试确定应该分别采取什么样的存储策略。

7. 某单位每年需要每种零件5 000件，每次订购费用为49元。已知该种零件每件购入价格为100元，每件每年存储费用为购入价格的20%。又知道订购量比较大时可享受折扣优惠，即订购量不超过1 000件时无折扣；超过1 000件（含1 000件）又不到2 500件时，享受九七折；当超过2 500件（含2 500件）时，享受九五折。试确定该种零件的订购批量。

8. 某服装店准备在春季销售某种流行服装。据估计该服装可能的销售量如表11-6所示。该款式服装每套进价180元，售价300元。若错过春季销售时期，则需要降价销售，预计抛售价为每套100元。试问该服装店在季度初时一次性进货多少为宜。

表11-6

需求量 r	150	160	170	180	190	200
$P(r)$	0.05	0.15	0.3	0.2	0.2	0.1

9. 某工厂将从国外进口150台设备。这种设备有一个关键部件，其备件必须在进口设备时同时购买，不能单独订货。该种备件订购单价为500元，无备件时导致的停产损失和修复费用合计为10 000元。根据有关资料计算，在计划使用期内，150台设备因关键部件损坏而需要 r 个部件的概率如表11-7所示。问工厂应如何订购才能使自身期望损失最小。

表11-7

需求量 r	0	1	2	3	4	5	6	7	8	9
$P(r)$	0.47	0.20	0.07	0.05	0.05	0.03	0.03	0.03	0.02	0.02

10. 某商店销售一种产品，每件产品的购入价格为800元，存储费为每件40元，缺货费为每件1 015元，订购一次费用为60元，原有库存为10件。已知对产品的需求概率如表11-8所示。试确定该商店的最佳订购数量。

表 11-8

需求量 r	30	40	50	60
$P(r)$	0.20	0.20	0.40	0.20

11. 某种设备上有一关键零件需要经常更换，更换需求量服从泊松分布 $p(r) = e^{-\lambda}\lambda^r/r!$。根据以往经验，平均需求量为 5 件，此零件的价格为每件 100 元。若零件用不完，则到期末就完全报废；若零件不足，则造成的缺货损失为 180 元。问应备多少备件最好？

12. 某企业对于某种材料每月需求量的概率分布如表 11-9 所示。每次订购费为 500 元，每吨材料订购单价 1 000 元、每月每吨的存储费为 50 元、每月每吨的缺货费 1 500 元。现在决定采取 (s, S) 存储策略，试求 s 和 S。

表 11-9

需求量 r	50	60	70	80	90	100	110	120
$P(r)$	0.05	0.10	0.15	0.25	0.20	0.10	0.10	0.05

13. 某商店经销一种电子产品，每台进价为 4 000 元，单位存储费为 60 元。若缺货，则缺货费为 4 300 元。每次订购费用为 5 000 元。根据以往数据分析，该产品销售量服从区间 [75, 100] 上的均匀分布。期初库存量为 0，试确定 (s, S) 存储策略中的 s 和 S。

14. 某种产品的市场需求 r 服从负指数分布：$\phi(r) = \begin{cases} 0.1e^{-0.1r} & r \geq 0 \\ 0 & r < 0 \end{cases}$。假如在一个周期内的存储费和缺货费分布为 1 元和 3 元，产品单价为 2 元。试分别在期初库存为 2 和 5 的情况下求出最优订货量。

15. 某种液体的进货单价为每千克 3 元，每次订货费为 200 元，存储费为每天每千克 0.5 元，市场需求率为每天 500 千克。这种液体的挥发率为 5%。试确定最优订购批量。

第 12 章
决策分析

决策是人类社会固有的行为，小至个人生活，大至治国安邦，都存在决策问题。人类的决策活动由来已久，在华夏五千多年的历史长河中，涌现出了许许多多的思想家、政治家、军事家和谋略家。他们博学多才，高瞻远瞩，"运筹于帷幄之中，决胜于千里之外"，为我国的科学决策写下了光辉的篇章。诸葛亮的《隆中对》为刘备制定了战略决策；李冰父子设计修建的都江堰水利工程，至今仍闪耀着优化决策的光辉，这都是我国古代决策史上的光辉范例。

决策科学的发展过程，经历了从经验决策到科学决策的不同阶段。决策活动从方法上看，又经历了由个人的、直观的、定性的决策发展到规范性的决策，再发展到定量的决策。研究决策的问题包括：决策的基本原理、决策的程序、决策的信息、决策的方法（定量与定性的方法）、决策的风险、决策中的人因素、决策的思维方式、决策的组织、决策的实施等。决策科学包括的内容十分广泛：涉及社会学、决策心理学、决策行为学、决策的量化方法和评价、决策支持系统和决策自动化等多学科和多领域的综合应用。

决策分析是在应用数学和统计原理相结合的基础上发展起来的。最早产生的决策内容是经济批量模型、盈亏临界点分析、边际分析和产品质量的统计决策方法等。以后由于运筹学的发展和计算机的深入应用，使人们从经验决策逐步过渡到科学决策，产生了自成体系的决策理论。

12.1 决策分析的基本问题

12.1.1 决策分析及其基本要素

决策是指按照一定的科学程序，运用现代科学方法和先进技术进行决策，也是指充分发挥主观能动性和创造性的决策。

决策有狭义与广义之分。狭义解释是把决策理解为仅仅是方案的最后选择，类似于大家所说的"拍板"。其实，判断选择或"拍板"仅仅是决策全过程中的一个环节，如果没有"拍板"前的许多活动，"拍板"必然会成为主观武断的行为，决策也难免要出乱子。

决策的广义解释是把决策理解为一个过程。在一般情况下，人们对行动方案的确定往往是要经过提出问题、收集资料、确定目标、拟订方案、分析评估、最后选定等一系列活动环节。在执行方案的过程中，还要反馈，以便发现偏差并加以纠正。若其中任何一个环节出了问题，都会影响决策的效果。因此，一个好的决策者，必须懂得正确的决策程序，并且知道其中每个环节应当如何去做和要注意什么。

决策分析就是为了改进决策过程，实现某一目标而从若干个可行方案中选择一个满意方案。决策分析包括以下基本要素：主体、目标、方案、状态、准则、结果和效用。

（1）决策主体即决策者，是指做出决策的个体或个体的集合，是决策中最为重要的一个因素，能够控制决策的整个过程。它的选择会受到政治、经济、文化、习惯和心理等因素的影响。由多方利益代表者构成的决策集体称为多人决策，或者这个决策集体称为决策组、决策集团。

（2）决策要有明确的目标。决策或是为了解决某个问题，或是为了实现一定的目标。没有目标就无从决策，没有问题则无须决策。因此，在决策时，要解决的问题必须是十分明确的，要达到的目标必须有一定的标准可资衡量比较。

（3）决策要有若干可行的备择方案。一个方案无从比较其优劣，也无选择的余地，"多方案抉择"是决策分析的重要原则；决策以可行方案为依据，决策时不仅要有若干个方案来相互比较，而且各方案必须是可行的。

（4）决策要考虑到客观环境条件，即状态。状态是指在决策过程中存在的不依赖于决策者主观意志为转移的客观环境条件。例如，某产品投放市场后，在市场可能面临畅销、销售一般、滞销3种状态，这些状态并非决策者能够控制或者决定。

（5）决策过程需要遵循决策准则。决策会受诸多价值观念和决策者经验的影响。在分析判断时，参与决策的人员的价值准则、经验会影响决策目标的确定、备选方案的提出、方案优劣的判断及满意方案的抉择。管理者要做出科学的决策，就必须遵循一定的决策准则。决策准则是选择方案的依据，也是评价方案达到目标要求的价值标准。

（6）决策的结果是选择一个满意的方案。决策理论认为，最优方案往往要求从诸多方面满足各种苛刻的条件，只要其中有一个条件稍有差异，最优目标便难以实现。因此科学决策追求的是诸多方案中，在现实条件下能够使主要目标得以实现，其他次要目标也有足够好的合理方案。

（7）决策的结果需要效用来进行价值评估。决策往往受决策者主观意识的影响，决策者在决策时要对所处的环境和未来的发展予以展望，对可能产生的利益和损失做出反应，在决策问题中，把决策者这种对于利益和损失的独特看法、感觉、反应或兴趣，称为效用。效用实际上反映了决策者对于风险的态度。高风险一般伴随着高收益。对待数个方案，不同的决策者可能会采取不同的态度和抉择。

从上述要素可以看出，决策分析应该是一种定量的方法，但由于确定自然状态概率大小以及确定效用值时需要用到主观的方法，因此，决策分析是一种定性与定量相结合的方法。

12.1.2 决策类型

决策问题可以按照不同的角度进行分类。

（1）按照决策目标个数分类。

按照决策目标个数，可将决策分为单目标决策和多目标决策。

单目标决策是指决策目标只有一个，如在企业在经营生产中只要求利润最大或者成本最低等。线性规划和运输问题中，所构建的模型都是单目标决策问题。

多目标决策是指决策目标不止一个。例如，企业在经营生产中不但要求利润最大，还要考虑到市场占有率、客户服务水平等问题。这类问题往往更符合现实情况。

（2）按性质的重要性分类。

按照性质的重要性分类，可将决策分为战略决策、战术决策和执行决策。

战略决策是涉及某组织发展和生存有关的全局性、长远问题的决策，如厂址的选择、新产品开发方向、新市场的开发、原料供应地的选择等。

战术决策是为完成战略决策所规定的目的而进行的决策，如对一个企业产品规格的选择、工艺方案和设备的选择、厂区和车间内工艺路线的布置等。

执行决策是根据策略决策的要求对执行方案的选择，如生产中产品合格标准的选择、日常生产调度的决策等。

（3）按定量和定性分类。

按照定量和定性分类，可以分为定量决策和定性决策，描述决策对象的指标都可以量化时可用定量决策，否则只能用定性决策。总的发展趋势是尽可能地把决策问题量化。

(4) 按决策的结构分类。

按照决策的结构分类，可以分为程序性决策和非程序性决策。程序性决策一般是有章可循、规格化、可以重复的决策，通常已形成一套固定的程序规则。非程序性决策一般是无章可循，凭借经验和直觉等，往往是一次性的、战略性的决策。

(5) 按问题性质和条件分类。

按照问题的性质和条件分类，可分为确定型、不确定型和风险型三种。

确定型的决策是指决策环境是完全确定的，做出的选择的结果也是确定的。在本书前面所讲授的各种模型中，大多属于这一类决策。

不确定型决策是指决策者对将发生结果的概率一无所知，只能凭决策者的主观倾向进行决策。即在具有多个状态的决策问题中，如果对各状态在未来发生的可能性一无所知，也就是在决策时决策者不知道哪个状态会发生，哪个状态不会发生，哪个状态发生的概率大，哪个状态发生的概率小。在此情形下，决策者只能根据自身的经验和主观认识进行决策。

风险型决策是指决策的环境不是完全确定的，而其发生的概率是已知的。即在具有多个状态的决策问题中，决策者虽然不知道未来哪个状态一定会发生，但其知道每个状态发生的概率，这时决策者需要根据概率和数理统计知识做出统计意义上的决策，如期望获利最大等。此时决策者需要冒一定的风险，故称为风险型决策。

本章在后两节中将主要讨论不确定型决策和风险型决策问题。

(6) 按决策过程的连续性分类。

按照决策过程的连续性分类，可分为单项决策和序贯决策。单项决策是指整个决策过程只作一次决策就得到结果；序贯决策是指整个决策过程由一系列决策组成，一般来讲，管理活动是由一系列决策组成的，但在这一系列决策中往往有几个关键环节要作决策，可以把这些关键的决策分别看作单项决策。

除此之外，还可以按照决策时间长短分为长期决策、中期决策和短期决策；按照决策人数多少分为单独决策和群决策等。

12.1.3 决策原则

随着科学技术与社会经济的发展，决策所面临的问题越来越复杂，因此在决策时需要遵守一定的原则。

(1) 系统原则。决策环境本身就是一个大系统，尤其是经济管理决策更是处于系统的层次之中。国民经济系统包含着许多相互联系、相互制约的子系统，如工业系统、农业系统、交通运输系统、商业系统等，这些系统是紧密地处于相互联系的结构之中的。因此，决策时要以系统的总体目标为核心，以满足系统优化为准绳，强调系统配套、系统完整和系统平衡，从整个系统出发来权衡利弊。

（2）优化原则。决策的优化原则又称满意原则。"优化原则"在过去常称为"最优化原则"，但最优化的理论假设是把决策者当作完全理性的人，决策是以"绝对理性"为指导，按最优化准则行事的结果。但是，由于组织处在复杂多变的环境中，决策就不可能避免一切风险，利用一切可以利用的机会去实现"最优化"，而只能要求是"令人满意的"或"较为适宜的"。所谓"优化原则"就是指在一定的内外环境条件下，对各种方案进行技术经济社会的综合比较，依据"技术先进、经济合理、实施可行、政策允许"评价标准选择出满意的方案。

（3）信息原则。信息是做好科学决策的基础。没有准确、全面、有效和及时的信息，决策就是无源之水，无本之木。要进行科学决策，首先就必须取得相关的信息。在正常情况下，决策的科学性、准确性与决策所需要的信息的质量和完整性成正比。信息越全面、越及时、越准确、越有效，决策的基础就越坚实，决策过程中思维的广度和深度就越大，决策科学化程度就越高。从某个意义上讲，决策过程实际上是一个信息的收集、加工、分析、评判和转换的过程。

（4）可行性原则。决策必须可行，不可行就不能实现决策目标，为此，决策前必须进行可行性研究。可行性研究必须从技术、经济以及社会效益等方面全面考虑，不同的决策目标有不同的可行性研究的内容。在决策中，要强调科学的决策，杜绝非科学的决策，才能减少决策失误。决策失误所造成的浪费是我国当前最大的浪费，这种浪费又称决策性浪费。

（5）社会性原则。决策分析是在社会范围内进行的，因而决策方案应符合国家和社会发展的基本方向，应有利于国家和社会的整体利益、公共利益。例如，有些企业为了获取高额利润，急于开发社会急需的短缺产品，在设计、工艺、技术、质量等方面尚未全部达到标准的情况下，盲目地大量投产，结果生产出虽然外观新颖但内在质量并不稳定的产品，最终坑害用户和消费者，或者在"三废"污染尚未得到很好防治的情况下，宁愿承担罚款也要急于让产品投产。这些都是违反社会性原则的做法。

（6）环境原则。管理者在决策的同时离不开环境的限制。因为管理决策是按管理决策目标来进行的，而管理决策目标的确定是依据事物所处的内外环境条件来考虑的。外部环境是决策者无法控制而只能去适应的环境。它们是指在一定的地域范围内对决策事物产生影响的各种因素和力量，主要有：政治法律环境、经济环境、社会文化环境、技术环境、自然环境，还有一些其他特定环境。决策者要善于根据外部环境做出因地制宜、因时制宜、因事制宜的合理决策。

(7) 动态原则。决策的动态原则又称管理决策的变化原则。它是指决策者在管理决策时一定要用动态的、变化的观点进行管理决策活动，而不能用固定的、一成不变的观点去决策。由于决策做出总是在行动之前，环境条件的变化就成为决策的不确定因素，会给决策带来一定风险，这是决策者在决策时必须高度重视的问题。决策者遵循了动态原则，决策时就会考虑方案可能给决策带来的有利或不利影响，做好多个预备方案的拟订、评审、排序工作，一旦情况发生变化，就可主动调整和替换决策方案，这样的决策分析更具有科学性、合理性。

12.1.4 决策过程

决策是一个复杂的动态过程，是一个提出问题、分析问题并解决问题的逻辑过程。一般来说，决策过程包括以下 5 个步骤。

(1) 发现问题和分析问题。

决策是从发现问题开始的。所谓问题，就是矛盾，在新时代社会主义市场经济建设中存在这样或那样的矛盾，解决好这些矛盾，就需要方法和手段，选择出最好的方法和手段，就是一种决策。例如，我们要进行水资源的配置，就要解决现有的水资源配置存在的矛盾问题。当然，其中存在的矛盾很多，哪些是主要矛盾，哪些矛盾要先解决，各级的决策者，必须做好调查研究，按确定的价值观念，分轻重缓急，分期分批解决。这就是发现问题和分析问题。

(2) 确定目标和价值准则。

在确定目标的过程中，要注意以下几点：确定目标一定要从客观实际出发，经过论证，使确定的目标有理有据；决策目标必须具体明确，不论是单目标，还是多目标决策，每个目标只能有一种解释，不能含糊不清或含义不明，更不能模棱两可；要明确目标的约束条件；确定目标要有全局观点。

价值准则就是落实目标，作为以后评价和选择方案的基本依据。对于决策者而言，价值准则是必须认真对待的重要环节。准则失当，决策就不可能很好达到最初确立的目标，甚至南辕北辙。确定价值准则的科学方法是环境分析。

(3) 收集信息和提出方案。

决策的成功或失误，与所掌握的信息紧密相关。由于信息方面的原因，易导致决策失误。因此，要对信息收集进行指导，切忌盲目性。在决策前，一旦确定了决策者的价值观念，就应当收集有关能够有助于取得符合这些价值观念所需要的选择方案的有关信息。另外，要加强沟通，广泛地收集内部和周围环境的有关决策目标的资料。

(4)分析评估和方案优选。

分析评估是指对已创建的选择方案,要根据价值准则,结合国家和地区的实际情况,从实现决策目标出发,全面分析各备选方案所需的人力、物力、技术、资金等条件,以及国际、国内社会、经济环境可能产生的变化,评价备选方案的优劣,筛选出两个或几个切实可行的方案,以备决策。

方案优选是对提出的若干个备选方案,运用多种科学方法进行评价和分析,淘汰掉不可取的方案,以供最后选择。决策分析是决策过程的选择阶段,应符合如下三个条件:一是选择标准要尽量具体化、量化;二是选择方法要科学化;三是选择结果要最优化。

(5)方案实施和信息反馈。

根据所选定的方案进行决策以后,就要拟订规划,设计达到目标的手段、步骤,制订相应的措施,并将方案付诸实施。在普遍实施之前,要通过试验证实,以避免决策失误。试验证实的方法有实际试验法和模拟仿真法。

决策方案交付实施以后,并不表示决策过程的终止,还必须时刻注意方案实施情况的信息反馈。

12.2 不确定型决策方法

在不确定情形下,由于决策者对各种状态发生的可能性一无所知,决策者只能根据自身的经验和主观认识进行决策。显然,对于具有不同心理状态、冒险精神、知识阅历等的决策者来说,其做出的决策可能存在较大差别。一般来说,有一些常用的决策方法,或称为不确定型决策准则来供决策者使用。

不确定型决策问题须具备以下几个条件:有一个决策希望达到的目标(如收益最大或损失较小);存在两个或两个以上的行动方案;存在两个或两个以上的自然状态,但是既不能确定未来哪种自然状态必然发生,又无法得到各种自然状态在未来发生的概率;每个行动方案在不同自然状态下的损益值可以计算出来。

【例 12-1】某企业根据市场需求信息,准备推出一种新的产品。现有 4 种类型的产品可供选择:轻便电动车 A_1、三轮电动车 A_2、助力车 A_3 以及载重车 A_4。根据以往情况与数据,每种产品都面临三种销售状态:畅销 S_1、销售一般 S_2、滞销 S_3。每种产品在不同状态下的收益值如表 12-1 所示。问该企业如何决策才能使自身收益最大。

表 12-1　　　　　　　　　　　　　　　　　　　　　　　　　　　　　单位：万元

方案	状态		
	畅销 S_1	销售一般 S_2	滞销 S_3
轻便电动车 A_1	70	60	20
三轮电动车 A_2	85	80	25
助力车 A_3	50	40	15
载重车 A_4	60	50	23

【例 12-2】某企业根据市场需求信息，准备改进现有生产工艺。现有 4 种方案可供选择：引进先进的工艺 A_1、引进成熟的工艺 A_2、按照现在设备基础改进 A_3、仅引入核心设备 A_4。根据以往情况与数据，每种方案在实施过程中都存在三种状态：完全成功 S_1、部分成功 S_2、完全失败 S_3。每种方案在不同状态下的成本如表 12-2 所示。问该企业如何决策才能使成本最低。

表 12-2　　　　　　　　　　　　　　　　　　　　　　　　　　　　　单位：百万元

方案	状态		
	完全成功 S_1	部分成功 S_2	完全失败 S_3
引进先进的工艺 A_1	85	95	140
引进成熟的工艺 A_2	70	90	125
按照现在设备基础改进 A_3	65	85	95
仅引入核心设备 A_4	50	70	90

表 12-1 为决策收益表，表 12-2 为决策损失表，可以统称为决策损益表。一般情况下，我们可以假设有 m 个决策方案，每个决策方案对应 n 个状态，在不同状态下都对应一个损益值 $a_{ij}(1 \leq i \leq m, 1 \leq j \leq n)$。

对于例 12-1 和例 12-2 而言，显然具有不同心理状态、冒险精神等决策者所做出的决策会有一些差别。

12.2.1　乐观准则

当决策者对客观状态的估计持乐观态度时，可采用这种方法。此时决策者的指导思想是不放过任何一个可能获得的最好结果的机会，总是假设出现对自己最有利的状态。

对于例 12-1，有：$u(A_1) = \max\{70,60,20\} = 70$；

$$u(A_2) = \max\{85,80,25\} = 85;$$

$$u(A_3) = \max\{50,40,15\} = 50;$$

$$u(A_4) = \max\{60,50,23\} = 60。$$

故有 $u(A^*) = \max\limits_{1 \leqslant i \leqslant 4} u(A_i) = \max\{u(A_1), u(A_2), u(A_3), u(A_4)\} = u(A_2) = 85$，即最优方案是推出电动三轮车 A_2。

对于例 12-2，有：$u(A_1) = \min\{85,95,140\} = 85$；

$$u(A_2) = \min\{70,90,125\} = 70；$$
$$u(A_3) = \min\{65,85,95\} = 65；$$
$$u(A_4) = \min\{50,70,90\} = 50。$$

故有 $u(A^*) = \min\limits_{1 \leqslant i \leqslant 4} u(A_i) = \min\{u(A_1), u(A_2), u(A_3), u(A_4)\} = u(A_4) = 50$，即最优方案是仅引进核心设备 A_4。

综上所述，对于收益型的决策方案来说，乐观准则下的最优方案应满足：

$$u(A_i) = \max\limits_{1 \leqslant j \leqslant n} a_{ij} \ (i = 1,2,\cdots,m) \tag{12-1}$$

$$u(A^*) = \max\limits_{1 \leqslant i \leqslant m} u(A_i) = \max\limits_{1 \leqslant i \leqslant m} \max\limits_{1 \leqslant j \leqslant n} a_{ij} \tag{12-2}$$

对于损失型的决策方案来说，乐观准则下的最优方案应满足：

$$u(A_i) = \min\limits_{1 \leqslant j \leqslant n} a_{ij} \ (i = 1,2,\cdots,m) \tag{12-3}$$

$$u(A^*) = \min\limits_{1 \leqslant i \leqslant m} u(A_i) = \min\limits_{1 \leqslant i \leqslant m} \min\limits_{1 \leqslant j \leqslant n} a_{ij} \tag{12-4}$$

12.2.2 悲观主义准则

悲观准则又称保守准则。按悲观准则决策时，决策者是非常谨慎保守的，为了"保险"，从每个方案中选择最坏的结果，在从各个方案的最坏结果中选择一个最好的结果，该结果所在的方案就是最优决策方案。

对于例 12-1，有：$u(A_1) = \min\{70,60,20\} = 20$；

$$u(A_2) = \min\{85,80,25\} = 25；$$
$$u(A_3) = \min\{50,40,15\} = 15；$$
$$u(A_4) = \min\{60,50,23\} = 23。$$

故有 $u(A^*) = \max\limits_{1 \leqslant i \leqslant 4} u(A_i) = \max\{u(A_1), u(A_2), u(A_3), u(A_4)\} = u(A_2) = 25$，即最优方案是推出电动三轮车 A_2。

对于例 12-2，有：$u(A_1) = \max\{85,95,140\} = 140$；

$$u(A_2) = \max\{70,90,125\} = 125；$$
$$u(A_3) = \max\{65,85,95\} = 95；$$
$$u(A_4) = \max\{50,70,90\} = 90。$$

故有 $u(A^*) = \min\limits_{1 \leqslant i \leqslant 4} u(A_i) = \min\{u(A_1), u(A_2), u(A_3), u(A_4)\} = u(A_4) = 90$，

即最优方案是仅引进核心设备 A_4。

综上所述，对于收益型的决策方案来说，悲观准则下的最优方案应满足：

$$u(A_i) = \min_{1 \leq j \leq n} a_{ij} (i = 1, 2, \cdots, m) \tag{12-5}$$

$$u(A^*) = \max_{1 \leq i \leq m} u(A_i) = \max_{1 \leq i \leq m} \min_{1 \leq j \leq n} a_{ij} \tag{12-6}$$

对于损失型的决策方案来说，悲观准则下的最优方案应满足：

$$u(A_i) = \max_{1 \leq j \leq n} a_{ij} (i = 1, 2, \cdots, m) \tag{12-7}$$

$$u(A^*) = \min_{1 \leq i \leq m} u(A_i) = \min_{1 \leq i \leq m} \max_{1 \leq j \leq n} a_{ij} \tag{12-8}$$

12.2.3 折中准则

折中准则又称乐观系数准则，是介于乐观准则与悲观准则之间的一个准则。若决策者对客观情况的评价既不乐观也不悲观，主张在乐观与悲观之间折中，即采取一个乐观系数 $\alpha(0 \leq \alpha \leq 1)$ 来反映决策者对状态估计的乐观程度，显然 $(1-\alpha)$ 就是决策者对状态估计的悲观程度。

令 $\alpha = 0.8$，则 $1 - \alpha = 0.2$，现用折中准则分析例 12-1 和例 12-2。

对于例 12-1，有：

$u(A_1) = \alpha\max\{70, 60, 20\} + (1-\alpha)\min\{70, 60, 20\} = 0.8 \times 70 + 0.2 \times 20 = 60$；

$u(A_2) = \alpha\max\{85, 80, 25\} + (1-\alpha)\min\{85, 80, 25\} = 0.8 \times 85 + 0.2 \times 25 = 73$；

$u(A_3) = \alpha\max\{50, 40, 15\} + (1-\alpha)\min\{50, 40, 15\} = 0.8 \times 50 + 0.2 \times 15 = 43$；

$u(A_4) = \alpha\max\{60, 50, 23\} + (1-\alpha)\min\{60, 50, 23\} = 0.8 \times 60 + 0.2 \times 23 = 52.6$。

故有 $u(A^*) = \max_{1 \leq i \leq 4} u(A_i) = \max\{u(A_1), u(A_2), u(A_3), u(A_4)\} = u(A_2) = 73$，

即最优方案是推出电动三轮车 A_2。

对于例 12-2，有：

$u(A_1) = \alpha\min\{85, 95, 140\} + (1-\alpha)\max\{85, 95, 140\} = 0.8 \times 85 + 0.2 \times 140 = 96$；

$u(A_2) = \alpha\min\{70, 90, 125\} + (1-\alpha)\max\{70, 90, 125\} = 0.8 \times 70 + 0.2 \times 125 = 81$；

$u(A_3) = \alpha\min\{65, 85, 95\} + (1-\alpha)\max\{65, 85, 95\} = 0.8 \times 65 + 0.2 \times 95 = 71$；

$u(A_4) = \alpha\min\{50, 70, 90\} + (1-\alpha)\max\{50, 70, 90\} = 0.8 \times 50 + 0.2 \times 90 = 58$。

故有 $u(A^*) = \min_{1 \leq i \leq 4} u(A_i) = \min\{u(A_1), u(A_2), u(A_3), u(A_4)\} = u(A_4) = 58$，

即最优方案是仅引进核心设备 A_4。

综上所述，对于收益型的决策方案来说，折中准则下的最优方案应满足：

$$u(A) = \alpha \max_{1 \leq j \leq n} a_{ij} + (1-\alpha) \min_{1 \leq j \leq n} a_{ij} (i = 1, 2, \cdots, m) \tag{12-9}$$

$$u(A^*) = \max_{1 \leq i \leq m} [u(A_i)] = \max_{1 \leq i \leq m} \left[\alpha \max_{1 \leq j \leq n} a_{ij} + (1-\alpha) \min_{1 \leq j \leq n} a_{ij} \right] \tag{12-10}$$

对于损失型的决策方案来说，折中准则下的最优方案应满足：

$$u(A) = \alpha \min_{1 \leq i \leq n} a_{ij} + (1-\alpha) \max_{1 \leq j \leq n} a_{ij} (i = 1, 2, \cdots, m) \qquad (12-11)$$

$$u(A^*) = \min_{1 \leq i \leq m}[u(A_i)] = \min_{1 \leq i \leq m}[\alpha \min_{1 \leq j \leq n} a_{ij} + (1-\alpha) \max_{1 \leq j \leq n} a_{ij}] \qquad (12-12)$$

显然，随着 α 的取值不同，可能最优方案的确定也有所不同。当 $\alpha = 1$ 时，折中准则就变为乐观准则；当 $\alpha = 0$ 时，折中准则就变为悲观准则。

12.2.4 等可能性准则

等可能准则又称机会均等法，它是 19 世纪数学家 Laplace 提出的。他认为，当决策者面对 n 种自然状态可能发生时，如果没有充分理由说明某一自然状态会比其他自然状态有更多的发生机会时，只能认为它们发生的概率是相等的，都等于 $1/n$。

对于例 12-1，有：$u(A_1) = (70 + 60 + 20)/3 = 50$；

$$u(A_2) = (85 + 80 + 25)/3 = 63.33;$$
$$u(A_3) = (50 + 40 + 15)/3 = 35;$$
$$u(A_4) = (60 + 50 + 23)/3 = 44.33_\circ$$

故有 $u(A^*) = \max_{1 \leq i \leq 4} u(A_i) = \max\{u(A_1), u(A_2), u(A_3), u(A_4)\} = u(A_2) = 63.33$，即最优方案是推出电动三轮车 A_2。

对于例 12-2，有：$u(A_1) = (85 + 95 + 140)/3 = 106.67$；

$$u(A_2) = (70 + 90 + 125)/3 = 95;$$
$$u(A_3) = (65 + 85 + 95)/3 = 81.67;$$
$$u(A_4) = (50 + 70 + 90)/3 = 70_\circ$$

故有 $u(A^*) = \min_{1 \leq i \leq 4} u(A_i) = \min\{u(A_1), u(A_2), u(A_3), u(A_4)\} = u(A_4) = 70$，即最优方案是仅引进核心设备 A_4。

综上所述，在等可能准则下：

$$u(A_i) = \frac{1}{n} \sum_{j=1}^{n} a_{ij} (i = 1, 2, \cdots, m) \qquad (12-13)$$

对于收益型的决策方案来说，最优方案应满足：

$$u(A^*) = \max_{1 \leq i \leq m} u(A_i) = \frac{1}{n} \max_{1 \leq i \leq m} \sum_{j=1}^{n} a_{ij} \qquad (12-14)$$

对于损失型的决策方案来说，最优方案应满足：

$$u(A^*) = \min_{1 \leq i \leq m} u(A_i) = \frac{1}{n} \min_{1 \leq i \leq m} \sum_{j=1}^{n} a_{ij} \qquad (12-15)$$

12.2.5 最小后悔值准则

最小后悔值准则又称为遗憾准则。当决策者决策之后,若实际情况并不理想,决策者有后悔之意,而实际出现状态可能达到的最大值与决策者得到的收益值之差越大,决策者的后悔程度越大。因此可用每一状态所能达到的最优值(称作该状态的理想值)与其他方案(在同一状态下)的收益值之差定义该状态的后悔值向量。对每一状态做出后悔值向量,就构成后悔值矩阵。对后悔值矩阵的每一行即对应每个方案求出其最大值,再在这些最大值中求出最小值所对应的方案,即为最优方案。

对于例 12-1,其后悔值矩阵如表 12-3 所示。

表 12-3

状态 方案	畅销 S_1	销售一般 S_2	滞销 S_3	$\max\limits_{1 \leq j \leq 3} \{b_{ij}\}$
轻便电动车 A_1	15	20	5	20
三轮电动车 A_2	0	0	0	0
助力车 A_3	35	40	10	40
载重车 A_4	25	30	2	30

因此有 $u(A^*) = \min\limits_{1 \leq i \leq 4}\max\limits_{1 \leq j \leq 3} b_{ij} = 0$,即最优方案是推出电动三轮车 A_2。

对于例 12-2,其后悔值矩阵如表 12-4 所示。

表 12-4

状态 方案	完全成功 S_1	部分成功 S_2	完全失败 S_3	$\max\limits_{1 \leq j \leq 3} \{b_{ij}\}$
引进最先进的工艺 A_1	35	25	50	50
引进最成熟的工艺 A_2	20	20	35	35
按照现在设备基础改进 A_3	15	15	5	15
仅引入核心设备 A_4	0	0	0	0

因此有 $u(A^*) = \min\limits_{1 \leq i \leq 4}\max\limits_{1 \leq j \leq 3} b_{ij} = 0$,即最优方案是仅引进核心设备 A_4。

在最小后悔值准则下,首先找到每一列下的最优值(收益型决策方案为最大值,损失型决策方案为最小值),即:

$$b_{ij} = \max\limits_{1 \leq i \leq m} a_{ij} - a_{ij} \quad i = 1,2,\cdots,m \quad j = 1,2,\cdots,n \tag{12-16}$$

或者有:

$$b_{ij} = a_{ij} - \min\limits_{1 \leq i \leq m} a_{ij} \quad i = 1,2,\cdots,m \quad j = 1,2,\cdots,n \tag{12-17}$$

再取结果的最大值：
$$u(A_i) = \max_{1\leq j\leq n} b_{ij} \quad j = 1,2,\cdots,n \tag{12-18}$$
此时最优方案为：
$$u(A^*) = \min_{1\leq i\leq n} u(A_i) = \min_{1\leq i\leq m} \max_{1\leq j\leq n} b_{ij} \tag{12-19}$$

对于不确定性的决策问题，采用不同的决策方案所得到的最优方案往往是不同的。由于它们之间没有统一的客观标注，故很难确定哪个方案更优。到底采用哪个方案，需要根据具体实际情况和决策者对于状态所持的态度而定。一般来讲，在不同准则下被选中多的方案应予以优先考虑。

读者可能发现，在例 12-1 和例 12-2 中，不同准则下得到的最优方案是一致的。这是由于例题在数值选择时所造成的，也是为了方便读者熟悉这些准则。在实际问题中，读者可以参考上述方法来进行分析判断，从而做出相应的决策方案。

12.3　风险型决策方法

风险型决策是指决策的环境不是完全确定的，而其发生的概率是已知的。即在具有多个状态的决策问题中，决策者虽然不知道未来哪个状态一定会发生，但其知道每个状态发生的概率，这时决策者需要根据概率和数理统计知识做出统计意义上的决策，如期望获利最大等。此时决策者需要冒一定的风险，故称为风险型决策。

在实际管理工作中，根据过去的统计资料和工作经验积累，或者通过一定的调研所获得的信息，总是可以对各种状态发生的概率做出一定的估算。在分析风险型决策问题时，需要满足：有决策目标（如收益较大或损失较小）；存在两个或两个以上的行动方案；存在两个或两个以上的自然状态；决策者通过计算、预测或分析等方法，可以确定各种自然状态未来出现的概率；每个行动方案在不同自然状态下的损益值可以计算出来。

另外，从 12.2 节可以看出，在分析收益型决策和损失型决策方案时，并无本质上的区别。因此为了简单起见，本节这里讨论的均为收益型决策。

12.3.1　期望值法

期望值法又称为决策矩阵表法，它是利用风险型决策问题的基本结构矩阵表来表述各种可供选择的方案，并计算出各方案的期望值，经比较，选择期望值最优的方案为最优方案。期望值法是依据期望值准则进行决策分析的方法，每个备选方案都可以计算其期望值。

【例 12-3】 某企业根据市场需求信息,准备推出一种新的产品。现有 4 种类型的产品可供选择:A_1、A_2、A_3 以及 A_4。每种产品都面临三种销售状态:畅销 S_1、销售一般 S_2、滞销 S_3。根据以往情况与数据,每种状态出现的概率分别为 0.3、0.5 和 0.2。每种产品在不同状态下的收益值如表 12-5 所示。问该企业如何决策才能使自身收益最大。

表 12-5 单位:万元

方案	状态		
	畅销 S_1	销售一般 S_2	滞销 S_3
	$P(S_1)=0.3$	$P(S_2)=0.5$	$P(S_3)=0.2$
产品 A_1	9	5	2
产品 A_2	7	8	5
产品 A_3	8	4	4
产品 A_4	7	9	3

解:根据题意知:

$$E(A_1) = \sum_{j=1}^{3} a_{1j}P_j = 9 \times 0.3 + 5 \times 0.5 + 2 \times 0.2 = 5.6;$$

$$E(A_2) = \sum_{j=1}^{3} a_{2j}P_j = 7 \times 0.3 + 8 \times 0.5 + 5 \times 0.2 = 7.1;$$

$$E(A_3) = \sum_{j=1}^{3} a_{3j}P_j = 8 \times 0.3 + 4 \times 0.5 + 4 \times 0.2 = 5.2;$$

$$E(A_4) = \sum_{j=1}^{3} a_{4j}P_j = 7 \times 0.3 + 9 \times 0.5 + 3 \times 0.2 = 7.2。$$

可知 $E(A_4)=7.2$ 最大,因此选择产品 A_4 为最优方案。

例 12-3 为典型的风险型决策问题。一般风险型决策问题可以描述如下:设 $A_1,A_2,\cdots,A_m$ 为所有可能选择方案,$S_1,S_2,\cdots,S_n$ 为所有可能出现的状态,各状态出现的概率(可以是主观概率,也可以是客观概率)分别为 $P_1,P_2,\cdots,P_n$。a_{ij} 为方案 A_i 在状态 S_j 下的收益值,则风险型决策问题可以描述为表 12-6。

表 12-6

方案	状态			
	S_1	S_2	$\cdots$	S_n
	P_1	P_2	$\cdots$	P_n
A_1	a_{11}	a_{12}	$\cdots$	a_{1n}
A_2	a_{21}	a_{22}	$\cdots$	a_{2n}
$\vdots$	$\vdots$	$\vdots$	$\cdots$	$\vdots$
A_m	a_{m1}	a_{m2}	$\cdots$	a_{mn}

风险型决策分析的一个基本假设就是期望收益最大化。因此，我们可以算出每个可行方案的期望值，然后对期望值进行比较，期望值最大的即为最优方案。

$$E(A_i) = \sum_{j=1}^{n} a_{ij} P_j (i = 1, 2, \cdots, m) \tag{12-20}$$

$$E(A^*) = \max_{1 \leq i \leq m} E(A_i) \tag{12-21}$$

在实际问题中，可以对状态概率、收益值等进行敏感度分析，即分析这些数值的变化会给最优方案的确定所带来的影响。若参数发生变动而最优方案不变，则这个最优方案是稳定的；反之，若参数稍微变动就使最优方案改变，则原最优方案是不稳定的，需要进一步分析。

12.3.2 决策树法

决策树是一种树状图。决策树法有利于决策人员使决策问题形象化，可把各种可能的方案、可能出现的状态、可能性大小及产生的后果等，简单地绘制在一张图上，以便计算、研究与分析。

决策树一般由四种元素组成：决策节点、状态节点、结果节点和分支。

决策节点：决策节点表示决策者需要在此处进行决策，一般用方形节点表示。从它引出的每一个分支都是策略（方案）分支，都表示决策者可能选取的一个策略，总的分支数即为可能的方案数。最终选择的方案的期望损益值要写在决策节点的上方，未被选中的方案要进行"剪支"（在相应的方案分支上标上‖）

状态节点：状态节点位于策略分支的末端，一般用圆形节点表示。其上方的数字为该状态的期望损益值。从状态节点引出的分支叫概率分支，每个分支上都写明它代表的自然状态及其出现的概率。总的分支数即为可能的自然状态数。

结果节点：结果节点是概率分支的末梢，一般用三角符合表示，它旁边的数字是相应策略在该状态下的损益值。

分支：分支包括策略（方案）分支和概率分支。最终决策结果求出之后，应对未选择的策略分支进行剪支。

这样树状图由左向右，由简到繁展开，组成了一个树形网络图，如图 12-1 所示。

应用决策树法的具体步骤如下：

（1）画出决策树。根据对某个风险型决策问题的未来可能情况和可能结果所作的预测，用树形图的形式反映出来。画图的过程就是拟订各种决策方案的过程，也是进行状态分析和估算方案条件结果的过程，所以要对决策问题进行逐步的深入分析，并按照规范要求画出决策树图。

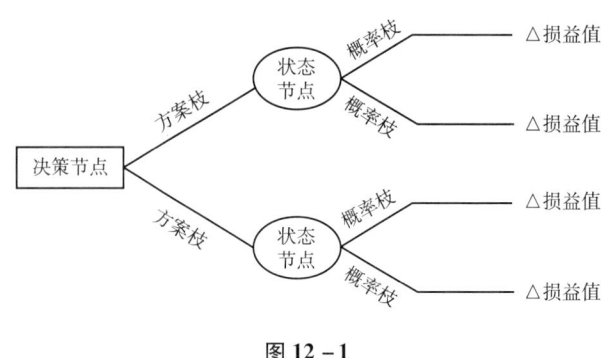

图 12-1

（2）预测事件发生的概率。概率值的确定，可以凭借决策人员的估计或者历史统计资料进行推断。

（3）计算损益值。在决策树中由末梢开始从右向左顺序推算，根据损益值和相应的概率值算出每个决策方案的数学期望。

（4）修支选订方案。根据不同方案期望值大小，从右向左进行修支优选。修支时要把修支符号 ‖ 画在图上，最后便可得到最优方案，并写出结论。

决策树法在问题分析过程中比较直观、简单，既可用于单阶段决策问题，也可以用于多阶段的复制决策问题。

【例 12-4】 某企业准备升级改造现有生产工艺。新工艺的取得有两种途径：一是自行研制，其成功可能性为 70%；二是购买专利，估计谈判成功可能性为 60%。无论是自行研制成功还是购买专利成功，生产规模都需要考虑两种方案：一是产量不变，二是产量增加。若研究或者购买专利失败，则仍然采取原工艺进行生产，并保持生产规模不变。

根据市场预测，该企业生产的产品在价格低、价格中等和价格高的可能性分别为 10%、60% 和 30%。各种情况下的损益值如表 12-7 所示。试用决策树法进行决策分析。

表 12-7

方案 价格状态 （概率）	按原工艺生产	自行研究成功		购买专利成功	
		产量不变	产量增加	产量不变	产量增加
价格低（10%）	-100	-150	-200	-150	-200
价格中等（60%）	0	0	-250	60	60
价格高（30%）	120	250	500	200	300

解：画出决策树，如图 12-2 所示。

由于各个状态的概率已给出，故不必预测各状态发生的概率。

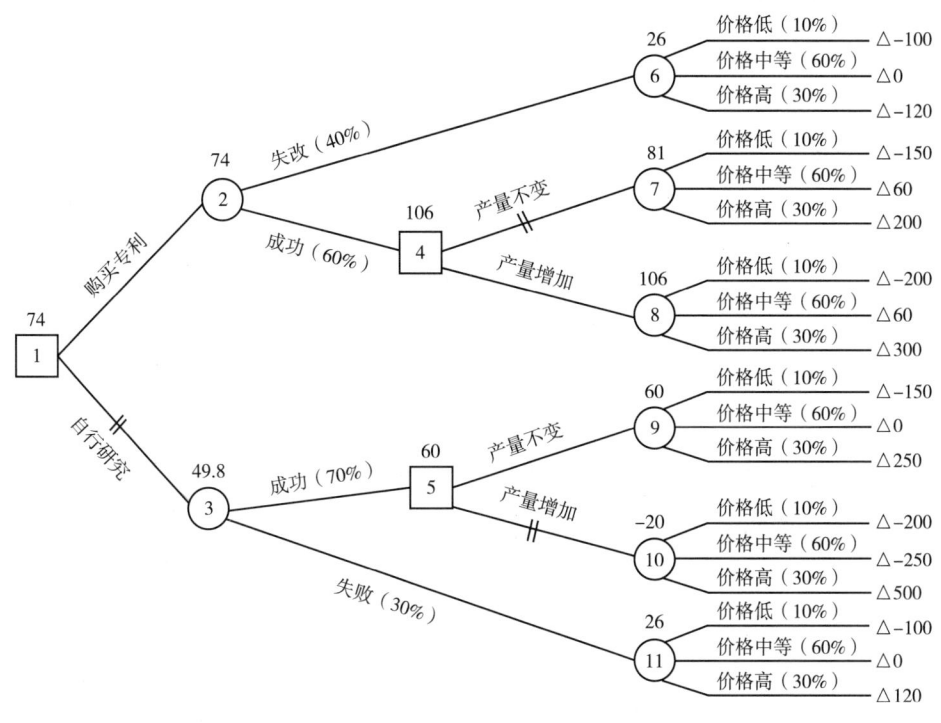

图 12-2

现从左向右计算各节点的期望损益值。

状态节点 6：$-100\times10\%+0\times60\%+120\times30\%=26$；

状态节点 7：$-150\times10\%+60\times60\%+200\times30\%=81$；

状态节点 8：$-200\times10\%+60\times60\%+300\times30\%=106$；

状态节点 9：$-150\times10\%+0\times60\%+25\times30\%=60$；

状态节点 10：$-200\times10\%-250\times60\%+500\times30\%=-20$；

状态节点 11：$-100\times10\%+0\times60\%+120\times30\%=26$。

对于决策点 4 之后的状态点 7 和状态点 8 可知，应删除状态点 7。此时经过计算可以得到状态点 2 的期望损益值：$26\%\times40\%+106\%\times60\%=74$。

类似地，对于决策点 5 之后的状态点 9 和状态点 10 可知，因删除状态点 10。故状态点 3 的期望损益值为：$60\%\times70\%+26\%\times30\%=49.8$。

最后选定最优方案。比较状态点 2 和状态点 3 可知，状态点 2 的期望收益值更大，故最优方案是：购买专利，若购买成功则增加产量。

12.3.3 贝叶斯决策及信息价值

一般来说，在制订决策方案时，所获得的信息越全面、可靠，决策方案质量就越高，决策就越合理。能够完全肯定某一状态发生的信息称为完全信息。显然，如果有了完全信息，决策者就可以准确地判断出将出现什么状态，从而把问题转化为确定型决策问题。

然而，获得全信息是非常困难的。需要经过调查、分析、实验、统计等工作，或者从第三方手中购买，总而言之要获得有价值的信息，就需要付出一定的代价。在得到信息之前，决策者并不能肯定哪个状态将要出现，也无法准确计算出得到这一信息会给决策者带来多大利益。因此需要估算出该信息的价值，才能判断是否值得去收集该信息。只有当最佳信息可能带来的新收益大于收集信息本身的费用时，才有必要去获取新的信息。因此通常把信息本身能带来的新的收益称为信息的价值。

事实上，决策者经常是在原有的信息基础上先追加信息来进行决策的。在处理风险型决策问题时需要知道各种状态出现的概率 $P(S_1)$，$P(S_2)$，…，$P(S_n)$，这些概率称为先验概率。现在的问题是：这些概率是否真实？决策问题的不确定性往往是信息的不完备性造成的。决策者在追加信息 B 后得到的概率 $P(S_i|B)$ 称为原概率的后验概率，表示在得到信息 B 后对原概率 $P(S_i)$ 的修正。决策者事实上是根据后验概率进行决策的，即贝叶斯决策。贝叶斯决策可以利用贝叶斯公式来实现，它体现了最大可能地利用现有信息，并加以连续观察和重新估计。

贝叶斯公式为：

$$P(S_i|B) = \frac{P(S_i)P(B|S_i)}{\sum_{j=1}^{n} P(S_j)P(B|S_j)} \quad (i = 1, 2, \cdots, n) \qquad (12-22)$$

其中，事件 S_i 可表示自然状态，S_1，S_2，…，S_n 是所有可能出现的自然状态，且其中任意两个自然状态不可能同时发生，即 $\{S_1, S_2, \cdots, S_n\}$ 是两两互斥的完备事件组。

$P(S_i)$ 是在自然状态 S_i 出现的概率，即先验概率。

$P(B|S_i)$ 是在自然状态 S_i 出现的情况下事件 B 发生的条件概率。

$P(S_i|B)$ 是在事件 B 发生的情况下自然状态 S_i 出现的条件概率，即后验概率。

"发生了一次事件 B" 作为补充信息，据此对先验概率加以修正，以得到后验概率。显然，贝叶斯公式就是根据信息更新，由先验概率计算后验概率的公式。

【例 12-5】某公司准备经营智能监控产品。假设市场可能存在畅销和滞销两种状态。若市场畅销，可以获利 30 000 万元；若市场滞销，则亏损 7 000 万元。根据历年的市场销售资料，该产品畅销的概率为 0.8，滞销的概率为 0.2。为了更加准确地掌握该产品的市场销售情况，该公司打算聘请某咨询公司进行市场调查和分析。根据以往预测准确率的记录，该咨询公司对该类产品预测为畅销的准确率为 0.95，预测为滞销的准确率为 0.90。试根据市场咨询分析结果，判断该公司是否应该聘请咨询公司进行咨询？

解：由题意可知，该公司的有两种可选择方案：经营该产品和不经营该产品。令：A_1 表示经营该产品方案，A_2 表示不经营该产品方案；S_1 表示畅销状态，S_2 表示滞销状态。先验概率为 $P(S_1)=0.8$，$P(S_2)=0.2$。

利用先验概率计算各方案的期望收益值为：

$E(A_1) = 30\,000 \times 0.8 + (-7\,000) \times 0.2 = 22\,600$（万元）；

$E(A_2) = 0$（万元）。

根据先验概率计算的收益期望值可知，此时经营该产品是有利可图的。下一步分析是否需要聘请该咨询公司。设 B_1 表示该咨询公司预测市场畅销，B_2 表示该咨询公司预测市场滞销。根据咨询公司对市场预测的准确性可知，有：

$P(B_1|S_1)=0.95$，表示在产品畅销，而预测结果也畅销的概率。

$P(B_2|S_1)=1-P(B_1|S_1)=0.05$，表示在产品畅销，而预测结果为滞销的概率。

$P(B_2|S_2)=0.90$，表示在产品滞销，而预测结果也为滞销的概率。

$P(B_1|S_2)=1-P(B_2|S_2)=0.10$，表示在产品滞销，而预测结果为畅销的概率。

根据权概率公式，咨询公司预测该产品畅销和滞销的概率分别为：

$P(B_1)=P(S_1)P(B_1|S_1)+P(S_2)P(B_1|S_2)=0.8\times0.95+0.2\times0.10=0.78$；

$P(B_2)=P(S_1)P(B_2|S_1)+P(S_2)P(B_2|S_2)=0.8\times0.05+0.2\times0.90=0.22$。

根据贝叶斯公式，可计算有关的后验概率如下：

$P(S_1|B_1) = \dfrac{P(B_1|S_1)P(S_1)}{P(B_1)} = \dfrac{0.95\times0.8}{0.78} \approx 0.9744$，即预测结果为畅销，而产品实际也确实畅销的概率。

$P(S_2|B_1) = \dfrac{P(B_1|S_2)P(S_2)}{P(B_1)} = \dfrac{0.10\times0.2}{0.78} \approx 0.0256$，即预测结果为畅销，而产品实际为滞销的概率。

$P(S_1|B_2) = \dfrac{P(B_2|S_1)P(S_1)}{P(B_2)} = \dfrac{0.05\times0.8}{0.22} \approx 0.1818$，即预测结果为滞销，而产品实际为畅销的概率。

$P(S_2|B_2) = \dfrac{P(B_2|S_2)P(S_2)}{P(B_2)} = \dfrac{0.90\times0.2}{0.22} \approx 0.8182$，即预测结果为滞销，而产品实际也确实滞销的概率。

因此，当咨询公司预测结果为畅销时，用后验概率替代先验概率得到两个方案的期望收益值分别为：

$E(A_1|B_1) = 30\,000 \times 0.9744 + (-7\,000) \times 0.0256 = 29\,052.8$（万元）；

$E(A_2|B_1) = 0$（万元）。

故当咨询公司预测畅销时，最佳方案为 A_1，即经销该产品。

类似地，当咨询公司预测结果为滞销时，用后验概率替代先验概率得到两个方案的期望收益值分别为：

$E(A_1|B_2) = 30\,000 \times 0.1818 + (-7\,000) \times 0.8182 = -273.4$（万元）；

$E(A_2|B_2) = 0$（万元）。

故当咨询公司预测滞销时，最佳方案为 A_2，即不经销该产品。

总的期望收益为：

$E = E(A_1|B_1)P(B_1) + E(A_2|B_2)P(B_2) = 29\,052.8 \times 0.78 + 0 \times 0.22 = 22\,661.2$（万元）；

$E - E(A_1) = 22\,661.2 - 22\,600 = 61.2$（万元）。

因此，只要该公司支付给咨询公司的市场调查费用不超过 61.2 万元，就可以进行市场调查，否则不应该进行市场调查。若调查结果为畅销，则应该选择经销该产品，否则不应该经销该产品。

12.4 效用理论

在风险型决策方法中，我们是采取期望损益值作为决策准则的，即认为期望损益值相同的各种事件是等价的，且也认为同样的期望损益值对不同决策者而言都是相同的。实际上，期望损益值相同的各种事件的风险程度可能相差甚远，而不同的决策者对风险的态度可能也大不相同。因此，如果是大量重复地进行同样决策，期望损益值可以代表其平均损益效果，在此情况下用期望损益值作为决策准则是合理可行的；在另一些情形下，用期望损益值作为准则进行决策就值得商榷。这就需要引入效用理论来进行分析判断了。

12.4.1 效用的概念

为了更好地说明效用概念，我们下面分析两个例子。

【例 12-6】有决策问题如下：方案 A_1：以确定的方式稳获 1 万元；方案 A_2：抛一枚硬币，正面朝上获得 2 万元，反面朝上获得 0 元；方案 A_3：抛一枚硬币，正面朝上获等 3 万元，反面朝上付出 1 万元。

对于这三个方案来说，其期望收益值都为 1 万元。若根据期望收益值准则，对于决策者而言三个方案是等同的。然而在现实中，可能大部分人认为方案 A_1 是最优方案。

这是因为，方案 A_1 不含任何风险，可以直接获得 1 万元；方案 A_2 有 50% 的风险将一无所获；方案 A_3 还有 50% 的风险将损失 1 万元。因此对于不同的决策者而言，其能够接受的风险往往不同，因此在决策时会采取不同的决策态度。

【例 12-7】某公司准备空运一件价值 1 000 万元的仪器设备。如果发生事故，仪器就会损坏。若该公司花 0.2 万元购买保险，则一旦发生事故，保险公司就会承担所有损失；若该公司不参加保险，则所有损失由该公司自己承担。已知飞机发生事故的概率为万分之一，在这种情况下该公司是否会购买保险？

显然该公司有两个方案。若购买保险，其期望损失值为 0.2 万元；若不购买保险，其期望损失值为 0.1 万元。若从期望损失值最小的角度来进行决策，显然应该选择不购买保险。但事实上，绝大部分决策者都会选择购买保险的方案。尽管飞机出事故的可能性非常低，也很少有人愿意承担为节省 0.2 万元的保险费而冒险损失 1 000 万元的风险。

上述两个例子说明：(1) 相同的期望益损值（以货币值为度量）的不同随机事件之间其风险可能存在很大的差异，即说明货币量的期望益损值不能完全反映随机事件的风险程度；(2) 同一随机事件对不同的决策者的吸引力可能完全不同，因此可采用不同的决策，这与决策者个人的气质、冒险精神、经济状况、经验等主观因素有很大的关系；(3) 即使同一个人在不同情况下对同一随机事件也会采用不同的态度。

总而言之，决策者在更多场合下是根据不同结果或者方案对其需求欲望的满足程度来进行决策的，而不仅仅是依据期望损益值进行决策的。即决策往往受决策者主观意识的影响，决策者在决策时要对所处的环境和未来的发展予以展望，对可能产生的利益和损失做出反应，在决策问题中，把决策者这种对于利益和损失的独特看法、感觉、反应或兴趣，称为效用。效用实际上反映了决策者对于风险的态度，还需要注意的是，同一货币量，在不同风险情况下，对同一决策者来说具有不同的效用值；在同等风险程度下，不同决策者对风险的态度是不一样的，即相同的货币量在不同人看来具有不同的效用。

12.4.2　效用值及效用曲线

如前所述，效用是一个相对的概念。一般可以规定：决策者最倾向、最偏好、最爱好的事件（事物）的效用值定义为 1，其最不爱好的事件（事物）的效用值定义为0。当然也可以采用其他数值范围。显然，效用值与决策者的性格、爱好、意愿等主观因素有关，也与决策者所处的环境、时期等客观环境有关。

我们可以用效用曲线来表示决策者对不同风险态度的变化曲线。确定效用曲线的方法主要是对比提问法。

假设决策者面临两个可供选择的方案 A_1 和 A_2。A_1 表示决策者可以无风险地获得一笔收益 x，A_2 表示以概率 P 得到收益 y，以概率 $(1-P)$ 得到收益 z，其中 $z > x > y$ 或者 $y > x > z$。令 $U(x)$ 表示收益 x 的效用值，则在某种条件下，若决策者认为方案 A_1 和 A_2 等价时，可表示为：

$$PU(y) + (1-P)U(z) = U(x) \qquad (12-23)$$

即决策者认为 x 的效用值等价于 y 和 z 的效用期望值，可用对比提问法来确定决策者的效用曲线。由于式（12-23）中有 x，y，z，P 四个变量，若其中任意三个为已知，即可通过向决策者提问得到第四个变量值。提问题的方式大致有3种：

（1）每次固定 x，y，z 的值，改变 P，问决策者："P 为何值时，认为 A_1 和 A_2 等价"。

（2）每次固定 y，z，P 的值，改变 x，问决策者："x 为何值时，认为 A_1 和 A_2 等价"。

（3）每次固定 x，y（或 z），P 的值，改变 z（或 y），问决策者："z（或 y）为何值时，认为 A_1 和 A_2 等价"。

在实际计算中，常令 $P = 0.5$，固定 y，z 的值，利用式（12-24）来求 x 的值。

$$0.5U(y) + 0.5U(z) = U(x) \qquad (12-24)$$

将 y，z 的值改变3次，分别提问3次得到相应的 x 的值，即可得到效用曲线上的3个点。再加上效用值为1和效用值为0的2个点，实际上已得到效用曲线上的5个点，根据这5个点即可画出效用曲线的大致图形。

【例 12-8】 某决策者认为今年获得盈利1 000万元为最理想状况，能够接受的最低盈利为300万元。现用对比提问法来确定其效用曲线。

根据题意可知，$U(1\,000) = 1$，$U(300) = 0$。

提问一：若方案一以0.5的概率可以获得1 000万元，以0.5的概率可能获得300万元；方案二肯定可以获得 x 万元。问 x 为多少时，两个方案等价？

若决策者回答为500万元，则：

$U(500) = 0.5U(1\,000) + 0.5U(300) = 0.5 \times 1 + 0.5 \times 0 = 0.5$。

提问二：若方案一若以0.5的概率可以获得1 000万元，以0.5的概率可能获得500万元；方案二肯定可以获得 x 万元。问 x 为多少时，两个方案等价？

若决策者回答为700万元，则：

$U(700) = 0.5U(1\,000) + 0.5U(500) = 0.5 \times 1 + 0.5 \times 0.5 = 0.75$。

提问三：若方案一若以 0.5 的概率可以获得 500 万元，以 0.5 的概率可能获得 300 万元；方案二肯定可以获得 x 万元。问 x 为多少时，两个方案等价？

若决策者回答为 375 万元，则：

$U(375) = 0.5U(500) + 0.5U(300) = 0.5 \times 0.5 + 0.5 \times 0 = 0.25$。

这样我们就得到 5 个点：$(1\,000, 1)$，$(300, 0)$，$(500, 0.5)$，$(700, 0.75)$，$(375, 0.25)$，在平面坐标系中大致能够绘制出决策者的效用曲线，如图 12-3 所示。

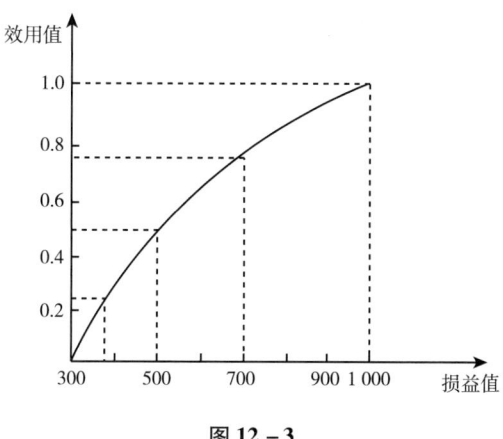

图 12-3

利用效用曲线进行决策时，需要用到解析式来表示效用曲线，这就需要对提问所得到的数据进行拟合。常用的拟合函数主要有：

线性函数：$U(x) = c_1 + a_1(x - c_2)$；

指数函数：$U(x) = c_1 + a_1[1 - e^{a_2(x - c_2)}]$；

幂函数：$U(x) = c_1 + a_1 x^{a_2(x - c_2)}$；

对数函数：$U(x) = c_1 + a_1 \log(c_3 x - c_2)$。

由于决策者对风险态度不同，因而会得到不同形状的效用曲线。总体而言，效用曲线可以分为保守型、中间型和风险型三种，如图 12-4 所示。

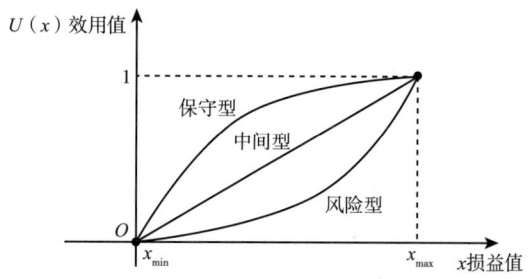

图 12-4

保守型：这类决策者对收益增加反应比较迟钝，相反，对损失反应比较敏感，即比较谨慎保守。保守型决策者的效用曲线是下凹的，其切线斜率逐步递减，即随着收益的增加，每增加单位收益，效用值增长是逐渐减少的。

风险型：这类对损失增加反应比较迟钝，相反，对收益增加反应比较敏感，即愿意冒较大风险，谋求大的收益。风险型决策者的效用曲线是下凸的，其切线斜率逐步增加，即随着收益的增加，每增加单位收益，效用值的增长量就越来越大。

中间型：中间型介于保守型和风险型之间，其效用函数是一条线性函数。这表明该类决策者，不用效用函数，只利用期望损益值作为选择决策的标准就可以了。

12.4.3 最大期望效用决策方法

最大效用期望值决策准则，就是依据效用理论，通过效用函数（或效用曲线）计算出各个策略节点的效用期望值，以效用期望值最大的策略作为最优策略的选优准则。即以效用期望值代替风险型决策中的期望损益值进行决策。

【例12-9】某公司有两个项目可供选择。鉴于公司财务现状，该公司至多只能做一个项目，也可以不做。根据以往情况，每个项目在不同状态下的收益如表12-8所示。

表12-8 单位：万元

方案 \ 状态	畅销 S_1 $P(S_1)=0.3$	销售一般 S_2 $P(S_2)=0.5$	滞销 S_3 $P(S_3)=0.2$
A_1（做项目A）	60	40	-100
A_2（做项目B）	100	-40	-60
A_3（不做任何项目）	0	0	0

若采取期望收益值最大准则，经过计算可知 A_1 为最优方案，此时期望收益值为18。

但决策者考虑到该公司目前的财务状况，若选择 A_1，一旦出现滞销状态，就要亏损100万元，风险太大；若发生亏损，则公司市场竞争力就会下降，被别的公司赶上，这样看来 A_2 也不是最优方案。该公司决策者决策采用 A_3 方案，即不做任何项目。

下面用效用理论来分析该公司决策者的决策选择。

我们可以把表12-8中的每一个收益值赋予一个效用值，表示该公司决策者对这个收益值的相对评价。从表12-8可以看出，最高收益为100万元，最大亏损为-100万元，令 $U(100)=1$，$U(-100)=0$元。经过对比提问法，可以得到该公司决策者对另外收益的效用值分别为：$U(60)=0.95$，$U(40)=0.90$，$U(-40)=0.55$，$U(-60)=0.40$，$U(0)=0.75$。把表 12-8 中的收益值用效用值来替代，从而得到表 12-9。

表 12-9

方案 \ 状态	畅销 S_1 $P(S_1)=0.3$	销售一般 S_2 $P(S_2)=0.5$	滞销 S_3 $P(S_3)=0.2$
A_1（做项目 A）	0.95	0.90	0
A_2（做项目 B）	1	0.55	0.40
A_3（不做任何项目）	0.75	0.75	0.75

从表 12-9 可以得到：

$E[U(A_1)] = 0.95 \times 0.3 + 0.90 \times 0.5 + 0 \times 0.2 = 0.735$；

$E[U(A_2)] = 1 \times 0.3 + 0.55 \times 0.5 + 0.40 \times 0.2 = 0.655$；

$E[U(A_3)] = 0.75 \times 0.3 + 0.75 \times 0.5 + 0.75 \times 0.2 = 0.75$。

显然，方案 A_3 的期望效用值最大，故 A_3 即不做任何项目为该公司的最优方案。

【例 12-10】 某公司欲购置一批汽车，须考查两项指标：功率和价格。该公司决策者认为最合适的功率为 70kw，若低于 55kw，则不宜使用；而最满意的价格为 4.0 万元。若超过 5.6 万元，则不能接受。目前市场上能满足该公司基本要求的汽车型号有：Ⅰ，Ⅱ，Ⅲ。它们的功率和价格分别如表 12-10 所示。问该公司决策者应该如何决策。

表 12-10

型号 \ 指标	功率/kw	价格/万元
Ⅰ	60	4.1
Ⅱ	65	4.5
Ⅲ	70	5.2

解：这是一个涉及功率和价格的多目标决策问题，且两个目标相互矛盾，量纲也不同，无法用绝对数字进行比较。对此可用如下的方法：利用效用理论，把每个方案的各个指标折合成效用值，然后加权相加，计算出每个方案的总效用值，然后进行比较。

对于功率，根据题意可知，$U_w(70)=1$，$U_w(55)=0$。经过对比提问法，可以得到该公司决策者对另外功率的效用值分别为：$U_w(60)=0.45$，$U_w(65)=0.80$。

对于价格，根据题意可知，$U_p(4.0)=1$，$U_w(5.6)=0$。经过对比提问法，可以得到该公司决策者对另外价格的效用值分别为：$U_p(4.1)=0.90$，$U_p(4.5)=0.75$，$U_p(5.2)=0.20$。

把表 12-10 中的指标值用效用值来替代，从而得到表 12-11。

表 12-11

型号 \ 指标	功率/kw	价格/万元
I	0.45	0.90
II	0.80	0.75
III	1	0.20

又通过询问，了解到决策者对功率与价格这两个目标的权重分别为 0.6、0.4。现计算三种型号汽车的效用期望值：

$E[U(\text{I})] = 0.45 \times 0.6 + 0.90 \times 0.4 = 0.63$；

$E[U(\text{II})] = 0.80 \times 0.6 + 0.75 \times 0.4 = 0.78$；

$E[U(\text{III})] = 1.0 \times 0.6 + 0.20 \times 0.4 = 0.68$。

因此，按效用期望值作标准，应选择第 II 种牌号的车型为最优决策。

12.5 层次分析法

层次分析法（Analytic Hierarchy Process，AHP）是美国著名的运筹学家萨蒂教授在 20 世纪 70 年代提出的，是一种将决策者的定性判断和定量计算有效结合起来的决策分析方法。层次分析法因有着其定性与定量相结合地处理各种决策因素的特点，以及其系统灵活简便又实用的优点，迅速地在我国社会经济各个领域中得到了广泛的重视和应用，如企业发展战略选择、能源系统分析、城市规划、生态环境评价、医疗健康分析等。

运用 AHP 进行决策时，需要把问题层次化，即把复杂问题中的各种因素通过划分为互相联系的有序层次，使之条理化，形成一个多层次的分析结构模型。AHP 把人的思维过程层次化、数量化，并用数学为分析、决策、预报或控制提供定量的依据。即它把专家意见和分析者的客观判断结果有效结合起来，然后，将同一层次的元素进行两两比较的重要性进行定量描述，接着利用数学方法计算出某一层对于上一层次某一个元素的相对重要性权值，在此基础上，用上一层次因素本身的权值加权综合，即可计算出层次总排序权值。总之，层次分析法按照依次由上而下的顺序，就可以计算出最低层因素相对于最高层的相对重要性权值或相对优劣次序的排序值。

假设某厂要扩大规模,新建一个厂房,现在需要对新厂房进行选址,选址主要考虑交通便利程度、租金价格和厂房面积三个因素。备选地址有 M1、M2、M3 三个地址。M1 地址交通比较便利,租金一般,厂房面积较大;M2 地址交通很便利,租金贵,厂房面积小;M3 地址交通不怎么便利,租金很便宜,厂房面积大。该工厂想选择一个相对交通便利、租金合理、厂房面积大一些的新厂址。

运用 AHP 对该问题进行决策时,决策步骤大致可分为以下 4 步进行:分析系统中各因素之间的关系,建立系统的递阶层次结构;对同一层次的各元素关于上一层次中某一准则的重要性进行两两比较,构造两两比较判断矩阵;由判断矩阵计算被比较元素对于该准则的相对权重;计算各层元素对系统目标的合成权重,并进行排序。

(1) 建立层次结构。

应用 AHP 问题时,首先要把问题条理化、层次化,构造出一个层次分析结构模型。在这个结构模型中,复杂问题被分为不同的元素,然后这些元素又根据其属性和关系形成若干个不同的层次,上一层次的元素作为准则对下一层次的相关元素存在支配关系。这些层次一般分有三个大类:第一,目标层:这一层只有一个元素,它表示解决问题的目的,即应用层次分析法所要达到的目标;第二,准则层:实现预定目标所涉及的中间环节。它可以由若干个层次组成,包括所有需要考虑的指标层、子指标层;第三,方案层:表示解决问题的具体方案、各种措施等。

另外,各个层次之间的支配关系并不一定是完全的,即上一层某一元素,不完全支配下一层的所有元素,而是仅支配其中的部分元素。这种自上而下的支配关系所形成的层级结构,称为递阶层级结构。

如图 12-5 所示,就是一个典型的递阶层级结构。

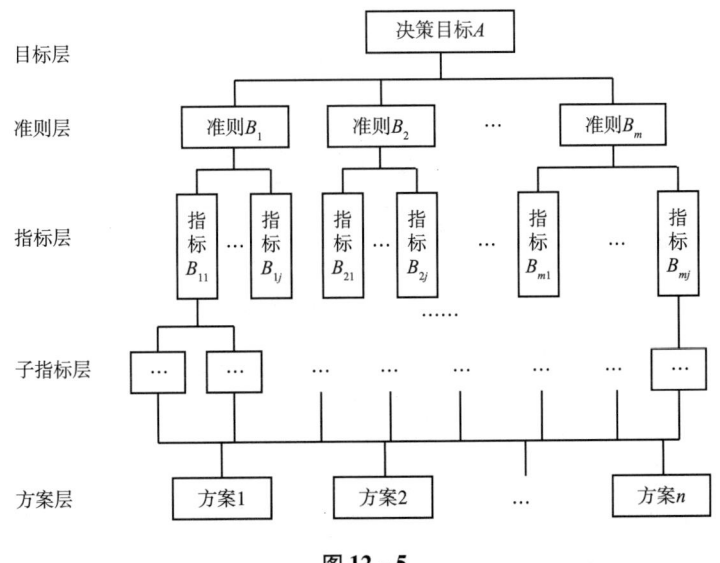

图 12-5

例如，在厂房选址的例子中，该问题的递阶层级结构用图 12-6 来表示。

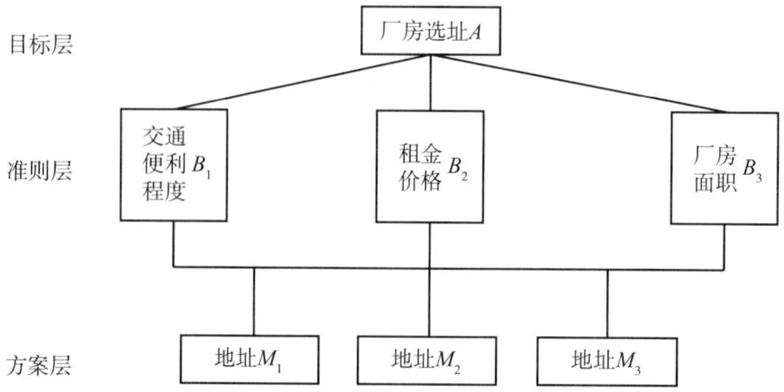

目标层：厂房选址 A

准则层：交通便利程度 B_1，租金价格 B_2，厂房面积 B_3

方案层：地址 M_1，地址 M_2，地址 M_3

图 12-6

（2）构造两两比较的判断矩阵。

建立了递阶层级结构后，上下层次元素之间的支配关系就确定了。接下来就是要确定各个层次元素的权重。假定以上一层元素 C 为准则，所支配的下一层的元素为 $u_1, u_2, \cdots, u_n$。通过两两比较构造判断矩阵。决策者要反复地回答问题：针对准则 C，两个元素 u_i 和 u_j 哪一个更重要，重要多少，并按五标度法或九标度法对重要程度赋值。相对来说，九标度法的运用更为普遍，九标度法的含义如表 12-12 所示。

表 12-12

u_{ij} 的取值	含义
1	元素 i 和元素 j 相比，元素 i 和元素 j 相同重要
3	元素 i 和元素 j 相比，元素 i 稍微重要
5	元素 i 和元素 j 相比，元素 i 比较重要
7	元素 i 和元素 j 相比，元素 i 十分重要
9	元素 i 和元素 j 相比，元素 i 绝对重要
2, 4, 6, 8	上述相邻判断的中间值
倒数	若元素 i 与元素 j 的重要性之比为 u_{ij}，那么元素 j 与元素 i 重要性之比为 $u_{ji}=1/u_{ij}$

对于准则 C，n 个被比较元素构成一个两两比较判断矩阵：

$$U=(u_{ij})_{n\times n}=\begin{bmatrix} u_{11} & u_{12} & \cdots & u_{1n} \\ u_{21} & u_{22} & \cdots & u_{2n} \\ \cdots & \cdots & \cdots & \cdots \\ u_{n1} & u_{n2} & \cdots & u_{nn} \end{bmatrix}。$$

其中，u_{ij} 就是元素 u_i 和 u_j 相对于准则 C 的重要性比例标度。

假设对于三个准则（B_1，B_2，B_3）关于决策目标 A 的优先顺序为交通便利程度、厂房面积和租金价格；对于准测 B_1 交通便利程度、B_2 租金价格、B_3 厂房面积大小来说，地址 M_1、M_2 和 M_3 的判断矩阵如表 12-13 所示。

表 12-13

新工厂选址 A				交通便利程度 B_1			
G	B_1	B_2	B_3	地址	M_1	M_2	M_3
B_1	1	4	3	M_1	1	3/5	3
B_2	1/4	1	1/3	M_2	5/3	1	5
B_3	1/3	3	1	M_3	1/3	1/5	1
租金价格 B_2				厂房面积大小 B_3			
地址	M_1	M_2	M_3	地址	M_1	M_2	M_3
M_1	1	3/5	3	M_1	1	3	2/5
M_2	5/3	1	6	M_2	1/3	1	1/5
M_3	1/3	1/6	1	M_3	5/2	5	1

（3）单一准则下元素相对权重的计算。

这一步要确定 n 个元素对于准则 C 的相对权重。相对权重可以写成向量形式，即 $\omega = (\omega_1, \omega_2, \cdots, \omega_n)^T$。除了计算权重值外，还要进行判断矩阵的一致性检验。判断矩阵是计算排序权向量的依据，所以不能出现"A 比 B 极端重要，B 比 C 极端重要，C 比 A 极端重要"的矛盾结果。因此，要求判断矩阵具有一致性。

根据判断矩阵计算相对权重 $\omega_1, \omega_2, \cdots, \omega_n$，可以采用和法、根法、特征根法和最小平方法等方法进行计算。常用计算方法为和法和根法，其计算公式分别如下：

$$\omega_i = \frac{1}{n}\sum_{j=1}^{n}\left(u_{ij}/\sum_{k=1}^{n}u_{kj}\right), i = 1, 2, \cdots, n \tag{12-25}$$

$$\omega_i = \left(\prod_{j=1}^{n}u_{ij}\right)^{1/n} / \sum_{k=1}^{n}\left(\prod_{j=1}^{n}u_{kj}\right)^{1/n}, i = 1, 2, \cdots, n \tag{12-26}$$

对判断矩阵 U 进行一致性检验，步骤如下：

① 计算一致性指标 $C.I.$（Consistency Index）。计算公式如下：

$$C.I. = \frac{\lambda_{\max} - n}{n-1} \tag{12-27}$$

计算矩阵的最大特征根 $\lambda_{\max}$ 的公式为：

$$\lambda_{\max} = \frac{1}{n}\sum_{i=1}^{n}\frac{(UW)_i}{\omega_i} = \frac{1}{n}\sum_{i=1}^{n}\left(\sum_{j=1}^{n}u_{ij}\omega_j/\omega_i\right) \tag{12-28}$$

其中，$(UW)_i$ 表示向量 UW 的第 i 个分量。

②查找平均随机一致性指标 R.I. (Random Index)。表 12 – 14 的 R.I. 矩阵阶数表是 1~12 阶正反矩阵计算 1 000 次得到的平均随机一致性指标。

表 12 – 14

矩阵阶数	1	2	3	4	5	6
R.I.	0	0	0.52	0.89	1.12	1.26
矩阵阶数	7	8	9	10	11	12
R.I.	1.36	1.41	1.46	1.49	1.52	1.54

③计算一致性比例 C.R. 计算公式如下:

$$C.R. = \frac{C.I.}{R.I.} \qquad (12-29)$$

当 C.R. < 0.1 时,判断矩阵通过一致性检验;当 C.R. ≥ 0.1 时,则应该对判断矩阵作适当的修正。另外,因为一阶、二阶矩阵的 R.I. = 0,所以一阶、二阶矩阵的 C.R. = 0。

④计算各层元素对目标层的合成权重。合成权重,即各个元素对总目标的相对权重,特别是最底层中各个方案对目标的排序权重。根据合成权重的结果来进行决策。合成权重的计算是自上而下的,将单准则下的权重进行合成,并逐步进行总的一致性检验。

层次总排序是指同一层次所有因素对于最高层(目标层)相对重要性的排序权值。这一计算过程是最高层次到最低层次逐层进行的。假设上一层次 A 包含 n 个指标 $A_1, A_2, \cdots, A_n$,其层次总排序权值分别为 $a_1, a_2, \cdots, a_n$;下一层次 B 对应 A_i 指标下的子指标有 m 个,分别为 $B_{i1}, B_{i2}, \cdots, B_{im}$,那么 B 层次的指标 B_{ij} 相对于目标层的合成权重为:$\omega_{ij} = a_i \times b_{ij} (i = 1, 2, \cdots, n; j = 1, 2, \cdots, m)$。

⑤对层次总排序进行一致性检验。层次总排序的一致性检验也是从高到低进行的。即若 B 层次某些因素对于 A_i 单排序的一致性指标为 $C.I._i$,则相应的平均随机一致性指标为 $R.I._i$,那么 B 层次总排序随机一致性比率为:

$$C.R. = \sum_{i=1}^{n} a_i C.I._i / \sum_{i=1}^{n} a_i R.I._i \qquad (12-30)$$

当 C.R. < 0.1 时,层次总排序通过一致性检验;当 C.R. ≥ 0.1 时,则应该对判断矩阵的元素取值作适当的修正。

对于新工厂选址问题,首先利用和法公式求得各个判断矩阵相对权重,然后求各个判断矩阵的最大特征根,再进行一致性检验,最后进行合成权重的计算和一致性检验,得到的结果如表 12 – 15 所示。

表 12-15

判断矩阵	ω^T	$\lambda_{\max}$	C.I.	R.I.	C.R.	一致性检验
G	0.6080	3.0741	0.0371	0.52	0.0713	通过
	0.1199					
	0.2721					
B_1	0.3333	3.0646	0.0323	0.52	0.0622	通过
	0.4074					
	0.1111					
B_2	0.3243	3.0037	0.0018	0.52	0.0036	通过
	0.5739					
	0.1018					
B_3	0.2814	3.0183	0.0092	0.52	0.0176	通过
	0.1077					
	0.6109					

（4）计算方案的总得分，选择最优方案。

将合成权重 ω_{ij} 表示成一个序列，记为 W。那么，合成后第 j 项指标权重为 W_j，再将第 k 个方案的第 j 个指标值进行规范化处理后的指标值表示为 y_{kj}，则各个方案的总得分如表 12-16 所示。

表 12-16

方案	指标合成权重及规范化值				B 层次总排序权值
	W_1	W_2	…	W_n	
1	y_{11}	y_{12}	…	y_{1n}	$\sum_{j=1}^{n} W_j y_{1j} = v_1$
2	y_{21}	y_{22}	…	y_{2n}	$\sum_{j=1}^{n} W_j y_{2j} = v_2$
…	…	…	…	…	…
m	y_{m1}	y_{m2}	…	y_{mn}	$\sum_{j=1}^{n} W_j y_{mj} = v_m$

令 $\max\{v_1, v_2, \cdots, v_m\} = v_s$，则方案 S 为最优方案。

对新工厂选址问题的三个备选地址 M_1、M_2、M_3 进行方案总评分，得到表 12-17。

表 12-17

准则/地址	B_1	B_2	B_3	层次总排序
	0.6080	0.1199	0.2721	
M_1	0.3333	0.3243	0.2814	0.3182
M_2	0.4074	0.5739	0.1077	0.3458
M_3	0.1111	0.1018	0.6109	0.2460

从表 12-17 中可以看到，地址 M_2 的层次总排序位居第一，从综合评价来看是最满意的备选地址。

习 题

1. 某商店准备在夏季经销一批冷饮。根据以往销售数据，每天需求量可能为 1 000 瓶、1 500 瓶、2 000 瓶或 2 500 瓶，但不知其概率分布。该商店进价为每瓶 0.80 元，售价为每瓶 1.20 元。若当天不能及时售出，则只能以每瓶 0.5 元处理掉。假设进货量限制在需求量中的某一个，要求：

（1）写出该问题的损益值表。

（2）分别采用五种决策准则来确定该商店的进货量，其中设定乐观系数 $\alpha = 0.7$。

2. 某公司准备在 4 个投资项目中选择一个进行投资。每个项目都面临这 3 种状态，其收益值如表 12-18 所示。问该公司如何进行决策。

表 12-18　　　　　　　　　　　　　　　　　　　　　　　　　　　　单位：万元

方案＼状态	S_1 $P(S_1)=0.3$	S_2 $P(S_2)=0.5$	S_3 $P(S_3)=0.2$
A_1	4	7	4
A_2	5	2	3
A_3	8	6	10
A_4	3	1	9

3. 某农场需要决定种植作物的种类：土豆、棉花或者玉米。种植不同作物的收益主要取决于天气状况，如表 12-19 所示。要求：

表 12-19　　　　　　　　　　　　　　　　　　　　　　　　　　　　单位：万元

方案＼状态	好天气	中等天气	坏天气
种土豆	25	18	10
种棉花	30	12	8
种玉米	20	16	12

（1）用不确定决策方法决定种植哪一类作物。

(2) 如果天气预报给出好天气的概率为 0.3，中等天气的概率为 0.4，坏天气的概率为 0.3，采用风险型决策方法决定种植哪类作物。

4. 在一台机器上加工制造一批零件，共 10 000 个。如果加工后逐个进行修整，则可全部合格，但需要修整费用 300 元。如果不进行修整，根据以往数据统计，次品率情况如表 12-20 所示。一旦装配中发现次品，则每个零件的返修费为 0.05 元。要求：

(1) 根据期望值准则决定这批零件是否需要进行修整。

(2) 为了获得这批零件中次品率的正确资料，在刚加工完的一批零件中随机抽取了 130 个样品，发现其中有 9 个次品。试计算后验概率并进行决策。

表 12-20

次品率 s	0.02	0.04	0.06	0.08	0.10
概率 $P(s)$	0.20	0.40	0.25	0.10	0.05

5. 某企业面临如下的市场形势：估计市场销路好的概率为 0.6，滞销的概率为 0.4。若进行全面的设备更新，销路好时可获收益 1 200 万元，滞销时则亏损 200 万元。若不进行设备更新，则不论销路好坏均可稳获收益 100 万元。为避免决策的盲目性，可以先进行部分设备的更新试验，预测新的市场信息。根据市场研究可知，试验结果销路好的概率为 0.8，滞销的概率为 0.2；又知道试验结果销路好实际销路也好的概率为 0.85，试验结果滞销但实际销路好的概率为 0.10。要求：

(1) 建立起决策树；

(2) 计算进行部分设备信息更新获得信息的价值。

6. 某公司拥有一块可能有油的土地，根据可能出油的多少，该块土地属于四种类型：可产油 50 万桶、20 万桶、5 万桶、无油。公司目前有 3 个方案可供选择：自行钻井；无条件将该块土地出租给其他使用者；有条件的租给其他生产者。若自行钻井，打出一口有油井的费用是 10 万元，打出一口无油井的费用是 7.5 万元，每一桶油的利润是 1.5 元。若无条件出租，不管出油多少，公司收取固定租金 4.5 万元；若有条件出租，公司不收取租金，但当产量为 20 万桶至 50 万桶时，每桶公司收取 0.5 元。由前计算得到该公司可能的利润收入见表 12-21。按过去的经验，该块土地属于前面 4 种类型的可能性分别为 10%、15%、25% 和 50%。

表 12-21   单位：万元

方案\状态	50 万桶 S_1 $P(S_1)=0.1$	20 万桶 S_2 $P(S_2)=0.15$	5 万桶 S_3 $P(S_3)=0.25$	无油 S_4 $P(S_4)=0.50$
自行钻井 A_1	65	20	-2.5	-7.5
无条件出租 A_2	4.5	4.5	4.5	4.5
有条件出租 A_3	25	10	0	0

(1) 问题是该公司应选择哪种方案，可获得最大利润。

(2) 假设石油公司在决策前希望进行一次地震试验，以进一步弄清楚该地区的地质构造。已知地震试验的费用是 1.2 万元，地震试验的可能结果是：构造很好（I_1）、构造较好（I_2）、构造一般（I_3）和构造较差（I_4）。根据过去的经验可知，地质构造与油井出油的关系见表 12-22。其问题是：是否值得做地震试验？如何根据地震试验的结果进行决策？

表 12-22

$P(I_i\|S_j)$	构造很好 I_1	构造较好 I_2	构造一般 I_3	构造较差 I_4
50 万桶 S_1	0.58	0.33	0.09	0.00
20 万桶 S_2	0.56	0.19	0.125	0.125
5 万桶 S_3	0.46	0.25	0.125	0.165
无油 S_4	0.19	0.27	0.31	0.23

7. 某工程队承担一座桥梁的施工任务。由于施工地夏季节多雨，需停工 3 个月。在停工期间该工程队可将施工机械搬走或留在原处上。如搬走，需运费 1 800 元。如留在原处，一种方案是花 500 元筑一护提，防止河水上涨发生高水位侵袭。若不筑堤，发生高水位侵袭时将损失 10 000 元。如下暴雨发生洪水时，则不管是否筑堤施工机械留在原处都将受到 60 000 元的损失。据历史资料，该地区夏季高水位的发生率是 25%；洪水的发生率是 2%。试用决策树法分析该施工队要不要把施工机械搬走以及要不要筑堤？

8. 某厂计划生产一种新产品，经预测，该产品销路好与差的概率各占 50%，该生产工艺有三种。第 Ⅰ、第 Ⅱ 种为现有工艺，第 Ⅲ 种为新工艺，因此第 Ⅲ 种工艺的生产又分为顺利与不顺利两种情况，且已知顺利的概率为 0.8，不顺利的概率为 0.2。三种工艺在销路好、差状态下的收益值见表 12-23。又利用对比提问法，对该厂厂长在生产工艺决策问题上的效用函数已测出，见厂长效用函数表 12-24。现求：

（1）做出此问题的决策树。

（2）以最大期望益损值为最优决策准则求此问题的最优决策。

（3）以最大效用期望值为最优决策准则求此问题的最优决策。

表 12-23

Ⅰ			Ⅱ			Ⅲ					
						顺利（0.8）			不顺利（0.2）		
销路	概率	收益	销路	概率	收益	销路	概率	收益	销路	概率	收益
好	0.5	20	好	0.5	100	好	0.5	200	好	0.5	50
差	0.5	-10	差	0.5	-20	差	0.5	-50	差	0.5	-100

表 12-24

收益值 x	200	100	50	20	-10	-20	-50	-100
效用值 $U(x)$	1	0.79	0.66	0.57	0.46	0.42	0.29	0

9. 有一面临带有风险的投资问题。在可供选择的投资方案中可能出现的最大收益为 200 万元，可能出现的最少收益为 -100 万元。为了确定该投资者在某次决策问题上的效用，对投资者进行了以下一系列询问，现将询问结果归纳如下：

投资者认为，"以 50% 的机会得到 200 万元，50% 的机会损失 100 万元" 和 "稳获 0 万元" 对他来说没有差别；

投资者认为,"以 50% 的机会得到 200 万元,50% 的机会损失 0 万元"和"稳获 80 万元"对他来说没有差别;

投资者认为,"以 50% 的机会得到 0 万元,50% 的机会损失 100 万元"和"肯定失去 60 万元"对他来说没有差别。

要求:(1)根据上述询问结果,计算该投资者关于 200 万元、80 万元、0 万元、-60 万元、-100 万元的效用值;

(2)画出该投资者的效用曲线,并说明该投资者是保守型还是风险型的决策者。

10. 某单位准备从 C_1、C_2、C_3 三人中选拔一名中层领导。考核的标准为表达能力 B_1、组织能力 B_2 和决策能力 B_3。经过组织专家考核,得到了相应的评判矩阵分别为:

$$A = \begin{matrix} B_1 \\ B_2 \\ B_3 \end{matrix} \begin{bmatrix} 1 & 1/3 & 2 \\ 3 & 1 & 5 \\ 1/2 & 1/5 & 1 \end{bmatrix}, B_1 = \begin{matrix} C_1 \\ C_2 \\ C_3 \end{matrix} \begin{bmatrix} 1 & 1/3 & 1/5 \\ 3 & 1 & 1/3 \\ 5 & 3 & 1 \end{bmatrix}, B_2 = \begin{matrix} C_1 \\ C_2 \\ C_3 \end{matrix} \begin{bmatrix} 1 & 2 & 7 \\ 1/2 & 1 & 5 \\ 1/7 & 1/5 & 1 \end{bmatrix},$$

$$B_3 = \begin{matrix} C_1 \\ C_2 \\ C_3 \end{matrix} \begin{bmatrix} 1 & 1/3 & 1/7 \\ 3 & 1 & 1/9 \\ 7 & 9 & 1 \end{bmatrix}$$

根据上述考核结果,该单位应该如何进行决策?

第 13 章 对策论

对策论（Game Theory）亦称博弈论或竞赛论，是研究具有对抗或竞争性质现象的数学理论和方法。作为一门正式学科，对策论是在 20 世纪 40 年代形成并发展起来的。1944 年，冯·诺依曼与摩根斯特恩的《博弈论与经济行为》一书出版，标志着现代系统的博弈理论初步形成。书中提出的标准型、扩展型和合作型博弈模型解的概念和分析方法，奠定了这门学科的理论基础，成为使用严谨的数学模型研究冲突对抗条件下最优决策问题的理论。20 世纪 50 年代，纳什提出了非合作博弈的"纳什均衡"理论，标志着博弈论的新时代开始，正是纳什在经济博弈论领域划时代的贡献，其于 1994 年获得了诺贝尔经济学奖。他提出的著名的纳什均衡概念在非合作博弈理论中起着核心作用。由于纳什均衡的提出和不断完善，为博弈论广泛应用于经济学、管理学、社会学、政治学、军事科学等领域奠定了坚实的理论基础。

对策论既是现代数学的一个分支，也是运筹学的一个重要学科。由于对策论所研究的现象与人们的政治、经济、军事活动乃至一般日常生活等有着密切联系，并且处理问题的方法又有明显特色，因而日益引起广泛的重视。

13.1 对策论的基本概念

13.1.1 对策行为与对策论

在现实中经常可以看到各种各样的带有竞争或者对抗性质的行为，如生活中的下棋、打牌等；体育比赛中的田径、球类等各类比赛；经济生活中的谈判、价格制定、产量决策等；国家外交、政治选举等。在这些行为中，各方具有不同的目标和利益。为了达到自己的目标和利益，各方需要考虑到对方可能的行为方案并从中选取对自己最为有利的或者最为合理的方案。因此，我们把具有竞争或者对抗性质的行为称为对策行为。对策论就是研究对策行为中竞争各方是否存在最为合理的行动方案，以及如何寻找这个合理行动方案的理论和方法。

在一些游戏、体育比赛、市场竞争等活动中，运气、身体素质、企业实力等起到比较大的作用。但在这些因素确定后，策略选择好坏就成为最为重要的因素，而且，策略选择也是各方自己可以把握的唯一因素。另外，在这些活动中，策略具有相互依存的特征，即参与活动每一方所得结果的好坏，不仅取决于自身的策略选择，还取决于其他各方的策略选择。有时自身差的策略选择并不一定带来差的结果，因为其他参与方可能选择更差的策略，所以策略的好坏是相对而言的。

例如，我们所熟知的"田忌赛马"故事。战国时期，齐王提出要与田忌进行赛马。双方约定：从各自的上、中、下三个等级的马中各选一匹参赛；每匹马只能参赛一次；每一次比赛双方各出一匹马，负者要付给胜者一千金。并且已知：在同等级的马中，田忌的马不如齐王的马，但如果田忌的马比齐王的马高一等级，则田忌的马可获胜。当时，田忌手下的一个谋士孙膑给他出了个主意：每次比赛时先让齐王牵出他要参赛的马，然后来用下马对齐王的上马，用中马对齐王的下马，用上马对齐王的中马。比赛结果，田忌二胜一负，夺得千金。由此看来，两个人各采取什么样的出马次序对胜负是至关重要的。

再如我们熟知的"囚徒困境"故事。两名囚犯 A 和 B 因涉嫌抢劫被捕。警方因证据不足先将两人分关两室，并宣布：若两人均不坦白，则只能因藏有枪支而被判刑 1 年；若有一人坦白而另一个不坦白，则坦白者无罪释放，不坦白者被判刑 10 年；若两人都坦白了，则同判 8 年。显然，对于每一个囚徒而言，其所得结果不但取决于自己是选择"坦白"还是"不坦白"，还取决于另一个囚徒如何选择决策。

在这两个对策故事中，显然每一方所得的结果，不仅取决于自身所选择的策略，还取决于对方如何选择策略。因此，对策论所研究的问题在本质上就是（个人、组织、国家等的）决策行为，特别是有策略互动和利益依存特征的决策行为。对策论就是研究这些决策行为的理论，是一种决策理论，是重视决策问题中策略互动性的决策理论。

13.1.2 对策论基本要素

对策问题有三个基本要素：局中人、策略和得益函数。

(1) 局中人（Players）。

在一个对策中，有权决定自己行动方案的对策参加者称为局中人。局中人必须是与竞争或对抗利害相关的个人或者组织等。例如，田忌赛马中的局中人是田忌和齐王，而非孙膑，更非参赛的马。通常用 I 表示局中人的集合。田忌赛马中的局中人集合可以表示为 $I=\{$齐王，田忌$\}$，"囚徒困境"中的局中人集合可以表示为 $I=\{$囚徒 A，囚徒 $B\}$。如果有 n 个局中人，则 $I=\{1, 2, \cdots, n\}$。一般来说，一个对策中至少要有两个局中人。

局中人是一个广义的概念，不能简单仅理解为自然人，还可以理解为集体、组织、企业、行业、政府、国家等。在一个对策中利益完全一致的所有参与者只能看作一个局中人，如桥牌中，虽然有四人参加比赛，但由于东西方利益完全一致，因而只能视为一个局中人，同样南北方也只能看作一个局中人，因此桥牌中有两个局中人。

在进行对策分析研究时，局中人往往要遵守两个基本假设：理性假设，即局中人在决策时能够充分考虑其所面临的局势，并能做出合乎理性的选择；能够最大化自己的收益，即局中人在决策时通常选择使自己收益最大化的策略。例如在"囚徒困境"中，囚徒 A 不会为了囚徒 B 的利益采取不坦白的策略而牺牲自己的利益，对于囚徒 B 而言也是如此。

(2) 策略（Strategies）。

对策中，可供局中人选择的一个实际可行的完整的行动方案称为一个策略。所谓完整行动方案是指一局对策中自始至终的全局规划，而不是其中的某一步或者某几步的安排。某局中人的所有可能策略的全体称为其策略集。

对于一个参与对策的每一个局中人 $i(i \in I)$，其策略集可记为 S_i。一般而言，策略集中至少要包含两个策略。例如在田忌赛马中，局中人齐王和田忌的策略都是其上、中、下马参赛的次序，如果用（上，中，下）表示以上马、中马、下马依次参赛，就是一个完整的行动方案，即为一个策略，因此齐王和田忌各自都有 6 个策略：（上，中，下）、（上，下，中）、（中，上，下）、（中，下，上）、（下，上，中）、（下，中，上）；在"囚徒困境"中，局中人囚徒 A 和囚徒 B 各自都有两个策略：坦白、不坦白。这些策略的集合即构成局中人各自的策略集。

在一局对策中，不同局中人的可选策略数量可能不同。例如在房屋买卖中，A 是卖方，B 是买方。买方 B 可以从高价、中价和低价三个策略中选择一个出价，卖方 A 可以选择接受或者不接受 B 的出价。在这个对策中，A 有两个策略可选：接受、不接受；B 有三个策略可选：高价、中价和低价。

(3) 赢得函数（支付函数）（Payoff Function）。

在一局对策中，每一个局中人所出策略形成的策略组称为一个局势。即若 s_i 是

第 i 个局中人的一个策略,则 n 个局中人的策略形成的策略组合 $s = (s_1, s_2, \cdots, s_n)$ 就是一个局势。全体局势的集合 S 可以用各局中人策略集的笛卡尔积来表示,即 $S = S_1 \times S_2 \times \cdots \times S_n$。

局中人在一局对策中的得失,与自己的策略选择、其他局中人的策略选择都相关,即每个局中人的得失是所有局中人所采取的一组策略的函数,这一函数称为局中人的赢得函数。即,当一个局势 s 出现后,应该为每个局中人 i 规定一个得益值 $H_i(s)$,显然 $H_i(s)$ 是定义在 S 上的函数。

在田忌赛马中,局中人为齐王和田忌,假定齐王和田忌的策略集分别为 $S_1 = \{\alpha_1, \alpha_2, \alpha_3, \alpha_4, \alpha_5, \alpha_6\}$ 和 $S_2 = \{\beta_1, \beta_2, \beta_3, \beta_4, \beta_5, \beta_6\}$,这样齐王任选一个策略 α_i 和田忌任选一个策略 β_j 就构成了一个局势 s_{ij},显然这样一共构成了 36 个局势。我们可以用表 13-1 来表示齐王的赢得函数值。

表 13-1   单位:千金

齐王 \ 田忌	β_1(上中下)	β_2(上下中)	β_3(中上下)	β_4(中下上)	β_5(下上中)	β_6(下中上)
α_1(上中下)	3	1	1	1	-1	1
α_2(上下中)	1	3	1	1	1	-1
α_3(中上下)	1	-1	3	1	1	1
α_4(中下上)	-1	1	1	3	1	1
α_5(下上中)	1	1	1	-1	3	1
α_6(下中上)	1	1	-1	1	1	3

从表 13-1 可以看出,当齐王选择选择 α_1,田忌选择 β_3,在局势 s_{13} 下齐王的赢得值 $H_1(s_{13}) = 1$,而田忌的赢得值则为 $H_2(s_{13}) = -1$,如此等。

在"囚徒困境"中,局中人为囚徒 A 和囚徒 B,其策略集分为 $S_1 = \{$坦白,不坦白$\} = \{\alpha_1, \alpha_2\}$ 和 $S_2 = \{$坦白,不坦白$\} = \{\beta_1, \beta_2\}$。同样囚徒 A 任选一个策略 α_i 和囚徒 B 任选一个策略 β_j 就构成了一个局势 s_{ij},这样一共构成了 4 个局势。我们可以用表 13-2 来表示囚徒 A 的赢得函数值。

表 13-2   单位:年

囚徒 A \ 囚徒 B	β_1(坦白)	β_2(不坦白)
α_1(坦白)	-8	0
α_2(不坦白)	-10	-1

通过上述分析可知，在一个对策中，当局中人、策略集和得益函数确定后，对策模型就能确定了。

13.1.3 对策问题举例及分类

对策论在经济管理中的众多领域中都有着十分广泛的应用。下面通过几个例子来说明思想和方法。

【例 13-1】（智猪博弈）猪圈中有一头大猪和一头小猪，在猪圈的一端设有一个按钮，每按一下，位于猪圈另一端的食槽中就会有 10 单位的猪食进槽，但每按一下按钮会耗去相当于 2 单位猪食的成本。如果大猪先到食槽，则大猪吃到 9 单位食物，小猪仅能吃到 1 单位食物；如果两猪同时到食槽，则大猪吃 7 单位，小猪吃 3 单位食物；如果小猪先到，大猪吃 6 单位而小猪吃 4 单位食物。表 13-3 中第一个数字为大猪在不同局势下的赢得值，第二个数字为小猪在不同局势下的赢得值。问大猪和小猪分别选择什么策略才对自身最为有利？

表 13-3

大猪 \ 小猪	β_1（按）	β_2（不按）
α_1（按）	5, 1	4, 4
α_2（不按）	9, -1	0, 0

【例 13-2】（古诺模型）在某一市场中有两个厂商供应同样的产品。厂商 1 和厂商 2 的产量分别为 q_1 和 q_2，市场总供给为 $Q = q_1 + q_2$，产量为连续可分的。市场销售价格是市场供给的函数，为 $p = p(Q) = 8 - Q$。假定两个厂商无固定成本，每增加一单位产量的边界成本为 $c_1 = c_2 = 2$，并强调是两个厂商在生产时同时进行决策，即决策前都不知道另一方的产量。问这两个厂商选择什么样的产量才能使自身获得最大收益？在这个问题中，显然两个厂商可选择的策略均有无穷多个。

【例 13-3】（小偷和守卫问题）小偷欲偷窃仓库，如果小偷偷窃时守卫在睡觉，小偷能够偷到价值 V 的赃物；如果小偷偷窃时守卫没有睡觉，小偷会被抓住。假设小偷被抓住后坐牢为负效用 $-P$，守卫睡觉而未遭偷窃为正效用 S，因睡觉而被偷窃受处罚为负效应 $-D$。小偷不偷既无得也无失，守卫不睡意味着出一份力挣一分钱也没有得失。根据这些假设，表 13-4 中第一个数字为小偷在不同局势下的赢得值，第二个数字为守卫在不同局势下的赢得值。问小偷和守卫分别选择什么策略才对自身最为有利？

表 13-4

小偷＼守卫	β_1（睡觉）	β_2（不睡）
α_1（偷窃）	$V, -D$	$-P, 0$
α_2（不偷）	$0, S$	$0, 0$

【例 13-4】（讨价还价）甲乙两人谈判分 1 万元现金，定下了如下规则：先由甲提出分配方案，乙若接受则议价结束，若乙拒绝则由乙提出分配方案。后一种情况下如果甲接受乙的方案则议价结束，若甲拒绝则由甲提出新的分配方案，此时乙不再有拒绝权，必须接受。由于在谈判过程中存在谈判费用和利息损失等，议价每多进行一个回合，双方分得现金都有一个消耗系数 $\delta(0 < \delta < 1)$。问甲最好提出什么方案才能使自身收益最大？

【例 13-5】（拍卖问题）最常见的一种拍卖形式是：首先拍卖商把拍卖品描述一番，然后提出第一个报价。接下来由众多竞购者报价，每一次报价都要比前一次高，最后谁出的价最高，拍卖品即归谁拍得。假设有 n 个买主给出的报价分别为 p_1，$p_2, \cdots, p_n$，并假设 $p_1 < p_2 < \cdots < p_n$，则买主 n 只要报价略高于 p_{n-1} 就能买到拍卖品，即拍卖品实际上是在次高价格上卖出的。现在的问题是，各买主之间可能知道他人的价格，也可能不知道他人的价格，那么每个人应该如何报价对自己能以较低的价格得到拍卖品最为有利？

上述例子都可以看作一个对策问题，这些对策问题存在一些区别：有些是二人对策，有些是多人对策；有些是有限对策，有些是无限对策；有些是静态对策，有些是动态对策；有些是完全信息对策，有些是不完全信息对策；等等。因此为了更好地对对策问题进行研究，需要对对策问题进行分类，常见的分类方式有以下几种：

（1）按照局中人的数量来分，可以分为二人对策和多人对策。如果局中人只有一个，对策问题往往就转化为通常的最优化问题。

（2）按照局中人的赢得函数代数式是否为零，可以分为零和对策、常和对策和变和对策。

（3）按照局中人之间是否允许合作，分为合作对策与非合作对策。

（4）根据局中人的策略个数，分为有限对策和无限对策。

（5）根据局中人的决策顺序，分为静态对策、动态对策和重复对策。

（6）根据局中人对信息的掌握程度，分为完全信息对策和不完全信息对策、完美信息对策和不完美信息对策等。

还有其他的一些分类方法，如根据对策模型的数学特征，分为矩阵对策、连续对策、微分对策等。另外，上述分类是允许交叉重叠的，如在二人对策中，又可以分为二人有限对策和二人无限对策，二人有限对策有可以分为二人有限静态对策和二人有限动态对策，等等。

在众多对策模型中，占有重要地位的是二人有限零和对策。这类对策的理论研究和求解方法都相对完善，体现了对策论的一般思想。因此，在本书中将重点介绍二人有限零和对策的有关内容和求解方法，对其它对策模型做简要阐述。

13.2 矩阵对策的基本理论

矩阵对策就是二人有限零和对策。顾名思义，矩阵对策的局中人只有两个；每个局中人都只有有限个策略选择；在任何一个局势中，两个局中人的赢得值之和为零，即一个局中人的所得就是另一个局中人的所失，双方的利益是完全对抗的。田忌赛马就是一个矩阵对策的例子，齐王和田忌各有6个策略，一局对策结束后，齐王的所得必为田忌的所失，反之亦然。

13.2.1 矩阵对策的数学模型

一般可以用甲和乙来表示两个局中人，设甲有 m 个策略，其策略集可以表示为 $S_1 = \{\alpha_1, \alpha_2, \cdots, \alpha_m\}$；乙有 n 个策略，其策略集可以表示为 $S_2 = \{\beta_1, \beta_2, \cdots, \beta_n\}$。当甲选择策略 α_i、乙选择策略 β_j 时，就构成了一个局势 $s_{ij} = (\alpha_i, \beta_j)$，这样局势一共有 $m \times n$ 个。对于任意一个局势 (α_i, β_j)，记甲的赢得值为 a_{ij}，则称矩阵 A 为局中人甲的赢得矩阵。

$$A = \begin{bmatrix} a_{11} & a_{12} & \cdots & a_{1n} \\ a_{21} & a_{22} & \cdots & a_{2n} \\ \cdots & \cdots & \cdots & \cdots \\ a_{m1} & a_{m2} & \cdots & a_{mn} \end{bmatrix} \tag{13-1}$$

由于对策是零和的，甲和乙的赢得值之和为零，故乙的赢得矩阵可以表示为：

$$B = -A = \begin{bmatrix} -a_{11} & -a_{12} & \cdots & -a_{1n} \\ -a_{21} & -a_{22} & \cdots & -a_{2n} \\ \cdots & \cdots & \cdots & \cdots \\ -a_{m1} & -a_{m2} & \cdots & -a_{mn} \end{bmatrix} \tag{13-2}$$

显然，当 $a_{ij} > 0$ 时，甲赢得 a_{ij}，乙损失 a_{ij}；当 $a_{ij} < 0$ 时，甲损失 $-a_{ij}$，乙赢得 $-a_{ij}$。

在田忌赛马中，齐王和田忌的赢得矩阵分别为：

$$A = \begin{bmatrix} 3 & 1 & 1 & 1 & 1 & -1 \\ 1 & 3 & 1 & 1 & -1 & 1 \\ 1 & -1 & 3 & 1 & 1 & 1 \\ -1 & 1 & 1 & 3 & 1 & 1 \\ 1 & 1 & -1 & 1 & 3 & 1 \\ 1 & 1 & 1 & -1 & 1 & 3 \end{bmatrix},$$

$$B = -A = \begin{bmatrix} -3 & -1 & -1 & -1 & -1 & 1 \\ -1 & -3 & -1 & -1 & 1 & -1 \\ -1 & 1 & -3 & -1 & -1 & -1 \\ 1 & -1 & -1 & -3 & -1 & -1 \\ -1 & -1 & 1 & -1 & -3 & -1 \\ -1 & -1 & -1 & 1 & -1 & -3 \end{bmatrix}.$$

【例 13-6】 甲乙两人玩"石头、剪刀、布"游戏。若双方所选策略相同，则为和局，双方均不得分。甲的赢得值如表 13-5 所示，试建立甲、乙双方的赢得矩阵。

表 13-5

甲 \ 乙	β_1（石头）	β_2（剪刀）	β_3（布）
α_1（石头）	0	1	-1
α_2（剪刀）	-1	0	1
α_3（布）	1	-1	0

解： 由题意可知，甲和乙的赢得矩阵分别为：

$$A = \begin{bmatrix} 0 & 1 & -1 \\ -1 & 0 & 1 \\ 1 & -1 & 0 \end{bmatrix}, B = -A = \begin{bmatrix} 0 & -1 & 1 \\ 1 & 0 & -1 \\ -1 & 1 & 0 \end{bmatrix}.$$

由于局中人乙的赢得矩阵 $B = -A$，因此当局中人甲的赢得矩阵确定后，乙的赢得矩阵自然确定，在矩阵对策问题中往往只需要写出一个局中人的赢得矩阵。故当局中人甲和乙的策略集 S_1 和 S_2 及局中人甲的赢得矩阵 A 确定后，显然一个矩阵对策也就确定下来，可记为 $G = \{S_1, S_2, A\}$。对于各局中人而言，就是如何选取对自身最为有利的策略，以谋求最大的赢得或者最小的损失。

13.2.2 矩阵对策的纯策略

所谓纯策略是指确定选择某策略。如前所述，每个局中人都是理性的，他们之间是信息对称的,即局中人不能抱有侥幸心理,要从最坏时着想,去争取尽可能好的结果。

对于局中人甲而言,若其选择策略 α_i,则其至少可以赢得 $\min_{1 \leq j \leq n} a_{ij}$,即为其赢得矩阵第 i 行的最小元素。由于甲希望 a_{ij} 越大越好,因此甲可以选择使 $\min_{1 \leq j \leq n} a_{ij}$ 为最大的策略,从而其赢得值不小于 $\max_{1 \leq i \leq m} \min_{1 \leq j \leq n} a_{ij}$。同理,对于局中人乙而言,若其选择策略 β_j,则其最多失去 $\max_{1 \leq i \leq m} a_{ij}$,由于乙希望其越小越好,故乙可以选择使 $\max_{1 \leq i \leq m} a_{ij}$ 为最小的策略,即保证其损失值不超过 $\min_{1 \leq j \leq n} \max_{1 \leq i \leq m} a_{ij}$。

【例 13-7】 甲乙乒乓球队进行团体对抗赛,每队由三名球员组成,双方都可排成三种不同的阵容,每一种阵容可以看作一种策略,双方各选一种策略参赛。比赛共赛三局,规定每局胜者得 1 分,输者得 -1 分,可知三赛三胜得 3 分,三赛二胜得 1 分,三赛一胜得 -1 分,三赛三负得 -3 分。甲队的策略集为 $S_1 = \{\alpha_1, \alpha_2, \alpha_3\}$,乙队的策略集为 $S_2 = \{\beta_1, \beta_2, \beta_3\}$。根据以往比赛的资料可以得知甲队的赢得矩阵 A,请问这次比赛各队采用哪种阵容上场最为稳妥?

$$A = \begin{bmatrix} 1 & 1 & 1 \\ 1 & -1 & -3 \\ 3 & -1 & 3 \end{bmatrix}。$$

解: 对于甲队而言,其选择策略 α_1 时,其最小赢得值为 $\min\{1, 1, 1\} = 1$;选择策略 α_2 时,其最小赢得值为 $\min\{1, -1, -3\} = -3$;选择策略 α_3 时,其最小赢得值为 $\min\{3, -1, 3\} = -1$。因此对于甲队而言,由于 $\max\{1, -3, -1\} = 1$,即在 3 个最小赢得值中最好的结果为 1,故甲队会采取策略 α_1,这样无论对手选择何种策略,甲队至少能够得到 1 分。

同理,对于乙队而言,其选择策略 $\beta_1, \beta_2, \beta_3$ 带给其最大损失分别为:3、1、3,其希望损失越小越好,显然,当其选择策略 β_2 时,能够确保其损失不会超过 1,即能够让甲队的最大赢得不会超过 1。

显然此时有 $\max\{1, -3, -1\} = \min\{3, 1, 3\} = 1$,即赢得矩阵 A 中各行最小元素的最大值与各列最大元素的最小值相等。因此该矩阵对策的解为 (α_1, β_2),又称 (α_1, β_2) 为对策 G 的鞍点,即甲队的最优策略为选择 α_1,乙队的最优策略为选择 β_2,结果是甲队赢得 1 分,乙队输掉 1 分,这个值 $V_G = 1$ 称为对策 $G = \{S_1, S_2, A\}$ 的值。

【例 13-8】 设某矩阵对策为 $G = \{S_1, S_2, A\}$,其中局中人甲的赢得矩阵 A 如下。问局中人甲乙如何选择策略才能对自身最为有利?

$$A = \begin{bmatrix} -4 & 0 & -6 \\ 3 & 2 & 4 \\ 16 & 1 & 9 \\ -1 & 1 & 7 \end{bmatrix}。$$

解：对局中人甲来说，选择 4 个不同的策略时其最小赢得值分别为：-6、2、1 和 -1，因此甲会选择策略 α_2，这样至少保证自身赢得值不少 2。同理，对于局中人乙来说，选择 3 个不同的策略时其最大损失值分别为 16、2 和 9，因此乙选择策略 β_2 时其损失不会超过 2。

此时有 $\max\{-6, 2, 1, -1\} = \min\{16, 2, 9\} = 2$，即赢得矩阵 A 中各行最小元素的最大值与各列最大元素的最小值相等。因此该矩阵对策的解为 (α_2, β_2)，即甲的最优策略为选择 α_2，乙的最优策略为选择 β_2，结果是甲赢得 2，乙损失 2，$V_G = 2$。

通过上述例题可以看出，对于局中人甲和乙而言，其行为均为"理智行为"，即如果双方都不想冒险，都不应存在侥幸心理，需要考虑到对方必然会设法使自己的所得最少这一点，就应该从各自可能出现的最不利的情形中选择一种对自身最有利的情形作为决策的依据，也是对策双方实际上都能接受的一种稳妥的方法。任何一方如果擅自改变的策略，将付出一定的代价。

对于一般矩阵对策，有如下定义：

【定义 13-1】 设 $G = \{S_1, S_2, A\}$ 为矩阵对策，其中 $S_1 = \{\alpha_1, \alpha_2, \cdots, \alpha_m\}$，$S_2 = \{\beta_1, \beta_2, \cdots, \beta_n\}$，$A = \{a_{ij}\}_{m \times n}$，若有等式：

$$\max_{1 \leq i \leq m} \min_{1 \leq j \leq n} a_{ij} = \min_{1 \leq j \leq n} \max_{1 \leq i \leq m} a_{ij} = a_{i^* j^*} \tag{13-3}$$

成立，则称 $V_G = a_{i^* j^*}$ 为对策 G 的值，局势 $(\alpha_{i^*}, \beta_{j^*})$ 为对策 G 在纯策略下的解或者平衡局势，α_{i^*} 和 β_{j^*} 分别为局中人甲和乙的最优纯策略。

α_{i^*} 和 β_{j^*} 之所以称为局中人甲和乙的最优纯策略，是因为当一方采取上述策略时，若另一方存在侥幸心理而不采取相应的策略，他就会为自己的侥幸付出代价。例如，当 $a_{i^* j^*} > 0$ 时，局中人甲必定有赢得值为正的策略，所以他是不会冒险的，即他必定要选择他的最优策略，这就迫使局中人乙不能存在侥幸心理，相应地也选取最优策略。当 $a_{i^* j^*} < 0$ 时，同样双方都将采取最优策略。

由于 $a_{i^* j^*}$ 是所在行的最小元素，又是其所在列的最大元素，将这一事实推广到一般矩阵对策中，可以得到定理 13-1。

【定理 13-1】 矩阵对策 $G = \{S_1, S_2, A\}$ 在纯策略意义上有解的充分必要条件是：存在局势 $(\alpha_{i^*}, \beta_{j^*})$，使对于一切 $i = 1, 2, \cdots, m$ 和 $j = 1, 2, \cdots, n$，都有：

$$a_{ij^*} \leq a_{i^* j^*} \leq a_{i^* j} \tag{13-4}$$

证明：(1) 充分性。由于对于一切 $i = 1, 2, \cdots, m$ 和 $j = 1, 2, \cdots, n$ 都有 $a_{ij^*} \leq a_{i^* j^*} \leq a_{i^* j}$ 成立，因此 $\max_{1 \leq i \leq m} a_{ij^*} \leq a_{i^* j^*} \leq \min_{1 \leq j \leq n} a_{i^* j}$。又因为 $\min_{1 \leq j \leq n} \max_{1 \leq i \leq m} a_{ij} \leq \max_{1 \leq i \leq m} a_{ij^*}$，$\min_{1 \leq j \leq n} a_{i^* j} \leq \max_{1 \leq i \leq m} \min_{1 \leq j \leq n} a_{ij}$，所以有：

$$\min_{1 \leq j \leq n} \max_{1 \leq i \leq m} a_{ij} \leq a_{i^* j^*} \leq \max_{1 \leq i \leq m} \min_{1 \leq j \leq n} a_{ij} \tag{13-5}$$

此外，由于对于一切 $i = 1, 2, \cdots, m$ 和 $j = 1, 2, \cdots, n$ 都有 $\min\limits_{1 \leq j \leq n} a_{ij} \leq a_{ij} \leq \max\limits_{1 \leq i \leq m} a_{ij}$，故：

$$\max\limits_{1 \leq i \leq m} \min\limits_{1 \leq j \leq n} a_{ij} \leq \min\limits_{1 \leq j \leq n} \max\limits_{1 \leq i \leq m} a_{ij} \tag{13-6}$$

由式（13-5）和式（13-6）可得：

$$\max\limits_{1 \leq i \leq m} \min\limits_{1 \leq j \leq n} a_{ij} = \min\limits_{1 \leq j \leq n} \max\limits_{1 \leq i \leq m} a_{ij} = a_{i^*j^*}，且 V_G = a_{i^*j^*}$$

（2）必要性。设存在 i^* 和 j^*，使 $\min\limits_{1 \leq j \leq n} a_{i^*j} = \max\limits_{1 \leq i \leq m} \min\limits_{1 \leq j \leq n} a_{ij}$，$\max\limits_{1 \leq i \leq m} a_{ij^*} = \min\limits_{1 \leq j \leq n} \max\limits_{1 \leq i \leq m} a_{ij}$，则由 $\max\limits_{1 \leq i \leq m} \min\limits_{1 \leq j \leq n} a_{ij} = \min\limits_{1 \leq j \leq n} \max\limits_{1 \leq i \leq m} a_{ij}$ 可以得到：$\max\limits_{1 \leq i \leq m} a_{ij^*} = \min\limits_{1 \leq j \leq n} a_{i^*j} \leq a_{i^*j^*} \leq \max\limits_{1 \leq i \leq m} a_{ij^*} = \min\limits_{1 \leq j \leq n} a_{i^*j}$。因此，对于一切 $i = 1, 2, \cdots, m$ 和 $j = 1, 2, \cdots, n$，均有：

$$a_{ij^*} \leq \max\limits_{1 \leq i \leq m} a_{ij^*} \leq a_{i^*j^*} \leq \min\limits_{1 \leq j \leq n} a_{i^*j} \leq a_{i^*j}$$

为了便于对更广泛的对策形式进行分析，现引入关于二元函数鞍点的概念。

【定义 13-2】 设 $f(x, y)$ 为定义在 $x \in A$ 和 $y \in B$ 上的实函数，若存在 $x^* \in A$ 和 $y^* \in B$，使对于一切 $x \in A$ 和 $y \in B$ 都有：

$$f(x, y^*) \leq f(x^*, y^*) \leq f(x^*, y) \tag{13-7}$$

则称 (x^*, y^*) 为函数 $f(x, y)$ 的一个鞍点。

根据上述定理和定义可知，矩阵对策 G 在纯策略意义下有解且 $V_G = a_{i^*j^*}$ 的充要条件是：$a_{i^*j^*}$ 是矩阵 A 的一个鞍点。在矩阵对策中，矩阵 A 的鞍点也称为对策的鞍点。

【例 13-9】 某单位秋季要决定冬季取暖用煤的贮量。冬季用煤贮量在较暖、正常和较冷情况下分为 10 吨、15 吨和 20 吨。设冬季煤价也随寒冷程度而变，在上述三种情况下分别为 340 元/吨、420 元/吨和 500 元/吨。已知秋季煤价为 340 元/吨，在没有关于当年冬季准确的气象预报的条件下，秋天储煤多少吨能使单位的支出最少？

解：在本例中，由于冬季的气象情况是由大自然决定的，因此可以引入"大自然"作为局中人。这样局中人甲为该单位储煤决策者，乙为大自然，局中人甲在不同局势下的赢得值如表 13-6 所示。

表 13-6

甲＼乙	β_1（较暖）	β_2（正常）	β_3（较冷）
α_1（10 吨）	$-(10 \times 340) = -3\,400$	$-(10 \times 340 + 5 \times 20) = -5\,500$	$-(10 \times 340 + 10 \times 500) = -8\,400$
α_2（15 吨）	$-(15 \times 340) = -5\,100$	$-(15 \times 340) = -5\,100$	$-(15 \times 340 + 5 \times 500) = -7\,600$
α_3（20 吨）	$-(20 \times 340) = -6\,800$	$-(20 \times 340) = -6\,800$	$-(20 \times 340) = -6\,800$

故局中人甲的赢得矩阵为：

$$A = \begin{bmatrix} -3\,400 & -5\,500 & -8\,400 \\ -5\,100 & -5\,100 & -7\,600 \\ -6\,800 & -6\,800 & -6\,800 \end{bmatrix}。$$

可以得到：

$$\max_{1\leq i\leq 3}\min_{1\leq j\leq 3}a_{ij} = \min_{1\leq j\leq 3}\max_{1\leq i\leq 3}a_{ij} = a_{i^*j^*} = -6\,800, i^* = 3; j^* = 3。$$

因此(α_3, β_3)是对策的解，$V_G = -6\,800$。即该单位储煤 20 吨为最优策略，总支出最少为 6 800 元。

【例 13-10】求解矩阵对策 $G = \{S_1, S_2, A\}$，其中：

$$A = \begin{bmatrix} 4 & 3 & 6 & 3 \\ -2 & 2 & 0 & -6 \\ 5 & 3 & 4 & 3 \end{bmatrix}。$$

解：由题意可知：

$$\max_{1\leq i\leq 3}\min_{1\leq j\leq 4}a_{ij} = \min_{1\leq j\leq 4}\max_{1\leq i\leq 3}a_{ij} = a_{i^*j^*} = 3, i^* = 1,3; j^* = 2,4。$$

因此(α_1, β_2)，(α_1, β_4)，(α_3, β_2)，(α_3, β_4) 都是对策的解，且 $V_G = 3$。

从上述两例可以看出，矩阵对策的解可以不唯一，但对策值是唯一的。对策值唯一表明，当一个局中人选择了最优纯策略后，其赢得值不依赖于对方的纯策略。当矩阵对策的解不唯一时，则有如下性质：

(1) 无差异性。若$(\alpha_{i_1}, \beta_{j_1})$和$(\alpha_{i_2}, \beta_{j_2})$是矩阵对策的两个解，则$a_{i_1j_1} = a_{i_2j_2}$。

(2) 可交换性。若$(\alpha_{i_1}, \beta_{j_1})$和$(\alpha_{i_2}, \beta_{j_2})$是矩阵对策的两个解，则$(\alpha_{i_1}, \beta_{j_2})$和$(\alpha_{i_2}, \beta_{j_1})$也是矩阵对策的解。

13.2.3 矩阵对策的混合策略

在矩阵对策 $G = \{S_1, S_2, A\}$ 中，局中人甲有把握的最少赢得为 $v_1 = \max_{1\leq i\leq m}\min_{1\leq j\leq n}a_{ij}$，局中人乙有把握的最多损失为 $v_2 = \min_{1\leq j\leq n}\max_{1\leq i\leq m}a_{ij}$。当 $v_1 = v_2$ 时，矩阵对策在纯策略意义下有解，且 $V_G = v_1 = v_2$；然而，现实更多的是出现 $v_1 < v_2$，即局中人甲的赢得值不会多于局中人乙的损失值，此时矩阵对策不存在纯策略意义下的解。一般来说，对于矩阵对策 $G = \{S_1, S_2, A\}$，不一定存在 $\max_{1\leq i\leq m}\min_{1\leq j\leq n}a_{ij} = \min_{1\leq j\leq n}\max_{1\leq i\leq m}a_{ij}$，即在纯策略意义下矩阵对策不一定有解。

在例 13-6 "石头、剪刀、布"游戏中，局中人甲的赢得矩阵为：

$$A = \begin{bmatrix} 0 & 1 & -1 \\ -1 & 0 & 1 \\ 1 & -1 & 0 \end{bmatrix}。$$

由于 $\max\limits_{1\leq i\leq 3}\min\limits_{1\leq j\leq 3}a_{ij}=-1\neq\min\limits_{1\leq j\leq 3}\max\limits_{1\leq i\leq 3}a_{ij}=1$，故在纯策略意义下该对策无解。

我们可以从另一个方面来说明该问题。对于局中人甲而言，自己的策略不能预先被对方猜到，如果对方能预先猜到自己的策略，显然对方会选择战胜自己的策略从而从中取胜；策略选择不能带有规律性，若选择有某种规律性，对手同样容易预先猜到自己的选择，从而做出有针对性选择来战胜自己。显然，最可靠的方法是以相同的概率来分别选择"石头""剪刀"和"布"策略，这样对方就无法从自身的策略中占到便宜。因此，在纯策略意义下该矩阵对策是无解的，只存在混合策略意义下的解，而混合策略则指以某一概率分布选择各策略。

我们再用一个例子来说明此类问题。

【例 13-11】 求解矩阵对策 $G=\{S_1,S_2,A\}$，其中 $A=\begin{bmatrix}9 & 7\\ 2 & 8\end{bmatrix}$。

解：由题意知，$v_1=\max\limits_{1\leq i\leq 2}\min\limits_{1\leq j\leq 2}a_{ij}=7$，$v_2=\min\limits_{1\leq j\leq 2}\max\limits_{1\leq i\leq 2}a_{ij}=8$。由于 $v_1<v_2$，故在纯策略意义下该对策无解。

我们不妨假定局中人甲采用纯策略 α_1 和 α_2 的概率分别为 x_1 和 $x_2(x_1,x_2\geq 0)$，且 $x_1+x_2=1$；局中人乙采用纯策略 β_1 和 β_2 的概率分别为 y_1 和 $y_2(y_1,y_2\geq 0)$，且 $y_1+y_2=1$。显然，在没有纯策略的情况下，局中人甲的策略集由 $S_1=\{\alpha_1,\alpha_2\}$ 就变为：$S_1'=\{x=(x_1,x_2)\mid x_1+x_2=1,x_1,x_2\geq 0\}$，局中人乙的策略集由 $S_2=\{\beta_1,\beta_2\}$ 就变为：$S_2'=\{y=(y_1,y_2)\mid y_1+y_2=1,y_1,y_2\geq 0\}$。

此时局中人甲的期望赢得值和局中人乙的期望损失值为：

$$E(x,y)=9x_1y_1+7x_1y_2+2x_2y_1+8x_2y_2=8x_1y_1-x_1-6y_1+8$$

分别对 x_1 和 y_1 求偏导数，并令 $\dfrac{\partial E(x,y)}{\partial x_1}=0$ 和 $\dfrac{\partial E(x,y)}{\partial y_1}=0$，得到 $x_1=\dfrac{3}{4}$，$y_1=\dfrac{1}{8}$。即当 $x^*=(x_1,x_2)=\left(\dfrac{3}{4},\dfrac{1}{4}\right)$ 和 $y^*=(y_1,y_2)=\left(\dfrac{1}{8},\dfrac{7}{8}\right)$ 时，有 $V_G=E(x^*,y^*)=\dfrac{29}{4}$。

这表明，当局中人甲分别以概率 $\dfrac{3}{4}$ 和 $\dfrac{1}{4}$ 来选择纯策略 α_1 和 α_2，而乙分别以概率 $\dfrac{1}{8}$ 和 $\dfrac{7}{8}$ 来选择纯策略 β_1 和 β_2 时，此时矩阵对策有解，其平均结果为对策的期望值，$V_G=\dfrac{29}{4}$。此时 $x^*=(x_1,x_2)=\left(\dfrac{3}{4},\dfrac{1}{4}\right)$ 和 $y^*=(y_1,y_2)=\left(\dfrac{1}{8},\dfrac{7}{8}\right)$ 分别代表了甲乙双方的混合策略。

可以将例 13-11 推广到一般情形。对于一般矩阵对策 $G=\{S_1,S_2,A\}$，其中 $S_1=\{\alpha_1,\alpha_2,\cdots,\alpha_m\}$，$S_2=\{\beta_1,\beta_2,\cdots,\beta_n\}$，$A=\{a_{ij}\}_{m\times n}$。假定局中人甲以概率 $x_i(0\leq x_i\leq 1)$ 来选择策略 α_i，局中人乙以概率 $y_j(0\leq y_j\leq 1)$ 来选择策略 β_j，这样就可以得到表 13-7。

表 13-7

甲＼乙	β_1 (y_1)	β_2 (y_2)	...	β_j (y_j)	...	β_n (y_n)
$\alpha_1(x_1)$	a_{11}	a_{12}	...	a_{1j}	...	a_{1n}
$\alpha_2(x_2)$	a_{21}	a_{22}	...	a_{2j}	...	a_{2n}
⋮	⋮	⋮	⋮	⋮	⋮	⋮
$\alpha_i(x_i)$	a_{i1}	a_{i2}	...	a_{ij}	...	a_{in}
⋮	⋮	⋮	⋮	⋮	⋮	⋮
$\alpha_m(x_m)$	a_{m1}	a_{m2}	...	a_{mj}	...	a_{mn}

其中，$x_i \geq 0 (i = 1, 2, \cdots, m)$，且 $\sum_{i=1}^{m} x_i = 1$；$y_j \geq 0 (j = 1, 2, \cdots, n)$，且 $\sum_{j=1}^{n} y_j = 1$。显然，$x = (x_1, x_2, \cdots, x_m)^T$ 和 $y = (y_1, y_2, \cdots, y_n)^T$ 分别表示局中人甲和局中人乙在一局对策中对各种纯策略的偏好程度。下面我们给出矩阵对策的混合策略的定义。

【定义 13-3】 设有矩阵对策 $G = \{S_1, S_2, A\}$，其中 $S_1 = \{\alpha_1, \alpha_2, \cdots, \alpha_m\}$，$S_2 = \{\beta_1, \beta_2, \cdots, \beta_n\}$，$A = \{a_{ij}\}_{m \times n}$。令：

$S_1' = \{x \in E^m \mid x_i \geq 0, i = 1, \cdots, m; \sum_{i=1}^{m} x_i = 1\}$；

$S_2' = \{y \in E^n \mid y_j \geq 0, j = 1, \cdots, n; \sum_{j=1}^{n} y_j = 1\}$。

则称 S_1' 和 S_2' 分别为局中人甲和乙的混合策略集；对于 $x \in S_1'$ 和 $y \in S_2'$，分别称为局中人甲和乙的混合策略；(x, y) 为混合局势；局中人甲的赢得函数记为：

$$E(x, y) = x^T A y = \sum_{i=1}^{m} \sum_{j=1}^{n} a_{ij} x_i y_j \tag{13-8}$$

这样就得到了一个新的对策，记为 $G' = \{S_1', S_2', E\}$，称对策 G' 为对策 G 的混合拓展。

显然，纯策略是混合策略的一种特殊形式。在混合策略意义下，对于局中人甲而言，当其选择策略 $x = (x_1, x_2, \cdots, x_m)^T$ 时，其期望的最少赢得值为 $\min_{y \in S_2'} E(x, y)$，因此甲应当选择 $x \in S_1'$，使自身期望赢得值最大，即 $v_1 = \max_{x \in S_1'} \min_{y \in S_2'} E(x, y)$；同理，对于局中人乙而言，其期望的最大损失值为 $v_2 = \min_{y \in S_2'} \max_{x \in S_1'} E(x, y)$。显然有 $v_1 \leq v_2$。

类似于纯策略意义下矩阵对策的解的定义，这里给出混合策略意义下矩阵对策的解的定义。

【定义 13-4】 设 $G' = \{S_1', S_2', E\}$ 为矩阵对策 $G = \{S_1, S_2, A\}$ 的混合拓展。若存在等式：

$$\max_{x \in S_1'} \min_{y \in S_2'} E(x,y) = \min_{y \in S_2'} \max_{x \in S_1'} E(x,y) \qquad (13-9)$$

则称使式（13-9）成立的混合局势（x^*，y^*）为矩阵对策 G 在混合策略意义下的解，x^* 和 y^* 分别为局中人甲和乙的最优混合策略。记式（13-9）的值为 V_G，称 V_G 为矩阵对策 G 的值。

由于纯策略是混合策略的一种特殊形式，因此一般情况下无须再对矩阵对策 $G = \{S_1, S_2, A\}$ 及其混合拓展 $G' = \{S_1', S_2', E\}$ 进行区分，均可以用 $G = \{S_1, S_2, A\}$ 来表示。当矩阵对策 $G = \{S_1, S_2, A\}$ 在纯策略意义下无解时，自然就转向讨论混合策略意义下的解。

【定理 13-2】 矩阵对策 $G = \{S_1, S_2, A\}$ 在混合策略意义下有解的充分必要条件为：存在 $x^* \in S_1'$ 和 $y^* \in S_2'$，使对于任意 $x \in S_1'$ 和 $y \in S_2'$，都有：

$$E(x, y^*) \leq E(x^*, y^*) \leq E(x^*, y) \qquad (13-10)$$

定理 13-2 的证明类似于定理 13-1，这里不再赘述。矩阵对策在纯策略意义下可能无解，但在混合策略意义下，解总是存在的。

【例 13-12】 求解矩阵对策 $G = \{S_1, S_2, A\}$，其中 $A = \begin{bmatrix} 7 & 4 \\ 3 & 6 \end{bmatrix}$。

解：由题意知该矩阵对策在纯策略意义下无解。

不妨假定局中人甲和乙的混合策略分别为 $x = (x_1, x_2)$ 和 $y = (y_1, y_2)$，则局中人甲和乙的策略集分别为：

$S_1' = \{x = (x_1, x_2) \mid x_1 + x_2 = 1, x_1, x_2 \geq 0\}$，$S_2' = \{y = (y_1, y_2) \mid y_1 + y_2 = 1, y_1, y_2 \geq 0\}$。

此时局中人甲的期望赢得值为：

$$E(x,y) = 7x_1 y_1 + 4x_1 y_2 + 3x_2 y_1 + 6x_2 y_2 = 6\left(x_1 - \frac{1}{2}\right)\left(y_1 - \frac{1}{3}\right) + 5。$$

取 $x^* = (x_1, x_2) = \left(\frac{1}{2}, \frac{1}{2}\right)$ 和 $y^* = (y_1, y_2) = \left(\frac{1}{3}, \frac{2}{3}\right)$ 时，有 $V_G = E(x^*, y^*) = 5$，且有 $E(x^*, y) = E(x, y^*) = 5$，即有 $E(x, y^*) \leq E(x^*, y^*) \leq E(x^*, y)$。故 $x^* = \left(\frac{1}{2}, \frac{1}{2}\right)$ 和 $y^* = \left(\frac{1}{3}, \frac{2}{3}\right)$ 分别为局中人甲和乙的最优策略，$V_G = 5$ 为矩阵对策 G 的值。

13.2.4 矩阵对策的性质

在矩阵对策 $G = \{S_1, S_2, A\}$ 中，设当局中人甲采取纯策略 α_i 时，即 $x = (x_1, x_2, \cdots, x_{i-1}, x_i, x_{i+1}, \cdots, x_n) = (0, 0, \cdots, 0, 1, 0, \cdots, 0)$ 时，对于任意 $y \in$

S_2'，记甲此时相应的赢得值为 $E(i,y)$，则：

$$E(i,y) = \sum_{i=1}^{m}\sum_{j=1}^{n} a_{ij}x_iy_j = \sum_{j=1}^{n} a_{ij}y_j \qquad (13-11)$$

类似地，当局中人乙采取纯策略 β_j 时，其相应的赢得值为 $E(x,j)$，则：

$$E(x,j) = \sum_{i=1}^{m}\sum_{j=1}^{n} a_{ij}x_iy_j = \sum_{i=1}^{m} a_{ij}x_i \qquad (13-12)$$

根据式（13-11）和式（13-12），可以得到：

$$E(x,y) = \sum_{i=1}^{m}\sum_{j=1}^{n} a_{ij}x_iy_j = \sum_{i=1}^{m}\left(\sum_{j=1}^{n} a_{ij}y_j\right)x_i = \sum_{i=1}^{m} E(i,y)x_i \qquad (13-13)$$

$$E(x,y) = \sum_{i=1}^{m}\sum_{j=1}^{n} a_{ij}x_iy_j = \sum_{j=1}^{n}\left(\sum_{i=1}^{m} a_{ij}x_i\right)y_j = \sum_{j=1}^{n} E(x,j)y_j \qquad (13-14)$$

根据上述形式，我们可以对定理 13-2 进行重新阐述如下：

【定理 13-3】 设 $x^* \in S_1'$ 和 $y^* \in S_2'$，则 (x^*, y^*) 是矩阵对策 $G = \{S_1, S_2, A\}$ 的解的充分必要条件是：对于任意的 $i(i=1,2,\cdots,m)$ 和 $j(j=1,2,\cdots,n)$，都有：

$$E(i,y^*) \leq E(x^*,y^*) \leq E(x^*,j) \qquad (13-15)$$

证明：设 (x^*, y^*) 是矩阵对策 $G = \{S_1, S_2, A\}$ 的解，则由定理 13-2 可知式（13-10）成立。由于纯策略是混合策略的特例，故式（13-15）成立。

反之，假设式（13-15）成立，由于：

$$E(x,y^*) = \sum_{i=1}^{m} E(i,y^*)x_i \leq E(x^*,y^*) \sum_{i=1}^{m} x_i = E(x^*,y^*);$$

$$E(x^*,y) = \sum_{j=1}^{n} E(x^*,j)y_j \geq E(x^*,y^*) \sum_{j=1}^{n} y_j = E(x^*,y^*)。$$

即可以得到式（13-10），证毕。

定理 13-3 的意义在于，在检验 (x^*, y^*) 是否为矩阵对策 G 的解时，只需要对由式（13-15）给出的有限个（$m \times n$）不等式进行逐一验证，从而使对解的检验更加简化。

可以证明，定理 13-3 可以表达为定理 13-4 的等价形式，而这一形式在求解矩阵对策时是有很大帮助的。

【定理 13-4】 设 $x^* \in S_1'$ 和 $y^* \in S_2'$，则 (x^*, y^*) 是矩阵对策 $G = \{S_1, S_2, A\}$ 的解的充分必要条件是：存在数 v，使 x^* 和 y^* 分别是不等式组（13-16）和不等式组（13-17）的解，且 $v = V_G$。

$$\begin{cases} \sum_{i=1}^{m} a_{ij}x_i \geq v & (j=1,2,\cdots,n) \\ \sum_{i=1}^{m} x_i = 1 \\ x_i \geq 0 & (i=1,2,\cdots,n) \end{cases} \qquad (13-16)$$

$$\begin{cases} \sum_{j=1}^{n} a_{ij} y_j \leq v & (j = 1, 2, \cdots, m) \\ \sum_{j=1}^{n} y_j = 1 \\ y_j \geq 0 & (j = 1, 2, \cdots, n) \end{cases} \quad (13-17)$$

【定理 13-5】对任一矩阵对策 $G = \{S_1, S_2, A\}$，一定存在混合策略意义下的解。

证明：根据定理 13-3，只需要证明存在 $x^* \in S_1'$ 和 $y^* \in S_2'$，使式 (13-15) 成立，即：

$$E(i, y^*) \leq E(x^*, y^*) \leq E(x^*, j)。$$

为此，考虑如下两个线性规划问题：

$$(P) \quad \max w$$
$$\begin{cases} \sum_{i=1}^{m} a_{ij} x_i \geq W & (j = 1, 2, \cdots, n) \\ \sum_{i=1}^{m} x_i = 1 \\ x_i \geq 0 & (i = 1, 2, \cdots, m)。 \end{cases}$$

$$(D) \quad \min v$$
$$\begin{cases} \sum_{i=1}^{n} a_{ij} y_j \leq v & (i = 1, 2, \cdots, m) \\ \sum_{i=1}^{n} y_i = 1 \\ y_i \geq 0 & (j = 1, 2, \cdots, n)。 \end{cases}$$

显然，线性规划问题 P 与线性规划问题 D 互为对偶，而且这两个问题均有解，分别为：

$$x = (1, 0, \cdots, 0)^T \in E^m, w = \min_{1 \leq j \leq n} a_{1j};$$
$$y = (1, 0, \cdots, 0)^T \in E^n, v = \max_{1 \leq i \leq m} a_{i1}。$$

根据对偶理论可知，线性规划问题 P 与线性规划问题 D 分别存在最优解 (x^*, w^*) 和 (y^*, v^*)，且 $w^* = v^*$。即存在 $x^* \in S_1'$，$y^* \in S_2'$ 和数 v^*，使对于任意的 $i (i = 1, 2, \cdots, m)$ 和 $j (j = 1, 2, \cdots, n)$，均存在：

$$\sum_{j=1}^{n} a_{ij} y_j^* \leq v^* \leq \sum_{i=1}^{m} a_{ij} x_i^* \quad (13-18)$$

或：

$$E(i, y^*) \leq v^* \leq E(x^*, j) \quad (13-19)$$

又由于：

$$E(x^*,y^*) = \sum_{i=1}^{m} E(i,y^*)x_i^* \leq v^* \sum_{i=1}^{m} x_i^* = v^*;$$

$$E(x^*,y^*) = \sum_{j=1}^{n} E(x^*,j)y_j^* \geq v^* \sum_{j=1}^{n} y_j^* = v^*。$$

即 $v^* = E(x^*, y^*)$，由式（13-19）可知，故 $E(i,y^*) \leq E(x^*,y^*) \leq E(x^*,j)$。

定理 13-5 不仅证明了对策矩阵在混合策略下的解的存在性，而且还给出了利用线性规划方法来进行求解矩阵对策的思路。

【定理 13-6】 设 (x^*, y^*) 是矩阵对策 $G = \{S_1, S_2, A\}$ 的解，$v = V_G$，则有：

(1) 若 $x_i^* > 0$，则 $\sum_{j=1}^{n} a_{ij} y_j^* = v$；

(2) 若 $y_j^* > 0$，则 $\sum_{i=1}^{m} a_{ij} x_i^* = v$；

(3) 若 $\sum_{j=1}^{n} a_{ij} y_j^* < v$，则 $x_i^* = 0$；

(4) 若 $\sum_{i=1}^{m} a_{ij} x_i^* > v$，则 $y_j^* = 0$。

证明：根据定义有：$v = \max_{x \in S_1'} E(x, y^*)$，因此有：

$$v - \sum_{j=1}^{n} a_{ij} y_j^* = \max_{x \in S_1'} E(x,y^*) - E(i,y^*) \geq 0。$$

又因为：

$$\sum_{i=1}^{m} x_i^* \left(v - \sum_{j=1}^{n} a_{ij} y_j^*\right) = v - \sum_{i=1}^{m} \sum_{j=1}^{n} a_{ij} x_i^* y_j^* = 0, x_i^* \geq 0 (i = 1,2,\cdots,m)。$$

所以，当 $x_i^* > 0$ 时，有 $\sum_{j=1}^{n} a_{ij} y_j^* = v$；当 $\sum_{j=1}^{n} a_{ij} y_j^* < v$ 时，有 $x_i^* = 0$，故（1）、（3）得证。同理可以证明（2）、（4）。

记矩阵对策 $G = \{S_1, S_2, A\}$ 的解为 $T(G)$，下面的定理是关于矩阵对策解集性质的主要内容。

【定理 13-7】 设有两个矩阵对策 $G_1 = \{S_1, S_2, A_1\}$，$G_2 = \{S_1, S_2, A_2\}$，其中 $A_1 = (a_{ij})_{m \times n}$，$A_2 = (a_{ij} + L)_{m \times n}$，$L$ 为任一常数，则有：

(1) $V_{G_2} = V_{G_1} + L$；

(2) $T(G_1) = T(G_2)$。

【定理 13-8】 设有两个矩阵对策 $G_1 = \{S_1, S_2, A\}$，$G_2 = \{S_1, S_2, \alpha A\}$，其中 $\alpha > 0$，为任一常数，则有：

(1) $V_{G_2} = \alpha V_{G_1}$；

(2) $T(G_1) = T(G_2)$。

【定理 13-9】 设有矩阵对策 $G = \{S_1, S_2, A\}$，且 $A = -A^T$ 为斜对称矩阵（亦称这种对策为对称对策），则有：

(1) $V_G = 0$；

(2) $T_1(G) = T_2(G)$。

$T_1(G)$ 和 $T_2(G)$ 分别为局中人甲和乙的最优策略集。

13.3 矩阵对策的解法

13.3.1 公式法

设有矩阵对策 $G = \{S_1, S_2, A\}$，其中 A 为 2×2 阶，即 $A = \begin{bmatrix} a_{11} & a_{12} \\ a_{21} & a_{22} \end{bmatrix}$。若 A 有鞍点，则可以求出局中人甲和乙的最优纯策略；反之，则可证明各局中人最优策略中的 x_i^*，y_j^* 均大于 0。由定理 13-6 可知，为求最优混合策略，则需要求出如下方程组：

(1) $\begin{cases} a_{11}x_1 + a_{21}x_2 = v \\ a_{12}x_1 + a_{22}x_2 = v \\ x_1 + x_2 = 1 \end{cases}$
(2) $\begin{cases} a_{11}y_1 + a_{12}y_2 = v \\ a_{21}y_1 + a_{22}y_2 = v \\ y_1 + y_2 = 1 \end{cases}$

当矩阵对策 G 不存在纯策略意义下的解时，则可以证明前面的方程组一定有非负解 $x^* = (x_1^*, x_2^*)$ 和 $y^* = (y_1^*, y_2^*)$，其中：

$$x_1^* = \frac{a_{22} - a_{21}}{(a_{11} + a_{22}) - (a_{12} + a_{21})}, x_2^* = \frac{a_{11} - a_{12}}{(a_{11} + a_{22}) - (a_{12} + a_{21})}。$$

$$y_1^* = \frac{a_{22} - a_{12}}{(a_{11} + a_{22}) - (a_{12} + a_{21})}, y_2^* = \frac{a_{11} - a_{21}}{(a_{11} + a_{22}) - (a_{12} + a_{21})}。$$

$$V_G = \frac{a_{11}a_{22} - a_{12}a_{21}}{(a_{11} + a_{22}) - (a_{12} + a_{21})}。$$

【例 13-13】 求解矩阵对策 $G = \{S_1, S_2, A\}$，其中 $A = \begin{bmatrix} 5 & 3 \\ 2 & 4 \end{bmatrix}$。

解：显然该矩阵对策在纯策略意义下无解。由定理 13-5 可知，其具有混合策略解。

通过计算可得：

$$x_1^* = \frac{a_{22} - a_{21}}{(a_{11} + a_{22}) - (a_{12} + a_{21})} = \frac{4 - 2}{(5 + 4) - (3 + 2)} = \frac{1}{2};$$

$$x_2^* = \frac{a_{11} - a_{12}}{(a_{11} + a_{22}) - (a_{12} + a_{21})} = \frac{5 - 3}{(5 + 4) - (3 + 2)} = \frac{1}{2}。$$

同理可以得到：$y_1^* = \frac{1}{4}$，$y_2^* = \frac{3}{4}$，$V_G = \frac{7}{2}$。

即该矩阵对策的最优解为 $x^* = \left(\frac{1}{2}, \frac{1}{2}\right)$，$y^* = \left(\frac{1}{4}, \frac{3}{4}\right)$，对策值 $V_G = \frac{7}{2}$。

13.3.2　图解法

图解法主要适用于赢得矩阵 A 为 $2 \times n$、$m \times 2$、$3 \times n$ 或者 $m \times 3$ 阶时的情形，能够较为直观地反映出局中人的最优策略选择。当 $m \times n$ 中的 m 和 n 均大于 3 时，图解法就不适用了。

以赢得矩阵 A 为 $2 \times n$ 阶为例，用图解法求解的步骤如下：

（1）设局中人甲的混合策略为 $(x, 1 - x)^T$，$x \in [0, 1]$。在数轴坐标为 $(0, 0)$ 和 $(1, 0)$ 的两点分别做两条垂线 Ⅰ-Ⅰ 和 Ⅱ-Ⅱ，垂线上点的纵坐标表示局中人甲采取纯策略 α_1 和 α_2 时，局中人乙采取各种纯策略时的相应赢得值。当局中人甲选择每一个混合策略 $(x, 1 - x)^T$ 时，其最少可能的赢得值为局中人乙选择各种策略时所确定的直线。

（2）连接有关直线，形成一个交集区域。

（3）找到交集区域最高的交点，以该点的直线建立方程求解，就可以得到各局中人的最优混合策略。

当赢得矩阵 A 为 $m \times 2$ 阶时，则可以设局中人乙的混合策略为 $(y, 1 - y)^T$，$y \in [0, 1]$。类似地可以在数轴纵坐标为 $(0, 0)$ 和 $(0, 1)$ 的两点分别做两条垂线，垂线上点的横坐标表示局中人乙采取纯策略 β_1 和 β_2 时，局中人甲采取各种纯策略时的相应赢得值。后续求解过程类似赢得矩阵 A 为 $2 \times n$ 阶的情形。

【例 13-14】 求解矩阵对策 $G = \{S_1, S_2, A\}$，其中 $A = \begin{bmatrix} 3 & 4 & 10 \\ 7 & 6 & 2 \end{bmatrix}$。

解：设局中人甲的混合策略为 $(x, 1 - x)^T$，$x \in [0, 1]$。在数轴坐标为 $(0, 0)$ 和 $(1, 0)$ 的两点分别做两条垂线 Ⅰ-Ⅰ 和 Ⅱ-Ⅱ，如图 13-1 所示。

当局中人甲选择每一混合策略为 $(x, 1 - x)^T$ 时，其赢得值不会低于局中人乙在选择 β_1、β_2 和 β_3 所确定的三条直线：$3x + 7(1 - x) = v$、$4x + 6(1 - x) = v$、$10x + 2(1 - x) = v$。在 x 取值处的纵坐标中的最小值，即如折线 $B_1BB_2B_3$ 所示。

对于局中人甲而言，其最佳选择就是确定 x 的值，使其赢得值尽可能大。从图 13-1 可以看出，按照最小最大原则，应该取 $x = OA$，AB 即为对策值 V_G。为求出 x

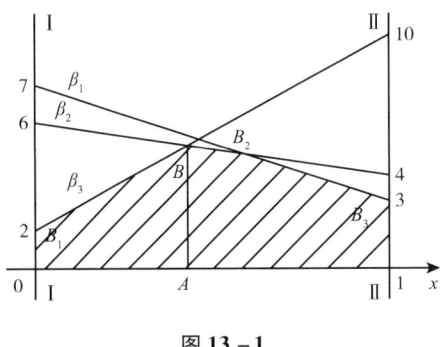

图 13-1

和 V_G，联系经过 B 点的两条直线方程：

$$\begin{cases} 4x+6(1-x)=V_G \\ 10x+2(1-x)=V_G \end{cases}$$

可以求得：$x^*=\dfrac{2}{5}$，$V_G=\dfrac{26}{5}$。即局中人甲的最优混合策略为 $x^*=\left(\dfrac{2}{5},\dfrac{3}{5}\right)^T$，对策值为 $V_G=\dfrac{26}{5}$。

从图 13-1 可以看出，局中人乙的最优混合策略是由 β_2 和 β_3 这两条直线所决定的。设乙的最优混合策略为 $y^*=(y_1^*, y_2^*, y_3^*)^T$，则由 $E(x^*,\beta_1)=3\times\dfrac{2}{5}+7\times\dfrac{3}{5}=\dfrac{27}{5}>V_G=\dfrac{26}{5}$，根据定理 13-6，故有 $y_1^*=0$。又因为 $x_1^*=\dfrac{2}{5}>0$，$x_2^*=\dfrac{3}{5}>0$，再根据定理 13-6，可得：

$$\begin{cases} 4y_2+10y_3=\dfrac{26}{5} \\ 6y_2+2y_3=\dfrac{26}{5} \\ y_2+y_3=1 \end{cases}$$

可以求得 $y_2^*=\dfrac{4}{5}$，$y_3^*=\dfrac{1}{5}$，即局中人乙的最优混合策略为 $y^*=\left(0,\dfrac{4}{5},\dfrac{1}{5}\right)^T$。

【例 13-15】求解矩阵对策 $G=\{S_1,S_2,A\}$，其中 $A=\begin{bmatrix} 1 & 6 \\ 5 & 5 \\ 9 & 2 \end{bmatrix}$。

解：设局中人乙的混合策略为 $(y,1-y)^T$，$y\in[0,1]$。在数轴纵坐标为 $(0,0)$ 和 $(0,1)$ 的两点分别做两条垂线 Ⅰ-Ⅰ 和 Ⅱ-Ⅱ，如图 13-2 所示。

由图 13-2 可知，对于任一 $y\in[0,1]$，直线 α_1、α_2 和 α_3 的纵坐标是局中人乙

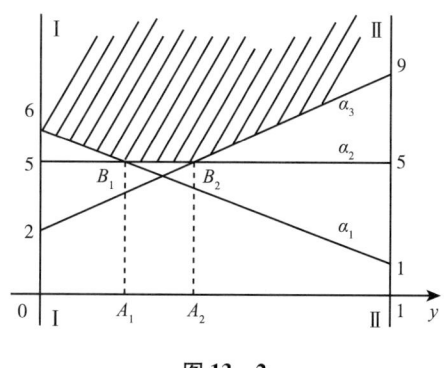

图 13-2

采取混合策略 $(y, 1-y)^T$ 时的支付值。根据最大最小原则，局中人乙的最优策略就是确定 y，使三个纵坐标中的最大者尽可能小。从图 13-2 可以看出，就是选择 y，使 $A_1 \leqslant y \leqslant A_2$，这时对策值为 5。有方程组：

$$\begin{cases} 1y + 6(1-y) = 5 \\ 9y + 2(1-y) = 5 \end{cases},$$

可以求得 $A_1 = \dfrac{1}{5}$，$A_2 = \dfrac{3}{7}$，即局中人乙的最优混合策略为 $y^* = (y, 1-y)^T$，其中 $\dfrac{1}{5} \leqslant y \leqslant \dfrac{3}{7}$；局中人甲的最优策略显然是 $x^* = (0, 1, 0)^T$，即选择纯策略 α_2。

13.3.3 优超原则法

设矩阵对策 $G = \{S_1, S_2, A\}$，其中 $A = \begin{bmatrix} 0 & 2 & 2 \\ 2 & 1 & 3 \\ 1 & 3 & 3 \end{bmatrix}$。从局中人甲的赢得矩阵可以看出，$\alpha_{3j} > a_{1j}(j = 1, 2, 3)$，即对于局中人甲而言，无论局中人乙选择何种策略，其选择策略 α_3 都优于选择策略 α_1；同理，对于局中人乙而言，无论局中人甲选择何种策略，其选择策略 β_2 都优于选择策略 β_3。

【定义 13-5】 设有矩阵对策 $G = \{S_1, S_2, A\}$，其中 $S_1 = \{\alpha_1, \alpha_2, \cdots, \alpha_m\}$，$S_2 = \{\beta_1, \beta_2, \cdots, \beta_n\}$，$A = (a_{ij})_{m \times n}$。若对于一切 $j = 1, 2, \cdots, n$，均有 $a_{ij} \geqslant a_{kj}$，i，$k = 1, 2, \cdots, n$ 且 $i \neq k$，即赢得矩阵 A 中第 i 行的元素均不等于第 k 行的对应元素，则称局中人甲的策略 α_i 优超于策略 α_k；若对于一切 $i = 1, 2, \cdots, m$，均有 $a_{ij} \leqslant a_{ik}$，j，$k = 1, 2, \cdots, m$ 且 $j \neq k$，即赢得矩阵 A 中第 j 列的元素均不等于第 k 列的对应元素，则称局中人乙的策略 β_j 优超于策略 β_k。

【定理 13-10】 设有矩阵对策 $G = \{S_1, S_2, A\}$，其中 $S_1 = \{\alpha_1, \alpha_2, \cdots, \alpha_m\}$，

$S_2 = \{\beta_1, \beta_2, \cdots, \beta_n\}$,$A = (a_{ij})_{m \times n}$。若策略 α_1 被其他策略 $\alpha_2, \alpha_3, \cdots, \alpha_m$ 中之一所优超,由对策 G 可以得到一个新的矩阵对策 $G' = \{S'_1, S_2, A'\}$,其中,$S'_1 = \{\alpha_2, \alpha_3, \cdots, \alpha_m\}$,$S_2 = \{\beta_1, \beta_2, \cdots, \beta_n\}$,$A' = (a'_{ij})_{(m-1) \times n}$,$a'_{ij} = a_{ij}$($i = 1, 2, \cdots, m$; $j = 1, 2, \cdots, n$),则有:

(1) $V_{G'} = V_G$;

(2) G' 中局中人乙的最优策略也是其在 G 中的最优策略;

(3) 若 $(x_2^*, x_3^*, \cdots, x_m^*)^T$ 是 G' 中局中人甲的最优策略,则 $x^* = (0, x_2^*, x_3^*, \cdots, x_m^*)^T$ 是局中人甲在 G 中的最优策略。

【例 13-16】 求解矩阵对策 $G = \{S_1, S_2, A\}$,其中 $A = \begin{bmatrix} 1 & 0 & 3 & 4 \\ -1 & 4 & 0 & 1 \\ 2 & 2 & 2 & 3 \\ 0 & 4 & 1 & 1 \end{bmatrix}$。

解:在对策 G 中,由矩阵 A 可知,对于局中人乙而言,策略 β_1 优超于策略 β_3,也优超于策略 β_4,故可以得到新的矩阵对策 $G' = (S_1, S'_2, A')$,其中 $A' = \begin{bmatrix} 1 & 0 \\ -1 & 4 \\ 2 & 2 \\ 0 & 4 \end{bmatrix}$。

在对策 G' 中,由矩阵 A' 可知,对于局中人甲而言,策略 α_3 优超于策略 α_1,策略 α_4 优超于策略 α_2,故可以得到新的矩阵对策 $G'' = (S'_1, S'_2, A'')$,其中 $A'' = \begin{bmatrix} 2 & 2 \\ 0 & 4 \end{bmatrix}$。

在对策 G'' 中,由矩阵 A'' 可知,对于局中人乙而言,策略 β_1 优超于策略 β_2,故可以得到新的矩阵对策 $G''' = (S'_1, S''_2, A''')$,其中 $A''' = \begin{bmatrix} 2 \\ 0 \end{bmatrix}$。

在对策 G''' 中,由矩阵 A''' 可知,对于局中人甲而言,策略 α_3 优超于策略 α_4,故可以得到新的矩阵对策 $G^4 = (S''_1, S''_2, A^4)$,其中 $A^4 = [2]$。

在对策 G^4 中,由于 $A^4 = [2]$,显然有 $\max\min a_{ij} = \min\max a_{ij} = 2$,因此根据定理 13-10,对策矩阵 G 的解为 (α_3, β_1),即局中人甲选择纯策略 α_3,局中人乙选择纯策略 β_1;或者可以表示为:局中人甲和乙的最优策略分别为 $x^* = (0, 0, 1, 0)^T$,$x^* = (1, 0, 0, 0)^T$。此时对策值 $V_G = 2$。

13.3.4 方程组法

根据定理 13-4,求解矩阵对策的解 (x^*, y^*) 的问题相当于求解不等式组

(13-16) 和不等式组（13-17）；再根据定理 13-5 和定理 13-6，假设最优策略中的 x_i^* 和 y_j^* 均不为零，则可以将两个不等式组转化为如下的两个方程组求解的问题。

$$\begin{cases} \sum_{i=1}^{m} a_{ij}x_i = v \quad (j=1,2,\cdots,n) \\ \sum_{i=1}^{m} x_i = 1 \end{cases} \tag{13-20}$$

$$\begin{cases} \sum_{j=1}^{n} a_{ij}y_j = v \quad (i=1,2,\cdots,m) \\ \sum_{j=1}^{n} y_j = 1 \end{cases} \tag{13-21}$$

若上述两个方程组存在非负解 x^* 和 y^*，便可以得到对策的一个解；若方程组不存在非负解，可视具体情况将方程组中的某些等式改成不等式继续求解，直至得到对策的解。这种方法适用于所有策略的概率都大于零，公式法就是方程组法的一个特例。

【例 13-17】求解矩阵对策 $G = \{S_1, S_2, A\}$，其中 $A = \begin{bmatrix} 1 & 2 & -1 \\ -5 & -4 & 1 \\ 2 & -2 & -1 \end{bmatrix}$。

解：由题意可知，A 不存在鞍点。设局中人甲和乙的最优混合策略分别为 $x^* = (x_1^*, x_2^*, x_3^*)^T$ 和 $y^* = (y_1^*, y_2^*, y_3^*)^T$。由定理 13-6 可得方程组：

$$\begin{cases} x_1 - 5x_2 + 2x_3 = v \\ 2x_1 - 4x_2 - 2x_3 = v \\ -x_1 + x_2 - x_3 = v \\ x_1 + x_2 + x_3 = 1 \end{cases} \quad \text{和} \quad \begin{cases} y_1 + 2y_2 - y_3 = v \\ -5y_1 - 4y_2 + y_3 = v \\ 2y_1 - 2y_2 - y_3 = v \\ y_1 + y_2 + y_3 = 1 \end{cases}$$

可以求得 $x^* = (0.525, 0.275, 0.2)^T$，$y^* = (0.2, 0.05, 0.75)^T$，$V_G = -0.45$。

13.3.5 线性规划法

相较于前面四种求解矩阵对策的方法，线性规划方法更具有一般性，可以用来求解任一矩阵对策。根据定理 13-5，求解矩阵对策可等价地转换为求解互为对偶的线性规划问题 P 和 D。故在问题 P 中，设 $w > 0$，根据定理 13-8，可以令 $x_i' = \dfrac{x_i}{w}$ $(i=1, \cdots, m)$，则问题 P 的约束条件可以改为：

$$\begin{cases} \sum_{i=1}^{m} a_{ij} x'_i \geq 1 & (j = 1, 2, \cdots, n) \\ \sum_{i=1}^{m} x'_i = \dfrac{1}{w} \\ x'_i \geq 0 & (i = 1, 2, \cdots, n) \end{cases}$$

因此，问题 P 等价于线性规划问题 P'：

$$(P') \quad \begin{aligned} & \min \sum_{i=1}^{m} x'_i \\ & \begin{cases} \sum_{i=1}^{m} a_{ij} x'_i \geq 1 & (j = 1, 2, \cdots, n) \\ x'_i \geq 0 & (i = 1, 2, \cdots, m) \end{cases} \end{aligned} \qquad (13-22)$$

类似地，令 $y'_j = \dfrac{y_i}{w}(j = 1, \cdots, n)$，则问题 D 等价于线性规划问题 D'：

$$(D') \quad \begin{aligned} & \max \sum_{j=1}^{n} y'_j \\ & \begin{cases} \sum_{j=1}^{n} a_{ij} y'_j \leq 1 & (i = 1, 2, \cdots, m) \\ y'_j \geq 0 & (j = 1, 2, \cdots, m) \end{cases} \end{aligned} \qquad (13-23)$$

显然，问题 P' 和问题 D' 是互为对偶的线性规划问题，可以利用单纯形法及其对偶性质进行求解，然后再根据 $x'_i = \dfrac{x_i}{w}$ 和 $y'_j = \dfrac{y_i}{w}$，即可得到原对策问题的解和对策值。

【例 13-18】求解矩阵对策 $G = \{S_1, S_2, A\}$，其中 $A = \begin{bmatrix} 2 & 5 & 4 \\ 6 & 1 & 3 \\ 4 & 6 & 1 \end{bmatrix}$。

解：将该问题转化为两个互为对偶的线性规划问题：

$$(P) \quad \begin{aligned} & \min(x_1 + x_2 + x_3) \\ & \begin{cases} 2x_1 + 6x_2 + 4x_3 \geq 1 \\ 5x_1 + x_2 + 6x_3 \geq 1 \\ 4x_1 + 3x_2 + x_3 \geq 1 \\ x_1, x_2, x_3 \geq 0 \end{cases} \end{aligned} \quad ; \quad (D) \quad \begin{aligned} & \max(y_1 + y_2 + y_3) \\ & \begin{cases} 2y_1 + 5y_2 + 4y_3 \leq 1 \\ 6y_1 + y_2 + 3y_3 \leq 1 \\ 4y_1 + 6y_2 + y_3 \leq 1 \\ y_1, y_2, y_3 \geq 0 \end{cases} \end{aligned} \quad 。$$

对上述两个线性规划问题进行求解，可以得到：

$$x = \left(\frac{21}{124}, \frac{13}{124}, \frac{1}{124}\right)^T, \quad w = \frac{35}{124}。$$

$$y = \left(\frac{5}{62}, \frac{13}{124}, \frac{3}{31}\right)^T, \quad v = \frac{35}{124}。$$

故对策问题的解为：

$$V_G = \frac{1}{w} = \frac{1}{v} = \frac{124}{35}。$$

$$x^* = V_G x = \frac{124}{35}\left(\frac{21}{124}, \frac{13}{124}, \frac{1}{124}\right)^T = \left(\frac{3}{5}, \frac{13}{35}, \frac{1}{35}\right)^T。$$

$$y^* = V_G y = \frac{124}{35}\left(\frac{5}{62}, \frac{13}{124}, \frac{3}{31}\right)^T = \left(\frac{2}{7}, \frac{13}{35}, \frac{12}{35}\right)^T。$$

13.4　其他类型对策

13.4.1　二人无限零和对策

二人无限零和博弈就是将局中人的策略集从有限集变为无限集，一般可以用 $G = \{S_1, S_2, H\}$，其中 S_1 和 S_2 至少有一个为无限集合，H 为局中人甲的赢得函数。

令 v_1 和 v_2 分别为局中人甲的至少赢得和局中人乙的至多损失，显然有 $v_1 \leqslant v_2$，其中 $v_1 = \max\limits_{\alpha_i \in S_1}\min\limits_{\beta_j \in S_2} H(\alpha_i, \beta_j)$，$v_2 = \min\limits_{\beta_j \in S_2}\max\limits_{\alpha_i \in S_1} H(\alpha_i, \beta_j)$。当 $v_1 = v_2$ 时，有如下定义：

【定义 13-6】 设 $G = \{S_1, S_2, H\}$ 为二人无限零和对策。若存在 $\alpha_{i^*} \in S_1$，$\beta_{j^*} \in S_2$，使：

$$\max_{\alpha_i \in S_1}\min_{\beta_j \in S_2} H(\alpha_i, \beta_j) = \min_{\beta_j \in S_2}\max_{\alpha_i \in S_1} H(\alpha_i, \beta_j) = H(\alpha_{i^*}, \beta_{j^*}) \tag{13-24}$$

则称 $(\alpha_{i^*}, \beta_{j^*})$ 为对策 G 在纯策略下的解，α_{i^*} 和 β_{j^*} 分别为局中人甲和乙的最优纯策略。记式（13-24）的值为 V_G，则称 V_G 为对策 G 的值。

【定理 13-11】 $(\alpha_{i^*}, \beta_{j^*})$ 为 $G = \{S_1, S_2, H\}$ 在纯策略下的解的充要条件是：对任意 $\alpha_i \in S_1$，$\beta_j \in S_2$，都有：

$$H(\alpha_i, \beta_{j^*}) \leqslant H(\alpha_{i^*}, \beta_{j^*}) \leqslant H(\alpha_{i^*}, \beta_j) \tag{13-25}$$

例如，局中人甲和乙分别相互独立地从区间 $[0, 1]$ 中选择一个实数，甲的赢得函数为 $H(x,y) = 3x^2 - 2y^2$，这就是定义在 $0 \leqslant x \leqslant 1$，$0 \leqslant y \leqslant 1$ 上的一个二人无限零和对策。若存在 $(\alpha_{i^*}, \beta_{j^*})$ 使式（13-24）成立，则该问题具有纯策略意义下的解。然而，类似于矩阵对策，一般情况下并不存在 $(\alpha_{i^*}, \beta_{j^*})$ 使式（13-24）成立，即对策 $G = \{S_1, S_2, H\}$ 在纯策略意义下无解。这时就需要像矩阵对策一样，引入二人无限零和对策中的混合策略。

设局中人甲和乙的混合策略 X 和 Y 分别为策略集 S_1 和 S_2 上的概率分布（或分

布函数），混合策略集记为 $\overline{X}$ 和 $\overline{Y}$。若用 x 和 y 来表示纯策略，$F_X(x)$ 和 $F_Y(y)$ 表示混合策略 X 和 Y 的分布，则局中人甲的赢得函数可以用以下四种形式进行表示：

$H(x,y)$、$H(X,y) = \int_{S_1} H(x,y)dF_X(x)$、$H(x,Y) = \int_{S_2} H(x,y)dF_Y(y)$ 或者 $H(X,Y) = \int_{S_1}\int_{S_2} H(x,y)dF_X(x)dF_Y(y)$。

【定义 13-7】 若有：

$$\sup_X \inf_Y H(X,Y) = \inf_Y \sup_X H(X,Y) = V_G \tag{13-26}$$

则称 V_G 为对策 G 的值，使式（13-26）成立的 (X^*, Y^*) 为对策 G 的解，X^* 和 Y^* 分别为局中人甲和乙的最优策略。

【定理 13-12】 (X^*, Y^*) 为对策 $G = \{S_1, S_2, H\}$ 的解的充分必要条件为：对于任意 $X \in \overline{X}$，$Y \in \overline{Y}$，都有：

$$H(X,Y^*) \leq H(X^*,Y^*) \leq H(X^*,Y) \tag{13-27}$$

当 $S_1 = S_2 = [0, 1]$，且 $H(x, y)$ 为连续函数时，称这样的对策为连续对策。对于连续对策而言，局中人甲和乙的混合策略即为在区间 $[0, 1]$ 上的分布函数。记在区间 $[0, 1]$ 上的分布函数的集合为 D，则容易得到：

$$H(X,Y) = \int_{S_1}\int_{S_2} H(x,y)dF_X(x)dF_Y(y) = \int_0^1\int_0^1 H(x,y)dF_X(x)dF_Y(y)$$

对于连续对策，我们有如下基本定理。

【定理 13-13】 设有连续对策 $G = \{S_1, S_2, H\}$，其中 $v_1 = \max_{X \in D} \min_{Y \in D} H(X,Y)$，$v_2 = \min_{Y \in D} \max_{X \in D} H(X,Y)$，一定有 $v_1 = v_2$。

需要注意的是，连续对策的求解没有标准的方法可以遵循，可以根据定义 13-7 及定理 13-12，试探性地寻找某些特殊分布函数作为局中人的最优策略。

【例 13-19】 求解连续对策 $G = \{S_1, S_2, H\}$，其中 $H(x,y) = (x-y)^2$。

解：不妨设 $F_X(x) = \frac{1}{2}I_0(x) + \frac{1}{2}I_1(x)$，$F_Y(y) = I_{\frac{1}{2}}(y)$，即局中人甲分别以 $\frac{1}{2}$ 的概率选择 $x=0$ 或者 $x=1$，局中人乙以概率 1 选择 $y = \frac{1}{2}$，即局中人乙是选择纯策略 $y = \frac{1}{2}$。故：

$$H(x,Y) = \int_0^1 H(x,y)dF_Y(y) = \int_0^1 (x-y)^2 dI_{\frac{1}{2}}(y) = \left(x - \frac{1}{2}\right)^2;$$

$$H(X,y) = \int_{S_1} H(x,y)dF_X(x) = \int_0^1 (x-y)^2 d\left[\frac{1}{2}I_0(x) + \frac{1}{2}I_1(x)\right] = \frac{1}{2}y^2 + \frac{1}{2}(1-y)^2。$$

容易得知：

$$\max_{0\leqslant x\leqslant 1}H(x,Y) = \max_{0\leqslant x\leqslant 1}\left(x-\frac{1}{2}\right)^2 = \frac{1}{4}, \min_{0\leqslant y\leqslant 1}H(X,y) = \min_{0\leqslant y\leqslant 1}\left[\frac{1}{2}y^2+\frac{1}{2}(1-y)^2\right] = \frac{1}{4}。$$

因此，对策 G 的值为 $V_G = \frac{1}{4}$，局中人甲和乙的最优策略分别为：局中人甲分别以 $\frac{1}{2}$ 的概率选择 $x=0$ 或者 $x=1$，局中人乙选择纯策略 $y=\frac{1}{2}$。

13.4.2 多人非合作对策

非合作对策与合作对策之间的区别主要在于局中人的行为相互作用时，局中人能否达成一个具有约束力的协议，如果不能够达成，则是非合作对策，反之为合作对策。例如，在"囚徒困境"中，如果囚徒甲和囚徒乙能够达成一项协议，两人均不"坦白"，则就是合作对策；如果一方不能强制另一方遵守这个协议，每个人都只会选择对自身有利的策略，则是非合作对策。显然，非合作对策强调的是个体最优决策，体现了个体理性，结果可能有效率或者无效率；而合作对策体现的是集体理性，强调效率。矩阵对策就是一种典型的非合作对策。

非合作对策一般可以描述为：

(1) 有 n 个局中人，集合为 $I = \{1, 2, \cdots, n\}$ ($n\geqslant 2$)；
(2) 局中人 i 的策略集为 $S_i(i=1, 2, \cdots, n)$；
(3) 局势为 $s = (s_1, s_2, \cdots, s_n) \in S_1 \times S_2 \times \cdots \times S_n$；
(4) 局中人 i 的赢得函数为 $H_i(s)$。

一般而言，$\sum_{i=1}^{n} H_i(s) \neq 0$，这表示是一个非合作常和对策。对于多人非合作对策，一般可以记作 $G = \{I, \{S_i\}, \{H_i\}\}$。

为了更好地描述多人非合作对策，我们这里引入一个记号：

$$s\|s_i^0 = (s_1,\cdots,s_{i-1},s_i^0,s_{i+1},\cdots,s_n) \tag{13-28}$$

这个记号表示，在局势 $s = (s_1, s_2, \cdots, s_n)$ 中，若在其他局中人策略不变的情况下，局中人 i 将自己的策略由 s_i 改为 s_i^0，此时得到的一个新局势。若存在一个局势 s，使对于任意 $s_i^0 \in S_i$，都有：

$$H_i(s) \geqslant H_i(s\|s_i^0) \tag{13-29}$$

式 (13-29) 表明，无论局中人 i 如何更换选择自身的策略，其均不会获得比在局势 $s = (s_1, s_2, \cdots, s_n)$ 下更多的赢得，即局势 s 对局中人 i 有利。我们可以把这一情况推广到所有局中人中，即在非合作对策下，每个局中人都会选择对自身最为有利的局势。

【定义 13-8】 若局势 $s=(s_1, s_2, \cdots, s_n)$ 对所有局中人都有利，即对于任意 $i \in I$，$s_i^0 \in S_i$，都有 $H_i(s) \geqslant H_i(s\|s_i^0)$ 成立，则称局势 $s=(s_1, s_2, \cdots, s_n)$ 为非合作对策 G 的一个平衡点（平衡局势）。

当非合作对策 G 为矩阵对策时，上述定义等价于：存在局势 $(\alpha_{i^*}, \beta_{j^*})$，使对于一切 $i=1, 2, \cdots, m$ 和 $j=1, 2, \cdots, n$，都有：$a_{ij^*} \leqslant a_{i^*j^*} \leqslant a_{i^*j}$。这与前面关于矩阵对策的平衡局势定义是一致的。

类同于矩阵对策在纯策略意义下可能无解，多人非合作对策在纯策略意义下也可能无解，即不存在纯策略意义下的平衡局势，因此需要引入混合策略。

在多人非合作对策 $G=\{I, \{S_i\}, \{H_i\}\}$ 中，令 S_i' 为定义在 S_i 上的混合策略集，即 S_i 上的所有概率分布的集合；x_i 为局中人 i 的一个混合策略，$x=(x_1, x_2, \cdots, x_n)$ 为一个混合局势；$x\|z_i$ 表示局中人 i 在局势 x 中，将自己的策略由 x_i 更换选择为 z_i，从而得到的一个新的混合局势。

$$x\|z_i = (x_1, x_2, \cdots, x_{i-1}, z_i, x_{i+1}, \cdots, x_n) \qquad (13-30)$$

记 $E_i(x)$ 为局中人 i 在混合局势 x 下的赢得期望值，下面是关于多人非合作解的定义。

【定义 13-9】 若对于任意 $i \in I$，$z_i \in S_i'$，有 $E_i(x\|z_i) \leqslant E_i(x)$，则称 x 为多人非合作对策 G 的一个平衡点（平衡局势）。

下面，我们给出著名的 Nash 定理。

【定理 13-14】 （Nash 定理）n 人非合作对策在混合策略意义下平衡局势一定存在。

对于二人有限非零和对策（也称双矩阵对策），设局中人甲和乙的赢得矩阵分别为 A 和 B，则 Nash 定理可以表示为：一定存在 $x^* \in S_1'$，$y^* \in S_2'$，使：

$$x^{*T}Ay^* \geqslant x^TAy^* \quad x^* \in S_1' \qquad (13-31)$$
$$x^{*T}By^* \geqslant x^{*T}By \quad y^* \in S_2' \qquad (13-32)$$

上述定义给出了双矩阵对策常用的解的概念，平衡局势 (x^*, y^*) 就是对策 G 的解，局中人甲和乙的赢得期望值 $(x^{*T}Ay^*, x^{*T}By^*)$ 即为对策 G 的值。显然，若 $A+B=0$，上述问题就转化为矩阵对策的问题。

需要注意的是，双矩阵对策及一般多人非合作对策平衡局势的计算问题还有待进一步解决，但对于 2×2 双矩阵对策，有如下结果。

设局中人甲和乙的赢得矩阵 A 和 B 可以分别写为：

$$A = \begin{bmatrix} a_{11} & a_{12} \\ a_{21} & a_{22} \end{bmatrix}, B = \begin{bmatrix} b_{11} & b_{12} \\ b_{21} & b_{22} \end{bmatrix}。$$

同时记局中人甲和乙的混合策略分别为 $(x, 1-x)$ 和 $(y, 1-y)$，则根据式 (13-31) 和式 (13-32)，局势 (x, y) 是平衡局势的充分必要条件：

$$E_1(x,y) \geq E_1(1,y) \tag{13-33}$$

$$E_1(x,y) \geq E_1(0,y) \tag{13-34}$$

$$E_2(x,y) \geq E_2(x,1) \tag{13-35}$$

$$E_2(x,y) \geq E_2(x,0) \tag{13-36}$$

根据式 (13-33) 和式 (13-34)，此时有：

$$\begin{cases} Q(1-x)y - q(1-x) \leq 0 \\ Qxy - qx \geq 0 \end{cases} \tag{13-37}$$

这里 $Q = a_{11} + a_{22} - a_{12} - a_{21}$，$q = a_{22} - a_{12}$。由式 (13-37) 可以得到：

(1) 当 $Q=0$，$q=0$ 时，$0 \leq x \leq 1$，$0 \leq y \leq 1$。

(2) 当 $Q=0$，$q>0$ 时，$x=0$，$0 \leq y \leq 1$。

(3) 当 $Q=0$，$q<0$ 时，$x=1$，$0 \leq y \leq 1$。

(4) 当 $Q \neq 0$ 时，记 $\dfrac{q}{Q} = \alpha$，有：

$x=0$，$y \leq \alpha$；

$0 < x < 1$，$y = \alpha$；

$x=1$，$y \geq \alpha$。

类似地，由式 (13-35) 和式 (13-36) 可以得到：

$$\begin{cases} Rx(1-y) - r(1-y) \leq 0 \\ Rxy - rx \geq 0 \end{cases} \tag{13-38}$$

这里 $R = b_{11} + b_{22} - b_{12} - b_{21}$，$r = b_{22} - b_{21}$。由式 (13-38) 可以得到：

(1) 当 $R=0$，$r=0$ 时，$0 \leq x \leq 1$，$0 \leq y \leq 1$。

(2) 当 $R=0$，$r>0$ 时，$0 \leq x \leq 1$，$y=0$。

(3) 当 $R=0$，$r<0$ 时，$0 \leq x \leq 1$，$y=1$。

(4) 当 $R \neq 0$ 时，记 $\dfrac{r}{R} = \beta$，有：

$x \leq \beta$，$y=0$；

$x = \beta$，$0 < y < 1$；

$x \geq \beta$，$y=1$。

【例 13-20】 有两个企业分别准备研发两种新的产品上市。由于不同企业之间产品的竞争性及可替代性，两个企业在推出新的产品后得到的收益如表 13-8 所示，单元格中第一个数字为甲企业的收益，后一个数字为乙企业的收益。两个企业都必须单独做出决策，在做出决策时无法得知另一方的决定，且不允许事前商量。问甲乙两个企业如何选择自身的策略。

表 13-8

甲 \ 乙	β_1	β_2
α_1	5, 4	2, 3
α_2	3, 2	6, 5

解：由题意可知，局中人甲与乙的赢得矩阵分别为：

$A = \begin{bmatrix} 5 & 2 \\ 3 & 6 \end{bmatrix}, B = \begin{bmatrix} 4 & 3 \\ 2 & 5 \end{bmatrix}$。

则 $Q = 5 + 6 - 2 - 3 = 6 > 0$，$q = 6 - 2 = 4$，故 $\alpha = \dfrac{q}{Q} = \dfrac{2}{3}$。

$R = 4 + 5 - 3 - 2 = 4 > 0$，$r = 5 - 2 = 3$，故 $\beta = \dfrac{r}{R} = \dfrac{3}{4}$。

记局中人甲和乙的混合策略分别为 $(x, 1-x)$ 和 $(y, 1-y)$，将上述结果代入双矩阵对策解的公式中，可以得到：

$$\begin{cases} x = 0, y \leqslant \dfrac{2}{3} \\ 0 < x < 1, y = \dfrac{2}{3} \\ x = 1, y \geqslant \dfrac{2}{3} \end{cases} \quad (13-39)$$

$$\begin{cases} x \leqslant \dfrac{3}{4}, y = 0 \\ x = \dfrac{3}{4}, 0 < y < 1 \\ x \geqslant \dfrac{3}{4}, y = 1 \end{cases} \quad (13-40)$$

解上述不等式组可以得到对策的 3 个平衡点：

$(x, y) = (0, 0), \left(\dfrac{3}{4}, \dfrac{2}{3}\right), (1, 1)$。

这表明甲和乙分别具有 2 个纯策略和 1 个混合策略。

我们将不等式组（13-39）的解在图 13-3 中用粗实线表示，不等式组（13-40）的解在图 13-3 中用虚线表示，粗实线与虚线的 3 个交点即为对策的 3 个平衡点。

根据局中人甲和乙的赢得矩阵，有：

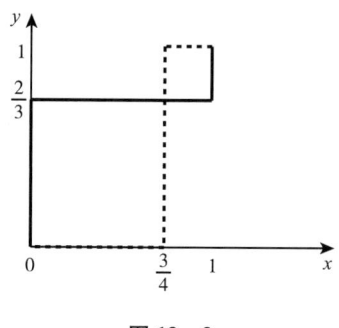

图 13-3

$E_1(x,y) = 5xy + 2x(1-y) + 3(1-x)y + 6(1-x)(1-y) = 6xy - 4x - 3y + 6$;
$E_2(x,y) = 4xy + 3x(1-y) + 2(1-x)y + 5(1-x)(1-y) = 4xy - 2x - 3y + 5$。

因此有：$E_1\left(\dfrac{3}{4}, \dfrac{2}{3}\right) = 4$，$E_1(0,0) = 6$，$E_1(1,1) = 5$；

$E_2\left(\dfrac{3}{4}, \dfrac{2}{3}\right) = \dfrac{7}{2}$，$E_2(0,0) = 5$，$E_1(1,1) = 4$。

因而可以看出，在平衡点 (0, 0) 和 (1, 1) 处，局中人甲和乙的赢得期望值都比在平衡点 $\left(\dfrac{3}{4}, \dfrac{2}{3}\right)$ 的赢得期望值要好。但由于这是一个非合作对策，事前无法协商，因此没有办法保证一定能够达到平衡点 (0, 0) 或 (1, 1)。因此尽管这个对策有 3 个平衡点，但哪一个平衡点作为对策的解都难以令人信服。

13.4.3 多人合作对策

（1）基本概念。

我们现在以例 13-2 中的古诺模型为例来说明合作对策中的有关概念。

在该模型中，假定厂商 1 和厂商 2 在同一市场中供应同样的产品，其产量分别为 q_1 和 q_2，假定 q_1 和 q_2 是连续可分的，则市场总供给为 $Q = q_1 + q_2$。进一步假定市场销售价格为 $p = p(Q) = 8 - Q$。不考虑固定成本，两个厂商每增加一单位产量的边界成本为 $c_1 = c_2 = 2$，且两个厂商在生产时同时进行决策，即决策前都不知道另一方的产量。

如果两个厂商都以自身收益最大化作为决策出发点，容易得到两个厂商的利润函数分别为：

$u_1 = q_1 P(Q) - c_1 q_1 = q_1[8 - (q_1 + q_2)] - 2q_1 = 6q_1 - q_1 q_2 - q_1^2$;
$u_2 = q_2 P(Q) - c_2 q_2 = q_2[8 - (q_1 + q_2)] - 2q_2 = 6q_2 - q_1 q_2 - q_2^2$。

为求出两个厂商的最优生产决策，令 $\dfrac{du_1}{dq_1}=0$，$\dfrac{du_2}{dq_2}=0$，则容易得到两个厂商的反应函数分别为：$q_1 = 3 - \dfrac{1}{2}q_2$ 和 $q_2 = 3 - \dfrac{1}{2}q_1$。

显然，若两个厂商都试图最大化自身的利润时，则每个厂商最优策略都是选择生产 2 个单位的产品，此时各自收益均为 4，即 $q_1^* = q_2^* = 2$，$u_1^* = u_2^* = 4$。

现在如果两个厂商属于同一个联盟，如两个厂商都是某一公司的子公司，容易达成一致，则此时整体收益最大化则为：

$$U = P(Q) - cQ = Q(8 - Q) - 2Q = 6Q - Q^2。$$

容易求得此时总产量为 $Q^* = 3$，$U^* = 9$。如果我们假定两个厂商是对称的，则此时每个厂商的最优产量为生产 1.5 个单位，各自收益为 4.5，即 $q_1^* = q_2^* = 1.5$，$u_1^* = u_2^* = 4.5$。

可以看出，在两个厂商合作形成联盟的情形下，每个厂商的收益都会增加，得到的收益都比不合作要好。因此两个厂商可以合作起来，形成一个"产量联盟"，统一把产量稳定在 1.5 个单位，形成一个合作均衡，这是一个双赢的结果。

但对于这个结果，并不令人信服。例如，若厂商 1 得知厂商 2 生产 1.5 个单位，而自己决定生产 2 个单位，则此时厂商 1 和厂商 2 的利润分别为 $u_1^* = 5$；$u_2^* = 3.75$。显然，厂商 1 由于背叛合作，得到了较多的利润；而厂商 2 由于遵守合作，自身利润却减少。如果厂商 2 预先猜想到厂商 1 会背叛合作，则其会选择生产 2 个单位。这就陷入了一个难题：如何确保对方合作？

顾名思义，合作对策就是参与对策的局中人可以进行合作，即可以事前协商好，制定一个有约束力的协议，从而把各自的策略协调起来，在对策结束后对所得到的收益进行重新分配，使每个局中人能够获得比没有合作之前更大的收益。

在多人合作对策中经常涉及的概念是联盟。简单地说，联盟是指某些竞争者组成的一个整体，在这一集体中存在具有约束力的协议，以保证集体可以采取统一的行动。假定 n 个参与博弈的局中人中某一些人构成一个联盟。对于该联盟而言，其所获得的集团利益不仅取决于自己的策略，而且与竞争对手的行为有关。可以设想，这一联盟最糟糕的情况是其他局中人也组成联盟与之对抗。联盟具有超可加性，也就是说，合作至少不能比两个联盟独立行事更糟糕。很显然，如果结盟的结果并不比单独行动更好，那么所有的局中人就没有必要进行联合。

在一个合作对策中，当联盟形成后，联盟实现最大的集团利益。随之而来的问题是，在联盟内部，各个成员之间的利益如何进行分配。不难理解，这是维系联盟存在的关键问题，也是谈判过程中需要涉及的重要方面。在一个 n 人对策中，所有局中人对支付的分配是对所有局中人联合起来所能得到的最大支付的一个分割。对每个局中人而言，联盟存在的条件是：分得的利益不能比自己单独行动更糟糕。

很显然，阻碍集体理性实现的障碍就是分配问题。因此合作对策中两个基本要素就是局中人集合 I 和特征函数 $v(S)$，其中 $I = \{1, 2, \cdots, n\}$，$S \subseteq I$，即 S 为局中人中某一些人可能形成的联盟，$v(S)$ 为联盟 S 在对策中的所得。

通常用 $G = \{I, v\}$ 表示一个 n 人合作对策，合作对策的可行解是一个满足如下条件的 n 维向量 $x = (x_1, x_2, \cdots, x_n)$：

$$x_i \geqslant v(\{i\}) \quad (i = 1, \cdots, n) \quad （集体合理性） \tag{13-41}$$

$$\sum_{i=1}^{n} x_i = v(I) \quad （个体合理性） \tag{13-42}$$

满足式（13-41）和式（13-42）的向量 x 称为一个分配。显然，合作对策问题的核心就是如何定义"最优的分配"，是否存在"最优的分配"，如何进行求解"最优的分配"。

（2）特征函数。

若把联盟 S 当作一个局中人来看待，则需要定义一个指标来衡量联盟的整体效果，则需要用到特征函数。

【例 13-21】 某公司甲准备生产一种新产品，但由于资金缺乏其无法单独生产。公司甲可以将专利转让给公司乙或者公司丙。获得专利的公司可将生产所需的 100 万元利润与公司甲分享。设三家公司分别为局中人 1、局中人 2 和局中人 3，我们可以将特征函数定义为三家公司所有可能的合作方式下生产该产品所获得的利润，则可以得到该合作对策问题的特征函数：

$v(\{0\}) = v(\{1\}) = v(\{2\}) = v(\{3\}) = v(\{2,3\}) = 0$；

$v(\{1,2\}) = v(\{1,3\}) = v(\{1,2,3\}) = 100$。

【例 13-22】 有 3 个局中人要分配 5 万元利润，每个局中人各提出一个分配方案。若任何两个人的方案一致，则分配通过并作为实际分配分案。我们可以定义特征函数如下：

$v(\{1,2,3\}) = v(\{1,2\}) = v(\{1,3\}) = v(\{2,3\}) = 5$；

$v(\{1\}) = v(\{2\}) = v(\{3\}) = 0$。

（3）核心。

核心（Core）是合作对策解的一种重要形式。在现实中，若参与对策的局中人越多，则由于分配不均从而导致联盟破裂的机会就越大。因此我们希望能够找到一些分配方式，使这些分配能够被各种可能的联盟 S 中的所有成员都能接受。核心指的是这样一种分配，使任何小集体都不能因实力对抗这种分配方案；当联盟选择这样的某个核心中的分配方案时，局中人也许有部分人希望选择其他方案，但他已没有能力否定这种方案；因为他无法同其他人形成联盟从而获得比现在的分配方案更大的利益。如果能够找到这样的分配方案，则集体利益的最大化就有可能实现了。

【定义 13-10】 设 $x=(x_1, x_2, \cdots, x_n)$ 和 $y=(y_1, y_2, \cdots, y_n)$ 是 n 人合作对策 G 的两个分配，S 为局中人构成的子集，若存在：

$$v(S) \geqslant \sum_{i \in S} y_i, \text{且 } y_i > x_i, i \in S \tag{13-43}$$

则称 y 关于 S 优超于 x，记作 $y \succ_S x$。

由定义 13-10 可知，若 y 关于 S 优超于 x，则联盟 S 中的每个成员都应更偏好于 y，且整个联盟 S 可以获得更多的收益。

设 $x=(x_1, x_2, \cdots, x_n)$ 为一个分配，若 $S \neq \varnothing$，记 $x(S) \geqslant \sum_{i \in S} x_i$。下面我们给出核心的定义。

【定义 13-11】 设 $G=\{I, v\}$ 为一合作对策，称 C 为合作对策 G 的核心，其中：$C=\{x | x \in X, v(S) \leqslant x(S), S \subseteq I\}$。

定义 13-11 表明，对于合作对策中的任一联盟 S，核心中的分配 x 提供给 S 的分配不会少于 S 中各成员不合作时可能获得收入的总和 $v(S)$，即没有一个联盟 S 可以提出对自身更为有利的分配，从而 x 是能够被所有可能联盟都接受的分配方案。

【定理 13-15】 设 C 为合作对策 G 的核心，则分配 $x=(x_1, x_2, \cdots, x_n)$ 属于核心的充要条件是：x 没有被任何其他分配所优超。

值得注意的是，在合作对策中，随着局中人的增加，如何找到能够被所有可能联盟都接受的分配方案是非常困难的，即核心往往是空集。

这里我们可以分析例 13-21 的核心。设 $x=(x_1, x_2, \cdots, x_n)$ 为一个分配，根据例 13-21 可知，分配 x 应该满足：

$$\begin{cases} x_1 \geqslant 0 \\ x_2 \geqslant 0 \\ x_3 \geqslant 0 \\ x_1 + x_2 + x_3 = 100 \end{cases}$$

根据核心的定义，分配 x 若在核心内的充分必要条件是：x 还应该满足：

$$\begin{cases} x_1 + x_2 \geqslant 100 \\ x_1 + x_3 \geqslant 100 \\ x_2 + x_3 \geqslant 0 \\ x_1 + x_2 + x_3 \geqslant 100 \end{cases}$$

显然，只有当 $x_1=100$，$x_2=x_3=0$ 时满足上述不等式，即该对策的核心只包含一个分配 $x=(100, 0, 0)$。这种分配过于倾向于局中人 1，将所有收益给了局中人 1，这对其他局中人而言不公平。故在后面引入一个相对公平的合作对策解的概念：

Shapley 值。

类似地，我们接着分析例 13-22 的核心。设 $x = (x_1, x_2, \cdots, x_n)$ 为一个分配，根据例 13-22 可知，分配 x 应该满足：

$$\begin{cases} x_1 \geq 0 \\ x_2 \geq 0 \\ x_3 \geq 0 \\ x_1 + x_2 + x_3 = 5 \end{cases}$$

根据核心的定义，分配 x 若在核心内的充分必要条件是：x 还应该满足：

$$\begin{cases} x_1 + x_2 \geq 5 \\ x_1 + x_3 \geq 5 \\ x_2 + x_3 \geq 5 \\ x_1 + x_2 + x_3 \geq 5 \end{cases}$$

显然，找不到一个分配来满足前面的不等式组，因此该合作对策的核心为空集。

（4）Shapley 值。

相对于"核心"而言，Shapley 值是一个相对公平的合作对策解的概念，可以根据四条公理来进行定义这个概念。

公理 13-1：合作获利对每人的分配与此人的标号无关。

公理 13-2：每个局中人分配数的总和等于总获利数，即 $\sum_{i=1}^{n} x_i = v(I)$。

公理 13-3：若对任一联盟 S，都有 $v(S - \{i\}) = v(S)$，则 $x_i = 0$。即若局中人 i 不能给任何联盟带来价值的增加，则其所得应该为零。

公理 13-4：若此 n 个人同时进行两项互不影响的合作，则两项合作的分配也应互不影响，每人的分配额即两项合作单独进行时应分配数的和。

若前面四条公理能够满足，则存在下面著名的 Shapley 值定理。

【定理 13-16】 设 v 为合作对策 G 的特征函数，则存在唯一的分配 $x = (x_1, x_2, \cdots, x_n)$ 满足公理 13-1 至公理 13-4，局中人 i 的所得为：

$$x_i = \sum_{S \in S_i} w(|S|)[v(S) - v(S - \{i\})] \tag{13-44}$$

$$w(|S|) = \frac{(n - |S|)!(|S| - 1)!}{n!} \tag{13-45}$$

其中，S_i 为 I 中包含局中人 i 的一切子集形成的集合；$|S|$ 是子集 S 中的元素个数；$w(|S|)$ 是加权因子，它实际上是局中人对联盟贡献的概率；$v(S - \{i\})$ 表示子集 S 中去掉局中人 i 后可取得的效益，故 $[v(S) - v(S - \{i\})]$ 可理解为局中人 i

在其参与的合作中所做出的贡献。这种合作方式共有 $(n-|S|)!(|S|-1)!$ 种，因此每一种出现的概率就是 $w(|S|)$。从定理 13-16 可以看出，Shapley 值法的核心思想在于按照成员对联盟的边际贡献率将利益进行分配。

我们下面通过两个例子来说明如何计算合作对策中的 Shapley 值。

【例 13-23】 计算例 13-21 中的 Shapley 值。

解： 对于局中人 1 而言，其可以形成联盟的形式有 3 种情况：$\{1,2\}$、$\{1,3\}$ 和 $\{1,2,3\}$，具体情况如表 13-9 所示。

表 13-9

S	$\{1,2\}$	$\{1,3\}$	$\{1,2,3\}$
剩余	$\{3\}$	$\{2\}$	$\varnothing$
$v(S)$	100	100	100
$v(S-\{1\})$	0	0	0
$v(S)-v(S-\{1\})$	100	100	100
$\|S\|$	2	2	3
$w(\|S\|)$	$\dfrac{(3-2)!(2-1)!}{3!}=\dfrac{1}{6}$	$\dfrac{(3-2)!(2-1)!}{3!}=\dfrac{1}{6}$	$\dfrac{(3-3)!(3-1)!}{3!}=\dfrac{2}{6}$
$w(\|S\|)[v(S)-v(S-\{1\})]$	$\dfrac{100}{6}$	$\dfrac{100}{6}$	$\dfrac{200}{6}$

因此，根据局中人 1 加入的各联盟带来收益的增加，其应该得到：$\dfrac{100}{6}+\dfrac{100}{6}+\dfrac{200}{6}=\dfrac{400}{6}$。

对于局中人 2 而言，其可以形成的联盟有 2 种情况：$\{1,2\}$ 和 $\{1,2,3\}$，具体情况如表 13-10 所示。

表 13-10

S	$\{1,2\}$	$\{1,2,3\}$
剩余	$\{3\}$	$\varnothing$
$v(S)$	100	100
$v(S-\{2\})$	0	100
$v(S)-v(S-\{2\})$	100	0
$\|S\|$	2	3
$w(\|S\|)$	$\dfrac{(3-2)!(2-1)!}{3!}=\dfrac{1}{6}$	$\dfrac{(3-3)!(3-1)!}{3!}=\dfrac{2}{6}$
$w(\|S\|)[v(S)-v(S-\{2\})]$	$\dfrac{100}{6}$	0

因此局中人 2 应该得到：$\frac{100}{6} + 0 = \frac{100}{6}$。

局中人 3 应该得到的收益为：$100 - \frac{400}{6} - \frac{100}{6} = \frac{100}{6}$。

显然，相对于核心而言，根据 Shapley 值计算得到的回报对局中人 2 和局中人 3 更公平一些。一般来说，根据 Shapley 值计算的每个局中人的回报会比根据核心的定义确定的每个局中人的回报更公平一些。

【例 13-24】有三家公司准备投资某项目。公司 1、公司 2 和公司 3 单独投资可分别盈利 100 万元、200 万元和 300 万元。若公司 1 和公司 2 联合投资，可获利 500 万元；若公司 2 和公司 3 联合投资，可获利 600 万元；若公司 1 和公司 3 联合投资，可获利 700 万元；若三个公司联合共同投资，则可获利 1 000 万元。问若三个公司一起合作，每个公司应各获利多少？

解：对于公司 1 而言，可以形成的联盟有 4 种情况：{1}、{1，2}、{1，3} 和 {1，2，3}，具体情况如表 13-11 所示。

表 13-11

S	{1}	{1,2}	{1,3}	{1,2,3}
剩余	{2,3}	{3}	{2}	$\varnothing$
$v(S)$	100	500	700	1 000
$v(S-\{1\})$	0	200	300	600
$v(S)-v(S-\{1\})$	100	300	400	400
$\vert S\vert$	1	2	2	3
$w(\vert S\vert)$	$\frac{(3-1)!(1-1)!}{3!}=\frac{2}{6}$	$\frac{(3-2)!(2-1)!}{3!}=\frac{1}{6}$	$\frac{(3-2)!(2-1)!}{3!}=\frac{1}{6}$	$\frac{(3-3)!(3-1)!}{3!}=\frac{2}{6}$
$w(\vert S\vert)[v(S)-v(S-\{1\})]$	$\frac{200}{6}$	$\frac{300}{6}$	$\frac{400}{6}$	$\frac{800}{6}$

因此公司 1 应该得到：$\frac{200}{6} + \frac{300}{6} + \frac{400}{6} + \frac{800}{6} = \frac{850}{3}$。

对于公司 2 而言，可以形成的联盟有 4 种情况：{2}、{1，2}、{1，3} 和 {1，2，3}，具体情况如表 13-12 所示。

表 13-12

S	{2}	{2,1}	{2,3}	{2,1,3}
剩余	{1,3}	{3}	{1}	$\varnothing$
$v(S)$	200	500	600	1 000
$v(S-\{2\})$	0	100	300	700

续表

S	{2}	{2,1}	{2,3}	{2,1,3}
$v(S)-v(S-\{1\})$	200	400	300	300
$\|S\|$	1	2	2	3
$w(\|S\|)$	$\dfrac{(3-1)!\,(1-1)!}{3!}=\dfrac{2}{6}$	$\dfrac{(3-2)!\,(2-1)!}{3!}=\dfrac{1}{6}$	$\dfrac{(3-2)!\,(2-1)!}{3!}=\dfrac{1}{6}$	$\dfrac{(3-3)!\,(3-1)!}{3!}=\dfrac{2}{6}$
$w(\|S\|)[v(S)-v(S-\{1\})]$	$\dfrac{400}{6}$	$\dfrac{400}{6}$	$\dfrac{300}{6}$	$\dfrac{600}{6}$

因此公司 2 应该得到：$\dfrac{400}{6}+\dfrac{400}{6}+\dfrac{300}{6}+\dfrac{600}{6}=\dfrac{850}{3}$。

故公司 3 应该得到：$1\,000-\dfrac{850}{3}-\dfrac{850}{3}=\dfrac{1\,300}{3}$。

13.4.4 动态对策

动态对策是指局中人的策略集或赢得函数随着时间变化的对策。在动态对策中，除了局中人以各自的策略作为变量外，还要引入一个表示每一时刻对策所处状况的状态变量（或者向量），同时动态对策还与各局中人拥有的信息程度（称为信息结构）有关。

以动态二人零和对策为例，记时间为 t，则动态二人零和对策可以表示为 $G=\{S_{1t},S_{2t},E_t\}$，其中 $S_{1t}=\{x(t)\}$，$S_{2t}=\{y(t)\}$ 分别表示局中人甲和乙在 t 时刻的策略集；E_t 是局中人甲的赢得函数，且为策略 $x(t)$ 和 $y(t)$ 的函数。

引入状态变量 $z(t)$，则状态变量的变化形式可以用式（13-46）的状态方程来描述：

$$z(t+1)=f_t(z(t),x(t),y(t)) \tag{13-46}$$

局中人甲在 $0\sim T$ 时段内的总赢得为：

$$E=E_T(z(T))+\sum_{t=0}^{T-1}E_t(z(t),x(t),y(t)) \tag{13-47}$$

局中人甲的目标就是使长期利润 E 最大；局中人甲和乙的决策 $x(t)$ 和 $y(t)$ 是在其所拥有的信息 $\eta(t)$ 的基础上得出的，即有如下决策规律：

$$\begin{cases}x(t)=\gamma_{1t}(\eta(t))\\ y(t)=\gamma_{2t}(\eta(t))\end{cases}\quad t=0,1,2,\cdots,T-1 \tag{13-48}$$

于是有：

$$E=E_T(z(T))+\sum_{t=0}^{T-1}E_t(z(t),\gamma_{1t},\gamma_{2t})=E(\gamma_1,\gamma_2) \tag{13-49}$$

其中，$\gamma_1 = \{\gamma_{1t}\}$，$\gamma_2 = \{\gamma_{2t}\}$。

若存在 γ_1 和 γ_2，使：

$$E(\gamma_1, \gamma_2^*) \leq E(\gamma_1^*, \gamma_2^*) \leq E(\gamma_1^*, \gamma_2) \tag{13-50}$$

则称 γ_1 和 γ_2 为纳什均衡。

习 题

1. 甲、乙两人游戏。每人出一个或者两个手指，同时还需要把猜测对方所出的手指数叫出来。如果只有一个人猜测正确，则他所赢得的数目为两人所出手指数之和。写出该对策中甲乙两人的策略集及甲的赢得矩阵，并回答对策中是否存在某种出法比其他出法更为有利。

2. A、B 两人分别有 1 角、5 分和 1 分的硬币各一枚。在双方互不知道的情况下，各出一枚硬币，并规定当和为奇数时，A 赢得所出硬币；当和为偶数时，B 赢得所出硬币。试列出两人零和对策的模型，并说明该游戏对双方是否公平合理。

3. 某单位要制订其产品产量方案。在正常天气情况下该产品可销售 18 万台，然而在较冷和较热情况下市场需求为 23 万台和 12 万台。假设该产品价格随着天气变化而有所变化，在较冷、正常、较热情况下该产品价格分别为 1 000 元、1 300 元和 1 700 元。在当时情况下该产品价格为每台 1 000 元。在没有准确天气预报情况下，该单位的最优生产决策是多少才能使自身收益最大？

4. 甲、乙两个企业生产同一种电子产品，甲企业可以采取的策略措施有：（1）降低产品价格；（2）提高产品质量；（3）推出新产品。乙企业考虑采取的策略措施有：（1）增加广告费用；（2）增设维修网点，加强售后服务；（3）改进产品性能。由于甲乙两个企业财力有限，都只能采取一个措施。假定这两个企业所占有的市场总份额一定，由于各自采取的措施不同，通过预测今后甲的市场占有份额变动情况如表 13-13 所示。试求出这两个企业各自的最优策略。

表 13-13

甲 \ 乙	β_1	β_2	β_3
α_1	10	-6	3
α_2	8	5	-5
α_3	-12	10	8

5. 已知矩阵对策 $G = \{S_1, S_2, A\}$，求局中人的最优策略与对策值，其中赢得矩阵 A 分别为：

(1) $A = \begin{bmatrix} 5 & 6 & 4 \\ 8 & 6 & 7 \\ 5 & 4 & 5 \end{bmatrix}$

(2) $A = \begin{bmatrix} -2 & 12 & -4 \\ 1 & 4 & 8 \\ -5 & 2 & 3 \end{bmatrix}$

(3) $A = \begin{bmatrix} 6 & 2 & 3 \\ 7 & 3 & 6 \\ 6 & 4 & 5 \end{bmatrix}$

(4) $A = \begin{bmatrix} 1 & 7 & 6 \\ -4 & 3 & -5 \\ 0 & -2 & 4 \end{bmatrix}$

(5) $A = \begin{bmatrix} 6 & 5 & 6 & 5 \\ 1 & 4 & 2 & -1 \\ 8 & 5 & 7 & 5 \\ 0 & 2 & 6 & 2 \end{bmatrix}$

(6) $A = \begin{bmatrix} 2 & 7 & 2 & 1 \\ 2 & 2 & 3 & 4 \\ 3 & 5 & 4 & 4 \\ 2 & 3 & 1 & 6 \end{bmatrix}$

6. 利用图解法求下列矩阵对策，其中赢得矩阵 A 分别为：

(1) $A = \begin{bmatrix} 4 & 1 & 2 & 3 \\ -3 & 0 & -1 & -2 \end{bmatrix}$

(2) $A = \begin{bmatrix} 3 & 2 \\ 2 & 4 \\ 1 & 5 \\ -2 & 6 \end{bmatrix}$

7. 已知矩阵对策 $G = \{S_1, S_2, A\}$，其中赢得矩阵 A 分别如下。要求先按照优超原则进行简化，然后再利用图解法进行求解。

(1) $A = \begin{bmatrix} 1 & 7 & 2 \\ 6 & 2 & 7 \\ 5 & 1 & 6 \end{bmatrix}$

(2) $A = \begin{bmatrix} 3 & 5 & 4 & 2 \\ 5 & 6 & 2 & 4 \\ 2 & 1 & 4 & 0 \\ 3 & 3 & 5 & 2 \end{bmatrix}$

8. 用线性规划法求解下列矩阵对策，其中赢得矩阵 A 为：

(1) $A = \begin{bmatrix} 2 & 2 & 6 \\ 2 & 10 & 2 \\ 8 & 2 & 2 \end{bmatrix}$

(2) $A = \begin{bmatrix} 10 & 0 & -3 \\ -2 & 1 & 2 \\ 3 & -1 & 4 \\ 5 & -3 & 6 \end{bmatrix}$

9. 甲、乙双方谈判签订一项合同，甲方的最后"要价"是 25 万元，而乙方的"出价"是 20 万元，谈判陷于僵局。为打破僵局，双方约定，再各报一个价，以下述价格成交：谁让步多，取谁出的价；如果双方让步相同，则取双方报价的中间值。问：甲、乙双方应该如何报价？最后的成交价是多少？

10. 有一种游戏，任意掷一个硬币，并将出现时正面或者反面告诉甲。甲有两种选择：（1）认输，付给乙 1 元；（2）打赌。只要甲认输，这一局结束，重新开始。当甲打赌时，乙也有两种选择：（1）认输，付给甲 1 元；（2）较真。当乙较真时，如果硬币为正面，乙输给甲 2 元；若为反面，甲输给乙 2 元。试建立甲的赢得矩阵，并求甲乙双方各自的最优策略和对策值。

11. 三人玩掷硬币游戏，硬币有正反两面。若三人抛出相同的一面，主持者将付给每人 1 元；否则每名游戏者各付给主持人 1 元。要求：（1）写出该对策的特征函数；（2）找出该游戏的核心；（3）给出该游戏的 Shapley 值。

12. 有四家公司准备投资某项目。公司 1、公司 2、公司 3 和公司 4 单独投资可分别盈利 100 万元、200 万元、300 万元和 400 万元。若公司 1 和公司 2 联合投资，可获利 500 万元；若公司 2 和公司 3 联合投资，可获利 600 万元；若公司 1 和公司 3 联合投资，可获利 700 万元；若公司 1 和公司 4 联合投资，可获利 500 万元；若公司 2、公司 3 和公司 4 联合投资，可获利 900 万元；若公司 1、公司 3 和公司 4 联合投资，可获利 1 000 万元；若公司 1、公司 2 和公司 4 联合投资，可获利 1 100 万元；若四个公司联合共同投资，则可获利 15 000 万元。问若四个公司一起合作，每个公司应各获利多少？

13. 有三个位于某河流同旁的城镇，如图 13-4 所示。三城镇的污水必须经过处理后方能排入河中，它们既可以单独建立污水处理厂，也可以通过管道输送联合建厂，假设污水只能由上游往下游排。用 Q 表示污水量，单位为米^3/秒，L 表示管道长度，单位为公里，则有经验公式：建厂费用 $C_1 = 7.3Q^{0.712}$ 万元，管道费用 $C_2 = 0.066Q^{0.51}L$ 万元。已知三城镇的污水量分别为 $Q_1 = 5$ 米^3/秒，$Q_2 = 3$ 米^3/秒，$Q_3 = 5$ 米^3/秒。问三城镇应怎样处理污水方可使总开支最少？每一城镇负担的费用应各为多少？

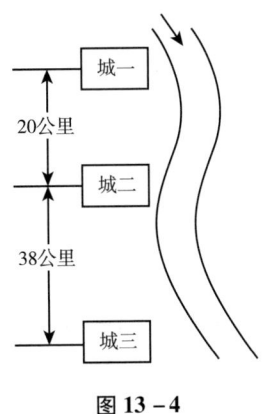

图 13-4

第 14 章
排队论

排队是日常生活中经常遇到的现象，如旅客排队购票、汽车到加油站加油、顾客到银行办理业务等。当售货员、业务员的数量和服务台的数量满足不了顾客或者客户的即时服务时，就出现了排队现象，这样就会给人们增添了困难和不便，同时也使服务机构的工作效率降低。若我们增加服务设施（如售货员、业务员），固然能减少排队现象，但这样势必增加投资而且会因为供大于求使服务设施空闲、导致浪费；反之，减少服务机构，固然可以提高服务机构利用率，降低服务成本，但却又增加了顾客、客户的排队等待时间，降低了服务水平。

排队论（Queuing Theory）就是为解决这类问题而产生的，也称为随机服务系统理论，是运筹学的一个重要分支。排队论就是通过对服务对象到来及服务时间的统计研究，得出这些数量指标（等待时间、排队长度、忙期长短等）的统计规律，然后根据这些规律来改进服务系统的结构或重新组织被服务对象，使服务系统既能满足服务对象的需要，又能使机构的费用最经济或某些运行指标最优。目前排队论被广泛应用于生产、运输、库存、计算机网络等各项资源共享的随机服务系统中。

14.1 排队论的基本概念

14.1.1 排队系统的特征

在一个排队系统中，各个顾客从顾客源（总体）出发，达到服务机构（统称服务台或者服务员）要求得到服务，服务完毕后即自行离开。若顾客到达时，服务机构空闲，则能够立即为顾客服务，否则顾客将排队等待接受服务或者离去。图 14-1 就是排队过程的一个简单示意图,其中排队结构是指排队队伍的数目和排列方式,排队规则和服务规则是指顾客在排队系统中按照怎样的规则、次序来接受服务。本书中,我们所说的排队系统是指图 14-1 中虚线所包括的部分。

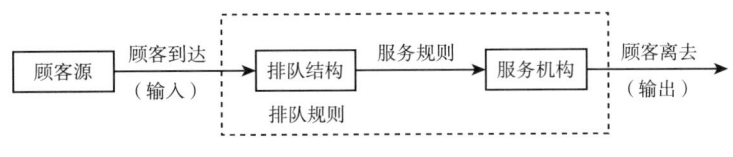

图 14-1

需要注意的是,现实中的排队现象是多种多样的。排队除了有形的队列外,还有大量的无形队列。例如,几个顾客同时要求给某一电话号码进行通话,显然部分顾客的通话要求无法满足,他们只能等待,就形成了一个无形的队列在等待通话。排队论中的"顾客"是一个广义的概念,包括人和物,如排队挂号的病人、待运输的货物、等待降落指令而在空中盘旋的飞机、通信卫星与地面若干待传递的信息等。另外,"顾客"可以走向服务机构,也可以相反,如送货上门等。下面是现实中典型的3类排队系统:

(1) 商业服务系统。这是我们日常生活中经常遇到的典型的排队系统。在这类排队系统中,外部顾客接受商业机构的服务,如理发店、银行出纳服务、ATM 机服务、商店收银台等。这些都是顾客到一个固定位置的服务台接受服务。如果顾客需要等待,这就形成一个物理队列。当然,也有类似于像屋顶修建、上门维修等这类排队,这种排队是服务人员到顾客那里去,所以排队的顾客在物理上是分散的。

(2) 内部服务系统。某些组织拥有自己的内部服务系统,即顾客在组织的内部接受服务,如秘书服务、计算机编程服务等。这类系统,顾客可能是组织的雇员,也可能是需要搬运的货物、等待进行的工作等。

(3) 运输服务系统。这也是一类重要的排队系统,如公路收费站、港口卸货区等。在这类系统中,顾客可能是运输工具,服务台也可能是运输工具。

表 14-1 给出了一些现实中形形色色的排队系统。

表 14-1

到大的顾客	要求的服务	服务机构
1. 货物	质量抽检	质检员
2. 病人	看病服务	医生
3. 文稿	复印	复印机
4. 故障机器	维修	修理工人
5. 储户	存取款	储蓄窗口、ATM 机

续表

到大的顾客	要求的服务	服务机构
6. 电话呼叫	通话	交换台
7. 借书的学生	借书	图书管理员
8. 达到港口的货船	装卸货	码头（泊位）
9. 房屋	房屋维修	维修工人
10. 待运货物	运输	车辆

从上述可以看出，尽管现实中的排队系统各不相同，但都具有以下共同特征：①有请求得到服务的顾客；②有为顾客服务的服务机构；③顾客到达系统的时刻以及为每位顾客提供服务的时间这两项中至少有一项是随机的，因而整个排队系统的状态也是随机的。因此排队论又称为随机服务系统理论。

14.1.2 排队系统的描述

一般的排队系统是通过三个基本部分来进行描述的：输入过程、排队规则和服务机制。

14.1.2.1 输入过程

对于排队系统，输入即为顾客的到达。输入过程考察的是顾客到达服务系统的规律，即说明顾客是按怎样的规律到达系统。

（1）顾客源（顾客总体数）。顾客源可以是有限的，也可以是无限的。例如，上游河水流入水库可以认为总体是无限的，而等待就餐的顾客显然是有限的。

（2）顾客到达的方式。顾客可以单个到达，也可以成批到达。例如，顾客到银行办理储蓄业务，可视为顾客单个到达；在采购中，若将企业采购的原材料视为顾客，则可以视为顾客是成批到达。

（3）顾客相继到达的时间间隔分布。顾客相继到达的时间间隔分布是刻画输入过程最为重要的指标。顾客相继到达时间间隔可以是随机的，也可以是确定的。例如，机器的运行等就是确定型的，而一般购买车票的顾客到达等则是随机型的。对于随机型的情形，需要知道单位时间内的顾客到达数或者相继到达的时间间隔分布，一般有泊松分布、爱尔朗分布等。

（4）顾客到达可能是相互独立或有关联的。相互独立就是指以前顾客的到达对以后顾客的到达无影响，否则就是有关联的。本章主要讨论顾客到达相互独立的情形。

（5）输入过程可以是平稳的或说是对时间齐次的，也可以是非平稳的。输入过程平稳的指顾客相继到达的间隔时间分布和参数（均值、方差）与时间无关；非平稳的则是与时间相关，非平稳的处理比较困难。本章只讨论平稳的情况。

14.1.2.2 排队规则

排队可分为有限排队和无限排队。有限排队是指能够进入排队系统中顾客数是有限的，即系统空间是有限的，当系统被占满时，后面再来的顾客将不能进入系统，如酒店的床位是有限的，一旦床位被占满，后面来的顾客就不能住进来，只能选择离去。无限排队是指能够进入系统的顾客数是无限的，队列可以无限长，顾客到达系统后均可进入系统排队或者接受服务，如在交通服务系统中，车辆都可以行驶在路上。

具体来说，排队具体可分为以下三种情形：

（1）损失制。这是指如果顾客到达排队系统时，所有服务台都已被先来的顾客占用，那么他们就自动离开，称这部分顾客损失掉了。这种系统是指排队空间为零的系统，事实上是不允许排队，如酒店床位已满，后来顾客则选择离去；电话拨号后出现忙音，顾客不愿等待而自动挂断电话，如要再打，就需要重新拨号。这种服务规则即为损失制。

（2）等待制。这是指当顾客来到系统时，所有服务台都不空，顾客加入排队行列等待服务，一直等到服务完毕后才离去，如排队等待售票、故障设备等待维修等。在等待制中，服务台在为顾客进行服务时，常有以下四种规则：

①先到先服务（FCFS）。按顾客到达的先后顺序对顾客进行服务，这是最普遍的情形。

②后到先服务（LCFS）。仓库中迭放的钢材，后迭放上去的都先被领走，就属于这种情况。

③优先权服务（PR）。如老人、儿童优先进车站；危重病员优先就诊；遇到重要数据需要处理计算机立即中断其他数据的处理等，均属于此种服务规则。

④随机服务（RAND）。当一名顾客接受服务完毕离去时，随机地从等候的顾客中选择一名进行服务，等待中的每位顾客被选中的概率是相等的，如电话交换台接通呼叫电话就是此种情况。

（3）混合制。这是等待制与损失制相结合的一种服务规则，一般是指允许排队，但又不允许队列无限长下去。具体说来，大致有三种：

①队长有限。当排队等待服务顾客人数超过规定数量时，后来顾客就自动离

去，另求服务，即系统的等待空间是有限的，如水库的库容、旅馆的床位等都是有限的。

②等待时间有限。即顾客在系统中的等待时间不超过某一给定的长度 T，当等待时间超过 T 时，顾客自动离去，不再回来。如易损坏的电子元器件的库存问题，超过一定存储时间被自动认为失效；再如顾客到饭馆就餐，等了一定时间后不愿再等而自动离去另找饭店用餐。

③逗留时间（等待时间与服务时间之和）有限。如用高射炮射击敌机，当敌机飞越高射炮射击有效区域的时间为 t 时，若在这个时间内未被击落，也就不可能再被击落了。

可以看出，损失制和等待制可看成混合制的特殊情形。

14.1.2.3 服务机制

服务机制可以从三个方面进行描述：服务台、服务方式及服务时间分布。

（1）服务台。从数量上来说，服务台有单台和多台之分；从构成形式上来说，服务台有串联和并列之分，因此这种服务形式与队列规则联合后构成了多种形式。图 14-2 至图 14-5 给出了几种常见的服务台连接方式。

图 14-2 单服务台

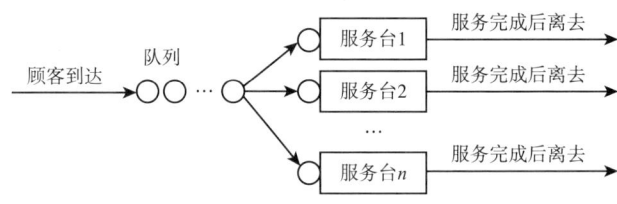

图 14-3 n 个服务台并列，一个队列

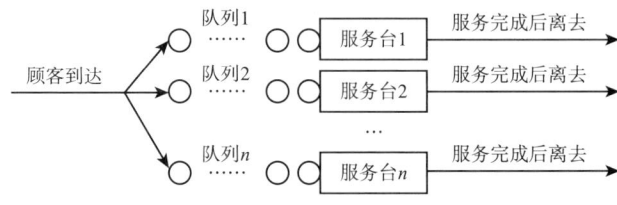

图 14-4 n 个服务台并列，n 个队列

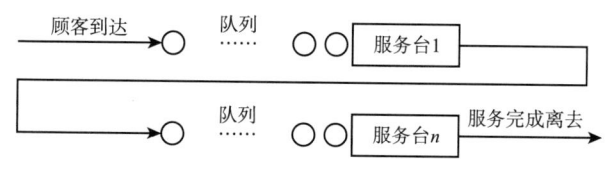

图 14-5　n 个服务台串联

（2）服务方式。这是指在某一时刻接受服务的顾客数，可以是单个服务，也可以是成批服务，如公交车在某站台一次可装运一批乘客就属于成批服务。

（3）服务时间分布。服务时间也分为确定型和随机型两种，如自动冲洗汽车的装置对每辆汽车冲洗服务的时间就是确定型的。但在大多数情况下服务时间是随机型的，需要知道其概率分布。服务时间分布有定长分布、负指数分布、爱尔朗分布等。

14.1.3　排队系统的符号表示

根据输入过程、排队规则及服务规则的变化，可以对排队模型进行分类和描述，其中对排队模型影响最大的是顾客相继到达的间隔时间分布、服务时间的分布和服务台数量。为方便对众多排队模型进行描述，1953 年 D. G. Kendall 提出了一种分类法，称为"Kendall"记号，其一般形式为：$X/Y/Z$。后来在 1971 年一次关于排队论符号标准化的国际会议上，将"Kendall"记号扩充为标准形式的记号：

$X/Y/Z/A/B/C$

其中各个符号的含义如下：

X：顾客相继到达时间间隔的分布，可取 M、D、E_k、G 等。其中 M 表示顾客相继到达时间间隔服从负指数分布；D 表示顾客相继到达时间间隔服从定长分布；E_k 表示顾客相继到达时间间隔服从爱尔朗分布；G 表示顾客相继到达时间间隔服从一般相互独立的随机分布。

Y：服务时间的分布，可取 M、D、E_k、G 等。

Z：服务台的个数，取正整数。

A：排队系统的容量限制，可取正整数或者 ∞。

B：顾客源的数目，可取正整数或者 ∞。

C：服务规则，可取 $FCFS$、$LCFS$ 等。

例如，$M/M/1/\infty/\infty/FCFS$ 就表示一个顾客相继到达时间间隔服从负指数分布、服务时间服从负指数分布、单个服务台、系统容量无限、顾客源无限、服务规则为先来先服务的排队模型。

在某些情况下，排队问题可以仅用上述表达形式中的前三个、前四个、前五个符号。因此，在排队论中，一般约定：例如"Kendal"记号中略去后三项，即指 $X/Y/Z/\infty/\infty/FCFS$ 的情形。例如，$M/M/1$ 即为 $M/M/1/\infty/\infty/FCFS$；$M/M/c/K$ 表示顾客相继到达时间间隔服从负指数分布、服务时间服从负指数分布、c 个服务台、系统容量为 K、顾客源无限、服务规则为先来先服务的排队模型。

14.1.4 排队系统的衡量指标

研究一般排队系统问题的目的主要是通过研究排队系统运行的效率指标，估计服务质量，确定系统的合理结构和系统参数的合理值，以便实现对现有系统合理改进和对新建系统的最优设计等。描述一个排队系统的运行状况主要指标包括以下几种。

(1) 队长和等待队长。

队长是指在系统中的顾客数，包括在队列中等待服务的顾客数和正在接受服务的顾客数；等待队长是指系统中排队等待的顾客数。显然，队长等于等待队长加上正在被服务的顾客数。队长和等待队长都是随机变量，是顾客和服务机构双方都十分关心的数量指标。

(2) 等待时间与逗留时间。

顾客的等待时间是指从顾客到达时刻起直到开始接受服务止这段时间；逗留时间是顾客在系统中的等待时间与服务时间之和。这两个时间都是随机变量。在假定到达与服务是彼此独立的条件下，等待时间与服务时间是相互独立的。等待时间与逗留时间是顾客最关心的数量指标，在应用中关心的是统计平衡下它们的分布及期望平均值。

(3) 忙期与闲期。

从顾客到达空闲的服务机构起，到服务台再次变为空闲止，这段时间是系统连续工作的时间，我们称为系统的忙期，它反映了系统中服务员的工作强度。与忙期对应的是系统的闲期，即系统连续保持空闲的时间长度。在排队系统中，统计平衡下忙期与闲期是交替出现的。而忙期循环是指相邻的两次忙期开始的间隔时间，显然它等于当前的忙期长度与闲期长度之和。在排队系统中，忙期与闲期总是交替出现的。

(4) 输出过程。

输出过程也称为离去过程，是指接受服务完毕的顾客相继离开系统的过程。刻画一个输出过程的主要指标是相继离去的间隔时间和在一段已知时间内离去顾客的数目，这些指标从侧面也反映了系统的工作效率。

此外，在不同的排队系统中，还会涉及其他的数量指标。例如，在损失制与混合制排队系统中，由于服务能力不足而造成的顾客的损失率及单位时间内损失的平均顾客数；在多服务台并行服务的系统中，某个时刻正在忙的服务台数目，以及服务机构的利用率（或称为服务强度）等。

排队问题的求解也就是求解上述指标，而计算这些指标的基础就是表达出系统状态的概率。这里系统的状态是指系统中的顾客数，如果系统中有 n 个顾客则系统的状态就是 n。我们可以用状态概率 $P_n(t)$ 表示在 t 时刻系统中有 n 个顾客的概率，也称为瞬间概率。系统的状态演变如图 14-6 所示。

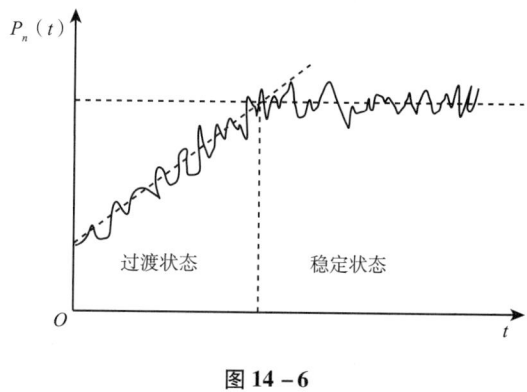

图 14-6

求解状态概率 $P_n(t)$ 的方法是建立含 $P_n(t)$ 的微分差分方程，通过求解微分差分方程得到系统瞬态解，由于瞬态解一般求出确定值比较困难，即便求得一般也很难使用。因此常常使用它的极限（如果存在的话）$\lim_{t\to\infty} P_n(t) = P_n$ 称为稳态解，或称为统计平衡状态的解。

稳定状态的物理含义是当系统运行了无限长的时间之后，初始（$t=0$）出发状态的概率分布（$P_n(0), n \geq 0$）的影响将消失，而且系统的状态概率分布不再随时间变化。当然，在实际应用中大多数问题系统会很快趋于稳态，而无须等到 $t \to \infty$ 以后，但永远达不到稳态的情形也确实存在的。求稳态概率 P_n，并不一定求 $t \to \infty$ 时 $P_n(t)$ 的极限，而只需令导数 $P_n'(t) = 0$ 即可。在本章中，我们主要讨论与系统所处时刻无关的性质，即统计平衡性质。

为了方便描述问题方便，以下给出排队系统中常用的一些记号：

$N(t)$：t 时刻系统中的顾客数（系统的状态），即队长；

$N_q(t)$：t 时刻系统中排队的顾客数，即等待队长；

$T(t)$：t 时刻到达系统的顾客在系统中的逗留时间；

$T_q(t)$：t 时刻到达系统的顾客在系统中的等待时间；

N：系统处于稳定状态时的队长，其均值为 L，称为平均队长；

N_q：系统处于稳定状态时的等待队长，其均值为 L_q，称为平均等待队长；

T：系统处于稳定状态时顾客的逗留时间，其均值为 W，称为平均逗留时间；

T_q：系统处于稳定状态时顾客的等待时间，其均值为 W_q，称为平均等待时间；

λ_n：当系统处于状态 n 时，新来顾客的平均到达率，即单位时间内平均达到的顾客数，当 λ_n 为常数时，记作 λ，此时顾客相继到达的平均时间间隔为 $1/\lambda$；

μ_n：当系统处于状态 n 时，整个系统的平均服务率，即单位时间内可以服务完的顾客数，当每个服务台的平均服务效率为常数时，记每个服务台的服务率为 μ，此时平均服务时间为 $1/\mu$；

c：系统中并联服务台的个数，显然，当 $n \geq c$ 时，有 $\mu_n = c\mu$；

ρ：系统的服务强度，即每个服务台单位时间内的平均服务时间，一般有 $\rho = \lambda/s\mu$；

B：系统忙期，平均忙期记作 $\overline{B}$；

I：系统闲期，平均闲期记作 $\overline{I}$。

14.1.5 排队论研究的基本问题

随机性是排队系统的共同特性，顾客的到达间隔时间与顾客所需的服务时间中，至少有一个具有随机性。排队论研究的首要问题是系统的主要数量指标的概率特性，如系统的队长、顾客的等待时间和逗留时间等，然后进一步研究系统优化问题。与这两个问题相关联的还有系统的统计推断问题。

（1）性态问题（即数量指标的研究）。研究排队系统的性态问题就是通过研究系统的主要数量指标的瞬时性质或统计平衡下的性态来研究排队系统的基本特征。

（2）最优化问题。排队系统的最优化问题涉及排队系统的设计、控制以及系统有效性的度量，包括系统的最优设计和已有系统的最优运行控制。前者是在服务系统设置之前，对未来运行的情况有所估计，确定系统的参数，使设计人员有所依据；后者是对已有的排队系统寻求最优运行策略，其内容很多，有最小费用问题、服务率的控制问题等。

（3）统计推断问题。排队系统的统计推断是通过对正在运行的排队系统多次观测、收集数据，用数理统计的方法对得到的资料进行加工处理，推断所观测的排队系统的概率规律，建立适当的排队模型。

14.2　生灭过程与常用分布

研究一个排队系统需要知道顾客的到达与离去规律，其中最主要的特征参数是顾客的到达时间间隔分布与服务时间分布。我们下面用生灭过程来说明排队系统中顾客的达到与离去，然后介绍常用的顾客到达时间间隔分布与服务时间分布。

14.2.1 生灭过程

生灭过程是一类非常重要且广泛应用的排队系统，也是一类特殊的随机过程。若用 $N(t)$ 表示 t 时刻系统中的顾客数，则 $\{N(t), t \geq 0\}$ 就构成了一个随机过程。如果用"生"来表示顾客的到达，用"灭"表示顾客的离去，则对许多排队过程来说，$\{N(t), t \geq 0\}$ 就是一类特殊的随机过程——生灭过程。

【定义 14-1】 设 $\{N(t), t \geq 0\}$ 为一个随机过程，若 $N(t)$ 的概率分布具有以下性质，则称 $\{N(t), t \geq 0\}$ 为一个生灭过程。

(1) 若 $N(t) = n$，则从时刻 t 起到下一个顾客到达时刻止的时间服从参数为 λ_n 的负指数分布，$n = 0, 1, 2, \cdots$。

(2) 若 $N(t) = n$，则从时刻 t 起到下一个顾客离去时刻止的时间服从参数为 μ_n 的负指数分布，$n = 0, 1, 2, \cdots$。

(3) 同一个时刻只有一个顾客到达或者离去。

在现实中有诸多生灭过程的例子，如一个地区人口数量的自然增减、细菌的繁殖与死亡等都可以近似看作生灭过程。生灭过程状态之间的转移关系如图 14-7 所示。

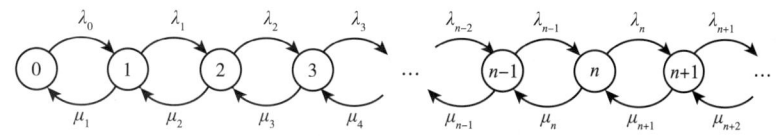

图 14-7

图 14-7 中圆圈表示状态，里面的数字是状态符号，表示系统中稳定的顾客数，箭头表示从一个状态转移到另一个状态，λ 和 μ 表示转移速率。

一般来说，得到 $N(t)$ 的分布 $p_n(t) = P\{N(t) = n\}$（$n = 0, 1, 2, \cdots$）比较困难，因此通常是求当系统进行稳定状态后的状态分布，记作 p_n，其中 $n = 0, 1, 2, \cdots$。例如，p_0 表示系统中没有顾客、服务台空闲的概率；p_1 表示系统中有一个顾客、服务台忙的概率；p_2 表示系统中有 2 个顾客、有 1 个顾客排队、服务台忙的概率；以此类推，p_n 表示系统中有 n 个顾客、有 $(n-1)$ 个顾客排队、服务台忙的概率。

为求平稳分布，考虑系统可能处的任一状态 n。假设记录了一段时间内系统进

入状态 n 和离开状态 n 的次数,因为"进入"和"离开"是交替发生的,所以这两个数要么相等,要么相差为 1,但从这两件事件的平均发生率来说,可以认为是相等的。即当系统运行一段时间后进入稳定状态后,对任一状态 n 来说,单位时间内进入该状态的平均次数和单位时间离开该状态的平均次数应该相等,这就是系统在统计平衡下的"流入=流出"原理。根据这一原理,可以得到任一状态下的平衡方程:

0      $\mu_1 p_1 = \lambda_0 p_0$

1      $\lambda_0 p_0 + \mu_2 p_2 = (\lambda_1 + \mu_1) p_1$

2      $\lambda_1 p_1 + \mu_3 p_3 = (\lambda_2 + \mu_2) p_1$

⋮   ⋮

$n-1$ $\lambda_{n-2} p_{n-2} + \mu_n p_n = (\lambda_{n-1} + \mu_{n-1}) p_{n-1}$

n $\lambda_{n-1} p_{n-1} + \mu_{n+1} p_{n+1} = (\lambda_n + \mu_n) p_n$

⋮

根据上述平衡方程可以得到:

$$p_1 = \frac{\lambda_0}{\mu_1} p_0$$

$$p_2 = \frac{\lambda_1}{\mu_2} p_1 + \frac{1}{\mu_2}(\mu_1 p_1 - \lambda_0 p_0) = \frac{\lambda_1}{\mu_2} p_1 = \frac{\lambda_1 \lambda_0}{\mu_2 \mu_1} p_0$$

$$p_3 = \frac{\lambda_2}{\mu_3} p_2 + \frac{1}{\mu_3}(\mu_2 p_2 - \lambda_1 p_1) = \frac{\lambda_2}{\mu_3} p_2 = \frac{\lambda_2 \lambda_1 \lambda_0}{\mu_3 \mu_2 \mu_1} p_0$$

⋮

$$p_{n-1} = \frac{\lambda_{n-2}}{\mu_{n-1}} p_{n-2} + \frac{1}{\mu_{n-1}}(\mu_{n-2} p_{n-2} - \lambda_{n-3} p_{n-3}) = \frac{\lambda_{n-2}}{\mu_{n-1}} p_{n-2} = \frac{\lambda_{n-2} \cdots \lambda_2 \lambda_1 \lambda_0}{\mu_{n-1} \cdots \mu_3 \mu_2 \mu_1} p_0$$

$$p_n = \frac{\lambda_{n-1}}{\mu_n} p_{n-1} + \frac{1}{\mu_n}(\mu_{n-1} p_{n-1} - \lambda_{n-2} p_{n-2}) = \frac{\lambda_{n-1}}{\mu_n} p_{n-1} = \frac{\lambda_{n-1} \cdots \lambda_2 \lambda_1 \lambda_0}{\mu_n \cdots \mu_3 \mu_2 \mu_1} p_0$$

⋮

令:

$$C_n = \frac{\lambda_{n-1} \cdots \lambda_2 \lambda_1 \lambda_0}{\mu_n \cdots \mu_3 \mu_2 \mu_1} (n=1, 2, \cdots) \tag{14-1}$$

其中, $C_0 = 1$。则稳定状态的分布为:

$$p_n = C_n p_0 (n=1, 2, \cdots) \tag{14-2}$$

根据概率分布的要求 $\sum_{n=0}^{\infty} p_n = 1$,因此有 $\sum_{n=0}^{\infty} C_n p_0 = 1$,即:

$$\sum_{n=0}^{\infty} C_n p_0 = C_0 p_0 + \sum_{n=1}^{\infty} C_n p_0 = p_0 + p_0 \sum_{n=1}^{\infty} C_n = (1 + \sum_{n=1}^{\infty} C_n) p_0 = 1_\circ$$

因此有：

$$p_0 = \frac{1}{1 + \sum_{n=1}^{\infty} C_n} \qquad (14-3)$$

故由 p_0 可以推导出 $p_n (n=1,2,\cdots)$。需要注意的是，只有当 $\sum_{n=1}^{\infty} C_n$ 收敛时式（14-3）才有意义，即当 $\sum_{n=1}^{\infty} C_n < \infty$ 时，才能根据式（14-3）得到稳定状态下的概率分布。

14.2.2 泊松过程

泊松过程（又称 Poisson 流，最简流）是排队论中经常用到的一种用来描述顾客到达规律的特殊随机过程。事实上它是一种纯生过程，与泊松分布、负指数分布有密切的关系。

【**定义 14-2**】设 $N(t)$ 表示在 $[0, t]$ 时间内到达系统的顾客数，若 $N(t)$ 满足如下条件，则称 $\{N(t), t \geq 0\}$ 为泊松过程。

（1）平稳性。对于足够小的 Δt，若在 $[t, t+\Delta t]$ 内有一个顾客到达的概率为 $\lambda \Delta t + o(\Delta t)$，即 $p_1(t, \Delta t) = \lambda \Delta t + o(\Delta t)$，这里 λ 表示单位时间到达的顾客数，$o(\Delta t)$ 为 Δt 的高阶无穷小。平稳性表示在 $[t, t+\Delta t]$ 有一个顾客到达的概率与 t 无关，而与 Δt 成正比，即顾客到达的概率仅与时段长度有关，与时段的起点无关。

（2）独立性。任意两个不相交区间内顾客到达情况相互独立，即无后效性。独立性表示在 $[t, t+\Delta t]$ 内到达的顾客数与 t 时刻以前到达多少顾客无关，即过程在 $t+\Delta t$ 所处的状态与 t 时刻以前所处的状态无关。

（3）普通性。在 $[t, t+\Delta t]$ 内有 2 个或 2 个以上顾客到达的概率为 $o(\Delta t)$。普通性表示在充分小的时段内最多有 1 个顾客到达，即不可能有 2 个或 2 个以上顾客到达。

【**定理 14-1**】设 $N(t)$ 表示在 $[0, t]$ 时间内到系统的顾客数，则 $\{N(t), t \geq 0\}$ 为泊松过程的充分必要条件是：

$$P\{N(t) = n\} = \frac{(\lambda t)^n}{n!} e^{-\lambda t} (n=1,2,\cdots) \qquad (14-4)$$

证明：必要性显而易见，这里证明充分性。将长度为 t 的 $[0, t]$ 时段分成 k 等份，则每一等份时刻长度为 $\Delta t = \frac{t}{k}$ 为充分小。

由于 $\{N(t), t \geq 0\}$ 为泊松过程，根据平稳性可知，在任一时段 Δt 内有一个顾客到达的概率 $p_1(t, \Delta t)$ 都是一样的。因此，当 Δt 充分小时，$\lambda \Delta t$ 是 Δt 时间内到达排队系统的顾客数，也是 Δt 时间内一个顾客到达的概率，即 $p_1(t, \Delta t) \approx \lambda \Delta t = \lambda \dfrac{t}{k}$。

由泊松过程的普通性可知，当 Δt 充分小时，在 Δt 时间内有 2 个或 2 个以上顾客到达的概率 $o(\Delta t) \approx 0$。因此在 Δt 时间内没有顾客到达的概率 $p_0(t, \Delta t) \approx 1 - \lambda \Delta t = 1 - \lambda \dfrac{t}{k}$。

由泊松过程的独立性可知，在 k 个 Δt 时段内有顾客到达或者没有顾客到达可以看作 k 次重复试验。因此，根据二项概率公式，在 k 个 Δt 时段，即长度为 t 的 $[0, t]$ 时间内有 n 个顾客到达的概率为：

$$p_n\{0, t\} = C_k^n \left(\frac{\lambda t}{k}\right)^n \left(1 - \frac{\lambda t}{k}\right)^{k-n} \qquad (14-5)$$

当 $k \to \infty$，$\Delta t \to 0$ 时，有：

$$p_n\{0, t\} = \lim_{k\to\infty} C_k^n \left(\frac{\lambda t}{k}\right)^n \left(1 - \frac{\lambda t}{k}\right)^{k-n} = \lim_{k\to\infty} \frac{k(k-1)\cdots(k-n+1)}{n!} \left(\frac{\lambda t}{k}\right)^n \frac{\left(1 - \frac{\lambda t}{k}\right)^k}{\left(1 - \frac{\lambda t}{k}\right)^n}$$

$$= \frac{(\lambda t)^n}{n!} \lim_{k\to\infty} k = \frac{(\lambda t)^n}{n!} e^{-\lambda t}。$$

即式（14-4）成立。证毕。

根据泊松分布的性质可知，随机变量 $N(t)$ 的数学期望和方差分别为 $E(N(t)) = \lambda t$ 和 $\mathrm{var}(N(t)) = \lambda t$。

当 $t = 1$ 时，式（14-4）可以改写为 $P\{N(t) = n\} = \dfrac{\lambda^n}{n!} e^{-\lambda}$，即单位时间内到达的顾客数服从泊松分布。

14.2.3 负指数分布

若随机变量 T 的概率密度函数为：

$$f_T(t) = \begin{cases} \lambda e^{-\lambda t} & t \geq 0 \\ 0 & t < 0 \end{cases} \qquad (14-6)$$

则称 T 服从参数为 λ 的负指数分布。T 的分布函数为：

$$F_T(t) = \begin{cases} 1 - e^{-\lambda t} & t \geq 0 \\ 0 & t < 0 \end{cases} \qquad (14-7)$$

由负指数分布可知，随机变量 T 的数学期望和方差分别为 $E(T) = \dfrac{1}{\lambda}$ 和 $\mathrm{var}(T) = \dfrac{1}{\lambda^2}$。

由条件概率容易得到 $P\{T>t+s|T>s\}=P(T>t)$，这表明负指数分布具有马尔科夫性，或无后效性。即若 T 表示排队系统中两名顾客相继到达的时间间隔，那么这个性质说明一个顾客到达所需时间与过去另一个顾客到达所需时间 s 无关，即顾客的到达是相互独立的。

定理 14-1 说明，若顾客的到达为泊松过程，则到达顾客数的分布恰好为泊松分布。但无论是从泊松过程的定义还是根据其概率分布去对顾客的到达情况进行分析，都有诸多不便之处。实际问题中比较容易得到和容易进行分析的往往是顾客相继到达系统的时刻，或者相继到达的时间间隔。

因此我们有如下定理：

【定理 14-2】设 $N(t)$ 表示在 $[0, t]$ 时间内到系统的顾客数，则 $\{N(t), t \geq 0\}$ 为参数 λ 的泊松过程的充分必要条件是：相继到达时间间隔 T 服从相互独立的参数为 λ 的负指数分布。

证明：若排队系统的输入过程是泊松流，则在 $[0, t]$ 内至少有 1 个顾客到达的概率为：

$$P\{N(t) \geq 1\} = 1 - P\{N(t) = 0\} = 1 - e^{-\lambda t}。$$

而随机事件 $\{T \leq t\} = \{N(t) \geq 1\}$，

因此有：

$$F_T(t) = P\{T \leq t\} = P\{N(t) \geq 1\} = 1 - e^{-\lambda t}。$$

即顾客相继到达时间间隔 T 服从相互独立的参数为 λ 的负指数分布。

类似地，可证明必要性。

从定理 14-2 可以看出，"顾客到达是参数为 λ 的泊松过程"和"顾客相继到达时间间隔服从相互独立的参数为 λ 的负指数分布"是等价的两种描述方式，所以在 Kendall 记号中都用 M 表示。

对于泊松过程，若 λ 表示为单位时间内平均到达的顾客数，则 $1/\lambda$ 就表示顾客相继到达的平均时间间隔，这与 $E(T)$ 的含义是相同的。

对顾客的服务时间 V，即系统处于忙期时两顾客相继离开系统的时间间隔，一般也服从负指数分布。若 μ 为单位时间内能被服务的顾客数，即平均服务率，则此时一个顾客的平均服务时间为 $1/\mu$。由于负指数分布具有马尔科夫性，因此无论对一个顾客服务了多长时间，剩余的服务时间的概率分布独立于已服务过的时间，仍为原来的负指数分布。

14.2.4 爱尔朗分布

若 $v_1, v_2, \cdots, v_k$ 是 k 个相互独立的随机变量，服从相同参数 $k\mu$ 的负指数分布，那么 $T = v_1 + v_2 + \cdots + v_k$ 的概率密度函数为：

$$b_k(t) = \frac{k\mu(k\mu t)^{k-1}}{(k-1)!} e^{-k\mu t} \quad t > 0 \tag{14-8}$$

则称 T 服从 k 阶爱尔朗分布。T 的期望值与方差分别为 $E(T) = \frac{1}{\mu}$ 和 $\mathrm{var}(T) = \frac{1}{k\mu^2}$。

如串联的 k 个服务台，每个服务台的服务时间之间相互独立，服从相同的负指数分布（参数 $k\mu$），那么一个顾客走完这 k 个服务台总共所需服务时间就服从上述的 k 阶爱尔朗分布。

爱尔朗分布是比负指数分布有更好的适应性。事实上，当 $k = 1$ 时，爱尔朗分布就转换为负指数分布；随着 k 的增加，爱尔朗分布逐渐变为对称的；当 $k \geq 30$ 时，爱尔朗分布近似于正态分布；当 $k \to \infty$ 时，由于 $\mathrm{var}(T) = \frac{1}{k\mu^2}$，即方差将趋近于 0，此时爱尔朗分布退化为确定型分布，从图 14-8 能够较清楚地看出上述特点。所以一般 k 阶爱尔朗分布可以看成完全随机与完全确定的中间型，能对现实世界提供更为广泛的适应性。

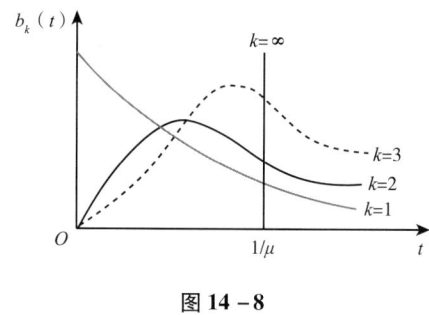

图 14-8

14.3 单服务台模型

本节讨论顾客到达过程为泊松过程，服务过程服从负指数分布的单服务台排队系统，分为以下三种情况进行讨论：

(1) 标准的 $M/M/1$ 模型；
(2) 系统容量有限的 $M/M/1/K$ 模型；
(3) 有限顾客源的 $M/M/1/\infty/m$ 模型。

14.3.1 标准的 $M/M/1$ 模型

标准的 $M/M/1$ 模型即 $M/M/1/\infty/\infty/\mathrm{FCFS}$ 模型，是指顾客相继到达时间服从

参数为 λ 的负指数分布,服务时间 V 服从参数为 μ 的负指数分布,服务台个数为 1,排队系统空间无限,允许无限排队,采取先到先服务(FCFS)排队规则。

由于是单服务台,单队排列,且顾客源无限,因此在各种状态的情况下,系统的"生"率为 λ,"灭"率为 μ,排队系统在稳定状态下的状态转移如图 14-9 所示。

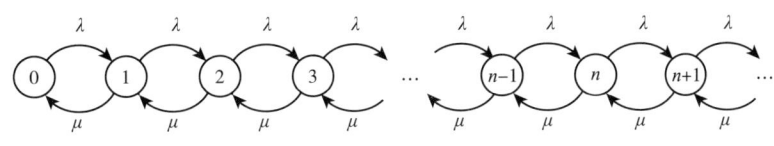

图 14-9

(1) 队长的分布。

首先需要求出系统在任意时刻 t 的状态为 n 的概率,即系统中有 n 个顾客的概率,也就是求出队长 N 的概率分布,它决定了系统运行的特征。

记 $p_n = P\{N=n\}$($n=0,1,2,\cdots$)为系统在稳定状态下队长 N 的概率分布,此时有 $\lambda_n = \lambda$,$\mu_n = \mu$,其中 $n=0,1,2,\cdots$ 由于服务台个数 $c=1$,故服务强度 $\rho = \dfrac{\lambda}{c\mu} = \dfrac{\lambda}{\mu}$,令 $\rho < 1$,即设 $\lambda < \mu$。

根据式(14-1)、式(14-2)及式(14-3)可以分别得到:

$$C_n = \left(\dfrac{\lambda}{\mu}\right)^n = \rho^n \quad (n=1,2,\cdots) \tag{14-9}$$

$$p_n = C_n p_0 = \rho^n p_0 \quad (n=1,2,\cdots) \tag{14-10}$$

$$p_0 = \dfrac{1}{1+\sum\limits_{n=1}^{\infty} C_n} = \left(\sum\limits_{n=0}^{\infty} \rho^n\right)^{-1} = \left(\dfrac{1}{1-\rho}\right)^{-1} = 1-\rho \tag{14-11}$$

因此有:

$$p_n = (1-\rho)\rho^n \quad (n=0,1,2,\cdots) \tag{14-12}$$

式(14-12)给出了在稳定状态下系统中有 n 个顾客的概率。由式(14-11)可以看出,当系统中没有顾客时其概率为 $1-\rho$;当系统中至少有一个顾客时,则服务台处于忙的状态,因而顾客到达后必须等待的概率为 $p_w = 1-(1-\rho) = \rho = \lambda/\mu$,这也是我们称 ρ 为服务强度的原因,它反映了系统的繁忙程度。显然 ρ 越大,系统越忙。

另外,需要注意的是,式(14-12)只有在 $\rho<1$ 即 $\lambda<\mu$ 时才有意义,即要求顾客的平均到达率小于系统的平均服务率,这样才能使系统达到统计平衡,即使系统的队长不会出现无限扩大的情况。

(2) 系统的主要数量指标。

对于单服务台等待制排队系统,由已得到的平稳状态下队长的分布,可以得到如下的一些主要数量指标：

①平均队长。

$$L = \sum_{n=0}^{\infty} np_n = \sum_{n=1}^{\infty} n(1-\rho)\rho^n = (\rho + 2\rho^2 + 3\rho^3 + \cdots) - (\rho^2 + 2\rho^3 + 3\rho^4 + \cdots)$$

$$= \rho + \rho^2 + \rho^3 + \cdots = \frac{\rho}{1-\rho} = \frac{\lambda}{\mu - \lambda} \qquad (14-13)$$

②平均等待队长。

$$L_q = \sum_{n=1}^{\infty}(n-1)p_n = \sum_{n=1}^{\infty} np_n - \sum_{n=1}^{\infty} p_n = L - \left(\sum_{n=0}^{\infty} p_n - p_0\right) = L - (1 - p_0)$$

$$= L - \rho = \frac{\rho^2}{1-\rho} = \frac{\lambda^2}{\mu(\mu-\lambda)} \qquad (14-14)$$

③平均逗留时间。

可以证明，在 $M/M/1$ 情形下，顾客在系统中的逗留时间 T 服从参数为 $\mu - \lambda$ 的负指数分布，即 $P\{T > t\} = e^{-(\mu-\lambda)t}(t \geq 0)$。因此平均逗留时间为：

$$W = E(T) = \frac{1}{\mu - \lambda} \qquad (14-15)$$

④平均等待时间。

因为顾客在系统中的逗留时间为等待时间和接受服务时间之和，即 $T = T_q + V$，其中 V 为服务时间，因此有：

$$W = E(T) = E(T_q + V) = E(T_q) + E(v) = W_q + \frac{1}{\mu} = \frac{1}{\mu - \lambda} \qquad (14-16)$$

可以得到平均等待时间为：

$$W_q = \frac{1}{\mu - \lambda} - \frac{1}{\mu} = \frac{\lambda}{\mu(\mu - \lambda)} \qquad (14-17)$$

分析上述数量指标可以发现，它们之间存在如下的关系：

$$\begin{cases} L = \lambda W \\ L_q = \lambda W_q \\ L = L_q + \rho = L_q + \frac{\lambda}{\mu} \\ W = W_q + \frac{1}{\mu} \end{cases} \qquad (14-18)$$

式（14-18）称为 Little 公式，是排队论中一个非常重要的公式。

（3）忙期与闲期。

在稳定状态下，由于忙期 B 和闲期 I 一般为随机变量，难以得到它们的分布规律，故可以求平均忙期 $\overline{B}$ 和平均闲期 $\overline{I}$。

根据排队系统的特征，忙期和闲期出现的概率分别为 ρ 和 $1-\rho$，所以在一段时间内可以认为忙期和闲期的总时间长度之比为 ρ：$(1-\rho)$；又因为忙期和闲期是交替出现的，所以在充分长的时间里，它们出现的平均次数应该是相同的。因此忙期的平均长度 $\overline{B}$ 和闲期的平均长度 $\overline{I}$ 之比也应该是 ρ：$(1-\rho)$，即：

$$\frac{\overline{B}}{\overline{I}} = \frac{\rho}{1-\rho} \tag{14-19}$$

在稳定状态下，当顾客到达为泊松过程时，由于负指数分布的马尔科夫性和到达时间与服务时间相互独立的假设，容易得知从系统空闲时刻起到下一个顾客到达时刻止（即闲期）的时间间隔仍然服从参数为 λ 的负指数分布，且与到达时间间隔相互独立，因此平均闲期 $\overline{I}$ 应该为：

$$\overline{I} = \frac{1}{\lambda} \tag{14-20}$$

平均忙期 $\overline{B}$ 应该为：

$$\overline{B} = \frac{\rho}{1-\rho}\overline{I} = \frac{1}{\mu - \lambda} \tag{14-21}$$

比较式（14-21）与式（14-15），可以发现 $\overline{B} = W$，即系统的平均忙期与顾客的平均逗留时间相等。这一结果直观看是显然的，顾客在系统中的逗留时间越长，服务员连续忙的时间也就越长。在一个忙期中，平均服务的顾客数为：

$$L_I = \frac{1}{\mu - \lambda} \times \mu = \frac{1}{1-\rho} \tag{14-22}$$

【例 14-1】在某高速公路出口处只开放一个人工收费窗口。车辆到达过程为泊松流，平均到达速率为每分钟 1 辆；收费放行服务时间服从负指数分布，平均每分钟可服务 2 辆车。试求：（1）收费窗口空闲的概率；（2）恰好有 4 辆车的概率；（3）至少有 1 辆车的概率；（4）等待车辆超过 10 辆的概率；（5）车辆等待时间超过 3 分钟的概率；（6）该排队系统中的数量指标。

解：本例可看作一个 $M/M/1$ 排队问题，其中，$\lambda = 1$，$\mu = 2$，$\rho = \frac{\lambda}{\mu} = \frac{1}{2}$。

（1）收费窗口空闲的概率：

$$p_0 = 1 - \rho = 1 - \frac{1}{2} = 0.5。$$

（2）恰好有 4 辆车的概率：

$$p_4 = (1-\rho)\rho^4 = \frac{1}{2}\left(\frac{1}{2}\right)^4 \approx 0.031。$$

（3）至少有 1 辆车的概率：

$$P(n \geq 1) = 1 - p_0 = 1 - \frac{1}{2} = 0.5。$$

(4) 等待车辆超过 10 辆的概率：

$$P(n > 10) = \sum_{n=11}^{\infty} p_n = \sum_{n=11}^{\infty} (1-\rho)\rho^n = \rho^{11} = \left(\frac{1}{2}\right)^{11}。$$

(5) 车辆等待时间超过 3 分钟的概率：

$$P(T > 3) = e^{-3(\mu-\lambda)} = e^{-3} \approx 0.050。$$

(6) 该排队系统中的数量指标：

平均队长：$L = \dfrac{\lambda}{\mu-\lambda} = \dfrac{1}{2-1} = 1$（辆）；

平均等待队长：$L_q = \dfrac{\lambda^2}{\mu(\mu-\lambda)} = 0.5$（辆）；

平均逗留时间：$W = \dfrac{1}{\mu-\lambda} = 1$（分钟）；

平均等待时间：$W_q = \dfrac{\lambda}{\mu(\mu-\lambda)} = 0.5$（分钟）。

14.3.2　系统容量有限 M/M/1/K 模型

当系统容量从无限变为有限值 K 时，无限排队模型 M/M/1 就转化为有限排队模型 M/M/1/K。所谓 M/M/1/K 模型，是指顾客相继到达时间服从参数为 λ 的负指数分布，服务时间 V 服从参数为 μ 的负指数分布，服务台个数为 1，排队系统空间为 K，采取先到先服务（FCFS）排队规则。

由于系统的最大容量为 K，对于只有 1 个服务台的排队系统来说，排队等候的顾客数最多为 $K-1$。当系统中已经有 K 个顾客时，再到达的顾客将被拒绝进入排队系统，只能选择离去，如图 14-10 所示。显然，当 $K \to \infty$ 时，即为容量无显著的情形，可看作 M/M/1 模型。

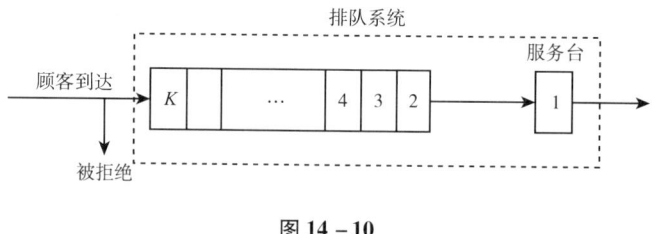

图 14-10

在处于稳定状态时，排队系统的状态转移如图 14-11 所示。

(1) 队长的分布。

类似于 M/M/1 模型，首先要求出系统在稳定状态下队长 N 的概率分布 $p_n = P\{N=n\}$，$n = 0, 1, 2, \cdots$。由于系统容量为 K，等待位置只有 $K-1$ 个，因而有：

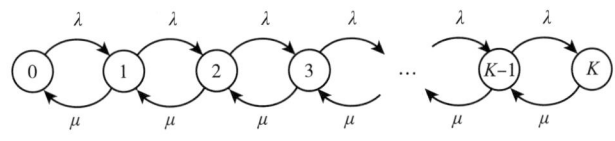

图 14 – 11

$$\lambda_n = \begin{cases} \lambda & n = 0,1,2,\cdots,K-1 \\ 0 & n \geq K \end{cases}。$$

$\mu_n = \mu (n = 0,1,2,\cdots,K)$。

根据式（14 – 1）、式（14 – 2）及式（14 – 3）可以分别得到：

$$C_n = \begin{cases} \left(\dfrac{\lambda}{\mu}\right)^n = \rho^n & n = 1,2,\cdots,K \\ 0 & n > K \end{cases} \tag{14 – 23}$$

$$p_n = C_n p_0 = \rho^n p_0 (n = 1,2,\cdots,K) \tag{14 – 24}$$

$$p_0 = \dfrac{1}{1 + \sum\limits_{n=1}^{K} C_n} = \begin{cases} \dfrac{1-\rho}{1-\rho^{K+1}} & \rho \neq 1 \\ \dfrac{1}{K+1} & \rho = 1 \end{cases} \tag{14 – 25}$$

在系统无容量限制情况下我们假设 $\rho < 1$，这不仅是实际问题的需要，也是让无穷级数收敛所必需的，这样能够使系统达到统计平衡。而在系统容量为 K 的情形下，这个假设就没有必要了，只是当 $\rho > 1$ 时，被拒绝排队的顾客平均数可能很大。

（2）系统的主要数量指标。

①平均队长。

当 $\rho \neq 1$ 时，平均队长为：

$$L = \sum_{n=0}^{K} n p_n = p_0 \rho \sum_{n=1}^{K} n \rho^{n-1} = \dfrac{p_0 \rho}{(1-\rho)^2}[1 - \rho^K - (1-\rho)K\rho^K]$$

$$= \dfrac{\rho}{1-\rho} - \dfrac{(K+1)\rho^{K+1}}{1-\rho^{K+1}} \tag{14 – 26}$$

当 $\rho = 1$ 时，平均队长为：

$$L = \sum_{n=0}^{K} n p_n = \sum_{n=1}^{K} n \rho^n p_0 = \dfrac{1}{K+1} \sum_{n=1}^{K} n = \dfrac{K}{2} \tag{14 – 27}$$

②平均等待队长。

$$L_q = \sum_{n=1}^{K}(n-1)p_n = \sum_{n=1}^{K} n p_n - \sum_{n=1}^{K} p_n = L - \left(\sum_{n=0}^{K} p_n - p_0\right) = L - (1 - p_0) \tag{14 – 28}$$

考虑到 L 和 p_0 的不同取值，故式（14 – 28）还可以改写为：

$$L_q = \begin{cases} \dfrac{\rho}{1-\rho} - \dfrac{\rho(1+K\rho^K)}{1-\rho^{K+1}} & \rho \neq 1 \\ \dfrac{K(K-1)}{2(K+1)} & \rho = 1 \end{cases} \qquad (14-29)$$

③有效达到率。

由于系统容量有限，只有 $K-1$ 个等待位置。因此，当系统中的等待位置都被占满时，再来的顾客将被拒绝进入，即不能保证所有到达的顾客都能进入排队系统等待服务。假设顾客的到达率为 λ，则当系统处于状态 K 时，再来的顾客则不能进入系统，故顾客可以进入系统等待服务的概率为 $1-p_K$。因此单位时间内可进入系统的顾客的平均数为：

$$\lambda_e = \lambda(1-p_K) = \mu(1-p_0) \qquad (14-30)$$

其中，λ_e 为有效到达率，而 p_K 为顾客损失率，它表示在来到系统中的所有顾客中不能进入系统的顾客的比例。

④平均逗留时间与平均等待时间。

根据 Little 公式可以得到顾客在系统中的平均逗留时间与平均等待时间：

$$W = \frac{L}{\lambda_e} = \frac{L}{\lambda(1-p_K)} \qquad (14-31)$$

$$W_q = \frac{L_q}{\lambda_e} = \frac{L_q}{\lambda(1-p_K)} = W - \frac{1}{\mu} \qquad (14-32)$$

需要注意的是，这里所说的逗留时间与等待时间都是针对能够进入系统的顾客而言的。

现在考虑一种特殊情况。当 $K=1$ 时，$M/M/1/K$ 模型即为 $M/M/1/1$ 模型，此为即时制的情形，即单服务台损失制系统。当顾客到达时，若服务台未被占用，立即可以得到服务，否则因为没有排队等待的空间，只能选择离去。在这种情形下，上述有关指标可以改写为：

$$p_0 = \frac{1}{1+\rho}, p_1 = \frac{\rho}{1+\rho} \qquad (14-33)$$

$$L = p_1 = \frac{\rho}{1+\rho}, L_q = 0 \qquad (14-34)$$

$$\lambda_e = \lambda(1-p_1) = \lambda p_0 = \frac{\lambda}{1+\rho} \qquad (14-35)$$

$$W = \frac{L}{\lambda_e} = \frac{\rho}{\lambda} = \frac{1}{\mu}, W_q = 0 \qquad (14-36)$$

可以看出，p_1 为顾客选择离去的概率。

【例 14-2】某诊所只有一名医生，且仅最多只能让 6 名病人坐下等候。不考虑紧急情况，医生看病模式为先来先服务。当 6 把椅子都被病人占用时，后到的病人就选择离开。设病人按照泊松流到达诊所，平均每小时 3 人；诊断时间服从负指数分布，平均为每人 15 分钟。求：（1）病人一到达就能诊断的概率；（2）在可能到达的病人中不等待就离开的概率；（3）系统的其他主要数量指标。

解：由题意可知，此排队系统可看作 $M/M/1/K$ 排队系统，其中有：

$K=7$，$\lambda=3$（人/小时），$\mu=4$（人/小时），$\rho=\dfrac{\lambda}{\mu}=\dfrac{3}{4}$。

（1）病人一到达就能诊断，意味着诊所没有病人，故：

$$p_0 = \frac{1-\rho}{1-\rho^{K+1}} = \frac{1-3/4}{1-(3/4)^8} \approx 0.278。$$

（2）当诊所有 7 个病人时，再来的病人则选择离开。因此可能到达的病人中不等待就离开的概率为 p_7。

$$p_7 = \rho^7 p_0 = \rho^7 \frac{1-\rho}{1-\rho^8} = \left(\frac{3}{4}\right)^7 \frac{1-3/4}{1-(3/4)^8} \approx 3.7\%。$$

（3）其他主要数量指标计算如下：

诊所内平均病人队长为：

$$L = \frac{\rho}{1-\rho} - \frac{(K+1)\rho^{K+1}}{1-\rho^{K+1}} = \frac{3/4}{1-3/4} - \frac{8(3/4)^8}{1-(3/4)^8} \approx 2.11（人）。$$

诊所内需要等待的平均病人队长为：

$$L_q = L - (1-p_0) = 2.11 - (1-0.278) = 1.39（人）。$$

诊所的病人有效达到率为：

$$\lambda_e = \mu(1-p_0) = 4(1-0.278) = 2.89（人/小时）。$$

病人在诊所的平均逗留时间为：

$$W = \frac{L}{\lambda_e} = \frac{2.11}{2.89} \approx 0.73（小时）\approx 43.81（分钟）。$$

病人在诊所的平均等待时间为：

$$W_q = W - \frac{1}{\mu} = 0.73 - \frac{1}{4} = 0.48（小时）= 28.8（分钟）。$$

14.3.3　有限顾客源的 $M/M/1/\infty/m$ 模型

$M/M/1/\infty/m$ 模型是在 $M/M/1/$ 模型基础上考虑顾客源有限的排队问题，主要特征就是顾客源是有限的。每个顾客到达系统中接受服务后仍回到原来的总体，还有可能再来。以机器修理模型为例，设有 m 台机器（总体），故障待修表示机器到达，修理工是服务员。机器修好后有可能再坏，形成循环，如图 14-12 所示。虽然系统没有容量限制,但系统中的机器数(顾客)也不会超过 m。由于顾客源是有限的,因此队列的长度也是有限的,且队列的长度必然也小于顾客源总数,因此 $M/M/1/\infty/m$ 模型又可以写为 $M/M/1/m/m$ 模型,两个模型是等价的。

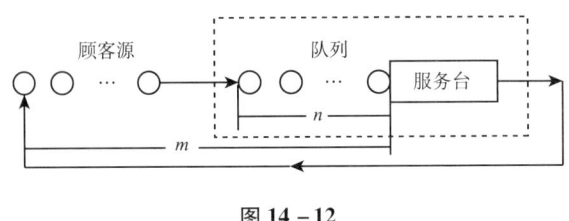

图 14-12

$M/M/1/\infty/m$ 模型是指顾客相继到达时间服从参数为 λ 的负指数分布,服务时间 V 服从参数为 μ 的负指数分布,服务台个数为 1,排队系统空间无限,顾客源总数为 m,采取先到先服务(FCFS)排队规则。

在系统空间无限的情况下,顾客的平均达到率是按照全体顾客来进行考虑的。在顾客源有限的情况下,则必须按照每一个顾客来考虑。为简单起见,设每位顾客的到达率均为 λ(可以理解为单位时间内该顾客请求服务的次数)。在处于稳定状态时,排队系统的状态转移如图 14-13 所示。

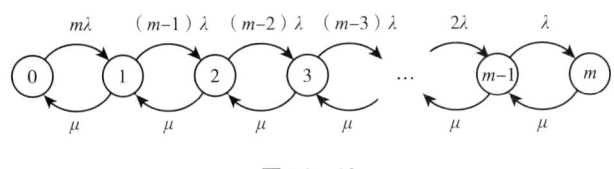

图 14-13

(1)队长的分布。

类似地,首先要求出系统在稳定状态下队长 N 的概率分布 $p_n = P\{N=n\}$,$n = 0,1,2,\cdots,m-1$。当有 n 个顾客已经在系统内时,则在服务系统外的顾客数为 $(m-n)$。因而有:

$\lambda_n = \lambda(m-n)(n = 0,1,2,\cdots,m-1)$;

$\mu_n = \mu(n = 1,2,\cdots,m)$。

根据式(14-1)、式(14-2)及式(14-3)可以分别得到:

$$C_n = \begin{cases} \dfrac{m!}{(m-n)!}\left(\dfrac{\lambda}{\mu}\right)^n = \dfrac{m!}{(m-n)!}\rho^n & n = 1,2,\cdots,m \\ 0 & n > m \end{cases} \tag{14-37}$$

$$p_n = C_n p_0 = \dfrac{m!}{(m-n)!}\rho^n p_0 (n = 1,2,\cdots,m) \tag{14-38}$$

$$p_0 = \dfrac{1}{1 + \sum_{n=1}^{m} C_n} = \dfrac{1}{1 + \sum_{n=1}^{m} \dfrac{m!}{(m-n)!}\rho^n} = \dfrac{1}{\sum_{n=0}^{m} \dfrac{m!}{(m-n)!}\rho^n} \tag{14-39}$$

(2) 系统的主要数量指标。

①平均队长：

$$L = \sum_{n=0}^{m} np_n = m - \frac{\mu}{\lambda}(1 - p_0) \tag{14-40}$$

②平均等待队长：

$$L_q = \sum_{n=1}^{m} (n-1)p_n = L - (1 - p_0) \tag{14-41}$$

③有效达到率：

容易得知系统外的顾客平均数为 $m - L$，因此系统的有效达到率为：

$$\lambda_e = \lambda(m - L) \tag{14-42}$$

④平均逗留时间与平均等待时间：

根据 Little 公式可以得到顾客在系统中的平均逗留时间与平均等待时间：

$$W = \frac{L}{\lambda_e} = \frac{m}{\mu(1 - p_0)} - \frac{1}{\lambda} \tag{14-43}$$

$$W_q = \frac{L_q}{\lambda_e} = W - \frac{1}{\mu} \tag{14-44}$$

【例 14-3】设有一个工人负责照管 6 台机床。当机床需要加料，发生故障或者刀具磨损时就自动停车，等待工人照管。设平均每台机床两次停车的间隔时间为 1 小时，平均需要工人照管的时间为 0.1 小时，以上两者均服从负指数分布。试计算：(1) 该工人空闲的概率；(2) 6 台机器都出故障的概率；(3) 出故障的平均机床数；(4) 等待维修的平均机床数；(5) 平均停工时间；(6) 平均等待维修的时间；(7) 机床设备利用率。

解：由题意可知，这是一个 $M/M/1/\infty/m$ 排队模型，其中有：

$m = 6$，$\lambda = 1$（台/小时），$\mu = 10$（台/小时），$\rho = \frac{\lambda}{\mu} = \frac{1}{10}$。

(1) 该工人空闲的概率为：

$$p_0 = \frac{1}{\sum_{n=0}^{m} \frac{m!}{(m-n)!}\rho^n} = \frac{1}{\sum_{n=0}^{6} \frac{6!}{(6-n)!}(0.1)^n} \approx 0.4845。$$

(2) 6 台机器都出故障的概率为：

$$p_6 = \frac{m!}{(m-n)!}\rho^n p_0 = \frac{6!}{(6-6)!}(0.1)^6 \times 0.4845 \approx 0.0003。$$

(3) 出故障的平均机床数为：

$$L = m - \frac{\mu}{\lambda}(1 - p_0) = 6 - \frac{10}{1}(1 - 0.4845) = 0.845 \text{（台）}。$$

(4) 等待维修的平均机床数为：

$$L_q = L - (1 - p_0) = 0.845 - (1 - 0.4845) = 0.3295 \text{（台）}。$$

(5) 平均停工时间为：

$$W = \frac{m}{\mu(1 - p_0)} - \frac{1}{\lambda} = \frac{6}{10(1 - 0.4845)} - \frac{1}{2} \approx 0.1639 \text{（小时）} \approx 4.835 \text{（分钟）}。$$

(6) 平均等待维修的时间为：

$$W_q = W - \frac{1}{\mu} = 0.1639 - \frac{1}{10} = 0.0639 \text{（小时）} = 3.834 \text{（分钟）}。$$

(7) 机床设备利用率为：

$$\gamma = \frac{m - L}{m} = \frac{6 - 0.845}{6} \approx 85.9\%。$$

14.4　多服务台模型

本节讨论顾客到达过程为泊松过程，服务过程服从负指数分布，具有多个并列服务台的排队系统，分为以下三种情况进行讨论：

(1) 标准的 $M/M/c$ 模型；
(2) 系统容量有限的 $M/M/c/K$ 模型；
(3) 有限顾客源的 $M/M/c/\infty/m$ 模型。

14.4.1　标准的 $M/M/c$ 模型

标准的 $M/M/c$ 模型类似于标准的 $M/M/1$ 模型，只是服务台为并列的 c 个，即该模型是指顾客单个到达，相继到达时间服从参数为 λ 的负指数分布，系统中有 c 个并列的服务台，每个服务台的服务时间相互独立，且均服从参数为 μ 的负指数分布。当顾客到达系统时，若有空闲的服务台则可以立即接受服务，否则便排成一个队列等待，且排队系统等待空间无限，采取先到先服务（FCFS）排队规则。系统排队的图形如图 14-14 所示。

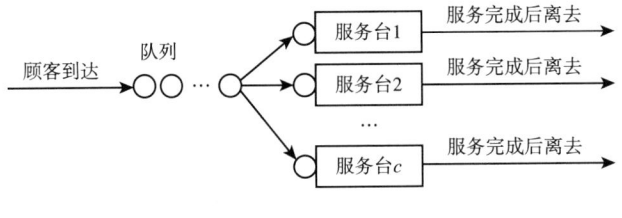

图 14-14

由于是 c 个并列的服务台，单队排列，且顾客源无限，因此在稳定状态下排队系统的状态转移如图 14-15 所示。

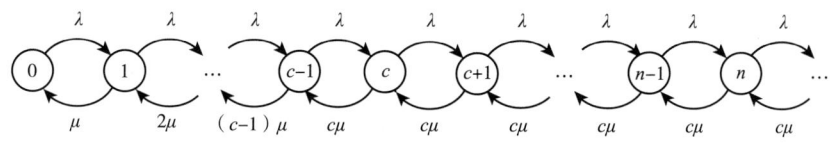

图 14-15

（1）队长的分布。

记 $p_n = P\{N = n\}$（$n = 0, 1, 2, \cdots$）为系统在稳定状态下队长 N 的概率分布。由于有 c 个并列的服务台，因此在稳定状态下有：

$\lambda_n = \lambda (n = 0, 1, 2, \cdots)$；

$\mu_n = \begin{cases} n\mu & n = 1, 2, \cdots, c \\ c\mu & n > c \end{cases}$。

因为有 c 个并列服务台，故设服务强度 $\rho_c = \dfrac{\rho}{c} = \dfrac{\lambda}{c\mu} < 1$，即要求顾客的平均到达率小于系统的平均服务率，这样才能使系统达到统计平衡，即使系统的队长不会出现无限扩大的情况。

根据式（14-1）、式（14-2）及式（14-3）可以分别得到：

$$C_n = \begin{cases} \rho^n = \dfrac{(\lambda/\mu)^n}{n!} & n = 1, 2, \cdots, c \\ \dfrac{(\lambda/\mu)^c}{c!}\rho^{n-c} = \dfrac{(\lambda/\mu)^n}{c!c^{n-c}} & n > c \end{cases} \qquad (14-45)$$

$$p_n = \begin{cases} \dfrac{\rho^n}{n!}p_0 = \dfrac{(\lambda/\mu)^n}{n!}p_0 & n = 1, 2, \cdots, c \\ \dfrac{\rho^n}{c!c^{n-c}}p_0 = \dfrac{(\lambda/\mu)^n}{c!c^{n-c}}p_0 & n > c \end{cases} \qquad (14-46)$$

$$p_0 = \dfrac{1}{1 + \sum\limits_{n=1}^{\infty} C_n} = \left[\sum\limits_{n=0}^{c-1}\dfrac{1}{n!}\rho^n + \dfrac{\rho^c}{c!(1-\rho_c)}\right]^{-1} \qquad (14-47)$$

当系统中的顾客数大于或者等于服务台个数时，再到达的顾客需要排队等待，即当 $n \geq c$ 时，顾客需要排队等待接受服务的概率为：

$$p(c, \rho) = \sum\limits_{n=c}^{\infty} p_n = \dfrac{\rho^c}{c!(1-\rho_c)}p_0 \qquad (14-48)$$

式（14-47）称为 Erlang 公式，它给出了顾客到达系统时需要等待的概率。

(2) 系统的主要数量指标。

因为现在具有 c 个并列的服务台,根据在平稳状态下队长的概率分布,可以得到如下的一些主要数量指标。

①平均等待队长:

$$L_q = \sum_{n=c+1}^{\infty}(n-c)p_n = \frac{\rho^c \rho_c}{c!(1-\rho_c)^2}p_0 = \frac{p(c,\rho)p_c}{1-\rho_c} \quad (14-49)$$

②平均队长。

记系统中正在接受服务顾客的平均数为 s,显然 s 也是正在忙的服务台的平均数,因此:

$$s = \sum_{n=0}^{c}np_n + c\sum_{n=c+1}^{\infty}p_n = \sum_{n=0}^{c}\frac{n\rho^n}{n!}p_0 + c\left[\frac{\rho^c}{c!(1-\rho_c)}p_0 - \frac{\rho^c}{c!}p_0\right]$$

$$= p_0\rho\left[\sum_{n=0}^{c}\frac{\rho^n}{n!} + \frac{\rho^c}{c!(1-\rho_c)}\right] = \rho \quad (14-50)$$

式 (14-50) 说明平均正在忙的服务台个数与服务台个数 c 无关,即不依赖于服务台个数 c。由于平均队长等于平均等待队长加上正在接受服务顾客的平均数,因此平均队长为:

$$L = L_q + s = L_q + \rho \quad (14-51)$$

③平均逗留时间与平均等待时间。

在多服务台系统中,Little 公式依然成立,因此平均逗留时间与平均等待时间分别为:

$$W = \frac{L}{\lambda} \quad (14-52)$$

$$W_q = \frac{L_q}{\lambda} = W - \frac{1}{\mu} \quad (14-53)$$

【例 14-4】某银行网点有 3 个服务窗口。来办理业务的顾客服从泊松过程,平均每小时 25 人到达;每个顾客办理业务的服务时间服从负指数分布,平均为 6 分钟。设顾客到达后排成一个队列,按照先后顺序依次去空闲的窗口办理业务。试分析该排队系统的数量指标。

解:由题意可知,该排队系统可以看作 $M/M/3$ 模型,其中有:

$c = 3$,$\lambda = 25$(人/小时),$\mu = 10$(人/小时),$\rho = \frac{\lambda}{\mu} = 2.5$,$\rho_c = \frac{\lambda}{c\mu} = \frac{5}{6} < 1$。

(1) 服务窗口都空闲的概率:

$$p_0 = \left[\sum_{n=0}^{c-1}\frac{1}{n!}\rho^n + \frac{\rho^c}{c!(1-\rho_c)}\right]^{-1} = \frac{1}{\sum_{n=0}^{2}\frac{1}{n!}\rho^n + \frac{\rho^2}{3!(1-\rho_c)}} = \frac{1}{6.625 + 7.813 \times 2} \approx 0.045。$$

(2) 顾客到达必须排队的概率：

$$p(3,2.5) = \frac{\rho^c}{c!(1-\rho_c)}p_0 = \frac{(2.5)^3}{3!(1-5/6)} \times 0.045 \approx 0.703。$$

(3) 排队等候的平均人数：

$$L_q = \frac{p(c,\rho)p_c}{1-\rho_c} = \frac{0.703 \times 5/6}{1-5/6} \approx 3.516（人）。$$

(4) 平均顾客数：

$$L = L_q + \rho = 3.516 + 2.5 = 6.016（人）。$$

(5) 平均每位顾客在银行网点的逗留时间：

$$W = \frac{L}{\lambda} = \frac{6.016}{25} \approx 0.24（小时）= 14.4（分钟）。$$

(6) 平均每位顾客在银行网点的等待时间：

$$W_q = W - \frac{1}{\mu} = 0.24 - 0.1 = 0.14（小时）= 8.4（分钟）。$$

14.4.2 系统容量有限的 $M/M/c/K$ 模型

与 $M/M/c$ 模型相比，除了系统容量为 K 外，$M/M/c/K$ 模型与 $M/M/c$ 模型类似。即 $M/M/c/K$ 模型是指顾客单个到达，相继到达时间服从参数为 λ 的负指数分布，系统中有 c 个并列的服务台，每个服务台的服务时间相互独立，且均服从参数为 μ 的负指数分布。当顾客到达系统时，若有空闲的服务台则可以立即接受服务，否则便排成一个队列等待，且排队系统空间为 $K(K \geq c)$，采取先到先服务（FCFS）排队规则。系统排队的图形如图 14-16 所示。

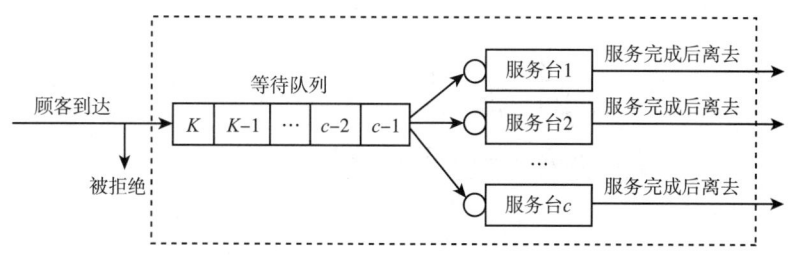

图 14-16

由于是 c 个并列的服务台，单队排列，且顾客源无限，因此在稳定状态下排队系统的状态转移如图 14-17 所示。

(1) 队长的分布。

记 $p_n = P\{N=n\}(n=0,1,2,\cdots)$ 为系统在稳定状态下队长 N 的概率分布。

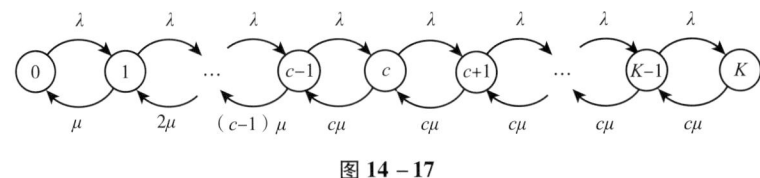

图 14－17

由于有 c 个并列的服务台，因此在稳定状态下有：

$$\lambda_n = \begin{cases} \lambda & n = 0,1,2,\cdots,K-1 \\ 0 & n \geqslant K \end{cases};$$

$$\mu_n = \begin{cases} n\mu & 0 \leqslant n < c \\ c\mu & c \leqslant n \leqslant K \end{cases}。$$

设服务强度为 $\rho_c = \dfrac{\rho}{c} = \dfrac{\lambda}{c\mu}$。

根据式（14－1）、式（14－2）及式（14－3）可以分别得到：

$$p_n = \begin{cases} \dfrac{\rho^n}{n!}p_0 = \dfrac{(\lambda/\mu)^n}{n!}p_0 & 0 \leqslant n < c \\ \dfrac{\rho^n}{c!c^{n-c}}p_0 = \dfrac{(\lambda/\mu)^n}{c!c^{n-c}}p_0 & c \leqslant n \leqslant K \end{cases} \quad (14-54)$$

$$p_0 = \begin{cases} \left[\sum_{n=0}^{c-1}\dfrac{\rho^n}{n!} + \dfrac{\rho^c(1-\rho_c^{K-c+1})}{c!(1-\rho_c)}\right]^{-1} & \rho_c \neq 1 \\ \left[\sum_{n=0}^{c-1}\dfrac{\rho^n}{n!} + \dfrac{\rho^c}{c!}(K-c+1)\right]^{-1} & \rho_c = 1 \end{cases} \quad (14-55)$$

（2）系统的主要数量指标。

类似地，考虑到有 c 个并列的服务台，根据在平稳状态下队长的概率分布，可以得到如下的一些主要数量指标：

① 平均等待队长。

$$L_q = \sum_{n=c+1}^{\infty}(n-c)p_n = \begin{cases} \dfrac{p_0\rho^c\rho_c}{c!(1-\rho_c)^2}\left[1-\rho_c^{K-c+1}-(1-\rho_c)(K-c+1)\rho_c^{K-c}\right] & \rho_c \neq 1 \\ \dfrac{p_0\rho^c(K-c)(K-c+1)}{2c!} & \rho_c = 1 \end{cases}$$

$$(14-56)$$

② 平均队长。

同样令 s 为系统中正在接受服务顾客的平均数，显然 s 也是正在忙的服务台的平均数，因此有：

$$s = \sum_{n=0}^{c-1}np_n + c\sum_{n=c}^{K}p_n = p_0\left[\sum_{n=0}^{c-1}\dfrac{n\rho^n}{n!} + s\sum_{n=c}^{K}\dfrac{\rho^n}{c!c^{n-c}}\right] = \rho\left(1-\dfrac{\rho^K}{c!c^{K-c}}p_0\right) = \rho(1-p_K)$$

$$(14-57)$$

故平均队长为：

$$L = L_q + s = L_q + \rho(1 - p_K) \quad (14-58)$$

③有效达到率。

由于系统容量有限，只有 $K-1$ 个等待位置，因此同样需要考虑顾客的有效到达率 λ_e。对于多服务台系统，仍然有：

$$\lambda_e = \lambda(1 - p_K) \quad (14-59)$$

④平均逗留时间与平均等待时间。

在多服务台系统中，Little 公式依然成立，因此平均逗留时间与平均等待时间分别为：

$$W = \frac{L}{\lambda_e} \quad (14-60)$$

$$W_q = \frac{L_q}{\lambda_e} = W - \frac{1}{\mu} \quad (14-61)$$

在 $M/M/c/K$ 模型中，若 $K=c$，则该模型为多服务台损失制系统。当顾客到达时，若有服务台未被占用，立即可以得到服务，否则因为没有排队等待的空间，只能选择离去。在此情形下，有：

$$p_n = \frac{\rho^n}{n!} p_0 = \frac{(\lambda/\mu)^n}{n!} p_0 \quad n = 1, 2, \cdots, c \quad (14-62)$$

$$p_0 = \left(\sum_{n=0}^{c} \frac{\rho^n}{n!} \right)^{-1} \quad (14-63)$$

顾客损失率为 $B(c, \rho)$，其表示到达系统后由于系统空间已被占满而不能进入系统的顾客的百分比：

$$B(c, \rho) = p_c = \frac{\rho^c}{c!} \left[\sum_{n=0}^{c} \frac{\rho^n}{n!} \right]^{-1} \quad (14-64)$$

顾客有效到达率，即单位时间内系统中实际完成的服务次数为：

$$\lambda_e = \lambda(1 - p_c) \quad (14-65)$$

系统中正在接受服务顾客的平均数，即正在忙的服务台平均个数为：

$$s = \sum_{n=0}^{c} n p_n = \sum_{n=0}^{c} \frac{n \rho^n}{n!} p_0 = \rho \left(\sum_{n=0}^{c} \frac{\rho^n}{n!} - \frac{\rho^c}{c!} \right) \left(\sum_{n=0}^{c} \frac{\rho^n}{n!} \right)^{-1} = \rho(1 - B(s, \rho)) \quad (14-66)$$

服务台利用率为：

$$\eta = \frac{s}{c} \quad (14-67)$$

平均队长为：

$$L = s = \rho(1 - B(s, \rho)) \quad (14-68)$$

平均逗留时间为：

$$W = \frac{L}{\lambda_e} = \frac{\rho[1 - B(s, \rho)]}{\lambda[1 - B(s, \rho)]} = \frac{1}{\mu} \tag{14-69}$$

【例 14-5】 某汽车加油站有 2 台加油泵，需要加油的汽车按照泊松流到达加油站，平均每分钟有 2 辆汽车到达。加油服务时间服从负指数分布，平均每辆车加油时间为 2 分钟。加油站最多能够容纳 3 辆汽车在等待加油，后来的汽车由于无法进入加油站而选择离去，另求服务。试分析该排队系统的数量指标。

解：由题意可知，该排队系统可以看作 $M/M/c/K$ 模型，其中有：

$c = 2$，$K = 5$，$\lambda = 2$（辆/分钟），$\mu = \frac{1}{2}$（辆/分钟），$\rho = \frac{\lambda}{\mu} = 4$，$\rho_c = \frac{\lambda}{c\mu} = 2$。

（1）加油站空闲的概率：

$$p_0 = \left[\sum_{n=0}^{c-1} \frac{\rho^n}{n!} + \frac{\rho^c(1 - \rho_c^{K-c+1})}{c!(1 - \rho_c)}\right]^{-1} = \left[\frac{4^0}{0!} + \frac{4^1}{1!} + \frac{4^2(1 - 2^{5-2+1})}{2!(1-2)}\right]^{-1} = 0.008。$$

（2）可能到达的车辆中无法进入加油站就离开的概率：

$$p_5 = \frac{\rho^5}{c!c^{5-c}} p_0 = \frac{4^5}{2! \times 2^{5-2}} \times 0.08 = 0.512。$$

（3）加油站排队等候的车辆平均数：

$$L_q = \frac{p_0 \rho^c \rho_c}{c!(1-\rho_c)^2}[1 - \rho_c^{K-c+1} - (1-\rho_c)(K-c+1)\rho_c^{K-c}]$$

$$= \frac{0.008 \times 4^2 \times 2}{2!(1-2)^2}[1 - 2^{5-2+1} - (1-2) \times (5-2+1) \times 2^{5-2}] = 2.176（辆）。$$

（4）加油站内平均车辆：

$L = L_q + \rho(1 - p_5) = 2.176 + 4 \times (1 - 0.512) = 4.128$（辆）。

（5）有效到达率：

$\lambda_e = \lambda(1 - p_5) = 2 \times (1 - 0.512) = 0.976$。

（6）平均每辆车在加油站的逗留时间：

$$W = \frac{L}{\lambda_e} = \frac{4.218}{0.976} \approx 4.229（分钟）。$$

（7）平均每辆车在加油站的等待时间：

$$W_q = \frac{L_q}{\lambda_e} = \frac{2.176}{0.976} = 2.229（分钟）。$$

14.4.3 有限顾客源的 $M/M/c/\infty/M$ 模型

$M/M/c/\infty/M$ 模型是在 $M/M/c$ 模型基础上考虑顾客源有限的排队问题。类似于 $M/M/1/\infty/m$ 模型，只是现在服务台个数为 c。同样每个顾客到达系统中接受服务后仍回到原来的总体,还有可能再来。以机器修理模型为例,设有 m 台机器(总体),故障待修表示机器到达,有 $c(c \leq m)$ 个修理工。机器修好后有可能再坏,形成循环,如图 14-18 所示。虽然系统没有容量限制,但系统中的机器数(顾客)也不会超过 m。由于顾客源是有限的,队列的长度也是有限的,且队列的长度必然也小于顾客源总数,因此 $M/M/c/\infty/M$ 模型又可以写为 $M/M/c/m/m$ 模型,两个模型是等价的。

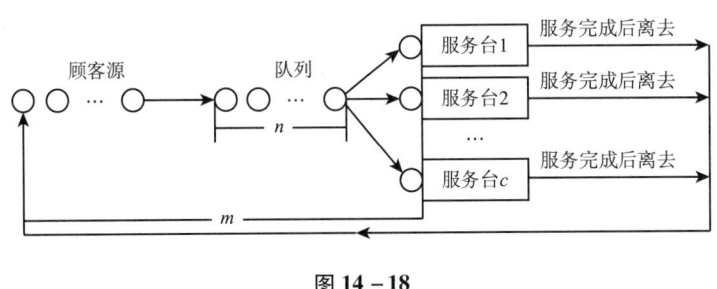

图 14-18

$M/M/c/\infty/M$ 模型是指顾客相继到达时间服从参数为 λ 的负指数分布,服务时间 V 服从参数为 μ 的负指数分布,服务台个数为 c,排队系统空间无限,顾客源总数为 m,采取先到先服务(FCFS)排队规则。

在顾客源有限的情况下,必须按照每一个顾客来考虑。为简单起见,设每位顾客的到达率均为 λ(可以理解为单位时间内该顾客请求服务的次数)。在处于稳定状态时,排队系统的状态转移如图 14-19 所示。

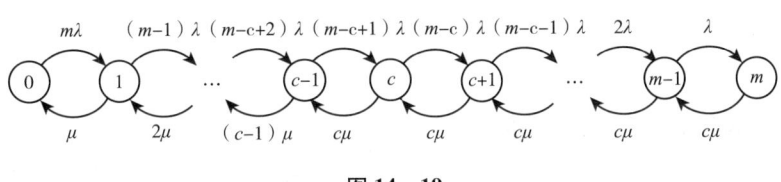

图 14-19

(1) 队长的分布。

类似地,首先要求出系统在稳定状态下队长 N 的概率分布 $p_n = P\{N = n\}$,$n = 0, 1, 2, \cdots, (m-1)$。当有 n 个顾客已经在系统内时,则在服务系统外的顾客数为 $(m-n)$。因而有:

$\lambda_n = \lambda(m-n) \quad (n = 0, 1, 2, \cdots, m-1)$;

$\mu_n = \begin{cases} n\mu & (n = 1, 2, \cdots, c) \\ c\mu & (n = c+1, \cdots, m) \end{cases}$。

根据式 (14-1)、式 (14-2) 及式 (14-3) 可以分别得到:

$$C_n = \begin{cases} \dfrac{m!}{(m-n)!n!}\left(\dfrac{\lambda}{\mu}\right)^n = \dfrac{m!}{(m-n)!n!}\rho^n & n = 1,2,\cdots,c \\ \dfrac{m!}{(m-n)!c!c^{n-c}}\left(\dfrac{\lambda}{\mu}\right)^n = \dfrac{m!}{(m-n)!c!c^{n-c}}\rho^n & n = c,\cdots,m \end{cases} \quad (14-70)$$

$$p_n = \begin{cases} \dfrac{m!}{(m-n)!}\rho^n p_0 & n = 1,2,\cdots,c \\ \dfrac{m!}{(m-n)!c!c^{n-c}}\rho^n p_0 & n = c,\cdots,m \end{cases} \quad (14-71)$$

$$p_0 = \dfrac{1}{1+\sum_{n=1}^{m} C_n} = \left[\sum_{n=0}^{c-1}\dfrac{m!}{(m-n)!n!}\rho^n + \sum_{n=c}^{m}\dfrac{m!}{(m-n)!c!c^{n-c}}\rho^n\right]^{-1} \quad (14-72)$$

（2）系统的主要数量指标。

①平均等待队长。

$$L_q = \sum_{n=c}^{m}(n-c)p_n \quad (14-73)$$

②平均队长。

$$L = \sum_{n=0}^{c-1}np_n + L_q + c\left(1-\sum_{n=0}^{c-1}p_n\right) \quad (14-74)$$

③有效达到率。

容易得知系统外的顾客平均数为 $m-L$，因此系统的有效达到率为：

$$\lambda_e = \lambda(m-L) \quad (14-75)$$

在有效达到率确定的情况下，则平均队长又可以改写为：

$$L = L_q + \dfrac{\lambda_e}{\mu} = L_q + \rho(m-L) \quad (14-76)$$

④平均逗留时间与平均等待时间。

根据 Little 公式可以得到顾客在系统中的平均逗留时间与平均等待时间：

$$W = \dfrac{L}{\lambda_e} \quad (14-77)$$

$$W_q = \dfrac{L_q}{\lambda_e} \quad (14-78)$$

【例 14-6】某车间有 2 名机器维修工，负责该车间 5 台机器的维修保养工作。机器一发生故障就需要维修，每台机器发生故障的概率满足泊松分布，且相互独立。每台机器的平均故障率为每小时 1 次，2 名维修工均能维修保养故障机器，其维修保养时间服从负指数分布且相互独立，平均每小时均能维修保养 4 台机器。试分析该系统的有关数量指标。

解：由题意可知，该排队系统可以看作 $M/M/c/\infty/M$ 模型，其中有：

$c = 2$,$m = 5$,$\lambda = 1$(台/小时),$\mu = 4$(台/小时),$\rho = \dfrac{\lambda}{\mu} = \dfrac{1}{4}$。

(1) 维修工都空闲的概率:

$$p_0 = \left[\sum_{n=0}^{c-1} \frac{m!}{(m-n)!n!}\rho^n + \sum_{n=c}^{m} \frac{m!}{(m-n)!c!c^{n-c}}\rho^n \right]^{-1}$$

$$= \left[\frac{5!}{5! \times 0!}\left(\frac{1}{4}\right)^0 + \frac{5!}{4! \times 1!}\left(\frac{1}{4}\right)^1 + \frac{5!}{3! \times 2! \times 2^0}\left(\frac{1}{4}\right)^2 + \frac{5!}{2! \times 2! \times 2^1}\left(\frac{1}{4}\right)^3 \right.$$

$$\left. + \frac{5!}{1! \times 2! \times 2^2}\left(\frac{1}{4}\right)^4 + \frac{5!}{0! \times 2! \times 2^3}\left(\frac{1}{4}\right)^5 \right]$$

≈ 0.3149。

(2) 有机器出现故障的概率。

有 5 台机器出现故障的概率为:

$$p_5 = \frac{m!}{(m-5)!c!c^{5-c}}\rho^5 p_0 = \frac{5!}{0! \times 2! \times 2^3} \times \left(\frac{1}{4}\right)^5 \times 0.3149 \approx 0.002$$。

类似地,可以求出: $p_4 = 0.018$,$p_3 = 0.074$,$p_2 = 0.197$,$p_1 = 0.394$。

(3) 等待维修保养的机器平均数:

$$L_q = \sum_{n=c}^{m}(n-c)p_n = \sum_{n=2}^{5}(n-2)p_n = p_3 + 2p_4 + 3p_5 \approx 0.118 \text{(台)}$$。

(4) 出故障机器的平均数:

$$L = \sum_{n=0}^{c-1} np_n + L_q + c\left(1 - \sum_{n=0}^{c-1} p_n\right) = p_1 + L_q + 2(1 - p_0 - p_1) = 1.094 \text{(台)}$$。

(5) 每小时发生故障的机器平均数:

$\lambda_e = \lambda(m - L) = 1 \times (5 - 1.092) = 3.908$(台)。

(6) 每台机器发生一次故障的平均停工时间:

$W = \dfrac{L}{\lambda_e} = \dfrac{1.094}{3.908} \approx 0.280$(小时)$\approx 16.796$(分钟)。

(7) 每台机器平均等待维修时间:

$W_q = \dfrac{L_q}{\lambda_e} = \dfrac{0.118}{3.908} \approx 0.030$(小时)$\approx 1.796$(分钟)。

14.5 其他排队模型

本节主要研究其他几种常见的排队模型。

(1) 具有优先权的 $M/M/1/\infty/\infty/\text{PR}$ 排队模型。

(2) 到达率或服务率依赖状态的排队模型。

(3) 非生灭过程的排队模型：$M/G/1$ 模型、$M/D/1$ 模型和 $M/E_k/1$ 模型。

14.5.1 具有优先权的 $M/M/1/\infty/\infty/PR$ 模型

在现实生活中，一些服务机构的服务规则是根据顾客的类型来提供服务次序的，如在医院内危重病员先就诊，老人、儿童先进车站等均属于此种情形，我们把这种根据顾客类型提供服务的排队模型称作具有优先权服务的排队系统，即 $M/M/1/\infty/\infty/PR$ 模型。

设定排队系统中有 n 种类型顾客，分别为类型 1，类型 2，…，类型 n。同时设定标号小的顾客类型具有优先获得服务的权利，而在同一顾客类型中依据先到先服务来获得服务次序，记这种服务规则为 PR。

故 $M/M/1/\infty/\infty/PR$ 模型是指系统中 n 种类型顾客，第 $i(1\leqslant i\leqslant n)$ 种类型顾客相继到达时间服从参数为 λ_i 的负指数分布，服务时间 V_i 服从参数为 μ_i 的负指数分布，不同类型顾客之间的到达时间与接受服务时间均相互独立，服务台个数为 1，排队系统空间无限，允许无限排队，采取 PR 服务规则。

记 L_i、L_{qi}、W_i、W_{qi} 分别为第 i 种类型顾客的平均队长、平均等待队长、平均逗留时间和平均等待时间，并记 $\rho_i = \dfrac{\lambda_i}{\mu_i}$，$a_0 = 0$，$a_i = \sum_{k=1}^{i}\rho_k$。当 $\sum_{k=1}^{n}\rho_k < 1$ 时，排队系统可以到达稳定状态，此时可以得到如下排队系统的主要数量指标：

$$\begin{cases} W_{qt} = \dfrac{\sum_{k=1}^{n}\dfrac{\rho_k}{\mu_k}}{(1-a_{i-1})(1-a_i)} \\ L_{qt} = \lambda_i W_{qt} \\ W_i = W_{qt} + \dfrac{1}{\mu_t} \\ L_t = \lambda_i W_t \end{cases} \qquad (14-79)$$

【例 14-7】考虑某文印店的复印工作，有短复印工作和长复印工作，且短复印工作优先于长复印工作。短复印工作与长复印工作的都服从泊松流，复印时间服从负指数分布，且均相互独立。短复印工作平均每小时完成 12 件，完成一项短复印工作平均需要 2 分钟；长复印工作平均每小时完成 6 件，完成一项长复印工作平均需要 4 分钟。试分析该文印店的复印工作运行情况。

解：由题意可知，该文印店的复印工作可以看出一个 $M/M/1/\infty/\infty/PR$ 模型。

设短复印工作为类型 1，长复印工作为类型 2。其中，$n = 2$，$\lambda_1 = 12$（件/小时），$\lambda_2 = 6$（件/小时），$\mu_1 = 30$（件/小时），$\mu_2 = 15$（件/小时）。故 $\rho_1 = \dfrac{\lambda_1}{\mu_1} = 0.4$，

$\rho_2 = \dfrac{\lambda_2}{\mu_2} = 0.4$。又因为 $\rho_1 + \rho_2 = 0.8 < 1$，故排队系统可以到达稳定状态。此外，计算可以得到 $a_0 = 0$，$a_1 = \rho_1 = 0.4$，$a_2 = \rho_1 + \rho_2 = 0.8$。

对于短复印工作，在文印店的平均等待时间、平均逗留时间、等待复印的平均队长、平均队长分别为：

$$W_{q1} = \dfrac{\sum_{k=1}^{2} \dfrac{\rho_k}{\mu_k}}{(1-a_0)(1-a_1)} = \dfrac{\dfrac{0.4}{30} + \dfrac{0.4}{15}}{(1-0)(1-0.4)} \approx 0.067(小时) = 4.02(分钟)。$$

$$W_1 = W_{q1} + \dfrac{1}{\mu_1} = 0.067 + \dfrac{1}{30} \approx 0.1(小时) = 6(分钟)。$$

$$L_{q1} = \lambda_1 W_{q1} = 12 \times 0.067 = 0.804(件)。$$

$$L_1 = \lambda_1 W_1 = 12 \times 0.1 = 1.2(件)。$$

对于长复印工作，在文印店的平均等待时间、平均逗留时间、等待复印的平均队长、平均队长分别为：

$$W_{q2} = \dfrac{\sum_{k=1}^{2} \dfrac{\rho_k}{\mu_k}}{(1-a_1)(1-a_2)} = \dfrac{\dfrac{0.4}{30} + \dfrac{0.4}{15}}{(1-0.4)(1-0.8)} \approx 0.333(小时) = 20(分钟)。$$

$$W_2 = W_{q2} + \dfrac{1}{\mu_2} = 0.333 + \dfrac{1}{15} \approx 0.4(小时) = 24(分钟)。$$

$$L_{q2} = \lambda_2 W_{q2} = 6 \times 0.333 = 2(件)。$$

$$L_2 = \lambda_2 W_2 = 6 \times 0.4 = 2.4(件)。$$

14.5.2 达到率或服务率依赖状态的排队模型

在现实排队问题中，达到率或服务率往往随着系统的状态变化而变化。例如，在一个理发店中，如果排队等待服务的顾客数量较多时，后来的顾客可能不愿意再进入理发店；当顾客较多时，服务员的服务效率可能也会提高。

若顾客相继到达时间服从参数为 λ 的负指数分布，服务时间 V 服从参数为 μ 的负指数分布，服务台个数为 1，排队系统空间无限，允许无限排队，采取先到先服务（FCFS）排队规则。若达到率或者服务率随着系统状态变化而变化，则对于单服务台系统而言，其实际的到达率和服务率可分别设定为：

$$\lambda_n = \dfrac{\lambda_0}{(n+1)^a} \quad n = 0,1,2,\cdots。$$

$$\mu_n = n^b \mu_1 \quad n = 0,1,2,\cdots。$$

若是有 c 个服务台，则实际到达率与服务率可以分别设定为：

$$\lambda_n = \begin{cases} \lambda_0 & n \leq c-1 \\ \left(\dfrac{c}{n+1}\right)^a \lambda_0 & n > c-1 \end{cases}$$

$$\mu_n = \begin{cases} n\mu_1 & n \leq c \\ \left(\dfrac{n}{c}\right)^b c\mu_1 & n > c \end{cases}$$

这里 λ_n 和 μ_n 分别为系统处于状态 n 时的到达率和服务率。从上述假设可以看出，到达率 λ_n 与服务率 μ_n 分别同系统中已有顾客数 n 呈反比关系和正比关系。

根据式（14-1），对于具有 c 个服务台的排队系统，可以得到：

$$C_n = \begin{cases} \dfrac{(\lambda_0/\mu_1)^n}{n!} & n = 1, 2, \cdots, c \\ \dfrac{(\lambda_0/\mu_1)^n}{c!(n!/c!)^{a+b} c^{(1-a-b)(n-c)}} & n = c, c+1, \cdots \end{cases} \tag{14-80}$$

下面考虑一个特例，即到达率依赖状态的 $M/M/1$ 模型，其中参数为：

$$\lambda_n = \frac{\lambda_0}{n+1} \quad n = 0, 1, 2, \cdots$$

$$\mu_n = \mu \quad n = 0, 1, 2, \cdots$$

设 $\rho = \dfrac{\lambda}{\mu} < 1$，根据式（14-2）及式（14-3）可以分别得到：

$$p_n = \frac{\rho^n}{n!} p_0 \quad n = 0, 1, 2, \cdots \tag{14-81}$$

$$p_0 = e^{-\rho} \tag{14-82}$$

从而可以得到系统的主要数量指标分别为：

（1）平均队长：

$$L = \sum_{n=0}^{\infty} n p_n = \sum_{n=0}^{\infty} \frac{n\rho^n}{n!} p_0 = \rho \tag{14-83}$$

（2）平均等待队长：

$$L_q = \sum_{n=1}^{\infty} (n-1) p_n = L - (1 - p_0) = \rho + e^{-\rho} - 1 \tag{14-84}$$

（3）有效达到率：

$$\lambda_e = \sum_{n=0}^{\infty} \frac{\lambda}{n+1} p_n = \mu(1 - e^{-\rho}) \tag{14-85}$$

（4）平均逗留时间：

$$W = \frac{L}{\lambda_e} = \frac{\rho}{\mu(1 - e^{-\rho})} \tag{14-86}$$

(5) 平均等待时间：

$$W_q = \frac{L_q}{\lambda_e} = W - \frac{1}{\mu} \tag{14-87}$$

14.5.3 $M/G/1$ 模型

在前面的排队模型中，都是设定顾客到达为泊松流，服务时间服从负指数分布。这类排队系统的一个主要特征就是马尔科夫性，而马尔科夫性的一个主要性质就是由系统的当前状态可以推出系统未来的状态。但当顾客到达不是泊松流或者服务时间不服从负指数分布，仅知道系统当前的顾客数，是难以推断系统未来的状态。

分析非生灭过程的排队模型难度较大，我们往往只研究一些特殊情形下的非生灭过程排队模型。本小节及后面两小节都是非生灭过程排队模型的特殊情形，即 $M/G/1$ 模型、$M/D/1$ 模型和 $M/E_k/1$ 模型。

所谓 $M/G/1$ 模型，是指顾客到达为泊松流，服务时间为一般独立分布的单服务台排队模型，且服务时间的均值与方差均存在。

设顾客的平均达到率为 λ；对任一顾客的服务时间 V 服从一般概率分布，其均值为 $E(V) = \frac{1}{\mu}$，方差为 $D(V) = \sigma^2$。可以证明，当服务强度 $\rho = \frac{\lambda}{\mu} = \lambda E(V) < 1$ 时，系统可以达到稳定状态，但给出其稳定分布的表示则很困难。一些结论如下：

$$\begin{cases} p_0 = 1 - \rho \\ L_q = \frac{\lambda^2 \sigma^2 + \rho^2}{2(1-\rho)} \\ L = \rho + L_q \\ W_q = \frac{L_q}{\lambda} \\ W = W_q + \frac{1}{\mu} \end{cases} \tag{14-88}$$

从式（14-88）可以看出，L_q，L，W_q，W 都仅依赖于服务强度 ρ 和服务时间的方差 σ^2，而与分布的类型没有关系，这是排队论中一个非常重要的结论，通常称 $L_q = \frac{\lambda^2 \sigma^2 + \rho^2}{2(1-\rho)}$ 为 Pollaczek – Khintchine（P – K）公式。

由 P – K 公式可以看出，当服务率 μ 给定时，随着服务时间方差 σ^2 的减小，平均等待队长与平均等待时间等都将减小，因此可以通过减小服务时间的方差 σ^2 来缩短平均队长。当 $\sigma^2 = 0$ 即服务时间为定长时，平均队长和等待时间都可减到最小值,说明服务时间越有规律,等待的时间就越短。

【例 14-8】某理发店只有一个理发师。顾客的到达为泊松流,平均每小时到达 3 人;理发时间 V (分钟) 服从正态分布,即 $V \sim N\left(15, \frac{1}{18}\right)$。试分析理发师空闲的概率及理发店其他数量指标。

解:由题意可知,该问题可以看作 $M/G/1$ 模型,其中,$\lambda = 3$ (人/小时),$E(V) = \frac{1}{\mu} = \frac{1}{4}$ (小时),$D(V) = \sigma^2 = \frac{1}{18}$。故 $\rho = \frac{\lambda}{\mu} = \lambda E(V) = \frac{3}{4}$。

理发师空闲的概率为:$p_0 = 1 - \rho = 1 - \frac{3}{4} = \frac{1}{4}$。

平均顾客等待队长为:$L_q = \frac{\lambda^2 \sigma^2 + \rho^2}{2(1-\rho)} = \frac{3^2 \times \frac{1}{18} + \left(\frac{3}{4}\right)^2}{2\left(1 - \frac{3}{4}\right)} = 2.125$ (人)。

平均顾客队长为:$L = \rho + L_q = \frac{3}{4} + 2.125 = 2.875$ (人)。

顾客平均等待时间为:$W_q = \frac{L_q}{\lambda} = \frac{2.125}{3} \approx 0.708$ (小时) $= 42.48$ (分钟)。

顾客平均逗留时间为:$W = W_q + \frac{1}{\mu} = 0.708 + \frac{1}{4} = 0.958$ (小时) $= 57.48$ (分钟)。

从上述计算可以看出,顾客在理发店的逗留时间及等待接受服务时间都难以令顾客满意。可以看出,突出的问题是顾客的平均等待时间是服务时间的 $\frac{W_q}{E(V)} = \frac{0.708}{0.25} = 2.832$ 倍。通常称 $\frac{W_q}{E(V)}$ 为顾客的时间损失系数。

14.5.4 $M/D/1$ 模型

在现实中,有很多服务机构对顾客的服务时间是固定的常数,如自动装配线的插件机完成一项工作的时间是固定的,自动汽车冲洗台冲洗一辆汽车的时间也是常数等。因此 $M/D/1$ 模型是指顾客到达为泊松流,服务时间为固定常数的单服务台排队模型。

设顾客的平均达到率为 λ;对任一顾客的服务时间 V 为固定常数,其均值为 $E(V) = \frac{1}{\mu}$,方差为 $D(V) = \sigma^2 = 0$。可以发现,$M/D/1$ 模型与 $M/G/1$ 模型相比,只是其服务时间的方差为 0。类似地可以证明,当服务强度 $\rho = \frac{\lambda}{\mu} = \lambda E(V) < 1$ 时,系

统可以达到稳定状态。有如下一些结论：

$$\begin{cases} p_0 = 1 - \rho \\ L_q = \dfrac{\rho^2}{2(1-\rho)} \\ L = \rho + L_q \\ W_q = \dfrac{L_q}{\lambda} \\ W = W_q + \dfrac{1}{\mu} \end{cases} \quad (14-89)$$

【例 14-9】 某实验室有一台自动检测机器性能的仪器。待检机器的到达为泊松流，平均每小时到达 4 台。检测每台机器所需时间为 6 分钟。试分析该检测仪器空闲的概率及其他数量指标。

解：由题意可知，该问题可以看作 $M/D/1$ 模型，其中，$\lambda = 4$（台/小时），$E(V) = \dfrac{1}{\mu} = \dfrac{1}{10}$（小时），$D(V) = \sigma^2 = 0$。故 $\rho = \dfrac{\lambda}{\mu} = \lambda E(V) = \dfrac{2}{5}$。

检测仪器空闲的概率为：$p_0 = 1 - \rho = 1 - \dfrac{2}{5} = \dfrac{3}{5}$。

平均待检机器等待队长为：$L_q = \dfrac{\rho^2}{2(1-\rho)} = \dfrac{\left(\dfrac{2}{5}\right)^2}{2\left(1-\dfrac{2}{5}\right)} \approx 0.133$（台）。

平均待检机器队长为：$L = \rho + L_q = \dfrac{2}{5} + 0.133 = 0.533$（台）。

待检机器平均等待时间为：$W_q = \dfrac{L_q}{\lambda} = \dfrac{0.133}{4} \approx 0.033$（小时）= 2（分钟）。

待检机器平均逗留时间为：$W = W_q + \dfrac{1}{\mu} = 0.033 + \dfrac{1}{10} = 0.133$（小时）= 8（分钟）。

从上述计算可以看出，在定长服务时间下，$\dfrac{W_q}{E(V)} = \dfrac{0.033}{0.1} = 0.33$，即服务时间越有规律，等待的时间就越短。

14.5.5 $M/E_k/1$ 模型

在现实中，爱尔朗分布族比负指数分布族具有更为广泛的适应性。本节介绍的 $M/E_k/1$ 模型就是一个最简单的爱尔朗排队模型。

$M/E_k/1$ 模型是指顾客到达为泊松流，顾客的平均达到率为 λ，但每一个顾客都

需要依次经过 k 个服务台，经过接受 k 次服务后才构成一个完整的服务过程。每个服务台的服务时间 V_i 相互独立，并服从相同的负指数分布，参数为 $k\mu$；总的服务时间 $V = \sum_{i=1}^{k} V_i$ 服从 k 阶爱尔朗分布，其他条件与 $M/M/1$ 模型相同。

可以得到：$E(V_i) = \dfrac{1}{k\mu}$，$D(V_i) = \dfrac{1}{k^2\mu^2}$，$E(V) = \dfrac{1}{\mu}$，$D(V) = \sigma^2 = \dfrac{1}{k\mu^2}$。

$M/E_k/1$ 模型可以看作 $M/G/1$ 模型的特例，将 $\rho = \dfrac{\lambda}{\mu}$ 和 $\sigma^2 = \dfrac{1}{k\mu^2}$ 代入 P-K 公式，可以得到系统的主要数量指标如下：

$$\begin{cases} p_0 = 1 - \rho \\ L_q = \dfrac{\rho^2(k+1)}{2k(1-\rho)} = \dfrac{\rho^2}{1-\rho} - \dfrac{(k-1)\rho^2}{2k(1-\rho)} \\ L = L_q + \rho = \dfrac{\rho}{1-\rho} - \dfrac{(k-1)\rho^2}{2k(1-\rho)} \\ W_q = \dfrac{L_q}{\lambda} = \dfrac{\rho}{\mu(1-\rho)} - \dfrac{(k-1)\rho}{2k\mu(1-\rho)} \\ W = W_q + \dfrac{1}{\mu} = \dfrac{1}{\mu(1-\rho)} - \dfrac{(k-1)\rho}{2k\mu(1-\rho)} \end{cases} \qquad (14-90)$$

【例 14-10】某办事员核对企业登记的申请建设报告时，需要依次检查里面的 8 张表格。核对每张表格需要 1 分钟，顾客到达率为每小时 6 人，顾客到达间隔时间和检查每张表格花费的时间服从负指数分布，试分析该办事员空闲的概率及其他数量指标。

解：由题意可知，该问题可以看作 $M/E_k/1$ 模型，其中有：

$k = 8$，$\lambda = 6$（人/小时），$E(V_i) = \dfrac{1}{k\mu} = 1$（分/张）。故 $\mu = \dfrac{1}{8}$（人/分）$= 7.5$（人/小时），$\rho = \dfrac{\lambda}{\mu} = \dfrac{6}{7.5} = 0.8$。

办事员空闲的概率为：$p_0 = 1 - \rho = 1 - 0.8 = 0.2$。

平均顾客等待队长为：$L_q = \dfrac{\rho^2}{1-\rho} - \dfrac{(k-1)\rho^2}{2k(1-\rho)} = \dfrac{0.8^2}{1-0.8} - \dfrac{(8-1) \times 0.8^2}{2 \times 8 \times (1-0.8)} = 1.8$（人）。

平均顾客队长为：$L = \rho + L_q = 0.8 + 1.8 = 2.6$（人）。

顾客平均等待时间为：$W_q = \dfrac{L_q}{\lambda} = \dfrac{1.8}{6} = 0.3$（小时）$= 18$（分钟）。

顾客平均逗留时间为：$W = W_q + \dfrac{1}{\mu} = 0.3 + \dfrac{1}{7.5} \approx 0.433$（小时）$= 26$（分钟）。

14.6 排队系统的优化

排队系统优化问题是指通过系统设计和控制的最优化,达到服务机构成本与顾客等待费用之和最小的办法。优化问题分为两类:一类是系统设计的最优化,称为静态问题,从排队论产生起就成为人们研究的内容,目的是在一定的质量指标下要求机构最经济;另一类是系统控制最优化,称为动态问题,是指一个给定的排队系统,如何运营可使某个目标函数最优。本节主要介绍静态优化问题。

通常来说,服务水平的提升能够降低顾客的等待费用(损失),但却会增加服务机构的成本。优化目标之一就是使两者费用之和最小,从而决定达到这个目标的最优服务水平,如图 14-20 所示。另一个常用的目标函数是使纯收入或使利润(服务收入与服务成本之差)为最大。

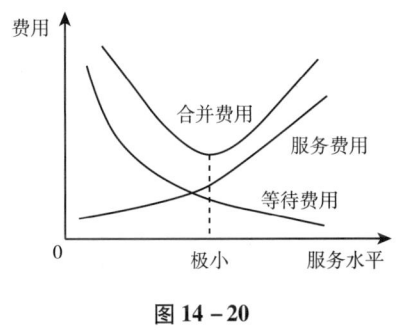

图 14-20

首先,各种费用在稳定状态下情形下都是按单位时间来考虑的。一般情形下,服务费用(成本)是可以确切计算或估计的。至于顾客的等待费用就有许多不同情况,像机械故障问题中等待费用(由于机器待修而使生产遭受的损失)是可以确切估计的,但像病人就诊的等待费用(由于拖延治疗使病情恶化所受的损失),或由于队列过长而失掉潜在顾客所造成的营业损失,就只能根据统计的经验资料来估计。

其次,服务水平也可以由不同形式来表示,主要的是平均服务率 μ(代表服务机构的服务能力和经验等)、服务设备(如服务台的个数 c)以及由队列所占空间大小所决定的队列最大限制数 K 等,服务水平也可以通过服务强度 ρ 来表示。在本节中,我们主要研究平均服务率与服务台的个数。

最后,由于费用函数往往是非线性形式,对这类问题常用的求解方法是:对于离散变量常用边际分析法,对于连续变量常用经典的微分法,对于复杂问题读者们当然可以用非线性规划或动态规划的方法。

14.6.1 $M/M/1$ 模型中的最优服务率 μ

（1）标准的 $M/M/1$ 模型。

设 C_s 为对每个顾客的单位时间服务费，即 μ 每增加一单位时所需的单位时间服务费用；C_w 为每个顾客在系统停留单位时间的损失费，即顾客以排队系统逗留时间为变量的机会损失费；z 为总费用，为单位时间服务成本与顾客在系统中的逗留费用之和的期望值。因此有：

$$z = C_s\mu + C_w L \tag{14-91}$$

由于 $L = \dfrac{\lambda}{\mu - \lambda}$，因此式（14-91）可以改写为：

$$z = C_s\mu + C_w \dfrac{\lambda}{\mu - \lambda} \tag{14-92}$$

由于 z 是 μ 的联系函数，因此可以令：$\dfrac{dz}{d\mu} = C_s - C_w \dfrac{\lambda}{(\mu - \lambda)^2} = 0$。由于 $\rho < 1$，即 $\lambda < \mu$，$\mu - \lambda > 0$，从而可以得到最优服务率为：

$$\mu^* = \lambda + \sqrt{\dfrac{C_w}{C_s}\lambda} \tag{14-93}$$

【例 14-11】某地兴建一座港口码头，但只有一个装卸船只的装置。现要求设计装卸能力，装卸能力用每天装卸的船只数量表示。已知单位装卸能力每日平均耗费生产费用 $C_s = 2\,000$ 元，船只到港后若不能及时装卸，停留一日损失运输费用 $C_w = 1\,500$ 元。预计船只平均每天到达 3 只，且船只到达时间间隔与装卸时间均服从负指数分布。求港口的最优装卸能力。

解：由题意可知，该问题可看作标准的 $M/M/1$ 模型，其中 $\lambda = 3$ 只/天。

因此最优服务率为：

$$\mu^* = \lambda + \sqrt{\dfrac{C_w}{C_s}\lambda} = 3 + \sqrt{\dfrac{1.5}{2} \times 3} = 4.5(只)。$$

即最优装卸能力为每日装卸 4.5 只船只。

此时每日总费用为：$\min z = C_s\mu + C_w\dfrac{\lambda}{\mu - \lambda} = 2\,000 \times 4.5 + 1\,500 \times \dfrac{3}{4.5 - 3} = 12\,000$（元）。

（2）系统容量有限的 $M/M/1/K$ 模型。

这里我们从使服务机构利润最大化来考虑。在稳定状态下，若系统中已有 K 个顾客，则后面再来的顾客将被拒绝进入，即 p_K 为顾客被拒绝的概率，故 $(1 - p_K)$

为顾客能够接受服务的概率，因此在稳定状态下，$\lambda_e = \lambda(1 - p_K)$ 为单位时间实际进入服务机构的平均顾客数，也是单位时间内实际被服务完毕的平均顾客数。

设每服务一名顾客就可以收入 G 元，则单位时间内收入的期望值为 $\lambda_e G = \lambda(1 - p_K) G$。取利润最大可以得到：

$$z = \lambda(1 - p_K) G - C_s \mu = \lambda G \frac{1 - \rho^K}{1 - \rho^{K+1}} - C_s \mu = \lambda \mu G \frac{\mu^K - \lambda^K}{\mu^{K+1} - \lambda^{K+1}} - C_s \mu \quad (14-94)$$

令 $\dfrac{dz}{d\mu} = 0$，可以得到：

$$\rho^{K+1} \left[\frac{K - (K+1)\rho + \rho^{K+1}}{(1 - \rho^{K+1})^2} \right] = \frac{C_s}{G} \quad (14-95)$$

当 K、G、C_s 和 λ 给定时，最优解 μ^* 应该满足式（14-95）。但要从式（14-95）求出 μ^* 则较为困难，通常需要通过数值计算来求得 μ^*。

【例 14-12】对某 $M/M/1/3$ 系统的服务台进行了实测，得到如下数据：
系统中的顾客数 (n)：0　　1　2　3
记录到的次数 (m_n)：161　97　53　34

平均服务时间为 10 分钟，服务一个顾客利润为 2 元，服务机构单位运行成本为 1 元。问服务率为多少时可使单位时间平均总收益最大？

解：首先需要通过观测数据来估计平均达到率 λ。由于该系统为 $M/M/1/3$ 系统，故有 $\rho = \dfrac{p_n}{p_{n-1}}$。因此可以用下式来估计 ρ。

$$\hat{\rho} = \frac{1}{3} \sum_{n=1}^{3} \frac{m_n}{m_{n-1}} = \frac{1}{3}(0.60 + 0.55 + 0.64) = 0.60。$$

由 $\mu = 6$（人/小时），故可得到 λ 的估计值为：

$$\hat{\lambda} = \hat{\rho} \mu = 0.6 \times 6 = 3.6 \text{（人/小时）}。$$

为求最优服务率，取 $K = 3$，$\dfrac{C_s}{G} = \dfrac{1}{2}$，代入式（14-94），可求得 $\rho^* = 1.21$，因此有：

$$\mu^* = \frac{\hat{\lambda}}{\rho^*} = \frac{3.6}{1.21} \approx 3 \text{（人/小时）}。$$

下面进行收益分析。当 $\mu = 6$（人/小时）时，有：

$$z = \lambda G \frac{1 - \rho^K}{1 - \rho^{K+1}} - C_s \mu = 2 \times 3.6 \times \frac{1 - (0.6)^3}{1 - (0.6)^4} - 1 \times 6 = 0.485 \text{（元/小时）}。$$

当 $\mu = 3$（人/小时）时，有：

$$z = \lambda G \frac{1 - \rho^K}{1 - \rho^{K+1}} - C_s \mu = 2 \times 3.6 \times \frac{1 - (1.21)^3}{1 - (1.21)^4} - 1 \times 6 = 1.858 \text{（元/小时）}。$$

故单位时间内平均收益可增加 $1.858 - 0.485 = 1.373$（元）。

（3）有限顾客源的 $M/M/1/\infty/m$ 模型。

这里按照机器维修来考虑。设共有 m 台机器，各台机器连续正常运转时间服从相同的负指数分布。有一个维修工人，修理时间服从负指数分布。一台机器在单位运转时间内发生故障的平均次数为 λ。当服务率 $\mu = 1$ 时的维修费用为 C_s，单位时间每台机器运转可收入 G 元。当系统内维修机器平均队长为 L 时，则平均运转机器台数为 $m - L$。由于是 $M/M/1/\infty/m$ 系统，可知 $L = m - \dfrac{\mu}{\lambda}(1 - p_0)$。因此单位时间内的最大利润可以表示为：

$$z = (m - L)G - C_s\mu = G\frac{\mu}{\lambda}(1 - p_0) - C_s\mu \qquad (14-96)$$

其中，$p_0 = \left[\sum_{n=0}^{m} \dfrac{m!}{(m-n)!}\left(\dfrac{\lambda}{\mu}\right)^n\right]^{-1}$。若在 G、λ、C_s、m 给定的情况下，最优服务率 μ^* 满足式（14-95），但要求解出最优服务率 μ^* 则较为困难。一般可以采取数值方法或者令 $\dfrac{dz}{d\mu} = 0$，解方程求出 μ^*。

【例 14-13】某车间有两台相同的机器，两台机器连续正常运转时间服从相同的负指数分布。有一名修理工来负责故障维修工作，修理时间服从负指数分布。每台机器每天发生故障的平均次数为 2。当 $\mu = 1$ 时，每天的修理成本为 100 元；每台机器正常运转一天可收入 400 元。试求使每天利润最大的最优服务率 μ^*。

解：该问题可以看作 $M/M/1/\infty/m$ 模型。由题意可知，$m = 2$，$\lambda = 2$，$C_s = 1$，$G = 4$。

$$p_0 = \left[\sum_{n=0}^{m} \frac{m!}{(m-n)!}\left(\frac{\lambda}{\mu}\right)^n\right]^{-1} = \left[1 + \frac{4}{\mu} + \frac{8}{\mu^2}\right]^{-1} = \frac{\mu^2}{\mu^2 + 4\mu + 8}。$$

$$z = G\frac{\mu}{\lambda}(1 - p_0) - C_s\mu = 4 \times \frac{\mu}{2}\left(1 - \frac{\mu^2}{\mu^2 + 4\mu + 8}\right) - \mu = \frac{-\mu^3 + 4\mu^2 + 8\mu}{\mu^2 + 4\mu + 8}。$$

令 $\dfrac{dz}{d\mu} = \dfrac{-\mu^4 - 8\mu^3 - 16\mu^2 + 64\mu + 64}{(\mu^2 + 4\mu + 8)^2} = 0$，故可以得到：

$$-\mu^4 - 8\mu^3 - 16\mu^2 + 64\mu + 64 = 0。$$

求解可以得到 $\mu^* \approx 2.307$。

14.6.2 $M/M/c$ 模型中的最优服务台 c

这里只讨论标准的 $M/M/c$ 模型。在多服务台模型中，服务台个数是一个可控因素。增加服务台个数，可以提高服务水平，但相应地会增加服务机构的成本。设 C_s

为每个服务台单位时间的服务费用，C_w 为每个顾客在系统停留单位时间的损失费，c 为服务台个数。则在稳定状态下，单位时间内的总费用为：

$$z = C_s c + C_w L \qquad (14-97)$$

其中，L 为平均队长或平均等待队长。显然，在 C_s 和 C_w 给定的情况下，唯一变动的是服务台个数 c。因此可以把 z 看成 c 的函数，记做 $z = z(c)$，需要求出 c^*，使 $z(c^*)$ 最小。

因为 c 只能取整数值，故 $z = z(c)$ 不是连续函数，故只能通过边际分析方法来进行求解。由于 c^* 能够使 $z(c^*)$ 最小，因此有：

$$\begin{cases} z(c^*) \leq z(c^*+1) \\ z(c^*) \leq z(c^*-1) \end{cases} \qquad (14-98)$$

将 $z = z(c^*) = C_s c^* + C_w L$ 代入式（14-97）并进行化简，可以得到：

$$L(c^*) - L(c^*+1) \leq \frac{C_s'}{C_w} \leq L(c^*-1) - L(c^*) \qquad (14-99)$$

依次求出 $c = 1, 2, \cdots$ 时 L 的值，并计算相邻 L 值之差，因此 C_s 和 C_w 已给定，$\frac{C_s'}{C_w}$ 也是定值，根据其落在的不等式区间，从而可以确定最优服务台个数 c^*。

【例 14-14】某检验中心为各工厂服务，要求做检验的工厂的到来为泊松流，平均到达率为 48 次/天，每次来检验由于停工等原因损失 6 元。检验服务时间服从负指数分布，平均服务率为 25 次/天。每设置 1 名检验员的服务成本为 4 元/天。其他条件均符合标准的 $M/M/c$ 模型。问应设几个检验员才能使期望总费用最小？

解：该问题可以看作 $M/M/c$ 模型。由题意可知，$C_s = 4$，$C_w = 6$，$\lambda = 48$，$\mu = 25$，$\rho = \frac{\lambda}{\mu} = 1.92$，$\rho_c = \frac{\rho}{c} = \frac{1.92}{c}$。根据式（14-47）、式（14-49）和式（14-51）可以求得：

$$p_0 = \left[\sum_{n=0}^{c-1} \frac{1}{n!} \rho^n + \frac{\rho^c}{c!(1-\rho_c)} \right]^{-1} = \left[\sum_{n=0}^{c-1} \frac{1}{n!} (1.92)^n + \frac{(1.92)^c}{(c-1)!(c-1.92)} \right]^{-1}$$

$$L = L_q + \rho = \frac{p_0 (1.92)^{c+1}}{(c-1)!(c-1.92)^2} + 1.92。$$

将 $c = 1, 2, 3, 4, 5$ 依次代入可得表 14-2。因为 $\frac{C_s}{C_w} = \frac{4}{6} \approx 0.667$，其落在区间 (0.582, 21.854) 之间，故 $c^* = 3$，即设置 3 个检验员时可使总费用 z 最小，最小值为：$z(c^*) = z(3) = 27.87$（元）。

表 14-2

检验员数 c	平均顾客数 $L(c)$	$L(c)-L(c+1) \sim$ $L(c-1)-L(c)$	总费用 $z(c)$
1	∞		∞
2	24.49	$21.845 \sim \infty$	154.94
3	2.645	$0.582 \sim 21.845$	27.87
4	2.063	$0.111 \sim 0.582$	28.38
5	1.952		31.71

习 题

1. 某理发店只有 1 名理发师，来理发的顾客按泊松分布到达，平均每小时 4 人。理发时间服从负指数分布，平均需要 6 分钟，试求：

（1）理发师空闲的概率；

（2）理发店内有 3 个顾客的概率；

（3）理发店内至少有 1 个顾客的概率；

（4）理发店内顾客的平均数、等待服务的顾客平均数；

（5）顾客在店内的平均逗留时间和平均等待时间；

（6）顾客在理发店内消耗 15 分钟及以上的概率。

2. 汽车平均以 5 分钟 1 辆的到达率去加油站加油，到达过程为泊松过程，该加油站只有 1 台加油设备，加油时间服从负指数分布，且平均需要 4 分钟，试求：

（1）加油站内的平均汽车数；

（2）每辆汽车平均等待加油的时间；

（3）汽车等待加油时间超过 2 分钟的概率。

3. 某门诊部平均每 20 分钟有 1 个病人到达，门诊部只有 1 名医生值班，不考虑病人紧急情况等，采取先到先服务规则，对每名病人的平均诊断时间为 15 分钟，病人到达与医生诊断时间均服从负指数分布，试求：

（1）该门诊部的各项数量指标；

（2）病人逗留时间超过 40 分钟的概率；

（3）希望到达的病人 90% 以上能有座位候诊，则应设置多少个座位？

4. 某机关接待室有一位对外接待人员，由于接待室内面积有限，只能安排 3 个座位供来访人员等候，一旦满座，后来者将不再进入等候。若来访人员按泊松流到达，平均间隔时间 80 分钟，接待时间服从负指数分布，平均接待时间为 50 分钟。试求该接待室的各项数量指标及潜在来访人员的流失率。

5. 某理发店只有 1 名理发师，有 6 张椅子接待顾客排队等待理发。当 6 张椅子都坐满时，后来到的顾客将选择离开。来理发的顾客按泊松分布到达，平均每小时 3 人。理发时间服从负指数分布，平均每人需 15 分钟。试求：

（1）顾客一到达就能理发的概率；

（2）理发店内平均顾客数、平均等待的顾客数；

（3）顾客的有效到达率；

（4）顾客在理发店内的平均逗留时间与平均等待时间；

（5）在可能到来的顾客中不等待就离开的概率。

6. 有一 $M/M/1/5$ 系统，平均服务率为 $\mu = 10$，就两种到达率 $\lambda = 6$、$\lambda = 15$ 已得到相应的概率 p_n，如表 14-3 所示，根据两种到达率试分析：

（1）有效到达率和系统的服务强度；

（2）系统中顾客的平均数；

（3）系统的满员率；

（4）服务台应从哪些方面改进工作，为什么？

表 14-3

系统中的顾客数 n	$p_n(\lambda = 6)$	$p_n(\lambda = 15)$
0	0.42	0.05
1	0.25	0.07
2	0.15	0.11
3	0.09	0.16
4	0.05	0.24
5	0.04	0.37

7. 某车间有 5 台机器，由 1 名工作负责照管。当机床需要加料、发生故障或者刀具磨损时就自动停车，等待工人照管。设平均每台机床两次停车的间隔时间为 1 小时，平均需要工人照管的时间为 0.2 小时，以上两者均服从负指数分布。试计算：

（1）该工人空闲的概率；

（2）5 台机器都出故障的概率；

（3）出故障的平均机床数；

（4）等待维修的平均机床数；

（5）平均停工时间；

（6）平均等待维修的时间；

（7）机床设备利用率。

8. 某维修工负责 3 台机器的维修工作。每台机器平均在正常工作 5 天后发生一次故障，维修工平均 2 天可以修复 1 台机器，假设以上两者均服从负指数分布，试计算该排队系统的主要数量指标。

9. 某办公室有 3 名打字员，负责承担单位信函打印工作。打字员打印每封信函的时间服从负指数分布，每人每小时平均可打印 6 封信函。如果送来该办公室打字的信件达到为泊松流，平均每小时有 15 封，试求：

（1）3 个打字员均空闲的概率；

（2）等待打字员打印的信件平均数；

（3）一份信函在办公室停留的平均时间。

10. 某公司电话站有一台电话机，打电话的人按照泊松流到达，平均每小时24人。假定每次电话的通话时间服从负指数分布，平均2分钟。求该系统各项运行指标。若打电话的人到达和通话时间的概率分布不变，而电话机增加2台时，系统的各项指标有何变化？

11. 某咖啡馆有10个桌位，客人到达为泊松流，平均为每小时到达6人。客人逗留时间平均为2小时，假设服从负指数分布。试求咖啡馆客满的概率。

12. 某停车场只有10个停车位置。汽车到达服从泊松分布，平均每小时10辆，每辆车停留时间服从负指数分布，平均为10分钟，试求：

（1）停车位置的平均空闲数；

（2）到达汽车能够找到一个空位停车的概率；

（3）在该场地停车的汽车占总到达数的比例；

（4）每天（24小时）在该停车场找不到空闲位置停放的汽车平均数。

13. 由3名工人共同照管20台自动机床。当机床需要加料、发生故障等情况时就自动停车，得到工作照管。假设每台机床平均每小时就停车1次，每次需要工人照管的平均时间为0.1小时，以上两者均服从负指数分布，试分析该系统的运行情况。

14. 某航空售票处有3台订票电话和2名服务员。当2名服务员在接听电话处理业务时，第3台电话的呼叫将处于等待状态。若3台电话均被占线，新的呼叫因电话忙音而转向其他售票处订票。设订票顾客的电话呼叫服从泊松分布，平均每小时有15人打电话；服务员对每名顾客的服务时间服从负指数分布，平均时间为4分钟，试求：

（1）某顾客一呼叫就立即得到服务的概率；

（2）8小时营业时间内转向其他售票处订票的顾客数；

（3）服务员用于为顾客服务时间占全部工作时间的比例。

15. 考虑某门诊部工作，平时只有1名医生，有普通病人和亟须诊断的病人两种类型。假设两种类型的病人到达都服从泊松流，诊断时间服从负指数分布，且均相互独立。普通病人平均每小时到达6人，完成诊断平均需要5分钟；亟须诊断病人平均每小时到达3件，完成诊断工作平均需要15分钟。试分析该门诊部的运行情况。

16. 汽车按照泊松流过程到达一台专用于洗车的设备前，平均每小时到达5辆，分别计算以下服务时间的分布情况，求系统的运行指标：

（1）服从5~10分钟的均匀分布；

（2）服从正态分布 $N(9\min, 4\min^2)$。

17. 某实验室有一台自动检测机器性能的仪器。待检机器的到达为泊松流，平均每小时到达5台。检测每台机器所需时间为4分钟。试分析该检测仪器空闲的概率及其他数量指标。

18. 某汽车加油站平均每小时有10辆汽车需要加油，而站内每服务一辆汽车需要5道工序：询问加油量、检查油箱、开泵加油至指定数量、关泵停止加油、收费。若上述5道工序工作时间相互独立，且服从参数为平均一分钟一辆的负指数分布，试求该加油站服务系统相关运行指标。

19. 有一物流枢纽考虑准备修建一个或者两个冷库中转泊位。已知运输车辆按照泊松流到达，平均每小时15辆，装卸时间服从负指数分布，平均每3分钟一辆。又知每辆运输车售价为8万元，修建一个冷库中转泊位的投资为14万元。

20. 某电器修理站保证每件送来的电器在 1 小时内修完取货，若超过 1 小时则分文不收。已知该修理站每修一件电器平均收费为 10 元，其成本平均为 5.5 元，即平均每维修一件电器盈利 4.5 元。送修电器按照泊松流到达，平均每小时 6 件，每维修一件的时间服从负指数分布，平均为 7.5 分钟。试求：

（1）该维修站在此条件下是否能够盈利；

（2）当每小时送修电器为多少件时，该维修站经营处于盈亏平衡点。

参考文献

[1] 胡运权，郭耀煌．运筹学教程（第 5 版）[M]．北京：清华大学出版社，2018．

[2] 胡运权．运筹学习题集（第 5 版）[M]．北京：清华大学出版社，2018．

[3] 运筹学教材编写组．运筹学（第 5 版）[M]．北京：清华大学出版社，2021．

[4] 吴凤平．运筹学方法与应用［M］．南京：河海大学出版社，2009．

[5] 徐大勇．运筹学［M］．北京：清华大学出版社，2018．

[6] 韩伯棠．管理运筹学（第 5 版）[M]．北京：高等教育出版社，2021．

[7] 刁在筠，刘桂真，戎晓霞，等．运筹学（第 4 版）[M]．北京：高等教育出版社，2016．

[8] 宋荣兴，孙海涛．运筹学［M］．北京：经济科学出版社，2011．

[9] 李荣钧．运筹学基础［M］．北京：高等教育出版社，2013．

[10] 茹少峰，申卯兴．管理运筹学［M］．北京：清华大学出版社，2017．

[11] 徐玖平，胡知能．运筹学（第 4 版）[M]．北京：科学出版社，2018．

[12] 黄桐城，王金桃．运筹学基础教程［M］．上海：格致出版社，2010．

[13] 周永务，王圣东．库存控制理论与方法［M］．北京：科学出版社，2009．

[14] 周永务．最佳经济批量与销售价格的联合确定［J］．管理工程学报，1998，12（1）：39－44．

[15] 胡运权．运筹学基础及应用（第 7 版）[M]．北京：高等教育出版社，2014．

[16] 韩大卫．管理运筹学（第 6 版）[M]．大连：大连理工大学出版社，2015．

[17] 傅家良．运筹学方法与模型（第 2 版）[M]．上海：复旦大学出版社，2021．

[18] 谢家平，梁玲，张广思．管理运筹学：管理科学方法（第 4 版）[M]．北京：中国人民大学出版社，2021．

[19] 熊伟．运筹学（第 3 版）[M]．北京：机械工业出版社，2021．

[20] 宋志华，周中良．运筹学基础［M］．西安：西安电子科技大学出版社，2020．

[21] 刘洪伟．管理运筹学［M］．北京：科学出版社，2011．

[22] 郭耀煌．运筹学原理与方法［M］．成都：西南交通大学出版社，2000．

[23] 张晋东,孙成功. 运筹学全程导学及习题全解(第3版)[M]. 北京:中国时代经济出版社,2006.

[24] 陈士成,宗胜亮,何丽红. 管理运筹学:面向未来的决策应用[M]. 北京:高等教育出版社,2017.

[25] 赵鹏,张秀媛,孙晚华. 管理运筹学教程[M]. 北京:清华大学出版社,2014.

[26] 庞丽萍. 数值优化方法[M]. 北京:高等教育出版社,2022.

[27] 蒋绍忠. 管理运筹学教程(第2版)[M]. 杭州:浙江大学出版社,2014.